ローベルト・ゲルヴァルト

敗北者たち

第一次世界大戦はなぜ終わり損ねたのか　1917-1923

小原淳訳

みすず書房

THE VANQUISHED

Why the First World War Failed to End, 1917-1923

by

Robert Gerwarth

敗北者たち

第一次世界大戦はなぜ終わり損ねたのか　1917-1923

目次

オスカーとルシアンへ

1918年3月のヨーロッパ
中央同盟国
中央同盟国の占領地域
モスクワ
ウラル川
ロシア
ドン川
ヴォルガ川
ハルキウ
ドニエプル川
カスピ海
クリミア
ジョージア
アゼルバイジャン
黒海
カルス
アルメニア
ユーフラテス川
ペルシャ
オスマン帝国
ティグリス川

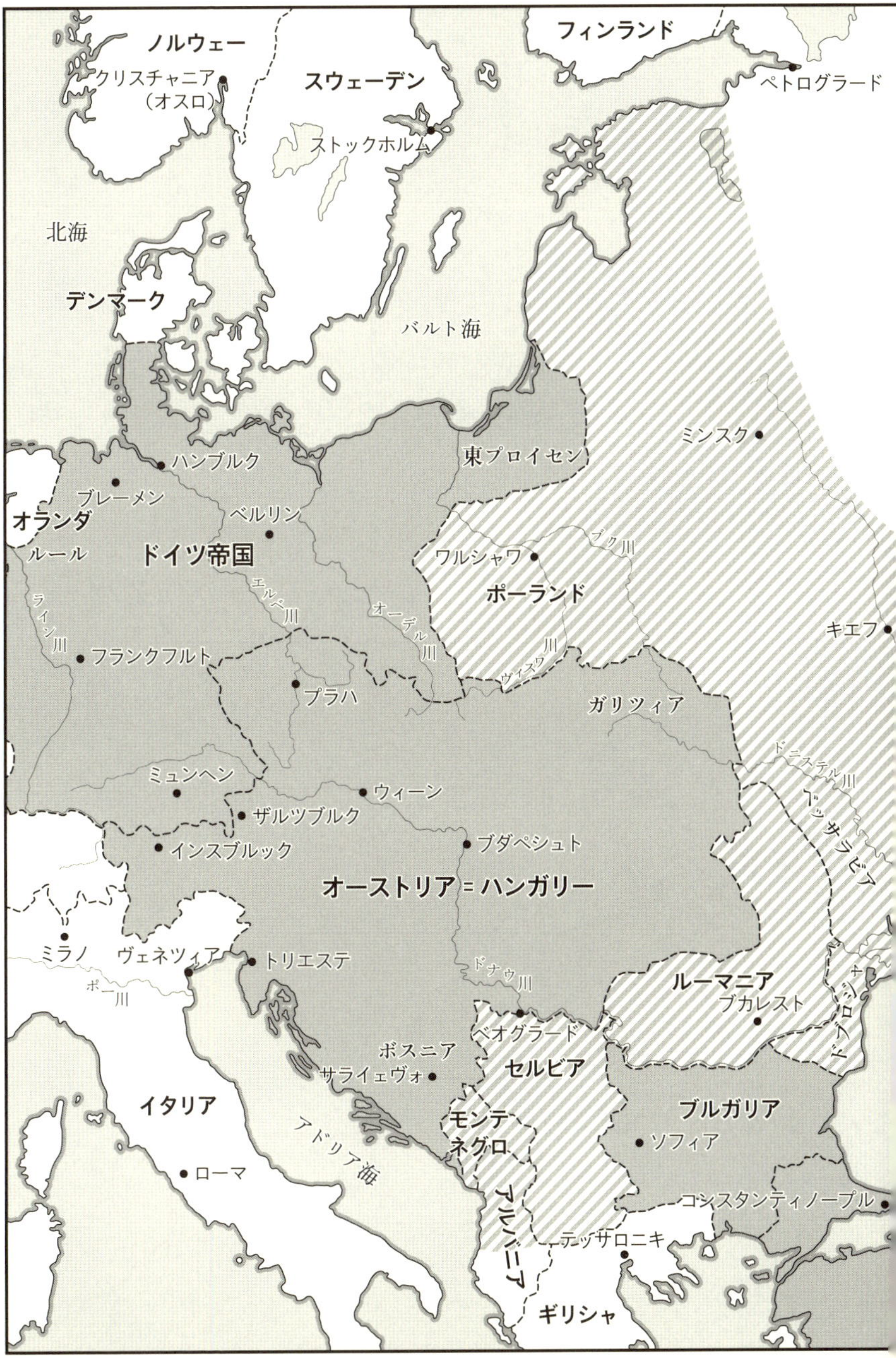

ノルウェー
クリスチャニア
（オスロ）
スウェーデン
ストックホルム
フィンランド
ペトログラード
北海
デンマーク
バルト海
ハンブルク
ブレーメン
オランダ
ルール
ベルリン
ドイツ帝国
東プロイセン
ミンスク
ワルシャワ
ブク川
ポーランド
ライン川
エルベ川
オーデル川
フランクフルト
プラハ
ヴィスワ川
キエフ
ガリツィア
ドニエステル川
ミュンヘン
ウィーン
ザルツブルク
ブダペシュト
ベッサラビア
インスブルック
オーストリア＝ハンガリー
ミラノ
ヴェネツィア
トリエステ
ポー川
ドナウ川
ルーマニア
ブカレスト
ドブロジャ
ベオグラード
ボスニア
サライェヴォ
セルビア
モンテネグロ
イタリア
アドリア海
ブルガリア
ソフィア
ローマ
アルバニア
コンスタンティノープル
テッサロニキ
ギリシャ

1918-23年、中欧および東欧の
新たな国境線
モスクワ
ウラル川
ソヴィエト連邦
ドン川
ハルキウ
ヴォルガ川
ドニエプル川
カスピ海
クリミア
黒海
ユーフラテス川
トルコ
ティグリス川

ノルウェー
クリスチャニア
（オスロ）
スウェーデン
ストックホルム
フィンランド
ペトログラード
エストニア
北海
ラトヴィア
デンマーク
バルト海
リトアニア
クライペダ
（メーメル）
ミンスク
ダンツィヒ
東プロイセン
ハンブルク
ブレーメン
ベルリン
ドイツ
ブク川
ワルシャワ
ポーランド
ライン川
エルベ川
オーデル川
キエフ
フランクフルト
ヴィスワ川
プラハ
チェシン
チェコスロヴァキア
ドニステル川
ミュンヘン
ウィーン
スイス
オーストリア
ブダペシュト
ハンガリー
ルーマニア
ミラノ
トリエステ
ヴェネツィア
ポー川
ドナウ川
ベオグラード
ブカレスト
ユーゴスラヴィア
サライェヴォ
イタリア
ブルガリア
アドリア海
ソフィア
ローマ
アルバニア
コンスタンティノープル
テッサロニキ
ギリシャ

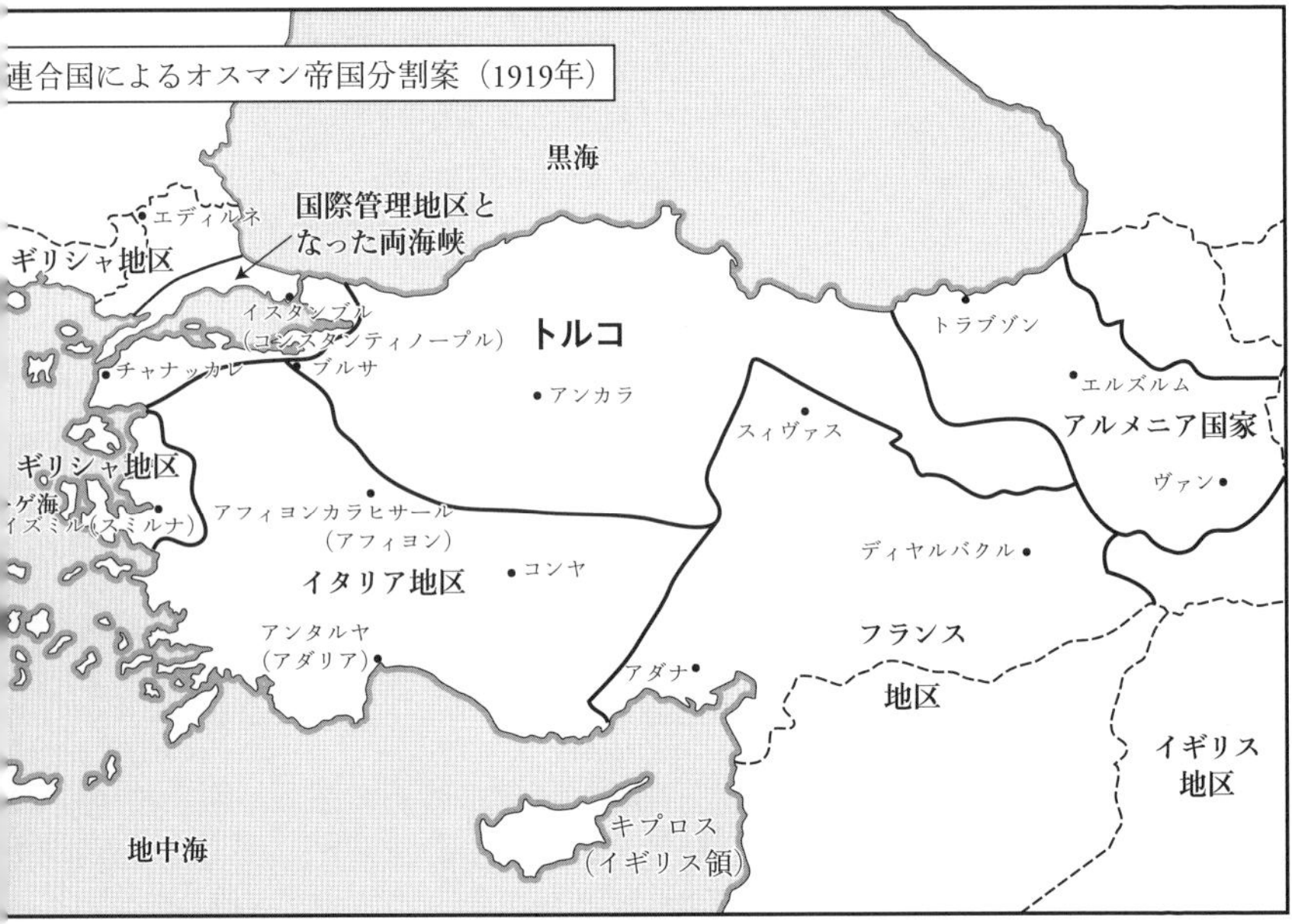

連合国によるオスマン帝国分割案（1919年）

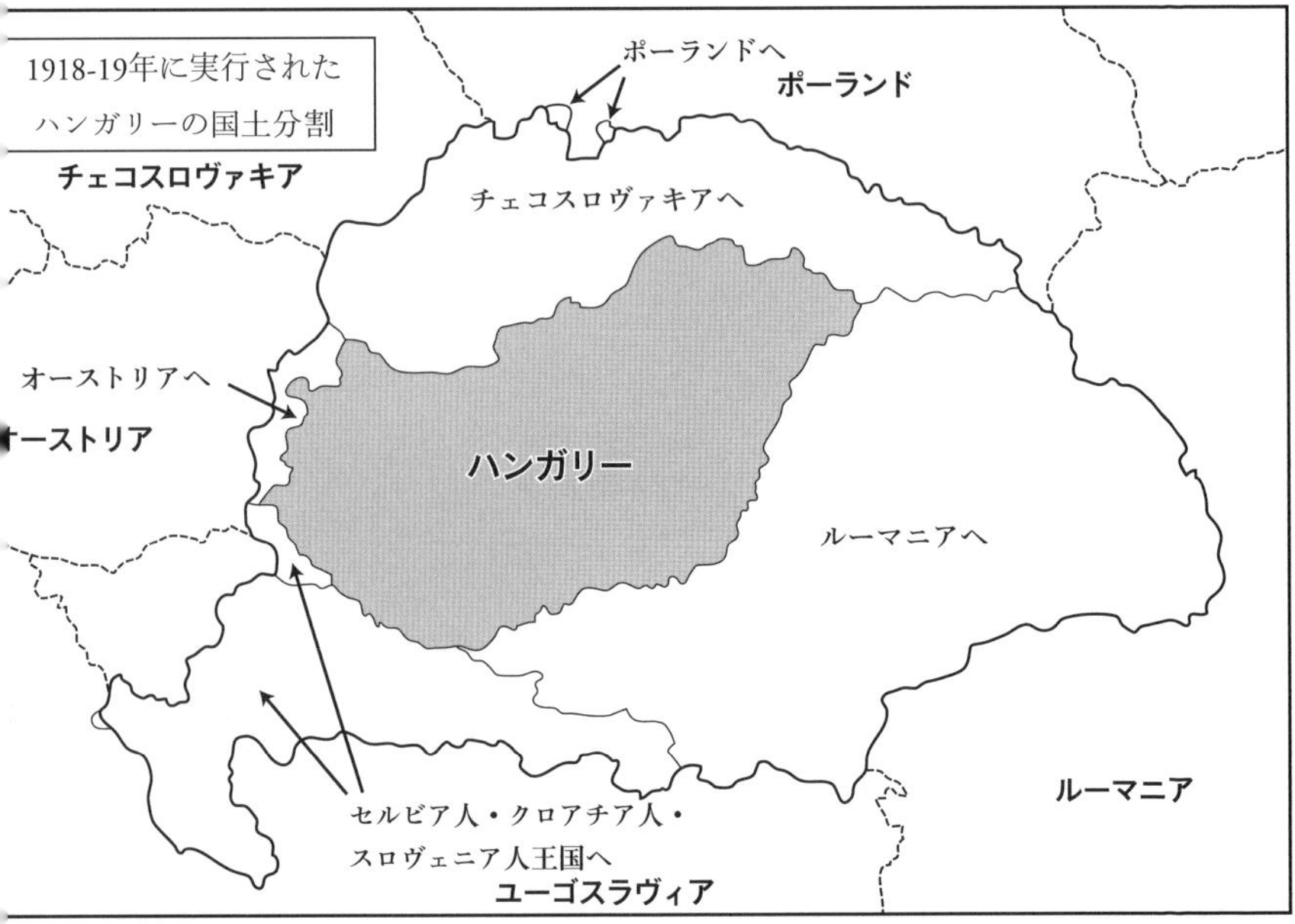

1918-19年に実行された
ハンガリーの国土分割

凡例

一、本書は Robert Gerwarth, *The Vanquished: Why the First World War Failed to End, 1917–1923*, London: Allen Lane 2016 の全訳である。

一、原書のイタリック体は、強調の場合は傍点で、書名の場合は『 』で示した。

一、文中の（ ）［ ］は原著者による。訳者による補足は〔 〕で示した。

一、文中の引用箇所は、邦訳のあるものは原則として既訳に従い、原書と訳書の該当箇所を註に示した。邦訳のないものは訳者による。

プロローグ

勝者と敗者の双方が没落した。皇帝たち、あるいはその後継者たちは皆、殺されるか追放されるかした。……誰もが敗北を喫した。誰もが打ちのめされた。彼らが差し出したもののすべてが無駄となった。どこからも何も得られなかった。……生き延びた者たち、数えきれぬ戦いの日々を送った老兵たちは、あるいは勝利の月桂冠を被り、あるいは惨事の知らせを受けて帰還したが、我が家は既に破局のなかに飲み込まれていた。

ウィンストン・チャーチル『知られざる戦争』（一九三一年刊）

この戦争は暴力の終わりではなく始まりだ。世界を新たな境界、新たな共同体へと鍛造する鍛冶場だ。新たな鋳型は血をもって満たされんと望み、固い拳をもって力がふるわれる。

エルンスト・ユンガー『内的体験としての闘争』（一九二二年刊）

戦争の十年間に呼び起こされた激情がスミルナ〔現在のトルコのイズミル〕の町を襲ったのは、一九二二年九月九日のことであった。かつてオスマン帝国のどこよりも繁栄し、どこよりもコスモポリタン的だった都市にトルコの騎兵隊が入城すると、住民の多数を成すキリスト教徒たちは前途に不安を感じつつ、成り行きを見守った。スミルナは、ムスリム、ユダヤ人、アルメニア人、ギリシャ正教徒が何世紀にもわたりおおむね平和裏に共存してきた町であった。しかし、戦乱の十年ほどで都市内部における民族間の関係は変わった。一九一二〜一三年の二度のバルカン戦争で広大なヨーロッパ地域の領土のほぼすべてを失ったオスマン帝国は、一九一四年八月〔十一月の誤り〕、ドイツの同盟国として第一次世界大戦に参戦した――そして、またもや負け組の側についてしまったことを思い知らされた。その後「中東」と呼ばれるようになるアラブ地域の領土を奪われ、敗れ去ったオスマン帝国、そして恥辱にまみれたトルコ系ムスリム住民たちは間もなく、さらなる脅威に直面した。イギリス首相ディヴィッド・ロイド・ジョージの後押しを受けたギリシャの侵攻軍が一九一九年にスミルナに上陸し、小アジアのキリスト教徒が部分的に居住する領域に、自分たちの新帝国を建設しようとしたのである。(1)

三年間の血みどろの紛争で、ムスリムとキリスト教徒の双方の民間人に途轍もない暴虐がふるわれた後、今度はギリシャが勝運にすっかり見放された。トルコ民族主義の有能な指導者、ムスタファ・ケマルによって中央アナトリアの深部へと誘い込まれ、無能な指揮官の下で絶望的なまでに隊列が伸びたギリシャ軍は、一九二二年夏にケマル――むしろ、後に与えられたアタテュルク〔「トルコ人の父」〕の尊称で知られている――が大反撃に出ると崩壊した。総崩れとなったギリシャ軍はほうほうの体で退却しながら、西部アナトリアのムスリム住民に対して略奪、殺害、放火をはたらき、むべなるかな、スミルナのキリスト教徒住民の間では報復への恐怖が巻き起こった。しかし、ギリシャ軍占領当局による怪しげな保証と、スミルナ湾に停泊した二一隻もの連合国の軍艦の存在は、ギリシャ人とアルメニア人に偽りの安堵を抱かせた。西側連合国——わけてもイギリス——がアテネのスミルナ侵攻にお墨付きを与えており、ムスリムの報復からキリスト教徒住民を保護するために、事態に介入してくれるものと思われたのである。

そうした希望は、大きな悲劇がこの町を包み込んだことですぐに間違いだったことが明らかとなった。勝ち誇ったトルコ軍の兵士たちはスミルナを占領すると直ちに、ギリシャによる侵攻を公然と支持していた正教会のクリソストモス大主教を逮捕し、司令官のサカリ・ヌーレッディーン・パシャ少将のもとに連行した。将軍は、大主教の首を求めて司令部の外に集まってきたトルコ人の野次馬たちに、クリソストモスを引き渡した。事態を見守っていたフランス人水兵の回想によれば、「群衆はクリソストモスに罵声を浴びせ、路上を引きずって床屋までやって来た。そこではイスマイルという名のユダヤ人の店主が不安げに戸口からじっと見つめていた。誰かが床屋を脇に追いやり、白い布をひっつかんで、クリソストモスの首に巻きつけながらこう叫んだ。「野郎のひげをそっちまえ！」彼らは大主教のひげを引きちぎり、目玉をナイフでえぐり出し、耳を切り鼻を削ぎ、手を切り落とした」。止めに入る者は誰もいなかった。その後、痛めつけられたクリソストモスの肢体は近くの裏通りに引きずり込まれ、そこで彼は建物の角《かど》に叩きつけられ、放置されて死に至った(2)。

スミルナの大主教の暴力的な殺害は、十七世紀のヨーロッパの宗教戦争の際に敵対する都市に対して行われた略奪を彷彿させるような、暴虐の二週間の幕開けに過ぎなかった。その後の二週間にわたり、推計で三万人のギリシャ人とアルメニア人が虐殺された。さらに多くの人びとがトルコ兵や準軍事組織の構成員、地元のティーンエイジャーの愚連隊によって略奪を受け、殴打され、あるいは強姦された。(3)

九月十三日の午後遅く、市内のアルメニア人地区で家屋への放火が始まった。翌日の朝までに、スミルナのキリスト教徒地区の大部分が燃やされた。数時間のうちに何千人もの男女と子供が波止場の近くへと避難した。イギリス人の新聞記者ジョージ・ウォード・プライスは、危険の及ばぬ港の戦艦から殺戮の光景を眺め、「筆舌に尽くし難い」状況を記録した。

「アイアン・ガード号」のデッキに立って目にしたものは、二マイルにわたって途切れることなく続く火の壁であり、目を引くほどに燃えさかる二〇もの炎の柱が、鋸の歯のような形でのたくる舌を一〇〇フィートの高さに吹き上げていた。……海は深い赤褐色に染まった。何よりもひどかったのは、背後に迫りくる炎がもたらす死と眼前の底深い海水の狭間で、狭い波止場にぎゅう詰めになった何千人もの避難民の群れから、真正の恐怖に駆られた半狂乱の叫びが絶え間なく届き、はるか遠くまで響き渡っていたことだ。(4)

トルコ軍が波止場への交通を遮断しており、絶望に駆られた多くの避難民たちは、港に停泊する連合軍の船に近づく方法を探そうとした。事態に介入するとか、ボートを出して何とかして助けてくれるとかいった気が連合軍にないことが分かると、恐怖に襲われたギリシャ人の一部は海に飛び込んで溺れ死に、自らの命を絶った。安全な場所に辿り着こうとして、連合軍の船舶の一隻へと一心不乱に泳ぐ者もいた。子供や老人は、燃えさかる周囲の建物から発せられる耐え難いほどの熱さから懸命に逃げようとする群衆のなかで、右往左往していた。逃げ場を失った牛馬は前脚を折られ、水中に押しやられて、溺れ死んだ——この光景は、『トロント・スター』紙の外国人特派員で、当時は無名の存在だったアーネスト・ヘミングウェイの短篇、「スミルナの埠頭にて」によって、不朽のものとなった。(5)ヘミングウェイは、スミルナの略奪を記録した多くの西洋の報告者たちの一人に過ぎない。数日間にわたり、この町の悲惨な運命は世界中で新聞の見出しを飾った。衝撃を受けたイギリス植民地大臣のウィンストン・チャーチルは、自治領の首相たちに送った手紙のなかで、スミルナの破壊を「人類の犯罪史上に比類しうるものがほとんどない……非道の蛮行」と非難した。(6)

スミルナのキリスト教住民の恐るべき運命、そしてそれに先立って行われたムスリムのトルコ人の大量虐殺が冷酷に示しているように、第一次世界大戦の後、すぐに平和の時代が訪れたわけではない。実のところ、チャーチルはスミルナの残虐行為がもつ独自の特徴を見誤っていた。チャーチルの理解とは反対に、しばしば（誤解を招く表現であるが）「戦間期」と称される時期、すなわち一九一八年十一月十一日の休戦に始まり一九三九年九月一日のヒトラーのポーランド侵攻で終わるとされる、整然と区切られた期間にあっては、西アナトリアで起こったのと同程度の凄惨な暴力的事件は珍しくなかった。こうした時代区分は、第一次世界大戦の勝者の筆頭格、すなわち（アイルランド独立戦争を目につく例外とすれば）イギリスとフランスにとってしか意味をもたない。確かに彼らにしてみれば、西部戦線での戦闘の停止は戦後の時代の始まりであったが。

一九一九年にリガやキエフ、スミルナをはじめとする東欧、中欧、南東欧の各地に暮らしていた人びとには平和はなく、ただひたすらに暴力が続いた。博学のロシア人哲学者、ピョートル・ストルーヴェは、自国で起こった凄惨な内戦の只中でボリシェヴィキから白軍へと鞍替えしたが、同時代の著名な知識人という恵まれた立場から、次のように述べている〔ストルーヴェがマルクス主義から転向したのは一九〇五年革命以前の時期である〕。「形式上、世界大戦は停戦協定の締結により終わった。だが実際には、その時以来我々が経験したこと、経験し続けているあらゆることは世界大戦の延長であり、大戦がかたちを変えたものなのだ(7)」。

暴力がいたるところで幅を利かせ、様々な政治目標を掲げる、様々な規模の軍隊が東欧や中欧の各地で破壊を続け、流血の惨事のなかで新たな政府が作られては潰されてを繰り返していた当時、ストルーヴェには自説の根拠を遠くに求める必要はなかった。ヨーロッパは一九一七〜二〇年だけで二七回もの政治権力の転換を経験し、明確なかたちをとる場合もそうでない場合もあったとはいえ、その大半に内戦が付随した(8)。最たる例はもちろんロシアであり、この国では一九一七年十月のレーニンのボリシェヴィキ革命を支持する者と反発する者との間で闘争が急速に激化し、前代未聞の規模の内戦へと発展して、最終的に三〇〇万人をゆうに超える死傷者を招いた。

もっとも、暴力がはるかに小さかった場所でも、多くの同時代人たちがストルーヴェのように、第一次世界大戦の終結によって安定はもたらされなかったし、それどころかむしろひどく流動的な状況へと導かれたのだと、そしてそうした状況における平和とは、まったくの幻想とは言わないまでもどう考えても不確かなものなのだと確信していた。革命後のオーストリア——この国はもはやヨーロッパで最大の陸の帝国の中心部の一つという地位を失い、ちっぽけで貧しいアルプスの共和国に成り下がっていた——では、多数の読者を得ていた保守系の新聞が、一九一九年五月に「平和のなかの戦争」という見出しの記事で、同様の意見を述べている。同紙は、戦争に敗れたヨーロッパ内陸部の諸帝国の領域で激しい暴力が持続していることを指摘しつつ、大戦後に広がった大きな暴力の弧が、今やフィンランドとバルト諸国からロシアとウクライナ、ポーランド、オーストリア、ハンガリー、ドイツを通ってバルカン全域、そしてアナトリアとカフカスへと延びているという見解を示している。[9]

奇妙なことに、この記事はヨーロッパ西部に出現しつつあった一つの国家、アイルランドには言及していない。この国は、少なくともアイルランド独立戦争（一九一九～二一年）とその後の内戦（一九二二～二三年）の間、一九一八～二三年に中欧や東欧の諸国が歩んだのと（そこまで暴力的ではなかったとはいえ）同じ進路を辿っているかのように思われた。[10] もっとも、アイルランドと中欧の類似性は、当時のダブリンにいた明敏な観察者たちの目を逃れることはできなかった。彼らはアイルランドで進行中の事態を、もっと広範なヨーロッパ規模での不穏、すなわち一九一四～一八年の世界的危機に端を発し、当時も進行中だった紛争とは別物だとして区別しつつも、しかしまたその一部でもあると捉えた。ノーベル文学賞を受賞した作家のW・B・イェイツは、最もよく知られる彼の詩の一つである「再臨」（一九一九年）〔一九二〇年初出、一九二一年の詩集に収録〕で、次のように詠っている。

すべてが解体し、中心は自らを保つことができず、
まったくの無秩序が解き放たれて世界を襲う。

血に混濁《こんだく》した潮《うしお》が解き放たれ、
……
やっとおのれの生れるべき時が来て、ベツレヘムへ向い
のっそりと歩みはじめたのはどんな野獣だ(11)？

ヨーロッパの、世界大戦から混沌に満ちた「平和」への暴力的な移行が本書のテーマである。本書は、比較的馴染みのあるイギリスやフランスの歴史や、一九一八年に西部戦線で平和が築かれたとする、同じくらいよく知られる物語から離れて、第一次世界大戦で敗者の側にまわった国々――ハプスブルク、ロマノフ、ホーエンツォレルン、オスマンの諸帝国（とそれらの後継諸国家）、そしてブルガリア――に生きた人びととの経験を再構成することを課題とする。もっとも、敗北者たちの歴史のなかには、ギリシャとイタリアも含めねばならない。この二つの国家は一九一八年秋の勝者であったものの、国運はすぐに下降していった。アテネにとっては、ギリシャ・トルコ戦争（一九一九～二二年）が〔第一次世界大戦の〕勝利を一九二二年の「大破局」へと変え、他方では多くのイタリア人が、苦心惨憺の末に一九一八年にハプスブルク軍に勝利した報いを十分に得られていないと感じていた。イタリアでは、約六〇万人の犠牲者に対する代償への不満は強迫観念めいたもの――この強迫観念は、「損なわれた勝利《ヴィットリア・ムティラータ》」という、広く受け入れられていた考え方に何よりも強力に表現されている――に変わり、深刻な労働争議や農場の占拠によって、多くの人びとがイタリアにボリシェヴィキ革命が迫っていることを確信していた時期にあって、急進的なナショナリズムへの支持を引き起こした。一九

二二年十月にベニート・ムッソリーニがファシストとして初めて首相に就任した時に最高潮に達したこの国の戦後の経験は、多くの点で、フランスあるいはイギリスのよりも、東欧や中欧の敗北せる諸帝国のそれにはるかに似ている。

敗北せるヨーロッパの陸の諸帝国、そしてそれらの国々の第一次世界大戦後の姿に焦点を絞ることで、本書は、しばしば戦時のプロパガンダのプリズムをつうじて描かれてきた、あるいは一九一八年——この時、東欧・中欧の新たな国民国家は自らを正当化するために、自分たちが離脱した帝国を極悪非道の存在とする必要があった——という後年の見地から描かれてきた諸国家を扱う。一九一八年からの視点で第一次世界大戦を読み解くことで、西洋の歴史家の一部はこの戦争を、民主主義的な連合国と独裁的な中央同盟国との叙事詩的な闘争として描き出してきた（その際、どこよりも独裁的だった帝政ロシアが三国協商の一角を成していたという事実は無視された）。しかしながら近年では、末期のオスマン帝国やホーエンツォレルン帝国、ハプスブルク帝国についての研究が蓄積され、中央同盟国を単なるならず者国家、時代錯誤な「民族の牢獄」だったとする、黒い伝説〔スペイン帝国の悪評を広めるために作成された文章やプロパガンダのこと〕に疑義が突きつけられている。こうした再評価はドイツ帝国とハプスブルク帝国に関して顕著であり、こんにちの歴史家の目には、これらの国は一九一八年以降の八〇年間よりもずっと好意的に（あるいは、少なくとも好悪相半ばするかたちに）映るようになった。[12] 戦争中のアルメニア人虐殺のせいで、マイノリティを暴力で圧殺した抑圧的な帝国という邪悪な性格が揺るがし難いように思われていたオスマン帝国でさえも、徐々に、かつてよりも複雑な姿が示されつつある。最近では歴史家たちの一部は、一九一一～一二年まではなおも、将来的にオスマン帝国内のあらゆる民族集団、宗教的集団に同権と市民権が認められる可能性があったことを強調している。[13] 一九〇八年の革命で権力を掌握した「統一と進歩委員会」（CUP）政府は、包容力のある帝国のシビックなナショナリズムとは正反対のナショナリズムを打ち出したために、一九一一年までに民衆の支持を大幅に失った。[14] CUPが独裁体制を打ち立て、民族間の関係を大きく改変できたのは、この年にイタリアが行ったオスマン帝国領トリポリタニア（リビア）への侵攻と、一九一二年の第一次バルカン戦争のおかげだった。この時、CUPの指導的な政治家の家族も含めた三〇万人に及ぶムスリムが、暴力的にバルカンの居住地から根こそぎにされ、難民危機とコンスタンティノープルの政治的な急進化がもたらされた。[15]

戦前の陸の諸帝国に対して近年行われている学問的な「名誉回復」を大袈裟で誇張まじりだと考えたところで、それらの帝国が崩壊した後のヨーロッパのほうが一九一四年以前よりも良好な状態にあったとか、もっと安全だったと唱えるのは難しい。十七世紀の三十年戦争以降のヨーロッパにおいて、一九一七〜一八年以降の時期ほどに、分かち難く結ばり合った一連の戦争や内戦が無秩序で、致命的なものだったことはなかった。革命や反革命、截然と規定された境界や国際的に承認された政府をもたない新興国家間の国境紛争が内戦に重なったことで、一九一八年の第一次世界大戦の公式な終結と一九二三年七月のローザンヌ条約の間の「戦後」ヨーロッパは、地球上で最も暴力的な場所となった。一九一八〜二〇年のスペイン風邪の大流行で死亡した数百万人の人びとや、あるいは、戦闘状態の終了後も経済封鎖を続けると連合国軍が決断した結果、ベイルートとベルリンの間で餓死した数十万人の民間人を除外するとしても、戦後のヨーロッパでは、四〇〇万をゆうに超える人びと——この数は、イギリス、フランス、アメリカ合衆国の戦時の犠牲者の合計数を上回る――が武力紛争の結果、死亡した。加えて、中欧、東欧、南欧からやって来た何百万人もの貧窮した難民たちが、安全ともっとましな暮らしを求めて、戦争で荒れ野となった西欧をさまよい歩いた。(16) 幾人かの東欧の歴史家たちが一九一八年の直後の数年間を「拡大したヨーロッパ内戦」の時代と規定するのには、十分に理由がある。(17)「戦後」のヨーロッパの広大な地域で起こった恐るべき出来事にもかかわらず、一九一七～一八年以降の無数の紛争には、それ以前の四年間に西部戦線を覆った出来事に比べると、はるかに小さな注意しか払われていない。よく知られるように、ウィンストン・チャーチルのような同時代のイギリスの観察者は、戦後の紛争を「一寸法師たちの戦争」と切り捨てた――この尊大な物言いに現れている東欧に対するオリエンタリズム的（そして暗に植民地主義的）な態度は、一九一八年以降の数十年間に西欧で出された教科書のなかにはびこっていた。(18) この態度はまた、東方危機（一八七五～七八年）と一九一二～一三年の二度のバルカン戦争の間の時期にほぼ出来上がった、理由はともかく東欧は「元々から」暴力的であり、文明化されて平和な西欧とは正反対なのだという考え方と結びついていた。こうした視野狭窄的な決めつけや、一九一四～一八年の言論の全般的な劣化のせいで、イギリスやフランスの政策決定者たちは、中東欧において今まさに展開しつつある破局に対して、ひどい近視眼に陥った。破局が起こった地域が、第一次世界大戦以前は長きにわたって法がしっかりと保たれ、文化的に洗練され、平和だったのにもかかわらず。

西欧の読者の多くにとっては、ヨーロッパの戦争から平和への移行についての物語は第一次世界大戦そのものの物語ほど馴染みがないままなのに対して、様々な出来事が起こった一九一七～二三年の日々は、東欧、中欧、南欧、そして同様に中東やアイルランドの人びとの集団的記憶のなかにはなおもしっかりと存在し続けている。彼らにとって、第一次世界大戦の記憶はしばしば、一九一八年とその前後の時期の独立闘争や民族解放、革命的変化という創世記的な物語によって、完全に覆われているとまではいかなくても、ぼやかされている。(19) 例えばロシアでは、数十年間にわたり歴史的な議論の中心を占め続けてきたのは、――先行した「帝国主義戦争」ではなく――一九一七年のレーニンのボリシェヴィキ革命であった。こんにちのウクライナでは、プーチンのロシアが示す地政学的な脅威を公的に論じる際には、一九一八年の（短期間で終わった）民族独立が常に取り沙汰される。帝国崩壊後に生まれた国家の幾つか――とりわけポーランド、チェコスロヴァキア、セルビア人・クロアチア人・スロヴェニア人王国（後のユーゴスラヴィア）――にしてみれば、一九一八年における国民国家の栄えある誕生（あるいは再生）に記念の焦点を絞ることで、何百万人もの市民が中央同盟国の軍隊に属して喫した敗北を、都合よく「忘却する」ことが可能となったのである。

他の場所でも、歴史上とくに分裂が激しかった期間であったために、一九一七～一八年以後の年月は集団的記憶に強烈に焼きついている。第一次世界大戦に直接参戦したわけではないフィンランドでは、六か月足らずの間で国民の一パーセント以上が殺戮された、凄惨を極めた一九一八年の内戦がその後の政治的論議に取り憑いているし、アイルランドでは、一九二二～二三年の内戦でどの陣営に属したかということとその際のジレンマが、こんにちに至るまで政党政治の枠組みを規定し続けている。中東においても、連合国側が戦後に行った（イラクやヨルダンといった）「国民の創造」や、国際連盟によって押しつけられた委任統治体制、そして今なお進行中のパレスチナ紛争に比べれば、第一次世界大戦は周辺的な関心事でしかない。多くのアラブ人の目からすると、パレスチナ紛争の原因は、イギリス外務大臣のアーサー・バルフォアが、「パレスチナにおけるユダヤ人のための民族的郷土《ナショナル・ホーム》の建設」に対して自国の支援を与えると約束したことにあった。この約束は、後に「バルフォア宣言」として知られるようになる[20]。

一〇〇〇万人近くが死亡し、二〇〇〇万人以上が負傷した第一次世界大戦からヨーロッパが脱け出した際の模様は複雑であり、その後に続いた暴力的な激変を安易に類別したり定義づけたりすることを難しくしている。しかし、あえて単純化の危険を冒せば、世界大戦の後に続いた「ヨーロッパ内戦」のなかの紛争には、少なくとも三つの、それぞれにはっきり異なるが相互補完的で、時に重複し合う特徴が確認できる。第一に、ヨーロッパの「戦後」期には、ポーランド・ソヴィエト戦争やギリシャ・トルコ戦争、あるいはルーマニア軍のハンガリー侵攻といった国家間の戦争がそうであったように、正規軍や新造の国民軍の間での戦闘の爆発的な増大がみられた。第一次世界大戦で残った兵器を用いて戦われたこれらの国家間紛争は、ハプスブルクやロマノフ、ホーエンツォレルン、オスマンの諸帝国の解体によって、しばしば神経質なまでに攻撃的で、武力を用いて自国の領土を強化したり拡大したりしようとする国民国家が新たに出現するための空間が生じた地理的領域で勃発しやすかった。そうした戦争の一つはロシアとポーランドによるものであり（一九一九～二一年）、この戦争では二五万人が死亡するか行方不明となったと見積もられるが、他方で一九一九～二二年のギリシャ軍とトルコ軍の死傷者は二〇万人程度と思われる[21]。

第二に、ロシアやフィンランド、さらにはハンガリー、アイルランド、そしてドイツの一部に見られるように、一九一七〜二三年の短期間に内戦が激増した。かつてのロマノフ帝国領では、様々な紛争が連鎖し合ってさらなる紛争を誘発したために、正式な国家間戦争と内戦とを簡単に識別できない場合もあった。赤軍はポーランドと戦争するのと同時に、ソヴィエトから離脱しようとする西部国境地域やカフカスの共和国を食い止めるのにも忙しかったが、レーニンはさらに、敵対する白軍をはじめ、実在するか想像上のものであるかを問わず、――富農《クラーク》からアナキストや穏健社会主義者に至るまでの、ボリシェヴィキ革命を転覆させようとしていると疑われる――あらゆる敵の大群に対して必勝を期そうとしていた。ロシアの状況は、白軍を支援する連合国の干渉部隊や、一九一八年以降にバルト地域を徘徊し、土地と栄光、そして冒険を求めてラトヴィアやエストニアのナショナリストたちと共闘（そして敵対も）していた何万ものドイツ義勇軍の兵士のような外部からの関与によって、さらに混迷の度合いを深めた。

この時期のヨーロッパに取り憑いた内戦は一般に、一九一七〜二三年を支配した政治的暴力の三番目の明確な形式、すなわち社会革命や国民《ナショナル》＝民族革命によって引き起こされたものであった。第一次世界大戦の終盤には、多くの交戦国が物資の欠乏や厭戦気分に促された労働放棄やストライキを体験し、ヨーロッパのすべての敗戦国で、戦争の終結に伴って、徹底的な革命や武力による体制変化が生じた。一九一七〜二三年に起こった革命は社会政治学的な特徴を帯びており、ロシアやハンガリー、ブルガリア、ドイツでの事例のように、権力や土地、富の再配分を主張していた。他方でこうした革命は、敗戦国となったハプスブルク、ロマノフ、ホーエンツォレルン、オスマンの各帝国の破片地域《シャッターゾーン》の場合がそうだったように、新興の、あるいは再興された諸国家が民族自決の思想に触発されつつ自己を形成しようとしていた地域では、「民族の」革命となりえた。[22] この二つの革命の潮流が同時に発生し、度々重なり合ったのが、一九一七〜二三年の特殊性の一つであった。

一九一四年には、第一次世界大戦やその後に続いた革命的動乱が長期的なものになると予測した者、あるいは致命的なものになると予測した者はほとんどいなかった。一九二三年までは、ボリシェヴィズムとファシズムという二つの特殊な、革命イデオロギーの急進的な変種が、それぞれロシアとイタリアで勝利を誇ると予見した者もまたいなかった。第一次世界大戦は何といっても、西洋人の多くが「すべての戦争を終わらせる」と、そして世界に「民主主義のための安寧」をもたらしてくれると期待をかけた戦争であった。[23] 結果的には反対の事態となり、戦争は問題を解決するどころか新たに生み出したし、一九一九〜二〇年の講和条約は一九一四年以前に存在していたのよりもはるかに危険な勢力不均衡を作りあげた。第一次世界大戦以前、ヨーロッパの既成の秩序は、しばしば想像されるよりもずっと安定していた。（一八九四〜九六年のアルメニア人虐殺や、ロシアでの一九〇五年革命の弾圧のような暴力的事件が示すように）大陸ヨーロッパと中東を支配する陸の帝国のすべてが良好な状態にあったわけではないが、一九一四年八月に戦闘が勃発した時には、革命的な体制変化が起こり、ヨーロッパ大陸の陸の諸帝国が完全に解体するなどとは、とうてい想像できなかった。折にふれて、一九一八年という後年の見晴らしのきく視点から、ヨーロッパ大陸の陸の諸帝国の衰亡は歴史的な必然だったかのように描かれてきたが、戦前の世界の支配王朝はしっかりと我が身を固め、おおよそのところ、自国に属する広大な領土を限なく支配しているように思われたのである。[24]

おおむねのところ平和で、経済的にも活気に満ちていた一九一四年のヨーロッパの全体的な絵図のなかで、大きな例外と見なしうるのが、バルカン地域とオスマン帝国である。南東ヨーロッパと地中海では戦争が始まったのは一九一四年ではなく、イタリアが当時はオスマン帝国領だったトリポリタニア（リビア）を併合した一九一一年のことであった。翌年、バルカン諸国の連合が、東トラキアのわずかな足場を除くヨーロッパ地区の全域からオスマン帝国を排除し、これが同地域のムスリム市民に対する大量殺戮や強制的な改宗、追放を含む激しい暴力の波の引き金となった。(25)

二度のバルカン戦争はその後の数十年間に大陸中に広がった暴力のかたちを予期させるものだったが、とはいえ、西欧や中欧では同様の暴力が激化することはなかった。こうした地域では、一九一四年八月の戦争勃発――ジョージ・ケナンの言葉では、二〇世紀の「種となった大破局」――が、ヨーロッパ史上他に例がないほど長く続いた平和の時代を突如として終わらせたのであった。(26)

ケナンをはじめとする多くの歴史家たちが論じたように、「極端な時代」（エリック・ホブズボームが用いた表現）と暴力的動乱の数十年の幕開けを告げたのは、第一次世界大戦である。一九三九年以降、第一次世界大戦よりもさらに破壊的な紛争が激化したために、スターリンやヒトラー、あるいはムッソリーニによる粗暴な独裁の淵源を一九一四～一八年の出来事に求めることができるのかどうかという問いが浮上した。多くの人びとは、第一次世界大戦が復讐の女神を解き放ったのだと、そして、一九一九～二〇年のパリ講和条約〔ヴェルサイユ条約をはじめとする第一次世界大戦の四つの講和条約を総称した表現〕ではこの女神を鎮めることができなかったのだと確信している。この、ジョージ・モッセが『英霊』においてドイツの事例に関して展開したことでよく知られる「野蛮化テーゼ」――今ではヨーロッパ全域に拡大されている――の核心は、第一次世界大戦の塹壕体験が暴力に対する耐性を一新し、かつてない次元へと高めたことで、戦争と社会の野蛮化がもたらされたのだとする。モッセのテーゼに従えば、この暴力に対する耐性の上昇が、民間人の死者数が戦闘員の死者数を上回ることとなる第二次世界大戦の恐怖——第一次世界大戦を凌駕する唯一の恐怖——へと道を開いたのである。[27]

しかし最近では、歴史家は「野蛮化テーゼ」による説明の有効性に疑問を投げかけている。その理由は何より、戦争体験だけでは、なぜかつての交戦国の一部では政治と社会が野蛮化したのに、それ以外の交戦国ではそうしたことが起こらなかったのかという疑問に説明を与えられないからである。突き詰めれば、連合国の兵士と中央同盟国の兵士の戦争経験に根本的な相違はなかったのである——戦争の結果を除けば。別の評者は、中央同盟国のために戦い、第一次世界大戦を生き延びた退役兵の大半が、一九一八年末には平和な民間人の生活に戻ったことを指摘している。第一次世界大戦を戦った者の誰もがファシストやボリシェヴィキの走狗になったわけではないし、一九一八年十一月の正式な停戦を超えて戦い続けることを切望したわけではないのである。[28]

第一次世界大戦に言及せずには戦後の暴力を何ら説明できないことが明白である一方で、その後の数十年間のヨーロッパの政治的、社会的、文化的課題をかたちづくることになった社会革命や国民＝民族革命は、紛争によって意図せずして実現されたのだとする見解のほうが、もっと妥当性があるかもしれない。とくに一九一七年以降の大戦の最終段階で、かたや同年のボリシェヴィキ革命がロシアの戦線離脱を引き起こし、かたやアメリカの参戦で勢いづいた西側連合国が次第にヨーロッパの陸の諸帝国の解体を戦争目的に掲げるようになると、第一次世界大戦の性格は変わっていった。とりわけ、ロシアにおける出来事には二重の効果があった。ペトログラードが敗戦を受け入れたことで、中央同盟諸国の間では即時の勝利への期待が高まったが（これは、完敗を喫したために、破局の原因と目される「内部の敵」探しが始まるわずか数か月前のことであった）、他方ではそれと同時に、四年間の戦争を経て革命の勃発におあつらえ向きな状態にまで荒廃した大陸に、新たな強力なエネルギーが注入されたのである。

致命的ではあるが、しかし結局のところは昔ながらの国家間紛争だった第一次世界大戦が、かつてよりもはるかに危険な論理と目的を掲げる連鎖的な紛争に道を譲ったのは、この時期であった。一九一七〜一八年以降、暴力を制御するのは、敵に一定の（しかし過酷な）講和条件を受け入れさせることを目標にして戦われた第一次世界大戦とは比較にならないほど難しくなった。大戦後の暴力は、民族や階級の敵を殲滅するための「生存を賭けた」闘争であり、最終的に一九三九〜四五年にヨーロッパの大部分で優勢となるジェノサイドの論理と同様のものであった。

一九一七〜一八年以降に激増した紛争に関してもう一つ目を向ける必要があるのは、国民軍が標準的となり、（実際にはしばしば違反があったとはいえ）戦闘員と非戦闘員の根本的かつ重要な区別が明文化されるなど、度合いの差こそあれ、ヨーロッパ各国が合法的な暴力の独占に何とか成功した世紀の後になって、あのような紛争が起こったという点である。戦後の紛争は、こうした時代の流れに逆行していた。ヨーロッパのかつての諸帝国の領域では、しっかりと機能している国家が不在の状態で、様々な政治的意見をもつ民兵集団が自衛のために国民軍の役を演じ、そのなかで友と敵の境界線、戦闘員と民間人の境界線が恐ろしく不明瞭になっていった。[29]

包括的ではあるが誤解を招きかねないモッセの「野蛮化テーゼ」とは対照的に、本書は、戦争から平和へのヨーロッパの移行に関して多種多様な議論を展開する。この立場からすると、ヨーロッパ――ロシア、そして中東の旧オスマン帝国領もここに含む――が二〇世紀に辿った暴力に満ちた軌跡を理解するためには、一九一四～一七年の戦争体験よりも、第一次世界大戦の敗戦国にとって――敗北と帝国の崩壊、そして革命の騒乱のなかで――戦争がどのように終結したのかにこそ目を向ける必要があるだろう。

これらの要素〔敗北、帝国の崩壊、革命の騒乱〕のうちの一つである革命については、とくにロシアやドイツのように個別の国については考察がよく進んでいるものの、関連文献はまるで、一九一七年から一九二〇年代前半までにヨーロッパを揺るがした革命的諸事件には何の相互関係もなかったかのように、著しく一国史的な状態に留まっている。[30] 戦間期のドイツの「敗北の文化」も歴史的考察の対象とされてきたが、ヨーロッパのすべての敗戦国の経験を一冊の本のなかで探究した研究は、言語を問わず存在していない。[31] これは、奇妙なことではなかろうか。なんとなれば、一九一八年の敗北（イタリアの場合には「損なわれた勝利」という認識）がもっていた動員力のなかにこそ、戦後の暴力の激化を明快に説明する一つの鍵が存在しているからである。[32]（イタリア、そして連合王国のアイルランド地域を除けば）ヨーロッパの戦勝国では一九一八年以降に政治的暴力が大幅に増加することはなかったが、その理由の一端は、第一次世界大戦に軍事的に勝利したおかげで、戦時中に払った犠牲が無駄ではなかったことが証明され、勝利の栄光に満ちた国家の正統性が強化されたためであった。[33] 敗北者たちに関しては、同様のことは言えない。第一次世界大戦の敗戦国はどこも、国内の安定と平和を戦前のレベルに近いところにまで回復できなかったのである。

一九一八年以降に暴力が急増した要因としてもう一つ重要なのは、ヨーロッパの陸の諸帝国が不意に崩壊し、後継諸国家が難産を経て誕生したという点である。パリ講和条約は、数百万もの人びと――特筆すれば、チェコスロヴァキアやイタリア、ポーランドの民族ドイツ人、チェコスロヴァキアやユーゴスラヴィア、ルーマニアのマジャール人、そしてルーマニアとギリシャのブルガリア人――を新造の諸国家に帰属させたが、これらの国々は根源的なジレンマに直面することになった。それというのも、これらの国々は民族的な国家になる道を模索したものの、とくにポーランドとユーゴスラヴィア、チェコスロヴァキアは多民族帝国の縮小版だったからである。先行者であるハプスブルク帝国と大きく違っていたのは、彼らが熱望していたような民族的な純粋性という点においてではなく、その規模と、民族の序列が逆転した点においてだけだった。(34)

その後の数十年間のヨーロッパで試みられた領土修正主義の重心が、突然の崩壊によって新たな「暴力のフロンティア」を作り出したかつての多民族帝国の領域へと移動したのは、単なる偶然ではない。(35)「歴史的」領土の獲得と一九一八年に喪失した住民の回復は、第二次世界大戦の終結まで、そして時として一九四五年以降も、中東欧の外交と内政のなかで決定的な意味をもったのであり、このことはとくにハンガリー、ブルガリア、ドイツについて当てはまる。「歴史的」領土の獲得と喪失した住民の回復は、第一次世界大戦で獲得した領土のみならず帝政ロシアの西部国境地域をも奪われてしまったソ連にとっても一大事であった。「失われた」領土の回復を自らに課し、中東欧に対する影響力をより広域にわたって確保しようとするモスクワの試みは、想像を絶するほどの暴力的な状況下で、一九四〇年代まで、そしてその後も続行されることとなる。

革命、中央同盟国の敗北、そしてかつては諸帝国によって支配されていた大陸の領土再編は新たな、またその後も続く紛争にうってつけの状態を作り上げた――もっとも、こうした紛争の激化に説明を与えようとするならば、大戦後の暴力を作り出した、しばしばもっと前の紛争に由来する地域的な伝統や条件がもつ重要性にも留意しなければならない。例えば、バルカン地域のゲリラ的戦闘における「チェトニク」〔オスマン支配下のセルビアで組織されたゲリラ組織〕の伝統、一九一四年以前のアイルランド共和主義者の直接行動主義、そして戦前のロシアにおける革命の緊張状態はその好例である。(36)とはいえ、議論をまとめると、先に述べた包括的な諸要素――革命、敗北、そしてヨーロッパの諸帝国の崩壊のなかで起こった国民的「再生」――こそが、ヨーロッパ各地で武力紛争のトランスナショナルな波が発生して、一九二三年まで続くうえで決定的な役割を果たした。一時的な決着をつけたのが、同年七月に結ばれたローザンヌ条約であり、この条約は新生トルコ共和国の領域を画定し、大規模な住民交換の強制をつうじて、小アジアにおけるギリシャの領土的野心に終止符を打った。

ヨーロッパは一九二四~二九年に束の間の安定期を経験したが、一九一七~二三年に生じ、未解決のままであった核心的問題は、新たな緊急性を帯びつつ、一九二九年の世界大恐慌の勃発後に再び、国際政治と国内政治の議題として取り上げられるようになる。ゆえに、一九一七~二三年のヨーロッパの物語は、ヨーロッパ大陸の二〇世紀を特徴づける暴力のサイクルを理解するうえで決定的な意味をもつ。その物語は、一九一七年前半のロシアで起こった一大異変から始めなければならない。この時、第一次世界大戦の交戦国のなかで最大の人口を抱えていた国が、革命と軍事的敗北の混沌へと、先陣を切って突入していったのである。

第一部

敗北

ロシアとの講和……そして最近のイギリス軍に対する大勝利は、すべてのドイツ人の心臓を二発、力強くハンマーで叩いたかのようです。……戦々恐々としてドイツの戦勝を疑っていた連中、戦勝を信じていなかった連中は、今やそれが実現可能だと思っていますし、勝利の思想に頭を垂れねばなりません。

（アルフレート・フーゲンベルクからパウル・フォン・ヒンデンブルク宛ての一九一八年三月二六日付けの電報）

戦争に勝っていれば革命は決して起こらなかっただろうし、適当な時に講和が結ばれているだけでも革命を防げただろう。

こんにち、我らは皆、敗北の子供たちなのだ。

（ハインリヒ・マン「革命の意義と理念」『ミュンヘン新報』、一九一八年十二月一日）

第一章　春の列車旅行

一九一七年の復活祭の日曜日、ボリシェヴィズムの「凱旋行進」が列車旅行で始まった。四月九日〔一九一七年の復活祭は四月八日〕の午後遅く、ロシア・ボリシェヴィストのウラジーミル・イリイチ・レーニンと、その妻で同志の活動家だったナデジダ（「ナージャ」）・クルプスカヤ、そして三〇名の親密な協力者たちがドイツ行きの列車に乗って、チューリヒ中央駅を出発した。[1]

中立国のスイスからドイツ領を抜けての秘密旅行を承諾し、ロシアへの片道旅行の移動手段を提供したベルリン政府は、当時は社会主義インターナショナルの外部ではほとんど知られておらず、ごく小規模な急進左派の出版物に載せた時事論説で「レーニン」という筆名を用いていた男に、大きな期待をかけた。相当な額の資金を得たレーニンは、祖国のちっぽけなボリシェヴィキ運動を指揮し、この年の初頭にツァーリ体制を崩壊させた二月革命を急進化させ、ロシアと中央同盟国との戦争を終わらせてくれるはずであった。[2]

一九一四年七月末の戦争勃発以来、ドイツ外務省は、ロンドンとの結びつきを絶とうとしていたアイルランドの共和主義者たちや、英仏の植民地帝国におけるジハード主義者、そしてペトログラードのツァーリ専制に対して陰謀を企てていたロシアの革命家など、様々な政治的傾向を有する革命運動を支援することで、連合国の銃後の社会を不安定化させるという秘密計画を温めてきた。[3] それぞれの運動の政治的願望とは大きく立場を異にしていたものの、ベルリンはこうした運動を、連合国を内部から弱体化させるうえでの戦略的なパートナーと見なしていた。[4] しかしながら、ドイツの首都の戦略家にとって実に口惜しいことに、こうした取り組みは期待したほどの成果を挙げているようには思えなかった。一九一四年にドイツの首都に程近いツォッセン〔独語版ではツォッセン近郊のヴュンスドルフ〕の特殊な「半月キャンプ」に最初に抑留されたおよそ三〇〇〇人のムスリムの戦争捕虜たちは、その後、プロパガンダ目的でメソポタミアとペルシャの戦線に送り込まれたが、大量のジハード主義者の動員には成功しなかった。一九一六年春、ベルリンはさらなる停滞にあえいでいた。アイルランドにおいて、ドイツが後ろ盾となったイースター蜂起が全面的な革命の火ぶたを切るのに失敗したのである。同じ頃、ドイツに捕らわれていた戦争捕虜から成る「アイルランド旅団」を組織するために大戦勃発後の二年間をドイツ帝国で過ごしたロジャー・ケースメントが、四月にケリー〔アイルランド南西部の州〕の海岸でドイツのUボートから降りた直後に逮捕され、八月に国家反逆罪で処刑された。[5]

一九一七年二月にツァーリが権力の座から滑り落ちた後、ベルリンは革命家たちを彼らの祖国に密入国させる作戦を再開することにした〔ニコライ二世が退位したのはユリウス暦で三月二日、グレゴリウス暦で三月十五日〕。連合国の国内に動乱を引き起こそうというベルリンの戦略的な目論見に従って、中立国にあるドイツ大使館は一九一四年に、亡命ロシア人革命家のリストの作成を始めていた。レーニンの名前が最初に登場するのは、一九一五年に作成された、こうしたリストの一つにおいてである。ツァーリの退位後、ドイツ外務省が政府と最高軍司令部《オーバーステ・ヘーレスライトゥング》（OHL）に伝えたところによると、中立国スイスにいた多数の急進的マルクス主義者たちがペトログラードに帰還し、ロシアの極左のなかで、反戦主義的なボリシェヴィキの勢力を強化しようとしているのが確認された。ベルリンの政治、軍事の意思決定者たちはこの計画を支持した。[6]

　一九一七年四月に列車に乗り込んだ時、レーニンは四六歳であり、過去数十年間にわたる革命的行動主義のキャリアを有していた。ヴォルガ河畔のシンビルスク（現在のウリヤノフスク）出身のウラジーミルと彼の家族は、世襲貴族で学校監督官だった父のイリヤが脳出血で一八八六年に他界すると、カザンの近くにある母方の一族の所領に移り住んだ〔レーニン一家がカザンに移ったのは、兄のアレクサンドルが処刑された後〕。それから間もなく、ウラジーミルは信仰を放棄した。翌年、一家に再び災難が訪れた。兄のアレクサンドルが、ツァーリのアレクサンドル三世に対する暗殺計画への関与を理由に逮捕され、処刑されたのである。兄の死後、ウラジーミルも次第にマルクス主義のサークルに加わるようになる。ツァーリ体制に反対するデモに参加したためにカザン国立大学を放校処分となった彼は、ロシアの帝都において法学生として日々を過ごしつつ、政治への関心を保ち続けた。国家検定試験を受けた後、レーニンは法律家として革命運動に本格的に関わるようになり、ロシアの指導的な社会民主主義者たちとの繋がりを築いた。ヨーロッパ旅行から戻った後の一八九七年二月、彼は政治的アジテーターとして三年間、シベリアに追放された。[7]ツァーリの官憲を混乱させようとして、――おそらくシベリアのレナ川から採った――「レーニン」の別名を使い、広範にわたる革命的実践を採用するようになったのは、この一八九七〜一九〇〇年の流刑期間中のことである[8]（「レーニン」という筆名は、妻の友人の名に由来するという説もある。また、「レーニン」という筆名の初出は、一九〇一年十二月の著作からである。当時のロシア社会主義者の間では、労働者の経済的地位の向上のための闘争に主眼をおいた「経済主義」と呼ばれる立場が勢力をもっていたが、レーニンは経済面での闘争のみならず政治面での闘争も重視した）。

一九〇〇年以降、レーニンは西欧で暮らすようになり、最初はスイス、次にミュンヘンに住み、『イスクラ（火花）』紙を編集するかたわら、著名な綱領的著作『何をなすべきか？』（一九〇二年刊）を出版した。共産主義社会の創設をめぐるレーニンの思想は、カール・マルクスの資本主義についての分析に大幅に依拠しつつも、少なくとも一つの重要な点でマルクスとは異なっていた。マルクスにとって、ブルジョワ社会と資本主義の経済秩序は最終段階において、階級対立によって引き起こされる自発的な民衆蜂起へと必然的に帰着するはずであった。対照的に、レーニンは革命が自発的に発生するのを待とうとは思わなかった。自発的な革命が起こるためには、高度な工業化社会、そしてまた工場労働者たちの間に階級意識が均一に深く浸透していることが前提条件であるが、これらはどちらもロシアには存在していなかった。彼はそうではなく、断固たる決意をもち、よく訓練された職業的革命家の前衛集団によるクーデタをつうじて、暴力的に権力を掌握しようと企てた。[9] 一九〇五年革命の間、ロシア帝国の多くの大都市で自然発生したようなソヴィエト、すなわち「労働者評議会」こそが古い権力構造に取って代わり、未だ大部分が読み書きすらできないロシアの農民や労働者たちに対する上からの階級意識形成を加速させるはずであった。[10]

一九〇五年のロシアでの革命的動乱とそれに続いて出された十月詔書でのツァーリの譲歩を踏まえて、レーニンはロシアに戻ったが、その年の十二月には再び逃避行を余儀なくされた〔レーニン夫妻は一九〇六年八月にフィンランドに移り、一九〇七年十二月にロシア国外に逃亡した〕。彼はその後の十二年間〔九年四か月の誤り〕またもや亡命生活を送ることとなった。この時期、彼は様々なヨーロッパ都市――ジュネーヴ、パリ、ロンドン、クラクフ、そして一九一六年からはチューリヒ――に住んだ〔レーニンはクラクフからベルンを経てチューリヒに移った。また、ロンドンに住んだのは一九〇二～〇三年〕。スイス最大の都市であった当時のチューリヒは、ヨーロッパにおいて戦争に加わらなかった数少ない場所の一つであり、コミュニケーションの輪がよく保たれ、反体制の人間を庇護する伝統が根づいた、格別に魅力的な避難先であった。この町は、キャバレー・ヴォルテールでフーゴ・バルやトリスタン・ツァラを中心にして起こった前衛的なダダイズム芸術運動の発祥の地だったというだけでなく、数多くのヨーロッパの左翼急進主義者たちの一時的な住み家でもあった。彼らは、いかにして目標に到達するかをめぐって頻繁に内輪揉めをしつつも、革命を喧伝していた。(11)

そうした論争は、社会主義左派のメンバーの間では目新しいものではなかった。既に一八八九年七月に社会主義者の第二インターナショナルが創設されて以来、プロレタリアートのユートピアをどのようにして実現すべきかをめぐって、様々な党派が果てしなく議論を戦わせていた。改革を提唱する人びとと革命を主張する人びととの間の溝は、二〇世紀初頭にさらに深まった。ロシア社会民主労働党の場合、レーニンの率いる急進的なボリシェヴィキと、プロレタリア革命が可能となる前にロシアをブルジョワ的、民主的に再建すべきだと（マルクスの理論に則って）主張する、より穏健なメンシェヴィキという二つの最も重要な党派の見解に折り合いがつかず、一九〇三年には党の完全なる分裂へと繋がった[12]〔両派は一九〇六年に合同したが、一九一二年に完全に分裂した〕。

一九一四年の戦争勃発で、ヨーロッパの労働運動の内部分裂はさらに深まった。一九一四年には、社会民主主義系の政党のほとんどが自国の戦費を承認し、ナショナルな忠誠をインターナショナルな階級的連帯に優先させた。[13]レーニンは改革主義的な左派に対して仮借なき批判を加え、急進的な革命を熱烈に訴えたが、これによって彼はベルリンから、ロシアの国内情勢をさらに攪乱するという使命をこなしてくれる、理想的な候補者として評価されるようになった。[14]

当のレーニンは静かな環境のなかで暮らし、チューリヒの公共図書館で書き物をして日々生活していたが、ペトログラードでロマノフ朝に対して二月革命が勃発したことに驚かされた。チューリヒの亡命者たちがロシアの状況を把握するにあたっては新聞報道だけが頼りであり、レーニンが事態を知ったのは、ようやく一九一七年三月初頭になってのことだった。〔国会にあたる〕ドゥーマの議員や将軍たちの勧めでツァーリは退位し、弟のミハイルも帝位を辞退した。この時点ではまだ、革命の結果がいったいどうなるのか判然としなかったが、レーニンは勝負に出た。革命の成り行きに影響を及ぼす機会を逸した一九〇五年とは違い、この時のレーニンは時間を無駄にしようとはしなかった。彼は現場に身を投じるために、出来るだけ早くロシアに戻れることを願った。[15]

レーニンは、戦争で荒廃状態にあるヨーロッパを横断するにはドイツの支援が必要だということを重々承知していた。連合国がロシアの戦線離脱に繋がりかねないことにいささかなりとも加勢してくれるとは思えなかったが、ドイツはずっと前から、敵国を内部から弱体化させようとしていた。レーニンはドイツに利用されることを認識していたが、その一方で、目的――成功の可能性を秘めた、ロシアにおけるボリシェヴィキ革命――は手段を正当化すると考えた。ドイツ側との交渉で、彼は自分と仲間のロシア人同行者たちが一九一七年四月に乗り込む客室に治外法権を認めるよう要求した。チヨークで引いた線で「ドイツ領」と「ロシア領」とを分け、随行するドイツ人将校たちとロシアの革命家たちの間でさらなる接触が起こらないようにすべきだという、レーニンの主張はとおった。[16]

彼らを乗せた列車はあっという間にドイツ領を通過した。列車は北へとひた走り、ドイツの駅や町を通り抜け、中立国のスイスから来た旅行者たちは、ひどく痩せ細った兵士や疲れ切った市民たちを初めて目の当たりにし、戦争が遠からずドイツにも革命をもたらすだろうというレーニンの期待は高まった。バルト海に浮かぶドイツ領のリューゲン島で、レーニン一行は船に乗り換えてコペンハーゲンに向かい、それからストックホルムへと旅を続け、ペトログラード行きの別の列車に乗車した。レーニンの懸念に反して、彼と同志たちは何の問題もなくロシア領内に入った。一九一七年四月十六日――亡命から十二年後〔九年四か月後の誤り〕――、レーニンはロシアの帝都に到着し、ボリシェヴィキを支持する群衆から熱狂的な歓迎を受けた。列車がペトログラードのフィンランド駅に入ると、彼らは「ラ・マルセイエーズ」を演奏し、赤旗をはためかせ、花束を捧げた。[17] レーニンが帰還したのだ。

第二章　ロシア革命

レーニンがペトログラードに到着した時のロシアは、彼が一九〇五年〔一九〇七年の誤り〕に亡命した時とは別の国になっていた。まず間違いなく世紀転換期のヨーロッパで最も権威主義的な国家だった帝政ロシアは、大いなる矛盾を孕んだ国でもあった。この帝国は、一八六一年の農奴解放後もなお農業が優勢で、半封建的な社会構造を有していた反面、基礎的な段階からのものだったとはいえ、異常な速さの工業成長を経験してもいた。とくに石油や鉄鋼といった部門で、この経済的後発国は「一足飛び」に近代化を遂げ、その成長率は世紀転換期にはアメリカ合衆国やドイツ、イギリスを上回っていた(1)。

確かに、西はポーランド東部から東はシベリア沿岸部にまで広がる巨大な帝国において、すべてが順調だったわけではない。急激な経済発展の恩恵はロシア社会の大部分には行き渡らなかった。帝国の社会的構成は、主に農民と、増大する都市の工業プロレタリアートから成る「巨大な基底部をもち、徐々に狭小な頂上部へとすぼまっていくピラミッドのような姿をしていた」[2]。その頂点に君臨していたのは、ツァーリを臣民の「慈悲深き父」とするモスクワの古俗が復活するなかで父のアレクサンドル三世の後を継いだ、皇帝ニコライ二世であった。社会エリートは貴族が中心だったが、ロシアの貴族層――第一次世界大戦前夜には約一九〇万人に達した――は、統一された政治的見地に立つ均質な社会階級とは見なし難かった[3]。

多くの土地貴族が一九一四年の戦争勃発前の数十年間に危機意識を共有していたが、それは、経済的な近代化の力が伝統的な貴族の生活スタイルを根本から変えることになるだろうという確信だった。こうした危機意識に強く捉えられている例の一つが、アントン・チェーホフの有名な戯曲『桜の園』(一九〇四年刊)である。この戯曲では、悲劇的な主人公、リューボーフィ・アンドレーエヴナ・ラネーフスカヤは果樹園を別荘地に変えるのを拒否した後、家族の所領を失うこととなる[4]。ロシア人として初めてノーベル文学賞(一九三三年)を受賞した作家のイヴァン・ブーニンもまた、貴族が行く末に不安を抱き、没落を予感していた戦前の世界を力強い筆致で描き出した。往時は隆盛を誇った由緒ある貴族の末裔で、一家の将来をアルコール中毒の父親の博打で台無しにされたブーニンは、一九一二年に発表した小説『スホドール』で、暗い予言的ビジョンを提示している。物語は、かつては富裕であった貴族の一門、フルシチョフ家を中心にしたものであるが、作品の最後で同家の家運は尽き、一族の痕跡は跡形もなく消え去ることとなる[5]。

没落が予感されていたとはいえ、土地貴族たちはなおも、社会的ヒエラルヒーの最下層に収まっているはるかに大多数のロシアの農民たちよりもずっとましな生活を送っていた。農奴制は廃止されたが、その遺産は残り続けていた。貧困のせいで、多数の農民が都市での雇い口を探さざるを得なくなった。都市では、新たな工場がますます多くの工場労働者を求めていた。工場の労働条件は劣悪だったし、低賃金のうえひどいインフレ状態にあったため、多くの労働者階級の家族が悲惨な環境のなかで暮らしていた。(6) 犯罪や売春が蔓延し、衛生設備が不十分な借家に押し込まれた労働者とその家族は、チフスやコレラ、結核といった病気にもかかりやすかった。(7)

社会的不平等に対処する能力が国家に欠けており、政治改革を求める民衆の声に向かい合う気がツァーリになかったことで、二〇世紀初頭には日常的な暴力が激化した。こうした暴力は一九〇五年の革命で頂点に達した。この時には、極東で日本との戦争に敗れたことの屈辱が、労働者の暴動から西部国境地域やカフカスでの政治闘争、民族紛争に至るまでの様々な内紛と融合した。(8) ツァーリが――国会にあたる国家ドゥーマの開設と憲法〔国家基本法〕の制定を含めて――譲歩をした後、帝政ロシアの国内情勢は幾分落ち着いたが、ツァーリの警察が統制を再び確立しようと力を尽くしても、革命の暴力は収まらなかった。(9) 一九〇八年一月から一九一〇年五月までの間だけでも、七〇〇〇人以上の官吏と三〇〇〇人の一般市民が殺されたうえ、四〇〇〇人以上が負傷した。(10) 二年後の一九一二年春、シベリア南東部のレナ川沿岸の金鉱で起こった大規模なストライキは政府軍の残忍な鎮圧に遭い、五〇〇人の死傷者〔二五〇人という説もある〕が出て、連帯的なストライキが帝国中に拡大することとなった。(11)

もっとも、第一次世界大戦がなければ、社会的、政治的な不穏状態や国家権力に対する暴力行為がツァーリ支配の完全なる崩壊の要因になったとは思えない。(12) むしろ、第一次世界大戦前夜のロマノフ朝体制はそれまでよりも安定しているように見えた。(13) 一九一三年、ツァーリのニコライと政府は、かって東欧の小国だったモスクワ公国をヨーロッパの大国の一つ、地球上の陸地の六分の一を覆う帝国へと変革した自分たち一族の功業を誇示するために、ロマノフ朝のロシア支配三〇〇周年を公的に祝うよう命じたものであった。[14]

一九一四年に勃発した戦争は、ロシアが諸列強のなかで占める地位を確固たるものにしたかのように思われた。愛国心の波はさしあたり、——他の参戦国においてと同様に——国内の深刻な社会的、政治的な緊張状態を覆い隠した。しかし、戦争の勃発で焚きつけられた当初の高揚感がロシアほど急速に消え去った国も他になかった。緒戦で東プロイセンへの侵攻に成功し、またカフカスを越えて進撃してきたオスマン軍を敗退させた後、戦局はロシアの不利に転じた。一九一四年と一九一五年にドイツ軍から被った手痛い敗北が西部国境地域でのロシア軍の「大退却」に繋がり、国内の騒擾や織物業や金属加工業でのストライキに拍車がかかった一方で、一九一六年には中央アジアで大規模な徴兵拒否の反乱も起こった。[15] ロシア軍の最高司令官の役割を自ら担うという皇帝ニコライの決断が、国内情勢を改善することはなかった。彼が頻繁に都を留守にしたせいで、ドイツ生まれの不人気な皇后アレクサンドラ・フョードロヴナと、シベリア出身の僧侶グリゴリー・ラスプーチンをはじめとする皇后の取り巻きたちが今や権力を我が物にしているのだという見方が広まった。とうとう、皇后に対するラスプーチンの影響力の増大に憤激した二人のロシア人貴族〔そのうち一人は皇族〕とドゥーマの右派議員一名が凶行を決意した。一九一六年十二月三〇日、彼らはラスプーチンを惨殺した。帝国のエリートたちの間においてさえ暴力行為がはっきりと姿を現すようになったことで、ツァーリ体制への不信は急速に高まった。[16]

その間、戦況は悪化し続けた。一九一六年六～九月のブルシーロフ攻勢は、準備不足のオーストリア＝ハンガリー軍にガリツィアで大損害を与えたが、その反面で、東部戦線を鎮めるためにヴェルダンから大量の兵士を移送させるようドイツ軍に圧力をかけるという副作用もあり、攻勢はロシアにとってもひどく高くつくものになった。一〇〇万人近いロシア兵がこの作戦で死傷し、一九一七年前半にはロシア軍の死傷者は約二七〇万人に達した。加えて、この時までに四〇〇～五〇〇万人のロシア兵が捕虜になっていた(17)。

戦況が悪化の一途を辿ったことで、兵舎には一触即発の空気が漂った。そこでは、多くは強制的に軍務に就かされた約二三〇万人の新兵たちが幻滅に直面し、古参兵たちは次第に政治化していった。とりわけ、ペトログラード（一九一四年九月以来、サンクトペテルブルクという名称は愛国意識によって非ドイツ化された）周辺の駐屯地はその後の数か月間、革命行動の一大拠点となった(18)。

軍事的勝利が得られぬためにロシアに厭戦気分が広がり、以前から張りつめた状態にあった国内情勢がさらに険悪になったとはいえ、一九一七年の革命が起こった主たる原因は経済にある。穀物の大輸出国として知られる反面、ロシアの農業生産性は第一次世界大戦前夜のヨーロッパにおいて最も低かった。戦争が始まり、農業労働者と家畜が農村部から奪い取られたせいで、飢饉の恐れがさらに高まった。戦時中、農民を中心に一八〇〇万人のロシア人が動員され、二〇〇万頭の馬が徴用された。戦争が長引けば長引くほど食糧の供給状況は悪化し、一九一六年からは、ロシアの大都市住民は常に栄養失調と深刻な飢餓の恐怖の下で生活していた(19)。一九一六年後半、ツァーリの秘密警察であるロシア帝国内務省警察部警備局《オフラーナ》の報告は、ロシアの銃後の社会が崩壊しかかっているという警告を発している。厳しい食糧不足が革命の現実化という脅威を作り出し、今まさに発生しようとしている飢餓暴動には「このうえなく野蛮な暴力」が伴うだろうと、報告は結論づけている。[20]

食糧危機で社会的緊張が高まり、一九一七年春にとうとうツァーリ体制を打倒することとなる革命的諸事件の遠因となった。パンの欠乏をめぐってロシアの首都で行われた抗議が、直接の火種となった。ヨーロッパ第五の都市であったペトログラードは、革命行動の温床として理想的な場所だった。この都市では、労働者の七〇パーセントが大工場に雇用されていた。賃金は安く、労働者と家族の生活状況も貧しかった。利用可能な住居施設のおよそ半分には上下水道設備がなかった。ヴィボルグ区〔ペトログラード郊外のヴィボルグ市ではなく、ペトログラード市内の一区域〕の労働者階級の工場地区と、ネヴァ川を挟んで存在する富裕なネフスキー大通り地区は、対極を成していた。さらに悪いことに、戦争が続くにつれて食糧はますます不足し、価格が高騰していった。[21]

一九一七年三月八日（一九一八年二月にボリシェヴィキが西洋のグレゴリウス暦に切り替えるまで用いられていたユリウス暦では二月二三日）、木曜日の朝、ヴィボルグ区の織物工場で働く七〇〇〇人以上の女性労働者たちが、食糧供給が不十分なことに抗議してストライキに入った。一九一七年前半の食糧不足と絶え間ない価格高騰は都市労働者を困窮させ、空腹と絶望のなかに留めた。この年の最初の二か月間、危機の高まりに応えて、首都や帝国各地の都市でストライキと抗議行動の波が見られた。三月八日の路上行進では、近隣の工場から溢れ出てきた労働者たちが女性たちに加わった。正午には五万人以上が抗議の行進に参加し、日暮れには八〜十二万人が路上を練り歩いた。[22]

ペトログラードの当局は初め、警戒の必要を感じておらず、南に八〇〇キロ離れたモギリョフ〔現在のベラルーシのマヒリョウ」の大本営にいたツァーリにデモの報告をすることさえなかった。しかしながら翌日の朝、金持ちの隣人たちが住む市の中心部を行進する抗議者たちの数は、前日の二倍となった。そしてその数は増え続けた。三月十日の土曜日には、約三〇万人の労働者たちが路上に出た。[23]食糧欠乏への不満に端を発したデモがすぐに政治的な矛先を変えて、民主主義や戦争終結の要求、そしてツァーリ体制と皇帝ニコライ二世自身の無能に対する批判へと転じたことで、当局にとって事態はさらに悪化した。[24]

その日の夕刻、首都が不穏状態にあるという知らせがようやくツァーリの耳に届いた。パンと平和を求める臣民の声に心底からの不快感をもよおした彼は、ペトログラード軍管区司令官のセルゲイ・ハバロフ将軍に、必要ならば武力に訴えてでも、デモを即刻終わらせるよう命じた。そもそもペトログラードは、市内と近接地域に三〇万人超の兵士を抱える巨大な駐屯地であった。[25]三月十一日の日曜日の朝、ツァーリに忠誠を誓う部隊が命令に従って抗議の群衆に発砲し、数十人の参加者が銃撃を受けて死亡した。これは致命的な過ちであったことが明らかとなった。その日のうちに、他の部隊の兵士たちが次から次へと、丸腰の抗議者たちへの発砲を拒否し、体制への忠順を放棄した。[26]

翌日、反逆に転じた兵士と労働者たちが市の監獄へ向かって行進し、囚人を解放した後、警察署や内務省、そしてオフラーナの本部を襲撃したことで、状況はさらにエスカレートした。帝都はもはや統制不可能な状態にあるという報告をハバロフ将軍から受けると、ツァーリは最初は、自らに忠実な部隊をペトログラードに向かわせようと考えた。[27]しかし、時既に遅しであった。ペトログラードではツァーリの大臣たちが辞職して逃亡し、モギリョフでは説き伏せられたニコライが、弟のミハイル・

アレクサンドロヴィチ大公への譲位をついに受け入れたが、ミハイルは我が身の安全に対する恐れから、この毒杯をあおることをにべもなく拒否した[28]。

かくして、ニコライの退位でロマノフ朝に、そして一〇〇〇年にわたるロシアの君主支配に終止符が打たれた。この体制変化の影響はロシアのみならず、それ以外の地域でも甚大であった。二月革命は、戦争に疲弊したヨーロッパに大きな、そして新たな原動力をもたらした。各国で、政治的な正統性が今後どうあるべきかをめぐって、深い疑問が生じることとなったのである。革命がいかなる方向に向かうのかは未だ判然としなかったが、一九一七年二月〔グレゴリウス暦では三月〕の諸事件は、ヨーロッパにおいて一七八九年以来初めて、巨大な権威主義的体制の転覆に成功した事例となった。

ペトログラードやモスクワをはじめとする帝国各地の都市で、群衆が歓喜するなかで古い秩序が崩壊すると、ドゥーマ議員たちは臨時政府として知られることになる組織をこしらえ、自由主義的なゲオルギー・エヴゲーニエヴィチ・リヴォフ公を首相にした。新たな行政府の指導部には、ドゥーマ議長のミハイル・ロジャンコ〔臨時政府には参加していない〕や、立憲民主党（「カデット」）の領袖だった歴史家のパーヴェル・ミリュコーフ、ドゥーマ副議長だった社会主義者の弁護士のアレクサンドル・ケレンスキーが含まれていた[29]。

臨時政府が発足すると、特定の地域のソヴィエトというかたちをとって、対抗的な政治勢力が出現した。ソヴィエトは、――一九〇五年革命を範にとって――路上の民衆の利益を代弁し、そのために戦うことを目的に組織されていた[30]。臨時政府が民主的改革を求める自由主義者や中央右派〔右派の社会主義者〕の政治家に支配されていたのに対して、ソヴィエト、とくにペトログラードのそれを掌握していたのは極左、なかでもメンシェヴィキ、ボリシェヴィキ、社会革命党《エスエル》であった。ソヴィエトの創設は、民主的選挙が制憲議会を選出し、この国の政治的将来が決定されるまで続いた、「二重権力《ドヴォエヴラスチエ》」として知られる時代の到来を示すものであった。臨時政府とペトログラードのソヴィエトは、革命の先行きに関して根本的に違った見解を抱いていたものの、当面の間はかたや政府、かたや草の根の圧力団体という、互いの異なる役割を認め合っていた。[31] ソヴィエトの支持を得るために、臨時政府はさしあたって八つの条件をのまなければならなかった。そこには、すべての政治犯の大赦、言論・出版・集会の自由、階級・宗派・民族に基づくあらゆる制限の廃止といった事柄が盛り込まれていた。周知のように、レーニンが革命後のロシアを「世界で最も自由な国」と呼んだのは、こうした文脈においてである。[32]

臨時政府はオフラーナや帝国憲兵団の廃止にも同意した。この措置は、ツァーリの地方官僚制度の解体とともに、深刻な結果をもたらすこととなった。国家がより大規模な無秩序状態へと下降しているまさにその時にあって、オフラーナと帝国憲兵団を新たな組織にすげ替えなければ、臨時政府には効率的に治安を維持し、統治を遂行することができなかったからである。[33]

もっとも、二月革命後のロシアの問題は、ただ単に国家による暴力独占の欠如や、競合関係にある二つの権力中枢の共存からのみ生じたものではない。民主的なロシア二月革命の命運は、この国の第一次世界大戦への関わり方とも密接に結びついていた。ペトログラードは連合国に対する責務を尊重するという、臨時政府が与えた保証は必然的に、恐るべき戦争の継続を意味していた。革命によって即時の平和と土地改革への期待が高まったが、それらが実現する見通しはもはや失われてしまった。

ロシア社会の津々浦々に失望が芽生え、新たな為政者たちの信用と権威を損ねた。臨時政府が戦争の継続を表明したことで、兵士たちは新体制から離れていった。農村住民は、約束されていた土地改革が戦争終結後まで延期されるのを許そうとはしなかった。(34)

かくして、四月前半〔実際には四月十六日〕にロシアに戻ったレーニンは、既に起こっていた体制変化からだけでなく、臨時政府では変革に寄せられた大きな希望や期待に応えられないという事実からも利を得た。連合国の圧力もあって臨時政府がロシアの戦争継続を決定したのに対して、レーニンは主張をさらに先鋭化させる機会を得て、有名な「四月テーゼ」の冒頭で、大戦は「帝国主義的強盗」であり、終結させねばならないと宣言した。(35)

一方、一九一七年の夏、臨時政府の陸海軍相に任命されて間もないケレンスキーは、革命のエネルギーを軍隊へと導きたいという思惑から、新たな攻撃命令を出した。一九一七年七月一日から、ロシア軍はガリツィアのオーストリア゠ハンガリー軍とドイツ軍に攻勢をかけ、レンベルク〔現在のウクライナのリヴィウ〕に迫った。この都市を奪取し、そしてオーストリア゠ハンガリーを戦線離脱に追い込むという二つの目標は、前年のブルシーロフ攻勢の際と同様であった。一九一七年七月のロシア軍の緒戦での勝利は強力な砲兵隊の砲撃の結果であり、さらに歩兵隊の攻撃が続き、その間に多数の奇襲部隊が投入された。しかしながら、とりわけドイツ軍による頑強な抵抗を受けて決定的勝利は得られず、ロシアの攻撃軍に甚大な被害がもたらされた。(36)

死傷率の上昇で、なけなしの士気が挫かれた。敵軍の第一防衛線が崩れた後、第七軍団と第十一軍団の歩兵は進撃を拒否した。今後何をなすべきかを話し合うために、兵士評議会が形成された。師団が戦闘をはっきりと拒否しなかった場合でも、師団に設置された評議会による事前の協議抜きでは、いかなる指令にも従うことはなかった。七月の最初の二週間、攻撃軍は悪天候と糧秣不足のなかで足踏みをしていた(37)。

七月半ばにドイツ軍とオーストリア＝ハンガリー軍が反撃に出ると、ロシアの侵攻軍は総崩れとなった。ロシア軍のささやかな抵抗に遭遇しつつも、ドイツとオーストリアの軍隊はガリツィアやウクライナ、バルト地方へと進軍した。数日のうちにロシア軍は約二四〇キロメートルも退却した。八月〔ユリウス暦で八月二一日、グレゴリウス暦で九月三日〕、帝国第二の港湾都市だったリガがドイツ軍の手に落ちた(38)。中央同盟国軍が侵攻すると、ロシア帝国軍は崩壊した。部隊は消滅し、仲間割れし、町を略奪し、農場主の館に火を放ち、あるいは故郷を目指してちりぢりになった。一九一七年末には、脱走兵の数は三七万人程度に達した(39)。

脱走兵以上に臨時政府の頭を悩ませたのが、後方や駐屯地に留まっている一〇〇万を超える兵士たちであった。春以降、これらの部隊は次第に前線への移送を拒否するようになっていた。大都市の駐屯地は今や、それ自体が政治的要素となっていた。ほとんどの場合、彼らはソヴィエトの側につき、徐々にボリシェヴィキか社会革命党を支持し始め、地域における政府権力の代行機関への支持を拒否しだしていた。形勢を左右するのはペトログラードの駐屯地であったが、彼らは革命の守護者をもって自任しており、そうした兵士たちを説得して、その一部を前線に送り込ませるのは大いに難しそうだった(40)。

軍事的失敗はロシア軍そのものの解体をもたらしただけでなく、臨時政府に揺さぶりをかけようとする国内の試みを後押しすることにもなった。七月半ば、ボリシェヴィキ赤衛隊員たち、ペトログラード駐屯地の兵士たち、クロンシタットのコトリン島の海軍基地の水兵たちが首都でクーデタを試みた。ボリシェヴィキの支持者と臨時政府に従う部隊が交戦し、ペトログラード・ソヴィエトの会議場であったタヴリーダ宮殿に政府軍が突入したことで、約四〇〇名の死者がもたらされた。クーデタは潰され、レーニンと彼の腹心であったグリゴリー・ジノヴィエフは一時的にフィンランドへの逃亡を余儀なくされたものの、たった数か月後にボリシェヴィキは第二のクーデタを企て、そして今度は成功を得た。[41]

この時には、ボリシェヴィキにとって状況は好転していた。ケレンスキーは七月にボリシェヴィキの一揆が失敗した後に首相の座に就いたが、夏の攻勢が惨憺たる結果に終わり、それまで残っていた軍の支持をすっかり失った。ドイツ軍がリガを占領した六日後〔七日後の誤り〕、軍の最高総司令官だったラーヴル・コルニーロフ将軍が、臨時政府に対する蜂起を試みた。このクーデタはペトログラードとモスクワのソヴィエトによる武装抵抗、そして鉄道労働者や電信労働者の受動的抵抗に遭って、すぐに消滅した。コルニーロフをはじめとする数名の将軍が逮捕された。[42]

コルニーロフ事件で最大の受益者となったのは、ボリシェヴィキであった。ケレンスキーは、コルニーロフから革命を「守る」ために、ボリシェヴィキの指導者たちを監獄に閉じ込め続けるのをやめて釈放し（当のレーニンはフィンランドに留まっていたものの）、不可避のものと思われていた反革命の脅威をかわせるように、武器と弾薬を与えた。ケレンスキーがまだ残っていた保守派や自由主義派、軍指導部の支持ばかりか、穏健左派の多数派の支持すら完全に失ったのに対して、ボリシェヴィキは、思いもよらずまたもや自分たちにつきが回ってきたことに気づいた[43]。

組織作りの天才、レフ・トロツキーが亡命先のアメリカから帰還したことも、ボリシェヴィキに利をもたらした。レフ・ダヴィードヴィチ・ブロンシテインとしてヤノフカ村〔ウクライナ南部。現在のベレスラフカ〕に生まれたトロツキーは、比較的裕福なユダヤ人農民の息子だったが、レーニンと同様に最初はシベリア――そこで彼は看守の一人の名前をペンネームに拝借し、この看守のパスポートを盗んで一九〇二年に逃亡した――、その後はロシア国外で、数年にわたり亡命生活を送った〔「トロツキー」の名の由来はオデッサの看守。トロツキーはまずロンドンに亡命し、一九〇五年革命時にロシアに帰国し、同年十二月に逮捕された後に脱走して、ウィーンに辿り着いた〕。元々はメンシェヴィキ左派だったトロツキーは、ニューヨークで暮らしていた指折りの共産主義者で、後にコミンテルン執行委員会議長となったニコライ・ブハーリンとともに、亡命者向けの新聞を編集した。トロツキーが徐々にボリシェヴィキに接近していくにつれて、レーニンは彼の知的能力や組織作りの才能を評価するようになったが、トロツキーのそうした能力は、無慈悲な野心や、論敵を叩きのめすためなら極度の暴力も厭わない性向と表裏一体を成していた。トロツキーが一九〇五年以降に展開した「永続革命」論は、革命をロシアのような比較的後進的な国で起こしたうえで、他のどこかに「輸出」することが可能だという、レーニンの信念を補強した。亡命先からペトログラードに戻ったトロツキーはすぐに、ボリシェヴィキの準軍事的組織、赤衛隊が創設されるなかで重要人物となった。トロツキーと彼の作った赤衛隊は、数か月後のペトログラードでのクーデタで決定的な役割を演じることとなる[44]。

当のレーニンはその頃はまだフィンランドにおり、綱領的著作『国家と革命』（一九一七年刊）の執筆中だった。この論文のなかで彼は、ロシアの社会主義の党派やメンシェヴィキの妥協的な態度を糾弾した。彼は、革命的「前衛」によって国家をさらに徹底的に破壊するよう呼びかけつつ、究極的には必ずや階級なき社会をもたらすであろうプロレタリア独裁の確立を求める、マルクスの呼びかけを召還したのであった。(45)

ペトログラードに話を戻すと、ケレンスキーは一九一七年八月後半に、かねてからの約束だった（しかし繰り返し延期されてきた）制憲議会選挙を十一月二五日に実施すると発表したが、それでも国内の雰囲気を鎮静できなかった〔この八月二二日の発表も、八月末に予定されていた選挙を十一月二五日に延期すると決定したものであった〕。夏が過ぎ秋になると、ロシアの情勢はますます不安定になり、中央政府はもはや、巨大な国土全域における「暴力の独占」を主張できなくなり、また同時に、かつての帝国の西部辺境地帯や中央アジアから発せられた自治を求める声に直面した。(46) 地方の農民たちは土地問題の解決を望んでいたものの、約束済みの制憲議会をこれ以上待つつもりはなく、この問題を自力で解決しようとして、農地を占拠し始めた。(47) 農民の暴力がことのほか激しく爆発したのは、サラトフやサマーラ、ペンザ、シンビルスクといった、伝統的に暴動が起こりやすかったヴォルガ川流域の諸県であった。(48)

こうした農民暴動と対照的に、十月二五〜二六日（グレゴリウス暦十一月七〜八日）についに達成されたボリシェヴィキの権力掌握は、ほぼ無血で実現した。セルゲイ・エイゼンシテインの有名な映画「十月」（一九二八年）が描いたような、大勢の革命的群集の関与はなかった。そうではなく、レーニンの支持者たちがペトログラードの駐屯軍を統制し、首都の戦略的な最重要拠点を幾つか占拠する間に、ボリシェヴィキは小規模なクーデタで臨時政府に揺さぶりをかけた。そうした拠点には、発電所や中央郵便局、国営銀行、中央電信局、そして主要な橋梁や鉄道駅が含まれていた。十月革命は、ヨーロッパの敗戦国のいたるところ、無数の場所で間もなく起こる革命の、お馴染みのモデルとなった。巡洋艦「アヴローラ号」の水兵たちの援護砲撃を受けつつ、ボリシェヴィキ側の部隊は、今や完全に孤立していた臨時政府の置かれていた冬宮を占領した。水兵に変装したケレンスキーはアメリカ大使館に辛くも逃げ込み、その後、完全に国を離れた。[49]

翌朝、レーニンは有名な宣言、「ロシアの市民へ！」を出した〔同宣言はユリウス暦で十月二五日（グレゴリウス暦で十一月七日）午前十時付けなので、正確には、同日の夜に始まった冬宮制圧に先立って出されている〕。

臨時政府は打倒された。国家権力は、ペトログラード……ソヴェトの機関……の手にうつった。人民が闘争の目標としてきた事業、すなわち民主主義的講和の即時の提議、地主の土地所有の廃止、生産の労働者統制、ソヴェト政府の樹立という事業は保障されている。労働者、兵士、農民の革命万歳！[50]

その後に続く内戦の過剰な暴力と比較すると、この革命はおおよそのところ平和裏に進行した。冬宮への突入での死者――ロシアの首都での十月革命における唯一の犠牲者――は六名に過ぎなかった。モスクワの状況はこれとは異なり、士官候補生たちが丸一週間ボリシェヴィキに抵抗したが、他の革命と比べれば、ボリシェヴィキの最初の権力掌握は意外なほどに流血沙汰とは無縁だった。[51] それにもかかわらずレーニンは、ボリシェヴィキの権力支配の不確かさをよく認識していた。彼は、旧帝国の全域において支配を強化しなければならなかったが、巨大な国土と人口を考えれば、これは至難の業であった。この時点で、ボリシェヴィキ勢力の支持者は急激に増加していたとはいえ、正規の党員数そのものはおそらく一万五〇〇〇人を超えていなかった。レーニンは、約束の制憲議会総選挙を一九一七年十一月に開催するのを認めることで、自分の党派のために時間稼ぎをした。しかし、より穏健な〔左派〕社会革命党が（ボリシェヴィキの二三・五パーセントに対して）四一パーセントの得票率を占めて勝者となると、彼は早くも翌日にペトログラードの制憲議会を解散した[52]〔制憲議会の開会は一九一八年一月五日（グレゴリウス暦で一月十八日）、解散は一月六日（同一月十九日）〕。

レーニンは、即時の講和、軍隊の完全な民主化、すべての人民と民族の自決権、労働者による工場の統制、貴族やブルジョワ、教会、政府が所有するすべての土地の「人民」への移譲といった、とくに評判の良い約束を何度も繰り返すことで、余命わずかなロシアの民主主義の死に伴う痛みを和らげようとした。〔右派〕社会革命党とメンシェヴィキがボリシェヴィキのクーデタ〔十月革命のこと〕に対して異議を唱えて退場し、自らの首を絞めることになった直後、レーニンの公約はペトログラードでの第二回全ロシア・ソヴィエト大会で採択された[53]。

レーニンの体制は直ちに、こうした約束、とくに土地と所有の改革に関する約束を履行するための法律を制定した。一九一七年十一月八日の大会で採択された「土地に関する布告」は、富の大規模な再配分と私的な土地所有の廃止のための「法的な」基礎となるものであった。土地を取り上げられた者には何の補償も与えるべきではないとされた。唯一の例外は、農民が耕作していた土地で、彼らは土地の保有を認められた[54]。農村では、地域の主導で、次第に私有地が収用されて貧農の手に渡るようになっており、「土地に関する布告」はおおよそのところ、農村における農民たちの直接行動の高まりへの対応として出されたのであった。ゆえにこの布告はただ単に、既に起こっていたことを追認しただけのものであった。一九一八年二月には、ロシアの全農地の約七五パーセントが没収された。[55] 没収の対象となったのは貴族の土地所有者だけではなく、「富裕な」農民も財産を再分配された。[56] ボリシェヴィキは、一〇〇〇以上の修道院を含め、正教会の所有地も国有化した。レーニンはさらに、一九一七年十一月半ばから一九一八年三月前半にかけて、私営企業、銀行、工場の国有化に関する約三〇の布告を出した。[57]

レーニンの第二の、そして国有化と同じくらい好評を博した公約は、戦争からの撤退であった。いつもどおりの冷徹な現実主義によって、彼はこの時点で、ロシアの軍事的敗北が避け難くなっていることを認識していたが、しかしこの敗北に大きなチャンスを見出してもいた。すなわち、ロシアの軍事的な逆境により、まずはボリシェヴィキの権力獲得が可能となったわけだが、それだけでなく、戦争からの全面的な撤退は今や、ボリシェヴィキ革命を守るための唯一の実行可能な選択肢なのだと考えたのである。ロシアを戦争から引き離せば、国内にいる沢山の敵に集中して対処できるはずだった。それと同時に彼は、中欧や西欧での厭戦気分の広がりと物資の欠乏が間もなく他の交戦国で革命をもたらし、世界規模とまではいかなくても、全ヨーロッパ規模でのボリシェヴィズムの勝利に道を開くことを期待した。一九一七年十二月十五日、レーニンの使者が中央同盟国との休戦協定に調印した。

第三章　ブレスト＝リトフスク

　ロシアと中央同盟国との停戦が実現してからわずか数日後の一九一七年十二月二二日、当時ドイツ軍の東部大本営が置かれていた要塞都市、ブレスト＝リトフスク〔現在のベラルーシのブレスト〕において講和会議が開かれた。前例のないことであったが、自分たちのプロパガンダを広め、ドイツの帝国主義を白日の下に晒そうと目論むボリシェヴィキは、和平交渉は公開で行われるべきだと主張し、これを認めさせることに成功した。(1)

　この講和会議は、古い帝国の力と新しい革命国家の力の衝突という、異質なもの同士の組み合わせだった点でもユニークであった。中央同盟国の十四名の代表者（そのうち五名がドイツ、四名がオーストリア＝ハンガリー、三名がオスマン帝国、二名がブルガリアの代表者）はそれぞれに、旧体制《アンシャン・レジーム》の壮麗と栄華を代弁していた。そうした人物として挙げられるのが、ボリシェヴィキのテーブルマナーに対して繰り返し不満をこぼした、ひどく神経質なオーストリア＝ハンガリー外相、オトカル・チェルニーン伯爵であり、あるいはアルメニア人虐殺を扇動した一人であるタラート・パシャ〔オスマン帝国の大宰相〕のような急進的な民族主義の信奉者であった。最初はアドリフ・ヨッフェ、その後は新たに外務人民委員に任命されたレフ・トロツキーが指揮を執ったブレスト＝リトフスクのボリシェヴィキ代表団の面々は、明らかに中央同盟国側とは正反対の人びとを代表していた。ボリシェヴィキに権力を付与したのが誰なのかを反映するようにして組織されたトロツキー率いる代表団は、普段着姿の労働者や陸軍兵、水兵、女性、農民を含む二八名のメンバーから構成されていた。ドイツとその同盟国が、正式な外交上の会合の場でこのような光景を目にしたことはそれまで一度もなかった。(2)

帝国外務長官のリヒャルト・フォン・キュールマンを長とするドイツ代表団は、東部戦線での戦争をできるだけ速やかに終了させ、それと同時に、中東欧に非公式の帝国を創出しようと努めた。この非公式の帝国は、ロシアの西辺に新造され、ドイツがその運命を左右しうるような、独立した国民国家群から構成されるはずであった。中央同盟国が他の前線で戦争を継続するのに必要な穀物と鉱物資源の供給を確保するために、ベルリンとウィーンは、とりわけウクライナの独立を熱望した。(3) 東部戦線参謀長のマックス・ホフマン将軍が、ポーランドやリトアニア、クールラント〔現在のラトヴィアの西部地域〕の民族自決権をベルリンが支援していることを明らかにすると、トロツキーはドイツの露骨な拡張主義を見抜いて憤慨し、交渉の決裂をちらつかせて脅しをかけた。ロシア代表団がペトログラードの政府に諮った後、講和をめぐる話し合いは〔決裂から〕十日後に再開された。(4)

次なる段階をめぐっては、ボリシェヴィキの指導者たちの意見は様々であった。レーニンは現実的に状況を捉え、ロシアにおけるボリシェヴィキの立場を確固たるものにし、革命の成果を守るために、何としても和平協定を結ぶことを望んだ。レーニンの見通しとは反対に、ボリシェヴィキ指導者たちのなかでもトロツキーのような人びとの間では、数週間もすればヨーロッパ各地で革命が勃発するだろうから、そうした事態が起こるまで中央同盟国との交渉を引き延ばすべきだという確信が広がっていた。それゆえ、ペトログラードでの協議を経てブレスト＝リトフスクから戻ると、トロツキーは時間稼ぎを行った。中央同盟国の併合計画を批判するとともに、ドイツ民衆の平和の希求に訴えかけた彼の情熱的な演説には、確かにインパクトがあった。一九一八年一月十四日、オーストリア社会民主党が大規模なデモを呼びかけ、ストライキはたちまちブダペシュトやベルリンに広がり、五〇万人以上の労働者たちがこれに応じた。(5)

ベルリンやウィーンといった諸都市での一月の大規模ストライキでトロツキーはさらに勢いづき、ボリシェヴィキ革命がすぐに西方へと拡大するだろうと考えたが、ブレスト＝リトフスクに集まったキュールマンをはじめとする中央同盟国の代表者たちにとっては、こうした事態は受け入れ難いものであった。しびれを切らした彼らは、二月九日にウクライナと単独の条約を結んだ。この、いわゆる「パンの講和」でウクライナは、当時ロシアからの独立を宣言したばかりのウクライナ人民共和国（UNR）を承認してもらうかわりに、毎年数百万トンのパンをドイツとオーストリア＝ハンガリーに供給することに合意した。(6)

単独での講和条約のことを耳にしたトロツキーは怒って会談の場を飛び出し、これ以上の交渉を拒否した。中央同盟国は戦闘の再開をもってこれに応えた。二月十八日付けで、ドイツ軍とオーストリア＝ハンガリー軍の兵士一〇〇万人が東部へと進撃した。迅速な侵攻で両軍は大規模な占領地を獲得し、ほとんど何の抵抗も受けないまま、ドルパト(タルト)、レヴァル(タリン)、ナルヴァ〔いずれもエストニアの都市〕を占領した。三月一日に首都のキエフを占領されたウクライナのように、ラトヴィア、リヴォニア〔現在のエストニア南部からラトヴィア東部にかけての地域〕、エストニア、ベラルーシといったその他の地域も侵攻を受けた。(7)

この侵攻によって、ペトログラードは新たな、交渉の余地なき講和条件を突きつけられた。レーニンが、もし政府がどうしても講和の受諾を拒否するのなら、党代表と人民委員会議議長の役を降りると恫喝した末、キエフ陥落直後の三月三日に、ボリシェヴィキはブレスト゠リトフスク条約に調印した。この条約によってドイツは、ヨーロッパにおける支配的勢力となるという開戦当初の目標に一九一四年以来で最も近づいた。中央同盟国にとって、この時はまたとない勝利の瞬間であった。

ボリシェヴィキから賠償金を搾り取れないと知ったベルリンは、領土併合というかたちで取り立てを行うことにしたが、そこには、これと比べれば後のヴェルサイユ条約が慈悲深く見えるほどの内容が含まれていた。ドイツは、フィンランド、ロシア領ポーランド、エストニア、リヴォニア、クールラント、リトアニア、ウクライナ、ベッサラビアといった、貴重な天然資源を産する、旧帝国領の広大な地域の「独立」(多くの場合、多数のドイツ軍の駐留を前提とした独立)の実現を承認するよう、ペトログラードに要求した。それに加えて、ボリシェヴィキは、――一八七七~七八年の露土戦争で獲得した――アルダハン、カルス〔いずれも現在のトルコ北東部の都市〕、バトゥーミ〔現在のジョージア(グルジア)西部の都市〕の諸地域をオスマン帝国に返還するよう求められた。かくして、ソヴィエト・ロシアは西部の、かつてロマノフ帝国の領土だった非ロシア系地域のほぼすべてをむしりとられた。その面積は――ドイツ帝国の二倍にあたる〔約三倍の誤り〕――一六〇万平方キロメートルに及び、人口では戦前のロシアの三分の一に相当した。ロシアが産出する鉱物資源の約七三パーセント、そして石炭の実に八九パーセントが、産業の大部分とともに失われた。[8] かくして、戦争に負けたのはツァーリ体制と臨時政府なのだとボリシェヴィキが倦むことなく強調したものの、ロシアは第一次世界大戦の最初の敗戦国となった。

ブレスト＝リトフスク条約の過酷な条件に対する反発がボリシェヴィキ運動の内部においてさえ強かった一方で、レーニンは自らの体制の存続が対外的な平和――この平和は、国内の敵からプロレタリアートの独裁を守るための時間を与えてくれることとなる――にかかっていることを理解していた。ブレスト＝リトフスク条約は、戦争終結が国内向けに行った約束を実現するばかりか、ドイツの大がかりで帝国主義的な戦争目的を余すところなく露呈させることになるだろうし、また他方では、ロシア軍に捕らわれている中央同盟国の戦争捕虜の解放は、期待されていた中欧での革命の発生を早める役割を果たすに違いなかった。

間もなく、レーニンのこうした推測の大半が正しかったことが明らかになった。数十万人の、とくにオーストリア＝ハンガリー軍の戦争捕虜の解放は、国内が急進化するのに大きな効果があった。[9] 実際のところ、祖国に帰還した兵士たちのなかにはボリシェヴィキのイデオロギーに感化された者が多数おり、彼らは後に、オーストリア人の社会主義者オットー・バウアーやハンガリー人のクン・ベーラ、そして後の共産主義者としてのチトーという変名でより広く知られるクロアチア人のヨシップ・ブロズ曹長のように、中欧や南東欧で左翼勢力の指導者になっていったのであった。[10]

第四章　勝利の味

ロシアの敗北は、一九一七年末に中央同盟国の軍指導部の間に楽観論が広がる原因となったが、それだけではなかった。オスマン帝国はクリスマスの直前にイェルサレムの町をイギリス軍に奪われたものの、ロシアの戦争離脱というレーニンの決定のおかげで、コンスタンティノープルの軍隊が東部アナトリア全域に対する支配を回復したばかりか、軍事の政策決定者はカフカスへの侵攻計画を復活さえした。あるトルコの新聞は、次のように明言している。「ロシア革命は我々を差し迫る脅威から救ってくれた。ロシアでの出来事が自分たちにとってもつ重要性を忘れず、そうした出来事を注意深く追い続ける限り、我々は当面は一息つけるだろう[1]」。

アメリカ合衆国が一九一七年四月の対独宣戦布告を同年十二月にオーストリア＝ハンガリーにまで適用したものの、ようやくこの時ヨーロッパに到着したアメリカ兵はたったの十七万五〇〇〇人に過ぎず、その大半は戦闘の経験がなかった[2]。むしろ、今や中央同盟国が戦争の主導権を握っていると信じるに足るだけの理由があった――少なくとも、西部戦線の連合国軍の前線部隊がアメリカ兵によって補充されるまでは。さらに、ロシアが戦争から離脱したことで、連合国の一員であったルーマニアが孤立し、強力なドイツ軍、オーストリア＝ハンガリー軍、ブルガリア軍に取り囲まれることになった。一九一七年十二月九日、ブカレストは新たな現実を受け入れ、極めて過酷なフォクシャニ〔ルーマニア東部の都市〕の休戦協定に調印した。(3)

しかしながら、より重要だったのは南部戦線、アルプスのイゾンツォ川に沿った丘陵地帯での事態の推移である。同地ではハプスブルク軍と、主にイタリア兵から成る敵軍とが一九一六年、一九一七年をとおして、一進一退を繰り広げていた。(4) この時には、一九一四年の七月危機の間に対立がエスカレートするうえで決定的な役割を果たしたハプスブルク帝国にとって、戦局は極めて不利になっていた。その後の数年にわたり、ウィーンは幾つかの戦線で壊滅的な敗北を経験してきた。戦争の序盤で、オーストリア＝ハンガリー軍は弱小国セルビアに侵攻しようとして撃退されるという屈辱を味わい、翌年、ドイツ軍とブルガリア軍の手を相当まで借りて、ようやくベオグラードを打ち負かすことができた。そのうえ、ロシア帝国軍が二度にわたり――一度目は緒戦で、そして二度目はハプスブルク軍に壊滅的打撃を与えた一九一六年のブルシーロフ攻勢の際に――ハプスブルク領ガリツィアに侵攻した。(5)

しかし、一九一七年十月の第十二次イゾンツォの戦い、近傍の町の名前をとってカポレットの戦いという呼び方で良く知られる戦闘で、ハプスブルク軍はイタリア軍から驚くべき勝利をあげた。エルヴィーン・ロンメルという名の新進気鋭の歩兵将校も含めた六個師団分のドイツ軍の支援を受けて、攻撃隊が濃霧に利を得つつ攻撃を開始し、イタリア軍は完全に虚を突かれた。重火砲の弾幕に続いて、合同軍は猛烈な速さでイタリア第二軍の防衛線を突破し、日暮れ時までに奇襲部隊は何と二五キロメートルも進軍した。彼らの攻撃は敵軍を圧倒し、イタリア軍は算を乱して敗走し、ついにはヴェネツィアの北に防衛線を張り直すに至った。三万人のイタリア軍兵士が死傷し、二六万五〇〇〇人が捕虜となった。総司令官のルイージ・カドルナ元帥の解任と首相のパオロ・ボセッリの辞任に繋がったカポレットの大敗北で、イタリア軍が完全に崩壊したとまでは言えないが、一九一七年十一月には、領土を喪失することなしに名誉ある和睦を結んで戦争を終えるのが、ローマにとって目下の望みうる最大のところであるように思われた。(6)

西部戦線での戦闘でどのような決着がつくかが明らかになるちょうど一年前の一九一七年十一月十一日、ドイツ軍の戦略立案者という要職にあった兵站総監のエーリヒ・ルーデンドルフは、西部戦線での対決の結果として目下明らかになりつつある将来を楽観視していた。

ロシアとイタリアの状況のおかげで、新年に西部の戦場で一撃お見舞いできそうだ。兵力はほぼ拮抗状態になるだろう。およそ三五個の師団と一〇〇〇門の重砲があれば攻勢が可能になる。……全般的状況からして、我々はできるだけ早く、理想としては二月末か三月初めに、アメリカ軍が強力な部隊をこの拮抗状態のなかに投入する前に、攻勢をかけるよう迫られている。(7)

参謀本部付将校の一人だったアルブレヒト・フォン・テーア大佐もルーデンドルフの楽観論を共有しており、一九一七年の大晦日の日記に次のように記している。

我々のおかれた立場がこれほどまでに良かったことは一度もない。軍事大国のロシアは完全に片がつき、和睦を嘆願している。ルーマニアも同様だ。セルビアとモンテネグロは簡単に退散した。イタリアはイギリスとフランスの支援を受けているが、最も有利な立場にいるのは我々だ。イギリスとフランスはまだ戦闘状態にあるが、(とくにフランスは)かなり消耗しており、イギリスは潜水艦戦の重圧を受けている。(8)

確かに、ドイツ最高軍司令部は、勝利は迅速に獲得されねばならないということをよく理解していた。(9) 厭戦気分と無規律が、中央同盟国も含めてすべての交戦国に拡大していた。一九一七年末と一九一八年初めにはウィーンやブダペシュト、ベルリンで物資の枯渇と政治的抗議の兆候が目につき始め、大規模なストライキが最高潮に達した。だが同じ時期に、ドイツ軍は東部から四八個の師団を移送して、西部戦線の疲弊した連合国軍兵士に対峙させられるようになるという僥倖《ぎょうこう》を得た。(10)

この楽観的な認識は、ドイツ軍上層部に限られたものではなかった。ブレスト＝リトフスク条約が調印される時には既に、コンスタンティノープルは東アナトリア全域の再征服を目指した攻勢を開始し、余命幾ばくもないザカフカス民主連邦共和国に対して軍事行動をとるよう、オスマン帝国第三軍団に指示を出していた。ザカフカス民主連邦共和国は、一九一七年十月のボリシェヴィキ革命を独立のための歴史的な絶好機と見たアルメニアやジョージア、アゼルバイジャンの分離主義者たちによって建国された国であった。トビリシ(現在はジョージア領)の連邦共和国政府は、ブレスト＝リトフスク条約でレーニンが示したコンスタンティノープルへの領土的な譲歩を直ちに拒否したが、オスマン帝国はロシアの敗北に乗じてカフカスに触手を伸ばしつつあった。オスマン帝国が国境に手を出そうものなら武力で抵抗するつもりだと、トビリシは明言した。[11]

激しい抵抗にもかかわらず、オスマン軍の部隊は連邦共和国の領内に進軍した。一九一八年三月前半には彼らはエルズルムの市門に達し、その後さらに黒海のトラブゾン港に到着した。トラブゾンは無血でオスマン軍に占領されたが、エルズルム〔トルコ東部の都市〕の占領には身の毛もよだつような大虐殺が伴った。エルズルムから退却するアルメニア人部隊が約四〇〇〇人の地元のムスリム市民を殺害したために、行軍を続けるオスマン帝国軍が一八七七年の時点での帝国の国境沿いの町々や村々を通過する際に、報復の無差別殺戮の波が起こった。一九一八年四月、彼らは激しい暴力を用いて、カルスにあったアルメニア人の拠点を掌握した。[12]

オスマンの将軍たちや、政権を握っていたナショナリスト組織「統一と進歩委員会」（CUP）の指導者たちは勝利に勢いづいて、カフカスでの帝国主義的拡大に再び手を染め始めた。陸軍大臣のエンヴェル・パシャとオスマン帝国最高軍司令部は、動員可能な全軍をメソポタミア戦線に移送する必要はないし、カフカスへとさらに侵攻しつつ、同時にイギリスとの戦争も継続できるという、揺るぎない自信をもっていた。勝機は、あるいは彼らが勝機と信じていたものは、中央同盟国の側にあった。「今や前進あるのみ」と、オスマン帝国の大臣の一人は言い切った。[13]

こうして、戦争の最後の年に様々な出来事が展開するなか、中央同盟国の各首都には誤った楽観的感情と、迅速かつ即時の勝利への強い期待が広がっていた。勝利が近いのではないかという予測によって兵士の戦意が強まった一方、期待の高まりのために賭けの代償、すなわち深い絶望、そしてその後に続くモラルの全般的な崩壊がもたらされる危険も高まった。[14]

今や、すべては一九一八年の春季攻勢の勝敗次第となった。ルーデンドルフが十分承知していたように、これは、大きな犠牲を払うことになりかねない大博打だった。それまでの三年半の戦闘から、大規模な火砲の力を用いた戦術こそが防衛面でも決定的に有利となるのは明白だったが、そうした攻撃的戦術には巨大な人的損失が伴いかねなかった。しかし、陸軍元帥のパウル・フォン・ヒンデンブルクとルーデンドルフは代案を真剣に考えようとはしなかった。ドイツ軍の兵隊たちは鉄壁の拠点に留まって、新参で経験の浅いアメリカ軍補充兵たちに大きな損害を負わせられるだろうというのが、ルーデンドルフの考えだった。しかし、中央同盟国の銃後の社会がこれ以上の戦争継続に耐えられないことは疑いようがなかった。(15)

それゆえ、ルーデンドルフの春季攻勢の狙いは、イギリス派遣軍をイギリス海峡へと追いやって撤退させてから、フランス軍に決定打を与えて、迅速に戦争を終わらせることにあった。「ミヒャエル作戦」というコードネームを与えられた攻撃の主たる目標は、ソンム＝アラス地域のイギリス軍の防衛線を突破するというものであったが、そこでは、攻撃側のドイツ軍がおよそ二対一の数的優位に立っていた。(16)

一九一八年三月二一日の早朝、先例のない激しい砲撃で奇襲攻撃の幕が開いた。ほぼ五時間にわたり、イギリス軍の前線に向けて一〇〇万発をゆうに超えるドイツ軍の砲撃が間断なく続いた。ドイツ軍の歩兵少尉だったエルンスト・ユンガーは日記（その後、一九二〇年に『鋼鉄の嵐の中で』として出版され、世界的なベストセラー作品となった）に、激しい砲撃が銃火の「ハリケーン」を引き起こし、「その恐ろしさたるや、これまで我々が生き延びてきた戦闘のなかの最大のものでさえ、これと比べれば児戯のように思えた」と記している。その後、歩兵隊に敵の戦線への突撃命令が出された。「大いなる瞬間が来た。ゆっくりと這うような弾幕が塹壕の上を通過した。我々は攻撃に向かった」。[17]

三二個師団から成るドイツ軍の歩兵突撃部隊はすぐに、前線の南部分を突破した〔一九一八年三月二一日からの西部大攻勢に参加したドイツ軍は七六個師団〕。初日だけで、ドイツ軍は三度の攻撃を行い、二万一〇〇〇人を捕虜とし、死傷者一万七五〇〇人以上の損害を与えた。[18] 少なくとも一時的に、連合国軍はパニックに襲われた。三月二四日、ダグラス・ヘイグ陸軍元帥はフランス軍総司令官のフィリップ・ペタンに、イギリス軍の前線をもはや維持できないこと、そしてアミアンの防衛を放棄しなければならないであろうことを伝えた。実際、ヘイグは翌日、一九一六年に保持していたかつての防衛地点まで退却するよう、自軍に指示した。[19] 混乱に満ちた退却のさなか、ルーデンドルフの思惑どおり、イギリス派遣軍をフランスの港からイギリス海峡の向こうへと撤退させる計画が実行に移された。これは、戦争全体をつうじてイギリス軍が経験した退却のなかで最悪のものであり、四月三日、連合国はフェルディナン・フォッシュ将軍率いる合同総司令部を作って、内輪揉めを克服する必要に迫られた。[20]

ドイツ軍の当初の勝利は、総司令部の願望と期待を叶えてくれたように思われた。すべてが計画通りに進んでいるように見えた。早くも三月二三日、皇帝《カイザー》ヴィルヘルム二世は「戦闘に勝利した」と、そして「イギリス軍は完膚なきまでに叩きのめされた」と確信するようになった。[21] 勝利が近いという楽観的見解はドイツの銃後の社会にも共有されていたが、こうした見方は、後にドイツが自らの敗北をどのように理解するかにあたって、重大な要素となった。三月二六日、クルップ社の取締役会長だったアルフレート・フーゲンベルクは、ヒンデンブルク将軍に祝電を打った。「ロシアとの講和……

そして最近のイギリス軍に対する大勝利は、すべてのドイツ人の心臓を二発、力強くハンマーで叩いたかのようです。……戦々恐々としてドイツの戦勝を疑っていた連中、戦勝を信じていなかった連中は、今やそれが実現可能だと思っていますし、勝利の思想に頭を垂れねばなりません[22]」。

しかしながら実際には、ドイツ軍のミヒャエル作戦での進撃は、――印象的ではあったが――決定打とはならなかった。四月五日に作戦が終了した時、第十八軍団のドイツ軍兵士たちは、実に五〇キロメートル以上も敵陣に入り込んでいた――これは、一九一四年以来の西部戦線において最大の戦果であった。およそ九万人の連合国軍兵士が投降し、一三〇〇門の火砲が押収された[23]。しかし、この戦略的勝利で雌雄を決するには至らなかった。イギリス軍は痛手を被ったが、壊滅してはいなかった。ドイツ軍が手に入れた陣地は相当なものだったが、その大部分は荒廃した無価値な不毛の地であり、彼らはひどく引き伸ばされた補給線を維持しなければならなくなった[24]。さらに悪いことに、ドイツ軍はこの攻勢で約二四万人を失った。とくに精鋭の射撃部隊は死傷率が高かった[25]。対照的に、イギリス軍は損害の大部分を直ちに新兵で埋め合わせ、イギリス海峡の対岸に送り込んだ――四月末には、十万を超えるイギリス軍新兵がフランスの港に到着した[26]。

春季攻勢にすべてを賭けて勝利を得ようという重圧の下で、ルーデンドルフが取り返しのつかない過ちを犯し始めたのは、まさにこの時であった。ミヒャエル作戦ではイギリス軍を粉砕するという主要目標を達成できなかったと悟って、彼は前線の別の場所で運試しをすることに決めた。一九一七年後半に春季攻勢を考え出した時、彼は当初、ミヒャエル作戦のもう一つの選択肢として、「ゲオルク作戦」というコードネームをつけたフランドルでの大攻勢を念頭においていた。ミヒャエル作戦の失敗とともに、ゲオルク作戦が再び議論の俎上に上げられた。もっとも、「ゲオルゲッテ作戦」という新たな呼び名には、作戦が縮小されたことが示されていた〔「ゲオルゲッテ」は「小ゲオルク」の意〕。ドイツ軍の二つの軍団が、イギリス軍の八個師団とポルトガル軍の一個師団から成る連合国軍の九個師団を突破するよう命じられたが、この連合国軍の部隊は、ドイツの戦線と、連合国の補給線をコントロールするうえでの要地であるアーズブルックの鉄道連結点の間に陣取っていた〔ポルトガルは一九一六年三月に対独宣戦した〕。四月九日早朝に激しい砲撃で始まった攻勢は、初めのうちは大勝利のように見えた。ドイツ軍の突撃部隊はポルトガル軍の防衛隊を撃破し、日暮れ時には約十キロメートル前進した。攻勢はその後数日間続いたが、最終的には、アーズブルックまでわずか数キロメートルのところで膠着状態となった。ルーデンドルフにとってさらなる誤算だったのは、イギリス軍が頑強に抵抗したことと、ドイツ軍兵士が全般的に消耗状態に陥ったことであった。彼らの多くはこの攻勢の前に、ミヒャエル作戦にも従軍していたのである。[27]

ゲオルゲッテ作戦の失敗で、ドイツ軍の攻勢は次第に支離滅裂、半狂乱の状態になっていった。イギリス軍に対してこれ以上の行動をとることをやめ、ルーデンドルフは今度は戦線の別の箇所に襲撃をかけた。五月後半、四時間半で二〇〇万発の弾薬が用いられるという、大戦中で最も激しいドイツ軍の砲撃によって、フランス軍に対するエーヌ攻勢の火ぶたが切って落とされた。これは勝利獲得を目指したドイツの最後の試みであり、西部戦線で最大の進撃をもたらした。マルヌ川沿いのシャトー＝ティエリを占領した後、ドイツ軍は――一九一四年以来――再びフランスの首都に手が届くところまで近づいた。そこでは、長距離砲が九〇〇人近いパリ市民を殺戮した。[28]

第五章　運勢の反転

　ドイツ軍による一九一八年の春と初夏の攻勢で、問題は解決されるどころか山積みになった。連絡線も補給線もかつてないほど伸び、前線への予備隊の移送が困難になった。腹を空かせたドイツ兵たちは、慌ただしく放棄された塹壕に連合国軍の食糧――白パンやコンビーフ、ビスケット、ワインといった供給物資――を発見し、文字どおり、敵の経済的優位を味わった。さらに、人的損害も計り知れず、開戦当初の二か月間を別とすればこれまでで一番高くつき、一九一八年六月末までに総計で九一万五〇〇〇人の兵士が失われた。ルーデンドルフのギャンブルのせいで流れた大量の血の代償は、支払われなかった。ドイツ軍が百戦錬磨の勇士たちの多くを失い、新兵で埋め合わせられないほど甚大な損失を出したのに対して、連合国軍は今では、毎月ヨーロッパに到着する二五万人のアメリカ兵によって、兵力を増強することができた。(1)

　軍事的な損失に加えて、夏には、ひどく悪性のインフルエンザ・ウイルスであり、最終的には世界中で五〇〇〇万人以上の命を奪った「スペイン風邪」の第一波がドイツ軍の前線に到来した〔スペイン風邪の被害者数の推計は、二五〇〇万〜一億人と、相当な幅がある〕。初めのうち、連合国軍の兵士たちはドイツ軍兵士ほどはウイルスに感染しなかった。[2] 通常はとくに子供や高齢者に感染するウイルスによって引き起こされるこの型のインフルエンザ株は、年齢や健康状態に関係なく、選りすぐりの射撃部隊も含めた全将兵を襲った。[3] 七月の前半に、アルザスのドイツ第六軍団だけで一日あたり一万件の罹病が報告されているが、総計では一〇〇万人を超すドイツ兵が一九一八年の五月から七月にかけて罹患した。対照的にイギリス軍では、六月と七月のインフルエンザの発症件数は五万件であった。[4] 肺炎や赤痢、さらにはマラリアといった別の病気もドイツ軍をさらに弱体化させた。[5]

真夏以降、――それまでの攻勢と様々な病気で弱体化し――疲弊したドイツ軍は、連合国軍の持続的な反撃に晒された。一九一八年七月の第二次マルヌ会戦で始まったフランス軍の反撃と、八月八日にアミアン郊外でイギリス軍が開始した攻撃で、形勢が連合国軍の有利に転じたことが明白となった。ドイツ軍の十六個師団が連合国軍の反撃で一掃された。完全な崩壊は避けられたものの、ドイツ軍はほぼ全面的に士気を喪失して消耗し、自分たちがおかれている悲惨な状態をもたらした責任をめぐって、次第に指導部を糾弾するようになっていった。[6] 例えば、第六軍団の郵便検閲局は、八月の間に兵士たちがますます明け透けに「プロイセンの軍国主義」に対して、そして「血に飢えた皇帝」その人に対して反発を示すようになったと報告している。[7]

援軍もなく、無理を重ね、病気と攻勢による大損失で弱体化したドイツ軍は、連合国軍に効果的に対抗できる状態になかった。夏の攻勢でドイツが獲得した領土は、短期間のうちにことごとく失われた。連合国軍がドイツ軍の戦線に厳しい一撃を加えた八月八日（ドイツ軍の「暗黒の日」）から一週間後、ルーデンドルフは皇帝に、和平交渉を模索すべきだと進言した――これは、彼が戦争中一貫して拒否してきた意見だった[8]。

この時のルーデンドルフは、見る影もないほどに衰弱していた。直属の上司で、一八七〇～七一年の普仏戦争に将校として従軍した経験のあるパウル・フォン・ヒンデンブルクが表向きはすべての称賛を受け取ったとはいえ、一九一四年以降のドイツ参謀本部内部でのルーデンドルフの目覚ましい栄達は、タンネンベルクの戦い（一九一四年）と第一次マズーリ湖攻勢（一九一五年）でロシア軍を東プロイセンから放逐した際に、自らが中心的な役割を果たしたことによるところが大きかった。ヒンデンブルクは賢明にも、一九一六年にドイツ軍参謀総長に任命されると、才能豊かなルーデンドルフを兵站総監の任につけた。その後の二年間、ヒンデンブルクとルーデンドルフは事実上の軍事独裁を確立したが、ドイツの戦争遂行のための取り組みの一切を切り盛りしていたのはルーデンドルフであった。一九一七年のロシアとルーマニアの敗北で大胆な見解を打ち出すようになったものの、一九一八年の春と夏の西部戦線での攻勢が結果的に失敗に終わったことで、彼の自信は根本から揺らいだ[9]。ルーデンドルフが完全に神経衰弱に陥ったという根強く残っている噂は誇張だが、彼が大きなストレスを抱えていることは明らかだった[10]。

一九一八年の晩夏から初秋にかけての中央同盟国の状況は、他の戦線においても大してましには見えなかった。マケドニア戦線では、九月十四日に連合国軍が攻勢をかけてブルガリア軍を敗走させ、それから二週間のうちにブルガリアは休戦を模索せざるを得なくなった。この突如の崩壊は、多くの観察者に驚きをもって受け止められた。一九一五年十月の参戦以来、ブルガリア軍は勇敢に戦い、一九一五年（ニシュ〔セルビア東部の都市〕、オフチェ・ポレ〔現在のマケドニア中東部の平原〕、コソヴォ、クリヴォラク〔現在のマケドニア東部の都市〕）、一九一六年（レリン〔ギリシャ北部の都市。現在のフロリナ〕、チェガン〔ギリシャ北部の村〕、ビトラ、ストルミツァ〔いずれも現在のマケドニア南部の都市〕、チェルナ、トゥトラカン、ドブリチ〔いずれもブルガリア北部の都市〕、コバディン〔ルーマニア南東部の都市〕、ブカレスト）と、当初は多くの勝利を挙げていた。一九一八年まで、ブルガリア軍はこの戦争において、大きな戦闘で負け知らずであった。例えば、マケドニアの小都市ドイランでブルガリア軍は連合国軍の攻撃を何度も退け〔ドイランの戦いに参加したのはイギリス軍とブルガリア軍のみである〕、強固な防衛線を築いて、英仏軍やその植民地軍部隊の組織だった攻撃を凌ぎ続けていた。[11]

しかしながら協商国軍は、ブルガリアの南西戦線の別の箇所を突破することにとうとう成功した。一九一八年夏の間、連合国は六五万人から成る三一個師団をテッサロニキ〔サロニカ〕の北方のマケドニア戦線に集結させた。フランス軍とセルビア軍によって一九一八年九月十四日に始められた攻勢は、ブルガリアの防衛軍を完全に圧倒した。フランス軍とセルビア軍はドブロ・ポリェで敵の前線を撃破し、その間にイギリス軍とギリシャ軍がドイラン湖〔現在のマケドニアとギリシャとの国境にある湖〕のブルガリアの防衛線に穴をあけた。数日のうちにブルガリア軍の大部分が崩壊した。九月二五日には、ブルガリア政府は連合国に戦争終結を打診する心積もりを固めた。[12]

そのわずか四日後、ブルガリア代表団がテッサロニキで休戦協定に調印し、中央同盟国に最後に加入したブルガリアは、ドイツの同盟国のなかで最初に戦争から離脱した国となった。この協定で、ブルガリアは（トルコとの国境と鉄道路線を防衛する一握りの部隊を例外として）自軍の動員を完全に解除すること、幾つかの戦略的拠点を連合国軍が占領すること、軍備を連合国に移譲すること、そして何よりもソフィア政府の議論の的となった点であるが、十九世紀後半の独立以来、権利を主張してきた地域であるマケドニアを含め、戦争中に征服したギリシャとセルビアの領土のすべてから完全に撤退することに合意した。休戦協定には、ブルガリアが戦争から離脱する保証として、連合国による一時的な占領の可能性を念頭においた秘密条項も含まれていた。さらなる痛打となったのが、ソフィアの「良き振る舞い」を確実なものにするために、当面の間、相当数のブルガリア軍（八万六〇〇〇人から十一万二〇〇〇人）が戦争捕虜として抑留され続けたことであった。[13]

ブルガリアにとって、一九一八年後半に終結に至った戦争は、本質的には六年前の一九一二年十月に始まっていた。その頃に話を戻すと、ブルガリア、セルビア、ギリシャ、モンテネグロは、コンスタンティノープルの南東ヨーロッパに対する支配をこれを限りに終わらせたいという共通の願望に突き動かされて勢力を結集し、オスマン帝国を攻撃した。[14] 一八七八年に自治を獲得したものの、名目上は十四世紀以来のオスマン支配の下に留まっていたブルガリア人たちは、オスマン帝国領のマケドニアとトラキアに目をつけた。間もなく第一次バルカン戦争として知られるようになったこの戦争は、オスマンの迅速かつ壊滅的な敗北をもって一九一三年五月に終わったが、戦乱に伴って民族浄化の波が起こり、そのなかで何千人ものムスリム住民たちが殺害されたり追放されたりした。[15] ところが数週間のうちに、勝者となったバルカン同盟の諸国は戦利品の分配をめぐって仲違いを起こし、六月末に再び戦争を始めた。今度はブルガリアが敗者となり、ギリシャ、セルビア、ルーマニアはソフィアを犠牲にして領土をさらに拡大し、その間にオスマン帝国は東トラキアを何とか奪還した。[16]

オスマン帝国による復讐を恐れて、民族的にブルガリア人に相当する人びとの多数が一九一三年に東トラキアから脱出しようとした。同地で一九一二〜一三年にバルカン地域のムスリムに対して行われたあらゆる大虐殺への報復として、今度はコンスタンティノープルが強制追放政策の準備を進めた。二度のバルカン戦争の間に行われた犯罪の調査を任されたカーネギー委員会の報告によると、――当時のトラキアに住んでいた民族的にブルガリア人と見なされた人びとの二〇パーセントにあたる――五万人以上がこの過程で殺害された。[17]

二〇世紀にブルガリアが被った幾度かの「ナショナルな破局」の最初のものである第二次バルカン戦争の結果、「民族的にブルガリアに属するとされる人びとが居住する」領域のすべてを統一するというソフィアの夢は一時的に途絶えた。一九一三年の国民的な屈辱と幻滅の激しさは、一九一四年八月に第一次世界大戦が勃発した際にブルガリアがおかれていた立場を説明する一助となる。失われた領土の回復はブルガリアの国民的な夢想の一部であり続けていたが、その年の夏に戦争が始まると、ソフィアはひとまず中立を表明した。ザクセン＝コーブルク＝ゴータ公爵家〔正確には、同家の分家にあたるザクセン＝コーブルク＝コハーリ家〕の公子としてウィーンで生まれたフェルディナンド王とヴァシル・ラドスラヴォフ首相が中央同盟国の側につくことを望んでいたのに対して、ブルガリア人の多くは親ロシア感情を抱いていた。実際、ブルガリア人将校の一部――そのなかには十一名の将軍たちも含まれている――は、ロシア軍での軍務を志願していた。[18]

確かに、ブルガリアの政治指導部は、一九一三年八月のブカレスト条約〔第二次バルカン戦争の講和条約」の過酷な条項を帳消しにするチャンスを感じ取っていた。しかし、彼らは一九一五年十月初頭までは洞ヶ峠を決め込んだ。ブルガリアは一九一五年夏まで両陣営と交渉を続けた。中央同盟国も協商国も、ブルガリアがどちらの側につくかは、第二次バルカン戦争で失われた領土の少なくとも二つ——マケドニアと東トラキア——の回復にかかっていることを承知していた。これらの領土が得られれば、エーゲ海沿岸のみならず、中欧を南欧および中東と結びつける鉄道網の支配権をソフィアは手にすることができたのである。協商国が提示できたのはせいぜいのところ（当時はオスマンの支配下にあった）東トラキアだけで、セルビアはマケドニアの一寸たりとも差し出そうとしなかった。あれこれと算盤を弾いた後で、ガリツィアとガリポリ〔現在のトルコのゲリボル。ダーダネルス海峡を挟んで小アジアの対岸に位置する〕での連合国軍の敗退に背中を押されて、国王フェルディナンドと彼の政府は、中央同盟国のほうがより良い取引材料を申し出てきたと判断した。一九一五年秋、ブルガリア軍は、アウグスト・フォン・マッケンゼン指揮下のオーストリア＝ドイツ連合軍による対セルビア攻撃に加勢して、マケドニアとコソヴォに侵攻した。[19] ドイツ軍によって率いられたこの進撃は、たちまちセルビア軍を圧倒した。セルビアは同盟国フランスの助けを借りて何とか、約十五万人の国民をアルバニアの山々を越えてアドリア海へと避難させた。

一九一六年春、おそらくは親協商国的な立場をとっていたギリシャ政府への対応として、ドイツ軍はブルガリア軍のギリシャ侵攻を認め（さらには軍事的な支援も行い）、その結果、テッサロニキの北東を流れるストルマ川沿いのルペル要塞が制圧され、ギリシャ北部が占領された。[20] 一九一六年八月、ルーマニアのオーストリア＝ハンガリーに対する宣戦布告を受け、ブルガリアも中央同盟国に加わって、第二次バルカン戦争での自国の敗北に際して大きな役割を演じたルーマニアへと侵攻した。ついに復讐の時が来た。九月上旬、ブルガリア軍はドブロジャ地方〔ドナウ川下流域から黒海にかけての地域〕に侵攻し、敵に何度か大打撃を与えた。そのなかでも特筆すべきは、――「ルーマニアのヴェルダン」としても知られる――トゥトラカンの戦いである。八〇〇〇人以上のルーマニア軍兵士がトゥトラカンの要塞を守ろうとして敗死し、同国の軍事的な立場はひどく弱まった。[21]

軍事的勝利を得たものの、長期にわたる戦争はブルガリアに深刻な効果を及ぼし始めた。損失の増大や、銃後の経済を維持するのに必要な人的資源の枯渇で、都市と軍隊が食糧危機に見舞われた一九一七年には、国内にさらに厭戦気分が広がり始めた。この危機の間ずっと、ますます多くのブルガリア人たちが深刻な栄養失調状態におかれているなかで、ベルリンが戦争を遂行し続けるために、ただでさえ乏しい自分たちの食糧や原材料がドイツへと移送され続けているという事実は、沢山のブルガリア人を立腹させた。[22]

六月半ば、ブルガリア軍総司令官のニコラ・ジェコフ将軍から国王フェルディナンドに向けて、前線の状況を警告する報告が送られ、軍隊の窮状への対応が不適切なことに対して、公然たる非難が向けられた。「兵士たちは生き延びようと日々もがいています。……肉は週に一回しか支給されません。着衣の状態はさらにひどいものです。兵士たちはろくなものを身につけておらず、靴も履いていません。彼らは敵と戦うために裸足で岩場を走らなければなりません。彼らは軍帽のかわりに、土嚢の切れ端でこしらえたハンカチを頭に巻いています。そして冬が近づいています。……現今の政府がこうした状況を作り上げたのです[23]」。この報告を受け取るや直ちに、国王フェルディナンドは首相のラドスラヴォフを更迭して、後任にアレクサンダル・マリノフを据えた(24)。

一九一八年九月のブルガリアの敗戦で、中央同盟国の指導者たちの間に敗北感が強まった。この敗戦の結果、オスマン帝国とそれ以外の中央同盟国の間の陸上の連絡が断たれただけでなく、連合国軍が西方からコンスタンティノープルを、そしてハプスブルク軍占領下のセルビアを東方から攻撃する道が現実に開かれた(25)。中央同盟国には、この圧倒的な脅威に対応するだけの補充部隊はまったく欠けていた。

その間、イタリア戦線ではいわゆる第二次ピアーヴェ川の戦いで、戦局が中央同盟国の不利に転じ始めていた。この戦闘は、無分別で練度の劣るハプスブルク軍が、八〇キロメートルにわたり展開する前線に攻撃を仕掛けたことがきっかけで、六月十五日に始まった(26)。前年のカポレットの戦いでの惨敗後に最高司令官に任命された、アルマンド・ディアツ将軍率いるイタリア軍の頑強な抵抗に直面して、攻撃側はすぐに総崩れとなった(27)。

カポレットでの敗走の後に、とくに軍指導部と政治指導者に幾つかの急激な変革があったためにイタリア軍が再び陣容を立て直したことは、多くの観察者を驚嘆させた。新首相のヴィットーリオ・エマヌエーレ・オルランドは高名な法学教授から政治家に転じ、一九一四年にはイタリアの中立を主張していたが、突如として、イタリアの軍事的な命運を変えることこそが首相としての自分の最重要課題だという立場をとるようになった。一九一九年六月にパリ講和会議がイタリアの意に適わなかったことに抗議して辞任するまで首相の職務を果たし続けたオルランドは、この試練に立ち向かうのに適任の人物だった。彼は、「神聖なる同盟《ウニオーネ・サクラ》」（フランスの神聖なる同盟《ユニオン・サクレ》を意識的に模倣したもの）というスローガンの下、野心的な再動員キャンペーンに乗り出し、それと同時に、士気を高める狙いで、農業労働者や退役軍人のための福利厚生を改善した。オルランドのこうした努力は報われた。イタリア政治は一九一七年に軍隊がほぼ壊滅状態に陥ったことに刺激を受け、新たな活力が戦争の遂行へと注ぎ込まれた。士気が高揚するとともに、勝利によってイタリアにもたらされるであろう領土獲得への期待も必然的に高まった。(28)

第二次ピアーヴェ川の戦いは、ハプスブルク軍の終わりの始まりを印す戦いとなった。同軍は十四万二〇〇〇人以上の死傷者を出し、二万五〇〇〇人の兵士が連合国軍の捕虜となった。(29)二重君主国にはもはや、これだけの損失を新兵で埋め合わせることはできなかった。長らく参謀総長の地位にあったコンラート・フォン・ヘッツェンドルフが一九一八年七月半ばに解任されたものの、情勢は大きく変わらなかった。(30)九月十四日、オーストリア皇帝カール一世は講和を懇願した。しかし、仏英の首脳陣は、彼の行動は単に連合国を分裂させることを狙ったものではないかと疑い、他方でワシントンは、既に講和の条件は伝えてあると返答した。かくして、これ以上の議論の余地はなさそうに思われた。(31)

ハプスブルク軍がピアーヴェ川での攻勢に失敗して力を落としたのに対して、ローマは再び手に入れた戦略的優位を利用し、戦争終結後の交渉のテーブルで有利な立場に着こうと努めた。十月二四日、イタリア軍はモンテ・グラッパ〔アルプス山脈のなかの山の一つ〕と、ピアーヴェ川を渡ったヴィットーリオ・ヴェーネトで、二つの攻撃を開始した。五日間のうちに、ハプスブルク軍は完全に撤退した。少なくとも三〇万人の兵士と二四名の将軍が捕虜となった。十月三〇日、イタリア軍はヴィットーリオ・ヴェーネトを手に入れた。この戦闘が遠因となって、ハンガリー政府は十一月一日、自軍を帰還させるという決定を下し、これが残りのハプスブルク軍の崩壊を早めた。[32] 十一月二日、オーストリア最高軍司令部が休戦を要請したことを受け、アルマンド・ディアツは自軍に向けて、歓喜に満ちた「勝利の通告」を出した。「オーストリア＝ハンガリー軍は敗北した。……世界最強の軍隊の残滓は絶望と混沌のうちに退却し、かつて自惚れを抱きつつ下った渓谷を登っていった[33]」。

オーストリア＝ハンガリーとの休戦協定が施行された十一月四日までに、中央同盟国の中心的存在の一つだったオスマン帝国が既に敗戦を受け入れていた。一九一八年十月三〇日に調印されたムドロス休戦協定で、オスマン帝国にとっては事実上一九一一年九月から始まっていた戦争が終結した。[34] 当時を振り返ると、――オスマン帝国は十分に弱体化したと考えた――イタリアがオスマン帝国領のトリポリとキレナイカ（こんにちのリビア）、そして地中海のドデカネス諸島を攻撃し、これらを占領した。[35] 一年後の一九一二年十月前半、なおもイタリアと交戦中だったコンスタンティノープルは、ブルガリア、ギリシャ、モンテネグロ、セルビアの連合軍の侵攻が始まったことで、さらなる軍事的試練に直面した。[36] 一九一三年の第二次バルカン戦争で、オスマン軍はかつて〔一三六五〜一四五三年〕帝国の都が置かれたエディルネを何とか奪回したものの、ヨーロッパ地域の領土をほぼすべて失った。バルカン地域での敗北をきっかけに、一九一三年一月二三日、エンヴェル・パシャ中佐率いる青年トルコの将校団が大宰相マフムード・キャーミル・パシャに銃を突きつけて辞職させ、キャーミル・パシャのオスマン政府は倒壊した。[37] 青年トルコの目には、北と東からロシアが帝国国境を脅かさんとしているように見えたし、イギリスがキプロスとエジプトに戦略的要所を築いており、オスマン帝国支配下のアラブ地域が陸海軍から攻撃される危険に晒されているように思われた。[38]

国境地帯で生じた存亡の危機を肌身に感じて、オスマン帝国の指導者たちはイギリスとの同盟関係に入ろうとしたが、この目論見はロンドンから拒否された。今度は彼らは、自国の領土に一切の既得権をもたないヨーロッパでただ一つの強国、ドイツに目を向け始めた〔実際には、ドイツはバグダード鉄道に多くの利権を有していた〕。ベルリンはイギリスとロシアの帝国主義に対する安全保障を与えてくれるはずだと、少なくともCUPの指導者たちは信じた。それゆえ、彼らにしてみると、ドイツとの同盟は国内の結束の強化と、オスマン帝国の帝国主義的拡大のために不可欠な安定をもたらしてくれるはずであった。[39] オスマンの指導者たちは、黒海のロシア船舶を沈め、セヴァストポリとオデッサのロシアの港湾を海軍が砲撃して最高潮に達した一九一四年十月二九日の華々しい夜襲作戦で、事前の宣戦布告なしに攻撃を始めることにした。[40]

世評に反して、オスマン帝国は第一次世界大戦のなかで侮り難い強敵であることを証明した。一九一二〜一三年の第一バルカン戦争での敗北から短期間のうちに、当時は「統一と進歩委員会」(CUP)の統制下にあったオスマン政府は、軍隊の抜本的な改革を断行していた。ドイツ人の軍事顧問の支援と、極めて優秀な新世代の青年将校たちによって、オスマン軍は精強な戦力へと変革された。[41] 参戦当初に行ったカフカスへの進撃こそ惨めな結果に終わったものの、再建されたオスマン軍はそれ以外の場所では善戦し、東アナトリアからシナイ半島、バグダードからダーダネルス海峡に至るまでの様々な戦線で敵を撃退した。ガリポリや、あるいは一九一六年四月のクート〔現在のイラク東部の都市〕でのインド軍の敗北のように、中東でのその他の戦役でも西側連合国軍は苦い体験を味わったのであり、「ヨーロッパの瀕死の病人」はなおも健在であった。[42] 一九一六年一月のガリポリからの連合国軍の屈辱的な撤退と、バグダードの南東約一六〇キロメートルに位置するクートでの一万三〇〇〇人のインド兵とイギリス兵の降伏は、ロンドンのアスキス政府に深刻な動揺をもたらした(43)。

しかしながら戦争が長引くにつれて、オスマン帝国は協商国の物量と人員の数的優位に太刀打ちできなくなっていった。オスマン帝国は一九一七年のロシア革命のおかげで、かつて失った領土を帝政ロシアから取り戻したものの、形勢はついに不利に転じた。それぞれ一九一七年の三月と十二月にイギリス軍に制圧されたバグダードとイェルサレムを失うだけなら、コンスタンティノープルは何とか命脈を保てたかもしれなかったが、一九一八年九月十九日に始まったイギリス軍のパレスチナ戦線へのさらなる攻勢で、イェルサレム北部の守備隊は壊滅し、三つの軍団が十二日間にわたり敗走した。これ以上ないほどの混沌状態がその後に続いた。オスマン軍は集団で投降し、数千人単位で脱走し、まったくの無秩序のなかで退却した。十月一日には連合国軍がダマスクスに進撃した。十月二六日、両聖都のメッカとメディナの太守であったフサイン・イブン・アリー率いるヒジャーズ〔アラビア半島の西岸地域〕のアラブ人反徒たちを伴った英印軍は、シリア北部のアレッポを制圧した(44)。

イギリスの第二軍団はテッサロニキのブルガリア軍防衛線を突破し、オスマンの首都を目指して南下していた。オスマンは大量の脱走兵と膨大な数の戦死傷者によって既に軍隊が疲弊しており、もはや他の戦線で戦える状態にはなかった。帝国を戦争へと導いたCUPの首脳部は十月の第一週に辞任してドイツの軍艦に乗って逃亡し、スルタンのメフメト六世が急遽任命した自由主義的な新政府は、講和を望む旨をイギリスに伝えた。エーゲ海のリムノス島でイギリス代表と会談したのは、海軍大臣に任命されたばかりのヒュセイン・ラウフ・オルバイだったが、彼は歴戦の英雄で、ブレスト゠リトフフスクの講和会議で帝国代表の一員を務めた人物でもあった。戦艦「アガメムノン号」の艦上での討議から四日後の一九一八年十月三〇日、ラウフ・オルバイはイギリスの司令官アーサー・カルソープ提督の前で、ムドロス休戦協定（連合国はこの島をムドロス島と呼んでいた）として知られるようになる協定に調印した[45]〔休戦協定の名前はリムノス島のなかのムドロス港に由来する〕。

ムドロス休戦協定は、開戦時にイギリス首相のハーバート・アスキスがオスマン支配の消滅をもたらすだろうと宣言して以来、オスマン帝国が我が身の将来として内心最も恐れてきた事態を承認していた。ボリシェヴィキが一九一七年十一月に秘密条約のサイクス＝ピコ＝サゾーノフ協定（一九一六年）を嬉々として公表したことで、恐れはさらに強まった。この協定は、勝利が実現した後、アラブ諸地域を連合国の管理する勢力圏へと分割するよう提案したものであった。この協定が出されたのとほぼ同じ時期、イギリス外相のアーサー・バルフォアは、「パレスチナにおけるユダヤ人の民族的郷土の創設」をイギリス政府が支援すると約束しており（バルフォア宣言）、その一方で、アメリカ合衆国の大統領ウッドロウ・ウィルソンは（自身の「十四か条の原則」の一部で）、オスマン帝国を民族的境界線に沿って分割することを提案していた[46]。

休戦協定が調印された時には、オスマン帝国の――メソポタミア（かつてオスマンの属州だったモスル、バグダード、バスラを大雑把に一括して言及する際にイギリスが用いた表現）からパレスチナ、シリアからアラビア半島に至るまでの――アラブ諸州は既に帝国の元を離れていた。東部では、一九一八年五月にアルメニアが独立を宣言して民主共和国を自称していたし、クルド人指導者たちも独自の国家を要求していた。それでもなお、コンスタンティノープルの新たな統治者たちは、ウィルソンの民族自決の原則が、少なくともトルコ語話者の多いアナトリア中心部と東トラキアに適用されることに望みをかけていた。戦勝国の一部がこれとは別の案を抱いていたことが後に判明する。

休戦協定の下、スルタン政府は動員を完全に解除するとともに、カフカスとアラビアの残留部隊を全面撤退させることに合意した。連合国はまた、アナトリアの——道路から電信所、鉄道からトンネルまでの——戦略的要地を自由に占拠する権利も手に入れた。当初、首都のコンスタンティノープルは公式には占領されなかったものの、休戦から一か月もたたないうちに、連合国の軍艦がボスポラス海峡の内部へと航行するようになった。[47]

オスマン帝国代表として休戦協定に調印したラウフ・オルバイは後年、名誉ある和平とはなりそうもないことを理解した際に感じた、英仏の背信行為への無念を振り返っている。「我が国では、イギリスとフランスは紙に書かれた契約だけでなく口約束も固く守る国なのだと、広く信じられていた。そして私もそう確信していた。我々の誤解と誤信たるや、何と恥ずべきことか！」、と。[48] はるか南方のシリアとの国境近くから、ラウフの友人であった三七歳のムスタファ・ケマル准将によって、拙速な動員解除に対する厳しい警告が政府に送られてきた。「単刀直入に申し上げれば、休戦に関する理解や解釈の誤りを正すための手段を講じることなしに我が軍を動員解除し、すべてをイギリスの望みどおりに与えてしまえば、イギリスの強欲な企てに何らかの歯止めを利かせるのは不可能になるでしょう」。[49]

ケマルは、協商国軍に対するオスマン帝国軍の最後の攻撃を指揮したパレスチナ戦線からコンスタンティノープルへと、大急ぎで取って返した。一九一八年後半、コンスタンティノープルに戻った彼は、この町が海上封鎖によって困憊《こんぱい》していることに気づいた。石炭は欠乏し、食糧もごくわずかだった。悲しみに暮れる戦争未亡人や孤児、身体に障害を負った退役兵たちが街路をあてどなくさまよっていた。通りの角で傷痍兵たちが物乞いをしている一方、何万人もの亡命者たち――ボリシェヴィキから逃れてきたロシア人や、中東やヨーロッパを捨てたトルコ人たち――が野宿していた。ケマルはまた、自分の周囲が――主に、虐殺を生き延びたギリシャ人やアルメニア人たちから成る――非ムスリムだらけだということにも気づいた。こうした人びとにしてみれば、オスマンの敗北の知らせは吉報であり、彼らはギリシャや連合国の旗をなびかせてコンスタンティノープルに到着する連合国の戦艦を歓迎していた(50)。

休戦は、オスマン帝国の第一次世界大戦への参戦が終了したことを印すだけでなく、歴史上最も長く続いた帝国の一つが事実上消滅したことを示していた。およそ一二九九年以来、オスマン朝は領土支配を確立し、十四世紀には南東ヨーロッパに拡大し、十六世紀には東アラブ諸地域を征服した。往時のオスマンのスルタンは、イスラームの預言者ムハンマドの政治的、宗教的な後継者にしてムスリム世界の指導者であるカリフの称号をも自称した〔いわゆる「スルタン＝カリフ制」が打ち出されるのは、十八世紀後半以降〕。オスマン帝室最後のスルタン、メフメト六世が亡命してコンスタンティノープルを離れたのはようやく一九二二年十一月十七日のことであったが、この時には彼の帝国は既に崩壊していた。半世紀以上もいがみ合ってきた仇敵たちはオスマン帝国を、退廃と圧制が支配する過去の遺物、ハプスブルク君主国と似たり寄ったりの「民族の牢獄」と罵った。少なくとも、西洋において多くの人びとが示唆したところでは、第一次世界大戦におけるオスマン帝国の敗北で、何世紀にもわたりコンスタンティノープルに抑圧されてきたキリスト教徒とアラブの民がついに「解放」されるはずであった。[51]

十一月初頭には、中央同盟国で戦争を続けているのはドイツのみとなった。大いに注目すべきことに、軍事的情勢がますます悲惨になっていたにもかかわらず、同盟国ブルガリアの崩壊からさらに約一か月半の間、西部戦線のドイツ軍は四〇〇キロメートルの戦線を保持し続けた。もっとも、この時点で敗北が避け難いことを疑う人はほとんどいなかった。ブルガリアの戦線離脱は、事の次第に対する責任を負わずに戦争を終結するのに好都合な言い訳をルーデンドルフに与えた。ブルガリアが休戦状態に入った九月二九日、ルーデンドルフとヒンデンブルクは、皇帝ヴィルヘルム二世に軍事的情勢とその政治的な帰結についての見通しを説明した。十月一日、ルーデンドルフは最高軍司令部（OHL）の高位の将校たちに対して、「私は陛下に、我々を現下の状況へと導いた責任の大部分をとらねばならない連中を政府のなかに加えるよう請うた」と伝えた。彼は、ドイツ軍の抗戦の意志が崩れ去ったことを率直に認めた。「これ以上、軍隊を頼みにすることはできない」と、彼は主張した。[52] もっとも、ルーデンドルフはさらに、「避け難く切迫している」ように思われたドイツの敗北の責めを負うべきは軍指導部ではなく、帝国議会の左派議員たちだと確信してもいた。「私は陛下に、事ここに至った責任を負うべき連中を政府に加えるよう進言した。今は、この紳士連に国務大臣の座をあてがうべきです。今こそ結ばれねばならぬ和平を連中に結ばせましょう。連中が我々のためにこしらえたスープは、連中にこそ飲ませましょう」、と。[53]「上からの革命」を提案することには、OHLが敗北の責任を転嫁できるようになるのとは別の、さらなる利点もあった。民主主義に基礎をおくベルリン政府と交渉することになれば、ウィルソン大統領はますます、自らの十四か条の原則を土台とする和平を締結する気になるはずだったからである。(54)

OHLの助言に従って、ヴィルヘルム二世は九月三〇日、「民の信望を集める者は、政府の権利と義務を広く共有すべきである」と公式に表明した。(55)この勅令により、カイザーはまったく一方的に民主化のプロセスを開始したわけだが、この措置はまた、ロシアでツァーリ体制を打倒したのと同種の革命が勃発する可能性をドイツから取り去ろうとして行われたものでもあった。

この突然の変革により最初にもたらされたのは、改革に強く反対していたゲオルク・フォン・ヘルトリングから、五一歳のマクシミリアン・フォン・バーデンへの宰相の交替であった。南ドイツの知的な自由主義者だったマックス公子〔マクシミリアン・フォン・バーデンの略称〕とその政府は、前任者たちとは大きく違い、左右を問わず様々な政党の支持を得た。(56)マックス公子は——議会で圧倒的多数派を代表していた——進歩人民党や国民自由党、カトリック中央党、そして社会民主党の支持をあてにすることができた。一九一七年七月、これらの政党は、敵国の領土を奪ったり、あるいは政治的、経済的、財政的な違反行為を犯すことなしに、和平交渉へ入る意志があると宣言していた。一九一八年の戦局の逆転でついに彼らが権力の座に就き、その間の一九一八年十月二八日、帝国議会によって一八七一年の憲法が正式に改正され、立憲君主主義から議会制民主主義へのドイツの変革が終了した。(57)

新政府はこの時までに、数週間中に実現しうる停戦について、ワシントンと対話する用意を既に済ませていた。「できるだけ早期の」戦争終結を主張していたルーデンドルフに促されて、フォン・バーデンは宰相に就任したまさにその日にウィルソン政府との接触を開始し、十四か条の原則に基づく即時の戦争終結を求めた。[58] もっとも、フォン・バーデンと彼の新政府が望んでいたほど、覚書を取り交わすのは簡単ではなかった。ドイツ政府がついに人民の意志の代表機関となり、十四か条の原則を受け入れるのかどうかをはっきりさせようとした十月八日のウィルソンの返答は、当初、控え目な楽観論を引き起こした。しかしながら、イギリスの客船「レンスター号」がドイツのUボートによって十月十日にアイルランド沿岸のダブリン沖に沈められた後、ウィルソンは第二の覚書を作成し、そのなかで、ベルリンが戦時と変わらぬ「不法で非人道的な行為」を続けていることを強く非難した。ウィルソンは、ドイツはなおも「専制的な権力」――おそらくは皇帝とOHLを指す――に支配されているとも述べた。ベルリンは十月二〇日に潜水艦による攻撃を停止し、国制の民主化の速度を速めたが、十月二三日のアメリカ大統領の第三の覚書が、ベルリンの改革を不十分だと見なしていることは疑いようもなかった。ウィルソンは、「合衆国はドイツ国民の真の代表としか交渉できない。……ドイツの軍事指導者や専制君主と交渉しなければならないのなら……和平交渉ではなく、降伏を要求せねばならない」と主張した。[59]

ドイツ最高軍司令部はウィルソンの覚書をにべもなく拒否し、恥辱に満ちた降伏を避けるために「最後の血の一滴が流れるまで戦う」準備をするよう軍隊に命令したが、マックス・フォン・バーデンはいよいよ、あらゆる犠牲を払ってでも戦争を終結する決意を固めた。ドイツにとってなるべく有利な和平の条件を得ようと、皇帝その人の退位を求める声がますます大きくなっていくのを目の当たりにして、ヴィルヘルムはようやく、最高軍司令部ではなく新宰相を援護する準備を整えた。[60] 十月二六日の朝、ルーデンドルフとヒンデンブルクが、ヴィルヘルム二世による引見のためにベルリンのベルヴェー宮殿に呼び出された。この謁見で、ルーデンドルフが解任された。ヒンデンブルクは、彼を解任すると軍隊の士気がますます低下するのではないかと政府が恐れたために留任を命じられたが、OHLの新たな兵站総監、ヴィルヘルム・グレーナーによって事実上脇に追いやられた。[61]

だが、こうした指導部の首のすげ替えは遅きに失した。形勢がドイツの不利に転じたことが明々白々になると、民間人の戦意も兵士の士気も急激に低下した。一年前のロシアのように、軍事的な失敗、そして厭戦気分の蔓延が革命の条件を作り出した。この革命は——ナショナリスト集団がその後に主張したのとは違い——敗北の原因となったわけではなかった。ロシアにおいてと同様に、ドイツにおける革命的事件は、物資の窮乏や工場労働者のストライキ、兵士の不平不満によって引き起こされたものであった。戦争の負担は、帝政の正統性だけでなく、「暗黙の」軍事独裁の正統性をも傷つけた——戦争の後年の二年間、帝政は軍事独裁へと堕落していたが、この体制は銃後の国民の困苦を和らげることも、約束していたように戦争を勝利で終わらせることもできなかった。[62] 幾ばくか残っていた帝政国家への支持は、一九一八年秋の軍隊の崩壊で消え失せた。軍紀の低下、権威主義的な統治システムの瓦解、連合国（とくに、ウィルソンによって提示された十四か条の原則）の外圧、それと並行して国内に広がった極度の厭戦気分、そしてロシアの先例（これに触発されて、一九一八年後半にはドイツに労・兵評議会が出現した）——これらすべてが結びついて、正統性が大きな危機に晒されるところとなった。[63]

ドイツ革命の直接の発端は、ドイツに駐留していた水兵と兵士の暴動であった。直接の火種となったのは、ラインハルト・シェーア提督の率いる大洋艦隊司令部によって一九一八年十月二八日に出された、イギリス海軍との最終決戦に向けて軍艦を出撃するよう要請した命令だった。「戦局に決定的変化をもたらすことが期待されていないとしても、道義的な見地からして、最終決戦で最大限の力を尽くすことは、海軍の名誉と存続にかかわる問題だ」と、十月十六日の海軍の作戦文書には記されている。(64)

高価な戦艦を有したドイツ艦隊は戦争中さしたる成果を挙げておらず、イギリス海軍を完膚なきまでに叩きのめすには小規模だったし、ドイツを兵糧攻めにして降伏させようとしたイギリスの海上封鎖を妨害することもできなかったため、大洋艦隊司令部にとって、「名誉」の挽回は一大事に思われた。決定的な成果を得られなかった一九一六年五月三一日〜六月一日のユトランド沖海戦以来、ドイツ海軍の活動は潜水艦作戦に限定された。(65)戦争が終幕へと向かい、そして敗北が必至だと思われたまさにその時、提督たちは――敵国イギリスに海軍の総攻撃を仕掛けるという――劇的な行動が必要だと感じた。たとえ、それがドイツ大洋艦隊の完全なる破滅を意味するとしても。(66)

水兵たちの見解は別だった。彼らは命令に従う代わりに、ヴィルヘルムスハーフェン港に停泊する多数の船のなかで反乱を起こした。海軍司令部は断固たる対抗措置をとったが、抗議の炎に油を注ぐことにしかならなかった。不穏状態はキールの海軍基地に飛び火し、造船所の労働者たちも騒擾に参加した。革命の参加者たちは無条件降伏と皇帝の即時の退位を要求し始め――それは、一九一七年前半のペトログラードで抗議したロシア人たちの要求と不気味なほどそっくりだった――、「自殺命令」に対する反乱は今や、よりあからさまに政治的な方向へと転換した。(67)

一方で連合国との交渉が続いている時に、フォン・バーデン宰相は秩序を立て直そうとして、リベラル派の進歩党〔進歩人民党〕の帝国議会議員であった友人のコンラート・ハウスマンと、元々は籠作り職人だったが当時は社会民主党の指導者になっていたグスタフ・ノスケを実態調査へと送り込んだ。さらに宰相はこの二名の議会人に、状況を鎮静化するよう依頼した。キールに到着した二人は、水兵の反抗を抑えるのが難しいことをすぐに理解した。彼らは駅で、大規模なデモ隊が要求を繰り返すのに出くわした。ノスケが演説を行い、反乱に関わった者たちに恩赦を与えると約束した。彼はまた、数日中に休戦協定が調印されることも告げた。夕方、彼はベルリンの内閣に、現地の状況についての報告を送り、反乱者たちが即時の休戦と皇帝の退位を要求していること――そして彼らが自分を現地の指導者に選出したこと――を伝えた。(68)

キールでの反乱を抑え込めるのではないかという期待はほどなく打ち砕かれた。反乱は数日のうちに各地に拡大し、ブレーメン、リューベック、ヴィスマル、クックスハーフェン、ハンブルク、ティルジット〔現在のロシアのソヴィエック〕といった港町にまで達し、本格的な革命になった。(69) 十一月七日、革命は内陸部に移動した。ミュンヘンでは、社会主義者のデモに数千人が集結した。翌朝、独立社会民主党のクルト・アイスナーがバイエルン社会主義共和国の成立を宣言した。革命を支持する水兵や兵士たちは革命の伝道師として行動し、労・兵評議会が形成された。(70) ザクセンの首都ドレスデンでは、数日にわたる大規模なデモの末に国王が退位し、ヴェッティン家によるザクセン支配が終了した。ベルリンでは、元外交官で共和主義者の貴族であったハリー・ケスラー伯が、「赤の連中は全軍を結集して〔ゲルヴァルトの引用では「全列車に乗って」〕ハンブルクからベルリンへ向いつつあり、今晩のうちにもクーデタが起きる可能性がある」と記している。(71)

革命の最初の犠牲者となったのは、長らくドイツの諸邦を統べてきた各地の王室だった。一〇〇〇年以上〔ヴィッテルスバッハ家のバイエルン支配の始まりは一一八〇年〕にわたってバイエルンを支配してきたヴィッテルスバッハ家の老王、ルートヴィヒ三世を皮切りに、ドイツの二二諸邦の国王、侯爵、公爵たちが無抵抗のままに退位させられた〔当時のドイツの君主邦の数は二二だが、空位や同君連合の事例があるため、実際の君主の人数は異なる〕。十一月九日の正午には、残っているのは、プロイセン国王にしてドイツ皇帝のヴィルヘルム二世のみとなった[72]。

その間、政府は革命を何とかうまく操縦するか、さもなくば少なくともその急進化を妨げようと試みていた。フィリップ・シャイデマンとともに社会民主党（SPD）の共同党首を務めていたフリードリヒ・エーベルトは、ボリシェヴィキ革命を恐れていた点で宰相と大差なかったが、しかし彼は、革命勢力の主要な要求に耳を傾けたほうが良いという結論に至った。十一月七日、エーベルトはマックス・フォン・バーデンに、「皇帝が退位しなければ社会主義革命は避けられないでしょう」と警告した。これに続いて、その日のうちに政府に〔連合国の〕最後通牒が届けられ、皇帝と皇太子は翌日の正午までに退位しなければならないという宣告が出された。しかしながら、ヴィルヘルム二世はこの避け難き運命を受け入れるのを拒否した。その代わりに彼は、十一月八日の夕方の電話でのやり取りでマックス公子に、忠実な部隊を率いて秩序回復のためにベルリンに戻るつもりだと伝えた[73]。

しかしこの時点で、ヴィルヘルムの政治的命運は彼の掌中を離れていた。十一月九日、グレーナー将軍によって西部戦線の三九名の中級司令官たちの会議が開かれ、皇帝がベルリンへ進軍しようとしたところで、軍隊が唯々諾々と従うことはまずないだろうということをはっきりさせた[74]。その間に帝都では、独立社会民主党（USPD）が翌朝に大衆デモの決行を呼びかけた。多数派社会民主党（MSPD）はマックス公子への圧力を強め、正午、マックス公子はヴィルヘルムの承認を待たずに、皇帝の退位を宣言した。マックス公子はそれから、宰相の地位を継ぐようエーベルトに勧めたが、その間にベルリンの路上では何万人もの民衆が皇帝に対する抗議デモを行い、共和国の創設を求めた。[75]

この日の午後、エーベルトとともに多数派社会民主党の共同党首を務めていたフィリップ・シャイデマンが要求に応えて、帝国議会のバルコニーから共和国の創設を宣言した。シャイデマンの宣言はまずもって、もっと急進的な社会主義者たちが同様の宣言を発する前に先手を打つことを狙ったものであったが、歓呼の声を挙げる群衆に対して彼は、新政府はドイツの両社会民主党（MSPDとUSPD）から構成されるだろうと請け合った。そしてついに、彼の演説は、共和国の誕生を敗北のなかの勝利として解釈しようとするに至った。「ドイツ人民はあらゆる場所で勝利した。腐った旧体制は崩れ去った。軍国主義は終わった！」[76]。

十一月九日の夕方には、旧体制は圧倒されていた。翌朝、皇帝がオランダに亡命し、ベルリンで労・兵評議会がドイツ共和国の臨時政府を選出した。「人民委員政府」という革命的な名称がついたこの委員会は、三名の多数派社会民主党員（エーベルト、シャイデマン、オットー・ランツベルク）と三名の独立社会民主党員（フーゴ・ハーゼ、ヴィルヘルム・ディットマン、エーミール・バルト）の計六名から成り立っており、エーベルトが首班を務めることとなった。[77]

エーベルトの第一の目標は、できるだけ早く戦争を終わらせ、内戦を避けつつ、兵士たちを帰還させることであった。一九一八年十一月十一日未明、中央党議員のマティーアス・エルツベルガーを団長とするドイツ代表団が、コンピエーニュの森に置かれた貨物列車の車両のなかで休戦協定に調印した[78]。わずか数か月前までは、間もなく勝利が訪れ、四年の長きにわたる窮乏の日々が無駄ではなかったことを証明してくれると固く信じていた国にとって、休戦の条件は受け入れ難いものであった。休戦協定によれば、ドイツ軍は西部戦線における全占領地域から即時に撤退するだけでなく、大量の兵器と大洋艦隊を引き渡すことを義務づけられていた。アルザス゠ロレーヌはフランスに返還され、ライン川左岸もフランスに占領されることになった。ドイツの服従を確実なものにするために、イギリス軍による海上封鎖が続き、その結果、ドイツの民間人の大部分が飢餓の脅威に瀕するに至った。ベルリンから来た代表団は、休戦協定の条項はドイツに大混乱をもたらすことになるだろうと警告した。しかし、抗議はしたもののエルツベルガーは休戦協定に調印し、この協定はたった六時間後の午前十一時に発効した。ついに西部戦線の銃声が鳴り止んだ[79]。

第二部　革命と反革命

連中が戦争は終わったのだと言ってきたので、我々は吹き出してしまった。我々こそが戦争だったのだから。戦争の炎は我々のなかで燃え続けていたし、燃えさかる恐るべき破壊の霊気に包まれた我々の行為のなかに生きていた。我々は内なる呼びかけに従い、戦後の時代の戦場を行軍した。……

（フリードリヒ・ヴィルヘルム・ハインツ『爆薬』、一九三〇年刊）

あたりを支配するのは狂気と脅威だけだ。……分厚い暗雲が頭上に集まり、巨大な暗い淵が我々の前に口を開けている。

（ソロモン・グリゴリエヴィチ・グレーヴィチ、スモレンスク、一九一七年）

一七八九年のブルジョワ革命——それは革命と戦争が一体になったものだった——は、ブルジョワジーに世界の扉を開いた。……目下の革命——これもまた戦争だ——は大衆に未来の扉を開くように思われる。……

（ベニート・ムッソリーニ、一九一八年五月十九日のボローニャでの演説）

第六章　戦争は終わらない

西部戦線での戦争が終結に向かった一九一八年十一月十一日から二日後、ロシア赤軍〔一九一八年一月二八日に「赤衛隊」から改称〕はラトヴィアのボリシェヴィキからたっぷりと支援を受けて、かつてのツァーリの帝国の西部国境地域で大攻勢を開始した。その目的は、ドイツの敗北により到来した好機に乗じて、ブレスト＝リトフスク条約の結果失われた領土を奪回することにあった。同時に、レーニンはベルリンやミュンヘン、ウィーン、ブダペシュトでの革命に自信を得て、いよいよボリシェヴィズムを西方に輸出できるのではないかと考えた。勝算はあった。反乱に加担し、戦意を失ったドイツ兵たちが東欧の駐屯地から本国へと流れ込んでいたし、中東欧の新造の国民軍は未成熟な状態にあった。赤軍はさしたる抵抗も受けずに、独立したばかりのエストニアとラトヴィアを占領し、一九一九年一月三日にリガを奪還し、その五日後にはリトアニアに侵攻してヴィリニュスを征服した。(1)

レーニンは新たな征服地で直ちに革命を推進した。ブレスト＝リトフスク条約に調印して、ロシアでの社会主義の生き残りに的を絞り込むという彼の決断は、中央同盟国の軍的優位によってやむを得ず行われたものだった。しかし今やドイツとその同盟国は敗北し、レーニンは再び、ボリシェヴィキの世界革命を引き起こすという究極の目標を追求できるようになった。ボリシェヴィキの支援を受けたラトヴィアとリトアニアの両ソヴィエト共和国、そしてそれよりもかなり小規模なエストニア・ソヴィエト共和国――ナルヴァ市に総司令部をおいたエストニア労働コムーナ――は、中産階級が所有していた財産や土地の収用と国有化も含め、急進的改革の実施に速やかに着手したが、その間、飢餓にあえぐ住民たちの抵抗は力尽くで鎮圧された[2]。

しかしながら、これらバルトのにわかごしらえのソヴィエト共和国は、どれもたいして長続きしなかった。もっとも、ナルヴァの労働コムーナはボリシェヴィキ革命に反対するエストニア民族軍によって数週間で命脈を絶たれたとはいえ、ラトヴィアとリトアニアのソヴィエトは外からかなり大きな支援を受けることでようやく打倒できたのであった。こうした急激な事態の展開に直面した西側連合国はひとまず、フリードリヒ・エーベルトの率いるドイツの新政府に対して、ロンドンやパリの軍事的影響力がほとんど届かないバルト地域からの撤兵を中断するよう求めた。〔ロシア赤軍による〕リガ陥落の直前の一九一八年十二月二九日には、イギリスの黙認のもとで、ラトヴィア政府も、民族ドイツ人マイノリティの義勇兵とドイツ本国からの援兵で構成されるバルト・ドイツ人の反ボリシェヴィキ自衛軍、バルト国土防衛軍《バルティッシェ・ランデスヴェーア》の創設を呼びかけた。ドイツから来た義勇兵たちは、なおもバルト地域に駐留していたドイツ第八軍団の残党とともに「鉄師団」を結成した。この組織は相当な規模の戦闘力を誇り、総計一万六〇〇〇人という大きさにまで成長した。鉄師団を統率していたのは、多くの勲章とカリスマの持ち主だったヨーゼフ・ビショッフ少佐であり、彼の光輝に満ちた長期にわたる軍歴には、第一次世界大戦のほぼすべての戦線での戦闘に加え、ドイツ領南西アフリカ〔現在のナミビア〕で一九〇四～〇六年に行われたヘレロ族とナマ族に対するジェノサイド戦役への直接的な関与も含まれていた。[3]

　自分たちの新共和国に参加してくれる義勇軍をドイツ本国からさらに勧誘するために、ラトヴィア政府は、ボリシェヴィキとの戦闘に少なくとも四週間従事したドイツ人には農場主として国内に移住することを認めると告示した。移住と土地付与の約束は、戦後のドイツで失業と不安定という厳しい未来に直面していた退役兵たちにとっては魅力的な提案であり、また他方では、植民による東方への拡大という、昔ながらのドイツ人の幻想とも共鳴するところがあった。[4]一九一九年一月九日にラトヴィア政府の申し出がドイツで公表されると、ベルリンをはじめとするドイツ本国の諸都市の兵員募集所には数千人もの義勇兵が出向いた。[5]

　しかし、生活の場と農地を与えてくれるという約束は、多くのドイツ人義勇兵が東部諸国で軍務に就いた理由の一部に過ぎない。ある者たちは、バルト地域における法と秩序の崩壊に魅了されていた。彼らは長いあごひげを蓄え、大地から日々の糧を得つつ、自らを近世の野盗や海賊になぞらえ、この地に蔓延する無法の文化のうえに繁茂していった。またある者たちは、とくにボリシェヴィズムとの闘いのなかで、武人としての自らの存在が続くことを欲し、ラトヴィアでの戦役が、敗北と戦後処理の恥辱への復讐に向けた、最後の奮闘の素地を与えてくれるものと信じていた。義勇兵組織の多くが「自由の軍団《フライコール》」を自称したのは、偶然の一致ではない――この名前が作り出されたのは、ナポレオンに対する「解放戦争」(一八一三〜一五年)で、ナポレオンの最終的な敗北に大きく貢献した時のことであった。それはプロイセンが被った軍事的恥辱に刺激されたドイツ人義勇兵たちが、フランスによってプロイセンが被った軍事的恥辱に刺

一九一九年二月に、表向きはボリシェヴィズムからこの地とヨーロッパを防衛するという任務を帯びた多数の義勇軍兵士がバルト地域に到着し、バルト・ドイツ人から成る国土防衛軍と鉄師団は、元歩兵少将のリューディガー・フォン・デア・ゴルツの指揮下におかれた。彼はかつてのフィンランド内戦において、一九一八年春にフィンランドの「白色派」が敵対する左翼勢力に対して勝利を収めるのに協力した人物であった。ドイツ人兵力——ゴルツによれば三〜四万人の規模にのぼった——は、二月半ばにボリシェヴィキ勢力との全面交戦を開始した。[6] ラトヴィアでのゴルツの攻撃は当初、民族ドイツ人が多数派を占める都市であるゴルディンゲン(クルディーガ)、ヴィンダウ(ヴェンツピルス)、ミタウ(イェルガヴァ)に狙いを定めて行われ、その過程でボリシェヴィキをラトヴィア沿岸部から駆逐した。もっとも、彼の主目標はラトヴィアの首都である最大都市、リガの占領だった。[7]

この数週間で、軍事行動はそれまでの四年間に行われた戦闘とは著しく異なったものになったが、それはとりわけ、本来あるべき截然たる戦線がなく、戦う相手が誰なのかがはっきりしない戦いが繰り広げられたためである。[8] 民族的にロシア人とされる人びと、ラトヴィア人、そしてかつてのドイツ人戦争捕虜までもが、しばしば間に合わせの軍服を着て、あるいは民間人に偽装してボリシェヴィキの側について戦ったことで、ドイツ人兵士たちの間に、これはゲリラ戦であり、情けを捨てて戦い、良心の呵責なしに敵を殺さねばならないのだという意識が強まった。バルト・ドイツ義勇兵の一員だったアルフレート・フォン・ザムゾン゠ヒンメルスティエルナは、「一人も生かしてはおかなかった」

と回想している。[9]

純然無垢たる暴力こそが、バルト地域での戦役について語った無数の自伝的記述を顕著に特徴づけているが、それらの一つに、一九一八年以降に義勇兵としてラトヴィアで従軍し、後にアウシュヴィッツ収容所の所長となるルドルフ・ヘースのものがある。「バルト海沿岸での闘いは、以前、大戦中にもその後にも、あらゆるゲリラ戦の時に体験したのと同じように〔ゲルヴァルトの引用では「バルト海沿岸での闘いは、それまで私が経験したなかで最も」〕、野蛮で、気疲れするものだった。本来の戦線などというものはなく、敵はいたるところにいる。衝突がおこると、殺戮は余すところのない破壊に終る」[10]。

ナチ占領下のポーランドでの戦争犯罪を理由に一九四七年に死刑を執行される直前に書かれたヘースの記述は、戦争と暴虐の時代に自分がどのようにして野蛮化していったのかを弁明しようとしたものとして、注意深く読まねばならないことは言うまでもない。しかし、ドイツ・バルト戦役が極度の暴力を特徴としていること、ボリシェヴィキのシンパだと疑われた市民が意図的に標的にされたことは否定できない。ミタウだけでも、義勇軍の兵士たちは、ボリシェヴィキに対する協力と扇動の咎で告発された約五〇〇人のラトヴィア人の民間人を処刑した。さらに三二五人がトゥクム（トゥクムス）とデューナミュンデ（ダウガヴグリーヴァ）の町で殺された[11]。確かに、それ以前の四年間にも、民間人に対する暴力はとくに東部戦線では珍しくなかったが、少なくとも軍服を着た戦闘員同士による大戦争という一般的な文脈においては、そうした行為はこれまで例外的だった。もはや伝統的な軍法や軍規に拘束されなくなった兵隊たちによって、「疑わしい」民間人が標的にされるのが当たり前になったのは、一九一八年以降のことである。

敵を襲撃したドイツ人兵士たちはしばしば、自分たちも敵の際限ない暴力に晒されていたのだと強調することで、敵兵にも民間人にも等しく向けられた無制御な蛮行を正当化した。ドイツ人義勇兵の一人、エーリヒ・バッラは、一九一九年前半にラトヴィアのある村が義勇軍の兵士たちに占領された直後の体験を生々しく描き出している。二人のラトヴィア人女性が住む家を探索している時に、バッラと仲間たちは「乱暴に手足を切断された五体のドイツ兵の死体」を発見した。「彼らの目、鼻、舌、そして性器はそぎ取られていた」[12]。切り刻まれた兵士を見つけ出したことで生じた恐怖はたちまち怒りに変わり、「二、三人が同じ考えに取り憑かれて、二階に駆け上がった。ライフル銃の床尾で殴るこもった音が聞こえ、二人の女は死体となって床に転がった」[13]。

ラトヴィアの民間人に対して義勇軍がふるった暴力のせいで、ドイツ人義勇軍とラトヴィア政府の怪しげな提携関係は厳しい緊張状態に陥り、一九一九年三月後半に――赤軍の駆逐という――戦役の目標がおおよそ達成された後、この関係は完全に瓦解した。ラトヴィア人民会議は既に一九一八年十一月に、ロシアからの自国の独立を宣言していた。アメリカ合衆国で教育を受け、人民会議を指導していたカールリス・ウルマニスは、赤軍を追い出した後、ドイツ兵たちはラトヴィアの農業労働者になると想定していたが、ゴルツとその一党は別の計画を抱いていた。ウルマニスの政府に撤退を求められると、ドイツ人の軍隊はクーデタの決行によってこれに応えた。一九一九年四月十六日、義勇軍の兵士たちは、牧師のアンドリエフス・ニエドラを首班とする傀儡政権に政府を替えた。ゴルツの認識では、ニエドラはドイツにとっておあつらえ向きの人物であった[14]。このクーデタに慌てた西側連合国は、義勇軍を即刻召還するようドイツに求めた。ベルリンのエーベルト政府は、ドイツ軍が撤退したら、ロンドン政府かパリ政府が自軍を派兵する用意をしない限り、バルト地域でのボリシェヴィキの勝利は避けられなくなるだろうと返答した[15]。

一九一九年五月後半、バルト地域でのドイツ兵たちの戦役は、リガの戦いで最高潮に達した。リガは戦前のロシア帝国で第四の都市であり、相当数のドイツ人マイノリティをも含めて五〇万人以上の住民を擁する、多文化的なバルト地域の中心であった[16]。既にその数年前から大きな被害を受けていたが、ロシア軍の西部国境地域からの「大退却」の最中だった一九一五年、ロシアが軍需産業の労働者とその家族を強制的に退避させた結果、リガは人口の大半を喪失した[17]。ドイツ軍が一九一七年九月にとうとう入城したが、一九一八年秋の敗北後はこの町を放棄した。ラトヴィアとロシアのボリシェヴィキ勢力によってリガが占領されたのは、その後の一九一九年一月初頭のことだった。この混乱の数年間をつうじて、リガは人口の半数を失った[18]。

一九一九年五月後半のドイツ兵によるこの都市への猛攻撃をもってしても、事態はさして改善されなかった。リガの戦いでドイツ兵がボリシェヴィキ勢力に勝利するやいなや、共産主義の支持者に対してのみならず、男女を問わず、射撃手としてドイツ兵に発砲したと目される人びとに対して、暴力的な報復が行われた。憎悪の対象となったのはとくに、共産主義者の「ライフル女《フリンテンヴァイバー》」であった。彼女たちは、エーリヒ・バッラのように戦闘に参加したドイツ義勇軍兵士の回想録のなかで大きく取り上げられている。

「バルト・ドイツ人たちの」怒りは今やリガの街路を吹き荒れた。口にするのもはばかられるが、怒りの大部分は十六歳から二〇歳の少女たちに向けられた。彼女たちは、いわゆる「ライフル女」で、大半は別嬪《べっぴん》だったが……夜は性的乱行にふけり、昼は暴虐に明け暮れていた。……バルト・ドイツ人たちは慈悲を示さなかった。彼らはライフル女の若さや魅力には目もくれなかった。彼らは、彼女たちが殴り殺され、撃ち殺され、刺し殺される時に決まって見せた、あの悪魔の形相にしか目がいかなかった。一九一九年五月二二日、四〇〇人のライフル女たちがリガの路上で血の海に横たわった。行進するドイツ義勇兵たちのスパイクの付いた軍靴が、彼女たちを無情に踏み越えていった。(19)

殺害や強姦といった女性たちへの暴力は、この戦いにおいて一般的であった――実際、あまりに一般的だったために、戦間期の最も有名な小説の一つ、マルグリット・ユルスナールの『とどめの一撃』(一九三九年刊)の主要なテーマになっている。ドイツ系ラトヴィア人の共産主義パルチザンであるソフィー・ド・ルヴァルは、小説の狂言回しを務める将校でかつての恋人、エリック・フォン・ローモンを裏切り、捕らえられ、ローモンに引き渡されて刑を執行される。

私は自分のピストルを手に取り、機械的に一歩前に出た。……しかし〔彼女が〕唇を動かす気配はなかった。まるで私がピストルを心臓のあたりにじかにあてようとしているかのように、彼女は放心した仕種で上着の襟もとのボタンをはずしはじめていた。……あの生き生きした温い肉体のことを、そのとき私がほとんど考えていなかったことは言っておかなければならない。そして私は、この女が産んだかもしれない子供たち、彼女の勇気と眼を受け継いだにちがいない子供たちのことを思って、一種不条理な後悔に胸がしめつけられた。……。クリスマスの夜こわごわ爆竹を鳴らす子供とほぼ同じように、顔をそらしながら引金を引いた。最初の一撃は顔の一部を吹き飛ばしただけだった。……二発目がすべてにけりをつけた。[20]

男女ともに暴力の犠牲者に含まれていたということもあるが、現実はユルスナールの架空の物語を上回っていた。リガの制圧に続いて起こったボリシェヴィキに対するテロで、およそ三〇〇〇人が殺害された。[21]リガでの敗戦から間もなく、ボリシェヴィキはバルト地域から撤退した。勝利の美酒に酔ったドイツ兵たちはエストニアへの侵攻を企て、義勇軍兵士の撤退を求めるイギリスに公然と挑みかかった。しかしながら、まさにこの時、ドイツ人侵略者たちの栄光は悲劇に転じた。エストニア軍の後ろ盾を得て、ラトヴィア軍は六月二三日のヴェンデン〔現在のツェーシス〕の戦いで義勇軍に壊滅的打撃を与え、七月三日まで続いた一連の武力衝突で彼らを退却させた。フォン・デア・ゴルツはストラズドゥムイジャ条約に調印して、残兵たちとともにリガから撤退せざるを得なくなり、一九一九年四月のドイツ軍のクーデタで首相の地位を追われたウルマニスが復帰した。[22]

形勢が逆転したことと、ドイツ政府が一九一九年六月後半に西側連合国とヴェルサイユ条約に調印するという決定を下したことに激怒した義勇軍は、撤退の最中に反乱を起こし、ドイツへの帰還を拒否した。[23]約一万四〇〇〇人の重武装した兵士たちはラトヴィアに留まり、ロシア白軍の西部方面軍に合流し、奇矯な言動で知られるパーヴェル・ベルモント＝アヴァロフ大佐の指揮下に入った。[24]数か月にわたり、ドイツの義勇兵はベルモント＝アヴァロフの軍隊とともに、ラトヴィア軍と戦い続けた。

ベルリンからの物的支援を絶たれた義勇軍兵士たちは次第に現地調達に頼るようになり、既に飢餓状態にあった農村住民から食糧を徴発した。これがラトヴィア人の戦意を掻き立て、彼らはついにドイツ兵をリトアニアへと退却させることに成功し、ドイツ兵はリトアニアでまたもや敗北を喫した。(25) 敗走したドイツ兵たちは、ボリシェヴィズムから「解放」してやろうとしたはずのバルト地域の人びとに裏切られたと感じ、帰り道に血の雨を降らせた。農場や家々は焼き捨てられ、その途中で一般市民が殺された。あるドイツ人義勇兵が後年回想しているところでは、……そう、我々が成し遂げたのは破壊だった(26)」。また別の義勇兵、エルンスト・フォン・ザロモンは、撤退の体験を特徴づける暴力の儀式を誇らしげに思い出している。

我々は驚く群衆に向けて発砲した。我々は怒りに駆られていた。我々は撃ち、捕らえた。我々はラトヴィア人を野原を駆ける兎を追うように追い回し、あらゆる家々を焼き、あらゆる橋、あらゆる電柱を破壊した。我々は泉に死体を投げ込み、手榴弾を投げた。我々は自分たちの手の内に落ちたものなら何でも葬り去った。我々は火のつくものは何でも燃やした。……我々の心に人間的な感覚は残っていなかった。……巨大な煙がたなびいているのは我々がそこを通った証しだった。我々は火刑柱に火をつけた。そこで我々が火あぶりにしたものこそ……文明世界の法と価値なのだ……(27)。

義勇軍の生き残りたちは結局、一九一九年末にドイツに無事帰国した。彼らの一部は極右の地下組織で暴力の日々を続け、ヴェルサイユ条約〔休戦協定の誤り〕に調印したマティーアス・エルツベルガーの一九二一年の暗殺に、あるいはユダヤ系のドイツ外相、ヴァルター・ラーテナウの一九二二年の暗殺に直接に加担した。[28] また別の者たちは帰郷し、数年にわたり間断なく続いた戦争からの休息を求めた。しかしながら、もっと東方で暮らす人びとには、暴力は弱まることなく降り続いた。

第七章　ロシアの内戦

ドイツの義勇軍がバルト地域から撤退した一九一九年末には、かつてのロシア帝国の領域は完全な混沌状態に陥っていた。一般に「ロシア内戦」として知られるものは、実際には、重なり合い増幅し合う一連の夥しい紛争であった。すなわち第一に、急激にエスカレートした、レーニンのボリシェヴィキ政府軍と「反革命」の対抗勢力との闘争。第二に、かつてのロシア帝国の西部国境地域の幾つかの地域による、ペトログラードの支配からの完全離脱を目指した試み。そして第三に、露命を繋ぐための食糧を共産主義者が徴発したことが引き金となって起こった農民反乱――これらの三つの別箇の、しかし内的に連関し合う紛争が、外部の力によってさらに混迷の様相を呈したのである。一九一八年十一月の敗北まで、かつてのロマノフ帝国の西部辺境の広大な地域が中央同盟国軍に支配されていた一方で、レーニンが一九一七年十月にロシアが戦争から撤退することを決定した直後、西側連合国は ムルマンスク、アルハンゲリスク〔いずれも北ロシアの港町〕、ウラジオストク、オデッサといった様々な侵入地点に——一九一九年後半までに約一万八〇〇〇〇人の——軍隊を派兵した。中央同盟国軍に戦略的要衝を支配されるのを防ぐのが当初の狙いだったが、連合国の干渉の目的には間もなく、「赤い」ボリシェヴィキ軍との戦いにおいて「白軍」として知られるようになった反共勢力の緩やかな連合を支援するという、軍事的目標が追加された。(1)

革命後の旧ロシア帝国領では、暴力の担い手たちが複雑に交錯し合うなか、純粋に規模の点で、二つの集団がとくに傑出していた。一つは赤軍——元々は、解体した旧軍の兵士や水兵、労働者の民兵、少し前に旧オーストリア＝ハンガリーから解放された戦争捕虜といった、ばらばらのグループから構成されていた——であり、もう一つは、赤軍以上に寄り合い所帯だった敵対勢力の「白軍」である。(2)少なくとも理論のうえでは、ボリシェヴィキ勢力がマルクスとレーニンの著作に示されたプロレタリアートの理想郷を実現しようとしていたのに対して、敵対勢力の政治的な見解はひどく雑多だった。彼らの共通性は、激しい反ボリシェヴィズム、すなわち「反アカ」という点であった。(3)もっとも、反ボリシェヴィキであることは、君主主義者からナショナリストに至るまでの、根本的に異質な諸集団のすべてに共通していた。レーニンの支配に反対していた点ではメンシェヴェキも社会革命党も同様であり、彼らは、自分たちの権力を奪ったボリシェヴィキのクーデタに憤慨していた。

こうした集団は相互不信と対立関係のせいで、全国規模で統一された軍事的指揮の下で一貫した運動を形成することができなかった。その結果、東部のアレクサンドル・コルチャーク提督、北西部のニコライ・ユジェーニチ将軍とパーヴェル・ベルモント＝アヴァロフ大佐、北カフカスとドン川周辺地域のアントン・デニーキン将軍、クリミアのピョートル・ウランゲリ将軍、および、例えばグリゴリー・セミョーノフやローマン・フォン・ウンゲルン＝シュテルンベルクのようにシベリアや南ロシアで「統領《アタマン》」を自称した軍司令官たちが、互いにほぼ独自に行動していた。(4)

地方の混沌と無法状態が、農民の自衛運動である「緑軍」の大規模な出現に繋がり、白軍と赤軍の抗争は、こうしたローカルな行為者たちの関与によってさらに複雑化した。内戦期に最も激しい戦闘が行われた地域の一つであるウクライナでは、一九一七年に帝政期の監獄から釈放されたばかりの農民アナキスト、ネストル・マフノが相当な規模の部隊を率いて、白軍や赤軍と何度も衝突した。(5)

最終的に三〇〇万人以上の命を奪ったロシア内戦の規模と激しさは、一九一七年秋にペトログラードやモスクワといったロシアの主要都市でボリシェヴィキが権力を掌握してからの最初の数週間では、予測し難かったであろう。確かに、旧ロマノフ帝国の各地で抵抗が起こりうることを、ボリシェヴィキははっきりと認識していた。レーニンの支配に最初から反対していた地域には、南西ではベラルーシのモギリョフ（ここには大本営が置かれていた）、東ロシアと南ロシアのコサック地域、そしてドイツ軍に占領された西部国境地域の大部分——とくにウクライナとバルト地域——が含まれており、こうした地域では、ボリシェヴィキ勢力は民族独立運動の強固な抵抗に遭っていた。(6) ところが、初めの頃、トロツキーの部隊がウクライナの首都キエフやコサック地域へと支配を拡げた時期には、散発的で大してまとまりのない抵抗に出くわすだけだったため、レーニンは革命後の数か月をボリシェヴィズムの「勝利の凱旋行進」と呼んだのであった。(7)

この時期、レーニンは明らかに、ロシアに戦争をやめさせることから利を得ていた。ブレスト＝リトフスク条約がどれほどロシアにとって屈辱的で、大きな代償を伴うものだったとしても、一九一七年後半に共産党と改称したレーニンの党はこの条約のおかげで〔共産党への改称が行われたのは一九一八年三月六〜八日の第七回党大会〕、極めて不人気な戦争を継続する代わりに、国内の敵との戦いにエネルギーと物資を傾注することができた。レーニンが一九一八年前半に首都をペトログラードから、被害が小さかったモスクワへと移す一方、新たに軍事人民委員となったトロツキーは、赤軍を強力な軍事的戦闘力に組織することに専心し、農民から徴集された大量の兵員を訓練して指揮するのに旧帝国軍の将校たちを登用した。(8)

しかしながらレーニンとトロツキーは、自分たちの敵が莫大な数にのぼるだけでなく、暴力に訴えてでもボリシェヴィキ支配に挑戦する覚悟を固めていることに気づいていた。(9) 広範な民衆の支持を欠き、現実のものにせよ想像上のものにせよ、大勢の敵に取り囲まれていたボリシェヴィキは間もなく、様々な敵対者を弾圧するのにテロを用いるようになった。白軍（と国外にいるその支援者）、ボリシェヴィキ支配に服従するのを潔しとしなかった穏健社会主義者やアナキスト、ブルジョワジー、あるいはもっと漠然とした存在である「クラーク」、「略奪者」、「相場師」、「物資の隠匿者」「闇市の売人」、「サボタージュを行う者」はこの時以来、「人民の敵」であるという宣告を受けた。(10)

ボリシェヴィキのテロの主たる手段となったのは、「反革命サボタージュと闘う全ロシア非常委員会」——ロシア語の頭文字をとった「チェカー」という名前のほうがよく知られている——であった。この組織はレーニンによって、ポーランド生まれの革命家フェリックス・ジェルジンスキーを長として、一九一七年十二月二〇日に設立された〔ジェルジンスキーが生まれたのは現在のベラルーシ北西部の村〕。ジェルジンスキーは他のチェカー関係者の多くと同様、生涯の半分以上を監獄や、帝政期のオフラーナが管理する残忍な制度である、労働キャンプで過ごした。収監中にジェルジンスキーは看守たちにひどく殴られ、あごと口に死ぬまで傷跡が残った。一九一七年の二月革命がきっかけで釈放されてから約十か月後、ジェルジンスキーと、彼にイデオロギーを植えつけられたチェカーの同志たちは、かつての看守たちに倣い、自分たちが受けた虐待に対する恐るべき復讐を開始した。(11)

レーニンが経済の国有化や資源の徴発、そしてあらゆる形態の組織的抵抗の禁止に関して数多くの布告を出すにつれて、新国家は、住民を統制し監視するために、チェカーのような国家装置を必要とするようになった。——テロに手を染めたからではなく、テロに不十分にしか手を染めなかったために——国内の敵のせいで革命が水泡に帰すのではないかというボリシェヴィキの不安は、ほとんど強迫観念の域にまで達した。(12) 早くも権力掌握から二か月後の一九一八年一月に、レーニンは、ボリシェヴィキが階級の敵に対して鷹揚に構えすぎていることに文句をこぼしている。彼の主張によれば、「もし我々に何らかの罪があるとすれば、ブルジョワ的帝国主義の世界の代弁者、彼らの裏切りの非道ぶりに関して、我々があまりに人道的であまりに上品になりすぎているという事実がそれにある」のであった。(13)

不成功に終わったもののモスクワや中央ロシアで社会革命党が暴動を組織したことや、ボリシェヴィキ指導者に対する一連の暗殺未遂事件が起こったことで新政府が脅かされた一九一八年夏に、こうした感情はさらに強まった。まず八月十七日に、ボリシェヴィキによる旧軍将校への暴力的措置に憤激した青年士官候補生のレオニード・カンネギセルが、ペトログラードのチェカーの長だったモイセイ・ウリツキーを射殺した。暗殺者はその後、処刑された。八月三〇日には、元々はアナキストで、当時は社会革命党を支持していたファーニ・カプランが、モスクワの労働者集会を立ち去ろうとするレーニンを銃撃した〔カプランが真犯人ではないとする説もある〕。二発の銃弾が命中したが、レーニンはすんでのところで一命を取りとめた。ツァーリ体制下の一九〇六年にキエフでのテロ行動に参加したためにシベリアの労働キャンプで十一年間を過ごしたカプランは、九月三日に処刑された。[14]

暗殺の試みを受けたボリシェヴィキは実力行使に走り、ここに「赤色テロ」の大波の到来が印されるところとなった。カプランによるレーニン暗殺未遂事件から一週間のうちに、ペトログラードのチェカーは五一二人の人質――その多くは高位の旧軍将校であった――を射殺し、クロンシタットでは、ボリシェヴィキによって一晩で四〇〇人の人質が殺害された。[15] しかしながら、テロの使用を単なる無分別な報復に過ぎなかったとして片づけるのは間違っていよう。そうではなく、ボリシェヴィキは戦略的な方法でテロを活用した。テロは、共産主義の理想郷が実現するまでの途上に存在する、二つの目標を達成するためのものだった。すなわちそれは、階級の敵と見なされる者たちに対する「外科手術」を可能にすると同時に、潜在的な敵の抑止にも繋がったのである。[16]

赤色テロが激しさを増すにつれて、ますます多くの人員がチェカーに配属された。一九一八年半ばから内戦終了までの数年間で、その数は二〇〇〇人から約一万四〇〇〇人へと著しく増加した。さらに一〇万人の前線部隊が「反革命」活動を抑圧して、チェカーを支援した。後継組織のNKVD〔内務人民委員部〕ほど効率的でもなかったし、よく組織されていたわけでもなかったが、チェカーは大がかりな支部のネットワークを迅速に国中に張り巡らせ、ボリシェヴィキ支配を経済的、あるいは政治的にサボタージュしているという嫌疑をかけられた人物を片っ端から標的にした。[17]

一九一八年の春から初夏にかけて、ボリシェヴィキが階級闘争を農村部へと計画的に拡大すると、暴力はさらにエスカレートした。戦争によって生じ、ロシア革命の最初の引き金となった食糧供給の危機が数年間続いたのを受け、ボリシェヴィキ政府は一九一八年五月、食糧分配の大々的な独占の実現に向けた決定的一歩を踏み出した。貧農委員会に、「比較的豊かな」農民たちから余剰農産物を徴収する権限が与えられるようになったのである〔食糧独裁令の交付は五月十三日だが、貧農委員会の設置の決定は六月十一日〕。レーニンは、パンのための「十字軍」を公衆に呼びかけ、「余剰の穀物を隠匿している」連中に対する「無慈悲なテロ闘争と戦争」を宣告した。[18] 戦闘的ボリシェヴィキや労働者、――一九二〇年に約三〇万に及んだ――動員を解除された兵士たちから構成される食糧軍、食糧徴発隊が新秩序を強要しようとしたが、一定の成果しか挙げられなかった。[19]

銃を突きつけて断行されたレーニンの食糧徴発によって、過激な暴力が急激に拡大した。徴発に抵抗しようとする村人たちは厳罰に処された。食糧軍は殺戮をもって彼らを脅しつけ、村人の家族を人質にとり、重い罰金を科し、家探しを行い、収穫の一部を隠した人びとが住んでいた村に躊躇なく火を放った。[20]

協力を拒否すれば血みどろの弾圧を受けた。例えば、一九一八年八月にペンザ県で農民たちが徴発に抵抗した時には、レーニンは同地の支持者たちに、反抗の首謀者に対して「無慈悲な弾圧」を加えるよう指令している。

革命全体の利益はこれを要求する、なぜなら、クラークとの「最終決戦」が現在、各地で進行中だからだ。そのための手本を示す必要がある。第一に、名の知れたクラーク、富裕者、吸血鬼を少なくとも百人は絞首刑にせよ（必ず吊るせ、民衆に見えるように）。第二に、連中の名前を公表せよ。第三に、連中からすべての穀物を取り上げよ。第四に、人質を選定せよ。……ボリシェヴィキは吸血鬼のクラークを締め上げ、絞め殺そうとしているのだと、民衆が目にし、恐怖し、知り、叫び出すようなやり方で……これらを実行せよ。[21]

農村住民たちが徴発に抵抗したのは、自然な成り行きであった。収穫の一部の計画的な隠匿から公然たる武装反乱まで、反抗は様々な形態をとった。[22] ボリシェヴィキも応酬したが、飢餓の脅威に直面した村人たちの暴力的抵抗はいや増すばかりであった。家族を養うだけの穀物が足りないために自暴自棄になり、自分たちの生活手段を収奪しようとするボリシェヴィキの企てに憤った反乱農民たちは度々、極めて表現豊かな――あるいは象徴的な意味合いを込めた――かたちの暴力を用いて、相手に向けて明瞭なメッセージを発した。怒れる農民たちから穀物を徴発しようとしたボリシェヴィキの政治委員《コミッサール》〔赤軍を監督・統制するために各部隊に置かれた委員〕は、公衆の面前で内臓をえぐり取られ、彼が食糧泥棒であることが一目で分かるようにするために、その胃袋は穀物で満たされた。四つ裂きのような、盗みに対して昔から行われてきた処罰が復活した。武器が足りなかったので、農民たちはしばしばナイフや、普段は野良仕事に用いる農具を使って捕虜を殺した。別の事例では、食糧徴発隊員は、ハンマーや鎌といったボリシェヴィキのシンボルで額を突き刺された。また別の者たちは、公然と無神論を掲げるボリシェヴィキをキリスト教徒にしてやろうということで、十字架とともに焼かれたり、磔《はりつけ》にされたりした。(23)「タンボフ県〔ロシア南西部の県〕では、共産主義者は鉄道用の大釘で左手と左足を一メートルの高さのところで木に打ちつけられ、〔農民たちは〕わざと奇妙なやり方で磔にされた人びとの苦痛を見物した」と、(当時はまだレーニンの支持者であった)マクシム・ゴーリキーは記している。(24)

ボリシェヴィキも同様のやり方で反撃し、レーニンの布告に抵抗していると見なされた者たちを拷問したり、不具になるまで暴行し、あるいは独創的な殺害方法を次から次へと考え出した。赤軍とチェカーが次第に——村落の空爆や毒ガスの使用といった——戦時中のやり口を自国の住民に向けて実践するようになったことで、推計で約二五万人がこの「パン戦争」のなかで殺害された。(25)

レーニンが農村にテロを持ち込み始めたのとちょうど同時期に、権力の座にあったボリシェヴィキは、内戦のなかのまた別のアクターから挑戦を受けることとなった。一九一八年五月、チェコスロヴァキア軍団が反乱を起こしたのである。この軍団を構成していたチェコ人とスロヴァキア人は元々、一九一四年以前からロシアで活動しており、ハプスブルク君主国に対する闘争に熱心に従事していた。オーストリア＝ハンガリー軍からの脱走兵や戦争捕虜で兵卒が膨れ上がったために軍団は大規模化し、合計四万人以上のよく訓練された重武装兵から成る、統率された二個師団に匹敵する兵力をもつまでに成長した。(26)ブレスト＝リトフスク条約が結ばれた後、チェコスロヴァキア軍団の大多数は、シベリアのウラジオストク港を経由してロシアを去ろうとした。チェコスロヴァキア独立闘争を続行するために、船に乗ってフランスで連合国軍に合流するのが彼らの目的であった。当初、ソヴィエト政府は彼らを自国から退去させることに同意したが、ウラジオストクに向かってシベリア鉄道で国の端から端まで横断しなければならなくなった軍団の兵士たちは次第に、もし赤軍との共闘を断ったら、ボリシェヴィキによってドイツ軍とオーストリア軍の手に引き渡されるのではないかという疑念を抱くようになった。彼らはまた、実際に赤軍に合流した、約三万人の解放されたばかりのハンガリー人戦争捕虜たちと暴力的衝突を起こした。五月、ソヴィエト当局によって武装解除されようとしていることに不安を感じて、そしておそらくは西側連合国の後押しがあって、チェコスロヴァキア軍団はヴォルガ川からロシア極東へと続く鉄道の沿線で反乱を開始した。彼らの戦術は、単純ではあったが、効果的だった。ロシアのような巨大な国では、鉄道路線がヒトとモノの移動に関して極めて大きな軍事的価値をもつことに気づいた彼らは、列車を乗っ取り、鉄道駅を次々と掌握していったのである。(27)

事態を憂慮したモスクワのボリシェヴィキ指導部は、現地の支持者に向けて、すべてのチェコ人を列車から引きずり降ろして、赤軍か労働大隊に吸収しなければならないと警告を発した。チェリャビンスク駅に陣取っていたチェコ兵たちがこの電報を傍受したし、チェコ兵とスロヴァキア兵に即時の武装解除を呼びかけたトロツキーその人が二日後に出した呼びかけも傍受した。この呼びかけは、抵抗する者は「その場で射殺」するとしていた。(28)

チェコスロヴァキア軍団は、ボリシェヴィキへの降伏ではなく抵抗を決意した。各地で暴力が激化するなか、彼らはそうした状況にすぐに対応した。あるチェコ人の古参兵は、軍団の兵士だった往時を次のように回想している。「我々はロシア人をその地位から追い立てた。容赦はしない、捕虜にはしないというのが命令だった。……奴らに獣のように襲いかかった。銃剣やナイフを使った。ガチョウの雛にやるみたいに、奴らの首を掻き切った」[29]。一九二〇年代、三〇年代には、ボリシェヴィキをいかに残忍に扱ったかを自慢するのが、かつてのチェコスロヴァキア軍団の兵士たちの間で流行したが、反乱のなかで広く残虐行為が行われたことに疑問の余地はない。軍団の手による、とりわけ捕虜になったボリシェヴィキや、赤軍に協力したドイツ人やハンガリー人の義勇兵に対する公開処刑に関しては、よく史料が残されている事例が幾つかある。例えば、一九一八年六月に軍団がロシア南西部の町サマーラを占領した際には、公開での絞首刑が多数行われ、赤軍兵の捕虜は生きたまま焼かれている[30]。

チェコスロヴァキア軍団の反乱は、それまでは散発的で地域的な小競り合いの域を越えなかった他の反ボリシェヴィキ運動を刺激することになった。勢力を伸ばした反ボリシェヴィキ運動は迅速にヴォルガ中流域とシベリアの支配権を握り、ヴォルガ川東岸のサマーラに自分たちの政府を立ち上げた[31]。「憲法制定議会議員委員会」、通称コムーチは社会革命党員によって支配されていた。レーニンによって解散される前のロシア憲法制定議会選挙で勝利していたため、彼らは自分たちこそがロシアで唯一の正統な政府であると認識するようになった[32]。

一九一八年夏には、赤軍の拠点だったウラル地方のエカチェリンブルクにある赤軍の要塞に反ボリシェヴィキ勢力が進軍したという風聞が広がった。この町には、ツァーリとその家族が数か月前から捕らえられていた。レーニンは皇帝一家の運命をまだはっきりと決めていなかったが、ボリシェヴィキ運動にしてみれば、ツァーリが自由になって君主派勢力の手に渡る可能性があるというだけで、ニコライ二世が存在していること自体が不都合であった[33]。

一九一八年七月十六日にモスクワの承諾を得て、七月十七日早朝、エカチェリンブルクのチェカーの議長、ヤコフ・ユロフスキーに率いられたボリシェヴィキの一団が、皇帝一家と彼らに最も近しい従者たちをベッドから起こした。それからニコライとアレクサンドラ、五人の子供たちと四人の側近たちは階下に連れて行かれ、地下の空き部屋に通された。武装した男たちの一群に囲まれたユロフスキーが、皇帝一家に死刑判決が出されたことを告げた。ユロフスキーはリボルバーをツァーリに向け、発砲した。他の皇族と従者たちも撃たれ、銃剣で刺されて、一人残らず殺された。殺害の後、処刑者たちは死体を破壊するのに爆薬を使い、さらに硫酸を振りかけて遺骸を焼いた。(34)

皇帝一家の殺害は西欧や白軍の間で恐怖をもって受け止められ、ボリシェヴィキの立場を好転させはしなかった。実際、一九一八年夏にはボリシェヴィキの権力の低下を示す兆候が如実に現われた。八月、チェコスロヴァキア軍団の助けを借りたコムーチ勢力は、モスクワから八〇〇キロメートルのところにあるカザンの町を獲得した。ロシアの西部国境地域がなおもドイツの支配下にあった一方、オスマンはカフカスを自国領だと主張していたし、連合国の干渉軍がムルマンスクとアルハンゲリスクに上陸し、南部と東部は様々な反共産主義勢力や軍指導者たちの指揮下に入っており、ボリシェヴィキの前途は多難に思われた。(35)

しかし、ボリシェヴィキは勝利した。トロツキーは兵站術の才能と革命のレトリック、そして敵に立ち向かうのを嫌がる者への厳罰を組み合わせて、なおも発展の途上にあった赤軍の陣容を整え直すことができた。一九一八〜一九年にアルハンゲリスクでイギリス軍の指揮官を務めていたゴードン＝フィンレイソン将軍は、ロンドンの参謀本部に、トロツキーは赤軍を手強い戦闘組織に仕立て上げるのに成功したと報告している。「イギリスでは、ボリシェヴィキの軍隊を代表するのは、棒切れや石、あるいはリボルバーで武装した沢山の下層民であって、彼らは血に飢えて猛り狂いながら駆けずり回るだけで、狙いすました銃撃を二、三発受ければ簡単に算を乱して逃げ帰るといったイメージがあるかもしれない」。しかしフィンレイソンによれば、赤軍は「装備が整っており、よく組織されていて、かなりしっかりと訓練されている……」――端的に言えば、立派に戦えるだけの力を十分に備えた軍事力――なのであった。(36) 彼の評価は正しかったことが証明された。ボリシェヴィキの反撃で、ヴォルガ川にまで迫った敵の進軍は食い止められた。カザンは一九一八年九月に奪還され、チェコスロヴァキア軍団とコムーチ勢力はウラル山脈の彼方へと撤退させられた。(37)

しかしながら国内の他の場所、とりわけ北カフカスでは抵抗が続いていた。歴史的にコサックの居住地の一つであったドン川の氾濫原では、一九一八年にドイツ軍が反ボリシェヴィキ政府の強化を支援していた。(38) さらに南のクバン・コサックの土地には、より危険なロシア・ナショナリスト勢力である旧軍将校たちによって厳しく統率された「義勇軍」が姿を現し始めていた。政治面でのリーダーとなったミハイル・アレクセーエフ将軍は、一九一五～一七年にニコライ二世の参謀総長だった人物であり、コルニーロフ将軍はかつての最高総司令官で、一九一八年前半にクバンの中心都市であるエカチェリノダール〔現在のクラスノダール〕を赤軍から奪還しようとして戦死するまで、義勇軍の初代の軍事指導者を務めた。コルニーロフの後を継いだのは、やはり旧軍の将校だったアントン・デニーキン将軍であった。一九一八年の夏の間に、ウクライナに駐留するドイツ軍のおかげでソヴィエトの北からの攻撃から守られて、義勇軍はクバンにおける立場を確固たるものにすることができた。(39)

以上のように、一九一八年の晩夏から初秋——内戦の一年目が終わる時期にあたる——にかけての状況は、目が回るほど複雑であった。当時、レーニンの勢力はウラル山脈以西のヨーロッパ・ロシアの北部および中部を支配していた。だが、西部や南部の国境地帯、フィンランド、かつてのバルト諸県、ポーランド、ベラルーシ、ウクライナ、カフカスでは、赤軍は民族独立運動や現地を支配する軍指導者たち、そしてその他の反ボリシェヴィキ勢力の断固たる抵抗に直面していた。東部では一九一八年十一月に、かつてはロシア帝国黒海艦隊司令官であったコルチャーク提督の率いる反ボリシェヴィキ政府が連合国の支援を受けて、社会革命党員の支配するコムーチを転覆させた。白軍の運動がもっと一体性をもつことを望んでいた連合国の後ろ盾を得て、コルチャークは「最高執政官」に任命された。根城にしていた南西シベリアのオムスクから彼は、ヴォルガ川からバイカル湖に至るまでのすべての反ボリシェヴィキ勢力に指令を下した。(40)

その年の十一月の中央同盟国の敗戦は状況を著しく変えたが、とくにロシアの西部国境地域ではドイツ軍とオーストリア゠ハンガリー軍が慌てて撤退し、巨大な権力の真空空間が残され、ロシア内戦のあらゆる当事者がそこに勝機を見出そうとしていた。一九一九年、そして一九二〇年の大半の時期、西部国境地域はボリシェヴィキと白軍、そして両者から独立の要求を拒否された大規模な民族運動による三つ巴の戦いを経験した。連合国の干渉軍がここに加わったことで、情勢はさらに複雑になった。(41)

もっとも、連合国軍がロシア内戦の推移に及ぼしたインパクトは限定的なものでしかなかった。連合国軍は大規模な戦闘には積極的にかかわらなかったし、彼らが白軍に提供した物的支援の大半は、能率の悪さや裏取引のせいで無駄になった。後方のさもしい官吏たちが兵士のための軍服を着服し、その妻や娘たちはイギリスの看護婦のスカートをはいていた。デニーキンの貨物車や戦車が寒さのなかで立ち往生していた時、不凍剤が酒の代用品として酒場で売られていた。[42]

しかし、干渉によってレーニンとボリシェヴィキは、自分たちの統治を終わらせようとする国際的な陰謀の脅威に晒されていると確信し、これは国内外の敵の集団に対する生存戦争であり、勝利のためにはあらゆる手段が許されるのだという認識を強めることになった。連合国の干渉によって、一九一七年の二月革命以来の現在進行中の出来事を、一七八九年のフランス革命のプリズムをとおして眺める傾向も強まった。退陣させられた臨時政府のリーダー、ケレンスキーがフランスに後押しされて、自らをロシアのダントン、つまり革命のエネルギーを対独戦争へと向けることができる人物だと見なしだしたように、ボリシェヴィキはさらに急進的なジャコバン派を自らに重ね合わせ、コサック地域をヴァンデ、すなわちフランス革命に対する王党派的反対勢力の牙城の現代版として認識した。[43]

既に一九一七年十月以前から、レーニンは度々、歴史的インスピレーションの源としてジャコバン主義に言及していた。ボリシェヴィキはこんにちの「ジャコバン」であると糾弾する批評者に応えて、彼は一九一七年七月に次のように記している。

ブルジョアジーの歴史家は、ジャコバン主義を堕落（「転落」）と見る。プロレタリアートの歴史家は、ジャコバン主義を、解放闘争における被抑圧階級の最高のたかまりの一つと見る。……ジャコバン主義をにくむのは、ブルジョアジーの持ちまえである。ジャコバン主義をおそれるのは、小ブルジョアジーの持ちまえである。自覚した労働者と勤労者は、革命的、被抑圧階級への権力の移行を確信しているというのは、ここにこそ、ジャコバン主義の本質があり、危機からの唯一の活路、経済的崩壊と戦争からの解放があるからである。(44)

レーニンとボリシェヴィキにとって、過去の教訓が意味するのは、再度の「テルミドール」――一七九四年七月二七日のクーデタであり、マクシミリアン・ロベスピエールと彼の率いる公安委員会が打倒され、ジャコバン派の指導者たちの処刑と、最初は保守的な総裁政府の、その後はナポレオンの支配へと至った――を許してはならないということであった。ロシアでそうした筋書きが繰り返されないようにするためには、テロを――減らすのではなく――増やす必要があった。(45)

こうした理屈、そしてさらなる食糧欠乏の結果、内戦は長引き、次第に血なまぐさくなっていった。絶え間なく戦局が変化し、そうした状況のなかで各地を支配する政権が目まぐるしく入れ替わったために、報復の暴力が際限なく繰り返されたが、白軍もその敵の赤軍も、自らの部隊を抑制するための手を打たなかった。(46) むしろ反対に、極めて悪評高い白軍の将軍、ローマン・フォン・ウンゲルン゠シュテルンベルク男爵の例が示しているように、地方の軍指導者や将軍たちはしばしば、暴力のさらなる激化を後押しした。一八八二年にレヴァル（タリン）のバルト・ドイツ人の名家に生まれたウンゲルン゠シュテルンベルクは、第一次世界大戦におけるロシア軍の東プロイセン侵攻で初戦を飾り、コサック連隊の一員として怪しげな武名をあげ、勇敢だが無謀で、精神的に不安定な将校という評価を受けた(47)［ウンゲルン゠シュテルンベルクは一八八六年にグラーツで生まれた］。

狂信的な反ボリシェヴィキ主義者にして反セム主義者だったウンゲルン゠シュテルンベルクは、内戦期にシベリアで白軍に加わり、無情なまでの残忍さで評判をとり、捕虜になったボリシェヴィキの政治委員や「疑わしい」民間人を、生きたまま皮を剝ぐといった残酷なやり方で部下に虐殺させた。[48]コルチャーク提督が敗北し、ボリシェヴィキの手で一九二〇年二月に処刑された後、ウンゲルン＝シュテルンベルクは正式にグリゴリー・セミョーノフ統領の指揮下に入ったが、大抵の場合、彼は独自に指揮を執った。非ロシア人が多数を占める部隊や、タタール人、モンゴル人、中国人、日本人の部隊から成る多民族的な騎兵師団を率いて、ウンゲルン＝シュテルンベルクは一九二〇年夏に国境を越えてモンゴルに入り、一九二一年二月、中国が占拠していたウルガ（ウランバートル）を制圧した。ウンゲルン＝シュテルンベルクと彼の兵士たちは、モンゴルの自治の再建を望む地元住民たちに当初は歓迎されたが、その残虐な振る舞いのゆえに、住民たちの態度は急変した。[49]

かつてウンゲルン＝シュテルンベルクの師団の将校だった人物の回想によれば、ウルガ征服に際しては前代未聞の残虐行為が行われ、兵士たちはとくに「ユダヤ人たちを目の敵にし、死ぬまで拷問した。女性への凌辱は身の毛もよだつほどだった。一人の将校が剃刀の刃を手にして民家に入り、兵士たちに襲われる前に自殺するよう少女に勧めているのを目撃した。彼女は涙を流しながら礼を言い、自分の喉を切った。……三昼夜にわたり悪夢が続いた」。[50]

ウンゲルン＝シュテルンベルクによるウルガの恐怖支配は残忍だったが、長くは続かなかった。一九二一年八月、ボリシェヴィキ軍の進撃に直面して西モンゴルに戦略的な退却を行うと、彼への信望を捨てた将校たちが謀反を起こした。部下たちに捕らえられた「白軍の男爵」は赤軍に引き渡され、ノヴォニコラエフスク〔現在のノヴォシビルスク〕でボリシェヴィキの裁判にかけられ、銃殺刑執行隊によって速やかに処刑された[51]。

極度に残虐だったとはいえ、その世界観や行動の点では、ウンゲルン＝シュテルンベルクは少しも特殊ではない。とくに反セム主義的なポグロム〔ユダヤ人に対する暴力行為〕は、内戦に見舞われた地域の大半、なかでも西部国境地域の中規模都市やシュテットル〔東欧地域の小規模なユダヤ人コミュニティ〕で一般的であった[52]。共産党の指導部にユダヤ人が比較的多かったことに刺激されて、反ボリシェヴィキ運動は間もなく、十月革命をユダヤ人の陰謀の結果と非難するようになった[53]。例えば、コルチャーク提督は白軍に、ずばり「ユダヤ人がツァーリを殺した」という表題のパンフレットを配布したが、ここには、キリスト教徒の伝統的な反セム主義の核心に存在していた、揺るぎない語り口が反復され強化されていることを確認できる。そうした語り口によれば、イエスの死の責任はユダヤ人にあり、彼らは凶悪な背信行為の伝統を重ねており、数世紀をつうじてこんにちに至るまでその軌跡を追うことができるのであった[54]。

革命の中枢でユダヤ人が陰謀をめぐらしているのだとする考え方は、白軍がボリシェヴィキに対する抵抗をまとめあげようとした際に、彼らのプロパガンダの中心を占めることとなった。対して、ボリシェヴィキは新兵を招集する際に、白軍よりもはるかにアピールする約束（「土地、パン、解放」）を掲げることができた[55]。反ユダヤ＝ボリシェヴィキという切り札のおかげで、少なくともそこに一体感を感じられる人びとの間で白軍は人気を獲得し、間もなく旧ロマノフ帝国の各地で反セム主義的暴力を勃発させることになった。カウナスをはじめとするリトアニアやラトヴィアの諸都市では、短命に終わったリガのボリシェヴィキ独裁とユダヤ人とを同一視する反革命勢力によって、ユダヤ人が攻撃された。[56]ロシア西部やウクライナの状況はさらにひどく、ユダヤ人は反ボリシェヴィズムの主たる犠牲者集団の一つとなった。一九一八年六月から十二月までだけで約十万人のユダヤ人が殺害されたが、これに加担したのがデニーキン将軍の義勇軍兵たちだけでは決してなかったことは特筆されるべきである。ウクライナやポーランドの民族主義者勢力や様々な農民の武装組織もまた、ユダヤ人が敵を支援したり食糧を隠匿しているという噂に躍らされて、大抵は酩酊状態のなかでポグロムを起こし、ユダヤ人虐殺に加担した。この地域では、一九一八年後半から一九二〇年にかけて一〇〇〇件をゆうに超える数のポグロムが記録されている。[57]かつてオーストリア＝ハンガリー帝国第四の都市であり、当時は建国間もないポーランドとウクライナの民族主義者たちが領有を主張していたガリツィアの中心都市レンベルク〔リヴィウ〕では、一九一八年十一月後半にポーランド軍がウクライナ軍をひとたび撃退するや、恐るべきポグロムが起きた。ウクライナ軍部隊の撤退に手を貸した射撃手たちを探し出すという口実で、ポーランド軍の兵士たちが市内のユダヤ人地区を封鎖した後、銃とナイフで武装した小部隊でそのなかに踏み込んだ。兵士がユダヤ人地区に突入するとたちまち暴力がエスカレートし、軍務に就ける年齢にある男たちは殺された。三日間のポグロムで、同地区の七三人の住民が殺害され〔少なくとも一五〇人以上とする報告もある〕、数百名以上が負傷し、商店は略奪され、建物に火が放たれた。[58]

ウクライナではユダヤ人に対する扱いがもっとましだったなどとは決して言えない――むしろ反対である。例えば、ウクライナ人民共和国のために戦っていたコサックたちが一九一九年二月にプロスクーロフ〔現在のフメリニツキー〕で実行したポグロムはとくに記録がよく残っているが、この時は二〇〇〇人のユダヤ人が殺害された。コサックの司令官であった統領のセモセンコの部下の一人によれば、ボリシェヴィキ軍との戦いに勝利した後、セモセンコは「ウクライナ人民とコサックにとって最悪の敵はユダヤ人だ。ウクライナ人と彼らの生活を守るために、奴らを絶滅させねばならん」と呼号した。(59) その翌日、セモセンコの兵士たちが同地のユダヤ人住民に襲いかかった。

彼らはサーベルのみならず銃剣も使った。火器が使われたのは数度だけ、獲物が逃げようとした時だけだった。……クロチャクの家には八人の兵士が押しかけ、窓ガラスは全部割られた。五人が家のなかに入り、三人は外に残った。なかに入った者たちがクロチャク老人のあごひげをつかまえて台所の窓辺へと引きずり、窓外に放り出し、外の三人が彼を殺した。それから老女と二人の娘たちが殺された。家を訪問中だった若い女は長い髪を引っ張られて別の部屋へと連れて行かれて、窓から通りへと投げ出され、そこで殺された。その後、コサックたちが再び家に押し入って、十三歳の少年に何か所も傷を負わせた結果、この子は耳が聞こえなくなった。少年の兄は腹部と脇腹に九か所の傷を負い、母親の死体の上に最初に積み上げられた。(60)

虐殺はキエフ政府の地方代表者の介入でようやく止んだが、数日後に近隣のフェルシュティン〔現在のフヴァルジースケ〕の町で再発し、目撃者の伝えるところでは一〇〇人が殺害された。食堂の経営者だったヨーゼフ・アプトマンは、次のように回想している。「若い女たちはほぼ全員強姦され、それから――サーベルで切り刻まれて――殺された。血が道に流れた。……モーニッヒ・ブレンマンの家にはガリツィア・ユダヤ人の夫婦がいた。彼らは家の外に連れ出され、女房は服を剝ぎ取られて全裸で踊らされてから、亭主が無理矢理見させられている前で四人の悪漢どもに強姦された。その後、夫婦はばらばらに切り刻まれた……」[61]。

時とともに、ボリシェヴィズムとユダヤ人が不可分であるという物言いは、一種の自己実現的予言〔自らの予言どおりの行動を促すような予言〕になっていった。レーニンが解放について語り、ボリシェヴィキが反セム主義とポグロムを公的に非難したため、彼らが民族や宗教に関して「偏見がない」ことが示されたが、これがジョージア人やアルメニア人、ラトヴィア人、ポーランド人といった帝国内の民族的マイノリティに対してと同様に、多くのユダヤ人にもアピールしたのは当然であった[62]。しかしながら、それらの集団のなかでもユダヤ人はとくに、ボリシェヴィキの支援を求める呼びかけに応じ、かなりの数の者が赤軍やチェカー、そして党に加わった[63]。それでも、時として赤軍の部隊が反セム主義的ポグロムに参加するのを防ぐことはできなかった[64]。

内戦の犠牲者のなかでもユダヤ人が突出した存在であったとはいえ、闘争はあらゆる世代、あらゆる社会集団に男女を問わず影響を及ぼし、剝き出しの生存闘争と、報復の暴力の連鎖は止まることを知らなかった。一九一九年春まで、白軍も赤軍も決定的な勝利を収めることができなかった[65]。一時的な膠着状態は、この年の春と夏、広域に散らばった白軍の統合を狙う白軍が赤軍に対して大攻勢を仕掛けて、ようやく終わった。北方では、三月初めにコルチャークの軍隊がシベリアからアルハンゲリスクに向けて進軍を開始し、ウラル山脈に向けて二度目の攻勢をかけた。同時期、南方ではデニーキンの「南ロシア軍」が夏にモスクワへの攻勢を開始した。四月半ばには、コルチャークがアルハンゲリスクで敵に取り囲まれていた小規模な先遣隊と合流するのに成功し、その間に彼の別の部隊が三〇万平方キロメートルの領域からボリシェヴィキを押し出した。しかし結局のところ、コルチャークは決定的な勝利を収められず、赤軍の頑強な抵抗を打ち破ることもできなかった。夏の半ばには、彼の軍隊はウラル山脈の反対側へと押し返された。シベリア横断鉄道に沿って東へ東へと退却するなかで、コルチャークの軍隊は寒さやチフス、絶え間ないパルチザンの襲撃によって莫大な数の負傷者を出した。[66]戦局の逆転や退却中の苛酷な状況に対して、兵士たちはさらなる暴力を用いて応えた。東方に移動するなかで、コルチャークは捕虜を射殺か絞首刑にするよう、あるいは生きたまま埋めるよう命じた。エカチェリンブルク周辺地域だけでも、彼の兵士たちは二万五〇〇〇人を処刑したと見積もられる。[67]しかし、この北方での反ボリシェヴィキ的暴力の最後の爆発をもってしても、コルチャークと彼の軍隊の武運が尽きたことは覆い隠しえなかった。彼が根城にしていたオムスクは一九一九年十一月に陥落した。コルチャーク自身は東のイルクーツクへと退却したが、ついにそこで捕らえられ、裁判にかけられて銃殺刑に処された。[68]

南方でも、白軍にとって情勢に大差はなかった。一九一九年の夏と秋、義勇軍と精強なコサック部隊から構成されたデニーキンの「南ロシア軍」は、モスクワから約四〇〇キロ離れたオリョールまで北進することができたが、結局は赤軍にはね返された。オリョール攻勢の失敗後、一九一九年十一月から一九二〇年一月にかけて、義勇軍とコサック軍の政治的確執のなかでデニーキン軍は崩壊した。[69]

一九二〇年初頭までに、赤軍が内戦に勝利しつつあることが次第に明らかになっていった。義勇軍の残党はクリミア半島に一時的な退避先を見出し、デニーキンは、バルト・ドイツ人の一族出身で、第一次世界大戦中は様々な騎兵部隊を指揮したロシア帝国軍の職業軍人、ピョートル・ウランゲリ将軍に地位を譲った[70]。陸路での経路は狭いペレコープ地峡に限られていたため、クリミア半島に逃げ込んだ白軍が守りを固めるのは容易だったが、彼らは徐々に数を減らしていき、軍備に事欠くようになった。国際的な支援もなくなっていった。白軍の敗北が避け難いことを見て取ったイギリスは、これ以上の援助を拒否した。ギリシャとポーランドの部隊とともに一九一八年十二月に黒海の港であるオデッサとセヴァストポリに自軍を上陸させたフランスは、反乱の脅威が高まるなか、翌年の四月に軍隊を撤退させて、再び介入しようとしなかった。対照的に、赤軍は一九一九〜二一年のロシア・ポーランド戦争の終了後に、南方戦線の兵力を増員させることができた。ついに一九二一年後半、赤軍はクリミア半島で最後の抵抗勢力を打倒した[71]。

地方の農民反乱は一九二二年まで続いたものの、ウランゲリの敗北はロシア内戦を実質的に終結させた。赤軍が勝利した理由は幾つもあるが、おそらく最も重要な事実として挙げられるのは、白軍がかろうじて意見の一致をみていたのがボリシェヴィキの政治支配を終わらせるという政治目標のみだったのに対して、ボリシェヴィキは白軍よりまだしも魅力的で首尾一貫した将来の見通しを提示したために、ボリシェヴィキという悪のほうが白軍という悪よりもましだというのが大方の見方となったという点である。確かに、赤軍も規律の維持に難渋しており、大量の脱走兵に悩まされていた。とはいえ、ロシアの戦争経済の中核を成すペトログラードとモスクワの周辺地域を彼らが常に掌握していたのに対して、寄せ集めの敵軍は辺境地域に拡散しており、しばしば空間的にも政治的にも分断されていた[72]。

ボリシェヴィキが勝った決定的な理由が何であったにせよ、この国にとって、レーニンの最終的勝利には信じられないほど高い代償がついた。二度の革命と七年にわたり間断なく続いた武装闘争の末、一九二一年のロシアは廃墟と化していた。第一次世界大戦での一七〇〇万人の死者に加え、三〇〇万人以上が内戦の犠牲となり、戦乱の日々とその後の数年間に続けて起こった旱魃で引き起こされた一九二一〜二二年の大飢饉だけでも、約二〇〇万人が餓死した(73)。全体として、内戦や追放、移住、飢饉の結果、一九二二年に正式にソヴィエト連邦になった地域の人口は一九一七年の約一億四二〇〇万人から一九二二年の一億三二〇〇万人へと、総計で約一〇〇〇万人減少した(74)。

戦争と内戦の歳月のなかでロシア経済は事実上崩壊し、生き延びた人びとにとっても未来は暗澹たるものであった。既に一九二〇年には、工業生産は一九一四年に比べて約八〇パーセント低下しており、戦前の農地で耕作可能な状態に維持されていたのはたった六〇パーセントに過ぎなかった。農民反乱を終息させ、戦争で荒廃した国を再建するために一九二一年にレーニンが導入した新経済政策(ネップ)は、大多数の人びとにとって遅きに失するものであった(75)。都市では、深刻な食糧窮乏で大量の餓死者が出た。飢えは四方八方に広がり、とくに子供や年配者に猛威をふるった。激しいインフレで不定期収入がさらに目減りした知識人たちも、被害を受けやすい境遇にあった。アメリカ救援局の一九二三年の報告は、ロシアのインテリゲンチャ全体が餓死によって全滅の危機に瀕していることを示している。

死は今では生よりも明瞭である。私の目の前で死んだ著名な言語学教授、フョードル・バーチュシコフは、食べられないほど腐ったキャベツを口にして、食中毒にかかった。餓死者のもう一人は歴史学と文学の教授を務めていたS・ヴェンゲーロフで、彼はロシア人のためにシェイクスピアやシラー、プーシキンの全集を編纂した人物だった。……同じ時期、哲学者のV・V・ローザノフはモスクワで飢えに倒れた。死の直前に、彼は路上をさまよい、空腹を和らげてくれるたばこの吸い殻を探していた……。(76)

内戦が終わるまでに、ロシアはすっかり荒廃していた。数百万人の男女が戦争と飢饉によって死亡し、推計で七〇〇万人の孤児が家を失い、生き延びるために路上で物乞いをしたり、自らの体を売ったりした。(77) 当時のロシアに広がった絶望感をよく表しているのが莫大な難民の数であり、一九二二年までに総計二五〇万人がかつてのロシア帝国領を後にした。(78) 全部で七七〇万人が既に世界大戦中に土地を追われており、(ここだけに限られた話ではないが)とくに東ヨーロッパでは、内戦が引き金となって、安全とより良い生活を求めて荒涼たる風景のなかを徘徊する難民たちの新たな波が生まれた。(79) 一九二一年七月までに、五五万人の旧ロシア臣民がポーランドに逃亡した。(80) さらに五万五〇〇〇人——そのなかには、二〇世紀の政治思想をリードした知識人の一人であるアイザイア・バーリンの家族も含まれている——が一九二二年までにバルト諸国に辿り着いたが、彼らは間もなくさらに西方へと移住していった。(81)

ロシア難民にとっての理想的なヨーロッパの目的地としては、ロンドンやプラハ、ニースがあった。(82) しかし難民の大多数、なかでも移民コミュニティの政治指導者たちはドイツに向かった。ドイツは、少し前に戦争に負けたとはいえ、他の中欧諸国に比べれば経済的な先行きがまだしもましに思われたのである。ドイツへ向かった難民は、一九二〇年秋には五六万人を数えた。ベルリン——とくにシェーネベルク地区やヴィルマースドルフ地区、シャルロッテンブルク地区（当時は「シャルロッテングラード」という呼び名で知られていた）――は、ロシア難民コミュニティの一大移住地となり、彼らはこのドイツの首都に、一九二二年までに約七二のロシア語の出版社を創業した。[83]

西部国境地域から来た難民の大半が西欧を目指していた一方で、満洲の都市ハルビンはシベリア出身の亡命ロシア人たちの主たる目的地となっており、彼らが建てた劇場や音楽学校で訓練を受けた者のなかには、後にハリウッド・スターとなるユル・ブリンナーがいた。[84] さらに、クリミアでの最後の戦闘を生き延びた十二〜十五万人の白軍兵士とその家族たちの存在もあり、彼らはコンスタンティノープルとガリポリの近傍のキャンプに群がった。[85] 難民キャンプの多くがすぐに満杯になったため、連合国は何千人もの痩せ衰えたロシア難民をマルマラ海〔ボスポラス海峡とダーダネルス海峡の間の海〕に浮かぶ船に拘留するしかなくなった。「定員六〇〇人の「ウラジーミル号」に、今では七〇〇〇人以上が乗っている！」と、国際赤十字の職員の一人がコンスタンティノープルから報告している。「彼らの大半は屋根のないデッキで寝泊まりしており、船倉にいる人びとは息もつけない状態だ」。[86]

悲劇の大きさを認めた国際連盟が、一九二一年にようやく難民高等弁務官を設置し、探検家として伝説的な存在だったノルウェーのフリチョフ・ナンセンを初代弁務官に任命した。ナンセンが適任者だったのは、広く報じられた一八九〇年代半ばの極地探検によってというよりも、むしろ一九一八年以降に戦争捕虜を本国へ帰還させる経験をしていたためであった。もっとも、彼の功績のうちで歴史的に最も重要なのは、ロシア難民の危機に対応するために一九二二年に作成された法的文書である。このナンセン・パスポートによって、国を失った人びとが国際連盟と難民高等弁務官の庇護の下で外国へと移動し、そこに居住することが可能となった。[87]

内戦でロシアを逃れた二〇〇万人以上の難民の命運は大きく異なっており、環境や運に左右されたが、その反面で彼らの多くは——当然ながら——揺るぎない反ボリシェヴィキ的見解を保持している点で一致していた。とりわけベルリンは、反ボリシェヴィキ的なロシア難民によるプロパガンダの温床となった。バルト地域から来た民族ドイツ人の難民たちによって自らのものの見方を強化したロシア人難民たちは早速、レーニンのボリシェヴィキ運動に関する恐るべき話を広め、ドイツやさらに遠方で台頭しつつあった極右に新たな活力を注入した。[88]

その結果、ボリシェヴィキ革命とその後に旧帝国の各地で展開した内戦は、あるいは社会・経済と政治の暴力的転換を期待する人びとにとっての希望のかがり火として、あるいは政治化した大衆によって今にも権力を乗っ取られるのではないかという悪夢的ビジョンとして、たちまちのうちに遠方の革命運動や反革命運動と相互に影響し合うことになった。[89] マルクスとエンゲルスが一八四八年春〔二月〕のヨーロッパで『共産党宣言』において確認した「共産主義の亡霊」は、間違いなく、一九一七年以降のヨーロッパではあらゆる人びとにとって、はるかにはっきりと感得しうるものとなった。一九一四年以前は、マルクス主義の影響を受けた革命的暴力は、王冠を戴く君主に対して単独で暗殺を敢行する極左の地下運動に限定されていた。ボリシェヴィキ革命はすべてを変えた。一七八九年以来初めて、革命運動が国家を掌握したのである。

西欧の保守派とリベラル派の双方の政治家、さらには社会民主主義者までもが、ロシアでの諸事件に対して恐怖に満ちた反応を示したが、これには、新聞記事が「白軍」の暴虐行為をほとんど扱わなかった反面で、赤色テロに焦点を絞りがちであったことが少なからず影響していた。もちろん、新聞の報じるそうした話の出所の多くはロシア人亡命者たちであり、彼らはすべてを失ったために、ボリシェヴィキ支配をこの上なく暗澹たるものとして描き出す傾向があった。西欧や中欧では多くの人びとが彼らの話に熱心に耳を傾け、——一九一八年秋に保守派の側がしばしショックと無気力に陥った後で——政治家や企業家はロシア革命と同様の事態が自国でも繰り返されるのではないかと恐れおののき、反共運動が勢いづいた。[90]

一九一八年の暮れ、イギリスの軍需大臣であったウィンストン・チャーチルはダンディー〔スコットランド東部の港町〕での選挙演説で、今や東方には、敗北せる悪しきフン族〔ドイツを指す〕に代わってモラルの欠如した新勢力、自由世界の諸価値を脅かす亡霊が登場した、と選挙民に語った。「ロシアはボリシェヴィキによって、獣のごとき野蛮へと急落しています。……広大な地域で、文明が完全に消滅しつつあり、一方で、都市の残骸と犠牲者の死体の間を、ボリシェヴィキが獰猛なひひの大群よろしく跋扈しています」と、彼は言い放った。[91]

一九一八年後半には西欧の外交官や外国の新聞特派員はロシアにほとんど残っておらず、噂の真偽を確かめたり、虚実をはっきりさせることができなくなっていた。さらなる脚色を施す必要がないほどに内戦の実態が恐ろしいものだったのは間違いないが、レーニン政権に関する狂信めいた話、すなわち、少し前までヨーロッパ列強の一角を占めていた国で社会秩序がひっくり返り、道徳が崩壊するなかで、非道の行為とそれに対する報復が際限なく繰り返されているという話が西方で大いに流行した。アメリカの新聞の一部は、ボリシェヴィキがペトログラードで一時間に五〇〇名の囚人の首を切ることのできる電気仕掛けのギロチンを導入したと報じ、イギリスでは様々な出版物がこの世の終焉を告げるかのような目撃談を取り上げ、ボリシェヴィキならさもありなんという、限度を知らぬ悪行を強調した。その手の報道によれば、ボリシェヴィキは中流階級や上流階級の女性たちを「国有化」しており、今では彼女たちはプロレタリアートの連中の思うがままに凌辱されているかもしれなかった。正教会は売春宿と化し、そこでは貴族の女性たちが一般の労働者たちのために性的な奉仕を行うよう強制されているかもしれなかった。古《いにしえ》の東洋の拷問技術に関する知識を買われて、中国の首切り役人がボリシェヴィキに雇われたかもしれなかったし、悪名高きチェカーの監獄では、自白を強要するために、飢えたネズミで一杯の檻のなかに囚人の首が突っ込まれているかもしれなかった。(92)

さらに、一九一八年夏にツァーリ一家殺害の知らせが各国に伝えられると、一七九三年の国王ルイ十六世と王妃マリー・アントワネットの処刑後に起こったフランス革命の過激化という、不気味な記憶が甦った。ロシアからの報告の性質を思えば、西洋のメディアが競うようにして、ボリシェヴィキ指導部とその支持者たちをこの上なく陰惨なイメージで描写したのは驚くにあたらない。『ニューヨーク・タイムズ』がレーニンと彼の支持者たちを「人間の屑」と呼んだ一方、ロンドンでは保守的な『モーニング・ポスト』がボリシェヴィキ政権を、「野に放たれた犯罪者、粗暴な夢想家、ユダヤ国際主義者といったあらゆるはみ出し者、ならず者の大半が手に手を取り合って、欲望のまま、見境もなく乱痴気騒ぎを繰り広げている」存在として描き出した。(93) あるドイツの新聞は、「中産階級」と見なされたすべての者に対してボリシェヴィキが行った、「際限なきテロ」に関する長文の記事を発表したが、ロシア駐在ドイツ大使のヴィルヘルム・フォン・ミルバッハ伯が一九一八年七月にモスクワの邸宅〔ドイツ大使館の誤り〕で社会革命党員のヤーコフ・ブリュムキンに銃殺されてからは、ロシアの状況に対する批判的論調はさらに強まった。[94]「ロシア情勢」という表現は、突如として黙示録の別名となった。この表現は一般に、「西洋」の倫理的価値の転倒状態を示すものとなった。右派の政治ポスターは、血の滴《したた》る短剣を口にくわえた化けものや、骸骨の姿でボリシェヴィズムを描き出し始めた。その種のポスターはフランスやドイツ、そしてポーランドやハンガリーにも登場した。[95]

恐怖に駆られたヨーロッパの支配エリートたちが十八世紀末にジャコバンの「黙示的」戦争に恐怖した時と似ていなくもないが、一九一七年以降のヨーロッパ人の多くは、ボリシェヴィズムは旧世界の残りの部分に「伝染」するだろうと予測し、この想像上の危険に対抗して人びとを動員し、実力行動に出るよう駆り立てられた。この危機感を特徴づけていたのは、ブルジョワの所有観念に襲いかかる匿名の群衆からユダヤ・ボリシェヴィキの国際的な陰謀にいたるまで、既存の秩序を揺るがす脅威は目に見えないものなのだと、ヨーロッパのほぼ全域で認識されていたことであった。こうした抽象的な恐怖は、西欧に広く流布したボリシェヴィキの暴虐のニュースによって助長された。ニュースの大半は事実だったが、一部は誇張であった。ボリシェヴィズムの西洋への拡大に不安を抱く人びとは、世界革命を呼びかけるレーニンやトロツキーの演説を読んだり、ヨーロッパ各地で共産主義の政党が創設されたという情報を得たり、あるいはボリシェヴィキに感化された一揆や内戦が発生したことを知ると、恐怖心をさらに強めた。[96]

最初の、そして最も迅速な「感染」——あるいは感染したと思われた——の事例は、一九一八年のフィンランドであった。約一五〇〇人のフィンランド人が一九一四～一八年にロシアとドイツの双方で義勇兵として戦ったとはいえ、ロシア帝国内の自治公国〔正確には大公国。ロシア皇帝がフィンランド大公を兼ねた〕という立場にあったため、フィンランドは第一次世界大戦において非交戦国であった(97)。戦争をつうじた「野蛮化」が生じなかったにもかかわらず、この国は二〇世紀の内戦のなかでも指折りの血みどろの戦いを経験した。内戦が行われた三か月余りとその直後の時期に、(人口の一パーセントに相当する)三万六〇〇〇人以上が死亡したのである。内戦の序曲は一九一七年十一月半ばに始まった。この時、ロシアにおける革命的事件の影で、フィンランドの労働組合が社会民主党、そしてオットー・クーシネンのフィンランド・ボリシェヴィキと協力してゼネストを呼びかけ、その際に、武装した赤衛隊がフィンランド独立の支援者たちと交戦したのであった(98)。

十二月初旬にペール・エヴィンド・スヴィンフッヴドの中道右派政府が革命ロシアからの分離を宣言してからわずか七週間後、ペトログラードの支援を受けた赤衛隊が一九一八年一月二七日にヘルシンキの政府を打倒した。スヴィンフッヴドは砕氷船でバルト海を渡って逃亡し、新政府として人民委員会が作られた。この反乱は、数か月前にペトログラードで起こったボリシェヴィキ革命と同じ筋書きを辿っているかのように思われた。もっとも、フィンランドで起こった後続の内戦において、対立する両陣営が「白色派」、「赤色派」を自称していたからといって、当時の人びとがよく行ったように、二つの紛争を一体のものと見なしてしまうのは誤りだろう。実際には二つの内戦はまったくの別物であり、いわゆる「ロシアの関与」はフィンランド革命では周縁的なものでしかなく、「赤色派」のために戦った者のなかでロシア人義勇兵が占める割合は五～十パーセントを超えなかった。より重要なことだが、フィンランドの「赤色派」はボリシェヴィキではなかったし、少なくとも多数派ではなかった。ボリシェヴィキに感化された赤衛隊がヘルシンキでクーデタを実行し、そのことで内戦の引き金が引かれたとはいえ、直ちに革命運動の舵を取ったのはより穏健なフィンランド社会民主党であり、南フィンランドの都市部と工業の中心地では、同党が一時的に権力を掌握した。(99)

一方、彼らの敵対勢力は保守派が優勢なセナーッティ〔フィンランド大公国評議会。帝政ロシア時代に、事実上フィンランドの統治を司っていた〕の後押しを受けて、より農村的性格が強かった中部と北部を支配した。ドイツ軍部隊から積極的な支援を受けて、かつてはロシア帝国軍の将軍であったが、「白色派」の軍事的指導者となったカール・マンネルヘイムは、一九一八年前半のタンペレ、ヴィープリ〔現在のロシアのヴィボルグ〕、ヘルシンキ、ラハティ〔ヘルシンキの北東に位置する都市〕での決戦で敵を打ち破った。さらなる抵抗は、地域共同体の構成員同士が戦い合う内戦にお定まりの激烈な暴力によって抑え込まれた。例えば、革命フィンランドの「赤い都」、南部の都市タンペレを三月〔四月初めの誤り〕に掌握したマンネルヘイムの反革命軍は、一万人以上の「赤色派」の兵士を捕らえて処刑し、刑を逃れた者たちは急ごしらえの捕虜収容所のなかで栄養失調で死亡した。(100)

フィンランド内戦は白色派の勝利で終わったものの、西洋の観察者たちは不安を抱き続けていた。「ボリシェヴィズム」、あるいはボリシェヴィズム的なるものは、ロシアだけのものではなかった。それが西方へと拡大しているのは明らかであった――そうした印象は、一九一八～一九年の中欧での諸革命によって強められた。当時の人びとはしばしば、ボリシェヴィズムをただれた傷口、あるいは伝染病のごときものと認識し、またそのように描き出した――こうした観念は、ボリシェヴィズムが一九一九年春にさらに西方の、中欧の心臓部へと移動したかと思われた後、ますます顕著となった。

第八章　民主主義の見せかけの勝利

ドイツに最初の民主政が誕生した翌日の一九一八年十一月十日、自由主義的な日刊紙、『ベルリナー・ターゲブラット』の主筆として知られていたテオドール・ヴォルフが、皇帝ヴィルヘルム二世の退位をもたらした前日の出来事を賛美する、熱狂的な論評を出した。

突然吹き荒れる疾風のように、最大の革命が帝政とそれを構成するすべてを、上から下まで打ち倒した。これぞ最大の革命と呼びうる。あれほど堅固に築かれ、城壁で囲まれていたバスティーユが一気に占領されたことはかつてなかったのだから。……昨日の朝、少なくともベルリンではすべてがまだそこにあった。昨日の午後、それらの一切が消え去った。(1)

もちろん、誰もがヴォルフの熱狂を共有していたわけではない。実際には、一九一八年十一月のドイツにおける諸事件に対する反応はひどくばらばらであった。戦争を生き延びたことに安堵していたドイツ軍兵士の大半は、各自の所属部隊が国境を越えて祖国に足を踏み入れるやいなや、一斉に散り散りになって家路についた。また別の者たち、とくに戦争中に後方で勤務していた水兵や兵士たちは、ドイツの君主政を倒壊させようとする革命に勇んで参加した。第一次世界大戦の退役兵の多くが平和主義者となり、それまでの四年間に自分たちが味わってきた経験を他の誰にも決してさせたくないのだと、断固として主張した。(2)

戦争の最後の、最も苛酷な数週間をつうじて規律を保ち続けた前線の将兵たちは、革命に対してもっと敵対的な態度をとった。二九歳のアドルフ・ヒトラー兵卒は最も有名な第一次世界大戦の兵士と言ってよいだろうが、彼の最初の反応は、いかにも前線兵士に特有のものである。戦争の最後の数週間に毒ガスで意識を失い、一時的に失明したヒトラーは〔別の説もある〕、一九一八年十一月十二日にプロイセンのパーゼヴァルク市にある衛戍《えいじゅ》病院のベッドで目を覚ました時、自分を取り巻く世界が認め難いほどに変わってしまったと感じた〔『わが闘争』によれば、ヒトラーは十一月十一日に病院に来た牧師から敗戦の知らせを聞いた。さらに同書によると、それ以前から意識は回復していた〕。彼が伝令兵を務めた、かつて精強を誇ったドイツ帝国軍は崩壊した。革命の騒動を目の当たりにして、中央同盟国の軍事的敗北の知らせを受けて、彼はある種の錯乱状態に陥った。「わたしは……自分のベッドに身を投げだして、燃えるような頭をふとんと枕に埋めたのだった。わたしは母の墓前に立った日以来、二度と泣いたことはなかった。……いまわたしは泣く以外に方法がなかった」。一九一八年の屈辱感は、ベルリンの地下壕で壮絶な結末を迎えるまで、ヒトラーの人生の中心命題であり続けた。一九四五年四月の最終命令においてさえ、彼は一九一八年の繰り返し、つまり第一次世界大戦が終わった時の「臆病な」降参の焼き直しはありえないと主張した。ドイツとその民は、退却や降伏が行われる前に燃え尽きるだろうと、彼は宣言した(3)。

銃後の社会でも意見は大きく分かれていたが、そうした意見の食い違いはおおよそのところ、各政党の政策を分かつ境界線に沿っていた。ハイデルベルクを拠点にしていた中世史研究者のカール・ハンペは、ビスマルクが創設した一八七一年の国民国家をドイツ国民史の到達点と考えていた中産階級の知識人の視点から、十一月九日の革命を叙述している。ハンペにとって、十一月九日は、「我が人生で最も不幸な日！」だった。「カイザーと帝国はどうなったのか。国外では私たちは国家分断と（……そして）一種の債務奴隷の状態に直面している。国内では……内戦と飢餓、混沌に直面している(4)」。

強硬な保守派の政治家、エーラルト・フォン・オルデンブルク゠ヤヌシャウ（彼は、一九三三年一月の政治的諸事件に際して、旧友のパウル・フォン・ヒンデンブルク大統領にヒトラーの首相への任命を進言するという、不運な役割を演じることとなる）は次のように書いて、多くのドイツ貴族の心情を代弁した。すなわち、自分には「一九一八年十一月の出来事をめぐる悲しみを表現する言葉、どれほど落胆したかを示す言葉を見つけられない。世界が崩れ落ち、その瓦礫の下に、自分が生き甲斐にしてきたもののすべて、そして大切にするよう幼少の頃から両親に教えられてきたもののすべてが埋まってしまったように感じた」、と(5)。

かつてのドイツ宰相、ベルンハルト・フォン・ビューロ侯爵は、事態が進むなかで感じた恐怖を表現するために、過去に類例を求めようと虚しい努力を重ねた。

> 十一月九日、ベルリンで革命の始まりを目撃した。悲しいかな、革命はフェルディナント・ラサールが思い描いたようにはならなかった。……髪を風になびかせ、鉄のサンダルを履いた、光り輝く女神の姿には。革命は、歯も髪も抜け落ち〔独語版では「歯も髪も抜け落ち、目はただれ」〕、ばかでかい足にかかとの潰れたみすぼらしい靴を履いた鬼婆のようだった。……パリの大通りに銅像が立つダントンのごとき人物――仁王立ちで拳を固め、台座の左側には銃剣を構えたサンキュロットを従え、右側にある太鼓で民衆蜂起《ルヴェ・アン・マス》を呼びかけるような人物――は登場しなかった。我々の革命からは、死闘を宣言して抗戦を五か月間長引かせたガンベッタのような男は生まれなかった。……酔っぱらった水兵や、予備役兵部隊からの脱走兵たちを乗せた戦車や荷車が十一月九日にベルリンの街路をうろつき回っていた有様ほどに残忍で下品な代物は、私の人生のなかで目にしたことがなかった。……これ見よがしに社会民主党の赤い腕章をつけた半人前の田舎者が一斉に数人ずつの群れを成して、鉄十字勲章やプール・ル・メリット勲章〔プロイセン軍の勲章〕をぶら下げた将校の後ろに忍び寄り、脇から肘を掴んで肩章を引きちぎろうとする光景ほどに嫌らしい、ひどく腹立たしく卑しいものを目撃したことは滅多になかった。(6)

もっと深い絶望を感じた者もいた。ユダヤ人の大海運業者でヴィルヘルム二世と親交のあったアルベルト・バリーンは、帝政ドイツの崩壊に茫然自失となり、経済的に先の見通しが立たなくなったために、一九一八年十一月九日に自ら命を絶った。かつて世界最大の海運会社だったハパク〔ハンブルク＝アメリカ郵船会社〕の社長を務めていたバリーンには、祖国の暗澹たる前途を受け入れられなかったの

である。(7)

同時に、議会をつうじた政治参加の権利が制限されていた立憲君主政からモダンな共和政への革命的転換が、——少なくとも一九一八年の秋から一九一九年の春までの間は——ドイツ国民の圧倒的多数の支持を得られていたことは想起に値する。彼らは、ある者は確信に満ちて、またある者は国内が民主化すれば、間もなく開催されるパリ講和会議でもっと寛大な講和条件がもたらされるのではないかと予想しつつ、革命の諸事件がもたらした大転換を支持した。(8)

十一月九日にドイツで君主政が倒れると、意志決定権力は、戦争に対する態度の違いをめぐって一九一七年に分裂した、穏健な多数派社会民主党（MSPD）と、より急進的な独立社会民主党（USPD）という二つの社会民主党系の政党が一時的に再統合してできた、人民委員政府《ラート・デア・フォルクスベアウフトラークテン》にあるとされた。同委員会は両党からそれぞれ三名ずつ選出された委員で構成されており、労働者階級の絶大なる信頼を得て長らく社会民主党の執行部にいたフリードリヒ・エーベルトが委員長を務めた。一八七一年の帝国創設以来初めての、ドイツを統治する「人民の代表者」となったエーベルトは、十一月革命の主役を買って出ようとした。後にヴァイマル共和国初代大統領（彼は一九二五年に早世するまでこの地位にあった）となったエーベルトの生い立ちは地味なものであった。大学町のハイデルベルクに一八七一年に仕立屋の息子として生まれた彼は、馬具職人の見習い修業をするかたわら、草創期の労働組合運動に関わるようになった。一八九〇年代の彼は北ドイツのブレーメンで社会民主党の機関紙の編集員として働きつつ居酒屋を経営し、この店は間もなく、地域の政治活動の中心となった。労働者階級の利害のあくなき擁護者としての評判と、組織作りの手腕とが相まって、エーベルトは社会民主党が第一党となった一九一二年の帝国議会選挙に当選した(9)。

エーベルトは多くの点で、ドイツの社会民主党指導部の第二世代を特徴づける、現実主義者の典型であった。彼はマルクス主義者だったものの、改革をつうじて労働者階級の生活を日々改良することを第一の政治目標としていた。一九一三年、エーベルトは、名うてのドイツ系ユダヤ人の弁護士で、東プロイセンのケーニヒスベルクから帝国議会に選出された、彼よりも急進的な社会主義政治家のフーゴ・ハーゼとともに、社会民主党の共同党首に選ばれた(10)。

平和主義者だったハーゼは、一九一四年に渋々ながら党議拘束に従い、戦時公債に対する賛成票を投じた。しかし彼は結局、一九一七年にエーベルトと袂《たもと》を分かって、新たに結成された独立社会民主党の党首となり、同党は即時の講和を要求した。これに対してエーベルトは、ロシアの経験を刻印づけていた混沌状態へと陥るのを防ぐために、政府と協調し、そして自党よりも中産階級的な中央党や自由主義左派の進歩党〔正確には進歩人民党〕と協調することが、自分と多数派社会民主党の「忌まわしい任務であり義務」だと感じていた。マルクス主義を自らの拠りどころとし、信念にしていたにもかかわらず、ボリシェヴィキ流の革命ではなく議会主義体制へとドイツを改変することがエーベルトの目標であった。カイザーの最後の宰相となったマックス・フォン・バーデン公子との会談のなかでエーベルトが主張したところによれば、共産主義革命は最も望まれざるものだった。「私はあんなことを願っておりません。実のところ、罪のごとく憎んでおります(11)」。

このエーベルトの断言は、一九一八年には既に、多数派社会民主党は伝統的なマルクス主義的意味における革命政党ではなかったという事実を反映している。むしろ同党は、議会制民主主義の発展や女性への参政権の付与、物質的な労働条件の改善、福祉国家の拡充に政策の焦点を絞っていた。これらはいずれも、革命ではなく漸進的な改革をつうじて達成されるべきものであった。帝政ドイツがツァーリ体制のロシアとは違って専制国家ではないことを、エーベルトはよく理解していた。議会ではなくカイザーが政府の任免権を保持する半権威主義的な国制にもかかわらず、ヴィルヘルム期のドイツ帝国は労働者階級に大規模な組織化の機会を付与し、男性普通選挙権をとおした相当程度の政治参加を認めていた。ドイツ帝国は、当時のロシア人の大半にとっては夢物語でしかなかったような法制度や、一定の社会的、経済的な安定を提供していた。確かに、ドイツ社会には激しい社会経済的不平等が残存し続けていたが、一九一四年には、革命よりも改革によってこそより多くのものが得られると、労働者階級の大多数に認識されていた。「エーベルト世代」がボリシェヴィキ流の権力奪取をきっぱりと拒否したのは、こうした状況認識に基づいてのことであった。[12]

エーベルトの音頭で人民委員政府が成立すると、一時的に静穏が訪れた。しかしながら人民委員政府の創設は、ドイツの改革と刷新の針路をめぐる激論を先送りしただけに過ぎなかった。独立社会民主党の左派と違って、多数派社会民主党の指導者たちは、内戦や連合国の干渉を招く危険がある、何らかの急進的な社会主義の実験に乗り出すつもりはなかった。社会民主党は長年にわたりドイツの民主的な刷新を主張してきたし、「階級闘争」という正統マルクス主義の御題目へと回帰すれば、長らく保持してきたあの改革主義的な立場を裏切ることになると、正しくも感じていた。エーベルトをはじめとする社会民主党の指導者たちは、戦争を正式に終結させるための講和条約の締結や、飢えた住民たちへの食糧供給の確保、数百万人の兵士たちの復員といった焦眉の課題に取り組むほうに、より強い関心を抱いていた。[13] 経験不足の政府にとって、こうした問題はどれも巨大な試練を意味していた。ドイツはまさに、空前の規模と破壊性をもった戦争——この戦争で（一九一四年の人口の二〇パーセント近くにあたる）一三〇〇万人以上のドイツ人が従軍し、二〇〇万人が死亡した——に敗北したのであった。加えて、約二七〇万人のドイツ兵が戦争中に負傷するか、精神的な痛手を被った。戦勝国とは異なり、そして一九一八年秋に敗北した他のすべてのヨーロッパ各国の住民においてと同様に、息子や兄弟、父親が犠牲になったことをどのようにして正当化するかをめぐって敗戦後にジレンマが生じ、その後の数年間のドイツの公論を支配（そして分断）したのである。[14]

一九一八年十二月十日にベルリンのブランデンブルク門で、エーベルトが前線から帰還した兵隊たちに、「いかなる敵も諸君を倒せなかった」という有名な言葉を贈った背景には、こうしたジレンマがあった。エーベルトの言葉は妄言というよりもむしろ、対抗する右翼勢力や、ドイツにおけるさらなる急進的革命を主張する人びとから挑戦を受ける可能性に直面して抱いた、軍を新政府支持の側へと引き込みたいという願望から生じたものだった。同様の理由から、エーベルトは、最高軍司令部におけるルーデンドルフの後継者であったヴィルヘルム・グレーナー将軍との実利主義的な合意に達した。不当にもこの合意は、旧帝国軍とのファウスト的契約として度々批判されてきた。十一月十日、グレーナーはエーベルトに軍の忠誠を保証した。その見返りにエーベルトは、懸念されていた左翼の反乱に対して政府が迅速な措置をとること、国民議会選挙を行うこと、職業的な将校団が軍の指揮権を保持し続けるのを認めることを約束した。[15]

かくして、暴動ではなく交渉による変化が、一九一八年十一月のドイツ革命の第一局面を象徴するものとなった。このことは、政治の世界と社会という舞台の双方に当てはまる。十一月十五日、実業家の有力者たちと労働組合が給料支払いの調停、八時間労働制の導入、五〇名以上の被雇用者のいる企業における労働代表者の設置に関する合意を締結した。二人の主要な署名者——実業界の指導的人物であったフーゴ・シュティネスと自由労働組合議長のカール・レギーン——の名前をとって、シュティネス＝レギーン協定として知られるこの取引は、雇用者の利益にもならないし、社会民主党が支配する自由労働組合の利益にもならない下からの財産の国有化や、あるいは急進的な再分配の可能性を阻止した。(16)

ただし、ドイツの政治的将来に関わる長期的な問題は、民主的に選出された、憲法制定のための国民議会によって決定されるべきであった——少なくともエーベルト、多数派社会民主党、そして独立社会民主党の一部はそうした意志をもっていた。それゆえ、制憲議会のための総選挙ができるだけ早期に実施された。一九一九年一月十九日に選挙が行われると、有権者は、ドイツの民主的刷新に賛同する多数派社会民主党、自由主義派のドイツ民主党（DDP）、カトリック中央党の三政党に、七六パーセントという圧倒的な多数票を投じた。(17)

ドイツの民主的変革は、隣国のオーストリア＝ハンガリーで起こった諸事件とよく似ている。しかしながらオーストリア＝ハンガリーでは、民族的、社会的革命の重なり合いが革命をより複雑なものにした。(18) 戦前、二重君主国は（ロシア帝国とドイツ帝国に次ぎ）ヨーロッパ第三の人口を有する国家であり、民族的に最も雑多な帝国の一つであった。一九一八年以降ずっと、オーストリア＝ハンガリー帝国の崩壊と分裂の原因は、まずもって――十九世紀に急激に成長したイデオロギーである――ナショナリズムの遠心力にあったのだと一般に考えられていた。今では時代遅れになったこうした判断からすると、ウィーンの軍事的敗北は単に、帝国内部の様々な民族に、待望の国家の独立を実現する機会を提供したに過ぎなかった。(19)

より近年の歴史家は、別の展望を描き出している。そうした見解によれば、確かにスラヴ民族主義が多民族国家の存続を脅かすかのようであったかもしれないが、帝国が最終的に消滅した理由は、戦前の小規模な民族主義運動よりも、第一次世界大戦それ自体の数年間のなかに見出せることになる。(20)オーストリア＝ハンガリーにおいて革命を可能とした短期的な要因のうちでも特筆すべきなのが、人口の大部分、とくに戦争中のオーストリアの諸都市を襲った物資の欠乏である。一九一七年後半、オーストリアの都市住民の一部は飢餓状態にあり、そのため、市民が暴動に走る危険性が大いに高まっていた。(21)オーストリアのストライキは当初、価格の高騰と食糧供給の乏しさに対する抗議というかたちをとった。一九一七年のロシアや一九一八年のドイツと同様に、「パンと平和」への要求がついには広範なストライキを招いたが、とくに一九一八年一月はそのピークであった。数日のうちに一〇〇万人近い労働者がオーストリア、ハンガリー、ガリツィア、モラヴィアの各地で仕事を放棄した。要求は「即刻の停戦」と民族自決へと発展した。(22)これに続いて、二月の初めにはポーラ〔現在のクロアチアのプーラ〕とカッタロ〔現在のモンテネグロのコトル〕の海軍基地で、食糧不足に対する不満と即時終戦という要求に突き動されて、短期間の水兵反乱が起こった。(23)

オーストリア＝ハンガリーでのストライキと反乱はドイツとは違って、体制が崩壊したり戦争を遂行できなくなる原因とはならなかった。それ以上に問題だったのは、大戦中に何度か深刻な敗北に苦しんできた軍隊内部での、全般的な雰囲気の変化であった。とくに東部戦線では、オーストリア゠ハンガリー軍は常に守勢に立たされており、莫大な数の兵士が捕虜になって失われた。次第にウィーンは、ガリツィア戦線とイタリア戦線の双方でドイツの軍事的支援への依存を深めていった。こうした二重三重の圧迫は、戦争が長期化するにつれて強まった。そして戦争の最後の数か月間で、それまで多民族帝国を支えてきたオーストリア゠ハンガリー軍は粉砕された。一九一八年秋には、同軍は物資が欠乏し、兵士は飢えていた。脱走兵が増えたせいで、軍は有効に戦える状態にはなかった。[24] イタリアにおけるオーストリア軍の最終攻勢の失敗と、西部でのドイツ軍の敗北で負け戦が明らかになるや、ハプスブルク帝国軍は軍紀を失い、ばらばらになった。[25] オーストリア゠ハンガリー軍の非ドイツ系兵士は、今や命運尽き、独立した国民国家群に取って代わられるであろう帝国のために戦い続けるのを拒んだ。一九一八年十月、負け戦を長引かせることを嫌がったスラヴ人とハンガリー人の兵士たちが、命令への服従を拒否した。[26] 戦争最後の数週間に帝国への忠誠心が途絶えたために、ドイツでの「背後からの一突き」伝説のオーストリア版が生み出されることとなった。すなわち、コンラート・フォン・ヘッツェンドルフとアルトゥル・アルツ・フォン・シュトラウセンブルクという二人の戦時のハプスブルク帝国軍参謀総長のような上級将校たちは後に、スラヴ系住民が進んで戦おうとしなかったために帝国は敗北したのだと主張するようになったのである。[27]

一九一八年十月三〇日に、首都に駐屯していたドイツ語話者のオーストリア兵までもが、ある者は赤い帽章をつけて、また別の者たちは――自由主義的で大ドイツ的な一八四八年革命の旗印だった

——黒・赤・金の帽章をこれ見よがしに装ってウィーンの通りを練り歩いた時、軍紀の全面的な崩壊は覆い隠しようもなくなった。かつてない数の兵士や下級将校たちが、ウィーンやブダペシュトといった帝国の主要都市で革命運動に身を投じた(28)。

十月三〇日のデモは、共和国の宣言とフリードリヒ・アードラーの釈放を求めて集結した。オーストリア社会民主党を創設したヴィクトル・アードラーの息子だった急進派のフリードリヒ・アードラーは、二〇世紀の最初の十年間、天才的な科学者として名声を博した人物であった。しかし彼は、政治に専念するために、チューリヒでの理論物理学者としてのポストを断った（この地位はその後、アードラーの生涯の友人であったアルベルト・アインシュタインに与えられた）。一九一一年、彼はオーストリア社会民主党の書記となったが、一九一四年に党が戦時公債を承認すると、同志たちと訣別した。次第に急進性を強めていくアードラーが、（父を含めた）党指導部とオーストリア＝ハンガリーの政治的支配層を新聞の連載記事や複数のパンフレットで公然と攻撃するようになるまでに、時間はかからなかった。一九一六年十月、彼はさらなる行動を起こし、戦争に対する計画的な抗議行動として、ライタ以西《ツィスライタニエン》（二重君主国の北部と西部の「オーストリア」部分）の首相であったカール・フォン・シュテュルク伯爵を銃撃した。アードラーは当初、フォン・シュテュルク暗殺の咎で死刑を宣告されたが、皇帝カールから恩赦を与えられ、禁錮十八年に減刑された。皇帝としての最後の仕事の一つに、カールは一九一八年十一月にアードラーを監獄から釈放した(29)。

アードラーがウィーンの政治の表舞台に再び姿を現したことで、デモはさらに活気を得て、今や皇帝の退位までも声高に要求するようになった。十一月三日、あるオーストリアの日刊紙が、ウィーンにおける革命の気運をスペイン風邪による錯乱状態と鮮やかに対比している。

激しい熱病が多数の住民を襲い、体内で猛威をふるい、感覚を麻痺させた。彼らの四肢は言うことを聞かない。彼らの頭は、荒々しい悪夢と苦悶の様相を示す「痛ましい大衆」のことで一杯だ。そして個々の市民とまったく同じように、都市の「病める巨体」全体が熱病の攻撃にやられて、長きにわたり重荷を背負うことを可能にしてきた活力を失っている。熱病の炎が「赤旗」のごとく翻り、何十万もの人びとが発する、「革命!」という叫び声のなかにその表現を得ている(30)〔この引用のとくに前半部は、独語版の引用とかなり異なる〕。

ロシアでの出来事に感化された、いわゆる「赤衛隊」が町を行進し、著名なジャーナリストのエゴン・エルヴィーン・キッシュや、印象派の作家フランツ・ヴェルフェルといった左翼知識人、そして急進化した兵士や労働者たちを魅了した。戦後に最初の外務大臣となるオーストロ＝マルクス主義者のオットー・バウアーは、不安な思いを強めつつ、ウィーンでの事態の展開について次のように述べている〔一九一八年十月末から十一月十一日まではヴィクトル・アードラーが外務大臣を務めていた〕。

激昂している復員兵、絶望している失業者、革命の幻想に取り付かれている兵士たちのなかに、自分自身の運命にたいする復讐を責任ある社会秩序に望む戦時傷病兵たちが流れ込んだ。長い間、戦時捕虜収容所にいた衰弱した夫をもつ病的にいらだった妻たちが、突如、社会主義に出会い、新教徒たち〔ゲルヴァルトの引用では「新参者」〕の空想的急進主義に酔ったさまざまの知識人や文学者たちが、ロシアから

故郷へ送りかえされたボルシェヴィズムの扇動家たちが、紛れ込んだ。(31)

この段階まで帝国は、抵抗に対してほとんど無為無策であった。日々、何千人もの退役兵がウィーンをはじめとするオーストリアの諸都市に帰還したが、彼らの多くは政治に目覚めているうえに、重武装していた。(32) 確かに、誰もが帝国の敗北と革命に熱狂していたわけではない。オーストリア退役兵の多くが日記や回想のなかで、一九一八年に前線から、軍隊の序列や公序の一時的な崩壊が引き金となって生じた敵意に満ちた政治的、社会的動乱の世界へと帰還した際の恐怖を想起している。後に第二次世界大戦期に占領下のオランダで親衛隊および警察高級指導者となったハンス・アルビン・ラウターは、一九一八年にシュタイアーマルクの都市、グラーツに帰還して「赤い暴徒」と初めて相対《あいたい》した時の「衝撃」を強調している。「ようやくグラーツに着くと、共産主義者たちが通りを闊歩しているのが目に飛び込んできた」〔独語版では「ようやくグラーツに着くと、ボリシェヴィストたちが目に飛び込んできた」〕。共産主義の兵士たちの一団に行く手を阻まれ、「私は銃を抜き、逮捕された。こんな仕打ちで故郷《ハイマート》は私を出迎えたのだった」。(33)

格下の兵士たちに逮捕されたラウターは、「さかさまの世界」に戻ってしまったのだという思いを強めた。革命の世界では、それまで当たり前だった規範や価値、社会的序列や制度、権威が突如として時代遅れのものになった。世間の不穏を目の当たりにし、個人的な屈辱を肌身に感じて、反革命の「苦々しい怒り」はたちまち、「できるだけ早く兵士の身に戻り、尊厳を傷つけられた祖国のために立ち上がりたいという、燃えるような欲求……」に変わった。兵士になることでようやく、「陰鬱な現在の恥辱」を忘れられるはずであった。[34]

しかし革命の第一局面においては、中欧の政治的右翼は敗北と革命で麻痺状態に陥っているかのようであり、こうした声は彼らのなかの少数派に留まっていた。例えば、ウィーンの警察本部長であったフランツ・ブランドルは十一月十一日に、オーストリアでは左翼が現状を支配しており、右翼勢力は消滅してしまったかのようだと記している。「キリスト教社会党やドイツ民族主義諸派の指導者たちの側の活動を見聞きすることがない。大地が彼らを飲み込んでしまったかのようだ！　アカがすべてのカードを握っている！」、と。[35]

暴力が発生する可能性が極めて大きかったものの、オーストリアの革命は――ドイツでの革命と同様に――驚くほど平和的であり、武力によるクーデタではなく大衆デモというかたちで表現されていた。極左派に絶大な影響をふるったフリードリヒ・アードラーでさえ、ボリシェヴィキ流の革命には断固として反対していた。[36]十一月十一日、皇帝カールがついに避け難き現実を受け入れ、注意深く言葉を選んだ布告を発して、今後の国家のあり方を決める権利はオーストリア人民にあることを認め、自身は「国事への関与」をやめると宣言した。「我が民」がいつか自分の復位を選択してくれることに期待をかけて、彼は意図的に「退位」という言葉を使わなかった。翌春、カールと妃のツィタはスイスでの亡命生活へと旅立った。彼が一九一八年十一月の自らの決定に関して次善の策をもっていたことは明らかであり、一九二一年に二度にわたって本気でハンガリー王位を取り戻そうとしたが、この試みは結局失敗に終わった。二度目のブダペシュトでの復位の試みが失敗した後、連合国は彼をポルトガル領の孤島、マデイラ島〔モロッコ沖合の北大西洋の島〕に流し、一九二二年四月一日、最後のハプスブルク皇帝はこの島で三四歳で肺炎により死去した(37)。

皇帝退位の翌日、一九一八年十一月十二日にウィーンに召集された臨時国民議会で、社会民主党のカール・レンナーが首相に選ばれた。ドイツにおいてと同様、将来の政府は総選挙で決定されることとなり、一九一九年二月十六日に行われた選挙で、民主的な政党の二大勢力であった社会民主党と保守的なキリスト教社会党から成る大連立政府が作られた。オーストリア共和国の誕生が難産だったにもかかわらず、また連合国が経済封鎖の継続を決定したために食糧不足が増幅されたにもかかわらず、オーストリア人の多くは、民主政の導入に成功したことで、パリで講和条約を策定する人びとが成立間もない共和国に対して好意的な目を向けてくれるだろうと期待した(38)。

ハンガリーも同様の期待を抱いていた。ハンガリーでは一九一八年十月末に、カーロイ・ミハーイ伯を長として連合した民主派の勢力が政府の権力を掌握した。カーロイは、一八四八年革命の伝統を自らの政治理念のルーツとする自由主義者であった。彼は長きにわたりハンガリーの独立を、そしてそれゆえに、オーストリア＝ハンガリー二重君主国を生み出した一八六七年の「妥協《アウスグライヒ》」の廃絶を掲げた政治プログラムを推進してきた。彼はまた、普通選挙制と土地改革も主張していた――カーロイ自身がハンガリー最大の土地所有者の一人だったことを思えば、この提案は興味深い。カーロイの合同独立党（一般的にはカーロイ党として知られる）は目標を達成するために、ブルジョワ的な急進党やハンガリー社会民主党と提携して、国民評議会を設立した。カーロイは臨時大統領への就任を宣言し、一九一九年一月に国民評議会によって正式に大統領に任命された。戦後の世界においてハンガリーが領土的統一を実現するチャンスは、オーストリアとの国制上の合同を無効化することでしか得られないと確信していた彼は、一九一八年十一月十六日にウィーンとの法的な繋がりを一切断った。一五二六年以来ハプスブルク家の支配を受けてきたハンガリーが、独立の共和国となった。[39]

ハンガリーの分離と民主化の過程は、ブダペシュトに有利な講和条件を手に入れようという願望に突き動かされた、ある面で実利主義的な出来事だったかもしれないが、中央同盟国で最初に敗北を受け入れたブルガリアにおいては、革命の諸事件は当初からもっと混沌としていた。ドイツやオーストリア＝ハンガリーとは違い、ブルガリアでは、一九一五年十月に国家指導者たちが協商国に対する参戦を決定してからずっと、国内でも前線でも反戦の抗議運動が続いていた。慢性的な食糧供給の不足や厭戦気分、ドイツと、そして自国の地域的なライバルであったオスマン帝国と共闘することに対する民衆の反発によって、前線では騒乱が続出した。一九一五年から一九一八年の春までの間に、約四万人のブルガリア兵が軍法会議にかけられ、そのうちの一五〇〇人が死刑判決を受けて射殺された。[40]

不穏状態はブルガリアの銃後の社会にも広がり、とくに一九一六年と一九一八年には、食糧欠乏をめぐる女性の抗議表明や暴動が国中で確認された。女たちの暴動は前線兵士の士気を大きく動揺させ、膨大な数の戦闘拒否が引き起こされた。一九一七年のロシア革命の知らせと、一九一八年一月にウッドロウ・ウィルソン大統領が提案した十四か条は、兵士たちの間に反軍プロパガンダの新たな波を引き起こし、戦争を終わらせたいという彼らの願いをさらに高めた。[41]

一九一八年夏以降、前線の状況はますます悪化していった。何年も間断なく続く戦闘に疲れ果て、銃後の世界での道徳の崩壊に蝕まれ、社会主義者や農民同盟員の反軍プロパガンダに感化されたブルガリア兵たちは、革命に走りかねない不穏な状態にあった。前線の将校からの警告の知らせがソフィアに届き、九月半ばまでに講和条約が結ばれなければ軍隊は崩壊するだろうと告げられた。一人の兵士が前線からの手紙に書いているところでは、「これほど多くの疲れ苦しむ人びとが鬱憤を抱いているのを、今までの人生で一度も見たことがなかった」。ブルガリア軍の総司令官さえもが、政府に送った手紙のなかで次のように打ち明けている。「役割が変わりました。今では、司令官ではなく下位の連中に指揮権が委ねられています。兵士たちが自分の意思や考えで指揮官に指図しています」[42]。

社会的、経済的な危機は間もなく政府に影響を及ぼした。一九一八年六月二一日、首相のヴァシル・ラドスラヴォフが辞任した。後任となったのは、彼よりも和解を志向しており、協商国との講和交渉を望んでいたアレクサンダル・マリノフだった。既に九月二九日にテッサロニキでブルガリアと協商国との停戦協定が調印される前から、連合国軍がマケドニア戦線を突破したことを受けて、落胆した何千もの兵士たちがソフィアへの行軍を開始していた。彼らは政府を倒し、国王《ツァール》のフェルディナンドを退位させることに決めた。彼らの考えでは、そもそも中央同盟国の側で参戦することになったのはフェルディナンドのせいだった。約一万五〇〇〇人のこうした兵士たちが首都の南西にある小都市のラドミルに集結し、カリスマ的存在として知られていた後のブルガリア首相、アレクサンダル・スタンボリースキと合流した。ブルガリア農民同盟（BANU）を代表する指導者であり、公然と共和主義を掲げていたスタンボリースキは、一九一五年にフェルディナンドが中央同盟国に味方した際に、国王に私的に謁見して、王を糾弾したうえ、自身の新聞でそのやり取りの一部始終を公表したために、戦争中は獄中で過ごしていた。

数を増す反逆集団は九月三〇日にソフィア近郊に到着し、ブルガリア王立士官学校の士官候補生とドイツ人兵士たちから成る、戦意みなぎる軍勢に対峙した。負傷兵を前線から帰還させる列車を停止させた二日前から既に、反逆を起こした「売国奴ども」に対する士官候補生たちの怒りは爆発していた。国王に忠誠を誓う兵士たちは、約五〇〇人の負傷兵を敗北主義者だとか、前線を壊滅させようとするボリシェヴィキだとかと責め立てて、処刑した。その後の数日にわたり、彼らはラドミルの蜂起を重火砲で粉砕し続け、多数の人びとを逮捕して虐殺し、約三〇〇〇人の蜂起の支持者が殺害され、一万人が負傷した。[43]

ラドミルの蜂起を生き延びたスタンボリースキと彼の支持者たちは身を潜めた。旧体制に忠実な人びとからすると、ラドミルの蜂起は国内の裏切り行為を反映したもの、共産主義のプロパガンダが軍隊にいかに深く浸透しているかを示すものであり、つまりは、軍務を放棄して君主政に盾突くよう一般の兵卒をけしかける行為であった。その後の数十年間、ラドミルの蜂起を裏切り者の「宣誓破りたち」による暴動と捉えるか、それとも残念ながら失敗したもののロシアでの革命と同様の事件だったと捉えるかという大きな解釈の違いが、ブルガリア政治における深い内的分裂に投影されることとなった。[44]

蜂起は失敗したが、その主要な要求の幾つか——無条件での平和や国家の民主化——は停戦協定への調印というかたちで、そして連合国側が突きつけた講和条件の中心の一つであった十月四日の国王フェルディナンドの退位というかたちで実現した。国外にあった広大な所領の一つに逃げたフェルディナンドに代わって、彼の長子のボリス〔三世〕が王位を継いだが、フェルディナンドの逃亡が新時代の始まりとして祝われたのは当然の成り行きであった。十一月にマリノフが辞職した後、実権は今や、社会民主党と農民同盟が提携して作られた政府の掌中に握られた。オデッサとパリで法学を学んだ後にリベラルな法改革者として、また戦前に財務大臣として名声を博したテオドル・テオドロフの指導の下、六年間ほとんど途切れなく続いた戦争でひどく疲弊した国家に平和をもたらすという厄介な使命が、新政府に託されることになった[45]。

二度にわたるバルカン戦争が一九一二年に始まって以来、南ドブロジャとマケドニア、東トラキアはかつてないほど悲惨な状態におかれ、そのなかでブルガリアのものとなり、そしてまた奪われた。ブルガリア軍は約二五万人の負傷者を抱えており、そのうちの十五万人は重傷者であった。ヨーロッパ各地と同様に、軍務で身体の自由を失ったり盲目になった人びとが両大戦間期のソフィア、そしてもっと小さな町々、村々の日常空間のいたるところに取り残された。一九一八年だけで、銃後の社会の約十八万人が飢えと病で死亡した。しかしながら、ブルガリアの国民的破局の全貌を把握するには、一九一二〜一三年の二度のバルカン戦争での損失を計算に入れる必要がある。一九一二〜一八年の六年間の交戦期間中に、ブルガリアの全人口五〇〇万人のうち約十五万七〇〇〇人が死亡し、約十五万四〇〇〇人が負傷したのである。それに加えて、民族上はブルガリア人とされた難民が、今や失われた領土となったドブロジャやマケドニア、東トラキアから十万人以上の規模で国内へと流れ込み、破産状態に陥った敗戦国に、手に負えそうもない試練を突きつけた。

少なくともこの点では、ブルガリアとオスマン帝国の事例の間には幾つかの類似点がある。コンスタンティノープルは一九一七〜一九年にヨーロッパ各地で起こったような社会革命は経験しなかったが、第一次世界大戦での軍事的敗北で、戦中にオスマン帝国の政権を担っていた「統一と進歩委員会」（CUP）が瓦解した。一九一八年十月にムドロスで帝国が無条件降伏し、CUPの戦時指導部がオデッサに逃れた後、かつては政府に対抗していたリベラル勢力の「自由と連合党」が政治の舞台に登場し、停戦期間中（一九一八〜二三年）の国政を担当した。[46] わずか四か月前にスルタンの位に就いたばかりのメフメト六世の支持を得て、リベラル派は戦中のCUPの政策を直ちに反転させた。すなわち、追放されたクルド人や、強制移住させられていたアルメニア人虐殺の生存者たちの帰郷が促進されたのである。国際社会や世論の圧力を受けて、新たな統治者たちは一九一九年一月に、戦中のCUPの政策に対して正規の犯罪調査を行うよう仕向けさえした。コンスタンティノープルの警察は、大量殺人や汚職の罪による正式な令状に基づいてCUP派の代表的人物を多数逮捕し、その数は三〇〇人以上にのぼった。スルタンの義兄であったリベラル派のダマト・フェリト・パシャが大宰相に任命され、逮捕は春いっぱい続いた。[47]

荒廃を極めた国家の政治的責任を新政府が引き継いだという点で、コンスタンティノープルの状況は中欧と大差なかった。オスマン軍は（全軍隊の約二五パーセントにあたる）約八〇万人の兵士を失った。[48] 民間人の犠牲者はさらに多かった。CUPによる戦時中のジェノサイド的な強制移住のなかで死亡した一〇〇万人以上のアルメニア人に加えて、第一次世界大戦で少なくとも二五〇万人のオスマン臣民の命が奪われた。その大半は民間人であり、英仏の海上封鎖の衝撃や、ただでさえ乏しかった食糧の配給の不調、シリアだけでも人口の七分の一が餓死する原因となったバッタの大群による被害が重なった結果、多くの民間人が病や飢餓に倒れた。[49]

こうした負の遺産を受け継いだとはいえ、オスマン帝国のリベラルな新政府は当初、（少なくとも首都では）大衆の支持を追い風にすることができた。中欧の敗戦国においてもそうだったように、この支持は、慈悲深い講和条約を得られるのではないかという無駄な希望を拠りどころにしていた。ドイツの神学者で哲学者のエルンスト・トレルチが後に「休戦期間の夢の国」と呼んだこの初期の楽観主義は、今では浅はかなものにしか見えないかもしれないが、当時はヨーロッパの敗戦国のすべてで強力な感情となっていた。[50] 結局のところ、一九一八年後半から一九一九年前半にかけての状況がよく見渡せる段階になってみると、かつて中央同盟国を構成した諸帝国では、穏健改革主義者たちが勝利し、ボリシェヴィキ流の革命を信奉する者たちは隅に追いやられたかのように思われた。新たな統治者たちはパリのピースメーカーたちに、自分たちの体制はかつての専制の伝統を打破したのであり、したがって、「公正な平和」を得るうえでウィルソンの十四か条の主要な条件を満たしているのだという、揺るぎない信念を伝えた。

こんにち、こうした論理を、敗北の陰で行われた単なる実利追求の行動として、さらには日和見的な行動として切り捨てるのはたやすい。しかし敗戦国、とくに中欧の敗戦国の政策決定者の多くは、自分たちは一八四八年の自由主義的革命家たちが実現し損ねたものをもたらしたのだと固く信じていた。一九一九年一月に憲法制定国民議会が招集された中部ドイツの都市、ヴァイマルからその名を採ったヴァイマル共和国が、一八四八年革命の黒赤金の旗を国旗に採用したのは偶然の一致ではなかった。その頃、オーストリアでは民主主義者が、陸軍元帥のヴィンディシュグレーツ侯による一八四八年のウィーン革命に対する勝利からきっかり七〇年後にドイツ系オーストリア共和国が誕生したという歴史的偶然を祝っていた。[51] こういった諸々の事態の意味するところは明白だった。すなわち、一九一八年の穏健な革命家たちが、一八四八年の誤れる政治的展開を修正しつつあったのである。かつて成し遂げられなかったリベラル・デモクラシーが、ついに勝者として姿を現した。

第九章　急進化

一九一八年の晩秋には、民主主義こそが中欧の国家政府を揺るぎなく規定する形式となったかのように思われたが、その年の冬が来ると状況が変わり、未解決のままだった穏健革命派と急進革命派の間の緊張が暴力へと発展した。ドイツでは多数派社会民主党（MSPD）が、民主的に選ばれた国民議会だけが将来の憲法を決定しうると断固として主張した。しかし、誰もがこうした立場を受け入れる意志をもっていたわけではない。独立社会民主党（USPD）の左派の代表者たち、いわゆる「スパルタクス団」（この名称は古代ローマ最大の奴隷反乱の指導者の名前に由来する）は国民議会という案を拒み、全権力が労・兵評議会に掌握される政治体制のほうを望んだ。彼らはやがて他の泡沫的な急進左派グループと合流し、一九一八年末にドイツ共産党（KPD）となった[1]〔ドイツ共産党の結党集会が開催されたのは一九一八年十二月三〇日〜一九一九年一月一日〕。

当時、ドイツの共産主義的左派の代表的人物だったのが、ローザ・ルクセンブルクとカール・リープクネヒトの二人である。おそらくロシアの外で急進的変革を提唱した人びとのなかでも誰よりも傑出した存在であるリープクネヒトは、ドイツで大いに令名を馳せていた社会主義者の一家の出身だった。彼は一八七一年にライプツィヒに生まれたが、父親のヴィルヘルム・リープクネヒトはカール・マルクスの近しい友人にして協力者であるとともに、長らく社会民主党の議長を務めたアウグスト・ベーベルと一緒に社会民主主義を創始した人物であった。カール・リープクネヒトは父親よりもはるかに急進的だった。ライプツィヒ大学とベルリン大学で法学と政治経済学を学んだ彼は、一八九九年にベルリンで弁護士業を開き、ドイツ各地の法廷で同志の社会主義者たちを弁護するのを本分とした。(2)

一九〇七年、リープクネヒトは反軍的著作を執筆したことで裁判沙汰となり、十八か月の懲役判決を受けた。投獄は、支持者たちの間で彼の地位を高めるのに役立っただけであった。リープクネヒトは一九一二年に社会民主党議員として帝国議会に選出された。一九一四年、彼は戦時公債に反対票を投じた唯一の議員となった〔リープクネヒトが単独で反対票を投じたのは一九一四年十二月の第二回戦時公債案。同年八月の第一回戦時公債案には、議員団拘束に従って賛成票を投じている〕。リープクネヒトをはじめとする反戦派の左翼の代表的人物たち――そこにはローザ・ルクセンブルクや、社会主義の女性運動の草分けであるクララ・ツェトキンも含まれていた――は、間もなく社会民主党の内部で「グルッペ・インターナツィオナーレ」という独自の組織を作り、一九一六年にスパルタクス団に改称した。定期的に発行されるパンフレット『スパルタクス書簡』のなかで、リープクネヒトと彼の支持者たちは社会主義革命の敢行、そして即時の戦争終結を主張した。案に違わず、『スパルタクス書簡』はすぐに発禁処分を受け、リープクネヒトは――かたちのうえでは議員特権を有していたにもかかわらず――逮捕されて、東部戦線に送られた。病気を理由に一九一五年に軍務から解放された彼は、一九一六年のメーデーにベルリンのポツダム広場で非合法の反戦デモを指揮したために、再び逮捕された。この時は、大逆罪で四年間の懲役刑を宣告された。一九一八年十月下旬、帝政ドイツの全般的な民主化の一環として政治犯が恩赦を受け、リープクネヒトは釈放されてベルリンに戻った。そこで彼はまたもや反戦デモを指揮し、このデモは、ロシア大使館への熱気に満ちた行進という象徴的な行為で最高潮に達した。ロシア大使館では、ボリシェヴィキの特使がリープクネヒトのために歓迎会を開いた(3)。

　戦後間もない時期にリープクネヒトの最も重要な盟友だったのが、ポーランドに生まれてマルクス主義の活動家となった知識人、ローザ・ルクセンブルクである。彼らは共産主義の代表的な刊行物、『赤旗《ローテ・ファーネ》』を共同で編集していた。当時はロシアに属していた都市、ザモシチで一八七一年〔一八七〇年という説もある〕にルジャ・ルクセンブルクとして生まれた彼女は、棄教したユダヤ人材木商の末娘であり、父親には娘たち全員に幅広い人文主義的な教育を施すだけの財力があった。ローザはワルシャワでの女学生時代に革命活動に関わるようになり、ツァーリの警察の迫害から逃れるためにワルシャワを脱出しなければならなくなった。彼女は一八八九年以降、ヨーロッパ中から集まった社会主義の亡命者たちの一大拠点となっていたチューリヒに移り住んだ。同地では、ヴィリニュス出身の社会主義者で恋人だったレオ・ヨギヘスが、チューリヒ大学在学中の彼女を物的に援助してくれた。ヨギヘスはまた、彼女がポーランド王国リトアニア社会民主党を創設するのを支援したが、同党には後にロシアのチェカーの議長となるフェリックス・ジェルジンスキーも属していた(4)。

　一八九八年、ルクセンブルクはチューリヒの下宿先の家族の一人息子、グスタフ・リューベックとの結婚〔偽装結婚であった〕をつうじてドイツの市民権を獲得したが、他方でヨギヘスとの関係を続けた。この年にベルリンに移ると、彼女は直ちにドイツ社会民主党に入党し、改良主義的社会民主主義者と革命的社会民主主義者との間で進行中だった論争に積極的に参加した。革命のラジカルな提唱者として、ルクセンブルクは一九〇四〜〇六年に三度、そして第一次世界大戦中にも再び投獄された。大戦中の彼女は、ブレスラウの獄中から一連のパンフレットを密かに発表することで、平和と革命のための政治活動を継続した。一九一八年十一月上旬に釈放された彼女はベルリンに戻り、そこで急進左翼の指導者の一人としてリープクネヒトに合流した。(5)

「すべての権力を評議会へ！」のスローガンの下、ルクセンブルクとリープクネヒトは『赤旗』の記事を中心にして、再三にわたり「第二革命」を要求した。ブレスラウ監獄から釈放されてベルリンに戻ってから十日後の十一月十八日、ルクセンブルクは、帝政国家の転覆後も革命を継続するよう要求した。「シャイデマン・エーベルト政府は、ドイツ革命の今日の段階には似合いの政府なのだ。……しかし、革命というものは、静止するところを知らぬ。革命の生きた発展法則は、急速な前進である」。(6)

一九一八年のクリスマスまでに、ドイツの労働運動の内部で各派の緊張関係が高まっていることが明白になった。この時、左傾化した人民海兵団と、ベルリンの軍司令官であった多数派社会民主党のオットー・ヴェルスの間で長らく燻っていた対立が、いよいよ限界に達したのである。ヴェルスは、ボリシェヴィキ流の革命を志向しているかのように思われた首都の武装組織、人民海兵団に脅威を感じていた。対応策として彼は、海兵団の大規模な縮減と兵士への給料の支払い停止を主張した。十二月二三日、反抗的な水兵たちはその返答に、ヴェルスを拉致した。臨時宰相のフリードリヒ・エーベルトは即座に反応した。彼は連立パートナーの独立社会民主党に諮ることなしに、軍隊に即時の軍事的支援を求めた。市の中心部にあるホーエンツォレルン王宮の周辺で続いた流血の戦闘は、政府軍の軍事的敗北という苦々しい結果で終わった。(7)

「クリスマス・イブの戦闘」でエーベルト政府は相対的に弱体化し、すぐに二つの結果がもたらされた。その第一は、独立社会民主党と多数派社会民主党の間で短期間結ばれた功利主義的な同盟関係の終了である。十二月二九日、三名の独立社会民主党の代表者たちは、水兵を鎮圧するために軍隊を派遣するというエーベルトの一方的な決定に強く抗議して、人民委員政府を去った。第二に、プロイセン州首相のパウル・ヒルシュ（MSPD）が、ベルリン治安自警団を派遣して人民海兵団を支援しようとしたベルリン市警視総監のエーミール・アイヒホルン（USPD）の解任を決定した。(8) 独立社会民主党、そして共産党をはじめとするより急進的な左派は、多数派社会民主党側の対応を意図的な挑発と感じ、一九一九年一月五日にエーベルト政府に対する大規模デモを呼びかけることで、これに返答した。状況はあっという間に激化した。武装したデモ隊の一団が、社会民主党の機関紙『フォアヴェルツ』の発行所が入っていたビル、さらにはベルリンの新聞社地区にあった複数の発行所を占拠した。一月五日の夕刻、こうした自発的な行動に続いて「革命委員会」が創設され、その間にリープクネヒトが「エーベルト＝シャイデマン政府の転覆」を再び要求して、火に油を注いだ。一月後半に予定されていた国民議会選挙の阻止、そして「プロレタリア独裁」の実現が、その後に続く「スパルタクス蜂起」の二大目標となった。(9)

実際にはスパルタクス団の権力基盤は小さかったが、彼らが存在しているというだけで多数派社会民主党の指導者たちは憂慮をおぼえた。エーベルトはその脅威を極めて深刻に受け止めた。彼にとって、ロシアのボリシェヴィキ革命は、人民の大多数の支持といったものを得ていなくても、少数の断固たる急進主義者たちが穏健な政府から支配権を奪い取ることができるという事実を、鮮やかに示した先例だった。エーベルトの見解では、一九一九年一月初頭のベルリンにおける共産主義者たちの蜂起は、一九一七年秋にボリシェヴィキが達成した権力獲得の取り組みを束の間模倣したという以上のものであった。彼は必要とあらば武力をもってしてでも、ペトログラードでの出来事がベルリンで繰り返されるのを防ごうと固く決意した。[10]

この状況を打開するにあたり中心的役割を担った人物が、多数派社会民主党の軍事の専門家だったグスタフ・ノスケである。彼は独立社会民主党が政府から離脱した後、人民委員政府のなかで陸海軍に対する責任を引き受けた。「誰かが血に飢えた犬にならねばならないし、私はその責務を果たすのに尻込みはしない」という有名な言葉で、ノスケはベルリンの市内と周辺地域の政府軍の指揮権を担った。[11] 彼の任務は、あらゆる手段を用いて「法と秩序」を再建することであった。この目的のために、ノスケは正規軍だけでなく義勇軍の力を大いに借りた。彼らの一部は一九一八～一九年の冬にドイツで従軍した後、その後の数か月間にバルト地域での戦役に加わることとなる。[12]

ベルリンを覆い尽くすかのごとく思われたボリシェヴィズムの脅威を終結させるよう義勇軍に呼びかけるなかで、ノスケはドイツ社会のなかからこうした、最初から革命に嫌悪感を抱いて反発しており、過去二か月の事態の展開に対する復讐の機会を窺っている人びとを募った。彼らは共和国のためにではなく、「ボリシェヴィズム」に対抗するために戦っていた。義勇軍の内部では、敗戦とその後の革命に怒り狂ったかつての前線兵士たちが、在学中の士官候補生や右翼学生たちと力を結集した。学生たちは急進性や行動主義、残忍さといった面でしばしば古参兵たちを上回っており、そのことで戦闘経験の欠如を補った。

血みどろの英雄譚に満ち満ちた好戦的な雰囲気のなかで成長したとはいえ、「鋼鉄の嵐」〔エルンスト・ユンガーの代表作のタイトルを意識した表現と思われる〕を直接に体験していなかったこうした若い義勇兵の多くに、義勇軍は、ロマンチックに潤色された戦士としての生活を送るという、歓迎すべき機会を与えてくれた。義勇軍の指導者の一人が観察しているように、多数の青年義勇兵たちが「兵士らしい荒っぽい振る舞い」によって自分の能力を表現しようとしていたが、そうした振る舞いは「戦後の青年たちの大部分のなかで美徳として育まれた」ものであり、一九一八年以降の準軍事的組織の内部の全般的な風潮や気風に深い影響を及ぼした。[13] かつての突撃部隊の将校が統率する準軍事的団体にひとたび参加すると、青年義勇兵たちは、その多くが沢山の勲章を授かっていた戦士や「戦場の英雄たち」との共同体のなかで、自らの値打ちを証明しようと躍起になった。[14]

第一次世界大戦の百戦錬磨の古強者と若く「ロマンチックな」義勇兵たちの連帯は激烈な男性主義的サブカルチャーを創り出し、そこでは、政治表現の一形式として手放しで称賛はされなかったにせよ、血なまぐさい暴力が許容された。こうした集団の決定的特徴を成していたのは、イデオロギーではなく行動であった。彼らは新たな政治的理想郷という革命のビジョンによってではなく、秩序の再建という広範に流布していた論理と、相互に絡み合う一連の社会的反感によって突き動かされていた。[15]

周囲の騒乱とは対極的に、義勇軍が提示したのは厳然と定められた階層秩序、親密な帰属感、そして単純明快な目的意識であった。準軍事的団体は戦友意識と「秩序」の砦であり、活動家たちはこの秩序のなかで、民主政の平等主義や共産主義の国際主義を、憎むべき世界として認識していた。この反抗精神が、そして戦後構想のなかで一翼を担おうという願望が、集団を結びつけていた大量の死や敗戦経験がいよいよ無意味になるかのように思われた時、そうした経験に再び意味を与えてくれることになった。戦士から構成される「新たな社会」の中核的存在たらんとしていた彼らにとって、この社会はネイションの永続的価値を、そしてネイションの発展を育む国家のために新しい権威主義的観念を表明してくれるはずであった(16)。

彼らの一人で、戦後の時代の幕開けとなる一九一八年の革命を十六歳の士官候補生として経験したエルンスト・フォン・ザロモンは、一九二三年〔一九三〇年の誤り〕に発表した自伝的小説『追放された者たち』に、革命についての自らの認識を次のように記している。

(赤)旗の背後で、疲れ果てた群衆が騒々しく押し合いへし合いしていた。女たちが先頭を行進していた。彼女たちはゆったりとしたスカートをはき、灰色の肌の骨ばり皺だらけの顔つきで、がむしゃらに前進していた。……男たちは、老いも若きも、兵士も労働者も、そしてその只中に混ざっているプチブルも、ぼんやりとした疲れた顔で歩いていた。……かくのごとく、彼ら革命の闘士たちは行進した。革命の真っ赤な炎が立ちのぼるのは、血とバリケードの夢が現実のものとなるのは、この黒い群衆からだったのか。奴らに屈服することなどできなかった。……私は自尊心も勝利の自信も知らない彼らの要求を冷笑した。……私は直立し、彼らを「下郎ども」、「群れ」、「屑ども」と思い、目を細めつつこの虚ろな貧民をまじまじと見やった。排水溝のごみを背中に担いだネズミが頭をよぎった……。(17)

まさしくザロモンのように、かつての前線兵士の多くが一九一八年の革命勃発に激しく憤り、自分たちの犠牲が銃後の社会によって裏切られたと感じていた。前線から帰還した部隊はしばしば、通過した町の市中で労・兵評議会の支持者たちによって武装を解かれ、侮辱を受け、肩章を剝ぎ取られた。また別の人びとは、長期の不在で生じた家計の損失が勝利で埋め合わされなかったために、家族から歓迎されていないことを感じ取った――ヨーゼフ・ロートの有名な、そして驚くほど鋭敏な一九二三年の小説『蜘蛛の巣』は、この主題を追究している。ロートの小説は、戦後のベルリンにおける騒乱を軸に展開する。この本の主役のテオドール・ローゼ大尉は、武装解除された中央同盟国の数多くの将校の一人であるが、彼らが戦後の秩序に対して政治的行動をとった大きな原因は、第一次世界大戦における敗北にあった。金持ちのユダヤ人実業家の家庭教師として糊口を凌ぐことを余儀なくされたローゼは、軍事的崩壊によって受けた国民的恥辱と、フランドルの戦場から帰った自分を迎え入れた際に家族が示した敵意のために、すぐに絶望を味わう。

老女たちには、二度にわたり戦時公報に書きたてられる栄誉に輝いた大尉が、おめおめと生きて帰ってきたのがお気に召さない。戦死した息子は一家の誇りだが、一介の元軍人、革命の余波をくらった男となれば、わずらわしいだけである。……テオドールは老女たちに言ってやってもよかっただろう、何ごとも自分のせいではない、革命など大嫌いだ、社会主義者のユダヤ人〔ゲルヴァルトの引用では「社会主義者とユダヤ人」〕には虫酸《むしず》が走る、自分はこの日ごろずっと、背中をギリギリと軛《くびき》でつながれ、まっ暗な家にころがされているのも同然だ(18)〔ゲルヴァルトの引用では「日の当たらない監獄に閉じ込められているのも同然だ」〕。

ローゼにとっては、「まっ暗な家」での無為な生活から抜け出そうとするならば、何らかの手段によって戦争を継続するしかなかった。かくして彼は間もなく、数ある準軍事的組織のうちの一つに参加した。その手の組織は戦後のヨーロッパに雨後の筍のごとく叢生し、一九一八年直後の数年間に大陸の大部分が直面した大問題、すなわち、戦争を捨て去り、平和の到来を受け入れることができない多くの人びとが存在しているという問題を浮き彫りにした。実在した義勇軍参加者の一人で、ローゼよりも有名なフリードリヒ・ヴィルヘルム・ハインツは、回想録のなかでこう書き記している。「連中が戦争は終わったのだと言ってきたので、我々は吹き出してしまった。我々こそが戦争だったのだから(19)」。

十一月十一日に公式に戦争が終了するまでドイツ領内に連合国軍の兵士がいなかったために〔実際には、ドイツ最南部がフランス軍の占領下になっているなど、少数の連合軍部隊がドイツ領内に存在していた〕、実は中央同盟国は外敵によって負けたのではなく、国内の破壊分子、あるいは「第五列」〔スパイのこと〕による「背後からの一突き」で崩壊しただけなのだという、根深い陰謀論が巻き起こった。こうした感情がどこよりも蔓延していたドイツでは、かつての最高軍司令部司令官であった〔そして後に大統領となる〕パウル・フォン・ヒンデンブルクのような人びとが、軍隊は「戦場では無敗」だったという考えを広めたが、その際に彼らは古くからの、よく作り込まれた裏切り論を利用することができた。それらのうちでもとくに有名だったのが中世のニーベルンゲン伝説であり、この物語のなかで、ゲルマン人の英雄のジークフリートは悪役のハーゲンによって、無情にも槍で背後から突かれる。その一九一八年以降の改訂版は、国際主義の陰謀と銃後の社会の裏切りをドイツの敗北の第一の原因として強調していたが、この考えこそが、両大戦期のドイツにおける右翼の信念の根本を成していった[20]。

時として暗に、しかし大抵は明確なかたちで背後からの一突き神話の中心を占めていたのは、裏切りは「最後の審判の日」に報いを受けねばならず、そのあかつきには「内なる敵」は情け容赦も慈悲もなく叩きのめされるだろうという観念であった。かつて海軍将校を務め、後のナチ時代にブカレスト駐在大使となった、ドイツ義勇軍の悪名高い指導者、マンフレート・フォン・キリンガーは、家族への手紙のなかでこう強調している。「父上、私は心に誓いました。戦わずして水雷艇を敵に引き渡し、我が旗が下ろされるのを見ました。この件に責任をもつ連中に復讐することを誓いました[21]」。

かくして、ボリシェヴィキの脅威と見なされているものを鎮圧しようとする際にキリンガーのような人物を用いるというノスケの決定は、彼らの暴力的懲罰の幻想に国家のお墨付きを与えることとなった。十一月革命とその支持者に対する鬱積した憎悪が爆発したのは、一九一九年一月のベルリンにおける「スパルタクス蜂起」の鎮圧の最中のことであった。一月十一日、義勇軍はベルリンに進軍し、新聞社が集まる地区を急襲した。『フォアヴェルツ』を発行するビルを占拠していた五名の共産主義者は投降をもちかけたが捕らえられ、途中で拘束された二名の使者とともに射殺された。全体として約二〇〇人が激しい市街戦で殺され、四〇〇人以上が逮捕された。その日の午後、ノスケはベルリンの中心部で閲兵式を行い、自らの秩序維持勢力が共産主義勢力に勝利したことを祝った。[22]

共産党中央委員のなかでも目につく存在だったローザ・ルクセンブルクとカール・リープクネヒトは身を潜め、ベルリン市内で絶えず拠点を変えて、復讐の殺戮を逃れようとした。最後の隠れ家は、富裕層が住む郊外地であるヴィルマースドルフのアパートだった。そこで彼らは『赤旗』に最後の記事を書いた。リープクネヒトは激烈な一文、「それにもかかわらず！」を発表し、そのなかで一時的な敗北を認めたが、支持者たちに忍耐を呼びかけた。共産主義革命の機は熟していなかった、と彼は書いた。「人民のなかの退行的要素と有産階級から始まった恐るべき反革命の地滑りがそれ〔革命〕を溺死させた」のだと。それにもかかわらず、「今日の敗者は明日の勝者になるだろう[23]」。ルクセンブルクは、皮肉交じりに「ベルリンの秩序は維持されている」と題した力強い論説のなかでこうした感情への共感を示した。「ほざくがよい、鈍感な権力の手先どもよ！〔ゲルヴァルトの引用では「愚か者どもめ！」〕おまえたちの「秩序」は砂の上の楼閣だ。あすにも革命は「物の具の音をとどろかせてふたたび立ちあがり」、トランペットを吹きならして、おまえたちの驚愕をしりめに、こう告げるだろう〔ゲルヴァルトの引用では「ファンファーレとともにお前らに恐怖を告げるだろう」〕――わたしはかつて在り、いま在り、こんごも在る[24]」。

一九一九年一月十五日の夕方、右翼の準軍事的組織がアパートに踏み込んだ。リープクネヒトとルクセンブルクは拘束され、旧帝国軍の精鋭部隊で、当時は悪名高き反ボリシェヴィストのヴァルデマル・パープスト大尉が率いていた近衛狙撃騎兵軍団の手に引き渡された[25]。高級ホテルの「エデン」に置かれた部隊の司令部でリープクネヒトは暴行を受け、唾を吐きかけられ、銃床で殴られた。その日の夜十時四五分、意識不明となったこの共産主義の指導者は、車でベルリン中心部最大の公園であるティーアガルテンまで連れていかれ、そこで近距離から三発撃たれた(26)。

兵士たちがホテルに戻った時、ルクセンブルクはパープストの仮の執務室に座り、ゲーテの『ファウスト』を読んでいた。彼女も銃床で顔を二度殴られた。激しく出血した彼女は、車に放り込まれた。短いドライブの後、一人の中尉が車の左側の踏み板に飛び移り、頭に一発撃ち込んでルクセンブルクを殺した。彼女の遺体はラントヴェーア運河に投げ捨てられ、発見されたのはようやく数週間後のことであった(27)〔殺害の時期や状況については異説がある〕。

「スパルタクス蜂起」の鎮圧後も、ドイツの首都の情勢は不安定なままであった——あまりにも不安定だったために、新たに選出された憲法制定国民議会はベルリンではなく、地方都市のヴァイマルで開催された。一九一九年の春、ドイツ各地で革命騒擾の影響が続いていた。工業の心臓部であるルール渓谷や中部ドイツでは、相次ぐストライキが鉱業の国有化を要求していた。ドレスデンでは、ザクセン州陸相のグスタフ・ノイリングが町を流れるエルベ川に投げ入れられ、岸辺に辿り着こうとしたところを射殺された。一九一九年三月九日、ベルリンでのストライキや騒動に対する応答として、ノスケが政府軍に武器を所持する者を見つけ次第銃殺するよう命じると、首都に大混乱が引き起こされることとなった。政府軍は機関銃や戦車、さらには何発か爆弾を投下するために飛行機までも使って敵対者に襲いかかり、一〇〇〇人の死者を出した。三月蜂起はまた、もう一つの待ち望まれていた清算のために、恰好の口実を与えてくれた。政府軍の兵士たちによって、ルクセンブルクのかつての恋人で、彼女の後を継いで『赤旗』の編集者となったレオ・ヨギヘスが殺害されたのである。彼は、一九一八年のクリスマス・イブの戦闘で政府軍に屈辱的敗北をもたらした、二九名の人民海兵団員の一人でもあった。[28]

騒擾はミュンヘンにも広がり、当初は無血で始まった同地の革命は一九一九年春に急進化した。話を一九一八年十一月上旬に遡ると、路上デモでバイエルン王ルートヴィヒ三世が退位し、オーストリアへと亡命せざるを得なくなった。ユダヤ人で、『ミュンヒェナー・ポスト』紙の演劇評論家であったクルト・アイスナーの指導の下、社会主義を掲げる労・兵・農評議会がバイエルン共和国の独立を宣言した。アイスナーはベルリンの生まれで、シュヴァービング〔芸術家や文化人が集ったミュンヘン市内の地区〕のボヘミアン的な街区のコーヒーハウスに足繁く通う左翼知識人の典型例のような存在であった。彼は一八九九年〔一九〇〇年の誤り〕から『フォアヴェルツ』の編集者を務めたが、一九〇五年にその地位を奪われた。その後、アイスナーはバイエルンに移り、ジャーナリストとしての仕事を続けた。その間に彼の主張は着実に左傾化していった。一九一七年春、アイスナーは独立社会民主党のバイエルン支部の創設に加わり、一九一八年一月の全国規模でのストライキを支持した。[29]ストライキへの関与によってアイスナーは有罪判決を受け、その後の八か月半をシュターデルハイム〔ミュンヘン郊外〕の刑務所で過ごした。十月十五日〔十月十四日という説もある〕、彼は突然釈放され、間もなくバイエルンにおける革命の指導者となった。[30]

アイスナーは突飛な人物であったが、革命的変革のさらなる進展に身を捧げた。バイエルン首相として彼は、一九一四年の戦争が「狂ったプロイセン軍部の小集団」、そして「徒党を組んだ」工業家や資本家、政治家、諸侯によって引き起こされたことを証明するに違いないと信じて、国家文書を暴露した[31]。一九一九年二月にスイスのベルンで開催された社会主義者の国際会議において、アイスナーは、エーベルト政府が一九一四年の開戦に際してのドイツの罪を認めるのを拒否したことを攻撃した。メッセージの内容そのものと、それが出されたタイミング（パリ講和会議が始まった時期であった）のどちらをとっても、保守派サークルの好意がアイスナーの統治に集まることにはならなかった[32]。

確固たる信念をもって急進的な改革に取り組んだものの民主主義の原則に反対してはいなかったアイスナーは、一九一九年一月十二日にバイエルン議会総選挙を実施したが、彼の率いる独立社会民主党はこの選挙で壊滅的な敗北を喫し、全一五六議席〔一八〇議席の誤り〕中の三議席しか獲得できなかった。辞表を提出しに議会へと歩いていた時、アイスナーは二二歳の国粋主義的な法学生、アントン・フォン・アルコ＝ヴァレイ伯爵に背中を撃たれて殺された[33]。バイエルン独立社会民主党の指導者に対するこの襲撃への応酬として、急進的社会主義者のアロイス・リントナーがバイエルン議会に闖《ちん》入《にゅう》して発砲し、バイエルン多数派社会民主党の指導者であったエアハルト・アウアーに重傷を負わせ、他に二名を殺害した[34]〔アイスナー暗殺はアウアーの仕業だという噂が労働者の間に流れていた〕。

アイスナー暗殺とアウアー暗殺未遂を受けて、バイエルン議会は元教師の多数派社会民主党員、ヨハネス・ホフマンを首相に選出した。しかし、極左は新政府を承認しようとしなかった。四月三日には、アウクスブルクの社会主義者たちがバイエルン・レーテ共和国の創設を呼びかけたが、この挙は、直前の三月二二日にハンガリーで共産主義の指導者、クン・ベーラがソヴィエト共和国の創設を宣言し、それと同時にバイエルンやオーストリアの急進主義者たちに自らの先例に従うよう呼びかけたことに影響を受けてのものであった[35]。

「ハンガリーからの知らせは爆弾のごとくミュンヘンに衝撃を与えた」と、アナキストのエッセイストで詩人のエーリヒ・ミューザムはバイエルンの首都で書いている。(36) バイエルンは再び革命の騒乱状態に陥った。元教師のエルンスト・ニーキシュが率いるバイエルン共和国中央評議会は、ヨハネス・ホフマンによって選ばれた政府の終焉を告げ、新たにソヴィエト共和国の創設を宣言した。しかしながらミュンヘン・ソヴィエト共和国〔バイエルン・レーテ共和国の別称〕は最初から、農業と保守とカトリックが優勢を占める国家だったバイエルンでは、およそ支持を獲得できなかった。新政府の指導部で優位を占めていたのは、二五歳のボヘミアン的詩人であったエルンスト・トラーや、アナキストの文筆家でシェイクスピアの翻訳家であったグスタフ・ランダウアーといった都会の（そしてしばしばユダヤ人の）、シュヴァービングの知識人階級だった〔ミューザムも指導部に属していた〕。彼らの革命計画は野心的だったが、また同時に非現実的であった。彼らの計画は、バイエルンよりもはるかに混乱し破壊された国家においてしか通用しなかった。彼らの計画では、銀行と大企業は国有化されるべきであった。「自由通貨」が発行され、資本主義は廃止されるべきであった。大学は学生によって運営されるべきであった。そして、新聞はランダウアーの啓蒙・公共教育省の検閲の対象となるべきであった。(37)

ミュンヘンの事件の知らせは、ドイツ全域での共産主義革命が差し迫っている兆しとして、ロシアのボリシェヴィキに歓迎された。ロシア共産党政治局員で、創設間もないコミンテルンの議長を務めていたグリゴリー・ジノヴィエフがモスクワから熱烈なメッセージを送った。「私は全ドイツがソヴィエト共和国となる日の遠くないことを確信する。共産主義インターナショナルは貴下が現在ドイツで、全ヨーロッパのプロレタリア革命の運命を即時に決する、最も責任ある位置で戦いつつあることを知っている[38]」。共産主義に反対する同時代人もこれと同意見であった。政治的には保守の立場にあり、自身も当時ミュンヘンに住んでいた後のノーベル賞作家、トーマス・マンは、ボリシェヴィキ革命の拡大は避けられないと確信していた。「国全体《ライヒ》が〔ゲルヴァルトの引用では「ドイツの他の地域も」〕そのあとを追うとも考えられる」と、マンは一九一九年四月七日付けの日記に書き記している[39]。

連合国は、パリをはじめとする西欧の首都から、東欧と中欧で進行中の事態を憂慮を深めつつ注視していた。アメリカ合衆国国務長官のロバート・ランシングは、一九一九年四月四日に次のように述べている。「中欧はアナーキーの炎に包まれている。人びとは希望を見失っている。ロシアの赤軍が西に進軍している。ハンガリーは革命家たちの掌中にある。ベルリン、ウィーン、ミュンヘンはボリシェヴィキの側に向かいつつある。……世界が炎に包まれている今、無為に過ごすのをやめる時が来た……[40]」。

ドイツ国民議会がベルリンからヴァイマルへと逃れたのとちょうど同じように、この間にホフマン政府はミュンヘンから〔ニュルンベルクを経て〕フランケン地方北部のバンベルクへと避難した。もっとも、ホフマンには戦わずしてミュンヘンの反逆を受け入れるつもりはなかった。一九一九年四月十三日の枝の主日〔復活祭の一週間前の日曜日。聖週間の初日〕、ホフマン政府に忠誠を誓うバイエルン共和国の義勇軍がミュンヘンのソヴィエト共和国を武力で転覆させようと試みたが、重武装した共産党の兵士たちの頑強な抵抗の前に、この企ては失敗に終わった[41]。正統なバイエルン政府を力尽くで復活させようというホフマンの試みには、事態を直ちに急進化させる効果があった。ミュンヘンでは、バイエルン・レーテ共和国が大幅に左傾化し、より急進的な政治的変革をかなり前から要求してきたマックス・レヴィーンとオイゲン・レヴィーネという二人のロシア生まれの革命活動家が、第二ミュンヘン・ソヴィエト共和国として知られる体制の指導部を担うこととなった。(42)

枝の主日の敗北は、三日後にミュンヘン郊外のダッハウで起こったさらなる実力行動の失敗と相まって、反ボリシェヴィキ勢力の急進化に繋がった。(43) 当初は反共和国的な義勇軍を募ることにもベルリンの中央政府に支援を求めることにも乗り気でなかったホフマンは、ついに変心した。彼はバイエルンのあらゆる反ボリシェヴィキ勢力に向けて、レーテ共和国を粉砕するよう公式に呼びかけた。

> バイエルン人よ！　同郷の人びとよ！　ミュンヘンでは外国分子によってロシアのテロが解き放たれ、荒れ狂っている。バイエルンに対するこの侮辱が一日でも一時間でも続くことは許されない。すべてのバイエルン人は党派の違いを超えて、直ちに支援の手を差し伸べねばならない。……ミュンヘンは諸君の助力を求める。ここに来たれ！　一歩を踏み出せ！　今こそ！　ミュンヘンの屈辱を晴らさねばならない。(44)

ホフマンの呼びかけは、ボリシェヴィズム勢力への復讐の機会を窺っていた人びとを動員するのに功を奏した。彼らの多くは、例えばかつてのバイエルン近衛騎兵連隊指揮官でオーバーラント義勇軍を率いたフランツ・リッター・フォン・エップ少将や、彼の副官で多くの勲章を授与された三一歳の戦争の英雄で、後にナチ突撃隊幕僚長となるエルンスト・レーム大尉のように、帝政に忠義深く仕え、その再興を願っていた人びとであった〔エップが率いたのはエップ義勇軍で、オーバーラント義勇軍を率いたのはルドルフ・フォン・ゼボッテンドルフ。当時のエップの階級は大佐」。総計で約一万五〇〇〇人のバイエルン人がホフマンの武装の呼びかけに応じた。[45]

現地で徴募された兵力に加え、ミュンヘンでの共産主義者の支配を終わらせるために、ベルリン政府がプロイセンのフォン・オーフェン少将指揮下の約一万五〇〇〇人の常備軍部隊を派遣した。[46] 四月半ばから軍隊がバイエルンに投入されると、レーテ共和国が兵力強化のために多数の罪人を釈放して武装させるとともに、かつてのロシア人戦争捕虜を徴募したという噂が広がった。[47] 政府軍がミュンヘンの町に到着するのに先立ち、軍司令部とホフマン率いるバイエルン政府の連名で共同声明が出された。「武器を手に取って政府軍に敵対する者は、誰であろうと死刑に処されることとなる。……赤軍のメンバーは皆、バイエルン人民とドイツ国の敵として扱われることとなる」。[48]

五月一日に始まったミュンヘンの戦いで、反ボリシェヴィキ派はこうした指示に則って、ほしいままに行動した。その前日、政府軍と義勇軍が町を包囲するなか、赤軍の反乱者たちは愚かにも、市内のルーイトポルト＝ギムナジウムで女性一人を含む十人の人質を射殺するという選択を犯した。問題の女性が義勇軍の指揮官の一人と親戚関係にある貴族だったという事実、そして彼女が処刑される前に性的暴力の対象にされたという風説が状況を悪化させた。処刑は重大な過ちだった。反革命勢力に暴力的な復讐のための恰好の口実を与えてしまったからである。[49]

ユダヤ系ドイツ人の文学教授で、一九三三年以降のナチ体制下で受けた迫害について記した日記で後年に世界的に知られるようになったヴィクトル・クレンペラーは、バイエルンの首都で直接体験した一九一九年のミュンヘン・ソヴィエト共和国の終焉を、次のように観察している。

……今日、正真正銘の戦闘が荒れ狂うなかでこの文章を書いている。飛行中隊が総出でミュンヘンの上空を飛び、爆弾を投下し、標的を狙い、照明弾を落としている。……歩兵隊の火砲が轟音を立てている。ますます多くの部隊が迫撃砲や大砲を装備して、ルートヴィヒ通りをあるいは徒歩で、あるいは自動車で、あるいは馬で進軍している。……そして危険がなく見通しの良い街路の角の安全な場所から、大勢のやじ馬が、しばしばオペラグラスを片手に見物している。(50)

軍隊と義勇軍が市内に移動し、戦闘のなかで六〇〇人以上が殺されたが、その多くは居合わせた民間人であった。グスタフ・ランダウアーやレーテ共和国軍事人民委員のルドルフ・エーゲルホーファーを含む捕虜の即決処刑が、五月二日から三日にかけて続いた。赤軍に従軍していた五三人のロシア人が拷問を受け、ミュンヘン郊外のパージングで銃殺された。その後の数週間で約二二〇〇人のレーテ共和国支持者が死刑あるいは長期の懲役刑を宣告され、バイエルン・レーテ共和国の存続中の犯罪に関連する裁判は総計で五〇〇〇回開かれた。(51)

ミュンヘンとその周辺での一大異変は、かつてはおおむね平穏で至極ブルジョワ的な大都市であることを誇りにしていたこの町に、影響を及ぼし続けた。第一次世界大戦の影響を——経済的な欠乏と、遠く離れた前線における町の息子たちの夥しい死とを別にすれば——受けなかったミュンヘンは、突如として革命の騒乱、路上の戦闘、そして砲火と空爆までも経験することになった。中産階級の観察者たちには暴力と無秩序がエスカレートした責任をもっぱら赤軍にのみ負わせる傾向があったとはいえ、トーマス・マンが五月一日の日記に記しているように、ドイツ第二の都市〔当時のドイツで二番目に人口が多かったのはハンブルク〕の住民は恐怖に駆られていた。マンは高級住宅街のボーゲンハウゼン地区に居を構えていたが、妻カーチャの母親が官庁街の近くに住んでいたため、市の中心部での出来事をリアルタイムで確認していた。

K〔妻のカーチャのこと〕の母が朝電話してきて、ヴィテルスバハ宮殿に白旗がひるがえっており、四時に赤軍が降伏したという。間違いだと分かった。降伏〔ゲルヴァルトの引用では「権力の移譲」〕はまだ問題ではなく、射撃は間を置いて続いている。市内では……はなはだしい興奮状態。昨夜ルーイトポルト高等学校に拘禁されていたブルジョアや貴族の人質が……斬殺されたという。……市民階級の住民の途方もない憤激。赤い腕章はすべて忽然と消え去った。[52]

既存の社会秩序と序列が力尽くでひっくり返された世界に生きているという根深い感覚は、バイエルンにおける右翼の巻き返しの追い風となった。とくにミュンヘンは、ヴァイマル・ドイツのどこよりも強固にナショナリスティックで、反ボリシェヴィキ的な都市となっていった――これは、このバイエルンの首都がナチズム誕生の地となったことと無関係ではない。

バイエルン・レーテ共和国の崩壊後、世界革命というレーニンの望みは萎んだ。この時点で、ロシア以外のヨーロッパの共産主義国は、法律家出身のジャーナリストだった三二歳〔バイエルン・レーテ共和国の崩壊時点では三三歳〕のクン・ベーラに率いられたハンガリーだけであった。トランシルヴァニアの片田舎に住む棄教したユダヤ人公証人の息子で、自身も勉学を積んで法律家となったクンは、第一次世界大戦前から急進主義的なジャーナリストとして名を馳せていた。一九一四年以降、彼は東部戦線でハプスブルク帝国軍に従軍し、そこでロシア軍に捕らえられて戦争捕虜収容所に送られた。ロシアにいる間にボリシェヴィキに宗旨替えしたクンは、十月革命のおかげで釈放され、一九一八年十一月十七日にブダペシュトに帰った。[53]

クンがブダペシュトに戻ったのは、あまり良いタイミングではなかった。必要なだけの食糧の供給が滞り、進行する国土分割に誇りを傷つけられ、多くのハンガリー人が徐々に急進化しつつあった。[54]一九一八年秋にオーストリアと分離した時には、多くのハンガリー人たちが素朴にも、自分たちの将来の独立国家は聖イシュトヴァーン王冠の歴史的領土から構成されることになるだろうと考えていた。一八六七年のオーストリア・ハンガリー間のアウスグライヒと翌年のクロアチア・ハンガリー間のナゴドバ〔これにより、クロアチア地域に一定の自治が認められた〕で確認されたように、このハンガリーの歴史的領域には、こんにちのハンガリー、スロヴァキア、トランシルヴァニア、ウクライナのルテニア、ヴォイヴォディナ、クロアチアが含まれていた。しかしながら一九一八年後半には、これらの領土のほぼすべてが、誕生したばかりのライバル国家による領有権の主張の対象にもなってしまった。社会民主党の支持を受けたカーロイ・ミハーイ伯が率いるハンガリーの自由主義政府は、自国の領土的一体性の保持に精力を傾ける一方で、緊急性を帯びた数多くの改革を打ち出して、半封建的な寡頭政治から現代的な民主主義国家への転換を目指した。そうした目論見はどれも無残な失敗に終わった。[55]一九一九年前半には、西側連合国の後押しと近隣諸国の支援を受けた分離運動の前に、ハンガリーの歴史的な国土のおよそ半分が失われたが、これらの喪失領土には、民族上はマジャール人とされた何十万人もの人びとが居住していた。国内的には、カーロイは長年の懸案だった土地改革に力を傾注し、国民議会をつうじて導入した新たな法律に則って、自身の所有地を農民たちに分配するとさえ宣言した。五か月間、カーロイは右派勢力と左派勢力の間で何とか舵取りを行ったが、両派はそれぞれに、彼が敵対勢力に甘すぎると糾弾した。もっとも、連合国のピースメーカーたちに対してカーロイがあまりに弱腰だという点では、両陣営は意見が一致していた。

一九一九年一月までに次第に、警告に満ちた知らせが西欧世界に届くようになった。『ニューヨーク・タイムズ』は、「ロシアから伝染したボリシェヴィズムは有害極まりない段階にまで達した。飢餓と寒さが一緒になって猛威をふるっている。大晦日は路上での暴動と殺戮で祝われるだろう」と報じた。[56]暴動の原因は、政府がクンの新聞の一つを発行停止にすると決定したことにあった。彼の支持者と、政府に忠実な勢力の間で何度も流血の衝突が繰り返された後、ついに二月二一日、クンは他の共産主義の指導者たちとともに逮捕された。理解に苦しむことだが、クンが転覆しようとしていた政府は、彼が監獄で共産党の事務局を設立するのを許した。ハンガリーとその領土に対して国際社会が示した態度への恨みが増大していったことで、国内に蔓延する不満はさらに強まった。西側連合国はブダペシュトを犠牲にした土地争奪戦を大目に見ており、時にそれを奨励さえした。パリの調停者たちがハンガリーの歴史的領土の相当部分をルーマニアに与えると決定し、ハンガリー軍に国境地域の「非武装地帯」から全部隊を撤退させるよう命令すると、三月二一日、カーロイは抗議のために辞職した。[57]

まさにその日、内戦を恐れていた社会民主党がクンと連立政府を組閣することに同意し、彼を釈放した。翌日、彼はハンガリーがソヴィエト共和国であると宣言した。クンは直ちに自らの革命の計画を実行に移した。権力の座にあった一三三日の間に、クンの共和国は劇的だが大半は実行不可能な改革を宣言した。すなわち、すべての大規模農場は解体され再分配されるべきであり、二五人以上の従業員から構成される企業は国有化されるべきであり、教会財産は差し押さえられるべきであり、学校は科学と社会主義の原則の教授に重点をおくように再建されるべきだとされた。アルコールの消費は違法となった。爵位は廃止された。飢えた首都の腹を満たすために、地方の食料品店は徴発の対象となった。兵士と水兵と労働者の評議会から成るソヴィエトの政治構造が押しつけられ、国家の司法権は、政治的案件を裁くために特別に設けられた革命裁判所の掌中に握られた。(58)

階級の敵に対するレーニンの十字軍に倣って、クンと彼の軍事人民委員のサムエリ・ティボルは「革命的テロル」の波を解き放った。クンと同様にロシアの捕虜収容所でイデオロギー教育を受けた戦争捕虜あがりのサムエリは、『赤い新聞《ヴェレシュ・ウーイシャーグ》』の紙面に次のように書いた〔原註(59)によると、この論説が書かれたのは一九一九年二月十一日で、ハンガリー共産党が権力を握る前の時期である〕。「いたるところで反革命勢力が跳梁跋扈している。奴らを叩きのめせ！　奴らを見つけたその場で頭を殴れ！　反革命勢力が一時間でも優位を得ようものなら、プロレタリアートに慈悲は示されないだろう。奴らが革命を窒息させる前に、奴ら自身の血で奴らを窒息させろ！」、と。(59)サムエリはチェルニ・ヨージェフと協力して、「レーニン少年隊」として知られる約五〇〇人の分遣隊を組織した。黒革のジャケットとズボンに身を包んだレーニン少年隊は「反革命勢力」を探して、装甲列車に乗ってハンガリーの農村部を周った。ブダペシュトと地方各地で、こうした左派の準軍事的団体から敵と見なされた人びと、あ

るいは実際に敵だった人びとが逮捕され、そのなかで推計六〇〇人が殺害された。(60)

クンの体制は、工業労働者やブダペシュトのインテリゲンチャの支持を頼みにすることができたが、農村住民の支持を獲得することにはほとんど成功しなかった。左派的傾向のある都市の知識人たちは、農民——彼らの多くは読み書きができず、悲惨な生活状況に晒されており、政治に無関心であった——は首都から出される政策に盲従し、プロレタリアートの支配を受け入れるだろうと思い込んでいた。(61) ブダペシュトへの農産物の供給が減り、政府が農村部での徴発キャンペーンに乗り出したことで、ボリシェヴィズムに対する敵愾心はさらに深まった。(62) ポガーニ・ヨージェフのような政府メンバーが飢餓状態にある住民に向けて共産主義の価値を説くかたわら、温泉町のシオーフォクで贅を尽くした宴会を開いていたことも、クン政府にとっては不都合であった。(63)

クンはモスクワとの緊密な関係を維持しつつ、オーストリアの急進革命派に対しては、自分の後を追うよう訴えた。(64) ブダペシュトの共産主義政権にとって、オーストリアの援護は決定的に重要であった。彼らが存続できるかどうかは戦争での勝利にかかっていたが、かつてオーストリア＝ハンガリー軍のものだった兵器の相当部分はオーストリアが保有していた。そのためハンガリーは一九一九年三月二二日に、ウィーン労働者評議会の執行部に、「オーストリア・ソヴィエト共和国」を宣言してハンガリーとの同盟関係に入るよう訴えた。(65) ウィーンの社会民主党がこれを固辞すると、クンはオーストリア共産党にクーデタを実行するよう呼びかけた。クンの呼びかけ、そしてその数日前のバイエルン・レーテ共和国の成立宣言に応じて、数百人の共産党員たちが四月十八日にオーストリア国会議事堂に突入し、火を放った。警察と社会民主党派に忠実な軍事組織である「国民軍《フォルクスヴェーア》」が蜂起を鎮圧するために招集された。銃撃戦のなかで六名の保安隊が殺されて、蜂起は終息した。[66]

その約一か月後、クンが派遣した特使のエルンスト・ベッテルハイムがウィーンに到着した。共産主義者インターナショナルの名において、また自らがそれを代表していると主張して、ベッテルハイムはオーストリア共産党（KPÖ）の指導部を全員解任し、新たに任命された執行委員会に、第二の反乱の試みを用意するよう指示した。この時、共産主義者たちはかつての赤衛隊と、オーストリア陸軍の縮減が間近に迫っていることに納得できない国民軍の不満分子を兵力として募ろうとしていた。同時に、ハンガリー軍が国境を越えてオーストリアに入ってくるはずであった。[67]計画を企てた人びとにとって不運なことに、共産主義者の陰謀は密かに政府に知らされ、政府軍が動員された。六月十四日から十五日にかけての夜、共産党の指導者のほぼ全員が逮捕された。翌日、数千人のデモ参加者が留置所へと行進して逮捕者を解放しようとすると、都市警備隊の特別部隊が発砲した。銃撃で二〇人が殺され、八〇人が負傷し、決行直前の段階にあった反乱、そしてこの地域に強力な盟邦を作り出そうというクンの夢はともに潰えた。[68]

国際的な後ろ盾もなく、国内の支援も次第に乏しくなっていくハンガリー・ソヴィエト共和国は前途多難であった。急進的な計画を実行し、暴力によって強要するなかで、クンの体制は、少なくとも七名の司祭が殺害された事件や教会財産を世俗化するという共産主義のプランに恐れをなしたカトリックから、検閲や恣意的な逮捕、秘密警察に肝を冷やした自由主義者に至るまでの、ほぼすべての国民各層を敵に回すことになった。[69]世論は、何よりインフレと食糧欠乏への対応に失敗したこと、そして政府そのものの腐敗をめぐって体制を非難した。[70]予想もしなかったことだが、ついには、戦前の特権的地位を剥奪された大地主の大半と、大規模所有地の再分配をブダペシュトのソヴィエト体制に拒否されたためにやはり苛立ち憤慨していた農民とが手を結んだ。反都市的で反近代主義的な地主と農民の同盟は、自分たちこそが全国民を代弁しているのだと主張し、「赤いブダペシュト」の都市エリートたちを罵倒した。

一九一九年五月三〇日、当時はフランス軍の占領下にあったハンガリー南部の都市セゲドで、共産主義に反対する政治家たちが反革命政府を樹立した。同政府の軍隊である「国民軍」は、第一次世界大戦で数々の勲章を授与された英雄で、オーストリア＝ハンガリー海軍の最後の司令長官、ホルティ・ミクローシュの指揮下におかれた。[71] ロシアの白軍と同様に、ホルティの国民軍は構造的に極めて不安定であった。ホルティが一九一九年六月五日に初めて行った反革命的な国民軍創設のための募兵の呼びかけに従った六五六八人の義勇兵のうち、三〇〇〇人近くはかつてのハプスブルク軍の将校であり、それに加えて八〇〇人が、武装した国境警備隊であるハンガリー王立憲兵隊に所属していた者たちだった。彼らの多くは田舎、とくにトランシルヴァニアに新たに生じた国境地帯や喪失領土の出身者であった。トランシルヴァニアでは、民族対立の問題が首都よりもはるかに切実さを増していた。多くの活動家がしばしば田舎の出身であったために、準軍事的組織を代表する人物がブダペシュトを「赤い首都」と罵ったように、都市への敵意の存在もはっきりと確認できた。[72]

こうした人びとの大半は、ドイツとオーストリアの復員将校たちが一九一八年の革命のなかで経験したのとよく似た帰郷体験を味わっていた。一九一八年の冬に前線からハンガリーに帰還した際、軽騎兵将校のコズマ・ミクローシュは、帰還した将校に罵声を浴びせ、あるいは暴力をふるう無秩序な群衆の「歓待を受けた」、多数の退役兵の一人となった。[73] コズマの説明において、革命的活動家たちは――こうした語りの強い特徴だと言っていいが――「赤いアマゾネス」に率いられためめしく「汚らしい群衆」、「数週間風呂に入らず数か月間着替えていない、身を覆うぼろぼろの衣服や靴が耐えられないほどの悪臭を放つ」群衆の姿で登場する。[74]

コズマをはじめとする多くの人びとが自伝的な記述のなかに記したのは、一七八九年のフランス革命以来、ヨーロッパの保守的な支配階級を捉えてきた悪夢、すなわち法と秩序の力に対する顔のない革命的群集の勝利を、彼らなりに表現したものであった。彼らが思い描くイメージの一部は、世紀転換期以降にヨーロッパ中の右翼サークルで広く議論されていた、ギュスターヴ・ル・ボンの『群衆心理』(一八九五年刊)の通俗的な理解に影響を受けていた。ル・ボンによる「野蛮な」大衆と「文明化された」個人の並置は、退役将校たちによる、興奮した群衆や下級の兵士たちによって勲章を引き剝がされた屈辱の経験の描き方のなかにも反映されていた。こうした経験を共有していた退役将校の多くが、ホルティの国民軍に編入されることとなった。[75]

しかし、クンの政府を最終的に打倒したのはハンガリーの「国民軍」ではなく、国外の敵であった。クンに対する西側連合国の敵意は、一九一九年四月に彼がブダペシュトで南アフリカ首相のヤン・クリスティアン・スマッツ将軍が率いる連合国の代表団の訪問を受けた時から、既に明らかだった〔スマッツが首相となるのは一九一九年九月三日。一九一九年四月当時は国防相〕。クンは、代表団の訪問で自らの政府が国際的に承認されることに期待をかけていたのかもしれなかったが、その望みはすぐに打ち砕かれた。スマッツにせよ、彼に同行したイギリスの上級外交官のハロルド・ニコルソンにせよ、クンと彼の体制に好印象を抱かなかった。ニコルソンはクンの特徴を「太った色白の顔でだらしなく湿った唇、赤毛が印象的な丸刈り頭、ずるそうな疑い深い目」「不機嫌で落ち着きのない犯罪者」と描写している。自らが属する階級に広まっていた人種的、社会的なステレオタイプを反映したニコルソンの説明によれば、クンと一緒にいた外交政策の助言者も大して変わりがなく、「ずいぶんと着古した毛皮のコート、糸のほつれたネクタイ、シャツの襟の汚れた、ちびで脂ぎったユダヤ人」であった。[76] スマッツとニコルソンは到着からたった二日で、クンに何も与えることなくブダペシュトを去った。[77]

スマッツが発った直後の一九一九年四月半ば、ルーマニア軍がフランスの黙認のもとでハンガリーに侵攻した。[78] ブカレストは、ハンガリー政府がボリシェヴィキのプロパガンダを組織してそれに金銭的な支援を与え、(今やルーマニア領となった)トランシルヴァニアの村々でキャンペーンを張って暴動を引き起こそうと目論んだのであるから、これは自衛行為だと主張した。数日後にはチェコ軍が北からスロヴァキアに侵攻し、同様の言い分を申し立てた。[79]

外国からの脅威に直面して、ハンガリー人たちは一時的に国内の対立を棚上げにした。ルーマニアがハンガリーの領土的一体性を脅かしたために、クンは階級闘争の論理をトーンダウンさせ、他方でボリシェヴィズムに手放しで賛同してはいなかった保守的な将校たちも所属していた軍隊は、国境防衛のために再結集した。[80] ハンガリーに敵意を抱くもう一つの隣国であったユーゴスラヴィアとの対抗関係に強く突き動かされたイタリアは、クンに銃と弾薬を売りさばいた。五月半ばには、ハンガリー軍はチェコ軍をスロヴァキアの外に追い出したが、ルーマニア軍に対してはそこまでの戦果を得られなかった。侵略者をティサ川の向こうへ押し返そうとする同年七月の試みは、ルーマニア軍の巧みな反撃を受けた。敵対していたハンガリー国民軍に促されて、多くのハンガリー軍将兵が戦闘をやめようと決心したのはその後のことであった。国民軍を率いるホルティ提督は、ルーマニア軍がクンのソヴィエト共和国にとどめを刺すことを期待していた。兵士の多くの支持を失ってハンガリー軍の前線は崩壊し、ルーマニア軍はクンと彼の政府を退陣させた。クンはオーストリアへ、そしてその後はソ連へと逃れ、最終的にスターリンの粛清のなかで処刑された。(81)

ルーマニア軍は一九一九年八月三日にブダペシュトに足を踏み入れ、一九二〇年初頭まで駐留した。(82)現地住民に対して数度の虐殺行為が行われ、ルーマニア占領軍が首都で大規模な略奪をはたらいたことで、当時のハンガリー人の多くがひどい不正に対する反感を強めていった。こうした行為が戦争に勝った連合国ではなく、一九一八年に中央同盟国に叩きのめされた国〔ルーマニアを指す〕の兵士たちによって行われたという事実が、さらなる屈辱の経験となった。(83)

一九一九年秋に連合国の圧力でルーマニア軍がようやく撤退すると、ホルティ提督率いる反革命勢力は好機を見出した。十一月十六日、ホルティは自らの国民軍の先頭で白馬にまたがってブダペシュトに入城した。ブダペシュトを革命の「罪の都市」（この言い回しを最初に作り出したのは、民族主義的な小説家のサボー・デジェーである）と呼んだホルティは、自分は首都を罰し、純化するためにやって来たことを明らかにした。(84)彼の兵士の多く、そして軍隊の周辺に作られた様々な準軍事的集団は、「赤色テロ」の犯罪に復讐するという欲求に突き動かされた。既に八月にコズマは日記にこう書いている。「我々は……ナショナリズムの炎を燃え上がらせねばならない。我々は罰しもするだろう。数か月間、極悪の犯罪に手を染めてきた連中は罰を受けねばならない。おそらく……アカのごろつきやテロリストたちを数人壁に向かって並ばせたら、妥協的な奴や気弱な奴はぶつくさ言い出すだろう。人道主義だとかいった「主義」の間違ったスローガンのせいで、かつてこの国は崩壊へと向かった。今度は連中が無駄に泣きわめくことになるだろう(85)」。

一時的な権力の真空状態のおかげで暴力的な懲罰の幻想に従って行動できた場合には、民兵たちは決まってそうした行動を実行した。ジャーナリストのバチョー・ベーラや社会民主党の日刊紙『ネープサヴァ』の編集者ショモジ・ベーラのように、ハンガリーの白色テロを批判した著名な知識人たちは右派の準軍事的勢力に捕らえられ、殺害された(86)。右派のハンガリー民兵は、左派の支持者だけでなく、非政治的な中産階級のユダヤ人をも標的にしていた。一九一九年後半から一九二〇年代前半にかけての政治的暴力は、五〇〇〇人に及ぶ命を奪った(87)。さらに七万五〇〇〇人が投獄され、十万人が亡命した。クン当人も含めたハンガリー革命の指導者たちの多くが逮捕される前に国外に逃亡しようとしたために、国内に残留した人びとが「大逆罪」のつけを払わねばならなくなった(88)。

社会主義者、ユダヤ人、労働組合の活動家は逮捕されると兵舎に連行されて、意識がなくなるまで殴られた。名門の地主一族に生まれ、悪名高いハンガリー民兵の指揮官となり、一時期はホルティの護衛隊長を務めたプローナイ・パール男爵は、次のように回想している。「こうした場合、棒でさらに五〇回、マルクスの歪んだイデオロギーで頭が酔っぱらった狂った畜生どもをぶん殴るよう命令した(89)」。プローナイをはじめとする右派の民兵の指導者たちにしてみれば、社会主義の混沌と領土の分割に脅かされた国民を救出するという神聖な理由によって正当化され、必要な行為とされるのであるから、人間ではなくなり（「畜生」）、非国民と見なされた敵（「ボリシェヴィキ」）は容赦なく拷問にかけ、殺してもかまわなかった。戦争と革命を背景に、活動家たちは、「文明的な」軍事行動のルールを破壊した内なる敵を止めることができるのは、バイエルンやハンガリーでの短期間の「赤色テロ」の間に採用されたと――正しい理解であったかどうかは別として――信じられていたような、過激な暴力の行使のみなのだと確信するようになった。(90)

内なる敵をネイションから「除去する」という戦後の計画は、国民の再生に不可欠な前提条件であり、敗北と革命にもかかわらず戦争で支払った犠牲を正当化することになる暴力的な再建の一形式であると見なされた。帝国の残骸から抜け出して国民的再生を果たすという、この抽象的な願望はある意味で、オーストリアとハンガリーの多種多様な準軍事的諸団体を結びつける唯一の紐帯であった。後世からすると、一九一八年十一月以降の数か月間に起こった準軍事的組織の急増は、何らかの独自なかたちの権威主義的新体制を創設しようとする足並みの揃った試みだったというよりも、新たな政治的支配層と、西側連合国が承認した領土分割への排撃だったように思われる。一致団結して革命に反対し、国民的再生への願いを共有していたにもかかわらず、右派の準軍事的行動に関与した活動家たちは、必ずしも同じイデオロギー的な目標や思惑を有してはいなかった。むしろ正反対に、オーストリアやハンガリーで政治的右派の準軍事的組織に所属していた活動家たちは実際には、将来の国家がどのような形態をとるべきかをめぐって、様々なビジョンごとにひどく分裂していた。例えば、とくにウィーンのハンガリー人コミュニティのなかには強力な「正統王朝派」勢力が存在しており、彼らのなかから、皇帝カールに聖イシュトヴァーンの王冠を返還しようとする試みが二回出てきて失敗に終わった。多数の原《プロト》ファシズム的な活動家もまた存在しており、彼らは共産主義を嫌悪するのと同じくらいに君主政を軽蔑していた。オーストリアの幾つかの君主主義的な準軍事的組織も、(必ずしも、先の皇帝の下でというわけではなかったが) ハプスブルク君主政の再興を要求しており、自分たちがオーストリアのドイツ国家との統合を是とする人びとと真っ向から対立していることを自覚していた。(91)

こうした政治的目標の相違は深刻な緊張をもたらしうるものだったし、実際、緊張状態を生じさせた。一九二一年十月、皇帝カールによる二度目のクーデタ計画が失敗に終わった結果、ホルティは、作曲家フランツ・レハール〔ハンガリー語ではレハール・フェレンツ〕の弟のレハール・アンタル大佐のような君主主義的な民兵の指導者たちから距離をとることになった。一九一九年にハンガリーで最大の民兵を指揮していたレハール・アンタルは国外への逃亡を余儀なくされ、ベルリンで軽音楽の出版者として第二のキャリアを始めたが、兄の妻がユダヤ人だったにもかかわらず (ナチ当局は彼女を「名誉アーリア人」にするという解決策を選んだ)、自分よりも有名だったこの兄とともに、ナチ独裁期をつうじて成功し続けた。(92)

もっとも、王党派を別にするとしても、中欧の急進右翼の間には、今後の構想に関するコンセンサスはなかった。彼らが合意を得られたのは、何を敵とするかという点についてだけであった。汎ドイツ主義的な「オーバーラント同盟」が『ドイツの抵抗政策』と題するパンフレットにおいて表現したように、国民的再生は一七八九年の思想、すなわち啓蒙とヒューマニズム、そして自然権の思想との徹底的な対決をつうじてのみ可能だった。曰く、「一七八九年の思想は現代的な個人主義、ブルジョワ的な世界観と経済観、議会主義、近代的な民主主義のマニフェストである。……我々、オーバーラント同盟員は我らの道、未来の国家《ライヒ》のために命を捧げたドイツの殉教者たちの血によって示された道を歩み続けるし、今もそうであるように、ドイツの抵抗運動の突撃隊であり続ける」[93]、と。一九一九年にベルリンで実行されたローザ・ルクセンブルクとカール・リープクネヒトの殺害の下手人で、その後オーストリアに渡って「護国団《ハイムヴェーア》」の軍事的な組織化を先導したヴァルデマル・パープストも、「フランス革命の古き三位一体〔自由《リベルテ》、平等《エガリテ》、友愛《フラテルニテ》〕を……新たな三位一体、すなわち権威、秩序、正義に置き替える」よう呼びかけており、同様の観念的な思想を表明している[94]。

この二つのテキストは、ハプスブルク帝国崩壊後の中欧の軍国主義的な世界が、思想ではなく行動の世界だったことを極めてはっきりと示している。誰に対して「行動」の矛先が向けられるべきかという問題は必然的に、準軍事的組織のなかで最も広範に議論されたテーマの一つとなった。かつてのハプスブルク帝国東部方面軍最高司令官のアルフレート・クラウスにとって、「ドイツ民族の敵」に含まれるのは、「フランス人、イギリス人、チェコ人、イタリア人」であった――ここには、一九一八年以降も戦時中の思考が持続していたことが明瞭に示唆されている。しかしながら、他国のナショナリストよりも危険な敵はインターナショナルな敵、すなわち「赤色インターナショナル」や「黒色インターナショナル」〔政治的カトリシズム〕、そして「何よりも、ドイツ人を支配しようと目論むユダヤ人」であった。他の敵はどれも金で雇われてユダヤ人の代役を務めているのだと、クラウスは確信していた[95]。

ミュンヘンでは、バルト・ドイツ人亡命者のアルフレート・ローゼンベルク〔後のナチ政権下での東部占領地域大臣〕が、一九一九年五月〔二月の誤り〕にある論説のなかで次のように述べている。

レーニンは人民委員のなかで唯一の非ユダヤ人だ。彼はあたかも、ユダヤ人の商売のロシアでの窓口のようなものだ。……しかし、ロシアではあらゆるテロにもかかわらず、ユダヤ人に対する憎悪が絶えず広がっていることを目にできるし、最近のニュースはどれもそのことを確認している。……もし現在の政府が崩壊すれば、ユダヤ人は一人もロシアに生きて残れないだろう。殺戮を免れた者は追放されるだろうと確言できる。どこへ？ ポーランド人が既に彼らの流入を阻止しているので、彼らは大挙して旧ドイツにやって来ることになり、我々はユダヤ人を下にも置かず慈しみ、最上の座を彼らのために用意しておくわけだ(96)〔独語版ではこの一文は省略されている〕。

ユダヤ人をボリシェヴィズムの牽引者にして最大の受益者だと見なす観念が作り上げられたのは明らかにロシアにおいてであり、とりわけ白軍のプロパガンダにその由来があるが、そうした考え方は急速にヨーロッパ中に拡大した。ロシア革命に続く一九一八〜一九年の中欧各国での革命において――ベルリンのローザ・ルクセンブルク、ミュンヘンのクルト・アイスナー、ハンガリーのクン・ベーラ、ウィーンのヴィクトル・アードラーといった――比較的多数のユダヤ人が目立った役割を果たしたという事実は、イギリスやフランスの観察者にとってさえ、こうした言いがかりに真実味を与えたように思われる。例えば、当時のフランスの新聞の多くがボリシェヴィキ革命の原因をユダヤ人の影響のせいにした(97)。ロンドンでは、イギリス外務省の政策決定者たちが同様の結論を出すに至った。ある者が「ユダヤ人は、強力な独立ポーランドの創建を防ぐことに全力を注ぐ決意を固めた」と書いた一方で、また別の者は、「恐ろしいことだが、ユダヤ人がボリシェヴィズムの屋台骨になっているという推測を裏付ける根拠は幾つかある」という観察を示した。[98] 一九二〇年、ウィンストン・チャーチルは、大陸ヨーロッパでの革命の責任をユダヤ人に帰する、悪名高き一文を書いた。

スパルタクス＝ヴァイスハウプト〔十八世紀後半〜十九世紀前半のドイツの哲学者で、秘密結社イルミナティの創設者であったアダム・ヴァイスハウプトのこと。「スパルタクス」はヴァイスハウプトが自ら名乗った別称だが、チャーチルはスパルタクス団を意識しているものと思われる〕の時代からカール・マルクス、さらに下ってトロツキー（ロシア）、クン・ベーラ（ハンガリー）、ローザ・ルクセンブルク（ドイツ）、エマ・ゴールドマン（アメリカ合衆国）の時代に至るまで、文明を転覆し、発展の停滞と嫉妬に満ちた悪意と実現不可能な平等を土台にして社会を再編しようとする、この世界規模での革命的陰謀は着実に増長してきた。……それは十九世紀をつうじて、あらゆる破壊的運動の推進力であり続けてきた。そして今ではついに、欧米の大都市の地下世界からやって来た、並外れて強烈な個性の持ち主たちの一団が、ロシア人民の髪の毛を摑んで彼らを掌握し、事実上、巨大な帝国の、誰の邪魔立ても受けぬ主人となった。ボリシェヴィズムの創造とロシア革命の実現に際して、大半は無神論者から成る国際ユダヤ人たちが果たした役割は、誇張しても誇張しすぎることはない。彼らの役割は間違いなく極めて大きい。おそらくは一番重大だ。[99]

こうした見解は、あれこれのテキストを寄せ集めてこしらえられた『シオン賢者の議定書』が世界各国に流布したことで、さらに勢いを増した。この書は、十九世紀末にユダヤ人の指導者たちが、いかにしてユダヤの世界支配を達成するかを話し合うために開いた会合の記録だとされていた。『議定書』の文章は一九一九年以降、西欧の各国語に翻訳され、アメリカ合衆国で流通した五〇万部の出版費用を提供したヘンリー・フォードのように、資産家がしばしば私的に資金援助を行った。一九二一年に偽書であることが明らかになっても、『議定書』が反革命勢力の想像力に及ぼした巨大なインパクトを無に帰することはできなかった。もっとも、反セム主義と反ボリシェヴィズムの禍々しき婚姻がもたらした結果は、ヨーロッパ各地の状況に応じて大きく異なる。反「ユダヤ・ボリシェヴィズム」が一九一七〜二三年、そして一九三九年以降の時代の恐るべき特徴であるユダヤ人へのポグロムと大量虐殺をもたらしたのはライン川以東、より直接的にはエルベ川以東においてであった。(100)

こうした感情が拡大したために、——オーストリアとハンガリーの人口の五パーセントに過ぎない少数派だったとはいえ——第一次世界大戦後に中欧のユダヤ人たちが右翼の準軍事的組織による暴力に誰よりも苦しめられたことは驚くに値しない。ユダヤ人は極右勢力が侮蔑する一切のものを代表しているとされ、同時に（そして矛盾することに）、キリスト教的中欧の伝統的秩序を脅かす「東方」発の汎スラヴ主義革命の脅威の権化、モスクワの「赤いスパイ」、目に見えぬ資本主義的な「金銭インターナショナル」の代弁者、西欧的民主化の勢力として思い描かれた。こうした非難に共通していたのは、ユダヤ人は国民国家と自分たちを「受け入れる人びと」を憎む、「生来の」国際主義者だという前提であった。

ドイツ系オーストリアとは対照的に、ハンガリーでは反セム主義的暴力が国家権力によって容認されており、民族主義的な新聞から称賛されることもあった。(101)ウィーンのユダヤ人コミュニティが一九二二年に公表した反セム主義的暴力についての報告によれば、ドナウ川以西のハンガリーの広大な地域である「トランスダヌビア」では、三〇〇〇人以上のユダヤ人が殺された」という。(102)こうした数字はおそらく誇張だが、白色テロが多数のユダヤ人をことさらに標的にしていたことは疑いえない。ベーヘーニェのイグナツ・ビングによる一九一九年の警察への報告は、ハンガリーにおける反セム主義的暴力の典型的事例である。「十月一日の前夜、六〇人の白軍の集団が私たちのコミュニティにやって来て、ユダヤ人の男は全員、直ちに広場に出頭するよう命じました。全部で十七名のユダヤ人の男たちは誰も共産主義者の活動とは無縁でしたが、命令に従いました」。広場に集合したユダヤ人たちは「殴られ、痛めつけられ、連中〔兵士たち〕は——何の取り調べもなしに——彼らを吊るし首にし始めました」。この極めて暴力的な行動は、「ボリシェヴィズムの根源」を絶つとともに、白軍の手に落ちた敵の身に何が起こるのかを世間に知らしめるという、二重の狙いから行われた[103]。

一九三八年以前はそれほど暴力的な色調を帯びることはなかったとはいえ、オーストリアでも反セム主義は同じように拡大した。一九一四年以前、反セム主義はオーストリアの右翼政治家たちに共通する傾向であり、彼らはガリツィアやブコヴィナからウィーンに移り住んできた多数のユダヤ人を厳しく非難していた。戦時中には、さらに大勢のガリツィア・ユダヤ人が今や前線地帯となった居住地から逃れ、その多くがオーストリアの首都に辿り着いた。それと時を同じくして、金融部門や軍需産業、食品産業に従事する比較的富裕なオーストリア・ユダヤ人たちは、反セム主義者たちから「ユダヤの不当利得者」という汚名を着せられた[104]。一九一八年にガリツィアがポーランドの支配下に、そしてブコヴィナがルーマニアの支配下に入ると、ガリツィアとウクライナでの大規模なポグロムに急き立てられて、ユダヤ人移民の数はさらに増大した。一九一八年に約十二万五〇〇〇人のユダヤ人がウィーンに暮らしていたが、ドイツ系オーストリアの民族主義者たちは四五万人という数字を唱えていた[105]。

ポグロムから逃れた多くの東方ユダヤ人が移住先に選んだドイツの状況も大差はなかった。崩壊したロマノフ帝国の西部国境地域や、旧ハプスブルク領のガリツィアにおける大戦後の暴力を逃れたユダヤ人たちが新たな祖国で受け取ったのは、せいぜいのところ、気のない歓迎だった。以前からドイツ本国やウィーンに存在していたユダヤ人コミュニティでさえもが、正統派ユダヤ教徒の難民たちを、社会的地位と文化的洗練を欠いたよそ者と見なしたのであった[106]。

何万ものさらなる東方ユダヤ人《オストユーデン》の到来は、かねてからユダヤ教徒のドイツ市民同胞を二級市民と捉えてきたドイツ人たちの間で、反セム主義を煽った。そしてドイツ人は、東方ユダヤ人が馴染みのない服装や文化的伝統、言語とともに押し寄せてきた際に、ユダヤ人の「異質性」に関する長年の偏見を再確認し、強化したのである。後にホロコーストの立役者であるラインハルト・ハイドリヒの妻となるリナ・フォン・オステンは、正統派ユダヤ教徒の難民に初めて出会った時、むかつきで胸がいっぱいになった。一九二〇年代後半にハイドリヒにナチズムを紹介したフォン・オステンは、回想録のなかで、一九一八年以降にドイツにやって来た多数の東方ユダヤ人たちを「侵入者であり招かれざる客人」と見なし、まさしく彼らが単に存在しているというだけで「苛立ち」を感じたため、「彼らを憎まねばならなかった」と、思い返している〔ハイドリヒとリナ・フォン・オステンが初めて出会ったのは一九三〇年十二月である〕。「私たちは彼らとの共生を強制結婚になぞらえた。この結婚にあっては、文字どおり、相手の臭いに耐えられないのだ[107]」。

こうした見解はドイツやオーストリアの右翼の間に広く浸透しており、「ユダヤ人」は身ぐるみ剝がされたドイツ民族の「奴隷主」になったのだという告発が大戦後に顕著となり、ユダヤ人は「不当利得者」だとする戦時中の観念のうえに積み重ねられた。こうした受け止め方からすると、ユダヤ人は「うまい商売のために我々の禍を利用し……我々の血の最後の一滴までも搾り取る」のに精を出していた。[108] 総じて、「ユダヤの民」を革命と帝国の崩壊の背後に潜む「黒幕」と同一視する見方は、「ドイツの巨人がいつの日か再び立ち上がり」、その後、「大逆と偽善と野蛮のすべてに、ドイツの民と人類に対する奴らの罪業のすべてに、必ずや裁きの日が訪れる」のだという望みに結びついていた。[109]

ハンガリーにおいてと同様に、オーストリアの反セム主義者たちも常日頃からキリスト教の教理に訴えかけ、軍事的崩壊の責任はユダヤ人にあるのだとする考え方を、「ユダヤの大逆」という古いキリスト教のステレオタイプに接合した。[110] その結果、ティロールの護国団の指導者だったリヒャルト・シュタイドルのようにキリスト教社会党に属していた政治家たちは、「ユダヤ人集団とその支援者たちの精神を罰することによってのみ、ドイツ・アルプの地を救えるのだ」と主張するようになった。[111]「ユダヤの陰謀」が一九一八〜一九年の革命の核心を成しているという理解が広がったことで、一九一八年以降の反セム主義はさらに激化した。オーストリア赤衛隊の精神的指導者であるレオ・ロートツィーゲル、あるいはヴィクトル・アードラーやオットー・バウアーといった社会民主党の代表的なメンバーがユダヤ人だという事実が、右翼の新聞において絶えず取り沙汰された。

ハンガリーでも、保守的な将校たちの目には、終戦直後の革命と赤色テロはユダヤ人と密接に結びついていると映っており、革命の指導者であったクン・ベーラや、彼の軍事面での助言者の筆頭格であったサムエリ・ティボルはその最たる例とされた。[112] 実際には、クンの支持者の大部分はユダヤ人ではなかったが、ハンガリーや各国の反セム主義的ナショナリストにとって、それはさしたる問題ではなかった。一九一九年八月上旬にクン政府が倒れた直後、法律家のセーレーシ・オスカールが「プロレタリア独裁の犯罪者たち」と題する広く読まれた新聞記事を発表し、そのなかで、ユダヤの「血に染まった憎悪のアカ騎士」を赤色テロの主犯格、陰に隠れて共産主義を推進した勢力と名指した。(113)（オーストリアと同様に）ハンガリーでも、中央同盟国の敗北の直接的な責任までもがユダヤ人に負わされた。後にハンガリー首相となるゲンベシュ・ジュラの弁では、敗戦という結果は、ハプスブルク帝国住民に占めるユダヤ人の割合（「一対五六」）が協商国のそれ（「一対二二七」）よりもかなり高かったことに直結していたのであった。(114)

その後、中欧の準軍事的組織の活動家たちの間では、反セム主義を公然と表明することや、ユダヤ人市民に対する無慈悲な暴力の行使を自慢することが名声の共通の証となった。こうした組織によるユダヤ人への蛮行が大抵は当局の黙認のもとで行われていたハンガリーでは、状況はとくに極端であった。例えば、プローナイ・パールは自らが切り落としたユダヤ人の耳を縁起物として収集していた。(115)プローナイの部下の一人だったゲーサイ・ジェルジはディナー・パーティでの会話において、列車のなかでユダヤ人を生きたまま焼いて午後を潰したので、その日の晩は大いに腹が空いていると、誇らしげに語ったのであった。(116)

オーストリアの状況は、これよりはずっと穏健だった。ただし、オーストリアの準軍事的組織の構成員たちが用いた暴力の言語は、その後の展開を如実に予示している。ハンス・アルビン・ラウターが自らの目標を「ユダヤ人をできるだけ速やかに除去する」ことだと表現した時、あるいはグラーツの学生たちのリーダー〔これはラウターのこと〕で、後に「護国団」の指導者となるエルンスト・リューディガー・シュターレンベルクが「ユダヤの戦時不当利得者」を「寄生虫」と糾弾した時、暴力的反セム主義の修辞の、換言すれば、急進的ナショナリストがその後の数年間に積み重ねていくこととなる伝統の端緒が開かれたのであった。[117]

オーストリアで比較的静穏な状態が保たれたのに対して、ブルガリアでは反セム主義の登場は多少遅かったし、大きな展開を見せなかったものの、革命と反革命の暴力は激しく爆発した。この国は数多くの国内問題を抱えていたにもかかわらず、一九一九年に民主的な選挙を何とか実施した。主要な選択肢は、レーニンのボリシェヴィキの政治路線をほぼそのままに追従していた設立間もない共産党と、ブルガリア農民同盟（BANU）のいずれかであった。共産党の側は民衆、とりわけ都市民衆の相当な支持を得ていた。しかし、農民同盟の側はアレクサンダル・スタンボリースキのカリスマ的な指導の下で、もっと強力な政党として台頭しつつあった。[118] スタンボリースキは、数名の共産党の候補者を事務手続き上の理由によって失格にすることで、議会で多数派を握った。彼はその後の四年間、権力を保持し続け、ますます独裁的で暴力的な手段を講じて、あらゆる反対派を弾圧するようになっていった。[119]

スタンボリースキはドイツで学んだが、農民の指導者としての自己イメージを身につけたのは、つましい育ちのなかにおいてであった。ぼさぼさの黒髪で豊かなくちひげを蓄えた印象的な外見の彼は、当時のイギリス人の観察者によって、「ブラックベリーの茂みをうろつく山賊」にまざまざとなぞらえられた。[120] 農民の聴衆たちが理解できる平易な言葉を用いるスタンボリースキは共産主義者ではなく、むしろ農民社会主義者――この組み合わせは、小農が多数存在する国家においては、人びとの心を惹きつけた――であった。スタンボリースキはとくに、都市民や上層民に対する農民の疑念を明確に表現した。「誰が諸君を塹壕に送り込んだのか」と、彼は問いかけた。「奴らだ。誰のせいで諸君はマケドニアやトラキア、ドブロジャを失ったのか。奴らのせいなのだ」、と。[121]

スタンボリースキが多くの小農の熱烈な支持を勝ち得たのは、おそらくは修辞術と農民びいきの政策によってであったが、彼はすぐに小農以外のほぼすべての人びとからそっぽを向かれてしまった。前首相のテオドル・テオドロフが辞任した後の一九一九年十一月、散々な内容のヌイイ条約にスタンボリースキが調印するのをナショナリストは渋々許した。どう見ても、政府には連合国側が差し出した条件をのむ以外に選択の余地がなかったためである。多くの人びとにとってそれ以上に受け入れ難かったのは、スタンボリースキが、ブルガリアに隣接する敵のなかでも最も強力なセルビア人・クロアチア人・スロヴェニア人王国と折り合いをつけようと考えていたことであった。一九二三年三月、ブルガリアの国際的孤立を克服しようと試みるなかで、スタンボリースキとユーゴスラヴィア政府〔セルビア人・クロアチア人・スロヴェニア人王国が正式にユーゴスラヴィア王国と改称するのは一九二九年だが、それ以前から通称として「ユーゴスラヴィア」の名称が用いられていた〕は、マケドニアの急進主義者によるテロ活動を抑制するために共同で国境警備にあたることを定めたニシュ協定を締結した。この協定は、オスマンによるバルカン支配が弱体化して以来、独立したブルガリア国民国家への編入を熱望してきたマケドニアのナショナリストたちから、（ヌイイ条約の受諾に続く）第二の「背後からの一突き」と見なされた[122]。第一次世界大戦後、マケドニアのナショナリストたちはＩＭＲＯ（内部マケドニア革命組織）をつうじて直接行動を継続しており、同組織は、マケドニアの自治とそこに住むブルガリア住民の保護を主たる目的に掲げていた。一九二〇年二月、ヴァルダルとエーゲ・マケドニア〔マケドニア地方のうち、エーゲ海沿岸の地域〕――今やギリシャとセルビア人・クロアチア人・スロヴェニア人王国に支配されている領土であった――で、ゲリラ部隊（いわゆる「チェタ」）が戦前の活動を再開した。彼らはさらに、スタンボリースキの農民同盟の代議士をはじめとするブルガリアの政治家を標的にし、暗殺し始めた。ニシュ協定によってＩＭＲＯの活動に終止符を打つことが望まれていたのである[123]。

スタンボリースキは土地の再分配に関する分野――これは土地持ち農民の多い国では重要な問題であった――で急進的な政治計画を追求して、国内に敵を増やしてしまった。スタンボリースキの指揮する行政機関は、三〇ヘクタールを土地所有の上限とすると宣言し、これによって政府は教会や地方当局、国家から土地を没収できるようになった。その主眼は、すべての農民をほぼ均等な土地所有者にすることにおかれていた。しかしながら、この改革は――多くの農民に支持されたものの――憲法によって保障された権利としての私有財産権を侵害し、案の定、農民以外の住民たちの間での大論争の種になってしまったのである[124]。

同様の政策は経済の別の諸領域でも継続されたが、なかでも注目すべきは、工業、通商、金融の各分野で資本の大規模な集中を制限しようとする処置だった。さらにスタンボリースキは都市地域に財産所有の制限という構想を導入したり、勤労義務制を作り出して、男女を問わずあらゆる市民に、道路の敷設や学校の建設といった公共事業に数か月間従事するよう課した。この政策は当初、戦後の再建のなかで重要なインフラを整備するための労働力確保の手段として立案されたものだったが、ひどく不人気であった。ブルガリアの政治体制の再建に関する急進的な構想も打ち出された。スタンボリースキは政党をのきなみ解散させ、農民同盟と労働者階級組織と手工業者同盟という、職能別の統合原則に立脚した三つの政治組織だけを残すという考えを押し進めた。[125] 他の政党にしてみれば、こうした改革は、スタンボリースキが農民独裁を導入しようと密かに企てていることを示すものであった。

一九二二年七月、ブルガリアの主要政党である自由党、保守党、社会民主党が立場の違いを乗り越えて、いわゆる「立憲ブロック」を形成した。まずは農民同盟に対して共通して抱いていた嫌悪感に突き動かされて、ブロックの代表者たちは、スタンボリースキの統治はブルガリア農民の最悪の屑どもによって運営される独裁であり、可能な限りのあらゆる手段を講じてこれと戦わねばならないと、公然と非難した。[126]

スタンボリースキはさらに、一九一三年と一九一八年の二度の軍事的敗北のせいで既に憎悪の的となっていた軍事エリートたちを巧みに孤立させた。彼らは政治権力や社会的威信を得る道を閉ざされただけでなく、伝統的な軍部上層に対して政権側が示した、あからさまな侮蔑の標的にもされた。スタンボリースキの肝煎りで作られた準軍事組織で、ブルガリア農民同盟とその政治指導者にのみ忠誠を誓う武装農民たちから構成される「オレンジ親衛隊」〔農民同盟のシンボルカラーがオレンジだったことから、政敵が名づけた別称〕の台頭も、軍事エリートたちを悩ませた。[127] オレンジ親衛隊はもっぱら、「国内秩序」の維持と政敵に対する威圧に奉仕した。スタンボリースキの政党は農民独裁の実現は達成できなかったが、オレンジ親衛隊が存在しているだけでも、政府に盾突く保守的エスタブリッシュメントや軍事エリートにとっては脅威であった。軍事エリートたちは一九一九年にいわゆる「将校連盟」を結成し、法学教授のアレンクサンダル・ツァンコフに率いられたこの組織は次第に強大化していった〔政治経済学教授の誤り。また、ツァンコフが指導者だったのは「国民調和」。一九二三年の反スタンボリースキ・クーデタを計画したのが将校連盟と国民調和だったため、この二つが混同されている可能性がある〕。ブルガリア軍将校の大部分が加わっていたこの将校連盟は創設以来、農民同盟の支配を終わらせる機会を窺っていた。[128]

皮肉にもその好機は、スタンボリースキの農民同盟が一九二三年四月一日〔四月二二日の誤り〕の議会選挙で勝利した時に訪れた。この勝利は、政府が反対派の結集を禁じ、農民同盟に不利に働くであろう比例代表制を廃止したことによるところが大きかった。反政府勢力をまとめて隅に追いやったことへの意趣返しとして、一九二三年六月九日、陰謀の一撃が振り下ろされた。軍隊が一夜のうちに首都の軍事的要所を完全に占拠し、スタンボリースキ政府の大臣たちや農民同盟の幹部を逮捕した。将校連盟（同組織はクーデタにおいて決定的な役割を演じた）の指導者であったアレクサンダル・ツァンコフが、共和主義者のスタンボリースキと常日頃から緊張関係にあった国王ボリスの祝福を受けつつ、スタンボリースキに代わって首相に就任した。[129]

クーデタが起こった時、スタンボリースキは生地のスラヴォヴィツァ村の親類の元を訪ねていたが、クーデタの首謀者たちは彼を捕らえようとして、国外への脱出経路をすべて遮断し、スタンボリースキの指名手配を宣告するビラを撒いた。「奴を捕まえるか射殺するのが――都市民であるか農民であるかを問わず――すべての者の義務だ。この指令に応じぬ者は誰であろうと逮捕される」。[130] 数日のうちに、この農民同盟の指導者はＩＭＲＯのメンバーに捕まり、激しい拷問の末に兄弟とともに殺された。ヌイイ条約とニシュ協定に調印した手が切り取られ、スタンボリースキの首はビスケットの大箱に入れてソフィアに送り返された(131)。

スタンボリースキ殺害の残虐さにいきり立った彼の支持者たちは、すぐさま暴力的な反撃に出た。農村部の各地で大規模な暴動が巻き起こり、それと同時に、農民団体やオレンジ親衛隊の構成員たちがクーデタを防ごうと結集した。共産主義者の支援に期待していたとしたら、農民たちは失望を味わうことになっただろう。共産党は、この揉め事は（一つは「農村的」な、もう一方は「都市的」な）ブルジョワジーの二つのセクションの間のものであるという見方をとり、それならば関わり合いをもたないことにすると決めた。孤立し、武装も不十分な農民反乱は、このうえないほどの残虐行為によってあっという間に軍隊に鎮圧された。その間、ツァンコフは警戒心を抱く連合国に対して、自らの政府はヌイイ条約の規定を遵守し、ブルガリアの民主的統治を再建すると請け合った(132)。

ツァンコフは約束の前半部は守ったが、後半部は破った。民主的統治は簡単には再建されず、一九二〇年代の残りの期間中、暴力はブルガリアの政治生活において不変の問題であり続けた。ブルガリアの農民たちが農村部で虐殺されていた六月に軍隊との戦いを選択しなかった共産党に向けて、革命を決行せよという命令がモスクワから与えられた。これによって一九二三年九月、共産主義者とアナキスト、農民たちがツァンコフ政府に対して蜂起したが、失敗に終わった。主にブルガリアの北西部と中部に広がった蜂起は、大きな被害を出して終息した。一二〇〇〜一五〇〇人の共産党の支持者が殺害され、生き残った者の多くも長期間の懲役刑に処され、「白色テロ」として知られるブルガリア史上の一時代が始まった。蜂起を潰した軍隊と憲兵隊の蛮行は沢山の小説や詩のテーマとなったが、それらのうちでも一九二四年に綴られたゲオ・ミレフの詩、「九月」ほどよく知られるものは他にない。

村は再び血に染まり
斬られた首は死を叫ぶ
不吉な鎖が音を立て
牢屋はまたもや一杯に
兵舎や獄舎のなかからは
指令の声がこだまして
一斉射撃が鳴り響く
扉は堅く閉じられて
闇の客人《まろうど》戸を叩く
息子にピストル向けられて
戸口に死体が横たわる
父の首《こうべ》は吊るされて
娘の操は汚される
農夫は兵士に囲まれて
村の外へと追いやられ
あわれ刑場へ運ばれる……

この詩を書いた一年後、ミレフ自身も他の左翼的なブルガリア知識人とともに警察の留置所で殺された。

蜂起のより直接的な結果として、共産党や同党の関連組織が禁止された。その報復に、共産主義の活動家たちの地下組織は一九二五年四月十六日、数日前に共産主義者によって暗殺されたコンスタンティン・ゲオルギエフ将軍の国葬式の最中、ソフィアの聖ネデリャ教会の屋根で爆弾を爆発させた。爆発で教会の屋根は崩れ落ち、多数の高級将校や政治家を含む一三〇人以上の会葬者が死亡し、五〇〇人が負傷した。この攻撃に続いて、共産党員とそのシンパ、そして多くの一般市民が大量に逮捕される事態がまたもや繰り返された。逮捕者たちは拷問にかけられて投獄され、そのうちの約一〇〇〇人が爆破事件から一か月のうちに行方不明になった。彼らの多くは警察の留置所で殺されたのであった。[133]

第十章　ボリシェヴィズムの恐怖とファシズムの勃興

中欧、東欧、南東欧の敗戦国における革命の騒乱はさらに西へ、戦勝国やかつての中立国にまで、今にも波及しそうに思われた。第一次世界大戦で中立を保ったスペインは、一九一八～二〇年の「ボリシェヴィキの三年間《トリエニオ・ボルチェビケ》」の間、公然たる内戦が勃発する寸前にまで達し、既に戦前から日常茶飯事となっていた深刻な労働争議が南部の農村地帯に拡散し、また都市でも再燃して、労働組合の支持者や雇用者と官憲との衝突で七五〇人以上の死者が出た。(1) カタルーニャ、とりわけバルセロナでは全国労働連合（CNT）が、虫の好かない首都マドリードとの繋がりを一切もたないカタルーニャ労働者共和国の創建を目指した。既に一九一七年八月、彼らは社会党系の労働者総同盟（UGT）と協力してバルセロナでゼネストを呼びかけていたが、このストライキは武力で鎮圧され、七〇人が死亡し、「革命家」であるという嫌疑を受けた数千人が監獄に送り込まれる結果となった。一九一九年春、ロシアと中欧での革命に勇気づけられたCNTはさらなるゼネストを呼びかけ、バルセロナの約十万人の労働者たちに丸一か月にわたり職場を放棄するよう促した。[2] このストライキでは、関係する陣営のすべてを満足させるような円満な解決は得られなかった。数週間のうちに、連帯を示すストライキがスペインの他の地域、とくに南部で実行された。アンダルシア、なかでもセビーリャやグラナダで大規模な就業停止が行われた一方、スペインの深南部《ディープ・サウス》たるこの地方の半封建的な大規模農場で働いていた飢えた農業労働者たちは、レーニンとボリシェヴィキがロシアの土地問題を克服した際の急進主義に感化されていった。コルドバのアナルコ・サンディカリスト系の新聞『石工の声《ラ・ボス・デル・カンテロ》』は、次のように書いている。

スペインの労働者諸君、今まさに鳴らんとしている正義のクラリオンの響きに備えよ! 抑圧され絶望の淵にある人民よ、労働階級、生産階級に対するあらゆる犯罪のつけを我らの敵に払わせる時が来た。[3]

次第に熱を帯びていく状況と興奮した小作人を目の当たりにして、地主たちは農村の屋敷から逃げ出した。[4] この時、ボリシェヴィズムの恐怖に駆られるあまり、政府は約八〇〇人のロシア市民と、当時スペインに住んでいて共産主義者であると疑われた外国人たちを検挙し、一九一九年春にスペインを出港した蒸気船「マヌエル・カルボ号」でオデッサに強制送還した。[5] そして経済的な不安定状態と国内対立が高まるなかで、一九一七〜二三年に十五の内閣が成立と瓦解を繰り返し、その間の一九二一年に極左勢力がスペイン共産党(PCE)を結成した。結局、スペインは中欧と似たり寄ったりのパターンを踏襲することとなり、ミゲル・プリモ・デ・リベーラ将軍が一九二三年九月に権力を掌握し、国王アルフォンソ十三世の承認を受けて、この国を保守的な独裁体制へと改変した。[6]

ヨーロッパの戦勝国の筆頭格だった国々――イギリスとフランス――では、革命の恐怖は他の国々よりもずっと軽微であった。アイルランド独立戦争が始まったばかりの一九一九年四月後半にアイルランド西部〔リムリック県〕で創設されたが短命に終わった「リムリック・ソヴィエト」は、ボリシェヴィズムというよりもリパブリカニズムに突き動かされたものであったし、いずれにせよ二週間でイギリス軍によって息の根を絶たれた。もっとも、共産主義者が本格的に権力を掌握する事態はイギリスでもフランスでも起こらなかったものの、両国の当時の人びとはボリシェヴィキの伝染の脅威を肌身に感じ、恐怖に取り憑かれていた。アナキストのウジェーヌ・コタン〔エミール・コタンの誤り〕による一九一九年二月のジョルジュ・クレマンソー仏首相の暗殺未遂事件は単独犯の仕業として片づけることができたが、フランスの政策決定者は、第一次世界大戦の後半の二年間に国内で起こったストライキの大波を忘れてはいなかった。

一九一六年七月、そして一九一八年五月にも、フランスの鉄鋼業界で激しいストライキが散発していた。一九一七年春にはストライキが拡大し、賃上げと戦争終結を求める声が社会全体に広がった。さらに始末に負えなかったのが、フランス軍内部における反乱であった。一九一七年五〜六月には、西部戦線のフランス軍部隊の半分近くが反抗心に侵されていた。(7) 結局のところ、反乱とストライキは革命には至らなかったが、一九一七年の記憶は決して消えなかったし、むしろロシアでの革命的諸事件によって増幅された。一九二〇年春に労働総同盟（CGT）の支援を受けた激しいストライキでフランスが再び八方塞がりの状態になると、ボリシェヴィズムの伝染に対する恐怖がこの国の政治的支配層と中産階級の間に瞬時に広がった。同年十二月半ばの労働者インターナショナル・フランス支部

〔正確には共産主義インターナショナル・フランス支部〕（間もなくフランス共産党に改称）の創設は、この恐れを和らげるのにおよそ何の役割も果たさなかった。ドイツが地政学的な現状《スタトゥス・クオ》を脅かす可能性が完全に取り払われてはいなかったため、フランスの保守的な支配層は新たに、ドイツの領土修正主義とロシアのボリシェヴィズムという二つの脅威が東部国境で生じつつあるのだといった政治的メッセージを発するようになった(8)。

イギリスもまた、一九二〇年代に繰り返された労働者の騒擾に苦しんだ。そうした騒擾の一つが一九二〇年十月の炭坑労働者の全国的なストライキで、このストライキは二週間半続き、国家を一時的な機能停止状態にまで追い込んだ。労働者の騒擾は一九二六年の大ゼネストで最高潮に達し、この時にはイギリスのあらゆる産業部門の労働者が参加した。ただし、ストライキの原因は主として経済的なものであり、既存の体制を革命的に倒壊しようという何らかの願望に突き動かされていたわけではなかった。一九二〇年七月に創設されたイギリス共産党は急進的な変革を公然と主張する唯一の政党であったが、大衆の広範な支持を得ていなかった。それにもかかわらず、少なくとも一九一八年秋から一九二〇年代前半までの間は、イギリスの多くの人びとが、ロシアや中欧で起こった出来事が自国で模倣されるかもしれないと信じていた。ロンドンでは、夫とともにロンドン・スクール・オブ・エコノミクスを設立した社会改革者の知識人ベアトリス・ウェッブが、西部戦線での戦闘が終了した一九一八年十一月十一日付けの日記にこう記している。

> 平和！　各地で玉座が砕け、所有層が人目を忍んでふるえている。革命の潮《うしお》はどのくらいの速さで勝利の

潮に追いつくだろうか。この問題こそがホワイトホール〔ロンドンの官庁街のこと。イギリス政府を指す〕とバッキンガム宮殿を動揺させ、より思慮深い民主主義者たちの間にさえ不安を引き起こしている。[9]

内戦で流れた市民の血のなかでロシアが溺れ、革命が西方へと広がると、翌春には不安が恐怖へと変わっていった。直前にハンガリーとバイエルンでソヴィエト共和国が創設されたことに影響されつつ作成された一九一九年三月下旬のフォンテーヌブロー覚書において、首相のデイヴィッド・ロイド・ジョージは次のように力説している。「現下の状況にあって私が最大の危険と思うのは、ドイツがボリシェヴィズムと運命をともにし、その資源、その頭脳、その巨大な組織力を、ボリシェヴィズムのために軍事力で世界を征服することを夢見る革命の狂信者たちの思うがままに委ねかねないという点だ[10]」。

戦中の敵だった「悪しきフン族」〔ドイツを指す〕に取って代わって、共産主義が徐々に第一の脅威になっていくにつれて、あっという間に恐怖が大衆の想像力を満たすようになった。大衆的な人気を博していた小説家ジョン・バカンが、ベストセラーとなった五冊のスリラー小説のうちの第四作目を一九二四年に出版して、イギリスと帝国を描き、そして姿を見せない敵たちによって四方八方から脅かされる自国の階級制度を守る上流階級の主人公リチャード・ハネーを描いた時、共産主義は目立って重要な役どころを演じていた。先行する三つの作品で脅威とされていたのがドイツだったのに対して、『三人の人質』の悪役であるドミニック・メディナは、表向きは品のあるイギリスの保守政治家の姿をしているが、実際には「夢見るようなラテンの気質をもった」根無し草《デラシネ》のアイルランド人であり、「そういう気質と一緒になると、良い混血種には絶対にならん」のであった。メディナは既存の秩序を脅かす新種のニヒリズム、すなわちボリシェヴィズムを象徴していたのである。[11]

醸成しつつあるボリシェヴィズムの脅威に対する関心はアメリカ合衆国にまで届き、一九一九〜二〇年にイタリア系アメリカ人のアナキストによって一連の爆弾テロが実行された。そうした行動が頂点に達したのが、一九二〇年九月十六日正午にニューヨークのウォール街で大きな被害を出した爆弾テロであり、この時は三八人が殺され、数百人以上が負傷した。官憲は犯人を割り出せなかったが、アナキストが下手人ではないかという憶測が広まり、「アカの恐怖《レッド・スケア》」やさらなる騒乱への不安が掻き立てられて、極端な反共精神が作り出されるのに一役買った。[12]

おそらく、第一次世界大戦の戦勝国のなかでボリシェヴィキ革命への恐怖心が最も大きかったのはヨーロッパ諸列強中で最弱の国家、すなわちイタリアであった。戦争中の一九一七年の春と夏に既に、北イタリアは食糧供給の不足と戦争継続に対する大衆抗議を経験していた。[13]

一九一七年のカポレットの戦いでイタリア軍が壊滅的な退却をした後に起こった戦局の逆転、そして一九一八年に驚くほど迅速にオーストリア゠ハンガリー軍を破った「ヴィットーリオ・ヴェーネトの勝利」で、国内の緊張は一時的に後退し、前年の秋にイタリア軍が崩壊の淵にまで達したかと思われた時の悲劇的な記憶が一掃された。オーストリア゠ハンガリーの敗北は、イタリア国民国家の歴史上初めての軍事的大勝利であり、この上なく荒々しい夢想や野心を掻き立てた。[14] 新たに「回収された」領土、とくにそれまでオーストリア゠ハンガリー領の都市であったトリエステでは、民族上はイタリア人にあたる人びとがイタリア軍の勝利を限りない歓喜をもって迎え入れた。「四日間、十三万人の老若男女、あらゆる政党の支持者がトリエステの街路や広場を埋め尽くした。……誰もが歓呼の叫びをあげ、まるで全員が同じ母親から生まれたかのごとく抱き合い、口づけを交わし合った。この母親とはイタリアである。皆が彼女の名を口にしている……」(15)。

実際には、当時の明敏な観察者たちがはっきり気づいていたように、戦争で出現したイタリアは深く分裂していた。例えばイタリアの高名な哲学者ベネデット・クローチェは、友人だったドイツ人文学研究者のカール・フォスラーに宛てて、ウィーンとの休戦の日にこう書いている。「イタリアは深刻な致命傷を負い、傷口は開き、身体は危険なほどに衰弱して、この戦争から抜け出ました……」(16)。

軍事的勝利ではイタリア社会の深い断絶を癒せそうもないというクローチェの見方は正鵠を射ていた。この断絶の起源は、参戦を主張するイタリア人と中立を望むイタリア人たちの間で激しい世論のぶつかり合いが巻き起こった、一九一四年にあった。イタリアは当時なお（ドイツとオーストリア＝ハンガリーとともに）三国同盟の一角を成していたが、参戦派は、自分たちがイタリアの領土と考える地域、とくにトレンティーノとトリエステ市をハプスブルクの支配から回収するために、中央同盟国を敵に回して参戦するよう、政府をけしかけた。他のイタリア人たちは懐疑的なままであり、イタリア社会党（PSI）は戦争に反対していた。一九一五年春に政府が連合国側に立って参戦すると決定したことで深い分裂が露わになったのは、至極当然であった(17)。

一九一七年末から一九一八年前半にかけて、首相のヴィットーリオ・オルランドは――一九一七年のカポレットでのイタリア軍の大敗北への対応として――政府による検閲を強化し、反戦活動を有罪と定め、国粋主義的な大規模動員キャンペーンに着手して、この分裂をさらに深めた。このキャンペーンにおいて、社会主義者や労働組合員、聖職者、平和主義者は「内なる敵」として名指しされ、軍隊の士気が崩壊した責任を問われたのである。[18]「中立派」と「参戦派」との一九一四年の激論から始まり、カポレットの敗北後にさらに切迫感を増した「イデオロギー的内戦の気配」は、オルランドのキャンペーンで間違いなく悪化した。[19] 社会主義者とカトリックが戦争を批判して、祖国の参戦によりもたらされた莫大な死者の数を嘆く一方、「参戦派」は彼らにイタリアの軍事的敗北の責めを負わせ、銃後の社会における軍隊への支援を台無しにすることで「国民を背後から一突きした」売国奴という汚名を着せた。[20]

こうした糾弾が原因で生じた深い断絶は、一九一八年末に勝利が確実となった後もなおイタリアが直面する国内問題であり続けた。おそらく戦勝国のなかで最も貧しかったイタリアの戦後は、イギリスやアメリカ合衆国からの莫大な戦時借入れのせいで生じた、支払い不可能な額の国債とともに始まった。借金で手一杯になり、社会的、政治的な揉め事にあえぐ戦後のイタリア政府は、動揺から抜け出せなかった。前々から不安定になっていた労働市場に帰還兵がさらなる圧迫を加え、高インフレで家庭の貯金は紙切れになった。戦争に勝ったにもかかわらず、食糧供給はひどく混乱しており、他方で政府は長年の懸案であった土地改革を先延ばしにしていた。

支配階級は戦時中、土地を持たない数百万人の若年の農業労働者たちの歓心を買うような約束をし、労働者たちは国家に身命を捧げた。戦後の改革は彼らに、それまで耕作されていなかった土地への入植と所有を認めてくれるはずだったのである。戦争を勝利で終えた時、この約束は守られず、とくにイタリア農村部では、戦前以来の争議が爆発した。一九一七〜一八年のロシアでの諸事件に呼応し、またそうした諸事件に触発されて、社会党は一九一九年十月の全国大会で、ボリシェヴィキの路線に沿った社会革命を主張する綱領を採択し、さらにレーニンの第三インターナショナルへの忠誠を誓った。かねてから予測されてきた資本主義的秩序の崩壊の時が到来したという信念に突き動かされ、また東欧の出来事にも刺激を受けて、同党の新たな政治綱領は、「プロレタリア独裁」は「暴力による権力掌握」をつうじてのみ達成されうると主張しており、そのため、以前から存在していた改革派と革命派の党内での断絶はさらに深まった。(21)

同党の急進化は、大衆の大規模な分裂ムードを反映しているかのようであった。一九一九年十一月の総選挙で社会党は全投票の三分の一以上を獲得し、イタリア代議院〔下院〕の第一党となったが、それに続いたのが保守的なカトリック政党の人民党（PPI）であり、同党は社会改革を公約に掲げて全投票の五分の一を獲得した。旧与党の自由主義や民主主義の諸派は大敗した。

社会主義者が率いる中央政府が作られ〔当時のニッティ内閣は自由主義派の連合。ニッティ内閣を継いだジョリッティ内閣も、社会主義者に率いられていたとは言えない〕、一九一九年十～十一月の地方選挙（とりわけポー川流域）で社会主義者が勝利したために、党指導部は、急進的な改革を実行する時が到来したと感じた。一方、暴力行動と土地の収用が現実化したことで、「ロシア的状況」に対するブルジョワの恐怖心は高まった。例えばロンバルディアのクレマ周辺の農村地帯では、それまで労使協定を守ってこなかったと見なされた地主たちに対して、一九二〇年六月に労働組合が暴力を交えた抗議行動を起こした。恐れをなした地方官がローマに送った報告によると、何百人もの農民たちがストライキに参加し、農場を占拠し、食糧を没収し、時に地主の私邸を乗っ取った。(22)

同様の出来事がイタリアの農村の四方八方で起こり、しばしば暴力沙汰に発展した。一九二〇年四月にはプッリャ地方〔イタリア半島の南東部〕の小都市、ナルドの農場労働者が地元の警察署を襲撃し、電線を切断し、数本の鉄道路線を爆破し、バリケードを築いた後、町の倉庫を略奪した。翌日、軍隊が到着して武力衝突となった結果、多くの負傷者が出て、三人の農民と一人の兵士が死亡した。(23)

官民両部門でのストライキの頻発を含めた暴力的な階級闘争は、一九二〇年九月にクライマックスを迎えた。この時、労働者たちは六〇〇以上の工場を占拠し、複数の工業都市で労働者評議会による政権を打ち立て、イタリアはボリシェヴィキ支配の寸前のところまで来ているのだという印象を残した。ジョヴァンニ・ジョリッティ率いる政府が有効な法的措置を講じず、労働争議に及び腰なのが見え見えだったこともあって、騒乱は工業家や大地主の間に大きな警戒心を引き起こした。彼らは絶望感を強めつつ、アカの脅威から自分たちを守ってくれる救済者を探し回っていた。そして、そうした存在をベニート・ムッソリーニと初期ファシズム運動のなかに見出したのであった。

戦前はイタリアでも名うての社会主義者だったムッソリーニは、当時、急進的ナショナリストへと転向したばかりだった。この転向は一九一四年十一月、――社会党の公式路線に反発して――イタリアの参戦を主張した時に始まった。(24)戦前の彼はイタリア社会党の過激主義者たちの指導者であり、一九一二～一四年には党の公式機関紙『アヴァンティ！』の編集長を務めていた。「資本主義」の戦争において中立を保つという党の公式路線を否定したことで、ムッソリーニは一九一四年十一月に党を除名された。同月、彼は自前の新聞、『イル・ポーポロ・ディターリア』を創刊した。志を同じくする実業家たちからの資金提供と自らの弁論の才を組み合わせることで、ムッソリーニは間もなく、中央同盟国との戦争を望む「参戦派」の運動の指導者として頭角を現した。

イタリアがついに一九一五年五月に連合国側に立って参戦すると、ムッソリーニは一九一七年二月に（ファシスト・イタリアの公定の歴史書が示すように迫撃砲で負傷したわけではなく）梅毒にかかるまで〔臼砲の砲撃演習中に榴散弾が暴発したために重傷を負ったという説もある〕、イゾンゾ戦線で一兵卒として従軍した。(25) 彼は戦争の最後の年を自らの『イル・ポーポロ・ディターリア』紙の編集机から観察し、イタリアの将来についての持論を規定し直した。主たる論敵となったのは、かつての同志たる社会主義者であった。彼は社会党に「オーストリア軍よりも危険な敵」という烙印を押し、「剣と火」で社会党と戦うよう、読者に促した。(26) ロシアでのボリシェヴィキ革命以降、ムッソリーニの言辞はますます過激になっていった。彼は、ロシアの革命は共産主義者による世界規模での権力掌握の企ての第一段階に他ならず、これを抑制するには暴力を用いるしかないと考えていた。「今は天使の時代ではない、悪魔の時代だ。求められるのは残酷さであって、謙虚さではない。……時代が求めるのは長剣と、大量の砲火だ。……さもなくば選択肢は敗北のみ。さもなくば選択肢はロシアのみ」(27)。戦前の社会主義運動のなかで示した行動主義はもはやはるか昔の記憶に過ぎず、彼は今や「民族革命」を熱望していた。未来の国家を担うのは、塹壕の血と泥のなかから誕生した新たな貴族、「塹壕貴族《トリンチェロクラツィーア》」のはずであった。(28)

一九一九年三月、ムッソリーニはミラノで「イタリア戦闘ファッシ《ファッシ・ディ・コンバッティメント》」を結成した。もっとも当初は、彼の運動は新たな支持者を獲得するうえでさしたる成果を挙げられなかった。この年の末になっても同組織のメンバーは全部で八〇〇人に過ぎず、その多くはかつて第一次世界大戦でイタリア軍の突撃隊「アルディーティ」に所属していた者たちだった。ムッソリーニによる火と剣のレトリックは、彼らには大いにアピールしたのである。[29] この運動は一九二〇年以降になってようやく急激に成長し始めたが、その理由の一端には、ボリシェヴィキ革命の脅威が肌身に感じられるようになったことへの反応がある。とくに社会党が優勢だったポー川流域で、組織化された労働者や社会主義者の評議会、新聞社に対して、ムッソリーニの支持者たちが暴力的なキャンペーンに着手したのはこの時であった。[30] ドイツの義勇軍と同様に、ムッソリーニのファシスト行動隊《スクァードリスティ》も、年少だったために第一次世界大戦に従軍できなかった青年たちを魅了した。彼らにしてみれば、行動隊が経験の空白を穴埋めしてくれたのである。[31]

一九二〇年十月十六日、ムッソリーニの公的機関紙は、ファシズムの敵である社会主義者に対する暴力的キャンペーンを公然と呼びかけた。「内戦が避けられないのなら、起これば良い!」。眼前の、そして来たるべきボリシェヴィズムとの戦いに言及する際のムッソリーニの物言いもやはり好戦的であり、そこでは医学的な比喩が使用された。すなわち、ボリシェヴィズムが根絶すべき「壊疽《えそ》」、「伝染病」、「癌」ならば、ファシズムは民族の「統治体《ボディ・ポリティクス》」を治癒するために外科医の精密さをもって用いられる「メス」に例えられたのである。[32]

扇情的な表現のすぐ後を暴力的な行動が追いかけた。社会党が市政を握っていたボローニャでは、ファシスト行動隊が地方政府の建物への攻撃を開始し、マッジョーレ広場で数千人が社会党系の市長の当選を祝っていた一九二〇年十一月二一日、ファシストの一団が群衆に発砲した。社会主義系の準軍事組織「赤衛隊」は銃撃で応酬し、手榴弾を投げた。この事件で十人が死亡し、およそ六〇人が負傷した。社会主義者が主導する市議会には、解散する以外に選択肢はほとんど残されていなかった。この事件は、ムッソリーニとファシストたちに重要な教訓を授けてくれた。すなわち、暴力は有効なのだという教訓を。[33]

　農村地帯では、ファシストは社会党の党員をはじめとするあらゆる政治組織や労働組合、そしてそれほど数は多くなかったが人民党《パルティート・ポポラーレ》の関連団体の弾圧に決定的に貢献した。数千人の行動隊員が農村部にテロを拡散し、「破壊分子」の拠点を潰し、町全体を制圧し、政敵を傷つけ侮辱した――しばしば警察は事態を承知しており、暗黙のうちに支援を与えたが、彼らの多くはムッソリーニの「秩序の軍勢」を好意的な目で見ていた。公然たる内戦の様相が強まるなかで、暴力的衝突の犠牲者の数は増大していった。一九一九〜二二年に、イタリア全土で約三〇〇〇人が殺されたと見積もられる。[34]政治暴力の主たる犠牲者は社会主義者と、非ファシスト政党の闘士たちであった。一九二〇年だけでも一七二人の社会主義者、十人の人民党員、四人のファシスト、五一人の無関係な一般人、五一人の警官が殺され、重傷者の数は約一六〇〇人にのぼった。[35]

　暴力が翌年の春まで続くなか、今では国民ファシスト党（PNF）と改称したムッソリーニの運動はイタリアで最強の政党となり、党員数をほぼ十倍に増加させた。[36]ムッソリーニの党の急激な成長に反応して、自由主義派のジョヴァンニ・ジョリッティ首相は、一九二一年の総選挙のためにPNFを「ナショナル・ブロック」に含めるという、致命的な決断を下した。ジョリッティの決断は、ファシズムを封じ込めるどころか、ムッソリーニの立場を「いっぱしの」政治家へと高める助け船となってしまった。この間、行動隊はキャンペーンを続行しており、もはや警察からさしたる邪魔立てを受けずに好き勝手ができるようになっていた。敵対勢力を無力な状態へと弱体化させつつ、ファシストは抵抗を受けることなくイタリア半島の北部や中部の広域を支配していった。[37]

こうして、ムッソリーニはボリシェヴィズムに対する恐怖の広がりとイタリアの中央政府の揺るぎやすさを利用することができた。一九一九〜二二年に不安定な多数派に支えられた五つの政府が続いたために、議会主義体制の危機は深刻さの度合いを深め、国家には秩序を維持するだけの能力がないことが確認されたために、「民主主義の世紀は終わった」というファシストの反民主主義プロパガンダはますます真実味を深めた。民主的政府が無力に思われたのと反対に、ムッソリーニのファシスト党という、この国にはびこる暴力的カオスの大部分に責任を負うべき政治運動が、秩序を再建しうる唯一の勢力であるかのように見なされ始めたのは、皮肉と言うほかない。[38]

こうした状況のなか、ファシスト党は今こそ権力を獲得すべきだと決意した。一九二二年十月二七日の夜、ムッソリーニは武装部隊に「ローマ進軍」を命じた。当時の首相であった自由主義派のルイージ・ファクタは国王ヴィットーリオ・エマヌエーレ三世に、非常事態を宣言してこれに対応するよう求めた。ヴィットーリオ・エマヌエーレは最初は同意したが翻意し、翌朝には緊急令への署名を拒んだ。国王がムッソリーニの首相就任要求を認めるといよいよ、このファシストの領袖は、ローマへ徒歩で「進軍」するのではなく列車に乗ることを選び、首都の市外に野営していた約二万五〇〇〇人の武装集団と合流した。しかしながらこの時には、ファシストはイタリア各地の多数の地方都市の多くを事実上の支配下に収めていた。[39]

議会と社会的エリートの間に支持者を獲得すると同時に、国家に対する行動隊員の暴力を推奨するというムッソリーニの二重の戦略は、明らかに成功であった。この戦略によって国王は、ファシスト、自由主義者、ナショナリスト、カトリックの連立内閣を組織するようムッソリーニに勧めざるを得なくなったのである。(40) 本人は認めたがらなかっただろうが、ムッソリーニはレーニンとボリシェヴィキから多くのこと、とりわけ敵対勢力に恐怖を染み込ませたり、チャンスが到来したらしゃにむに行動したりする能力や決意のほうが、議会で多数派を獲得するよりもはるかに重要だという教訓を学んでいた。ムッソリーニの首相就任は、民主的に選出された議会をレーニンが一九一八年に解散させて以来の五年間で、暴力的手段によって自らの権威を他者に押しつけた武装政党の党首に権力が譲渡された、二度目の例であった。(41)

大半の歴史家はこんにち、イタリア国軍はファシズムの準軍事的勢力を容易に屈服させることができただろうという意見で一致している。「しかし、国王も政府もこの国の政治経済のエリートたちも、議会主義体制を救うかもしれない秩序状態を保持しようとする政治的意志、あるいは勇気をもっていなかった。むしろ彼らは、ファシストの猛撃を制止することで社会主義革命に新たな命が吹き込まれるのを恐れており、入閣の責任感からファシストは暴力的な武装組織を捨てることに十分納得するだろうという幻想を育んでいた」。(42) 一九二二年十月の諸事件の長期的な結果や、自分たちが導入した新たな政治の形式を完全に理解していたのは、ごくわずかな人びとに過ぎなかった。自由主義的なブルジョワジーは、ファシズムを政権に取り込んで飼い馴らせるだろうと信じていたし、反ファシスト政党の大多数は、ファシズムは単なる一時的な運動に過ぎず、ブルジョワ国家の警備兵としての役割を一度でも果たし損ねたら雲散霧消する運命なのだという見方をしていた。こうした幻想は「ローマ進軍」の後でさえなお流布していた。実際には、ムッソリーニは議会制民主主義の廃棄と独裁の確立に真っ先に着手し、ついに一九二五年にこの仕事を達成したのであった。(43)

暴力が民主主義を打ち負かすことができるという教訓は、ヨーロッパの他の極右指導者たちだけでなく、別の誰かがムッソリーニの先例を模倣するのではないかと恐れていたリベラル左派の明敏な観察者たちにも訴えかけるものがあった。ドイツの自由主義的なジャーナリストであった元外交官のハリー・ケスラー伯は、一九二二年十月二九日の日記に次のように記している。

イタリアでは、ファシストがクーデタによって支配権を手中にしてしまった。彼らがこのまま権力を保持していけば、イタリアにとってのみならず、全ヨーロッパにもどんな影響が及ぶとも知れぬ歴史的な事件だ。反革命勢力の意気揚々たる進攻の第一弾というところか。……ある意味でムッソリーニのクーデタは、一九一七年十月のレーニンのそれに匹敵するものと言えよう。むろん、目指すところは反対である。ひょっとするとこのクーデタは、ヨーロッパに新たな混乱と戦争〔ゲルヴァルトの引用では、「混乱と戦争の時代」〕を持ち込んでくるのかもしれない。(44)

ケスラーとは対照的に、極右はムッソリーニの先例に学ぼうとした。アドルフ・ヒトラーが「国民革命」を宣言した翌日の一九二三年十一月九日、彼の支持者たちはミュンヘンで「将軍廟《フェルトヘルンハレ》進軍」を実行し、来たる「ベルリン進軍」に備えようとしていたが、その時、この草創期のドイツ・ナチ党の指導者は、前年に行われたムッソリーニの「ローマ進軍」の向こうを張ろうとしていたのであった。(45)

当時のドイツで、ヒトラーのことを「国民革命」を成功させる「第二のムッソリーニ」のごとき人物と考えていた者はほとんどいなかったであろう。彼はドイツ市民ですらなかった。オーストリアの小都市、ブラウナウ・アム・インのしがない税関役人の息子であったヒトラーは、目標を失った放浪者、成功を摑めなかった芸術家として青年時代をウィーンで過ごし、絵葉書描きのような実入りの少ない仕事をあれこれ続けていた。一九一三年五月、彼はオーストリア＝ハンガリーの兵役を逃れるためにウィーンからミュンヘンに移住したが、一九一四年に戦争が勃発すると志願兵としてバイエルン軍に加わった。伝令兵として西部戦線で従軍し、伍長〔上等兵の誤り〕の地位に登り、鉄十字勲章を授与されたが、戦後間もない時期の彼はイデオロギー的な混乱状態にあったように見える。戦争、より限定すれば一九一八年十一月の中央同盟国の敗北はヒトラーを急進化させたが、彼は自らの急進性が左を向いているのか右を向いているのか、確信がもてなかった(46)。実際、復員後にミュンヘンに戻った彼は、クルト・アイスナーの率いる革命政府のプロパガンダ部門で短期間働いて兵士仲間に民主主義を教え込む任に就き、その後は一九一九年四月にミュンヘン・レーテ共和国の評議会委員に選出されている。しかし、ヒトラーの社会主義への関心はすぐに失せ、間もなく彼は極右に鞍替えした(47)。

ドイツ国防軍に教育将校兼情報提供者として雇われたヒトラーは、一九一九年九月、急進右派のドイツ労働者党《ドイチェ・アルバイター・パルタイ》（DAP）が開いたビアホールでの集会に初めて参加した。彼はあっという間に党の牛耳を執り、党は一九二〇年二月に国民社会主義ドイツ労働者党（NSDAP）へと改称した。一九一九年に行われた初期の演説でユダヤ人をドイツの主要敵と規定しているものの、生物学的な反セム主義と暴力的な拡張主義という急進的な方針を断固として強調した後年のヒトラーを特徴づける世界観は、この時点では完全には表明されていない。当時のヒトラーを規定していたのは、戦争から敗北と革命に至るまでの、そして一九一九年の講和条約から——ドイツは内戦勃発の瀬戸際にあるという——当時広まっていた推測に至るまでの、絶え間ない危機の経験であった。[48]

ドイツでは一九一九年のミュンヘン・レーテ共和国の崩壊後も革命と反革命の騒乱が続いたことを思えば、こうした見方に根拠がなかったわけではない。翌年、陸軍を十万人にまで削減するというヴェルサイユ条約の規定と、それを受けて政府が出した義勇軍解体の命令に突き動かされて、ドイツの右翼はベルリンでクーデタを敢行した。一九二〇年の一揆の背後で鍵を握っていた人物の一人であるヴァルター・フォン・リュトヴィッツ将軍は、義勇軍の解体と軍隊の動員解除を命じる指令に従おうとせず、国防相のグスタフ・ノスケに解任された。しかしながら、リュトヴィッツは多数の義勇軍兵士、とりわけ、指導者のヘルマン・エアハルト海軍少佐の名を冠した、悪評高きエアハルト旅団の支持を集めていた。彼らの忠誠に自信を得たリュトヴィッツは当時のドイツ大統領、フリードリヒ・エーベルトに最後通牒を送り、軍隊と義勇軍の動員解除が直ちに停止されなければ、武力で政府を転覆させると脅しをかけた。一揆の実行者たちはさらに、エーベルト政府に対抗できるだけの多数派を取り戻せると見込んで、新たな総選挙をも要求した。[49] エーベルトが最後通牒を拒否すると、エアハルト旅団はベルリンに進軍した。三月十三日、リュトヴィッツと、東プロイセンの官僚で戦時中に極右政党の祖国党の立ち上げ人の一人となったヴォルフガング・カップ博士が、共和国政府は消滅したと宣言した。[50]

エーベルトと彼の政府はベルリンからドレスデンへと逃れ、その後シュトゥットガルトに移った。社会民主党に対する軍隊の支持が盤石ではなかったために、民主的に選出された政府の将来は危機に瀕していた。国防軍の部隊局長〔参謀総長に相当〕であったハンス・フォン・ゼークト将軍は、ヴァイマル憲法の護持に対する誓いと、仲間の将校たちへの忠節との間で葛藤していた。彼は結局、「軍が軍を撃つ」ように仕向けるのを拒否した。軍部の助力を得られなかったエーベルトはゼネストを呼びかける決意を固め、社会主義系の二政党〔社会民主党と独立社会民主党。ただし、この時は共産党もゼネストを支持した〕と労働組合がこれを支持した。社会民主主義の草の根的な強さを印象づけるデモンストレーションが行われるなか、ストライキでドイツの生産活動は突然停止した。四日半後、一揆は終息した。[51]

しかし、ストライキをやめさせるのは難しいことが明らかになった。カップ一揆の支持者に対する勝利に勇気づけられて、急進的な変革を主張する左翼は好機が到来したと思った。彼らは、カップ一揆とその失敗で作り出された一時的な権力の真空状態によって、一九一八年に果たせなかった革命的要求の一部が実現可能になったと考えた。そうした目的を遂げるために、社会主義の牙城であった中部ドイツで、極左勢力は労働者評議会政府を再建した。これによって、一方では退却中のカップ一揆の参加者と社会主義を奉じる反乱者との、他方では秩序を復活させようとする正規の国防軍と評議会を支持する自称「赤軍」との戦闘が引き起こされた。ハリー・ケスラーが三月十九日と二〇日の日記に記したように、ベルリンでは激しい戦闘が起こり、[52]報復による殺戮が頻発した。「ベルリンでは、群衆が、各所で退却中の一揆軍士官たちをつかまえて撲殺した。群衆〔ゲルヴァルトの引用では「労働者階級」〕の軍隊に対する怒りはとどまるところを知らないように思われる。彼らが権力を得たという感情は、ゼネストの勝利によって大きくふくれあがったのだ」。[53]

中部ドイツや、工業の心臓部であったルール渓谷では、状況はさらに緊迫していた。いわゆる三月蜂起の間、社会主義の闘士たちは工場労働者や炭鉱夫と力を合わせて、産業の国有化と労働者評議会の再導入を要求した。エーベルトと彼の政府は武力をもってこれに応じ、国防軍と義勇軍のなかに熱心な同盟相手を見出した。カップ一揆の際とは違い、軍の指導部はストライキを行う労働者たちに向けて公然と発砲することを躊躇しなかった。この事件で、約一〇〇〇人の「赤軍」の反乱者たちが殺され、三月蜂起は政府軍によって最終的に鎮圧された。

一九一九年や一九二〇年に起こったのと同じような左翼の革命の脅威がまた生じるのではないかという恐怖感は、ヴァイマル・ドイツで最も右翼に忠実になった都市、ミュンヘンでとくに強まった。ヒトラーが極右に鞍替えし、反ボリシェヴィズムと国民的再生という自らの急進的なメッセージによく反応してくれる聴衆を発見したのがこの都市だったのは、そのことと無縁ではない。もっとも、ムッソリーニの先例をまねて権力を掌握しようとした一九二三年の時期尚早な試みは、惨憺たる結果に終わった。十一月九日正午、バイエルン警察はヒトラーの支持者たちがミュンヘンを練り歩いているところに発砲し、十六人を殺害した。ヒトラー当人は何とか難を逃れたが、大逆罪の咎で二日後に逮捕され、ランツベルク監獄に収監された。[54] ムッソリーニの「ローマ進軍」を模倣しようとした際に彼が見落としていたのは、イタリアにおけるドゥーチェ〔ムッソリーニの公的な称号〕の成功は、合法性と非合法性の間を振り子のように揺れ動く、二重の作戦によるところが大きかったという点であった。路上で流血の暴力を行使するのと、秩序や国民的価値の復活を議会で約束する行為とは一体のものだったのである。[55] たった八か月後にバイエルン州最高裁判所によって恩赦を受けて監獄から釈放〔正式には〔仮釈放〕された時には、権力の表舞台に近づこうと望むのなら、自分とナチ党は合法路線を追求することになるであろうことをヒトラーは理解していた。ここに思い至ったことが、彼の第二の、そして今度は成功を得るところとなる一九三三年一月の権力掌握の試みにとって、決定的に重要な意味をもった。

① 1917年の夏に臨時政府に対するボリシェヴィキの蜂起が失敗した後、レーニンはペトログラードから逃走し、この偽造パスポートを使って国境を越え、フィンランドに入った。

② 第一次世界大戦の終局に際して、ドイツ兵とロシア兵は両国間の休戦をダンスで祝った。この友好的な瞬間は、大戦中、そして戦後の闘争の大部分を覆っていた雰囲気から大きく隔たっている。

③　東部戦線での勝利を受けて、ドイツの最高軍司令部は1918年に一か八かの春季攻勢を実行した。特殊な訓練を受けた突撃隊が先頭に立ったドイツ軍は、当初は猛攻をかけた。

④　春季攻勢の完敗と同年夏の連合国軍の反撃によって、ドイツ軍の士気は崩壊した。何万人もの兵士たちが無抵抗のまま降伏し、連合国軍の戦争捕虜収容所に入れられた。

⑤ ヴィットーリオ・ヴェーネトのイタリア軍。イタリア軍の勝利で終わった戦闘は、ハプスブルク帝国にとっての事実上の戦争終結となった。墺伊間の休戦協定は11月3日に調印された。

⑥ ドイツ軍と同様に、何万人もの旧ハプスブルク帝国軍の兵士たちが連合国軍の捕虜となって終戦を迎えた。写真は、1918年11月のトレントの捕虜収容所。

⑦　1919年のバルト地域におけるドイツ義勇軍の部隊。1918年11月にドイツが敗北したことにより、ソヴィエト・ロシアは独立を達成したばかりのバルト諸国に軍事干渉を行った。義勇軍の部隊はボリシェヴィキとバルト民族主義者の双方と戦った。

⑧　フィンランドは現代ヨーロッパ史において最も凄惨な内戦を経験した国の一つであり、人口の1パーセントが死亡した。戦争はタンペレの戦いで頂点を迎えたが、写真に写っているのは、1918年にこの戦闘で勝利した白軍の兵士たちである。

⑨　ロシアの内戦では、両陣営が残忍さを極めた。いわゆる農民戦争はとりわけ野蛮であり、レーニンによる集団化に対して村人たちは激しく抵抗した。捕らえた敵を吊るし首にするのは日常茶飯事であった。

⑩　ボリシェヴィキ政府はロシア人孤児のために養父母を見つけようとした。数年にわたた対外戦争や内戦、甚大な飢饉が相まって、衣食にも事欠く何万人もの孤児が発生した。

1918年11月9日、ドイツの多数派社会民主党の共同議長であったフィリップ・シャイデンは、ベルリンの帝国議会議事堂のバルコニーから、ドイツ共和国の成立を宣言した。

⑫　ハプスブルクの薔薇の紋章に代わり兵士が帽子に付けた花の名にちなんで命名された、1918 年 10 月 31 日のいわゆる秋バラ革命で、ハンガリーは独立国家となり、カーロイ・ハーイの下で短期間、民主共和国となった。

⑬　オーストリアも革命によって議会制民主主義に移行した。1919 年 6 月半ば、共産主者の反乱が成立間もない共和国に挑みかかり、完全に制圧されたものの、暴力的な衝突がこった。

⑭　1919年1月のスパルタクス蜂起で、共産党と独立社会民主党の支持者が政府軍と戦火を交えた。写真に写っているのは、ベルリンの新聞社が集まる地区。

⑮　スパルタクス蜂起は義勇軍兵士と政府軍部隊によって暴力的に鎮圧された。写真は、ベルリンの中心部にある大聖堂の周辺で撮影したもの。

第三部　帝国の崩壊

諸民族間の関係を規定した、あるいは規定したかのように思われている最近の条約は、実際のところ、恐るべき後退以外の何ものでもない。……

フランチェスコ・サヴェリオ・ニッティ（パリ講和条約調印時のイタリア首相）、『平和なきヨーロッパ』（一九二一年刊）

われわれの皇帝が眼を閉じるやいなや、われわれ帝国民は百の部分に分裂瓦解《がかい》してしまうのです。……すべての民族がいかがわしい小国家を建設するでしょう。……新しい宗教とは民族主義《ナショナリズム》です。

ヨーゼフ・ロート『ラデッキー行進曲』（一九三二年刊）〔平田達治訳、岩波書店、二〇一四年、上巻、二六二頁、下巻、二七頁〕

第十一章　パンドラの箱——パリと帝国問題

中欧と東欧が革命と反革命の騒乱の只中にあった一九一九年一月半ば、敗戦国の行く末を決することとなるパリ講和会議が開催された。イギリス首相のデイヴィッド・ロイド・ジョージが後年振り返って認めたように、この講和会議の性格は、前世紀のヨーロッパの大きな講和会議、すなわち一八一四〜一五年のウィーン会議とは根本的に異なっていた。第一に、そしてこの点が最も重要なのだが、ウィーンで新たな国際秩序の創出をめぐって討議した時には〔ナポレオン戦争の敗戦国である〕フランスが中心的役割を演じたが、これとは対照的にパリでは、敗北した諸帝国とその後継国家——ドイツ、オーストリア、ハンガリー、ブルガリア、オスマン帝国——は交渉から締め出された。第一次世界大戦の敗戦国は、自分たちに課せられるそれぞれの講和条約が完成する最終段階になって、ようやく召喚されることになっていた。一九一四〜一七年にイギリスとフランスの重要な同盟国だったロシアもまた、パリの会議に参加していなかったが、その大きな理由は、英仏がなおも白軍勢力に物資や軍事援助を提供して、レーニンのボリシェヴィキ政府を打倒しようとしていたことにあった。第二に、パリ講和会議は規模の大きさや組織構成の点でもウィーンとは異なっていた。ウィーン会議がたった五つの参加国〔英仏普墺露〕の主導でヨーロッパの問題を話し合ったのに対して、パリ講和会議には三〇以上の「協商および連合国」が参加した。(1) どう見ても、討議に際して全参加国が同等の権利と発言権をもっていたわけではなかった。ピラミッド階層の頂点には「十人会議」が君臨しており、一九一九年三月後半からは、ホスト国であるフランスのジョルジュ・クレマンソー首相を議長とする「四人会議」がこれに代わった。イタリア首相のヴィットーリオ・エマヌエーレ・オルランドも「四人会議」の一角を占めていたが、主役級の役割を演じたのはクレマンソー、アメリカ合衆国大統領のウッドロウ・ウィルソン、そしてイギリス首相のデイヴィッド・ロイド・ジョージであった。ローマがアドリア海の港、フィウーメ〔現在のクロアチアのリエカ〕に対する領土要求を取り下げないことに他国が業を煮やしたために、イタリアが一時的に会議から離脱した四月後半からは、決定を下すのは基本的に「三巨頭」――クレマンソー、ウィルソン、ロイド・ジョージ――となった。討議に際して彼らは、賠償金や新たな国境といった難問を扱う総勢五二名の専門家委員会の助言を仰いだ。(2)

パリ講和会議が開催されるとすぐに、各国代表団のリーダーが自分なりの思惑を抱いてパリに来たこと、そして各々の思惑が合致しないことが明らかになった。フランスにとっては、強靭さを保ち続けている東の隣国、すなわちドイツの今後こそが最重要議題であった。クレマンソーは意図的に、一八七〇～七一年の普仏戦争でフランスが屈辱的な敗北を喫した後にヴェルサイユ宮殿でドイツ帝国が創建された記念日にちなみ、一月十八日に会議を開催することを決定した。その時以来パリが取り憑かれてきた「ドイツ問題」の決着は、集団的な安全保障と正義の双方に関わる問題であると考えられた。なんとなれば、第一次世界大戦中、フランスの十の県《デパルトマン》が戦場になるか占領されるかしてまともに被害を受け、フランス北東部の広大な領域が廃墟と化したからであった。さらに悪いことに、フランスは十八〜二七歳の男性人口の四分の一を喪失した。すべての西側連合国のなかで最も深刻かつ直接的に戦争の影響を受けたのは、この国だった。クレマンソーは、自国民の圧倒的多数が、敗戦国に罰を与え、戦勝国（とくにフランス）への賠償を支払わせるべきだと要求していることを、知りすぎるほど知っていた。ドイツが二度とフランスを脅かせない状態を確実にするために、クレマンソーと彼の助言者たちは、ドイツ国家を完全に解体するとか、あるいはライン地方の大部分を占領するとか、はたまたドイツの東部国境沿いに強力な同盟国を作るとかいった、様々な計画を検討した。(3)

イギリス――この国は戦前と同じように当時も、大陸での「勢力均衡」に関心を抱いていた――にしてみると、フランスが覇権を握るのではないかという予測は、戦前のドイツの優勢と同じくらい恐ろしいものであった。ロイド・ジョージにはフランスの要求のすべてを援護射撃するつもりはなく、むしろ、自国の世論がドイツを何らかのかたちで罰するよう強く求めていたとしても、ドイツとの通商関係を何とか再建することを望んでいた。ドイツの世界規模での重要性は（海外植民地を取り上げ、艦隊を沈めて）極小化されるべきだったが、相互の通商が完全に途絶えるところまで事態が進展すべきではなかったのである。イギリスにとっては、ドイツは戦前から通商の重要なパートナーであり、ゆえにドイツが完全に貧窮し、ボリシェヴィキ化の可能性すら出てくることは、ロンドンにとって最良の利益とはならなかった。しかしながら同時に、一九一八年十二月に実施された総選挙も背景にあって、ロイド・ジョージは国内で、とくにノースクリフ卿が保有する『デイリー・メール』や『タイムズ』のような保守的な新聞から、ドイツに厳しい講和を課すべきだという強い圧力を受けていた。これらの新聞は、巨額の賠償とともに、皇帝ヴィルヘルム二世を戦争犯罪の咎で裁判にかけて処刑するよう要求していた。加えて、イギリスは中東でフランスと利害が衝突しており、国運を左右する戦略的、経済的利害が危機に瀕していた。(4)

対照的に、アメリカ大統領のウィルソンは、会議は「公正な平和」をもたらすべきであり、これが、従来とは根本的に異なる、新たな国民主権の解釈に基づいた国際体制を世界規模で再構築することに繋がると主張し続けた。理性的かつ道義的で、責任能力をもった個人が世界各地で、主権を有する政府を選ぶことになるはずであった。ウィルソンにとって最も大切な主題——民族の「自決」(ウィルソンはこの表現を、国民主権に立脚した政府という意味で用いていた)の原則を実現するとともに、国際連盟を創設して集団的安全と国際平和を保証することで、将来的に戦争をまったくとまではいかなくとも、できるだけ起こらないようにするという主題——が、協議案を極めて明瞭に特徴づけていた。(5) ウィルソンの念頭にあったのはアメリカ合衆国の例であり、彼はそれを普遍化し、とくにヨーロッパに適用しようとしていた。ヨーロッパの諸帝国の後継国家の内部では、各マイノリティが自分たちの属する国家共同体の全般的な価値に執着したとしても、宗教や民族の相違は維持され、保護されるべきであった。(6) もっとも、ウィルソンの理想主義の上辺の影には、計算された狙いが隠れていた。すなわち、第一次世界大戦と連合国の勝利によって、グローバルな勢力バランスがヨーロッパからアメリカ合衆国へと移行したあかつきには、自らが推進する新たな世界秩序によって、自国の世界的な優位を政治、

経済の両面で確固たるものにするという目的である。(7)

一方で連合国の相反する立場を調停しつつ、他方でパリに集まった中小国の代表団を満足させ続けるのは、およそ無理難題というものだった。進んで認めようとはしなかったが、西側連合国の政治指導者たちは、パリでの討議が始まった時から、講和条約が最終的には――戦勝国と敗戦国の間でなく、勝利せる連合国の主要な当事者たちの間でも――妥協で終わるであろうことを確信していた。(8)

当時の人びとの期待が複雑に入り混じって背景を成していたのと裏腹に、パリ講和条約がすべての関係者を落胆させるのは必定だった。後世の後知恵ゆえに、この条約に対する歴史家の評価は当時の人びとよりも幾分甘い。それというのも、後年の歴史家たちは、パリのピースメーカーたちがしばしば、既成事実化していた現地の新たな実情を受け入れざるを得なかったこと、そして、様々な当事者の願望のぶつかり合いに裁定を下すという役回りに徹していたことを知っているからである。(9) もっとも、歴史家たちのすべてが、ピースメーカーたちは困難な仕事に取り組むにあたって最善を尽くしたと確信しているわけではなく、むしろパリ講和会議は、安全かつ平和で長期的に持続する世界秩序の創造という最終目標を達成できなかったことが強調されている。(10)

パリで築かれた秩序が二〇年もたたないうちに解体したのは、ヨーロッパの敗戦国において、修正主義者とナショナリストの強力な勢力が台頭したことに大きな原因がある。とくにドイツでは、一九二九年以降の世界大恐慌によってもたらされた経済的混乱が、ヒトラーのナチ運動に大いに利することとなった。この運動は、必要とあらば武力をもってしてでも、ヴェルサイユの「押しつけ講和」を引き裂こうという、堅固な意思をもち続けていた。まさにナチズムの台頭があったからこそ、歴史家も世人も、和平が実現する過程の様々な側面よりもヴェルサイユ条約に大きな関心を払ってきたのである。しかし、ヴェルサイユ条約（とりわけ賠償問題と、戦争の原因をただベルリンにのみ帰する「戦争責任」条項）にこだわると、パリ講和会議についての理解を矮小化し、当時の一大事だった最重要問題、すなわちかつて陸の諸帝国が優勢であった大陸全体を「国民国家」の寄り合い所帯に変換するという問題を軽視しかねないとも言える。この問題は戦争の終盤になってようやく、第一次世界大戦の中心を占めるようになった。一九一四年に戦争に突入した時は、ロンドンにもパリにも「国民国家から成るヨーロッパ」を創出するなどといった目標はなかったし、陸の諸帝国の破壊がはっきりと戦争の目的となったのは、ようやく一九一八年前半以降のことであった。[11]

この転換の規模の大きさは想起に値する。第一次世界大戦が形式上は連合国側の勝利で終結した時、数百年にわたる王朝を戴いてきた三つの巨大な陸の帝国――オスマン帝国、ハプスブルク帝国、ロマノフ帝国――が地図上から消えたのである。第四の帝国、大戦中に中東欧に広大な領土を獲得して巨大な陸の帝国となったドイツ帝国は大幅に縮小し、海外植民地を剥奪され、この国の人びとが政治的な立場の相違を超えて「出血中の国境」と呼んだ東部国境を抱える、議会制民主主義国家に転換した。[12]戦勝国となった西側の帝国も、戦争による激変の影響を受けずにはいられなかった。一九一六年の民族主義的蜂起は失敗に終わったが、イギリス軍に対するゲリラ戦争という流血の事態の末、一九二二年にアイルランドはついに独立を達成した[13]〔この時は、アイルランド自由国の名のもとでの自治が認められた。アイルランドが完全な独立共和国となるのは一九三七年〕。インドからエジプトまでの各地で生じた初期のナショナリズム運動は、ウッドロウ・ウィルソン、そしてロシア・ボリシェヴィキの指導者レーニンが

（意図はまったく異なっていたが）ともに推奨していた「自治的発展」と「民族自決」についての公的議論に触発されたものであった。[14] シオニストやアルメニア人、アラブ人も含め、自国の権利を承認してもらおうとするスポークスマンたちは、「自決」の要求を認めさせるためにパリに向かった。第一回汎アフリカ会議のような新参者も同様の要求を行い、パリのリッツ・ホテルにあったベトナム料理店の「副料理長《スー・シェフ》」、グエン・シン・クン（むしろ後に名乗った、ホー・チ・ミンという変名《ノン・ド・ゲール》で知られている）は、ウッドロウ・ウィルソンに自国の独立を求める手紙を書いた[15]（「グエン・シン・クン」は幼名であり、成人後の本名は「グエン・タト・タイン」。ただし、パリ講和会議の際に用いたのは「グエン・アイ・クオック」というペンネーム。また、この時期のホー・チ・ミンの動向については異説もある）。

結局のところ、「民族自決」が連合国の都合に合わせて中欧の幾つかの後継国家にしか与えられなかったために、こうした非ヨーロッパの小規模な脱植民地化運動は、パリ講和会議の結果に失望させられることになった。失望はすぐに暴力的な直接行動に変わった。エジプトやインド、イラク、アフガニスタン、ビルマで、イギリスは帝国を脅かす不穏状態に対応するために、大量の兵力を投入することになったし、その後の数十年以上にわたり、フランスはアルジェリアやシリア、インドシナ、モロッコで、自らの帝国主義的野心に対する抵抗を抑えようと躍起になった。[16] しかし、戦争に敗れ、帝国の構造が内側から崩壊したことの影響がどこよりも痛烈かつ直接に感じられたのは中東欧、そして敗戦国となった旧オスマン帝国領であった。大陸の諸帝国が解体すると、その瓦礫のなかから十の新国家、すなわちフィンランド、エストニア、ラトヴィア、リトアニア、ポーランド、チェコスロヴァキア、ドイツ系オーストリア、ハンガリー、ユーゴスラヴィア、そして今やアジアを足場とするようになったトルコが登場した。その一方、数世紀にわたりオスマン帝国に支配されてきたアラブ・レヴァント地域には、英仏が新たな「国家」をこしらえた。すなわち、パレスチナ、トランスヨルダン〔ヨルダン〕、シリア、レバノン、メソポタミア〔イラク〕が国際連盟の「委任統治領」となり、いつか独立国家として自由を与えられるまで、ロンドンとパリに管理されることとなった。[17] もっとも、パリ講和会議は建前上は、自立した国民国家を唯一の正統な政治組織の形態と規定していたものの、戦勝国はいずれも、何らかのかたちの帝国であった。このことは、委任統治領によって海洋帝国としてさらに領域を拡大させたイギリスやフランスだけでなく、地中海やアジアで帝国たらんとする野望を抱いていたイタリア、ギリシャ、日本にも当てはまる。これらの国はいずれも、一九一八年以降に繰り広げられた帝国間の大規模な領土争奪戦において、遅れを取り戻そうと必死になった。アメリカ合衆国もまた帝国であり、アラスカやハワイ、プエルトリコ〔いずれも、パリ講和会議時にはアメリカ合衆国の準州になっている〕、パナマ、フィリピンといった様々な地域に多種多様なかたちの支配力を行使していたし、キューバ、ハイチ、メキシコのような独立国家に対して非公式の影響力を強力に及ぼしていたことは言うまでもない。[18]

中東の今後のあり方に関してまだ何らかの決定が下されていなかった一九一八年後半に早くも、後にイタリアの独裁者となるベニート・ムッソリーニが、ヨーロッパの巨大な陸の諸帝国の分裂について、驚くほど黙示録的な口調で語っていたことはよく知られている。古代ローマの崩壊もナポレオンの敗北も、最近起こったヨーロッパの政治地図の書き直しが歴史に与える衝撃とは比較にならないと、彼は自分の新聞『イル・ポーポロ・ディターリア』の論説のなかで主張した。「全世界が揺れ動いている。……古いヨーロッパでは人びとが消え去り、体制は破壊され、制度が崩壊している」[19]。この時ばかりはムッソリーニも核心をついていた。数世紀の間、ヨーロッパの歴史は帝国の歴史だった。第一次世界大戦の前夜には、人類が居住する世界の大半の土地がヨーロッパの諸帝国によって分割されるか、経済的な従属地域にされており、陸の諸帝国が今まさに終焉を迎えようとしている兆しなどおよそ見当たらなかったのである。

確かに、十九世紀のナショナリズム運動から始まったヨーロッパにおける初期の「諸民族の目覚め」は、帝国支配の未来に挑戦状を突きつけた。そのことはとくに、民族的利害と帝国の利害との競合が第一次世界大戦の前史を成していたバルカン地域について当てはまる。一八〇四〜一三年の第一次セルビア蜂起、一八二一年のギリシャ革命、一八七〇年代半ばの東方危機、一八九七年のギリシャ・トルコ戦争から、一九〇三年のマケドニア蜂起、一九〇八年の青年トルコ革命、一九〇九〜一二年のアルバニア反乱に至るまでのバルカン地域の歴史は、オスマン帝国の支配からの独立と国家形成への移行に際して生じた、暴力的混乱の長い一世紀として振り返ることができる[20]。バルカンのナショナリズムは一九一二〜一三年の二度のバルカン戦争のなかで暴発した。この戦争では、セルビア、モンテネグロ、ギリシャ、ブルガリアが勢力を結集し、ヨーロッパ地域からオスマン帝国の残部を一掃したが、後に戦争の分け前をめぐって敵対した[21]。その結果、無一文で残忍になった多数のムスリム難民たちがアナトリアへと流入する事態となり、これが、縮小したオスマン帝国におけるキリスト教徒とムスリムの急激な関係悪化に強い影響を及ぼすこととなった[22]。

もっとも、一九一二〜一三年のバルカンの状況は他のどの地域とも大きく異なっていた。とくにオーストリア＝ハンガリーとロシアでは、帝国の構造の内部に留まりつつ、より大きな自治を得ようとする声が上がっていたが、その一方で一九一四年には、この年の八月に戦争が勃発するまで、大陸の諸帝国の完全な解体を予言する（あるいは実際に要求する）者はほとんどいなかった。既存の帝国の構造に対する批判を公然と口にする人びとの心を捉えていたのは、民族革命ではなく改革であった。しばしば、一九一八年以降のヨーロッパ大陸部の諸帝国の衰退と滅亡は歴史的に不可避だったかのごとく描かれるが、一九一四年当時には、戦前の世界を統治していた王朝はしっかりと我が身を守っていたし、自国に属する広大な領域をいかにも自信に満ちて統治しているように見えたのだという事実を想起することは重要である。[23]

一九一四年に存在していた、諸帝国から構成される世界の複雑さは、オーストリア＝ハンガリーを例にとって説明することができる。戦前、二重君主国は（帝政ロシアとドイツ帝国に次いで）ヨーロッパ第三の人口を擁する国であり、民族的、言語的に最も多様性をもつ国家の一つであった。一九一〇年の公式統計によると、帝国人口の二三パーセント以上がドイツ語を第一言語として話し、約二〇パーセントがハンガリー語を母語としていた。ドイツ語とハンガリー語は最も一般的に話されている言語であったとはいえ、この両語が排他的な地位を占めていたわけでは決してない。ハプスブルク帝国の市民の約十六パーセントがチェコ語かスロヴァキア語を、十パーセント近くがポーランド語を、九パーセント近くがセルビア語かクロアチア語、ないしはボスニア語を、八パーセントがウクライナ語を、六パーセントがルーマニア語を、二パーセントがスロヴェニア語を、そして一・五パーセントがイタリア語を話していたのである。そして残りの二三〇万人〔一〇〇万人の誤り〕はその他の様々な言語を話していた。[24]これらの様々な民族的、言語的コミュニティの忠誠心は、根本的にハプスブルク家、すなわち二重君主国を長らく統治してきた皇帝に向けられていた。一八六六年にウィーンがプロイセンに破局的な敗北を喫した後、フランツ・ヨーゼフは数多くの改革を行ったが、そのなかでもとくに重要だったのが一八六七年のアウスグライヒであり、これによってハンガリーは、帝国の枠内で独自の議会を有し、複数の民族を支配下におく、主権を保持する王国となった。ブダペシュトに対する格別の譲歩は他の民族集団、とりわけチェコ人、ポーランド人、クロアチア人のエリートたちの間に嫉妬心を、そしてさらなる自治の拡大を求める政治的野心を呼び起こしたが、帝国内からの完全な独立を求める声はまれであった。クロアチアやスロヴェニアの知識人たちのように、南スラヴ（ユーゴスラヴィア）人としてのアイデンティティをセルビア人と共有するなどと書き記した人びとは、ごく少数だったのである。[25]

ますます巧妙になっていく地域的な妥協のシステム、そしてオーストリア＝ハンガリー帝国の全域で行われていた分割統治政策を根底から揺るがしたのは、一九一四年の開戦であった。一九一四年十二月、いわゆるニシュ宣言のなかで、セルビアは南スラヴ国家の独立を自国の正式な戦争目的として表明した。[26]ただし当初は、オーストリア＝ハンガリー軍に従軍するスロヴェニア人やクロアチア人のなかで、この宣言に注意を払った者はいないに等しかった。戦争の大半の時期、ハプスブルク軍に従軍するポーランド人やチェコ人やクロアチア人、さらにはセルビア人やイタリア人さえもがそうだったように、帝国への忠誠心（そこに弾圧と報復への恐怖が混ざり込んでいたことは疑いえないが）は、民族への忠誠心を上回っていた。とくにチェコ人は帝国の戦争継続に嫌々付き従っていたのだという、しばしば繰り返される物語――この考えは、ヤロスラフ・ハシェクの世界的なベストセラー小説、『兵士シュヴェイクの冒険』（一九二一～二三年刊）に反映されている――は、おおよそのところ戦後の創作であり、ハプスブルクの「圧政」に対する積年の憎しみを強調するチェコ・ナショナリストと、オーストリア＝ハンガリー軍の敗北の理由付けをしようとするオーストリア・ナショナリストの双方に採用された神話である。(27)

大衆的な人気を博し、長らく帝国に君臨してきた皇帝フランツ・ヨーゼフが一九一六年十一月二一日に崩御した後、帝国指導部の交替によって二重君主国の内的な凝集力が弱まったことは疑いえない。彼はほぼ六〇年間にわたり帝国を支配し、諸民族が入り混じった国家の一体性を象徴してきた。ハンガリーの政治家で、壮大な『トランシルヴァニア三部作』（一九三四～四〇年刊）を著した小説家のバーンフィ・ミクローシュは、その日の日記にこう書いている。

> 同じような戦争のニュースばかりで退屈をもてあましていたブダペシュト市民は毎晩、面白くもない新聞売り場を足早に通り過ぎたものだった――しかし今夜はニュースに目を通し、読むために立ち止まった。……今日ばかりは、前線の人びとのことを心配するのをやめて、戦争捕虜になった夫や息子や兄弟のために思い煩う気持ちを抑え、肉親を亡くした悲しみを脇に追いやった。今日は誰もが巨大な国民的惨事を感じて、これからどうなるのか分からず、行く末が見通せない恐怖に駆られて打ちのめされた。煌々と灯りをともした新聞売り場に皆を引き寄せたのは、フランツ・ヨーゼフの崩御の知らせだった。(28)

一八四八年革命以来、帝国の連続性と安定性を体現してきた皇帝の死によって、帝国は統合の象徴を失った。彼の死は、戦争の三年目に突入したハプスブルク帝国に揺らぎをもたらした。[29] もっとも、中央同盟国の敗北で戦争が終わらなければ、二重君主国は間違いなく、フランツ・ヨーゼフから皇位継承者である二九歳の甥〔甥の子の誤り〕、カールへの権力委譲を無事に成し遂げていたであろう。ハプスブルク帝国の命運を決したのは戦争の結果であり、フランス、イギリス、アメリカの意思決定者たちが次第に帝国の解体を戦争目的にするようになっていったという事実であった。開戦直後から、亡命チェコ人（もしくはチェコスロヴァキア人）や南スラヴ人のハプスブルク君主国民はこの目的のためにロビー活動を行っており、（戦前、ウィーンで特派員を務めていて）彼らと繋がりの深かった『タイムズ』の記者、ヘンリー・ウィッカム・スティードや、（一九一六年から週刊紙『ニュー・ヨーロッパ』の出版者であった）ロバート・シートン＝ワトソン、（戦争目的をボヘミア王冠領に関連づけてフランス政府に助言した）ソルボンヌの歴史家エルネスト・ドニといった、英仏で影響力をもつ多数の中欧の専門家に接触してきた。彼ら三人はいずれも、二重君主国は「民族の牢獄」であり、そこに住むドイツ人とマジャール人以外の民族は解放されるべきだという認識が連合国の世論のなかで醸成されるうえで、重要な役割を果たした。[30]

ひどく目的意識が先走った彼らの著作は、チェコ人の哲学教授にして民族主義的政治家で、一九一四年末にプラハから逃亡していたトマーシュ・ガリグ・マサリクによって都合よく活用された。マサリクはロンドンに移住し、ロンドン大学でスラヴ学を教えるかたわら、中欧の将来に関して熱弁をふるっていた。一九一八年前半、彼はアメリカ合衆国を旅し、ウィルソン大統領に会って、チェコスロヴァキア国家の独立への承認を得ようと試みた。[31] 歴史家のアンドレア・オルゾフの指摘によれば、マサリクによって流布された語り口のエッセンスは以下のようなものであった。

チェコ人は西欧人としての価値観をもち、西欧諸国と同様の政治的傾向を帯びている。彼らは啓蒙された理性主義者であり、オーストリアの抑圧からの解放を切望している。彼らはスラヴ人同胞やスロヴァキア人と一丸となって、寛容と平等主義、人権に専心する東欧の国家〔チェコスロヴァキアのこと〕を牽引するべきだし、この国家は西洋に参画するだけの資質を備えている。まさにこの国家が、西欧の支援を受けてドイツ人の侵略に抵抗し、ボリシェヴィキの社会主義的急進主義を封じ込めることに助力するのは、偶然ではない。[32]

しかし一九一八年初頭までは、協商国の意思決定者たちは二重君主国の破壊を戦争目的に正式に盛り込むことに乗り気でなかった。連合国によるハプスブルク君主国の戦後計画は、帝国の存在そのものを問題とせずに、その国制構造を改変するというところに照準を定めていた。[33] 一九一八年一月、ウィルソン大統領は有名な「十四か条」演説で、オーストリア＝ハンガリーは連邦化され、諸民族には「自治的発展のための、最大限の自由な機会が与えられるべきだ」と主張した。しかしまさにこの演説のなかでポーランドについて約束していたのとは違い、チェコスロヴァキアと南スラヴの自治は独立と同義ではなかった。ところが六月には、ウィルソンの意見を実現するのは難しくなっており、彼は今度は、「スラヴ系の全民族がドイツとオーストリアの支配から完全に解放されるべきだ」と主張するようになった。どう見ても、連合国側の全員がスラヴの独立に等しく熱狂したわけではなかった。

早くも一九一八年八月には、イギリス外務次官のロバート・セシルが外務省の覚書のなかで、「率直に言って、二、三のスラヴ国家をヨーロッパに新しく付け加えたところで、かつてのヨーロッパ以上に平和になると思えるかどうか、甚だ疑わしい」と打ち明けている。[34] ところが、九月三日に連合国が、マサリクらの反体制派の率いるチェコスロヴァキア国民評議会をチェコスロヴァキア・ネイションの正統な代表機関として公式に承認すると、オーストリア＝ハンガリー帝国の最期が近づいていることは誰の目にも明らかになった。もっとも、南スラヴの独立要求は当面は無視された。ポーランドやチェコスロヴァキアと違い、セルビア人・クロアチア人・スロヴェニア人王国は一九一九年まで連合国の承認を得られず、その国境はパリ講和会議によって決定されることとなった。[35]

戦争中、一九一八〜二〇年にオーストリア共和国の初代首相を務めたカール・レンナーをはじめとするオーストロ＝マルクス主義者によって、多民族国家の未来に関する代案が提示された。レンナーは、「人類に対して将来の民族的秩序の範を示す」ために、ハプスブルク帝国を「諸民族から構成される国家」にすべきだと主張した。[36] 一九一八年十月十六日、皇帝カールは民族革命の脅威に自ら対抗しようとして（そしてウィルソンの歓心を買おうとして）「人民宣言」を発布し、帝国の半分にあたるオーストリアを連邦的基礎に立脚させることに承認を与えると約束した。カールは、ドイツ人、チェコ人、南スラヴ人、ウクライナ人の各テリトリーが独自の議会をもち自治的に統治される、緩やかな帝国構造を念頭においていた。ハプスブルクのポーランド人地域は、ウィルソンが「十四か条」で要求していた独立ポーランド国家への合同を認められることになっていた。[37]

しかし、「人民宣言」にしろ、帝国を連邦に改編しようというオーストロ＝マルクス主義者の真摯な改革案にしろ、ウィーンとの紐帯を金輪際断ち切りたがっている人びとを満足させられないのは明らかだった。〔亡命先にいた〕チェコ人やスロヴァキア人、南スラヴ人の政治家たちは、完全独立だけが自分たちにとって唯一の選択肢なのだと確信していたし、一九一八年夏からは連合国の指導者たちが彼らの立場を支持するようになった。[38] 七月、チェコ人とスロヴァキア人の政治家たちはパリでチェコスロヴァキア国民評議会を組織した。[39] 十月五～十一日、他の集団も同様の段階に足を踏み入れた。すなわち、ザグレブではスロヴェニア人・クロアチア人・セルビア人民族会議が設立され、ポーランド人はハプスブルク支配下のガリツィアをも含めた「自由・独立ポーランド」を宣言したのである。[40]

民族構成や宗教構成の点で中東欧に負けず劣らず複雑な事情があったにもかかわらず、オスマン帝国の場合はもう少し問題が簡単なように、連合国の目には見えた。西側の外交官や為政者によって長らく「ヨーロッパの瀕死の病人」、キリスト教マイノリティに対する抑圧者と断じられてきたオスマン帝国は、中央同盟国側に立って参戦したばかりか、アルメニア人に対して虐殺政策を行ったことによって、（ロイド・ジョージのように）帝国の解体を決意していた人びとをさらに勢いづかせた。地政学的、経済的、そして文化・宗教的な利害関心が、オスマン帝国に対する態度が決定される際に重要な役割を果たした。モスル地域をはじめとして、オスマン帝国のアラブ諸州の一部には莫大な石油が埋蔵されていたし、トルコ両海峡〔ボスポラス海峡とダーダネルス海峡〕とスエズ運河は、とくにインドへの陸海路を保全したがっていたイギリスから、戦略上の要衝であると考えられていた。[41] さらに、フランスはシリアとレバノンを要求したが、そこには自らこそがこの地域のキリスト教マイノリティたちの守護者であるという認識、そして「地中海的」フランスという夢想が深く関わっていた。[42]

戦時中、連合国はオスマン帝国の先行きについて何度も議論してきた。一九一五年春、ペトログラードはロンドンから、トルコ両海峡とコンスタンティノープル、アルメニアにおける自国の利害の保全に対する保証を得ていた。一年後の一九一六年五月、英仏の外交官であるマーク・サイクスとフランソワ・ジョルジュ＝ピコが、戦後の中東における両国の野望をめぐって秘密交渉を行った。このサイクス＝ピコ協定で、ロンドンはバグダードとバスラを含むこんにちの南イラクを、パリは現在のレバノンの大部分とシリア沿岸部、さらに北方のキリキア（小アジアの南海岸部）を支配下に収めることとなった。パレスチナは国際管理下に置かれる予定であった。オスマン帝国の残りのアラブ諸州――こんにちの東シリア、北イラク、ヨルダンを含む広大な地域――は北部はフランス、南部はイギリスの管理の下で、現地のアラブ人首長たちに与えられることになっていた（サイクス＝ピコ協定は、サイクスとジョルジュ＝ピコの原案を元に、ロシアも加わって、一九一六年五月十六日にペトログラードで結ばれた。ロシアについては、トルコ両海峡地域と黒海南東沿岸が勢力圏とされた）。一九一六年にイギリス軍がガリポリ半島とメソポタミア戦線で一敗地に塗れたばかりだったことを踏まえれば、当時、この協定はひどく高望みなものだった。しかし英仏の見解からすると、講和条約が今後いついかなる時に合意を得て調印されようとも、その際に、欲しい地域を囲い込むことが大切であった。[43]

サイクス＝ピコ協定の前から――その内容と対照的に――イギリスは既に、オスマン支配に対する現地の抵抗運動を鼓舞しようとして、「アラブ民族主義」という泥沼に介入していた。一九一五年、エジプト駐在イギリス高等弁務官のサー・ヘンリー・マクマホンが、アラブ人が反乱を起こしてメソポタミア戦線におけるイギリスの戦争遂行に助太刀してくれる見返りに戦後の「アラブ独立」を約束する書簡をメッカの太守《シャリーフ》、フサイン・イブン・アリーに送っていたのである。将来のアラブ国家から除外されたのは、おおよそアレッポからダマスクスを結ぶ線の西側のシリアとレバノンの沿岸部、そして旧オスマン領のバグダード州とバスラ州だった。こうした約束に応えて、一九一六年六月にアラブの反乱が始まった。(44) その後の二年間にわたり、フサイン・イブン・アリーの三男であった野心的なファイサルと、イギリス軍の諜報将校であったトマス・エドワード・ロレンス(「アラビアのロレンス」)の指揮下に置かれたアラブ人非正規軍が、後にサウジアラビアとヨルダン、そしてシリアとなる地域でオスマン軍と戦った。(45)

「帝国主義諸国」の恥部を暴き、彼らの秘密外交を批判に晒そうとする意図的な試みから、一九一七年末にボリシェヴィキが連合国の秘密条約やツァーリ体制の外交文書を公表すると、アラブの反乱者たちに対する約束がサイクス＝ピコ協定、そして一九一七年十一月のバルフォア宣言の規定の双方と矛盾していることが天下に知れ渡った。バルフォア宣言においてイギリス政府は、「パレスチナにユダヤ人の民族的郷土を創設する」のを支援すると確約しており、そこでの但し書きによれば、「パレスチナに元々存在する非ユダヤ系コミュニティの公民権や信仰の権利、あるいは他のあらゆる国でユダヤ人が享受している権利と政治的地位は一切害されるべきではない」とのことだった。(46)

バルフォア宣言は、とくにハイム・ワイツマンによる長年のロビー活動の産物であった。後にイスラエル国家の初代大統領(一九四九〜五二年)を務めることとなるワイツマンは、第一次世界大戦中にイギリスにおけるシオニスト運動の指導的人物として頭角を現した。一八七四年にロシアの片田舎、ピンスクから西に三〇キロほどのところに位置するシュテットルであるモトリ(現在のベラルーシのモタリ」に生まれた彼は、ペイル〔ロシア帝国の西部地域に設けられたユダヤ人強制集住地域〕出身の何万人ものユダヤ人の例にもれず、経済的窮乏とロシアの反セム主義を逃れて西方へと移住した。彼はドイツで化学を学び、一八九六年に出版されてシオニズムのバイブルとなっていたテオドール・ヘルツルの綱領的な著作、『ユダヤ人国家』に初めて出会い、ヘルツルの理想郷を実現するための運動に進んで身を投じるようになった。(47)

一九〇四年七月、ワイツマンは最初に教職を得たスイスを離れ、マンチェスター大学で有機化学の上級講師として働くようになったが、政治的大志を捨てることはなかった。むしろ反対に、マンチェスターにやって来てから二年後、彼は共通の知人をつうじてイギリスのアーサー・バルフォア前首相との初対面を果たした。バルフォアはユダヤ人のホームランドを追求するワイツマンに共感し、バルフォアが閣僚に返り咲いた後も二人の交流は続いた。一介の外国人でありながらイギリスの社会的、政治的な支配層に短期間で接触するワイツマンの能力は驚くべきものだった。彼は、ロスチャイルド家のようにイギリスで影響力をもつユダヤ人一族や、『マンチェスター・ガーディアン』といった大新聞の古参のジャーナリストとの関係を築き上げたばかりか、権力の絶頂期にあったデイヴィッド・ロイド・ジョージやハーバート・アスキスとも会談した。彼のロビー活動の取り組みはついに一九一七年十一月に実を結び、バルフォア卿が、パレスチナにおける「ユダヤ人の民族的郷土」建設をイギリスは支援すると約束した。イギリス政府のシオニズム運動への支援は、おそらく本気であった――それに対して、アラブ人との合意は純然たる戦略的観点からのものだったと考えたほうがはるかに合点がいくだろう。確かに、「民族的郷土《ナショナル・ホーム》」とは、西側連合国がポーランドに関して思い描いていたような独立国家ではなく、一九一八年一月にウッドロウ・ウィルソンがチェコ人やスロヴァキア人、南スラヴ人に約束した、「最大限可能な自治」のごときものだった〔ウィルソンの「十四か条」がハプスブルク帝国内の諸民族に対して約束したのは、「自治的発展のための、最大限の自由な機会」〕。しかしそれは、シオニズムがヘルツルの構想を実現するうえでの絶対的な基盤となった。[48]

しかしながら、この約束には幾つかの難問がつきまとっていた。ヨーロッパから数次にわたり移民が押し寄せたにもかかわらず、ユダヤ人はこの地域では小規模なマイノリティのままに留まっており、一九一四年のパレスチナ人口の六パーセントを占めたに過ぎなかった。パレスチナの総計七〇万人の住民のなかで圧倒的多数派を成していたのはアラブ人であり、そのなかには若干のキリスト教徒もいたが、大半はムスリムであった。[49]そのうえ、少なくとも一九一七年までは、パレスチナのユダヤ系住民の圧倒的大半は独立国家を喧伝していなかった。むしろ彼らの多くは、オスマン帝国内部でのユダヤ人の自治権獲得のほうを支持していた。一例を挙げれば、オスマン軍に従軍するユダヤ人兵士の愛国的発言を掲載した一九一四年の新聞『ハ・ヘルート』には、帝国に対する忠誠が表現されている。曰く、「この時から、我々は分裂した民〔個人〕ではない。この国のすべての民は一つの人間であり、我々は皆、自分たちの国を守り、自分たちの帝国に敬意を払うことを望んでいる」、と。[50]当時のオスマン主義の支持者をもう一人挙げるとするなら、後にイスラエルの初代首相となるダヴィド・ベングリオンは、(後にイスラエル大統領となるイッハク・ベンツビとともに)コンスタンティノープルで学び、第一次世界大戦の開戦時、オスマン帝国を助けるためにユダヤ人義勇軍を徴募した人物だった。ベングリオンをはじめとする人びとが一九一八年に立場を変え、ユダヤ軍団に加わって連合国の戦争遂行を支援するようになったのは、戦争の経過と、バルフォアがユダヤ人に与えた「民族的郷土」建設の約束に後押しされたためであった。(51)

反対に、パレスチナのアラブ人たちはバルフォア宣言に激怒した。エドマンド・アレンビー将軍がイェルサレムを征服した後の一九一七年十二月以降、新たに「解放された」パレスチナがいかにして、そして誰に統治されるべきかは、これまで以上に切実な問題になった。一九一八年春にワイツマン自身を議長とするシオニスト委員会が今やイギリス軍占領下となっていたパレスチナを訪問するのにイギリス当局が手を貸したことによって、将来の独立を望んでいたパレスチナ・アラブ人たちはさらに頭を悩ませるようになった。(52)パレスチナのアラブ系住民にしてみれば、戦争で破壊されたオスマン支配が新たな、なおも未来のかたちが判然としない帝国主義的建造物に取って代わられたのだという印象を拭えなかった。現地にいたアメリカの情報将校、ウィリアム・イェールが早くも一九一八年四月に報告しているように、

あまりに大きな苦悩と困窮に襲われ、トルコ人支配に対する不満が一九一六年と一九一七年に高まったパレスチナでは、ほぼすべてのアラブ人がオスマン政府への反逆を公然と口にし、自分たちの国をトルコ人から解放したがっていたにもかかわらず、イギリスの政治諜報員によると、イギリス軍による占領直後の一九一八年春には、トルコ人の宗主下で暮らしていくことを望む当事者たちが存在しているらしいという点が重要なのだ。この集団的感情はヨーロッパ人特有の好き嫌いではまったく説明できないものであり、ムスリムの支配者の下に入りたいという、ムスリムの極めて自然な願望である。この集団的

感覚のなかに、——トルコ人の支配の下では、シオニストはパレスチナで今ほど確固たる足場を得られないだろうという——確信が混ざり込んでいるのは間違いない。(53)

一年もたたないうちに、イェールの見立ては、シリアとパレスチナに送られたアメリカの実情調査団からも支持されることとなった。キリスト教の高等教育改革者であるヘンリー・チャーチル・キングと、富裕な民主党支持者で外交政策の立案計画者であるチャールズ・R・クレーンという二人のアメリカ人団長の名を採った、いわゆるキング・クレーン調査団は、一九一九年八月、パレスチナのアラブ人は「シオニストの計画の一切に断固として反対して」いるという報告を本国に送った。それゆえ、同調査団はパリ講和会議に、ユダヤ人の移住を制限するよう、そしてパレスチナをユダヤ人のホームランドにしようなどといった考えを放棄するよう、勧告している。(54) しかし、彼らの勧告は無視された。その代わりに、一九二〇年四月、イギリスとフランスはリグリア海に面した都市、サン・レモでの会議で、イギリスがパレスチナを委任統治領とすることによりバルフォア宣言を履行するという合意に達した（この決定は、一九二二年七月に国際連盟によって承認された）。パレスチナのアラブ人はサン・レモ会議に出席しなかったが、西側諸国の観察者たちは、彼らがユダヤ国家に対してはもちろんのこと、ユダヤ人のさらなる移住に対してどのような感情を抱いているのかよく分かっていた。一九二〇年四月四日、イェルサレムのあちこちの路上で反ユダヤ暴動が勃発して三日間にわたって続き、五人が死亡し、数百人が負傷した。(55)

その後の数十年間、パレスチナは、一九一五〜一七年に権限を与えられていた様々な関係者による約束が致命的な矛盾を孕んでおり、しばしば悪意をもってさえいたという、痛ましい教訓を体現することになった。とくにアラブ人たちが予測したように、これらの約束は、長期的な意志の表明としてではなく、現地人の支援を調達するための短期的な手段として、戦争のなかで作り上げられたものであった。この戦時中の策略のつけを、こんにちの中東はなおも払わされている。

第十二章　中東欧の再編

一九一八年十月三一日、アドリア海に基地を置くハプスブルク艦隊の司令官ホルティ・ミクローシュは、皇帝カール一世に最後の電報を送り、「揺るぎなき忠誠」を誓った。数分後、彼は自分の艦隊の旗艦である「フィリブス・ウニティス号」を引き渡した。残っていたチェコ人、クロアチア人、ポーランド人、ドイツ系オーストリア人の水兵と彼の周囲の将校たちは、帝国崩壊後の遺民となり、不確かな未来へと解き放たれた(1)。

この時には既に、帝国の各地で民族革命が始まっていた。幾分皮肉なことに、最初に独立国家へと移行したのは、二重君主政の下で最も繁栄を謳歌した民族であるドイツ人とハンガリー人だった。ウィーンでは、十月二一日にドイツ系オーストリア臨時国民議会が創設された。十一月十一日、皇帝カールは総布告を出し、「国事への一切の関与を放棄」したが、実際には退位はしなかった。翌日、臨時国民議会はドイツ系オーストリア共和国の創立を宣言し、社会民主党の初代首相カール・レンナーが社会民主党とキリスト教社会党、ドイツ民族主義諸派から成る大連立政権を率いることとなった。ウィルソンの民族自決の論理に沿って、新共和国は旧ハプスブルク帝国領のうち、オーストリア領シレジア、南ティロールの一部、ドイツ語を使用する者が多数を占めるボヘミア地域を含む、ドイツ語話者の居住地域のすべてが自国の領土であると主張した。最も重要だったのは、共和国の新たな統治者たちが、オーストリアはドイツの一部になるのが当然だと発表したことであった——この要求は、ウィルソンの原則に完全に合致していた(2)。

ハンガリーでの民族革命はさらに騒々しかった。ヴェケルレ・シャーンドル率いる戦中の保守的政府は一九一八年十月十六日、二重君主国が創建される根拠となった一八六七年のオーストリア・ハンガリー間のアウスグライヒは、ブダペシュトにとってもはや法的な拘束力をもたないと発表した。しかしながらこれは、対立する党派からすると、帝国に反対する立場として不十分であった。十月二三日〔十月二五日の誤り〕、ハンガリーの社会民主党と急進党は、自由主義的なカーロイ・ミハーイ伯の下で国民評議会を創設した。国民評議会は、自分たちこそがハンガリー人民を代表する唯一の正統な機関であると主張した。十二か条から成る同評議会の綱領は、ハンガリーの完全独立、男女普通選挙権の導入、戦争の即時終了、検閲制度の廃止、そして農村改革を要求した。国民評議会の無邪気な願望からすれば、改革と独立の要求は、新国家がハンガリーのすべての歴史的領域を保持しようとする際に、プラスにはたらくはずであった(3)。

こうした要求は、ブダペシュトの路上で抗議活動を行った数万人の人びとや、ストライキに参加して十月二八日に警察と衝突し、三人の死者と五〇人の負傷者を出す流血沙汰を起こした労働者たちの支持を受けた。[4] この時には、ハンガリーが完全な独立国家となること、そしてハプスブルクに忠誠を誓う人びとから成る旧体制は国民評議会に取って代わられることが明らかになっていた。国民評議会は、民族主義を信奉する多数の将兵の支持をあてにできた。十月三〇日、将兵たちが皇帝への忠誠を放棄すると公に発表した。翌朝、カーロイが首相に任命され、国民評議会の執行部が政府となった。一部の人びとにとっては、これで事足れりとはならなかった。新政府の成立から数時間後、多数の兵士たちが元首相のティサ・イシュトヴァーン伯爵の別荘に乱入した。ティサは今や時代遅れとなったウィーンへの忠誠心を体現する人物であり、この数年間ハンガリーに苦痛をもたらした張本人であると広く見なされていた。彼は家族の面前で殺害された。[5] それ以外の点では、ハンガリーの民族革命は比較的平和裏に進行した。赤・白・緑の三色から成る国旗が二重君主国の国旗に代わってブダペシュト中の公共の建物に掲揚され、何十万人もの人びとが町の広場でお祭り騒ぎを繰り広げた。[6]

ハンガリー共和国が誕生した時には民族革命は帝国の各地に拡大しており、十月後半の帝国軍の決定的敗北によって、この動きに拍車がかかった。帝国軍が一九一八年十月二四日にヴィットーリオ・ヴェーネトの近傍で始まったイタリア軍の大攻勢を止め損なった後、敗北が避け難いことが誰の目にも明らかになった。イタリア軍を食い止めるどころか、ハプスブルク軍は敗走した。兵士たちが戦闘継続を拒否するという事態に直面して、ウィーンは十月二八日に休戦を申し出た[7]〔既に前日に休戦提案を出している〕。

ハプスブルクの休戦提案に活気づいたチェコスロヴァキア国民委員会は、十月二八日にプラハで支配権を掌握した。赤・白のボヘミアの旗を担いだ人びとが街路に繰り出して、今や侮蔑の対象となったハプスブルク国家のシンボルを破壊し、その間に、連合国がトマーシュ・ガリグ・マサリクを国家元首として正式に承認した。マサリクはその後十七年にわたり、この地位に留まることとなる(8)。

ブダペシュトやプラハと同じように、旧ハプスブルク帝国領の全域が早い段階で革命を経験したが、前年のロシアの事例と比べると、そこには「ボリシェヴィキ的」な要素はほとんどなかった。むしろそれらは、ウィーンからの政治的独立を目的とした国民的な革命であり、そして実のところ極めて平和的な革命であった。クロアチアの中心都市ザグレブでは、一九一八年十月後半にスロヴェニア人・クロアチア人・セルビア人民族会議が独立を宣言し、革命家たちが新国家の誕生とウィルソン主義の勝利を祝った。独立を達成した後、スチェパン・ラディチはクロアチア人の指導者の一人として、この日のことを誇らしげに回想している。「人民は血を流して自由をもたらそうと立ち上がり、世界中でウィルソンの原則が勝利を謳歌したのだ」、と(9)。

もっとも、こうした思いを誰もが共有していたわけではない。一九一八年にクロアチア権利党の幹部を務めており、後にクロアチアのウスタシャ〔一九二九年に創設されたファシズム団体〕の指導者となったアンテ・パヴェリッチは、回顧録のなかでこう思い返している。「[摂政のアレクサンダルがセルビア人・クロアチア人・スロヴェニア人王国の成立を正式に宣言した一九一八年]十二月一日は悲しく、ぼやけた日だった。人びとは不快そうに通りを過ぎ、無表情のまま、口元には苦々しさが漂っていた。……あの日、クロアチアは大セルビア主義政策によって葬られたのであり、もう二度と存在することはないだろうという深い確信が広がっていたのだ(10)」。

旧ハプスブルク帝国領の他の場所と同様に、ザグレブの民族革命も当初は流血の事態が比較的少なかった。しかしそれは、多民族帝国から国民国家への移行に危機が伴わなかったということを意味するわけではない。旧帝国領の複雑な民族構成、そして各地の民族集団がウィルソンの民族自決権の観念を領土要求の正当化のために利用しようとしていたであろうことを思えば、暴力の勃発は十分に起こりえた。(11) 当初は非暴力的だった二重君主国内での民族革命は、とくに東部国境地帯において間もなく、国家間の戦争や内戦といったかたちの暴力的な動乱へと転化していった。例えば十一月一日未明、ガリツィアの中心都市レンベルク（ポーランド語でルヴフ、ウクライナ語でリヴィウ）のウクライナ民族ラーダ〔一九一八年十月十八日にウクライナ人の政治指導者たちによって作られた代表機関〕に忠誠を誓う旧ハプスブルク軍が公共の建物を占拠し、ハプスブルクのガリツィア総督を拘束した。九日後、民族ラーダは西ウクライナ人民共和国の建国を宣言し、レンベルクを首都に定めた〔民族ラーダが臨時政府としての臨時国家書記局の名簿を公表するのは八日後の十一月九日だが、国名を「西ウクライナ人民共和国」とするのは、十一月十三日に制定した臨時憲法においてである〕。その結果、新造の西ウクライナ国家と、レンベルクと東ガリツィアの領有権を主張するポーランド共和国との間で戦争が勃発した。両陣営は、係争地域を軍事的に支配すれば、パリの仲裁人たちが無視できないような現地の実情を作り出せるということを認識していた。二週間にわたる戦闘の末にポーランド軍がレンベルクを征服したが、戦争自体は一九一九年七月まで続き、ウクライナ軍の敗北で終わった。(12)

ポーランドの事例は、ヨーロッパの陸の帝国が突然崩壊したこと、そして後継国家に隣国との領土問題を平和裏に解決する力が欠落していたことが、第一次世界大戦後の暴力の発生に大きく作用したのだという事実を示している。フランスは一九一七年秋に独立ポーランドという案を支持し、ウッドロウ・ウィルソンは「十四か条」の第十三条で、再建されたポーランドは「明白に」ポーランド人の居住している領土を獲得し、「自由で安全な海への通路」をも獲得してよいと約束していた。[13] バルト海沿岸の各地に存在したドイツ人コミュニティの規模を思えば、こうした約束を同時に満たすのは不可能であった。この事実は、係争状態を招かないような国境をもち、国家としての機能を十分に備えた新規の後継国家を東欧に作るのには、大きな障害があったことを示している。この障害は、また別の要素によって険しさをさらに増した。東部戦線での四年にわたる武力闘争により、ポーランドのものになるはずの領土は荒廃していた。そうした領土では、ドイツ軍とオーストリア軍、ロシア軍の占領で数十万人の住民が殺戮されたり、あるいは東部や西部のはるか遠くに移送されていた。一九一八年後半には、疫病の流行と飢饉が農村や都市の住民を見舞った。当時アメリカ支援局長を務めており、後にアメリカ合衆国大統領となるハーバート・フーヴァーは一九一九年に、ポーランドの大部分が戦争中に様々な軍隊の侵攻と退却を七度も経験しており、その度に大規模な破壊と何十万人もの死傷者が伴ったと記している。[14]

ポーランドはまた、ドイツ人と西部を、リトアニア人と北部を、ウクライナ人やベラルーシ人と東部を、そしてチェコ人やスロヴァキア人と南部をというふうに、異民族と領土を争奪し合っており、国内的にも深く分裂していた。敵愾心に満ちた隣人たちに包囲されているなか、第一次世界大戦中は三つの異なる帝国の軍隊に従軍していた兵士たちの寄せ集めから、誕生間もないポーランド国民国家の軍隊を作り上げねばならなかったし、兵士たちはしばしば互いにいがみ合っていた。チェコ人の指導者たちがパリ講和会議の際の政治的代表団のなかで結束を作り出していたのに対して、ポーランド人の指導者たちは、新たな国家元首兼最高指揮官であるユゼフ・ピウスツキと、ロマン・ドモフスキの率いるパリのポーランド国民委員会との間で二分されていた。[15]

この権力闘争で凱歌をあげることになったのはピウスツキだったが、その理由はとりわけ、パリのピースメーカーたちがなおも中東欧の将来の国境について議論していたのに対して、彼が現地の実情に焦点を定めたからであった。貧しいポーランド・リトアニア貴族の息子だったピウスツキは、ロシア領ポーランドのヴィリニュス（ポーランド語でヴィルノ）の出身［生地はズウフ（現在のリトアニアのザラヴァス）］で、若い頃から政治に積極的に関わった。その動機として大きかったのは、カトリック信仰を守っていた彼に対して、正教会の儀式に参加し、ポーランド語ではなくロシア語を話すよう強制したロシア支配への反発であった。彼は、一八八七年にレーニンの兄によって組織され未遂に終わったツァーリ・アレクサンドル三世の暗殺計画に参加したかどで初めて逮捕され、五年間シベリアに送られた。一九〇〇年、ピウスツキは再び逮捕されたが逃亡した。彼は戦前の数年間を社会主義者の地下組織で過ごし、政治活動に必要な資金を調達するために、銀行や列車を襲った。[16]

一九一四年に第一次世界大戦が始まると、民族上はポーランド人にあたる多数の人びとがある者はオーストリア＝ハンガリー軍で、ある者はドイツ軍で、またある者はロシア軍でというふうに、三つの異なる帝国の軍隊に従軍した。ピウスツキは初めのうちは中央同盟国を支持し、民族の独立というポーランド人の希望を阻む大きな障害となっているロシアに対する戦争に挺身しようと、義勇軍であるポーランド人軍団を募りさえした。かくしてドイツとピウスツキは、打倒ロシア軍という願望によって手を結んだ。しかしロシアが一九一七年に崩壊すると、彼は、勝ち誇ったドイツが強力すぎる隣国になりかねないことに次第に不安を抱くようになった。かつてのロシア領ポーランドを一九一五年以来占領していたドイツとの関係が緊張を深めていった結果、彼は投獄され、第一次世界大戦の最末期まで収監されていた。[17] 一九一八年十一月に釈放されてポーランドの古都ワルシャワに戻ったピウスツキは、兵士たちから「初代ポーランド元帥」に祭り上げられた。彼にとっても他の人びとにとっても、近いうちにロシアやドイツ、オーストリア＝ハンガリーが同時に崩壊して、十八世紀末に他国に併呑された国家を再建するための、またとない歴史的機会が与えられることは明らかであった。しかし、ポーランドの国境が一体どこになるのかは定かではなかった。かつての国境線は何度も変更されており、ポーランドは十八世紀後半に数次にわたって分割された後、地図上から完全に消えていた。民族上ポーランド人と見なされる人びとは分割以来、ロシアとドイツ、オーストリア＝ハンガリーの支配下で暮らしており、復活したポーランドの住民の性質や都市構造、経済は、十八世紀のポーランド＝リトアニア共和国とさえほとんど共通するところがなかった。[18]

ピウスツキの軍事的指揮の下、ポーランドは一九一八年から一九二一年にかけて常に公式あるいは非公式の戦争状態にあり、東ではロシア人やウクライナ人、ベラルーシ人、北ではリトアニア人、西ではドイツ人、南ではチェコ人と、そして既に支配下に収めた領域では（「内なる敵」としての）ユダヤ人と戦っていた。[19] 東方では、一九一八年十一月初頭にガリツィアにおいて、ウクライナ軍に対するポーランドの軍事行動が始まったが、これは十一月十一日に西部戦線での戦闘が正式に終結し、第二ポーランド共和国の成立が宣言される以前のことであった。[20] 他と同様にここでも、民族的な混住地域に対する領土的野心が紛争の核心を成していた。クラクフを含めたガリツィアの西半分では明らかにポーランド人が多数派だったが、東部では問題はより複雑で、――レンベルクとタルノーポリ（ウクライナ語ではテルノーピリ〔ポーランド語ではタルノポル〕）の二都市を除けば――民族上ポーランド人にあたる人びとはルテニア人（カトリックのウクライナ人）に数的に圧倒されていた。[21] ルテニア人は一九一八年十一月にハプスブルク帝国から独立を獲得した後、ウクライナ共和国に統合されることを望んでいた。しかし、ポーランド人はこうした願望に微塵も共感を抱いておらず、武力に訴えて対抗した。[22]

一九一九年春には、ピウスツキが再建したポーランド軍はさらに、上シレジア〔上シュレージエン〕の西部では強力なドイツ義勇軍との、北部では係争地である都市ヴィリニュスを少し前に奪取したリトアニア・ボリシェヴィキとの戦闘に従事していた。[23] もっとも、新興のポーランド国家にとって最も切迫した脅威となったのは、一九一九年春から一九二〇年秋にかけて行われた対ソヴィエト・ロシア戦争であった。この戦争は、一九一九年のポーランド軍によるベラルーシ侵攻と、一九二〇年四月の二度目のキエフ進軍で始まった。ポーランド軍は激しい戦闘を繰り広げながら東へ進軍し、五月にキエフを占領したが、戦局を維持するうえで待望されていた現地の支援は得られなかった。レフ・トロツキーの率いる赤軍は頑強に抗戦し続けた。六月、赤軍はポーランド軍をウクライナの首都から追い出し、その後、ベラルーシのミンスクを通過する部隊と、西ウクライナを横断する部隊による二重の攻勢を開始した。レーニンは、ブルジョワ的だと見なしていたポーランド政府を転覆し、革命をはるか西へと輸出する機会を掴み、ワルシャワへの進軍を赤軍に命じた。さらに一九二〇年夏、彼は征服地を統治するために傀儡政府――フェリックス・ジェルジンスキー率いる「ポーランド・ソヴィエト社会主義共和国」――を樹立した。たった三週という短い存続期間中、ポーランド・ソヴィエト社会主義共和国は、スモレンスクとビャウィストクとを行き来する装甲列車から統治された。[24]

戦役をつうじて、両軍は敵兵や民間人、とりわけユダヤ人に対して数えきれないほどの暴虐行為をはたらいた。[25]とくに記録がよく残っているピンスクでのポグロムに反応したものだと思われるが、ドイツ・ユダヤ人の退役兵で小説家のアルノルト・ツヴァイクは一九二〇年にこう書き記している。「大都市で折り重なるようにして暮らすか、中小都市や農村で散り散りになっていた東方ユダヤ人たちの上に、ポーランド人とポグロムが降りかかった。大都市からは衝撃的な知らせが届いたが、鉄道も電信局もない中小都市や農村からは長らく音沙汰がなかった。そこで何が起こっているのかはかなりたってから耳に入ってきた。殺人と虐殺だ[26]」。

八月にはソヴィエト軍はワルシャワ郊外にまで迫っていた。若く有能な参謀将校のシャルル・ド・ゴールを引き連れてポーランドに来たマクシム・ヴェガン将軍率いる小規模なフランス軍の派遣部隊を除けば、ポーランドは連合国の援助をほぼ断たれていた。[27]外交官がポーランドの首都を引き上げ始めると、ピウスツキによる巧みな反撃が実行された。「ヴィスワの奇跡」と呼ばれる国民的神話として有名なこの反撃で、ポーランド軍が優勢に転じ、赤軍は総崩れとなった。九月、レーニンは和平を申し出た。一九二一年三月十八日に調印されたリガ条約で、ポーランドはベラルーシの西部とウクライナの西部を手に入れた。この領土獲得は長年にわたる禍根を未来に残すことになったが、それはとりわけ、さらなるマイノリティ集団――約四〇〇万人のウクライナ人、二〇〇万人のユダヤ人、一〇〇万人のベラルーシ人――がポーランドの民族構成に加わったためである。[28]

新ポーランド国家の南部では、二つの「戦勝国」の相対する利害関心の調停役を連合国が演じた。

例えば、旧ハプスブルク帝国の小規模な公爵領であるテシェン（ポーランド語でチェシン、チェコ語でチェシーン）は、ポーランドとチェコスロヴァキアの双方が領有を主張していた。一九一〇年のハプスブルクの人口調査によれば、テシェンの民族的「チェコ人」は「ポーランド人」の半分に過ぎず、さらに「ドイツ人」の人口も相当な割合にのぼった[29]。取るに足らない規模であったものの、このかつてのハプスブルクの公爵領は、中欧における主要な鉄道の合流点としての軍事的な重要性を認められていたことに加えて、大きな炭田を有していたため、経済的な価値もあった。西側連合国のおぼえめでたい後継国家であるチェコスロヴァキアは、テシェンが自国の経済的、軍事的な命運を左右すると主張したが、ポーランド語話者は地域住民の過半を成していた。一九一九年一月、プラハとワルシャワは、パリで決定が出される前に現地の状況を処理しようとして、テシェンに軍隊を派遣した。中欧の二つの重要な同盟国をどのようにして宥めるか分からなかったパリの調停者たちは、一九二〇年七月に住民投票を行わずして公爵領を分割したが、こうした解決方法は住民に残酷な結果をもたらした[30]。

連合国がパリで決定を下す前に新たな既成事実をこしらえようと目論み、土地を横領するというやり口は、何もポーランドだけのものではなかった。一九一九年夏まで、そしてその後も何度か、消滅したハプスブルク帝国の後に成立した戦勝国はこぞって、新たな「現実」を作り出すために、自国の境界線を半ば軍事的な活動によって外へと広げようとした。とくに係争状態にあった国境地帯では、――帝国の内部分裂と国境の引き直しにより「国民化された」――非正規の民兵や急ごしらえの軍隊が、力にものを言わせて新たな現実を作り出した。成立したばかりのチェコスロヴァキア国家も、戦争が終わると、ドイツ系住民が多いズデーテン地方に派兵した。ズデーテンでは、領土の確保を目的とする武力干渉は一九一九年三月四日の大量虐殺で最高潮に達し、抗議を行う丸腰の群衆にチェコ兵が発砲して、女性や子供を含む五四人の民族ドイツ人が殺害され、千人以上が負傷した[31]。チェコ領だけでも、一九一八〜二〇年に総計で約一五〇〇人の民間人が民族的、政治的な騒乱のなかで殺されたが、その間の一九一九年の春と夏には、ハンガリー・ソヴィエト共和国との戦争によってプラハで一〇〇〇人以上の命が犠牲になった[32]。

民間人に対して場当たり的な暴力をふるった下手人の多くは、ロシアから徐々に本国に帰還してきたかつてのチェコスロヴァキア軍団の兵士たちであり、彼らはその後、プラハで新規に創設された共和国軍の中核を担うこととなった[33]。軍団の兵士は、戦争やロシア・ボリシェヴィズムとの戦いのなかで積極的な役割を果たしたことで、共産主義者、そしてドイツ人やハンガリー人の「分離主義者たち」、そしてユダヤ人から新国家を守るのが自分たちの「任務」だと感じるようになった[34]。例えば一九一九年五月のプラハの路上では、彼らは、ユダヤ人とドイツ人の財産が公然と略奪される際に大いに活躍した[35]。国境地帯ではさらに劇的な暴力沙汰が起こった。チェコスロヴァキア軍によるスロヴァキア侵攻中、とりわけプラハの部隊がハンガリー赤軍に撃退され、短命に終わったスロヴァキア・ソヴィエト共和国が成立した後、チェコ人の兵士たちはユダヤ人やカトリックの司祭、そして共産主義者であるという嫌疑のかかった民間人を的にしたテロ行為に出た[36]。ウージュホロド〔現在のウクライナ西部の都市〕周辺の国境地帯では、一人のカトリック司祭が襲撃された末、恐怖におののく村人たちの面前で銃剣で突き殺された[37]。

オーストリア＝ハンガリーが敗北した瞬間から、セルビア軍もハプスブルク領に進軍し、まずは北部と南部に向かい、十一月にはクロアチアとスロヴェニアに侵攻した。[38] セルビアには、領土の強奪をつうじて要求を押し通すだけの大義名分があった。この国は大戦中に総計で約四〇万人の兵士を失っており、とくにドイツ軍が先導した一九一五年の攻撃後に起こった、アルバニアを横断する「大退却」のなかで、推計で二四万人の兵士と民間人が死亡したのであった。[39] 二度のバルカン戦争が始まった一九一二年当時と比較すると、セルビアは一九一八年までの六年間で人口の二八パーセント（約一二〇万人）を喪失したが、そのうちの三分の二が民間人だった。しかもこの数字には、大戦終結時に七万二〇〇〇人以上を数えた負傷兵や、十八万人の戦争未亡人は含まれていない。セルビア政府の見積もりでは、国内で起こった暴力的な騒擾の結果、国富の半分が失われた。[40]

積年の苦しみが報われる時がついに到来した。旧ハプスブルク軍に所属していたクロアチア人やスロヴェニア人等の南スラヴ人兵士によって増強された新造のユーゴスラヴィア軍部隊が、かつては主にハンガリー王国の一部だった（しかしすべてがハンガリー領だったわけではない）地域を占領し、セルビア人・クロアチア人・スロヴェニア人王国に包摂した。その領域は、バナト、バチュカ、バラニャ、南ハンガリー、ボスニア、ヘルツェゴヴィナ、ダルマチア、モンテネグロ、クロアチア、スロヴェニアに及んでいた。[41] さらに、約一万人のセルビア兵とスロヴェニア兵が一九一八年秋と一九一九年春にオーストリア領のケルンテンで軍事行動に従事し、武力併合されるのではないかと危惧するオーストリア側の抵抗と戦った。[42] 民族的には十五万人のドイツ人とスロヴェニア人が混住していたケルンテンは、一九二〇年十月の住民投票の結果、ドイツ系オーストリアに帰属することになるが、その時までこの地域では、セルビア兵とスロヴェニア兵の占領に対する抵抗が度々再燃し、大規模な暴力を目の当たりにしていた。「敗北のなかの勝利」の一例である、ケルンテンのドイツ系オーストリアへの復帰は、外敵とウィーンの「弱々しい」中央政府との双方に立ち向かった闘士たちの不屈の抵抗精神を証明したことで、間もなくオーストリアの武装闘争にまつわる記憶文化のなかで決定的な役割を果たすようになった。「一九一九年五月二日」について書かれて人気を博したある詩は、フェルカーマルクトの村〔正確には町〕が「解放」されたこの日を、「スラヴの反逆」に対するオーストリアの裁きの勝利として祝った。「汝らスラヴ人よ、ケルンテンの拳の鉄のごとく堅きことを重大な教訓として胸に刻むが良い」、と。[43]

領土を拡大したにもかかわらず、新たな南スラヴ国家（セルビア人・クロアチア人・スロヴェニア人王国）は戦後の紛争をつうじて、中東欧の他の主要な戦勝国、すなわちポーランドやチェコスロヴァキア、ルーマニアよりも弱体であることを露呈してしまった。その理由の一つは、他の後継国家（そして地域的な競合相手であることを極めて明瞭に表明していたイタリア）に比べて、セルビア人・クロアチア人・スロヴェニア人王国にはパリに友人がほとんどいなかったことにある。パリの仲裁人たちも、セルビア人、クロアチア人、スロヴェニア人、ブルガリア人、マケドニア人、ギリシャ人、ルーマニア人、ユダヤ人、アルバニア人、そしてさらにはムスリム集団が織りなすバルカン地域の複雑な人口統計上の混成状態に、大いに頭を悩ませていた。[44] 戦争中にオーストリア＝ハンガリーが行った侵略の「犠牲者」であるという連合国のプロパガンダはとりわけセルビアに当てはまったが、それと同時に西側の論者や意思決定者の多くは、バルカンは本質的に、一八七〇年代から第一次世界大戦まで続いた危機によって特徴づけられるトラブルメーカーであり、すさんだ暴力の世界なのだという見解を抱いていた。[45]

しかし、新たな南スラヴ国家の相対的な弱さの主たる理由は、この国が今後、どのような国家形態をとるのかが不確かだったことにある。王国の成立に際して重要な役割を担った二人の人物、すなわちセルビア人のニコラ・パシッチとクロアチア人のアンテ・トルムビッチによって、別々の将来構想が具体化された。[46]数十年にわたりセルビア政界の有力者であったパシッチは、ブルガリアとの国境に位置する小都市ザイェチャルで一八四五年に生まれた。大戦前、彼はセルビア急進党の創設者の一人となったが、同党は（ハプスブルク支配下にあるボスニアの住民も含めた）民族上セルビア人にあたるすべての人びとの統合、セルビアの小農が伝統的に行ってきた地域的な自治の保持、そしてセルビア君主の権力の制限を主張した。一九〇四年、彼はセルビア政治につきものの駆け引きをつうじて首相の座に登り、この地位をその後の二〇年間、独占することとなった〔パシッチの七度の首相在任期間を合計しても二〇年には達しない〕。オーストリア＝ハンガリー帝国が崩壊した当時、七〇代半ばだったパシッチはさしあたり、未来の南スラヴ国家を、単にセルビアを大幅に拡張したものとして思い描いていた。[47]

トルムビッチは様々な点で、パシッチが体現するものの対極にあった。彼はパシッチの十八歳年下で、アドリア海沿岸に位置するダルマチアのコスモポリタン的な都市、スプリトの出身であった。トルムビッチはザグレブで法学を学んだ後、ウィーンの大学院に進学した〔トルムビッチが博士号を取得したのはグラーツ大学〕。彼は三三歳でハプスブルク帝国議会の下院議員となった。[48]戦争の終盤になって南スラヴの連邦国家を支持するようになったとはいえ、彼は、長らくオスマン帝国の支配に服属していたことを主な理由に、セルビア人を文化的に劣等な存在だと見なしていた。よく知られているように、彼はフランスのメディアのインタビューのなかで次のように述べている。「あなた方が、数世紀にわたるオーストリアやイタリア、ハンガリーとの芸術的、道徳的、知的交流で純粋な西洋人となったクロアチア人やスロヴェニア人、ダルマチア人を、半文明的で、スラヴ人とトルコ人がバルカンで掛け合わされた存在であるセルビア人と比較なさらないよう望みます」[49]。

パシッチとトルムビッチが歩を合わせたのは、第一次世界大戦によって、そしてハプスブルク帝国の枠外に南スラヴ国家が建国されるという爽快な見通しによってであった。戦争が勃発すると、トルムビッチはイタリアに、そしてその後パリとロンドンに逃れた。彼とパシッチは、一九一五年四月にパリで設立されたユーゴスラヴィア委員会の場で緊密に協力し合った[50]。一九一七年七月、二人はコルフ宣言に合意した。この宣言は、セルビア、クロアチア、スロヴェニアの戦後の統一国家――セルビアを統治するカラジョルジェヴィチ王家を国王に戴く議会君主制――を想定していた。新国家は、すべての宗派の同権を保障することになっていた。トルムビッチとパシッチが答えを出せなかったのが、未来のユーゴスラヴィアは国家を構成する諸民族に広範な自治権を認める連邦国家となるべきか、それとも中央集権的な単一国家となるべきかという難問であった。トルムビッチが自らは連邦主義モデルの実現に参画したのだと信じていたのに対して、パシッチは明らかに、何よりもセルビアに利益をもたらすような単一国家を望んでいた。この問題は戦争が終結するとすぐに再浮上した[51]。

南スラヴ国家の他の地域でも、一九一八年以降の状況は歓迎すべきものには思われなかった。モンテネグロでは、拡大セルビア国家へと吸収されるのを拒み、自分たちの王家が退位させられるのを拒絶する「緑党」と、セルビアとの無条件での統合を願う「白党」との間で内戦が巻き起こった[52]。新興の南スラヴ国家をできる限り弱体化させようと決意していたイタリアは、社会的不穏を掻き立て、武力による組織的抵抗を支援した。モンテネグロ国王ニコラを支持する約三〇〇人がイタリアの船に乗せられて、モンテネグロの港バルに向かった。彼らは三〇〇〇人の反乱者を集め、モンテネグロの首都ツェティニェへと進撃したが、敵対勢力である「白党」に撃退されて、イタリアに退却した。(53)

結局のところ、南スラヴ国家は、ユーゴスラヴィア構想に投影された様々なビジョンを架橋するには力不足であることを露呈した。(54) ユーゴスラヴィアには国民国家として存続する能力が必然的に欠けているというのはおそらく誇張だったとしても、国家権力の集中をめぐって妥協する能力が政治家たちに欠落していたことが戦間期の南スラヴ国家の運命を左右したのであり、まさにこの欠落によって、この地域では民族間の暴力が繰り返し吹き荒れることとなる。(55)

第十三章　敗れたる者に災いあれ《ワェ・ウィクティース》

一九一九年六月二八日の午後三時、講和条約に調印するという汚れ役を引き受ける羽目になった二名のドイツ政府の閣僚——外務大臣のヘルマン・ミュラーと運輸大臣のヨハネス・ベル——が、ヴェルサイユ宮殿の大広間「鏡の間」に足を踏み入れた。条約調印の場は、パリ講和会議のホストを務めた老齢のフランス首相、ジョルジュ・クレマンソーによって念入りに選ばれた。一八七〇〜七一年の普仏戦争でフランスが敗北した後、ヴィルヘルム一世が国民国家たる統一ドイツの皇帝に推戴されたのは、まさにこの場所だった〔実際には正式な終戦の前〕。当時はプロイセン首相で、間もなく帝国宰相となるオットー・フォン・ビスマルクは普段はもっと冷静であったが、この時は、敗戦国となったばかりのフランスに象徴的な恥辱を与えるための場として、ルイ十四世の王宮を意図的に選んだ(1)。

それからほぼ半世紀後、雪辱を果たす機会がフランスに訪れた。講和条約に調印する役に選ばれた二名のドイツ代表はまず、ドイツから受けた損害の生き証人として調印式に呼ばれた、フランスの重度の傷痍軍人たちが整列する前を通り過ぎなければならなかった。[2]「できる限り敵に屈辱を与えるよう、万事が入念に演出されていた」と、ウッドロウ・ウィルソン大統領の外交面での懐刀であったアメリカのエドワード・ハウス大佐は書き残している。[3] あるイギリス人の観察者によると、ドイツの高官たちは「判決を聞くために連れてこられた囚人」さながらの様子であった。[4] 条約に署名したミュラーとベルは直ちにベルリンに戻り、パリの民衆は路上で凱歌をあげた。

条約の内容は、ドイツ本国において不信をもって受け止められた。ドイツは領土の十三パーセント（およそ四万三〇〇〇平方キロメートル）を失い、その結果人口の十分の一（約六五〇万人）を喪失した。西部では、ほぼ半世紀に及ぶドイツの支配を経て、アルザス＝ロレーヌがフランスに返還され、さらに国境地帯の領土であったオイペンとマルメディがベルギーに移譲された〔オイペンとマルメディは、ドイツがいったん領有権を放棄し、ベルギーの管理下に置いたうえで、住民投票により最終的な帰属を決定することとされた。一九二〇年七月に両地域で住民投票が実施され、一九二五年末に正式にベルギーに併合された〕。その結果、二〇～三〇万人の民族ドイツ人が自発的に、あるいは迫害を受けた末にアルザスとロレーヌを去った。[5] 少なくとも一時的に、ドイツはライン川東部の幅五〇キロメートルにわたる地帯でも主権を失い、この地域は非武装化され、連合国軍が川の流域に三か所の橋頭堡を設置して「保護下に置いた」が、こうした措置はおおよそのところ、フランスの安全保障上の不安を和らげるためのものであった〔正確には、ライン川西岸の全ドイツ領と、ライン川東岸五〇キロメートルに及ぶ地域とが非武装化されたうえで、ライン川西岸の全ドイツ領と、ライン川沿いの四か所（ケルン、コブレンツ、マインツ、ケール）の橋頭堡の東岸地域とが連合国軍の保障占領下に置かれた〕。この橋頭堡は、将来的にドイツが条約の規定する義務を履行したら撤去されることになっていた。大規模な炭鉱地帯であり工業地帯だった独仏国境沿いのザール地域は国際連盟の管理下に置かれ、ドイツ軍によってもたらされた北フランスの荒廃に対する賠償として、フランスが十五年間この地域の炭鉱の採掘権を特別に許可された。(6)

しかしながら、何よりも議論となった最大の領土移譲は、東部であった。ドイツにとって、新ポーランド国家の創設は、ポーゼン(ポズナン)および西プロイセンの大部分と、上シュレージエンの炭鉱地帯の一部の喪失を意味した。ヴィスワ川の河口に位置し、ドイツ人住民が圧倒的多数を占めたバルト海の港、ダンツィヒ〔現在のグダンスク〕は、新設された国際連盟の名目的な管理下にある「自由市」となった。ウィルソンの「十四か条の原則」で約束されていたとおりに、連合国はポーランドがバルト海にアクセスできるようにするために、東プロイセンを他のドイツから切り離す陸の「回廊」を作り上げた。一九一九年にポーランド回廊に居住していた一一〇万人のドイツ人のうちの約五七万五〇〇〇人が、六年後に新たなドイツ共和国へと移住した。(7)

連合国は幾つかの係争問題については住民投票の実施を見込んでおり、いずれの国への帰属を望むかを決めるよう、該当地域の住民に呼びかけた。最も重要な事例だったのが、上シュレージエンの炭鉱地帯で行われた投票である。この地域はドイツの国境地帯のなかでもとくに論議を呼び、ヴェルサイユ条約で住民投票の実施が定められた三つの民族混住地域のうちの一つだった(後の二つは、北シュレースヴィヒと、ポーランド人とドイツ人が混住していたアレンシュタイン〔現在のオルシュティン〕およびマリエンヴェルダー〔現在のクフィジン〕の一部である)。(8) 上シュレージエンは鉱産資源が豊富で製鉄業が盛んだったために、ベルリンとワルシャワの双方がこの地域に関心を寄せた。シュレージエンの鉱山全体からはドイツの石炭の年間産出量のほぼ四分の一、亜鉛の八一パーセント、鉛の三四パーセントが産出されていた。ドイツ政府の主張によれば、上シュレージエンの住民は圧倒的にドイツ系だったし、この土地は数世紀にわたりドイツ人のものであり、その繁栄は完全にドイツの産業と資本のおかげなのであった。もし上シュレージエンを失えば、ヴェルサイユ条約下での他の義務を履行することができなくなるだろうと、ドイツの覚書は結論づけている。(9)

大規模な暴力行動が発生するなか、一九二一年三月二〇日に上シュレージエンで住民投票が実施され、同年十月に新たなポーランド・ドイツ国境が最終的に確定されることとなった。パリ講和会議最高会議は分割策を採択し、上シュレージエン地域の三分の一、人口の四二パーセントをポーランドに帰属させた。ここに含まれていたカトヴィッツ〔カトヴィツェ〕やケーニヒスヒュッテ〔ホジュフ〕の両都市や、東部の工業地帯の五分の四の地域では、ドイツ残留に投じられた票が圧倒的であった――ドイツでは、この結果は「勝者による裁き」として激しく非難された。(10)

東部での領土喪失に比べれば、帝国の海外植民地〔合計一六〇万平方キロメートルの領域であった〕が国際連盟の委任統治の下で戦勝国間で再分配されたことは、ドイツ人の大半にとってさしたる問題ではなかった。ドイツ領カメルーン、トーゴラント〔現在のガーナのヴォルタ州を形成する地域の西部〔正確には、現在のガーナのヴォルタ州と現在のトーゴから成る。ドイツ領カメルーンとともに「ドイツ領西アフリカ」を構成した〕〕、ルワンダ＝ウルンディ〔現在のルワンダとブルンジ。ザンジバルを除く現在のタンザニアとともに「ドイツ領東アフリカ」を構成した〕、ドイツ領南西アフリカ〔ナミビア〕、ドイツ領南太平洋諸島〔現在のニューギニア島北東部、ビスマーク諸島、ソロモン諸島北部、カロリン諸島、グアム島を除くマリアナ諸島、マーシャル諸島、ナウル島から成る〕の喪失は〔これ以外にも、ドイツ帝国は西サモア島、また租借地として中国の膠州湾を領有していた〕、全海外領土の剥奪、十九世紀末に作りあげた海の帝国の喪失を意味していた――しかし当時は、別の問題のほうがドイツ人を圧迫していたのであるが(11)。

当時のドイツの憤激の的となっていたのは、ヴェルサイユ条約の第二三一条と第二三二条であった。第二三一条は、一九一四年の開戦の責任をドイツとその同盟国に一方的に押しつけており、他方で第二三二条は、戦犯国たるドイツには自らがもたらした損害に対する賠償義務があると規定していた。第二三一条と第二三二条はドイツ人から、敗戦の恥辱と領土的かつ物的な喪失に一種の道義的非難を付け足したもののごとく見なされたが、第二三一条の実際の狙いは、連合国がドイツに課した負担、すなわちフランスとベルギーがドイツ軍による四年間の占領で被った損害を補填するための罰則的な金銭賠償を正当化しようとするところにあった。ドイツの「戦争犯罪」、そして一九一四年のベルギーやフランスで繰り広げられた残虐行為――とりわけ、一九一七年春にドイツ軍がアラス、サン゠カンタン、ヴァイイの間の重武装した「ジークフリート線」〔連合国側からは「ヒンデンブルク線」とも呼ばれた〕へと戦略的撤退を行う際に実行した焦土作戦――の責任は、戦争中に被った「あらゆる損害」のつけをドイツに負わせた。連合国は、全銃弾の費用や全孤児に対する年金費用までも勘定に含めた、かくも広範にわたる金銭負担の規定が、ドイツの支払い能力を超えた非現実的な要求に繋がりかねないことを理解していた。しかし彼らは、賠償問題に関して何らかの譲歩を行えば、未だ戦争の被害にあえいでいる国内の有権者の怒りを買うであろうことにも気づいていた。とくにフランスの世論は、一八七一年にベルリンに莫大な賠償金を課されたことも忘れていなかった（もっとも、この時の賠償金は大規模な物的損害を盛り込んでいなかった）。最終的な総額についての合意が得られないことが判明したので、ドイツが支払うべき賠償額の正式な額は後で決めることになった[12]。

一九二一年に「ロンドン支払い案」のかたちで合意に至った最終的な賠償額は一三二〇億金マルクであり、（「A」、「B」、「C」という）三種類の債券から成り立っていた。ただし、一見して莫大な額に及ぶこの総額の大部分、八二〇億金マルクに達するいわゆる「C」債券は、本気で支払いを期待されていたわけではなかった。「C」債券は主として、連合国の世論を宥めるために盛り込まれたものだったのである。それに対して、ドイツは総額で五〇〇億金マルクのいわゆる「A」債券と「B」債券を三六年かけて支払って、償いをすることになった。ドイツの専門家たちは、決して公には認めなかったものの、この支払いが可能であることを密かに確信していた[13]。

連合国はさらに、ドイツの軍備の大部分を押収することで、この国を、再び戦争を引き起こせない状態に確実に留めようとした。ヴェルサイユ条約によってドイツ陸軍は最大十万人に制限され、戦車や軍用機、潜水艦の保有の禁止を義務づけられた[14]。合計一万五〇〇〇人にまで削減され、大型軍艦の新造も禁じられたドイツ海軍は事実上、丸腰にされたも同然であった。一九一四年以前はその増強によって独英間の緊張の高まりに大きな役割を演じた巨大な大洋艦隊〔一九〇七～一八年のドイツの主力艦隊〕は、一九一八年十一月以降、イギリスのオークニー諸島〔スコットランドの北東岸沖の諸島〕のスカパ・フローに留め置かれた。ドイツ代表団がパリでヴェルサイユ条約に調印する十一日前〔七日前の誤り〕、ドイツ艦隊の指揮官、ルートヴィヒ・フォン・ロイター提督は、勝者たる連合国の間で分配されるのを防ぐために、自らが率いた戦艦から駆逐艦に至るまでの七四隻の艦船を、意を決して海に沈めた[15]。

一九一九年五月にベルリン政府に草案が渡された瞬間から、条約の規定はドイツ人の大半から、甚しく犯罪的だという非難を浴びた。帝政崩壊後のドイツ国内はほぼ全面的に分裂していたが、唯一、ヴェルサイユ条約に対する憎悪を共有しているという点では結束していた。一九一九年五月十二日にドイツ国民議会で行われたフィリップ・シャイデマンの演説には、当時のドイツに広がっていたムードが示されている。「己を鎖で縛りつつ我々を鎖で繋ぎ止める手は、必ずや干からびるだろう」。議事録によれば、ドイツで初めて民主的に選出されたこの首相は、議員たちから、政治的分裂を超越した「数分にわたる熱烈な拍手を」受けた[16]〔実際の議事録によれば、「熱烈な拍手」を受けた〕。

シャイデマンをはじめとする議員たちには、改革の取り組みが無駄に終わるだろうと思うだけの十分な理由があった。彼らの多くはとくに、「公正な平和」をもたらしてくれるものと強く期待していたウィルソン大統領によって裏切られたと感じていた。ウィルソンは一九一八年十一月までは、独裁的支配者を排除するのなら中央同盟国は交渉に基づく名誉ある和平を期待しうると、再三にわたり示唆していた。ところが一九一九年五月には、民主的に選出されたドイツ政府は「交渉」の素振りなど一切示されないままに、押しつけ講和を受け入れざるを得なかった。ドイツ代表団は講和のための条件の幾つかを緩和させようと試みたが、ベルリンではその時期、一部の政治家や将軍たちが西側連合国との戦争再開の可能性を熟考していた[17]。しかし、結局のところドイツには講和条約を受諾するしか選択肢はなかった。六月二二日に連合国が出した、条件をのむか、あるいは戦争継続という事態に直面するかを迫る最後通牒が十分な脅しとなり、ドイツはしぶしぶ条約に調印した[18]。

ベルリンをはじめとする各地の住民は、政治的な立場の違いを問わず、誰もが激昂した。ドイツを大国の地位から恒久的に締め出そうとしているかのごとき講和条約の不当さを訴えようと、ドイツ中で自然発生的なデモ行進が起こった。イギリスやアメリカ合衆国がとくにフランスの、ラインラントをドイツから切り離そうとする策動に対抗して、ドイツの統一と独立を保持するのに相当に苦心した事実は、ほぼ完全に無視された。それどころか、あれほど多くのドイツ人たちが民主政の到来を歓迎した一九一八年当時の熱狂は、一年もたたないうちに、自分たちは重大な裏切りを受けたという意識と、講和条約の文言に対する復讐心に変わった。[19] 国民の多くがヴェルサイユ条約を一九一八年の革命、そしてその結果誕生したヴァイマル共和国と結びつけて考えるようになった。とくに極右陣営の一部は、この条約こそがヴァイマル共和国の「真の憲法」なのだと考えた。彼らによれば、共和国は外から強制された「非ドイツ的」な国家形態であり、その唯一の目標はドイツ民族を数世代にわたり奴隷化することにあるのだった。[20]

こうした見解は、ジョン・メイナード・ケインズが一九一九年十二月に出版したベストセラー、『平和の経済的帰結』のなかで講和条約を明確に批判したことで、さらに強まった。イギリス大蔵省の専門家としてパリ講和会議に参加したケインズは、ヴェルサイユ条約をカルタゴの和平になぞらえ、同条約は紀元前一四六年にローマがカルタゴを破壊したのと同じくらい徹底的に、ドイツを荒廃させようとしていると考えた。[21] 当時もその後もほとんど等閑視されてしまっているが、実のところドイツはパリにおいて中央同盟国のなかで一番うまく立ち回った。[22] 例えば、一九一九年九月に調印されたサン゠ジェルマン゠アン゠レー条約で、残骸国家としてのドイツ系オーストリアは南ティロールをイタリアに、シュタイアーマルク南部をセルビア人・クロアチア人・スロヴェニア人王国に、フェルツベルク〔現在のチェコのヴァルチツェ〕とベームツェル〔サン＝ジェルマン条約のなかに、この地名は確認できない〕をチェコスロヴァキアに割譲することを余儀なくされた。ハプスブルク領ガリツィアは既にポーランドが領有を主張していたし、三〇〇万人のドイツ語話者が住むボヘミアはチェコスロヴァキアの一部になっていた。同条約はさらに、オーストリアは（ハンガリーとともに）、賠償金を支払うだけでなく、旧帝国の戦債の大部分を負担しなければならないと規定していた。賠償額の設定は最終的に賠償委員会に一任された（委員会は二年後、オーストリアには賠償能力がまったくないという結論に至った）(23)。

ドイツ系オーストリア人の多くは、一八四八年革命期の自由主義的国民主義者たちの悲願の実現として「アンシュルス」——オーストリアとドイツとの自発的な統合——を望んでいたかもしれないが、彼らはひどく落胆させられることとなった(24)。軍事占領と帝国の解体以降、オーストリアの左派（そしてドイツで彼らと同じような立場にあった人びと）は、二つの国家の統合はウィルソンの民族自決の理念に合致するだけでなく、成立間もないヴァイマル共和国の正当性を大きく支えることになるだろうという考えを広めた。こうした考えは、経済的にみても明らかに理に適っていた。今やハンガリーとボヘミアの沃土という穀倉地帯を奪い取られたオーストリア国家に、六〇〇〇万人を超える住民を養うことができるとはとうてい思えなかった。オーストリアの農業生産は戦争の終結直後に戦前の半分の水準にまで落ち込み、国内の石炭産出量は一九一八〜一九年の厳冬期間の需要のたった四分の一にしか達していなかった(25)。

資源の枯渇の影響がどこよりも身に染みて感じられたウィーンは、ヨーロッパ第三の大国の首都であったのが、一夜にして、国民の三分の一が暮らす都市に変わった。既に戦前から、ウィーンは食糧供給を農村部に完全に依存していた。そうした供給が急減すると、ウィーンの住民は餓死の恐怖の下に日々おかれ、戦時中から始まっていった傾向が劇的に強まった。[26]「その冬、町は死に絶え、巨大な静寂の霊廟となったかのようだった」と、戦後のウィーンで数年間ボランティアとして生活した慈善活動家のフランチェスカ・ウィルソンは回想している。

ロシアの飢饉で見たように、路上で死んだ子供たちや死体運搬車が遺体で一杯になっているのを目にしたわけではない。ロシアほどに息を飲むような状況ではなかった。ウィーンの傷は隠されたところにあったのだ。沈黙が私を襲った。薪や腐りかけのパンの配給を待つ人びとの列を除けば通りには人影もなく、彼らは皆、女も子供も男たちも、古ぼけたつぎはぎだらけの軍服を着て、縮こまっていた。誰もが青白く、腹を空かせ、凍え、無言で待ち続けていた。これこそが敗北だった。かくして偉大なる帝国は終焉を迎えたのであり、そこに聞こえていたのは銃声でもなかったし、啜り泣きですらなかった。そこにはただ、飢えと寒さ、絶望しかなかった。[27]

イギリスの平和主義者であったエセル・スノーデン〔一九二四年にイギリス初の労働党内閣で蔵相となったフィリップ・スノーデンの妻〕も、戦後のウィーンから送った報告のなかで、これと同様の荒涼たる絶望を描き出している。「軍服を着た将校たちがカフェで薔薇を売っていた。色あせた晴れ着をまとった貴婦人たちが子供を連れて街角で物乞いをしていた……心ある医者たちが診療所や病院で腫れものだらけの弱った子供を相手に格闘していたが、薬も石鹼も消毒剤もほとんどなかった」。[28]オーストリアの状況に警鐘を鳴らす報告は、パリの調停者たちにも送られた。一九一九年一月、イギリスの官僚（そして後のイギリス福祉国家の父）であったウィリアム・ベヴァリッジは、現地の状況を調査するためにウィーンに派遣された後、迅速な支援がなければ社会が完全に崩壊するだろうと訴えた[29]。

こうした極めて深刻な経済的窮乏にもかかわらず、一九一八年末から一九一九年前半の時期、多くのオーストリア人たちが、講和条約はウィルソンの路線に沿ったものになるだろうという希望を抱き続けた。社会民主党に所属するカール・レンナー首相が講和条件を受け取るためにパリに向けて出発した時、ウィーンの鉄道駅に集まった楽観的な群衆たちは、「良き平和を我らに」と叫んだ[30]。パリでレンナーは、革命がオーストリアを民主国家に転換したと主張した。曰く、新オーストリア国家が過去のハプスブルク帝国の罪を被るべきではなかった。「私たちは、敗北し倒壊した帝国の一部としてあなた方の前に立っています。……他の国民国家と同じ道を辿って私たちの新共和国も産声を上げたのであり、したがって、他の国民国家がそうではないのと同じく、我が国を先の君主国の後継者と考えることはできないのです」と、レンナーは強調した[31]。

彼はすぐに失望させられることになった。条約の草案を初めて受け取ったオーストリア代表団は怒りに駆られた。代表団の一人が記しているところでは、彼らは「オーストリアにはドイツよりも好意的だろうと期待していたのに、ドイツ以上に厳しい条件が突きつけられたことを理解して、大いに悲しみ、苦痛を受け、落胆した[32]」。オーストリア本国は後に三日間の喪に服すこととなり、ヴェルサイユ条約に続けて深い衝撃と幻滅に包まれた[33]。外務大臣のオットー・バウアーは、オーストリアの首都において次のように記している。「我が国民〔旧ハプスブルク帝国のオーストリア部分のうち、ドイツ系オーストリア共和国が当初自国領だと主張していた地域に居住するドイツ語話者を指す〕の五分の二が、国民投票もなく自分たちの確固たる意思に反して、外国の支配に置かれることになる。要は民族自決権は剝奪されるのだ」[34]。バウアーをはじめとする多くのオーストリア人たちにとって重大な問題だったのは、連合国がアンシュルスを禁止したことであった。しかし、連合国の見方からすると、オーストリアとドイツの統合を拒否したのは完全に筋がとおっていた。確かに戦争の結果、ドイツ国家が大幅に拡大し、人口を増大させたならば、連合国が何年も戦い苦しんできた理由を、イギリスやフランス、イタリアの国内で事態を見守っている人びとに説明するのは不可能だったであろう。しかし同時に、アンシュルスの禁止が民族自決の原則を著しく侵害していることは、関係者の誰が見ても明らかであった。連合国がドイツとオーストリアの統合を禁じたという事実は、恐るべき結果をもたらすことになった。一九一八～一九年にはアンシュルスは左派の民主的な計画であったかもしれないが、その不履行は間もなくドイツ・オーストリア両国の極右によって、共和政国家には約束を果たすだけの能力がないことを「証明」する材料として利用されるようになる[35]。

ドイツと同様に、オーストリアも幾つかの小さな譲歩を勝ち取った。ユーゴスラヴィアが領有を主張していた南ケルンテンのクラーゲンフルト周辺地域で、最終的に一九二〇年十月に住民投票が実施され、賛成多数でオーストリアへの残留が決まったのである。連合国はさらに、ハンガリーの西端に位置し、ドイツ語話者が多数を占めていた帯状の領土、ブルゲンラントをハンガリーからドイツ系オーストリア共和国に割譲することを認めた。この地域の大部分がオーストリアのものとなり、ブダペシュト政府との間に大きな緊張が生まれた。一九二〇～二一年にハンガリー民兵がオーストリアの警察隊と衝突したことで、この緊張状態に火がつき、数十人の死者が出た。一九二一年十二月にエーデンブルク〔現在のショプロン〕で住民投票が行われ、ブダペシュト政府が住民に圧力をかけ、住民投票の結果をでっち上げたとオーストリアが告発するなか、同市はハンガリーに戻った。ブルゲンラントの他の地域はオーストリアに残留した。[36]

ブルゲンラントの喪失は、敗戦の結果としてハンガリーに降りかかった事態のなかではまだましなほうだった。ブダペシュトにおける政治動乱とルーマニア軍のハンガリー侵攻のせいでようやく一九二〇年六月に調印されたトリアノン条約の規定に従って、ハンガリーは全体として、戦前の三分の二の領土と七三パーセント以上の人口を失った。[37] 四年にわたる戦争、革命と反革命、そして一九一九年の外国軍の侵略によって滅茶苦茶になったこの国は、既に条約調印の前に経済的に破綻しており、ハンガリーの消費財産業の生産水準は戦前の水準の十五パーセント程度になっていた。[38]

パリで講和の条件を受け取るのを待っていたハンガリー代表団は、オーストリアと似たり寄ったりの主張を展開した。曰く、ブダペシュトにはハプスブルク国家の罪を負う責任はないし、ブダペシュトのボリシェヴィキ政権が瓦解した後、ハンガリーはもはや脅威ではない、と。代表団を率いていたアポニ・アルベルト伯爵も、ハンガリーが中央同盟側の敗北国のなかで最も厳しい罰を与えられたことを正確に指摘した。しかし、彼の訴えは聞き届けられなかった。連合国の指導者やその助言者たちが抱いていた長期的な見地からすると、ハンガリーには、二重君主国の半分を成していた自国領に暮らす少数民族を、苛烈なマジャール化政策で抑圧してきた責任があったのだ。[39]

一九二〇年六月四日、パリ郊外のトリアノン宮殿〔ヴェルサイユ宮殿の庭園内にある小宮殿〕でハンガリー代表は条約に不承不承調印した。ブダペシュトでは公共の建物に半旗が掲げられたが、この半旗の掲揚は、二〇年後の一九四〇年八月に第二次ウィーン裁定〔ドイツとイタリアの仲裁により、ルーマニアがハンガリーに領土を割譲した〕でトランシルヴァニア北部がハンガリーに復帰する時まで続けられた。その一年後、トリアノン条約を修正し、ボリシェヴィズムを世界規模で打倒するための「正義の戦い」だという信念が広がるなか、ハンガリー軍はドイツ国防軍とともに、ソ連の奥深くまで侵攻した〔独ソ戦を指す〕。ハンガリーではこの時まで（そして一九九〇年以降再び）、「トリアノン」は連合国の不正を端的に表現した決まり文句であり、機会が与えられればその規定を無効にしようという願望がこの国の全域を覆っていた。(40)

ドイツとハプスブルク、オスマンの側に立って参戦した唯一のバルカン国家であるブルガリアの損失は、当人たちはそうは思わなかったかもしれないが、ハンガリーの驚くべき領土喪失と比べれば幾分かはましだった。敗戦国の例にもれず、ブルガリアはパリ講和会議に参加できなかった。他の中央同盟国の指導者たちと同様に、ソフィアの新政府は当初、パリで新たな国境が決められる際に民族自決の原則が適用されることを期待していた。というのも、黒海西岸の南ドブロジャとエーゲ海北岸の西トラキア、そしてマケドニアの一部という、新国境になるだろうと思われた境界線の外側の三つの地域で、ブルガリア人が多数派だったからである。問題は、この三つの領土のいずれについても、——連合国の友邦と考えられていた——他国も領有を主張していた点にあった。すなわち、ルーマニアが（三〇万人の住民のうち、ルーマニア人は十万人以下であったにもかかわらず）南ドブロジャを欲していたし、ギリシャは西トラキアを要求していた。そしてセルビア人・クロアチア人・スロヴェニア人王国もマケドニアの領有を主張していたのである。(41)

ブルガリア代表団は一九一九年七月にパリに召喚されたが、条約の草案を受け取ったのはようやく二か月半後のことであった。[42] 連合国は敵意をもって彼らに接した。戦前にコンスタンティノープル駐在イギリス大使館に務めていたため、パリにおいて誰よりもバルカン諸国家に同情的だったハロルド・ニコルソンは、ブルガリアに対してとくに強い復讐心を抱いていた。曰く、「彼らの伝統、彼らの歴史、彼らの現下の義務は、ロシアと協商国の大義に従属させられるべきである。彼らは一九一三年には不誠実に振る舞い、大戦では不信の行為を繰り返した。領土拡大というこの上なく強欲な動機に突き動かされて、彼らはドイツと手を組み、そのことで戦争を丸二年引き延ばしたのだ[43]」、と。

一九一九年十月までブルガリア首相の地位にあったテオドル・テオドロフは、ブルガリア人民自身は戦時中のドイツとの同盟に反対し続けてきたし、ドイツとの同盟を望んだエリートたちはもはや権力の座にないと主張して、そうした感情を払拭しようと試みた。テオドロフはさらに、多くのブルガリア人将校が連合国に共感を抱いていたし、連合国を積極的に支援さえしたと、声を大にして主張した。「他の諸民族が協商国に対する共感と友情のみを理由に満足できるだけの報いを受けたのなら……戦闘を拒否した兵士たちに対して下された何千件もの判決や処刑や、義勇兵としてロシア軍とともにドイツ軍と戦った十一名の将軍と一〇〇名以上のブルガリア人将校たちがいるという事実のなかに確認されるように、同様の感情を我が民族も示したことがなぜ認められてはならないのだろうか[44]」。

条約の草案が最終的に九月に届けられたが、その内容は最悪の予想をさらに上回るものであった。ドイツに課せられたヴェルサイユ条約と比べても、一九一九年十一月のヌイイ条約は明らかにもっと厳しかった。ヌイイ条約でソフィアは総計一万一〇〇〇平方キロメートルの領土の割譲を強いられたが、そこには西トラキア〔ギリシャに割譲された〕、そして戦略的重要性をもつストルミツァ、ツァリブロト〔現在のセルビアのディミトロフグラード〕、ボシレグラード〔セルビア南部の都市〕の各都市とその周辺地域（二五〇〇平方キロメートルに相当）をはじめとする四つの国境地帯が含まれており、これらの国境地帯は新造のセルビア人・クロアチア人・スロヴェニア人王国に与えられた。同条約には、二二億五〇〇〇万金フランという驚異的な額の賠償請求も提示されており、三七年で支払いを済ませることになっていた。さらにソフィアは、大量の家畜や鉄道設備をギリシャ、ルーマニア、セルビア人・クロアチア人・スロヴェニア人王国へ移譲することにも同意しなければならず、セルビア人・クロアチア人・スロヴェニア人王国はソフィアから毎年五万トンの石炭も受け取ることになっていた。賠償の規模と国内総生産との比較でいえば、ブルガリアは全中央同盟国のなかで最も高額の賠償請求に直面したのであった。[45]

最後に、軍隊にも大なたが振るわれた。およそ七〇万人を数えたブルガリア軍は、二万人という哀れな規模にまで削減されることになった。条約の詳細がソフィアに電信で伝えられると、将軍と政治家たちのなかには戦争の再開を望む者も出てきたが、テオドロフの後を継いでブルガリア首相となったアレクサンダル・スタンボリースキのような現実主義者たちは、他に選択肢がない以上、「不都合な講和でも」調印するしかないと述べた。[46] 一九一九年十一月二七日、ヌイイ〔パリ近郊の都市〕の旧市庁舎で簡単な式典が執り行われるなか、スタンボリースキは条約に調印した。その姿は「まるで小間使いの少年が取締役会に呼び出されたかのよう」だったと、この日同席していたあるアメリカ人は語っている。調印式に参加していたギリシャ首相のエレフセリオス・ヴェニゼロスは、西トラキアが自国のものとなった際、「喜びすぎに見えないよう必死だった」[47]。

大半のブルガリア人の目には、ヌイイ条約は独立国家としての自分たちのナショナルな存在が地に落ちたことを象徴するもののように映ったが、それも故なきことではなかった。国境の再確定によって、ブルガリアには（ドブロジャやトラキアのような）豊かな農業地帯も、エーゲ海への交通権も残らなかった。とくに後者の点は、海運がブルガリア経済の全部門に関わるものだったため、死活問題であった[48]。国境の再画定の結果、ブルガリアはさらに、マケドニアやトラキア、ドブロジャ（そして割譲された西部国境地域）からの大規模な難民の流入も経験した。この一九一三年以来二度目の難民の波で、一九一二年から一九二〇年代半ばにかけてブルガリアはおよそ二八万人の難民を受け入れねばならなくなったが、その規模は当時の全人口の五パーセントに相当した。難民の約半数はギリシャに割譲された領域（エーゲ・マケドニアと西トラキア）から、二五パーセントはオスマン帝国（東トラキア）から来ていた。数のうえではこれよりも小さかったが衝撃という点で引けを取らなかったのが、新たにセルビア人・クロアチア人・スロヴェニア人王国（十二・五パーセント）やルーマニア（十一パーセント）に属することになった地域からの難民であった[49]。経済的、社会的に厳しい危機に直面していた時期にかくも大規模な難民の流入を受け入れたことで、その後の数年のブルガリア国家にとって最も重大なものとなる試練の一つが突きつけられた[50]。一九一九年十一月二二日に冷淡なフランス首相のクレマンソーに宛てた絶望的な手紙のなかで、スタンボリースキはそのことを記している。「ブルガリアの住民はこんにち、まことに混乱した国家で暮らしています。その災難は、無数の難民たちがもたらす苦難によってさらに悪化しています。……この数えきれないほどの難民たち、何の財産も持たない家を失った人びとは……バルカン諸国が付き合っていくなかで、ずっと腫れ物になるでしょう」[51]。スタンボリースキが一九二三年以降の展開を生きて目にすることはなかったが、彼の言葉は正しかった。戦間期の大半の時期、ブルガリアは敗戦による人的、金銭的な損失や経済危機、国際的孤立に対処しようとして、異なる政治陣営の支持者同士による国内対立や暴力的衝突を招いた。政権は短期間で交替し、一揆で瓦解することもしばしばであった[52]。

長きにわたりブルガリアを植民地のように支配し、大戦中の一九一八年までは同国の同盟国だったオスマン帝国にとって、分裂のプロセスは休戦よりもかなり前、自軍が大規模な撤退を行い、イギリス軍と現地の反乱軍とが進軍してアラブ地域の全土を「解放した」時から始まっていた。アメリカ合衆国大統領のウッドロウ・ウィルソンが中東における戦後秩序の形成に関与することにほとんど興味を見せていなかったため、一九一九年一月にパリ講和会議——同会議では、オスマン帝国の諸民族代表のうちでトルコ人だけが討議から除外された——が招集される前から既に、帝国の運命が英仏の手中に握られていることは明白であった。アメリカ合衆国はオスマン帝国に対しては宣戦布告していなかったし、ヴェルサイユ条約が調印されたまさにその日にウィルソンがパリを出発したのは、彼がコンスタンティノープルとの講和締結に無関心だったことを示している。他方で、アメリカとは対照的に英仏は、オスマン帝国のアラブ諸州の大部分を自分たちの間で分割するつもりであった[53]。

もっとも、コンスタンティノープルの現実主義者たちが中東のアラブ地域をかなり前から諦めていたのに対して、オスマンの為政者たちのなかには、ウィルソンの「十四か条」の第十二条が厳密に適用されることに楽観的な期待をかけている者も存在していた。この第十二条は、「こんにちのオスマン帝国のトルコ人部分」、すなわち小アジアのアナトリアとヨーロッパの東トラキアに「確固たる主権」を付与することを提唱していた。[54] 一九一九年六月十七日、トルコの大宰相である自由主義的なダマト・フェリトは、パリでクレマンソーやロイド・ジョージ、ウィルソンに、自国政府は大戦中に統治を担った「統一と進歩委員会」（CUP）とは一切共通点がなく、オスマン帝国の参戦とアルメニア人キリスト教徒の辿った恐るべき運命に対する責任を負うべきは「統一と進歩委員会」なのだと確言したが、その際に大宰相は、他の敗戦国で自分と同じ立場にあった人びとと似たり寄ったりの理屈に沿って議論を展開した。すなわち、ウィルソンの民族自決の原則が適用されるのならば、とくにアナトリアはトルコ人のものであり続けなければならなかったのである。問題は、別の勢力もアナトリアの一部の領有を主張し始めていた点にあった。一九一五年前半にイギリス外相のサー・エドワード・グレイによってなされた曖昧な約束のおかげで、大戦末期の十八か月〔正確には十七か月〕を連合国側に立って戦ったギリシャは、自分たちには、相当規模のギリシャ人コミュニティが存在している西アナトリアを要求するだけの権利があると感じていた。ギリシャは伝統的に西欧から同じキリスト教徒としての共感を得ていたが、それに対して、オスマン帝国は英仏のどちらからも支持を得られそうになかった。よく知られるように、ロイド・ジョージはトルコ人を「人間の姿をした癌、大地という肉体のなかでうごめいて悪政を行い、あらゆる生命の力を枯れさせる苦痛」と蔑んでいた。[55]

ギリシャ以外にも、当時存在していた、あるいは興隆しつつあった複数の国家がアナトリアの一部に下心を抱いていた。旧オスマン帝国領のドデカネス諸島を既に一九一二年に占領していたイタリアは、西アナトリアに永続的な足がかりを築こうとしていた。オスマン帝国が崩壊したらローマは「正当な分け前」を受け取ることになるという一九一五年のロンドン条約の曖昧な保証を拠りどころに、イタリアの外交官たちはアナトリアに勢力圏を確立しようとさらなる努力を重ねた。他方、アルメニア人やアラブ人、あるいはトルコ人の支配下でマイノリティの地位におかれるのではないかという予測に怯えていたクルド人も独立を、あるいは外国の保護による自治を要求した。さらには、かつてロシアの支配下にあり、一九一八年五月に民主共和国となったアルメニアも、相当数の東部オスマン諸州の併合を求めた。この地域では、アヘット〔破局の意。アルメニア人虐殺を指す〕の生き残りたちが現地のムスリム市民に対する復讐を要求し、一九一八年の春に暴力が激化していた。とくに一九一八年一月後半から二月半ばにかけてエルジンジャンとエルズルムで起こった大虐殺では、一万人近いムスリムのトルコ人が殺されたと推計されている。(56)

イギリスの真相究明派遣団がきっぱりと証言したように、既に第一次世界大戦で荒廃していたこの国の状勢を、領土要求と暴力がさらに悪化させた。コンスタンティノープルから内陸部に派遣された将校の一人であるクラレンス・パーマー中尉（彼は大戦中の大半をオスマン帝国の捕虜収容所で過ごした）は、北西アナトリアの様々な都市や農村を訪れ、そこから上官に報告を送った。彼はエスキシェヒル〔トルコ北西部の都市〕からコンヤへと移動し、飢えと病、物資の窮乏で荒れ果てた町や村を通過した。追放民となったアルメニア人が食べ物を得るために子供を売っているが、それは男たちが戦死していなくなったり家畜が徴発されたりしたために、農工業生産が停止状態に陥ったからだと、彼は記している。(57)

ヴェルサイユ条約の締結から一年以上が過ぎた一九二〇年八月、勝者である連合国は、ダマト・フエリト率いるスルタン政府との講和条約にようやく調印した。これがパリ講和条約の締め括りとなった。八月に〔パリ郊外のセーヴルにある〕製陶所の展示室で調印されたセーヴル条約は、コンスタンティノープルの統治下に残留する領土を大幅に削減した。確実にトルコ人のものと認められたのは、アナトリアの三分の一に過ぎなかった。ギリシャはスミルナとその周辺地域を与えられ、五年以内に住民投票が実施されることとなった。アルメニアは黒海沿岸のトラブゾンからヴァン湖にまで至る東アナトリアの広大な領域を受け取り、クルディスタンは自治地域となることが決まった。トルコ両海峡は国際管理下に置かれた。フランスとイタリアもそれぞれ、アナトリアに勢力圏を得た。[58] 敗戦国のいる場所でそうだったように、条約の規定はアナトリアにおいても戦慄をもって迎えられた。ただし、他の講和条約とは違ってセーヴル条約が批准されることはなく、二年半〔正確には約三年〕のうちにまったく別の講和条約に置き換えられた――その理由は後述する。

一九一八年から一九二〇年にかけて連合国が敗戦国に対してとった、明らかに復讐心に満ちた態度は、第一次世界大戦によって巻き起こったナショナリズムの熱情によるところが大きい。[59] ドイツ軍が一九一四年にベルギーで行った暴虐行為の忘れ難い記憶、一九一七年のドイツ軍の戦略的撤退で受けた損害、一九一八年の攻勢、そして肉親を失ったり、戦場で友人を殺された悲しみと怒りは、一九一九年になってもはっきり残っていた。戦争の情熱はなおも衰えていなかったし、民衆の支持に足場を得ていた連合国の指導者は、兵士たち、そしてその家族たちが自らの払った犠牲を意味あるものにするために、敵から償いを得ようとしていることを認識していた。連合国から見れば、中央同盟国は自分たちだって――たった数か月前に――一九一八年のブレスト＝リトフスク条約とブカレスト条約でロシアやルーマニアに苛烈な条件を課したばかりだというのに、突然「公正な平和」と言い出して、巨大な墓穴を掘ったというだけだった。そして言うまでもなく、当時は集団的な安全保障の問題もあった。勝利した連合国は、叩きのめした敵たちの軍事的な復活、とりわけドイツの再起を恐れていた。ベルリンが復讐の戦争をできないようにすることが、全般的な平和を維持し、とりわけフランスの領土保全を維持するうえでの中心命題であった。

もちろん、敗戦国側の認識はこれとは根本的に異なっていた。ヨーロッパの敗戦国においては、ただ敗北による屈辱感だけが理由で、パリ講和条約に対するルサンチマンが燃え上がったわけではない。協商国の盟友と見なされた諸民族（ポーランド人、チェコ人、南スラヴ人、ルーマニア人、ギリシャ人）にはウィルソンの民族自決の考え方が明確に適用されたのに、敵と見なされた人びと（オーストリア人、ドイツ人、ハンガリー人、ブルガリア人、トルコ人）には適用されなかったために、彼らが偽善を感じたということも問題であった。さらに悪いことに、驚くほど民族構成が複雑な地域に民族自決の原則を適用したのは、どれほど好意的に見ても甘い考えだったし、実際のところこのやり方こそが、第一次世界大戦の暴力が多数の国境紛争や内戦へと転換されるうえでの呼び水となったのであった。ボヘミアでのチェコ人とドイツ人の間にみられたような旧来の対立に、テシェンでのチェコ人とポーランド人の間の対立のような新たな民族紛争が加わったことにより、中欧における民族同士の敵対関係は暴力へと発展していった。(60)

民族自決の原則に基づいて創設されたはずの新国家はどれも、国境の内側に、声高に自己主張する民族的マイノリティを大規模に抱えていた。そうしたマイノリティ集団は（とくに世界大恐慌の勃発以降）、自分たちの「母国」との再統合を要求し始めた。連合国が民族自決の原則を守らなかったために、〔ドイツ系オーストリア人を含む〕一三〇〇万人のドイツ人がヴァイマル共和国の国境の外に取り残された。同じ頃、ブダペシュトは、三二〇万人を超える民族上のハンガリー人が新設の隣国に置かれたことを嘆いていた。チェコスロヴァキアやユーゴスラヴィア、ルーマニア、オーストリアに奪われた領土から流れ込み、自分たちの故地をブダペシュトの支配下に復帰させるよう要求する約四二万人の難民の存在は、戦間期のハンガリーを急進化させた[61]。

失地回復主義《イレデンティズム》の問題は数十年にわたりヨーロッパ政治につきまとい続けたが、その理由は何より、中東欧の後継国家の多くが、自分たちが取って代わった敗戦国たる陸の諸帝国とまったく同様に多民族的であり、実のところは自らも小規模な帝国だったためである〔戦前の民族間の緊張が数年間に及ぶ血なまぐさい戦争を経て激化したことが、さらなる問題としてこれに付け加わった〕[62]。民族混住状態にある後継国家において今や自分たちがマイノリティになったことを知った人びとは、しばしば民族主義的アジテーションの恰好の標的になった。例えば争奪の舞台となったシュレージエンでは、ブレスラウ〔現在のポーランドのヴロツワフ〕のフリードリヒ・ヴィルヘルム大学〔正式名称はシュレージエン・フリードリヒ＝ヴィルヘルム大学。ブレスラウ大学の略称で知られる〕がドイツ民族主義のアジテーションの中心地となった。都市の多民族的構成を反映して、ブレスラウ大学は伝統的にドイツで最もコスモポリタン的な教育機関の一つであり、学生には十九世紀をつうじてポーランド人が相当な割合で含まれていたし、多数のユダヤ人学生も在籍していた[63]〔実際には、ブレスラウは一九一〇年の統計で、ドイツ語話者が九五パーセント以上で、ポーランド語話者が三パーセント弱であった〕。しかしながら一九一八年以降は、民族間の共生に激しい敵意を示す風潮が強まった。若いドイツ民族主義者たちはとりわけ、人気が高まりつつあった「東方研究《オストフォルシュング》」の分野の専門家を自称していたヴァルター・クーンのような右翼知識人に魅了されたが、彼はヴェルサイユ条約を破棄して、ポーランドをはじめとする中東欧の「失われた」ドイツ系住民を奪還する必要性について講義していた(64)［クーンがブレスラウ大学の員外教授となったのは一九三六年］。こうした思考は豊かな土壌を得た。一般論を言えば、民族が混住する国境地帯に住むドイツ人たちは人口比率の点で、はるか西方の都市的な中心地帯に住む人びとよりも急進右翼政党の支持者になったり、最終的には一種のナチ・シンパのようになる傾向が強かった。(65)ナチス・ドイツ、そして一九三〇年代後半から一九四〇年代前半にかけてこの体制が公然と追求した絶滅主義的な帝国主義的企ては、第一次世界大戦と一九一八～一九年の国境の再画定で作り出された民族紛争と失地回復主義の論理に、相当な部分を負っていたのである。(66)

戦後の東欧、中欧、南東欧において民族的に均質性が高かったのは、敗北せる陸の諸帝国の中核を成していた国家、すなわちヴァイマル共和国、オーストリア、ハンガリー、ブルガリア、そして（一九二三年十月に創設された）トルコ共和国だけであった。これらの新国家はいずれも、小規模なマイノリティ（とくに中欧のユダヤ人、およびコンスタンティノープルのキリスト教正教徒コミュニティの生き残り）を抱えており、彼らはその後の数十年にわたり嫌がらせを受けたり暴力の対象となったが、一九二〇年代から一九三〇年代前半にかけての少数民族問題は、規模の点からすると、戦勝国となった後継国家においてのほうがはるかに深刻であった。例えば新たなポーランド国民国家にはかなりの数のウクライナ人やベラルーシ人、リトアニア人、ドイツ人の少数派といった非ポーランド人がおり、その割合はおよそ三五パーセントに達した。セルビア人・クロアチア人・スロヴェニア人王国はその名に反して、セルビア人にもクロアチア人にもスロヴェニア人にも属さない約二〇〇万人の住民を抱えており、主だったところではボスニアのムスリム（九・六パーセント）、ハンガリー人（四パーセント）、アルバニア人（三パーセント）、民族ドイツ人（十四パーセント）〔四パーセントの誤り〕が同国に属していた。チェコスロヴァキアはスロヴァキア人を上回る数の民族ドイツ人（全人口の二三パーセント）を擁しており、それに加えてかなりの規模のルテニア人とマジャール人のコミュニティも存在していた。そして、トランシルヴァニアとベッサラビア、ブコヴィナ、さらにはバナトの大部分を吸収したことで戦前の二倍の大きさになったルーマニアには、約三〇〇万人のハンガリー人が暮らしていた。[67]

新たな国民国家に住むこうした大規模な民族マイノリティの存在は、「民族自決」が協商国の仲間と見なされた諸民族に対してのみ与えられ、戦時中の敵には与えられなかったことの、極めて明瞭な証左であった。連合国の誰も、非ヨーロッパ人のために「民族自決」を考えようとはしなかった。植民地の民族主義者たちが講和会議でロビー活動を行って自治権を求めた際、ウッドロウ・ウィルソンは彼らの強い期待に応えてくれなかったし、イギリスやフランスの帝国主義的野心に盾突くことはできなかった。英仏の植民地帝国は、とりわけ中東をはじめとする各地に成立した国際連盟の委任統治領をつうじて、一九一八年以降もさらに拡張した。[68] 植民地での民族自決にウィルソンが支持を与えてくれないからといって、誰も大きく驚いたりはしなかったことだろう。民族自決や道義的な協定に関するリベラルな発言にもかかわらず、ウィルソンは――この点以外では、彼はヴァージニア出身の進歩的な大学知識人だったのだが――、アメリカ合衆国における人種隔離政策をはっきりと支持してお

り、大統領の職に就くやいなや、連邦政府の各種施設内での人種隔離に許可を与えたのであった。(69)

国際的な文脈においては、(当時の西洋人の大半がそうであったように)ウィルソンは明らかに、ある集団が「民族自決」に値するか否かを決定するにあたっては人種が問題になると信じていた。ウィルソンが長年温めてきた計画である国際連盟の規約は、パリ講和条約で生み出された五つの講和条約のすべてに共通する序文として公表されたものであったが、戦勝国となった植民地帝国が支配する地域の住民については何も言及していなかった。(70) むしろこの規約は、かつてのオスマン・トルコの帝国領をいわゆる「A式」委任統治領、つまり「現代世界の厳しい状況下で未だ自立できない諸民族が住む」領域と規定していた。こうした人びとは、統治を委任された国家による管理が満了を迎えた後で、独立国家の状態へと解放されるべきだとされていた。最終的に、イギリスとフランスが「A式」委任統治領――メソポタミア(現在のイラク)、(ヨルダンを含む)パレスチナ、(レバノンを含む)シリア――を分け合い、ヒジャーズ(サウジアラビア)は独立した。その大半がかつてアフリカのドイツ植民地であったいわゆる「B式」委任統治領は、統治を任された国によってこれまで以上に厳格に支配される羽目に陥ったが、将来的にはある時点で独立させられることとなった。他の諸領域、とくに旧ドイツ領の南西アフリカ(現在のナミビア)と、かつてドイツに占領されていた南太平洋諸島は、「C式」委任統治領となった。「C式」は事実上の植民地に他ならず、せいぜいのところ、「委任統治という制度の下で、その領土の不可欠な一部として管理された」に過ぎなかった。(71) 白人のヨーロッパ人たちが暮らしていた旧オーストリア＝ハンガリー帝国の領土と違い、有色人種の植民地住民たちには自分たちの問題に対処する準備ができていないのだ――このような人種主義的根拠が強調されたため、パリ講

和条約の委任統治制度が全面的に導入されたのである。(72)

パリの仲裁人たちは、ヨーロッパの内部に関しては、新興の国民国家における多民族間の抗争で生じた問題を処理しなければならないという認識を明確に有していた。一九一八〜一九年のヨーロッパの領土的再建で、マイノリティと見なされる人びとの数は実に六〇〇〇万人から二五〇〇〜三〇〇〇万人へと半減したと見積もられるとはいえ、新たな後継国家は当初、彼らの権利を保証するための法的枠組みを備えていなかった。(73) そのため、連合国はいわゆる少数者条約を策定した。これは、新設の各国家が国際的な承認を得るうえでの前提として調印した、双務的な合意であった。(74)

ドイツ、オーストリア、ロシアの三帝国の崩壊後に誕生したポーランドは、そのモデルとなるように思われた。同じ日に調印された有名なヴェルサイユ条約にちなんで「小ヴェルサイユ」条約とも呼ばれたポーランドの少数者条約は、この問題に関するその後の会議で出されたあらゆる宣言の先駆けを成すものであり、同様の合意はさらに七つの後継国家でも結ばれることになった。(75) 少数者条約は、当時、中東欧の後継国家に居住していたあらゆる民族的、宗教的マイノリティの集団的権利を保護しようとする取り決めであった。(76) 新たな国民国家は政治組織や政治的代表者の権利、法廷や学校でのマイノリティ言語の使用、そして領土移譲に対する補塡を保障しなければならなかった。例えばチェコスロヴァキアでは、国際条約でマイノリティの集団的権利が保障されていた。ドイツ人は、人口の少なくとも二〇パーセントを占める地域において、教育や、国家権力とのやり取りを自分たちの言語で行う権利を有していた。民族ドイツ人には特定の地域に集中して居住する傾向があったため、彼らの九〇パーセントがこうした優遇措置を享受できるはずであった。(77)

この少数者条約への違反があったという申し立てがなされた場合には、国際連盟理事会と国際司法裁判所〔正確には常設国際司法裁判所〕での審理に持ち込まれた。とくに重要なのは、国境の外に存在する集団が、四面楚歌の状態にあるマイノリティの声を代弁できた点であった。例えば、ハンガリー政府はスロヴァキアのマジャール人のために、あるいはヴァイマル・ドイツ政府はズデーテン・ドイツ人のために訴えを起こすことができた。不当な扱いを受けているマイノリティに、条約違反を正す（そして実際にそのような行動をとる）ための法的枠組みを提供したという点で、これは講和会議の最大の成果の一つであった。(78)

崩壊したロマノフ帝国の西部国境地域に設けられたペイル居留地、あるいはかつてのハプスブルク帝国（とくに西ガリツィアとハンガリー）の東半分に住んでいたおよそ六〇〇万人のユダヤ人のように、自分たちの利害を主張するための国民国家をもたないマイノリティにとっては、状況はもっと不透明であった。ロマノフ帝国のユダヤ人たちが一九一四年以前に定期的にポグロムの対象とされてきたのとは対照的に、ハプスブルク帝国領に住んでいたユダヤ人たちは暴力から比較的守られてきた。彼らが二重君主国を自分たちの権利、そして帝国の市民や臣民としての地位を保障してくれる存在と見なしていたのは無理からぬことだった。それゆえ、一九二〇年代や一九三〇年代に書かれたハプスブルク帝国を懐かしむ小説の多くが、シュテファン・ツヴァイクやヨーゼフ・ロートといったユダヤ人によって書かれたのは偶然ではない。ガリツィア出身のポーランド人貴族で、ロートの代表作として有名な『ラデツキー行進曲』（一九三二年刊）の主要人物であるホイニツキ伯は苛立ちまじりに、以下のような予言的批評を述べている。「われわれの皇帝が眼を閉じるやいなや、われわれ帝国民は百の部分に分裂瓦解《がかい》してしまうのです。……すべての民族がいかがわしい小国家を建設するでしょう。……新しい宗教とは民族主義《ナショナリズム》です」(79)。

ロートのようなユダヤ人にしてみれば、民族的、あるいは宗教的な排他性を是とする小粒な国民国家に暮らすよりも、マイノリティに法的保護を与えるだけの余裕をもちあわせた多民族の大帝国に暮らすほうがはるかにましであった。中欧の諸帝国が瓦解するや、ウクライナやバルト三国、ポーランド、ガリツィア、ブコヴィナ、ボヘミア、モラヴィアに居住するユダヤ人は突如として、一方では旧帝国の忠良なる臣民（したがって愛国心の点で信頼できない存在）であるという、また他方ではボリシェヴィズムの支持者であるという、二重の告発に晒されることとなった(80)。

民族マイノリティに一定程度の文化的自治と法的保護を認めるために作られた条約に効果がないことが、いたるところで明らかになった。後継国家のなかで最も寛容で民主的だと一般に見なされていたチェコスロヴァキアでさえ、非チェコ系住民に対してすぐに両義的な態度を示すようになった。チェコ人の母とスロヴァキア人の父をもつトマーシュ・マサリクが考えていたように、少なくとも理論上は、チェコ人とスロヴァキア人の文化的な相違は容易に架橋しうるはずであった。しかし、宗教改革がチェコ人の大多数をプロテスタントに変えたのに対して、十世紀以来ハンガリーの支配下で暮らしていたスロヴァキア人はカトリック信仰を忠実に保っていた［チェコは三十年戦争の結果、ハプスブルクの支配下で再びカトリック化された。一九二一年の宗派統計ではカトリックが八二パーセントなのに対し、プロテスタントはフス派の影響を受けたチェコスロヴァキア教会を含めても七・五パーセントに留まっている。またスロヴァキアでは、知識人層を中心にプロテスタントが少なくない］。そしてスロヴァキア人が、新国家内部で広範な文化的自治を保証されるという一九一八年のピッツバーグ協定での約束をマサリクが守ってくれると期待していたとしたなら、彼らはすぐに間違っていたことが明らかになった。[81]

相当な規模をもつドイツ人マイノリティに対するマサリクの態度は、スロヴァキア人に対して以上に問題があった。確かに、「ズデーテン人」たちは自分たちが多数派を成す地域において、かなりの程度の文化的な自由を享受していた。しかしマサリクは同時に、(その大半がドイツ人によって所有されていた)大農場を解体しようと決意して、土地改革のために草の根レベルでの圧力を加えたのであり、この措置は、ドイツ人の住むチェコスロヴァキアの西部国境地域にチェコ人が「植民する」ことを認めるものでもあった。[82]マサリクの下で外務大臣を務めたエドヴァルド・ベネシュは、あるイギリス外交官との会話のなかで、オーストリア＝ハンガリー支配の終結により民族的ヒエラルヒーの逆転が生じたことを率直に認めている。(天井を指さしながら)「戦前はドイツ人がここにおり」、(床を指さしながら)「我々はそこにいました」。彼は手の位置を逆にして、「今では我々がこっちで、彼らがそっちです」と言い切った。土地改革は「ドイツ人に思い知らせる」ために「必要」なのだと、ベネシュは主張した。[83]

ヨーロッパの敗戦国は、民族自決の原則が新たな世界秩序の土台になるのだと誤解していたが、彼らの目からすると、少数者条約は民族自決という根本原則を明らかに侵害する行為を隠蔽するための隠れ蓑に過ぎなかった。敗戦国は、「失われた」自分たちのマイノリティは何としても「返還」されねばならないという点で意見が一致しており、ナチズムが台頭するはるか前から、講和条約の修正を政治的議題の上位に掲げていた。こうした動きは、平和の持続にとっての良き前提とはならなかった。[84]

第十四章　フィウーメ

一九一九〜二〇年の時期にパリで作り出された新たな世界秩序に対して憤っていたのは、敗戦国だけではなかった。自分たちは戦争には勝ったが講和で敗れたのだと信じる人びとも、激しい敵意を抱いた。アジアで唯一、最高軍事会議のメンバーとなり、理屈のうえではパリにおける意思決定の中心を成す大国の一つであった日本は、自分たちが次第に隅に追いやられつつあると感じていた。日本は山東省の旧ドイツ租借地やドイツ太平洋諸島のうちの赤道以北部分をはじめとする幾つかの領土を手に入れたものの、西側連合国と完全に同等なパートナーとして認められるには至らなかった（山東省の旧ドイツ権益はヴェルサイユ条約で日本の継承が認められたが、ワシントン会議の結果、一九二二年に中国に返還された。また南太平洋諸島は、国際連盟の委任統治領として「日本領」になった）。とくに懸案だったのが、国際連盟規約に「人種的平等」条項を盛り込むべきだという日本の提案であった。この提案はまずもって、（より全般的な白人とアジア人の人種的平等よりも）日本を「白人の」西側連合国と対等な立場におくことを意図したものだったが、大英帝国の代表団の内部に、自治領の日本人移民に対する耳障りなまでの反発を呼び起こし、分裂を生じさせることになった。オーストラリア代表は自国を「白人の」自治領として維持する意志を有しており、国際体制のなかでの人種的平等を求める日本を妨害し、代表団の内輪での討議に勝利しようとした。こうしたやり方に怒った日本の政治家たちは次第に西洋に背を向けるようになり、また同時に、山東省や太平洋諸島の獲得に勢いづいて、大東亜の支配という壮大な夢想を描くようになっていく(1)。

失われた勝利、あるいは「損なわれた」勝利という感情は、イタリアにおいてさらに顕著であった。この国は戦争でイギリスを上回る数の男性を失ったが、国民は、参戦への見返りとして取り交わされた領土獲得の約束を、ロンドンやパリがもはや真剣に受け止めていないことを感じ取った。確かに一九一五年に遡ってみると、イタリアはかつての盟邦であった中央同盟国に対して宣戦布告する引き換えに、新たな同盟相手から大雑把な約束を得ていた。ロンドン秘密条約では、イタリアが相当な領土を得ることで合意がついていた。すなわち、ローマは（一九一二年以来、イタリア軍の占領下にあった）旧オスマン帝国領のドデカネス諸島の支配権を保持し続け、アルバニアを「保護国」として獲得するだけでなく、ハプスブルク支配下のトレンティーノ、ドイツ人の割合が高かったブレンナー峠に至るまでの南ティロール、北ダルマチア、港湾都市のトリエステを含む「オーストリア沿岸地方」〔ゲルツ＝グラディスカ伯領、イストリア辺境伯領、帝国自由都市トリエステから構成されるハプスブルク家の世襲領〕をも約束されていた。この気前の良い申し出は、独立したユーゴスラヴィア国家の創設以前の時期に策定されたものであり、「民族自決」に一切触れていないという問題があった。もう一つ問題だったのは、一九一八年後半にはローマの帝国主義的拡大の要求が一九一五年に約束された領域を超えるほどに肥大しており、戦争終結までハンガリーが管理していたアドリア海の港町フィウーメ（リエカ）を欲するまでになったという点であった。(2)

ローマはパリ講和会議の招集を待たずして、一九一五年に約束された領土の一部を要求した。オーストリア＝ハンガリーが一九一八年十一月三日に停戦協定に調印した途端に、イタリア軍はイストリアとダルマチアに侵攻した。ベオグラードがこの都市の領有権は新興の南スラヴ国家にあると主張して対抗したために、フィウーメの今後をめぐる問題はさらに解決が困難になった。ベオグラードの要求に刺激されたイタリアの外交官たちはパリで、列強がセルビア人・クロアチア人・スロヴェニア人王国全体を承認するのを妨害しようとするキャンペーンに着手したが、これはまったくの失敗に終わった。(3)

しばしば批判される一九一八～一九年のイタリアの非妥協的立場には、幾つか説明を加える必要がある。かつての交戦国の政府指導者たちの例にもれず、首相のヴィットーリオ・エマヌエーレ・オルランドは、それまでの三年間にイタリア人民が味わった戦時の途轍もない労苦、そして約六〇万人のイタリア兵の死に報いなければならなかった。他の戦勝国と同様にイタリアでも、国民は領土と金銭の両面で最大限の補償を求めていたのである。(4)しかしながら同時に、パリにおけるオルランドの要求は、それなりの長さをもつイタリアの自由帝国主義の伝統のなかで理解されなければならない。(5)一八六一～七〇年のイタリア国民国家の創設以来、かつてローマ帝国を構成していた部分——とりわけ「我らの海《マーレ・ノストルム》」とナショナリストたちが呼んだ地中海の周辺地域——の再征服は、将来のイタリアが世界のなかでいかなる地位を占めるのかをめぐる世論の重要な一部を構成していた。一九一一年、イタリアはこうした考えを実行に移し、オスマン帝国が北アフリカに所有していたトリポリタニアとキレナイカの両州《ヴィライェト》に侵攻することで、帝国主義的拡張を開始した。ローマの遺産を忘れていなかったイタリアの帝国主義者たちは、日頃からトリポリタニアとキレナイカを、（古代ローマの北アフリカの属州の名称であった）「リビア」と呼んでいた。[6] 地中海の対岸に位置するこの新たな植民地によって、ようやくそれ相応の帝国的版図を備えたヨーロッパの大国になれるはずだという期待が高まった——この野望は、十五年前にアドワでイタリア軍がエチオピア軍に敗北したこと（一八九六年）によって挫かれたものであった。[7]

実際には、リビアへの軍事干渉は、とくにイタリアの侵略に対するオスマン帝国と現地住民の頑強な抵抗によって、莫大な損失を出すこととなった。後に青年トルコの三巨頭の一角を占めたエンヴェル・パシャをはじめ、若き日のムスタファ・ケマルのような注目すべき人物を含む猛将たちに率いられたトルコ軍は、イタリア軍に粘り強く抵抗し、間もなく現地のアラブ人の協力を得た。アラブ人たちは、侵略者たるイタリア人が想像していた以上に、「圧政者」であるはずのオスマン帝国に対して強固な忠誠心を抱いていることが明らかになった。[8] 戦闘は数か月続き、最終的にはイタリアの辛勝で終わった。一九一二年十月に戦争が終結するまでに、アドワの戦いの損失のほぼ二倍にあたる約一万人のイタリア兵が死亡したが、それにもかかわらず、イタリアが支配下に収めることができたのは幾つかの沿岸都市に過ぎず、元々の狙いとは異なり、リビア全体ではなかった。[9] そのうえ、オスマン帝国との講和条約の後も地域的なゲリラ集団が二〇年間にわたり、新たな植民地支配者に対する闘争を続けた。イタリア軍が北アフリカの新領土を完全に掌握するのは一九三一年のこととなる。[10]

かくして、一九一八～一九年に自由帝国主義の政策を追求した際、ヴィットーリオ・オルランドは拡張主義という、もっと前から自国で続いていた伝統を活用することができた。オーストリア＝ハンガリー帝国の解体は、またとない歴史的機会を与えてくれた。彼の（そして同時代のイタリア人の多くの）目には、ジュゼッペ・マッツィーニやジュゼッペ・ガリバルディの、そしてリソルジメントの夢、すなわちイタリア人が居住するすべての領域が統一的な国民国家へと統合され、そのことで、一九一五年五月にローマが参戦を決定して以来存在してきたイタリアの内紛を克服するための好機が到来したように映ったのであった。[11]

参戦し、かつての三国同盟の盟邦――ドイツとオーストリア＝ハンガリー――を裏切って協商国に寝返るという決断をしたことは、議論を呼ばずに済まされなかった。[12] 中立を主張する人びとと、協商国側に立って参戦することを望む人びととの間に生じた分裂は、イタリアの社会と政治に存在していたどの分裂よりも長く尾を引いた。[13] 一九一五年春のイタリアの宣戦布告は九か月にわたる（時に暴力沙汰を交えた）激論の末のものであり、この議論のなかで、普通では実現しなかったような盟約関係が作り出された。例えば、ナショナリストと急進的民主主義者が一緒になって、町の広場で参戦を求めるデモ行進を行った。もっとも、両者の目的は異なっており、ナショナリストたちはイタリアを真の大国にしようとしていたし、急進的民主主義者たちはプロイセンの軍国主義を打倒しようとしていた。参戦の呼びかけは、どちらかと言えば中立を求めていた社会党の一部からも支持された。同党は帝国主義的戦争に巻き込まれることを望んでおらず、労働者階級の国際的な連帯という謳い文句を、他のヨーロッパ各国の社会主義者たちにもまして真剣に掲げていた。そのため、一九一四年十一月、ベニート・ムッソリーニの率いる主戦派が社会党から分離するに至った。[14]「参戦派」のプロパガンダは、その後何年にもわたって国民を分裂させることとなる、「二つのイタリア」という強力な語り口を育んだ。曰く、一方は雄々しく未来志向で若く、ゆえに参戦を望み、もう一方は衰弱し後ろ向きで臆病なのだ、と。「参戦派」の目からすると、戦争こそが最良にして「真のイタリア」をもたらしてくれるからには、これを妨害しようとする者は民族の政治共同体から根絶されねばならなかった。[15]

当然ながら、パリで自らの政治的課題をできる限り追求し、フィウーメをイタリア帝国主義の要求事項に付け加えた際、オルランドはこのことを重々承知していた。国内の観衆向けの威信政策のなかで一つの試みとして始められたフィウーメに対する要求は、すぐに独自の原動力を帯びるに至った。[16] それというのも、フィウーメは、「損なわれた勝利」という表現を作り出した華美な戦闘的詩人のガブリエーレ・ダンヌンツィオのようなナショナリストたちの幻想を掻き立てただけでなく、革命的情熱を抱いてアヴァンギャルドな政治的、社会的価値観を戦前のブルジョワ的、保守的秩序に置き換えようとしていた人びとをも熱狂させたのである。[17]

フィウーメに対するイタリアの要求に頑強に反対したのが、この都市に関して独自の構想を抱いていたセルビア人・クロアチア人・スロヴェニア人王国であった。ベオグラードはウッドロウ・ウィルソンの支持を得ていたが、両者の思惑は異なっていた。ウィルソンの主眼は秘密外交への反対という点にあり、彼からすると、英仏のイタリアとの交渉はまさにその典型であった。彼はまた、イタリアがフィウーメへの要求を「民族自決」を根拠に正当化していることを疑問視していた。確かに、フィウーメの住民の半分に限れば、イタリア人であると主張することに無理はなかったが、残りの半分は他の民族集団に帰属意識を抱いていた[18]。それなのに、イタリアの外交官はパリで歩み寄りの姿勢を見せず、ロンドン条約の条項を尊重し、かつフィウーメに対するイタリアの要求を承認せよと、連合国に訴えたのであった。ローマの非妥協的な態度に苛立ったウィルソンは、不当な領土要求を取り下げるようイタリア人民に直接に要請する旨の声明を発表した。しかし、自己満足気味に自らの「十四か条」を「神聖なる義務」としたのはまずかった。翌日の〔一九一九年〕四月二四日、パリ講和会議を離脱してローマに戻ったイタリア代表団は、大規模な反米デモで迎えられた。当時の『レポカ』紙の社説は次のように問いかけている。「イタリア人民に対して政府への反逆を命じ、自らの抽象論で建てられた象牙の塔に閉じ籠った外国人の指図する計画を受け入れさせることができるなどと、どうしたらかの御仁はいささかでも考えられるのだろうか[19]」。

ウィルソンの宣言はさらに、急進的なイタリア・ナショナリスト勢力の怒りをも呼び起こした。オルランドはフィウーメをイタリアの要求事項に追加することによって、こうした勢力を抑え込もうとしていたのである。一九一九年夏にドイツとのヴェルサイユ条約に調印した後もなお、この問題は未解決のままであり、和平に満足できないすべてのイタリア人の結節点となっていた。そうした人びとの一人がダンヌンツィオであり、彼の名はフィウーメをめぐる連合国内部の争いに分かち難く結びついている。当時イタリアで最も名の知れた詩人だったダンヌンツィオは、イタリア国内のみならず国際的にも名声を博しており、ジェイムズ・ジョイスやマルセル・プルースト、ヘンリー・ジェイムズといった人びとの間でも、世紀末《ファン・ド・シエクル》の文筆家のなかの指導的人物という地位を認められていた。ダンヌンツィオは政治活動家でもあり、とくに失地回復運動のスポークスマンとして目立った存在だった。この運動は、十九世紀後半にイタリアが国民国家として統一された際に未回収《イレデンティ》のままに取り残された、すべての「イタリア人の」領土の統合を要求していた。[20] 一九一五年、五二歳のダンヌンツィオはフランスからイタリアに帰国し、中央同盟国に対する戦争に従軍した。[21] 彼は戦時中に殊勲を立て、数多くの曲芸飛行によってイタリアの偉大な詩人兼戦士という名声を得ており、ハプスブルク支配下のトリエステ上空を飛び、ウィーンに対するプロパガンダ用のビラを投下したこともあった。[22]

戦後、ダンヌンツィオは多くの退役兵と同様に、イタリアの犠牲が報われることを望んだ。しかし、ウッドロウ・ウィルソンが一九一九年四月に領土要求を弱めるようイタリアに求める声明を公表すると、ローマ政府はアメリカの圧力に屈しようとしているという風説が軍隊に広がった。この疑念は、オルランドの辞職後の一九一九年六月二三日に、経済学者で自由主義急進派の指導者であったフランチェスコ・サヴェリオ・ニッティが後任の首相になったことでさらに強まった。[23] ニッティはオルランドよりも話が分かると信じられており、彼の首相就任は、パリに集まった列強の代表者たちから大いに歓迎された。ところが、彼らは失望を味わうことになった。世論、とりわけ右翼からの圧力に直面したニッティと彼の政府は、フィウーメに対する要求を取り下げるのを渋った。しかし、ナショナリスティックな右派は、ニッティがフィウーメ問題を解決するかどうか、半信半疑であった。[24]

かくして、ダンヌンツィオが決起した。九月十一日、彼はフィウーメの約三〇〇キロ北西にあるロンキ・デイ・レジョナーリ（ロンケ）〔当時は「ロンキ・デイ・モンファルコーネ」と称したが、ダンヌンツィオの率いた義勇軍「軍団《レジョナーリ》」にちなんで、ファシスト政権期の一九二五年に改称された。「ロンケ」はスロヴェニア語〕から、有名な「フィウーメ進軍」を開始した。彼に従った兵士は二〇〇〇名に満たなかったが、たちまち参加者たちが集まってきた。明るい赤色のフィアットでフィウーメ近郊に辿り着いた時には、ダンヌンツィオの軍勢は二〇〇〇〇名に増大しており、その多くはかつてのイタリア軍の突撃隊「アルディーティ」から構成されていた。大部分がイタリア兵から成る連合国軍のフィウーメ駐留部隊は、銃撃戦を交わすことなしにダンヌンツィオに権力を委ねた。[25]

その後の十五か月にわたり、ダンヌンツィオはこんにちではカルナーロ執政府〔正式には「カルナーロ・イタリア執政府」。カルナーロはフィウーメに面する湾の名称〕と呼ばれる政府の独裁的指導者《ドゥーチェ》として統治にあたり、独自の憲法と通貨を用いた。彼自身はいかなる意味においてもファシストではなかったし、フィウーメは当時の水準からすれば驚くほど暴力とは無縁の場であったが、この新たな都市国家はイタリア・ナショナリストたちの中心的な基準点となっていった。[26] 当初からフィウーメの冒険を注視していたムッソリーニは、ダンヌンツィオの政治的な実験と祭祀を大々的に継承し、帝国主義的で世俗的なナショナリズムや、(ダンヌンツィオのフィウーメ進軍に部分的に範をとったローマ進軍を含めた)象徴的なジェスチャーを借用した。[27]

カルナーロ執政府の存続中ずっと、ローマ政府はフィウーメの海上封鎖を続け、ダンヌンツィオの統治を終わらせようとした。しかしイタリア政府は、ダンヌンツィオの反逆への共感の広がりによってナショナリスティックな反政府運動が巻き起こるのを恐れたこともあり、フィウーメへの直接の軍事侵攻を避けた。ローマがようやく行動をとる決意を固めたのは、(フィウーメを自由市とすることが決定された)ラパロ条約が調印された直後の、一九二〇年十二月のことであった〔ドイツがソヴィエト・

ロシアと国交を回復したラパロ条約は一九二二年四月に締結された」。同年のクリスマス・イブに、イタリア海軍による砲撃の後、ダンヌンツィオと彼の支持者たちは都市を明け渡した。ガルダ湖畔の小村に隠居した後も、ダンヌンツィオの政治的遺産は生き続け、フィウーメはナショナリストたちの政治的目標であり続けた。ダンヌンツィオの「反逆」を公式に祝い、彼のポピュリスティックなスタイルを模倣したムッソリーニは、間もなくラパロ条約の一部を反故にし、一九二三年九月以降、この都市は再びイタリアのものとなる(28)［「フィウーメが正式にイタリア領となったのは、一九二四年一月二七日のユーゴスラヴィアとのローマ協定による」。

第十五章　スミルナからローザンヌへ

一九一八年以降のイタリアの帝国主義的野心の矛先は、フィウーメに留まらなかった。一九一五年のロンドン条約では、オスマン帝国を戦後に解体することになっていたが、ローマの「正当な取り分」については曖昧な約束しか交わされていなかった。一九一九年五月前半、この約束が忘れられていないことをはっきりさせるために、イタリア軍は事前に連合国に諮らずに、南アナトリアのアダリア（アンタルヤ）とマルマリスに部隊を上陸させた。パリでは、キリスト教住民が多数おり、既にギリシャが領有を主張していた西アナトリア沿岸部の港町スミルナに、イタリアの艦隊が接近しているとも囁かれた。(1)

五月六日、ロイド・ジョージは、小アジアにおけるイタリアの帝国主義的野心を止めるために、ギリシャにスミルナとその周辺地域の占領を認めるべきだと提案した。いつもは帝国主義的な領土争奪に反対していたウッドロウ・ウィルソンも、ますます面倒な存在になりつつあるイタリア政府を納得させるために、この案を承認した。これを受けて、ロイド・ジョージはギリシャ首相のエレフセリオス・ヴェニゼロスを呼び寄せ、スミルナ上陸の準備を整えるよう求めた(2)。ヴェニゼロスは、ロンドンとの緊密な関係のもとでビザンツ帝国の再興に一役買うという役割が与えられたことに、発奮したようだった。彼はオスマン支配下のクレタ島で一八六四年に富裕な商人の家に生まれたが、父親が一八六年のクレタ反乱に関与した結果〔ヴェニゼロスの父は一八八三年に他界している〕、家族はギリシャ本土への逃亡を余儀なくされた。法律を学んで弁護士となり、一九一〇年以来首相を務め、自由党を創設したヴェニゼロスは一九一四年以降、自国の連合国への加入に賛成していた。この信念のために、彼は国王コンスタンディノス一世と厳しく対立するようになった。コンスタンディノスは青年時代に一時ドイツに留学しており、親独派であった。彼はドイツ皇帝ヴィルヘルム二世の妹であるプロイセン王女ゾフィーと結婚し、ヴィルヘルム二世からドイツ陸軍名誉元帥の位を授かっていた。コンスタンディノスはドイツへの愛着を隠さなかったが、一九一四年に戦争が始まった際には自国の中立を主張した。しかし国王の願いに反してヴェニゼロスは、ギリシャが少し前に獲得した旧オスマン帝国領のサロニカ（テッサロニキ）の港への派兵を、英仏両政府に要請した。これによってヴェニゼロスは解任され、国王は一九一六年前半、ドイツ軍とブルガリア軍に東マケドニアとトラキアへの駐留許可を与えた(3)。

ヴェニゼロスと彼の支持者たちはこの措置に恐怖し、一九一六年八月十六日にアテネで大衆集会を開いて、国王の親独的態度への怒りを公然と口にした。コンスタンディノスとヴェニゼロスの対立によって、ついには二つの相対する政府が創設される事態となり、一九一六年八月にアテネとテッサロニキが事実上の首都となって、ギリシャを分断した〔ヴェニゼロスがテッサロニキに臨時政府を樹立したのは一九一六年十月九日〕。連合国が制裁として南ギリシャを海上封鎖した結果、市民生活に大きな経済危機が生じ、最終的にはヴェニゼロスが権力闘争に勝利を収めた。結局、コンスタンディノスは一九一七年六月に外圧に屈し、親西欧的な立場だったために連合国の御眼鏡に適った次男のアレクサンドロスに譲位した〔長男のゲオルギオス王太子は、父とともにスイスに亡命した〕。アレクサンドロスの王位継承により、ヴェニゼロスがアテネに復帰し、ギリシャが総動員して中央同盟国に対して参戦する道が開かれた。いよいよ中央同盟国に勝利すると、ヴェニゼロスは連合国に助太刀したことへの見返りを期待した。ロイド・ジョージはパリで彼に、ギリシャ軍がスミルナを征服したとしても他の戦勝国から反対を受けないだろうと請け合った。それゆえギリシャ首相には、この問題に関して、イギリス政府から無条件で支持を得られると信じるに足るだけの理由があったのである。しかしながらヴェニゼロスは、ロイド・ジョージとの会談に同席していた陸軍元帥ヘンリー・ウィルソンの厳しい警告――トルコ軍は叩きのめされたとはいえ完全に壊滅したわけではないのだから、スミルナの占領はさらなる戦争をもたらすだろうし、その結果がどうなるかは分からないという警句――には耳を傾けなかった。イギリス外務省におけるアーサー・バルフォアの懐刀であったカーゾン卿〔一九一九年十月からバルフォアの後を継いで外相〕も同様の判断を示し、ギリシャ首相に数通の覚書を送付し、外的脅威に抗して再動員を行うトルコ軍の実力を過小評価すべきではないと忠告していた。(4)

ギリシャ軍によるスミルナ占領という考えに強く反対していた主要な戦略家は、ウィルソンとカーゾン卿だけではなかった。協商国への加入と引き換えにアナトリアに広大な領土を獲得するという構想を一九一五年前半に初めて思い描いた時に、ヴェニゼロスが助言を求めたのは、イオアニス・メタクサス大佐だった。メタクサスは、一九一二年の第一次バルカン戦争でのギリシャの勝利の立役者となった作戦立案者の一人であり、一九三六〜四一年には同国の軍事独裁政権を率いることになるが、彼の返答はヴェニゼロスが期待していたものではなかった。メタクサスは、オスマン支配下のギリシャ人が住む沿岸地帯は防衛に適していないことを強調した。曰く、占領予定地には大勢のムスリムが住んでおり、外国の支配に抗して反乱を起こすかもしれないし、西アナトリアの肥沃な渓谷地帯は、アナトリアの後背地からトルコ軍の反撃を受ける危険があった。トルコの防衛軍は間違いなく、夏と冬に厳しい天候になる中央アナトリアの内奥部へと攻撃側を誘い込もうとするだろうから、侵攻を実行すれば、ナポレオンの破滅的なロシア遠征と同様の事態を容易に引き起こしかねないだろう、と。(5)

ヴェニゼロスはこうした警告を無視するという誤りを選択した。一九一八年に勝者の側に立った人びとの多くと同じく、彼も、またとない歴史的好機を得たという思いに突き動かされたかのようであった。普段は現実主義者だった彼はおそらく、古代のギリシャ地中海帝国の再興についに手が届きそうだと感じていたに違いない。ギリシャが小アジアへと領土を拡大し、オスマンの支配下にある様々な「未回収」の故地を再統合するという「大理念《メガリ・イデア》」は、独立した立憲君主制を創設した一八四三年の革命以来、ギリシャの政治的言説において繰り返されてきた一大テーマであった。それ以来、ギリシャの国境が恒常的に拡大し、それまで「未回収」だったギリシャ人マイノリティたちが国民国家へと段階的に統合されていったことで、オスマン帝国内で相当規模のマイノリティを成していた正教徒を、将来的に自国に包含しようという願いが強まった。正教徒マイノリティの大半は、アナトリアの西部や北部の沿岸地域とその後背地、そして黒海南岸のポントス地方に集中していた。はるかビザンツ時代に起源をもつギリシャ人正教徒のコミュニティは、十九世紀にスミルナとその一帯で経済好況が起こり、ギリシャ本国やエーゲ海東部の島々から無一文の移民が大量に引き寄せられたことで、大規模に拡大した。一九一二年の第一次バルカン戦争によって、コミュニティ間で緊張が高まったために、この傾向は逆転したものの、スミルナのギリシャ人正教徒住民は一九一四年になおも全人口三五万人中の二〇万人を占めていた。[6] ポントス地方のギリシャ人も、とくに黒海沿岸の都市、サンプソン（サムスン）とトラペズス（トラブゾン）で相当規模のコミュニティを作り上げていたが、ムスリム人口が優勢であったこの地域において、彼らは多数派を形成してはいなかった。[7] オスマン帝国の公式統計によると、ポントス地方のムスリム人口がちょうど一〇〇万人弱程度だったのに対して、キリスト教徒住民は五三万人だったのである。[8]

ヴェニゼロスとロイド・ジョージの運命的な会談からわずか一週間後の五月十五日、ギリシャ軍の侵攻部隊が船でスミルナに到着し、キリスト教徒住民の興奮とムスリムの憤激を巻き起こした。ムスリム住民の一部は自発的に、併合拒否国民委員会を結成し、トルコ系住民に侵略者への抵抗を呼びかけた。[9]

緊張が暴力の発生に繋がるまでに長い時間はかからなかった。ギリシャ軍が下船して市内に進軍すると、サロニカ出身のトルコ系移民で、大戦中は「統一と進歩委員会」〔（CUP）〕の「特別部隊」に勤務していたハサン・タフスィンによる銃撃を受けた。[10] ギリシャ軍はトルコ軍の兵舎周辺への突撃でこれに応え、中にいた兵士たちを捕らえ、港へと連行した――捕虜たちは居並ぶ群衆から「止むことなく屈辱を浴びせられるなかを歩かされた」と、スミルナで活動していたイギリス人商人は回想している。(11) 列を外れた一人の捕虜が銃剣で突き殺され、さらに数名が殺された。港にいたイギリス軍の将校たちは、殺害されたトルコ人の死体の幾つかが海に投げ込まれるのを目撃したと報告している。現地のギリシャ人の暴漢や民族主義者の一党が兵士たちの行為を真似た。オスマン領内のキリスト教徒に対する戦時中の抑圧の記憶がまざまざと甦った彼らは、トルコ人地区で暴動を起こし、殺戮、暴行、略奪、強姦の限りを尽くした。無秩序状態が丸一日続くなかで、三〇〇〜四〇〇人のムスリム市民と兵士が殺害された。ギリシャ軍は二名の死傷者を出しただけであった。(12)

戒厳令が敷かれ、ギリシャ軍の指揮官が「諸君（ムスリム）の同胞の個人的自由と信仰を尊重する」と正式に表明したものの、暴力は弱まることなく続いた。とくに、大戦中に多数のキリスト教徒の現地住民が追放されたエリュトライ半島［トルコ西部の地名］の農村地域の状況はひどかった。(13) ヴルラ（ウルラ）から来たキリスト教徒住民が日記に克明に記しているところでは、彼と仲間のギリシャ人たちは「ヴルラ周辺のトルコ人の村に投入され、略奪を始め」、その後、村人の何名かを火あぶりにした。(14)

スミルナやギリシャ軍支配下の後背地での残虐行為によって、暴力と報復の応酬がエスカレートするのではないかという連合国の懸念が強まった。連合国の将軍の一人は、アナトリアからパリに向けて次のように報告している。「スミルナの諸事件でトルコのすべてのキリスト教徒の生命が危機に瀕していることに疑いの余地はありませんし、同地へのギリシャ軍の上陸はトルコ人から、連合国による休戦協定の意図的な侵害、そしてさらなる不当な攻撃の前触れなのではないかと見られています」。(15)

連合国がギリシャのスミルナ併合への支持を取り下げかねないと憂慮したヴェニゼロスは、少し前にスミルナの高等弁務官に任命されたばかりのアリスティディス・ステルギアディスに、秩序の回復を命じた。ステルギアディスがようやく同市に赴任したのは、五月半ばのギリシャ軍の上陸から四日後のことであったが、彼は直ちに、ムスリムに対して行われた暴虐に責任をもつ人びとの一部を軍事法廷にかけた。一九二二年にトルコ軍がスミルナを再び征服した前日に町から逃げ出したために、こんにちに至るまでギリシャではステルギアディスの評判は芳しくないが、逃亡前の三年間にバランスのとれた行政を維持するなかで残された彼の功績は称賛に値する。高等弁務官であった期間ずっと、彼はこの町のムスリム住民が二級市民として扱われないことを保証し続けようとした。一例を挙げれば、彼は正教会やスミルナ評議会による反ムスリム立法の制定に抗い、法の前の平等を主張し、ムスリムの下級役人たちの職を守ったのである。[16]

スミルナの情勢はステルギアディスの赴任後に幾分安定したものの、ギリシャ軍が後背地への支配権を得ようとすると、周辺地域の状況は悪化の一途を辿った。一九一九年の夏をつうじて、とくにスミルナの支配権が何度か移り変わった一九一九年六〜七月のアイディニ（アイドゥン）の戦いの間、連合国は、ギリシャ軍兵士やトルコ人非正規部隊による民間人への虐待の知らせ、そして殺戮や強姦が拡大しているという報告を何度も受け取った。ギリシャ軍が最初にアイディニを征服した直後、非正規のトルコ人武装集団（チェタ）が一致団結して反撃を行い、ギリシャ軍に撤退を余儀なくさせたが、その際にギリシャ軍はトルコ人地区に火を放ち、多数のムスリムを虐殺した。[17] トルコ人も同様のやり方で応酬し、キリスト教徒の民間人たちが殺戮され、ギリシャ人地区が放火された。[18] その後のギリシャ軍による都市の奪回は、新たな暴力と報復の連鎖をもたらした。あるギリシャ軍兵士は次のように回想している。

我が軍が町を取り囲み、接近していくにつれて、叫び声、ライフルと手榴弾の爆音が大きくなっていった。そこは地獄だった。トルコの正規軍は去っていたが、チェタが残っており、ギリシャ人とアルメニア人に対して虐殺、略奪、拷問をはたらき、女たちをハーレムに連れて行こうと駆り集めていた。……あるギリシャ人の隣人は家族全員を家のなかで虐殺された。子供までもがだ。ギリシャの旗は切り裂かれ、小便をかけられていた。旗竿は死んだギリシャ人たちの尻に刺して立てられていた。井戸は死体で満杯だった……。その後、報復が始まった――モスクが焼かれ、ホジャ〔老師のこと〕のひげに火がつけられた。ズボンを下ろした後で尻の穴に銃弾が撃ち込まれた。……一人の司祭がサーベルを手に路上に飛び出し、出くわした者を羊のように殺した。この男は妻と娘の一人をトルコ人たちに殺されたのだった。……彼は誰一人生かしておかなかった。犬さえも……。[19]

ギリシャ人の残虐行為に対するトルコの訴えを調べるために、イギリス、フランス、イタリア、アメリカ合衆国の高級将校たちから構成される国際的な特別調査委員会が一九一九年七月に組織され、トルコの告発を裏付ける多くの証拠を見つけ出した。同委員会によってトルコ側よりもギリシャ側に重い責任が負わされたことで、ギリシャ軍の侵攻に対する国際的な支持は揺らいだ。[20] それと同時に、小アジアでのギリシャの蛮行は、それまで各地でばらばらに展開していたトルコ人の抵抗勢力を刺激し、一体化させた。抵抗運動は次第に、不人気なコンスタンティノープルのスルタン政府から自立して活動するようになっていった。政府にはアナトリア沿岸部を軍事的に防衛するだけの能力も意思もないことが明らかだったために、民族主義を奉じる指導的な将校たちは、軍人としての存在意義を取り戻した。彼らは最終的に、エーゲ海沿岸でのギリシャ人との闘争をつうじて、「ムスリムにしてトルコ人たる」ネイションの再生の名の下にこの戦いに勝利し、敗戦の苦い記憶を克服する機会を得た。(21)

ギリシャ軍によるスミルナ占領からわずか四日後〔一九一九年五月十九日〕、後にトルコ抵抗運動の指導者となるムスタファ・ケマルが黒海の港町サムスンに船で到着した。この来訪は、表向きはスルタンの命を受けた軍事視察であったが、真意は別のところにあった。ケマルはギリシャ軍の侵攻に対するトルコ民族主義の抵抗活動を結集させようとしていたのである。後世のトルコ人たちは彼のサムスン到着をアタテュルク記念日〔正式な名称は「アタテュルク記念、青少年とスポーツの日」〕として祝うこととなる〔この名称は、一九三四年十一月に授与されたアタテュルク、すなわち「トルコ人の父」というムスタファ・ケマルの名誉ある呼び名を受けたものである〕。

ケマルの名は当時のトルコに轟いていた。一九一四年以前は、オスマン帝国領だったサロニカ出身のこの青年将校の名を聞いたことのある人はほとんどいなかったが、第一次世界大戦は彼を国民的英雄に変えた。(22) 彼の名声は、一九一五年四月に連合国軍のガリポリ半島への上陸作戦を失敗させて帝国を防衛するにあたって、中心的な役割を果たしたことによるものであった。(23) 連合国軍の兵士たちがガリポリ半島の荒れ地に最初に上陸した日、オスマン軍は初めは算を乱して退却した。ケマルは前線に程近い場所で指揮にあたっていたが、パニックに襲われた兵士たちが内陸部へと流れ込んでいくのを目にして持ち場を離れ、自らの部隊を戦闘へと投入した。彼の勇敢な反撃は連合国軍の侵攻を食い止め、これによって生じた数か月にわたる血みどろの膠着状態で、攻撃側と防衛側の間に三六万人以上

の死傷者がもたらされた。(24)

ガリポリの防衛に際して中心的な役割を果たしたことが人びとの目にとまり、ケマルは准将に、そして大戦の終結までには第七シリア方面軍の司令官に昇格した。彼が率いる軍隊は一九一八年九月半ばの連合国軍の攻勢によって退却させられたが、ケマルはガリポリでのオスマン軍の勝利によって広く信望を集めるようになった。彼を称賛する人びとからすると、ケマルはガリポリの戦いの翌年の一九一六年八月に東アナトリアに侵攻したロシア軍を撃退して、再び帝国を守った。ケマルの肩をもつトルコ人の多くは、「統一と進歩委員会」（CUP）の戦時体制を支持しない人びとでさえもが、こうした見方を共有していた。当時評判を落としていたCUPの指導陣からある程度距離をとっていたことも、ケマルが広範な人気を獲得するうえで有利に働いた。彼はCUPの一員であったし、トルコ人から成る国民国家を戦後に実現するという構想は青年トルコが理想とするところに完全に合致していたが、政治の外側に留まり、一九一四年以降にCUP指導部が犯した軍事的失敗や民間人の虐殺には関与していなかった。(25)

一九一八年十一月後半〔正確には十一月十三日〕にコンスタンティノープルに戻った彼は、故国の首都の変貌ぶりを目の当たりにした。停戦から一か月のうちに協商国軍はアナトリアの占領を開始し、コンスタンティノープル市内に小規模な駐屯地が設営された。戦勝国は陸軍だけでなく、イギリス軍、フランス軍、イタリア軍、ギリシャ軍の五五隻の艦船から成る小規模な船隊を派遣し、トルコ両海峡を通過させた。この船団の存在から、休戦協定の条件に従わなければ海上から激しい砲撃が待っていることは明白であった。正教徒の大群衆がこの艦隊、とりわけギリシャの旗艦であった「ゲオルギオス・アヴェロフ号」の到着を熱狂的に歓迎したことが、多くのムスリム系のオスマン臣民の感情を逆撫でした[26]。

他方で、CUPの指導的な政治家たちが首都から逃走した後、彼らの仇敵である自由主義的な「自由と連合党」の率いるスルタンの新政府が政治の指導権を握ることとなり、同党は休戦期間中（一九一八〜二三年）の帝国を統治して、CUPの政策の多くが逆コースを辿ることとなった。新政府の政治のなかでも特筆すべきなのは、追放されたアルメニア人とクルド人の故郷への帰還を促す政策である。もっとも、オスマン主義を再生しようという試みの一環として行われたこの政策は、完全なる失敗に終わった。ケマルをはじめとする民族主義者たちの多くは、オスマン帝国の中核を形成していたトルコが暴力的に解体される状況にあって、スルタン政府が無為無策であることを確信していた。ギリシャ軍がほとんど抵抗を受けずにスミルナに上陸し、またアルメニア人とクルド人の民族的独立の要求によって同時多発的に起こった東部アナトリアの騒乱が解決されなかったために、こうした感情が解消される気配はなかった。

しかしながらこれと同時期の一九一九年晩春、民族主義者たちの抵抗はひどく分裂していた。地方の軍事指導者、戦時中の青年トルコの準軍事組織であった「特別部隊」、復員してきたオスマン軍将校、義賊、職業的な犯罪者といった面々が愛国的な抵抗集団を結成したが、各組織は地域ごとにばらばらに活動していた。現地の地勢を知悉しており、地元のムスリム住民から支持を得ていたために、彼らは侵攻してくるギリシャ軍に大きな打撃を与えることができた[27]。ケマルが組織作りとネットワークの構築に天賦の才を示したのも、同様の理由からであった。サムスンに到着したケマルはすぐに昔の同志たちに接触したし、仲間たちはアナトリアの東部や北部でオスマン帝国軍の残兵たちを指揮し、現地の民族主義者たちが開く会合に参加し、ムスリムによる山賊行為を支援し、あるいは公式声明を出してスルタン政府を批判した。[28]

ケマルの活動に関する報告がコンスタンティノープルに届き始めると、イギリスは彼を解任するようスルタン政府に圧力をかけた。一九一九年六月二三日にコンスタンティノープルへの帰還命令を受け取ったケマルは任務を辞し、エルズルムで民族主義者の会議を招集した。同会議は七月二三日に開催された（この日が一九〇八年の青年トルコ革命の十一周年の記念日だったのは偶然ではない）[29]。民族主義的な抵抗運動とコンスタンティノープルのスルタン政府との亀裂は、今や修復不可能であった。一九一九年末に新たなオスマン議会のための総選挙が行われると、ケマルの国民権利擁護運動は圧倒的勝利を収めた。一九二〇年一月に招集された新オスマン議会は、戦勝国である連合国とスルタン政府の双方に挑戦する、大胆な決議を可決した。いわゆる「国民誓約《ミサク・ミッリー》」である。国民誓約は、アナトリアと東トラキアが全ムスリム・トルコ人の故国を形成していることに疑いの余地はないと明記していた。この誓約はさらに、帝国への残留を希望するかどうかについての住民投票を旧オスマン帝国領全域で実施するよう要求していた。[30]

第一次世界大戦の敗戦国の議会のなかで、かくも大胆な表現で修正主義的政策を打ち出したところは他にどこもなく、この事態を受けて、イギリス軍は一九二〇年三月にコンスタンティノープルを占領し、民族主義を標榜するかなりの数の指導的な議員たちを拘束した。スルタンは議会を解散した。しかしケマルはこうした圧力に屈せず、連合国軍の部隊や艦船から遠く離れていて活動の自由があった新首都のアンカラに議会を移した。彼はさらに、自らが支配する領域内にいた連合国軍の兵士をことごとく捕縛したが、そのなかには、いかなる講和条件ならばケマルは首を縦に振るのかを探るという密命を受けて、カーゾン卿によってアナトリアに派遣されたアルフレッド・ローリンソン中佐〔ベヒストゥーン碑文の研究や楔形文字の解読で知られるオリエント学者、ヘンリー・ローリンソンの息子〕も含まれていた。(31)

　民族主義的な感情が高揚するうえでコンスタンティノープルの占領以上に重要だったのが、一九二〇年八月十日に行われた、苛烈なセーヴル条約への調印であった。今やほぼ四面楚歌の状態にあったスルタン政府の代表団は、パリ講和会議において最後に締結されたこの条約で、ケマルの国民誓約が領有を主張していた地域のかなりの部分をギリシャやアルメニア、クルドに割譲することに合意し、それ以外の多くの地域についても外国の勢力圏や支配権を認めた。(32) 帝国崩壊後のトルコは財政を管轄する権限も失うことになった。セーヴル条約の第二三一条によれば、トルコは「あらゆる類の損害と犠牲」を引き起こしたのであり、「それに対して完全な賠償を果たすべきである」とされた。ドイツの「戦争責任《クリークスシュルト》」条項の場合と同様に、連合国は、とりわけアラビア地域が失われたのだから、こうした賠償がオスマン帝国解体後のトルコの支払い能力をはるかに超えるであろうということを認識していた。それゆえ、同条約により、フランス、大英帝国、イタリアから各国一名ずつ出された代表者で構成される財政委員会が組織され、トルコ側の代表者と支払い能力についての協議を行った。この委員会は、政府予算を完全にコントロールし、政府に課せられる負債を左右するだけの強大な権限を有していた。敗北せる中央同盟国のなかで、主権をかくも侵害された国は他になく、トルコの民族主義者にしてみれば、これは十九世紀にヨーロッパが行ったオスマンの諸問題への屈辱的な介入をさらに極端なかたちで継続したものに他ならなかった。[33]

民族主義的性格の強いアンカラの議会がセーヴル条約の規定と、トルコ国民を代表しているのは自分たちなのだというスルタン政府の主張とを拒否した際、ケマルの周辺のトルコ民族主義者たちを強く後押ししたのは、さらに領土分割が行われるとともに、数十年にわたって債務の奴隷になるのではないかという陰鬱な見通しであった。[34] 和平が結ばれたという考えに反対して、ケマルと仲間たちはひたすらに戦い続けた。セーヴル条約が独立したアルメニア人にトルコ領の一部を割譲すると約束してから一か月とたっていない一九二〇年九月、ケマルの率いる軍隊は南方からアルメニアに攻撃を仕掛けた。激しい抵抗を行ったにもかかわらず、アルメニア側は徐々に押し戻され、十一月十七日に降伏を余儀なくされた。[35]

それと同時にケマルは、やはり友邦を失っていたモスクワ政府の支持を勝ち取ることで自国の政治的孤立を解消しようとして、並外れた力量を発揮した。彼は共産主義にはおよそ共感を抱いていなかったが、ボリシェヴィキと自分たちがイギリスを共通の敵にしていることを理解するだけの賢明さを備えていた。彼が認識していたように、西欧の攻撃に対してトルコとボリシェヴィキが共同戦線を張る理由は、一九一八年に独立を宣言した小規模な共和国――アルメニア、ジョージア、アゼルバイジャン――の存在しかなかった。ボリシェヴィキは熱烈な反応を示した。ボリシェヴィキの初代民族問題人民委員である若き日のヨシフ・スターリンとの交渉の結果、一九二一年三月、トルコ民族主義者とソヴィエト政府の間でモスクワ条約が締結された。その規定によれば、短命に終わった独立アルメニア共和国が一九一八年春に自国の領土だと主張していた地域は、トルコとロシアの間で分割されることになっていた。モスクワはまた、トルコの新たな領土にカルスとアルダハンの両州が含まれることを承認した。さらにロシアは、西洋の帝国主義とギリシャ軍の侵攻に対するトルコ民族主義者の政府の闘争を支援するために、一〇〇〇万金ルーブリ、そして二個師団分の武器と弾薬を提供することを秘密裏に約束した。(36)

一九一八年十二月以来フランス軍に占領されていたアナトリア南東部についても、ケマルは軍事力による解決を追求した。(37)一九二〇年初頭、彼の軍隊は南部のマラシュ〔現在のカフラマンマラシュ〕、アンテプ〔現在のガジアンテプ〕、ウルファ〔現在のシャンルウルファ。エデッサの古名でも知られる〕の各都市に駐留していたフランス・アルメニア軍団や、それよりも小規模な植民地分遣隊と交戦し、度々大勝を収めた。フランスがマラシュからの撤退を決め、この町のアルメニア人住民を見捨てると、トルコ軍は二月十日に入城し、約一万人のアルメニア人を虐殺した。(38)フランス軍の撤退には一年以上かかったが、一九二〇年後半までにはケマルの南部方面軍はこの地域の大半を制圧し、翌年にフランス政府は全面的な撤兵に合意した。(39)

こうして一九二一年前半には、ムスタファ・ケマルは各戦線での軍事衝突を終え、もっと処理しやすい西アナトリアでのギリシャ軍との戦闘に集中できるようになった。一九二一年春のロンドン会議でアンカラ政府との交渉に失敗したことを受け、ロイド・ジョージは、敵対するアンカラのケマル政府を打倒しようという露骨な野心を抱きつつ、ギリシャ軍の再度のアナトリア侵攻に肩入れした。緒戦での勝利によってギリシャ軍は内陸へと約四〇〇キロメートル進軍したが、決定的な勝利を得るに至らなかった。数のうえで優勢なギリシャ軍がアンカラを占領しようとすると、今やムスタファ・ケマルの直属の指揮下に入っていた防衛軍は布陣を固めた。将校団の八〇パーセントを含めた夥しい死傷者を出しながらも、トルコ軍は頑健に抵抗しながら戦い続け、一九二一年九月の三週間にわたる血みどろの殺戮の末にギリシャ軍を撤退させ、サカリヤ川〔アナトリアの北西を流れる川で、黒海に注ぐ〕の西岸に自軍の防衛線を敷いた。その後、膠着状態がほぼ一年間続いた。[40]

この時点で、ギリシャ国内は明らかにもう戦争を望んでいなかった。ギリシャは当初、連合国からの借金で戦費の大部分を賄っていたが、戦争が長引くにつれて、戦費を捻出するために増税とインフレ政策に頼らざるを得なくなっていた。戦争の直接経費は今や歳出の五六パーセントに達しており、他方では紙幣の乱発が激しいインフレーションを招き、日常的な食料品の価格は一九一四年の六〇〇パーセント近くにまで上昇していた。[41]ヴェニゼロスに対する幻滅が広がったために、一九二〇年十一月の総選挙で彼の率いる自由党は惨敗を喫し、これを受けて国王コンスタンディノスが亡命先から帰国し、ヴェニゼロスは一時的に政治の舞台から身を引いた〔コンスタンディノスの次男のアレクサンドロス国王は、後継ぎのないまま一九二〇年十月に敗血症で急死していた〕。選挙の前には小アジアでの戦役を終わらせると公約していたにもかかわらず、ディミトリオス・グナリス首相が率いる新政府は、一九二一年春にトルコが交渉を拒否すると、軍事行動を強化することでこれに応えた。六月十一日〔ユリウス暦〔ギリシャでは一九二三年まで公的に使用されていた〕では五月二九日にあたり、一四五三年にイスラーム勢力がコンスタンティノープルを陥落させた、極めて象徴的な記念日であった〕、国王と首相はスミルナに向けて出航し、同地でコンスタンディノスが全軍の指揮を執ると宣言した。ギリシャ国内の「大理念」の支持者たちは、最後のビザンツ皇帝（コンスタンディノス十一世パレオロゴス）と同じ名前をもち、しばしば「コンスタンディノス十二世」の名で呼ばれたこの王に大きな期待をかけた。期待をひどく裏切るように、国王が小アジアに姿を現したところで勝敗はほとんど左右されなかった。コンスタンディノスがアテネに帰った一九二一年末までに、ギリシャ軍は戦局を打開できなかった。

それどころか、苛立ちを募らせたギリシャ兵たちはムスリム市民に怒りのはけ口を求め、組織的な民族浄化の行動をとるようになっていった。一九二一年、国際赤十字の視察団によれば、

……ギリシャの占領軍の一部がムスリム住民の絶滅に駆り出された。……村々を焼き払い、虐殺をはたらき、住民を恐怖に陥れる所業が同時多発的に行われたのが動かしがたい事実であることに、疑問の余地はない。我々が目撃した、あるいは物的証拠を見つけ出した残虐行為は、非正規の民間人の武装集団（チェティ）や、正規軍の部隊の組織的な仕業だった。こうした悪行が指揮官によって抑止されたり罰せられた事例を我々は一度も知らない。武装民間人の集団は武装解除され解散させられたところで、活動の支援を受け続けているし、組織だった正規軍と手に手を取って協力し合っていた。[42]

イズミット半島〔ボスポラス海峡に面するアナトリア北西端の半島〕のムスリム村落が完全に破壊されたことを赤十字が報告した頃、ギリシャ軍の占領を受けていなかった黒海沿岸のポントス地方では、ムスリムの準軍事組織が報復の殺戮を実行していた。このポントス地方のギリシャ人に対する蛮行は、ギリシャ海軍が一九二一年八月前半に行ったトラブゾンとサムスンへの無思慮な砲撃に刺激されたものであった。この砲撃でトルコ側は、ギリシャとの二度目の戦闘が始まるのではないかという恐怖に駆ら

れた。ケマルを支持する人びとは砲撃への返答として、「信頼できない」キリスト教徒たちの居住地域を一掃しようと決意した。悪名高い軍司令官、「トパル」・オスマンに率いられた民兵部隊がギリシャ人の住む沿岸部の村落を急襲し、約一万一〇〇〇人の住民を殺害した。(43)

オスマンは、二度のバルカン戦争に義勇軍として従軍して負傷した古参兵であった(この負傷で、彼は「足萎《トパル》えのオスマン」の仇名を得た)。第一次世界大戦の間、彼はCUPの「特別部隊」のなかで中心的な役割を果たし、無数のアルメニア人の殺害に直接関与した。大戦後にこの地域が戦闘状態になったことで、彼と仲間たちは民族浄化の活動を継続するチャンスを得た。ポントス・ギリシャ人の生存者の一人が回想しているところによれば、彼の住んでいた村は一九二一年に銃と斧で武装した「トパル」・オスマンの一隊の襲撃を受けた。「奴らは村の真ん中に村人を集めた。奴らは子供たちを引き離し、服を脱がせ、井戸に投げ込んだ。それから子供たちの上に石を投げつけた。井戸からうめき声が聞こえた。奴らは教会や学校や納屋に老人たちを詰め込み、火をつけた」。(44)この地域のいたるところで、エミン少佐とケマル・ベイ大佐が率いる特殊部隊が同様の残虐行為をはたらいたが、一九二一年七月のバフラ〔サムスンの北西に位置する町〕の事例はとくに知られている。(45)

アンカラ政府は「虐殺をやめる」よう厳命し、その代わりに(殺戮によらない)追放を推奨したが、暴力は衰えることを知らず、数週間にわたり続いた。(46)中近東救済委員会は当時作成した報告のなかで、ポントス地方を追放された三万人のうち約八〇〇〇人が虐待の結果死亡したと推計している。(47)地域コミュニティから結成されたギリシャ人ゲリラが同じようなやり方で応酬し、山岳に隠れ、度々村を奇襲し、ムスリムの民間人を殺した。(48)ギリシャ人の抵抗が激しくなりトルコ側の損害が増えると、休戦協定が結ばれ、ポントス地方のギリシャ人たちは港まで安全に移動することを許され、そこからギリシャに移送された。こうして、黒海沿岸に遅くとも紀元前七〇〇年以来存在してきたギリシャ人コミュニティに終焉がもたらされたのであった。(49)

この間にアテネとスミルナでは、もし勝利のうちに手を引くことができるのであればアナトリア遠征を速やかに終了させねばならないという点で、作戦立案者たちの意見が一致した。ギリシャ軍は一九二一年晩夏にアナトリアの広大な地域――スミルナとエスキシェヒル、アフィヨンカラヒサール〔トルコ南部の都市〕を結ぶ三角形の領域――を支配していたものの、不毛地帯に延びる補給線は今では数百キロメートルに及んでいた。加えて、トルコの正規軍と非正規の武装集団の双方による攻撃から占領地域を防衛するのは不可能であった。さらに、軍指導部がケマルの軍隊に決定打を与え損なったために、兵卒たちの間に急速に幻滅が広がった。彼らの一人は一九二一年夏から一九二二年八月にかけての軍事的膠着状態のなかで、「アンカラを制圧する代わりに、我が軍はアナトリアに自分たちの墓穴を掘っている」と、日記にそっけなく記している。(50)

ギリシャの将軍たちがいかにしてトルコ軍を打ち破るかについてなおも熟考していた間に、ケマルはギリシャを政治的にさらに孤立させることに成功した。一九二一年三月、そして同年十月にパリ政府とトルコ国民運動の間で二度にわたり講和条約が結ばれた結果、キリキア〔アナトリア南東の地中海沿岸地域〕での戦闘が終結し、ケマルは同地の約八万人の兵士を、迫り来るギリシャ軍との戦いへと移送できるようになった。(51) フランス軍がアナトリアから事実上撤退したことにより、アテネはもはや西側連合国の明確な支持をあてにできなくなった。イギリスはアテネを励ます暖かな言葉を送り続けていたものの、物資の支援の提供は停止した。かくして一九二二年前半のうちに、形勢は次第にギリシャの不利に転じていった。アテネはなおもアナトリアに十七万七〇〇〇人という相当規模の兵力を展開していたが、これ以上戦争を継続する手段も意志も失っていた。[52]

アナトリアの南部および東部から帰還した部隊やソヴィエト側からの武器の提供、そして総動員で召集された新兵によって活気を取り戻したケマルの軍隊は、一九二二年八月二六日に反撃に出た。四日後、二六〇〇を超えるトルコ軍の砲兵隊、歩兵隊、騎兵隊による猛攻の末、アフィヨン〔アフィヨンカラヒサール〕周辺のギリシャ防衛軍が壊滅した。新たな防御陣地を構築することができずに混乱状態に陥るなか、小アジアのギリシャ軍司令官だった無能なゲオルギオス・ハジアネスティスは、はるか遠方のスミルナの本営から、広域に拡散した部隊に指令を与えようと躍起になった。中央アナトリアのギリシャ兵の間にパニックが広がった。彼らの多くが命令を無視して、恐慌状態で敗走した。西アナトリアの沿岸部を目指した長距離の撤退のなかで軍紀が崩壊したこともあって、トルコ人市民に対する報復的な暴虐行為が横行した。ギリシャ兵はウシャクやアラシェヒル、マニサ〔いずれもアナトリア西部の都市〕といった都市や村々を焼き払い、現地のカトリック宣教師に、「ギリシャ人は今では、トルコ人の野蛮について語る権利を失った」とすら言わしめた。[53]

自分たちを安全な場所に送り出してくれる船に乗り込もうとして、数万人のギリシャ兵が沿岸部に押し寄せたため、急ごしらえの脱出計画が練られた。彼らの避難によって戦役は終わったが、この戦役でギリシャは、一八九七〜一九一八年のすべての戦争で失った兵員を合算した以上の損失を出した。小アジアでの戦役でギリシャ軍が被った損害は、死者二万三〇〇〇人、負傷者五万人、さらに捕虜一万八〇〇〇人に達した。この数字は近代ギリシャ史上最悪の軍事的損失であった。[54]

兵士たちは退避できたが、アナトリアに住むキリスト教徒の民間人たちは逃げられなかった。軍隊が撤退した結果、西アナトリア各地の村々から、数万人の難民がスミルナに到着した。九月初頭には、スミルナは巨大な難民キャンプのごとき様相を呈し、数千人の民族上のギリシャ人たちが路上や公園で寝泊まりするようになった。トルコ人の復讐からの庇護を願う彼らは、連合国軍の艦隊が姿を現し、その兵士たちが町に上陸することに望みをかけた。連合国にはギリシャとトルコの間の戦争に軍事介入する意思がないことを、知らなかったのである。

ギリシャ政府も、西アナトリアからのキリスト教徒の大規模な脱出《エクソダス》に手を貸すのに乗り気ではなかった。九月一日、スミルナの高等弁務官、アリスティディス・ステルギアディスは内密の命令を出し、市内のすべてのギリシャ人官吏に対して、荷物をまとめて避難に備えるよう求めたが、その一方で彼はスミルナのキリスト教住民には、恐れることは何もないと公式に保証した。スミルナの民間人の少なくとも一部が避難を拒否された理由の一つには、貧窮状態に陥って政治的に急進化した難民たちがアテネに大挙して押し寄せれば、革命が引き起こされるかもしれないという懸念があった。トルコ軍がスミルナを占領する数日前に、ステルギアディスは次のように語っている。「彼らがアテネに行ってすべてをひっくり返すよりは、ここに留まってケマルに殺されるほうがましだ」[55]。ステルギアディス自身は九月八日の朝方、イギリスの船に乗ってスミルナを出港した。スミルナは見捨てられ、キリスト教住民と難民は、迫り来るトルコの正規軍や非正規部隊に慈悲を請う以外に望みがなかった。本書の序論で記したように、この望みはすぐに見当違いだったことが明らかとなる。[56]

スミルナが混沌状態に陥り、推計で一万二〇〇〇～三万人のキリスト教徒が殺害された頃、窮地を脱してレスヴォス島とキオス島に上陸したギリシャ軍が、敗北の元凶と見なされたアテネの自国政府に対する反乱を起こした。一九二二年九月二四日、陸軍第一師団の司令官であったスティリアノス・ゴナタス大佐と、トルコ側から「悪魔の軍団」の異名で呼ばれた精鋭部隊、エヴゾネス連隊を率いていたニコラオス・プラスティラスの指揮の下、クーデタが敢行された。商船と軍艦の混成艦隊に乗り込んでアテネへと航行する反乱軍は、国王コンスタンディノスの退位と議会の解散、そしてトルコ軍との戦闘が継続していた東トラキア戦線を早急に強化することを要求した。九月二七日、コンスタンディノスは息子〔長男〕のゲオルギオス二世への譲位を認めるしかなくなり、自らはシチリアに逃れて、同地で翌年一月に死去した。ヴェニゼロス派が再び権力を獲得し、元首相のディミトリオス・グナリスや、小アジアに残留していたギリシャ軍の最後の司令官であった無能なハジアネスティス将軍をはじめ、小アジアでの惨敗の責任を負わされた六名の王党派の指導的人物が死刑を宣告され、執行された。[57]

新たなギリシャ政府は、一九二二年十月十一日にムダニヤ〔マルマラ海南岸の都市〕でケマル政府との休戦協定に調印した。[58] 休戦協定の規定により東トラキアはトルコ領となり、残留していたギリシャ軍と現地の正教徒住民は二週間以内に立ち退かなければならなくなった——その過程は、『トロント・スター』の特派員であったアーネスト・ヘミングウェイによって記録されている。

乳牛や去勢牛、泥まみれの水牛に引かれた荷車の列が二〇マイル〔約三二キロメートル〕にわたって続き、疲れ切り足下のおぼつかない男女や子供たちは毛布を頭に被り、全財産を抱え、雨のなかで視界を遮られ、一列になって歩いていた。……汚れ、疲れ果て、ひげは伸び放題、肌は風でひび割れた兵士たちが、赤茶けた起伏だらけのトラキアの荒れ野を列をなして歩いており、一日中私の前を通り過ぎていった。……彼らはギリシャの栄光の末路だ。これが第二次トロイア包囲の結末なのだ。(59)

ギリシャの敗戦の影響は地域を超えて、連合国のなかで誰よりもヴェニゼロスを支援していたロイド・ジョージにまで及んだ。一九二二年九月にケマル軍がダーダネルス海峡の中立地帯に迫ると、イギリス軍とトルコ軍が一触即発の状況となった。ロイド・ジョージには戦争に踏み出す覚悟があったが、国内外で政治的に孤立無援の状態におかれたままであった。イギリスが各自治領に支援を要請すると、カナダとオーストラリアはこれを拒否し、南アフリカは正式な回答をよこさなかった。ロンドンでは、戦争に強く反対する世論に保守党が屈し、政府から離脱する意向を表明した。かくして、いわゆる「チャナク危機」〔ダーダネルス海峡南岸のチャナク（現在のチャナッカレ）にイギリス軍が駐屯していたことにちなんだ名称〕の最大の敗者は、第一次世界大戦中の指導者のなかで最後までその地位に留まっていたロイド・ジョージとなり、彼の連立政権は一九二二年十月十九日に倒れた。(60)最終的に、小アジアでの争いを収拾する仕事は、ロイド・ジョージの後を継いだアンドルー・ボナー・ローの率いる保守党政権に託された。再び外務大臣に任命されたカーゾン卿はスイスのローザンヌで国際会議を開催し、ここでようやくアンカラの新政府との長期的な和平が結ばれるはこびとなったが、この時、カーゾンは新政権にとっての最初の大きな試練に直面した。

ローザンヌで第一次世界大戦の戦勝国を代表していたカーゾンとフランスのレーモン・ポワンカレ〔首相兼外相〕は、一九一九年のパリの時とは違い、トルコの代表と直接交渉を行った。彼らはさらに、ブルガリア首相のアレクサンダル・スタンボリースキや、イタリア首相に任命されて間もないベニート・ムッソリーニ、そしてソヴィエト・ロシアの外務人民委員であったゲオルギー・チチェーリンのような修正主義的な政治家たちともあいまみえることになった。この顔触れは、ヨーロッパの政治的現実の激変を雄弁にものがたっていた〔ただし、ローザンヌ条約の署名国は、イギリス、フランス、イタリア、日本、ギリシャ、ルーマニア、セルビア人・クロアチア人・スロヴェニア人王国、トルコである〕。

交渉をつうじて具体化したローザンヌ条約は、トルコでは、セーヴル条約の苛酷な規定を完全に覆す外交上の勝利として広く歓迎された。アナトリアと東トラキアはトルコのもとに残留し、セーヴル条約で決定されたアルメニアの独立とクルド人の自治は棚上げにされた(61)。ギリシャ代表団と、ケマルの腹心であった(そして後にトルコ共和国大統領の地位を継承した)イスメット・イノニュ将軍が率いるトルコ代表団はさらに、和平に伴って「住民交換」を行うことに合意したが、実際には、この措置は会議が開幕した時には既にかなり進展していた。総計で約一二〇万人のアナトリアの正教徒がトルコからギリシャへと移送され、これに対して四〇万人近くのムスリムがギリシャからトルコへと移住させられた。一九二三年一月三〇日にローザンヌで調印された「住民交換協定」によれば、宗教が「交換」の唯一の判断基準であった。

これは、多民族国家に住む少数派の法的保護を求める一九一九年の少数者条約の論理からの大転換だった。もっとも、こうしたやり方に前例がまったくないわけではない。住民交換は二度のバルカン戦争の状況下でヴェニゼロスによって初めて提案され、ヌイイ条約の交渉に際して再び取り上げられており、ソフィアとアテネは約十万人の「自発的な」住民交換に合意していたが、これらの先例は、西トラキアの支配をめぐって長らく続いた対立を解決することを目的にしていた。(62) 実際にはこうした時もブルガリア人難民の多くに選択権はなかったが、ローザンヌで承認された住民移送が明らかに強制的な性格を有していた点は、過去のあらゆる合意と明確に一線を画していた。(63) 一部の人びとからするとこの協定は、当時次第に支持を集めつつあった新たな考え方、すなわち「真の」国民国家は民族的な、あるいは宗教的な均質性の原則によってしか創設され得ないし、人類にとって他のすべてを犠牲にしてでも達成されねばならないのだという考え方にお墨付きを与えるものであった。

ローザンヌ条約が調印された時には既に、生活環境が極度に悪化するなか、オスマンのギリシャ正教徒の大半が小アジアの故郷を離れていた。一九二二年九月半ばに遡ると、スミルナの軍政官であったヌーレッディーン・パシャは、西アナトリアの正教徒住民に二週間以内に完全に退去するよう要求し、この期限は後に十月八日まで延長された。唯一、十八歳から四五歳までの男性は対象外とされた。彼らはその場に留め置かれて、ギリシャ軍が撤退する際に破壊した都市や村落を復興させるための労働部隊で使役されることになった。強制労働に従事させられた者の多くが内陸部へ徒歩で向かう途中で死亡したが、その他にも計画的な報復が行われた。報復の対象となったかつてのオスマン臣民はとくに、侵攻してくるギリシャ軍に兵士として協力した者や、「大理念」の熱烈な支持者だと見なされた司祭や教師であった。トルコ語話者のギリシャ正教徒で、強制労働部隊の一員となったホロスキオイ（ホロズ・キョイ）の村人、エウリピデス・ラファザニスの回想によれば、司祭や教師はアナトリアのギリシャ民族主義の首謀者として槍玉に挙げられた。「我々のところには、アクソスとウルラから来た教師が男女六名ずつ、そして司祭と聖歌隊員が二名ずついた。……連中は彼らに灯油を注ぎ、生きたまま燃やした」(64)。

幸運にも退去を許された人びとにしても、先行きはほとんど見えなかった。難民の一部はテッサロニキに逃れ、また別の一部はアテネに、あるいはギリシャの島嶼《とうしょ》部に逃げた。その多くは逃避行の途中で帰らぬ人となった。テッサロニキに落ち延びた十歳の少年は、後にこう回想している。「私たちは飢えていた。船は水を補給するためにカヴァラ〔ギリシャ北東部の港町〕に停泊しただけだった。老若を問わず、四、五人が死んだ。死体は海に放り投げられた」(65)。生存者たちは、自分たちが最悪の状況のなかにいることを思い知らされた。ギリシャ駐在アメリカ赤十字社の代表者、レーン・ロス・ヒルは、テッサロニキの惨状に衝撃を受けた。

市内に七万人の難民、周辺地域にさらに七万人〔がいる〕。毎日、一〇〇人近い難民が死んでいる。難民キャンプにはマラリアが蔓延しており、食糧も衣類も医療品の供給もない。病気にかかれば死ぬだけだ。……テッサロニキでは七五〇〇杯のスープが難民に配給されており、スープの調理場だけでも毎日、大騒動が起こっている。スープを手に入れようとして喧嘩が起こり、髪を摑み合ったり、殴り合ったりしている。……最大の悲劇の一つは、もはやこの恐ろしい境遇に耐えられなくなった人びとの自殺が頻発していることだ。学校や教会、モスク、倉庫、カフェ、映画館、廃墟、公共教育施設の廊下、鉄道の駅、波止場で寝泊まりする難民で、町は溢れ返っている(66)。

アテネの状況もさして変わらず、アナトリアからの難民が殺到した結果、人口は倍増した。「この町は、難民の乱入以前は眠くなりそうな退屈な町だった。今では新顔たちが通りで群れを成している。聞き慣れないギリシャ語の方言が耳をつんざく。小アジアの内陸から来た農民たちの風変わりな装束に目を奪われる……」と、当時はギリシャ難民再定住委員会の長を務めていたヘンリー・モーゲンソー〔第一次世界大戦勃発時はコンスタンティノープル駐在アメリカ大使。F・ローズヴェルト政権下で財務長官を務めたヘンリー・モーゲンソー・ジュニアの父〕は書いている。(67)

こんにちからすると、一九二三年のローザンヌ条約は、こうした追放措置を是認するものであった。中央アナトリアに残っていた――総計十九万二三五六人の――正教徒たちはその後の数か月間のうちにギリシャに移送され、四〇万人のルメリア（「バルカン」）のムスリムがエーゲ海を逆のルートを辿って渡った〔ルメリアはかつてのオスマン帝国領のバルカン半島地域、とくにアルバニア、マケドニア、トラキアを指す〕。こうした数値の背景には、塗炭の苦しみを受けた個人や集団の物語が存在している。ギリシャでは、かつてムスリムが住んでいた土地はアナトリア難民に引き渡され、難民に対する現地民の敵意が高まっていった。アナトリア難民のうち、約三万人はトルコ語を第一言語として話していた。難民の多くは雇用の機会や社会的地位の面で差別を受けた。ルメリア・ムスリムの運命も同様であった。生活スタイルや言葉のアクセント、習慣の点でアナトリアの住民の大多数からかけ離れていた彼らは、新たな隣人たちから温かい歓迎をもって迎えられなかった。新参者の多くはギリシャ語かアルバニア語を第一言語として話していたのである。(68)

こうして、追放措置は二つの国を根底から変えてしまった。多民族的なサロニカはギリシャ人都市、テッサロニキになった。今や、マケドニア地方の住民の圧倒的多数がギリシャ人となったのに対して（一九一二年に四三パーセントだったギリシャ人口は一九二三年に八九パーセントに達した）、アナトリアでは、キリスト教徒が優勢だったスミルナ市が、完全にムスリムが支配するイズミル港と化した。「小アジアでの破局」の結果、四五〇万人の人口が四分の一分増加したギリシャ国家はかくして、「戦後」の時代に生まれた最後の敗戦国となった。数年のうちに財政が絶望的なまでに悪化していたアテネ政府は、貧困家族に適当な住居や衛生措置を提供することができず、貧困者の多くは一九二〇年代になっても治療可能な病で死亡し続けた。[69] 難民で溢れ返った自国が完全に崩壊するのを防ごうとして、ギリシャはイングランド銀行に二度の緊急融資を相次いで要請した。「大理念《メガリ・イデア》」の夢は、大破局《ミクラシアティキ・カタストロフィ》の悪夢へと変わった。[70]

ローザンヌ条約は表面上はギリシャとトルコに対して適用されたものであったが、この二つの国のレベルをはるかに超える重要性を有していた。同条約は事実上、自国の市民の大部分を「他者性」を理由に追放するだけの法的権限を政府に与えた。これによって、――様々な異議申し立てを受けつつも――ヨーロッパの陸の諸帝国の住民の大部分が数世紀にわたり熱望してきた理想であり、深く馴染んできた現実でもあった文化的、民族的、宗教的多様性が根底から揺るがされた。[71] ローザンヌ条約は、西欧が少数者条約をつうじて保障してきた弱小の民族マイノリティの保護の優先権が決定的に逆転したことを告げるものであった。[72] 一九一九年には、民族共存はなおも擁護するだけの値打ちがあったかもしれないが、将来的には民族的均質性こそが、国民国家が平和裏に存続するための一種の前提条件となりそうだった。ローザンヌ条約は異なる宗教的集団の間で大規模な暴力が生じるのを防ぐために策定されたが、この論理が東欧に適用されれば破局を招くことは明らかだった。なぜならば、敗北せる中欧の陸の諸帝国の多民族的地域においては、単一民族、単一宗派から成る共同体というユートピアは、極度の暴力をつうじてのみ実現可能だったからである。この事実は、数百万人の民族ドイツ人が中東欧から完全に追放される一九四〇年代後半へと帰結することとなった、その後の二五年間にも当てはまる。(73)

一九一八〜二三年のアナトリアでの事態の推移を、アドルフ・ヒトラーほどに大きな関心をもって見守っていた政治家はほとんどいなかった。彼は、自分とムッソリーニは第一次世界大戦後、反抗と意志の力が西欧の「侵略」にいかにして打ち勝ったのかを示す手本としてムスタファ・ケマルに敬意を抱いたと、後に公言している。ヒトラーは、連合国の圧力に対するケマルの妥協なき抵抗を称賛するだけでなく、壊滅的な敗北を喫した後に、極めて世俗的かつナショナリスティックで、民族的に均質な国民国家を創出する手段を模倣しようとさえした。大戦中にCUPが実行したアルメニア人への虐殺政策や、キリスト教徒のオスマン臣民に対してケマルが行った仮借なき追放は、ナチの想像力の顕著な特徴を成すこととなった。それらは、一九三九年九月一日のポーランド侵攻へと繋がるヒトラーの計画や夢想のモデルとなり、インスピレーションの源泉となったのである。(74)

⑯　ハンガリーの革命指導者クン・ベーラが1919年に学生と労働者の集会で演説している様子。彼の政権は、同年のルーマニア軍による侵攻で倒され、短命に終わった。

⑰　クン政権の「赤色テロ」のなかで、「反革命」の容疑をかけられた数百人が処刑された。写真は1919年5月のもの。クンの失脚後、反革命部隊が同様の報復を行うこととなった。

⑱ 「全部、俺たちのもの」。クン政権崩壊後に流布した、評議会共和国コミッサールを務めるユダヤ人が、ハンガリーの傷痍軍人の財産を盗む様子を描いた、反ユダヤ主義的ポスター。

⑲ ミュンヘンの「ソヴィエト共和国」の倒壊後、ソヴィエト政権の支持者たちは逮捕され、義勇軍兵士と政府軍によって、町の大通りを行進させられた。

⑳　勝者と敗者。ヌイイ条約に調印するブルガリア首相のスタンボリースキ（写真中央）。彼の左にクレマンソー、右にロイド・ジョージ。

㉑　ブルガリアでの反革命。農民同盟に反対するクーデタの後、惨殺されたスタンボリースキの支持者たち――写真中央は彼の召使――が一斉に捕らえられ、大抵は殺された。

㉒　1922年の「ローマ進軍」の際のイタリア黒シャツ隊の指導者たち——中央がベニート・ムッソリーニ、そして彼の腹心であったエミリオ・デ・ボーノとイタロ・バルボ——の、多少芝居がかっているが、象徴的なイメージ。

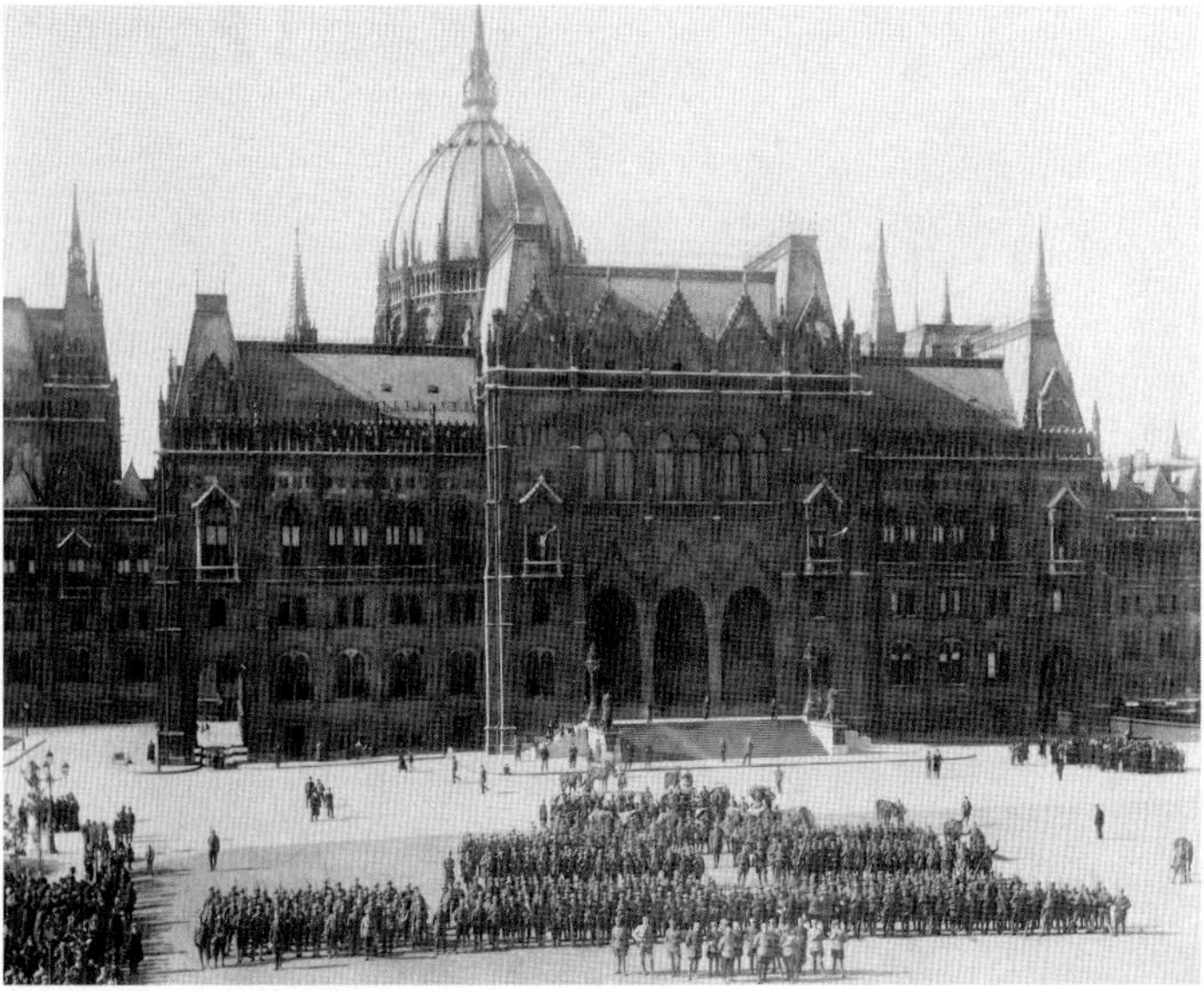

㉓　1919年にブダペシュトの中心部で行われたルーマニア軍の軍事パレード。ハンガリー人は、前年に自分たちが軍事的に打倒したまさにその国に占領され、自国の首都を略奪されたことに憤激した。

㉔「チェコ人の圧政を倒せ」。独立を達成したばかりのチェコスロヴァキア国家の政府が
1919年のオーストリア総選挙へのズデーテン・ドイツ人の参加を禁じるという決定を下すと
同年3月にウィーンで抗議デモが行われた。

㉕ 1920年の住民投票の後、東プロイセンからドイツへと向かう民族ドイツ人の難民たち。

⑥　ギリシャ・トルコ戦争でアナトリア高原を進軍するギリシャ軍の歩兵部隊。侵攻するギリシャ軍は緒戦では勝利したものの、トルコ軍の頑強な抵抗に遭った。

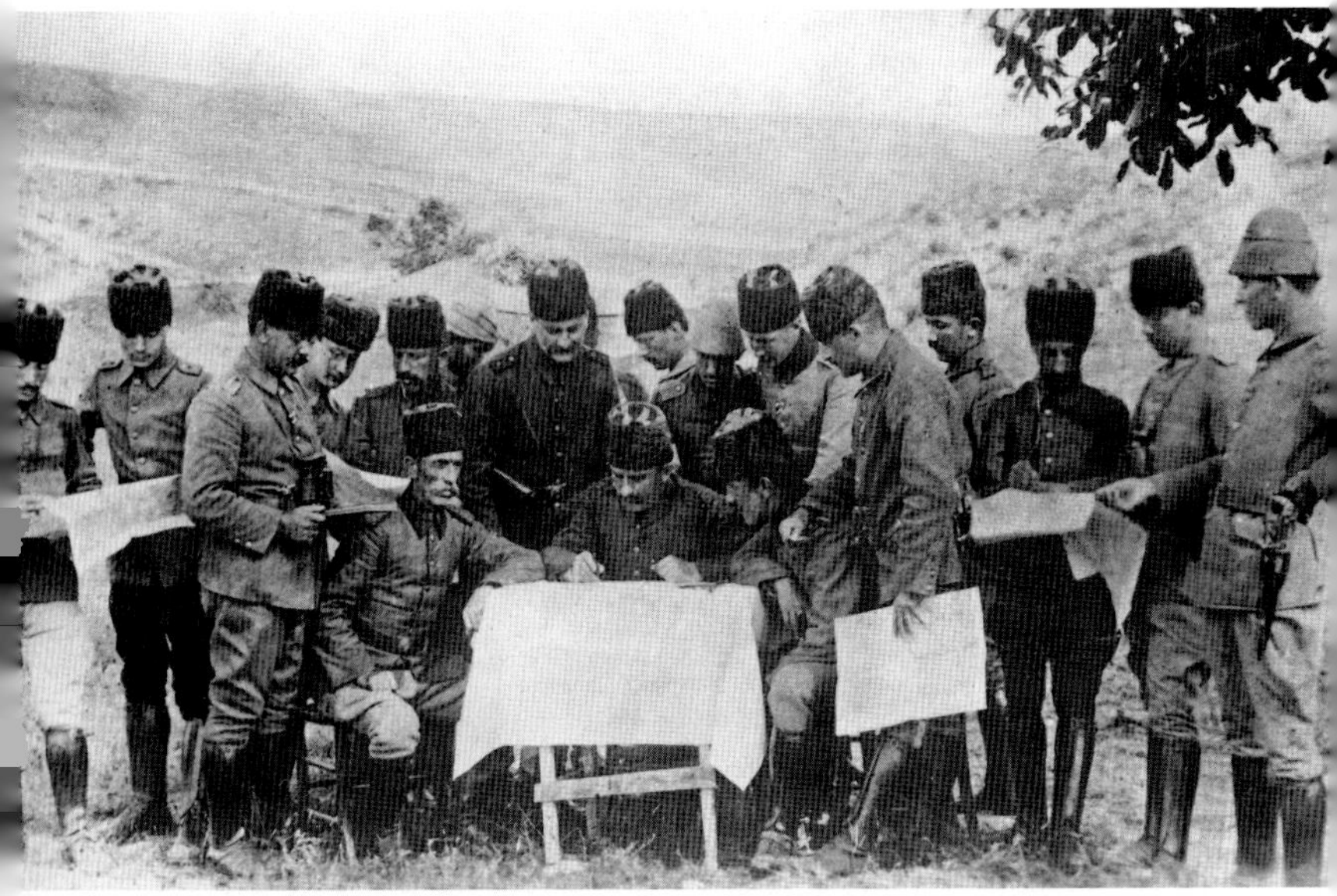

⑦　作戦を検討するムスタファ・ケマルと参謀たち。ギリシャ軍の西アナトリア上陸に対し、ケマルが率いるトルコ民族主義者たちは力を結集して抵抗した。

㉘　トルコ軍がスミルナを奪還するやいなや、キリスト教徒民間人に対する暴力がエスカレートした一方で、アルメニア人居住区に放たれた火が他の地区にも拡大した。

㉙　ギリシャ軍がムスタファ・ケマルを屈服させることに失敗した後、さらなる破局的結果が続き、最終的に100万人をゆうに超えるキリスト教徒のオスマン帝国臣民とムスリムのギリシャ人との強制的な「住民交換」に繋がった。

30　ヨーロッパのあらゆる敗戦国において、パリ講和条約の規定に対する怒りは長年にわたり残り続けたが、ハンガリーはその好例である。写真は、条約の調印から十年以上たった1931年にブダペシュトで行われたデモ。

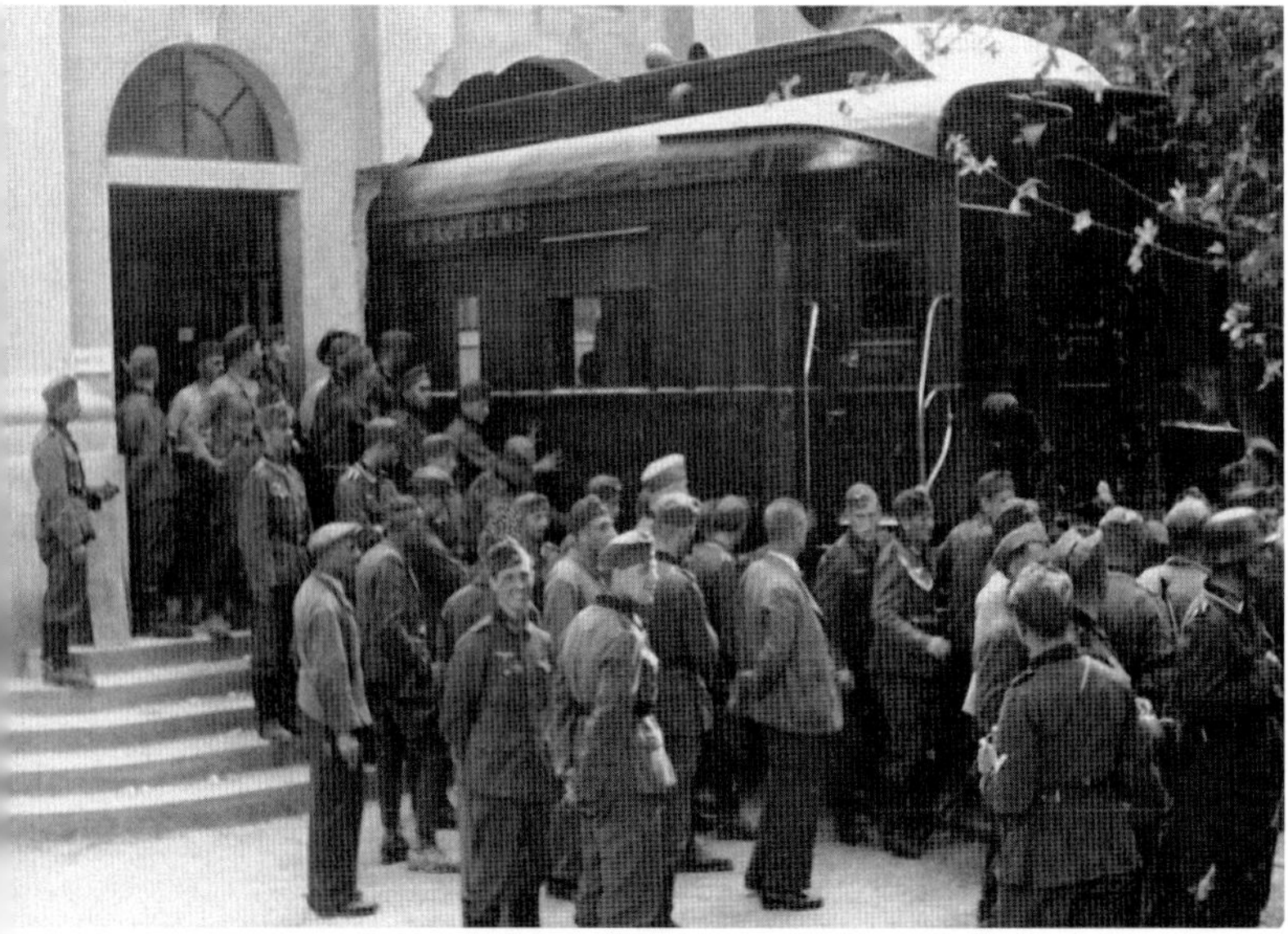

31　第一次世界大戦の敗戦で受けた恥辱は、ヒトラーの演説のなかでも突出したテーマでもあった。1940年のフランスの敗北後、ドイツ兵が見守るなか、1918年にドイツが停戦協定に調印した列車の車両が博物館から運び出された。今度はフランス代表団が、同じ車両の中で敗北を認めさせられることになった。

エピローグ——「戦後」と二〇世紀半ばのヨーロッパの危機

「団結状態にある限り、ドイツの民が敗北したことは歴史上一度もなかった。崩壊をもたらしたのは一九一八年の分裂状態だけだ。したがって、この団結に対する裏切り者は誰であろうと、民族の敵として抹殺される他ないのだ」。

アドルフ・ヒトラー「ドイツ民衆への布告」（一九三九年九月三日）

「私たちはトリアノンで虐げられ、一〇〇〇年の歴史をもつ自国の七二パーセントを失いました。なにがしかを保持していた者は一人残らずその財産を失いました。立派な男たちが前線にいた時、ユダヤ人たちは国内で革命を企て、ボリシェヴィズムを実現させたのです」。

ホルティ・ミクローシュのヒトラー宛ての書簡（一九四〇年七月）

一九二三年という年に、ヨーロッパにとうとう平和がもたらされたのだろうか。各国間の戦争と内戦が終結し、それに伴って経済が相対的に安定したことは、確かに平和の到来を示唆している。ローザンヌ条約が調印されてアナトリアと東トラキアでの戦闘が終わった一九二三年後半以降、政治的にも経済的にも、ヨーロッパ全域が相対的安定期に入った。(1) ほどなく国際社会においても、新たな親善の精神が複数の合意のなかで具体化されるようになった。例えば、一九二四年のドーズ案によってドイツの賠償支払いは履行しやすくなったし、一九二五年のロカルノ条約でドイツが西部の新国境を承認したことによって、ベルリンとパリの従来の緊張関係は改善された。そして一九二八年のケロッグ＝ブリアン条約〔パリ不戦条約〕は、外交の手段としての戦争を、自衛を除いて事実上禁止した。(2) この国際関係の一大変化を強調するように、ロカルノ条約の礎《いしずえ》を築いたイギリス外相のオースティン・チェンバレンとドイツ外相のグスタフ・シュトレーゼマン、フランスのアリスティード・ブリアンは、一九二五年と一九二六年にそれぞれノーベル平和賞を受賞した。融和へと向かう国際社会の全般的な状況によって、ヴェニゼロスの六度目〔五度目の誤り〕の首相在職中（一九二八～三二年）に、アンカラとアテネの象徴的な和解も実現した。両国の和解は、一九一九～二二年のギリシャ・トルコ戦争で破壊されたり没収された資産に対する補償という懸案が決着をみた、一九三〇年の友好条約で頂点に達した。この戦争を開始したヴェニゼロスは、アタテュルクをノーベル平和賞の候補者に推薦さえした。(3)

こうした展開と並行して、一九二〇～三〇年代の最も重要な国際組織であった国際連盟が、戦後の難民危機の影響に対処しようと根気強く活動しており、また様々な下部組織をつうじて、医療や医薬品の統制、経済協力、労働関連法の整備、軍縮、「ホワイト・スレイヴ」〔外国などで売春を強制される白

人女性〕の売買の防止といった分野で、大きく貢献した。(4)

もっとも、希望を抱かせるこうした兆候があったにもかかわらず、ヨーロッパは一九二九年以前に既に、危機と暴力的無秩序へと再び回帰しつつあった。そして最終的には、一九二九年十月のウォール街での株価大暴落により始まった世界大恐慌が、ヨーロッパの束の間の経済回復と国際関係の改善にとどめを刺した。それまでヨーロッパの緩やかな経済復興を支えてきたアメリカの銀行からの貸付が停止したことで、ウォール街での株価大暴落は瞬く間にヨーロッパに壊滅的打撃を与えた。これはとくに、アメリカ合衆国から多額の借款を受け取っていたドイツに当てはまる。アメリカが借款を引き上げざるを得なくなったことで、ドイツの企業家の多くが破産し、あるいは従業員を削減させられた。一九三一年にはドイツの労働者の三分の一が失業中であり〔ドイツの失業率は一九三一年に二一・九パーセント、一九三二年に二九・九パーセント〕、数百万人が不安定な短期雇用の状態にあった。(5)

第一次世界大戦の影響から完全に回復したというには程遠い状態にあった隣国のオーストリアも、深刻な打撃を受けた。一九二〇年代の相次ぐ経済危機でぐらついていたこの国の存続は、西欧諸国の財政援助にかかっていた。世界大恐慌の前から既に、失業率は年間十パーセントをゆうに超えており、最大手の銀行であったクレディットアンシュタルトの破綻が中欧全体の銀行制度に大きな衝撃を与えるなか、不景気でこの数字はさらに上昇した。元々経済的に弱体化していたブルガリアとハンガリーも、ウォール街での株価暴落に大きな影響を受けた。(6)

一九二九年以降のヨーロッパにおける経済的、政治的な危機は、未だ消えてはいなかった民主主義に対する信頼に致命傷を与え、この危機によって、西欧の資本主義の病理を癒し、一九一八〜二〇年の時期にヨーロッパの敗戦国に課せられた不正を打破してくれるような「新秩序」が懸命に模索されることとなった。民主主義を「外国」によって無理矢理押しつけられた政治体制として常々非難し続けてきた極左政党や極右政党は、急進的な手段で自国の経済危機と政治危機を解決すると約束したポピュリスティックな公約を掲げ、大きな支持を獲得した。(7) そうした状況はとくにドイツで顕著であり、不況がヒトラーのナチ党を政治の周縁部から中心へと躍進させた。一九二八年の総選挙で、ヒトラーは二・八パーセント〔二・六パーセントの誤り〕の票を獲得したに過ぎなかったが、一九三二年七月のドイツ国会選挙で、この数値は三七パーセントを超えた。ドイツの経済的、政治的な危機を作り出したのはナチ党ではなかったが、彼らがその最大の受益者だったことは明らかである。多くの有権者が次第に、ナチ党を共産党に対抗しうる唯一の選択肢と見なすようになったものの、ナチの支持者たちが抱いたのと同様の危機感から、共産党に対する支持も着実に厚みを増していった。リベラル・デモクラシーには経済危機を乗り切るだけの能力が明らかになかったこと、そして激しい社会闘争が繰り広げられたことが、一九二九年から一九三二年にかけての選挙戦でのヒトラーの勝利にとって決定的な意味をもった。(8)

ヨーロッパの他の地域でも、不況によって有権者たちは急進的政党へと歩み寄り、政治家たちは「安定」や「秩序」の名の下に議会を無視するための口実を作り出した。戦後世界において「民主主義は盤石」だろうというウッドロウ・ウィルソンの楽観的な予測に反して、一九一八年にヨーロッパで築かれた民主主義体制の大半が、最終的には何らかの権威主義体制に取って代わられた。(9) ブルガリアでは、イタリアやドイツに影響を受けた右翼の人民社会党運動がアレクサンダル・ツァンコフの主導の下で勢力を拡大した一方、左派で共産主義を掲げるブルガリア労働者党（BWP）が都市部で大きな支持を得た(10)。一九三四年五月、反王党派の民族主義者たちから成る小規模なエリート集団であった「ズヴェノ」［「絆」の意味で、機関紙の名に由来する］が、他の右翼集団からの支持を得てクーデタを成功させた(11)。新政府は政党と労働組合を廃止し、検閲を導入し、行政を中央集権化して、イタリア・ファシズムのモデルに沿った協同体国家《コーポレート・ステイト》を追求した。もっとも、ズヴェノは一年足らずで権力の座から追い出され、政権は、ボリス三世と彼に忠実なゲオルギ・キョセイヴァノフ首相が率いる事実上の国王独裁制に代わった(12)。

オーストリアでは、一九三三年前半に首相のエンゲルベルト・ドルフスが議会を閉鎖して、独裁権を掌握し、左派を禁圧し、オーストリア・ナチ党の活動を禁止した。一九三四年七月にオーストリア・ナチ党による一揆の企てのなかでドルフスが暗殺されると、クルト・シュシュニクが後を継ぎ、ヒトラーが一九三八年のアンシュルスでオーストリアのドイツ第三帝国への強引な併合を決定するまで、力による支配を続けた(13)。

一九三〇年代半ばまでには、様々な形態の権威主義体制や公然たる独裁制が中欧や東欧の各地で一般的となり、ヨーロッパ大陸の運命を左右するかのように思われた(14)。これらの体制に共通していたのは、一つは議会制民主主義と西欧の資本主義に対する原則的な反対であり、もう一つは反ボリシェヴィズムだった。もっとも、そこには大きな相違も存在していた。例えばポーランドでは、一九一八年にこの国を民主主義と独立へと導いたユゼフ・ピウスツキが一九二六年に軍事クーデタを企て、一九三五年に死去するまで権力を保持し続けた。他の中欧諸国の大半とは違い、ピウスツキのポーランドは決してファシスト独裁には進まなかったが、一九二六年以前よりも確実に権威主義的になった。(15) 一九三四年のエストニアやラトヴィアのように時として軍事的蜂起をつうじて、あるいはブルガリアやユーゴスラヴィアのように国王による上からの強制をつうじて、このピウスツキのやり方が東欧の後継国家の多くに共通するパターンとなった。一九二九年一月、クロアチア農民党の指導者数名が議会で射殺された後で、ユーゴスラヴィア国王アレクサンダルは議会を解散して国王独裁を宣言したが、その結果、五年後にマルセイユで殺害された。間もなく、この暗殺は内部マケドニア革命組織（IMRO）とウスタシャの共謀によるものであることが明らかになった。(16)

一九二九年以降の混迷の時代には、個人や集団による暴力が各地で大規模に吹き荒れたが、こうした暴力は既に一九一七～二三年にも繰り広げられていた。一九二三～二九年には物理的暴力は随分減ったものの、もっと広がりのある暴力的論理の文化や、制服を取り入れた政治手法、路上の闘争は一九二〇年代をつうじて追求された。左派の側では、ボリシェヴィキ革命をソ連の外へと伝播させようという幻想がヨーロッパの様々な共産主義政党によって育まれ、コミンテルン、すなわち第三インターナショナル（一九一九～四三年）をつうじて、モスクワがこれらの諸政党を統制した。対照的に極右の側では、ナチの突撃隊《シュトゥルムアプタイルング》（SA）やハンガリーの矢十字党、オーストリアの護国団、クロアチアのウスタシャ、さらにはリトアニア狙撃兵連合やラトヴィアの防衛連盟《アイズサルギ》、エストニア防衛連盟《カイツェリート》のようなバルト市民軍など、多種多様な準軍事的運動が組織されたが、これらはいずれも、共産主義革命の長引く脅威に対する武力抵抗という思想、つまりは一九一七年に由来する恐怖のうえに成長したものであった。

世界大恐慌の結果、一触即発の状態にあったこうした対立関係がさらにエスカレートし、政治的武装集団同士の衝突が頻発し、多くの国々が、戦後間もない時期に繰り広げられた内戦さながらの状況へと逆戻りした。例えばヴァイマル共和国の最末期には路上闘争で約四〇〇人の死傷者が出たし、一九三四年のオーストリアでのドルフス首相の暗殺は、政治的動機に基づく暴力行動がさらに大きなうねりとなって広がっていたことを示している。(17)ブルガリアの状況は輪をかけて深刻であった。この国では一九二〇年代をつうじて極度の暴力が途絶えることなく続いており、一九三〇年代にさらに激化していった。共産主義者と反共主義者による暴力と弾圧の応酬に加えて、ブルガリアは戦間期の間じゅう、未解決のマケドニア問題にも悩まされた。内部マケドニア革命組織は一九二三年に首相のスタンボリースキが惨殺される際に主役級の役割を演じたことに勢いづき、またムッソリーニによる支援も受けて、さらに活動を強化し、一九三四年までにユーゴスラヴィアで四六〇回以上の武装行動を実行し、軍人や憲兵隊員の殺害や誘拐といったことも数百回にわたり行った。(18)

はるか西方のポルトガルやスペインも民主主義を放棄し、暴力へと落ち込んでいった。リスボンでは、既に一九二六年にクーデタが起こり、最初は国家独裁《ディタドゥーラ・ナシオナル》、そしてその後はアントニオ・デ・オリヴェイラ・サラザールの下で新国家体制《エスタード・ノヴォ》が打ち建てられ、サラザールが一九三二年から一九六八年までポルトガルを支配した。(19)マドリードでは、一九二三年にミゲル・プリモ・デ・リベーラ将軍が軍事独裁を敷き、これが一九三〇年まで続いた。一九三一年の王政崩壊後、スペインは民主政に回帰して六年間の混迷期を経験し、さらに社会主義者と共産主義者から成る人民戦線連合〔人民戦線連合には共和主義左派も参加している〕が一九三六年二月から権力を握ったが、同年七月に軍部のクーデタに直面した。すぐに世界中から集まった義勇兵によって構成された国際旅団の救援を受けた左派は、共和国の防衛のために結集し、その後の三年間、フランシスコ・フランコ将軍率いるナショナリストの反乱軍と戦った。ナチス・ドイツやファシスト・イタリアがフランコを援助したのに対して、スペインの左派はソ連から一定の支援を受けたが、国際的な干渉によって事態は悪化した。内戦は五〇万人以上の命を奪い、最終的にはフランコの勝利で終結した[20]。

一九三〇年代後半まで、一九一八年にヨーロッパ大陸に新設された二つの国が自由民主主義体制の国家として命脈を保っていた。すなわち、フィンランドとチェコスロヴァキアである。しかしながら、一九三八年にヒトラーがズデーテン地方を併合し、次いで一九三九年三月にはそれ以外のチェコ地域を占領して、一九一八年までのハプスブルク支配下での呼び方であったベーメンとメーレン〔ボヘミアとモラヴィア。正確にはベーメン＝メーレン保護領〕という名称を与えて、チェコスロヴァキアは解体された[21]。その間のフィンランドは、凄惨を極めた一九三九〜四〇年の冬戦争において赤軍の侵攻に対して独立を守ろうとしたが、モスクワ条約（一九四〇年）で領土の縮小を認めざるを得なくなった[22]〔フィンランドでも、一九三〇年前後に反共・反自由主義を掲げるラプア運動が流行し、一九三〇年代前半にはキヴィマキ政権の下で権威主義的な体制が敷かれた〕。

こうして、第二次世界大戦の前夜には、民主主義はヨーロッパにおいて第一次世界大戦以前よりもはるかに減退していた。第一次世界大戦の二大戦勝国であるフランスとイギリスにおいてさえ、経済的な不安定状態によって過激な運動が巻き起こった。実際に権力を脅かすほどの勢力にはならなかったものの、オズワルド・モーズリーのイギリス・ファシスト連合は、ピーク時の一九三四年には約五万人の会員を擁していると称していた[23]〔実際には、最大で約三万五〇〇〇人と見積もられている〕。フランスでは、極左と極右の双方が徐々に軍事色を強めていった。王党派のアクション・フランセーズや、右翼的な退役兵の組織であった火の十字団《クロア・ド・フー》のような準軍事的組織が急激に成長し、一九三〇年代半ばになると火の十字団の会員数は約五〇万人にまで増大した[24]。イギリスとフランスはともに政治の急進化のなかを民主主義国家として生き延びたが、一九三八～三九年に両国が直面した国際的状況は厳しかった。ヨーロッパではドイツやイタリア、極東では日本といった修正主義を掲げる国家が再び台頭し、一九一九年にパリで作り出された、病める国際体制の残骸を断ち切る決意を固くしていった。

一九三九年九月に始まり一九四一年に空前の世界的規模へと転換した戦争〔第二次世界大戦のこと〕は不可避のものではなかったが、その核心に関わる重要な問題の多く――そして戦争の辿った道――は第一次世界大戦の最終局面と、直後の時期に出発点を遡ることができる。一九一四年以前は、ヨーロッパの大部分が相対的な法の安寧と安定を市民に提供しており、そのことに矜恃を抱いていた。奇妙なことに、第一次世界大戦の最中でさえ、警察力に支えられた国家による暴力の独占が、戦闘状態の前線から離れた広大な地域で優位を保ち続けていた。一九一七年にロシアで起こった二月革命が目新しかった点の一つは、戦争の圧力で最初の綻《ほころ》びが生じた途端に、体制が内側から完全に崩壊したことであった。既に確認したことだが、新たな勢力が、多くの場合は一九一四年以前の社会的、政治的紛争を特徴づけていた一定の抑制を失って、権力を求めて血で血を洗う闘争を繰り広げるようになったのは、第一次世界大戦における敗北、そして戦前の体制の崩壊によってだった。

この時代から受け継がれた第一の重大な遺産は、国外での闘争のみならず国内の闘争にまで新しい暴力の論理が浸透していったことであり、この暴力の論理は第二次世界大戦中の東部戦線で最高潮に達した。一九四一年六月に始まったナチス・ドイツのバルバロッサ作戦は、敵軍を軍事的に打倒して、敗北したソ連に厳しい講和条件を突きつけることではなく、その過程で体制を崩壊させ、民間人の相当部分を殲滅することを意図していた。この作戦では、中欧と東欧のすべての国で、人種的、政治的に好ましくないと見なされた人びとが粛清されることになっていた[25]。この暴力の論理は、植民地世界の住民を「劣等」と考える長い伝統の延長線上にあり、二度のバルカン戦争やアルメニア人虐殺を支え、さらには一九一七〜二三年に起こった様々な紛争をつうじてヨーロッパ中に広がった。そしてこの論理は、戦闘員と非戦闘員を区別し、敵を「正しい敵」《ユストゥス・ホスティス》〔対等な主権国家の意〕として免罪することで武力衝突を統制可能なものにするという、十六世紀や十七世紀の宗教戦争以来のヨーロッパの政策決定者たちが長きにわたって抱き続けてきた願望を、完全に転倒させた[26]。かつての宗教戦争とは対照的に、本書が論じてきた各国の内外での武力衝突、そして一九三〇年代半ば以降の内戦や国家間戦争においては、しばしば敵対勢力は罪深く非人間的で、情けや手加減を与えるに値しない仇敵の姿で描かれ、認識された。既に第一次世界大戦中に曖昧になっていた民間人と戦闘員の区別は、戦後の紛争のなかで完全に消滅した。一九一八〜二三年の時期、そして一九三〇年代以降再び、多くの武力衝突において民間人の死亡者数が戦闘員の死亡者数を上回ったのは、決して偶然ではない。

罪深く非人間的な存在と見なされたのは外敵だけではなかった。そうした捉え方は、外敵とは異なる姿をした国内の敵に対しても適用された。「敵性民間人」に対するこの新たな態度の中心を占めていたのは、理想郷的な新社会が実現するには、その前に「異分子」を共同体から一掃し、共同体の安定に害をなすかもしれない人びとを根絶やしにする必要があるという、広範に浸透した認識であった。政治的右派の側では、国内の敵を除去した民族的に均質な国民共同体だけが、――多くの人びとが不可避のものと考えていた――来たるべき戦争において勝利を収めることができるのだという信念は、一九一七年から一九四〇年代にかけてのヨーロッパで一般的な潮流となった急進的な政策や行動の、重大な構成要素を成していた。このことはとくに、第一次世界大戦とその後の紛争がもたらした結果に苛立ちを感じていた国々に当てはまる。急進的な左派の側では、「純化された共同体」という観念は右派においてとは別の意味合いを有しており、暴力はまずもって、現実のものにせよ想像上のものにせよ、階級の敵へと向けられた。もっとも、ソ連での政治的迫害（最終的にソ連の成人人口の一パーセントが殺された一九三七～三八年の大粛清で頂点に達した）でも広く標的にされたのは、何らかの嫌疑をかけられた住民集団や、――一九四〇年代半ばから後半にかけて現実化するだろうとスターリンが予測していた――ナチス・ドイツとの将来の戦争に際して「第五列」となる可能性を帯びていると見なされた人びとであった。[27]

第一次世界大戦の敗戦国では、戦争の行く末は一九一八年まで分からなかったし、中央同盟国の敗北は銃後の社会における裏切り行為の結果もたらされたものに他ならないという教えが広く浸透しており、このことが国内における暴力に新たな方向と目標を与えた。こうした「裏切り」や「未完の仕事」という表現は人口に膾炙《かいしゃ》した。[28]とくにナチ体制下のドイツでは、ヒトラーが首相に就任した瞬間から、一九一八年十一月の諸事件の責任を負わされた集団（共産主義者、ユダヤ人、平和主義者）が、恐怖政治の代表的な犠牲者となった。ヒトラーが国民に戦争への心構えをさせ始めた一九三〇年代半ば以降、恐怖政治はさらに系統だったものになっていった。彼は、――自分やドイツ人の多くからすれば――銃後にいた革命家やユダヤ人のような少数の連中が戦争への取り組みを裏切り、軍事的崩壊の原因をもたらした、一九一八年十一月を繰り返すまいと心に誓った。

国内に裏切り者がいるというナチの強迫観念は、一九四五年春まで大きな影を落とし続けた。この時には、連合国軍が国境を越えてドイツ本土に侵攻すると、何千人もの逃亡者や、「敗北主義者」と見なされた人びとが射殺され、街灯や街路樹に吊るされた。しかしドイツ兵の大半は、こうした恐ろしげなやり方で記憶を呼び起こされるまでもなかった。赤軍による報復に恐怖心を抱き、一九一八年と同様に、名誉の戦死こそが望ましいのだという盲信に突き動かされたドイツ国防軍は、惨憺たる敗戦を迎えるまで無益な戦闘を続け、そのせいで戦争の最後の三か月間でさらに一五〇万人の兵士が戦死することになった。(29)

イタリアでも、国内の分裂に対する第一次世界大戦以来の強迫観念が、暴力的なやり方で表現された。ムッソリーニ体制は反体制的な人物、あるいは反体制的であると見なされる人物を逮捕し、暴力で威嚇し、南イタリアの僻地へと強制的に移住させた。イタリア版のゲシュタポである「政治警察《ポルポル》」が一九二六年に創設され、反体制派の文通の検閲を任務とする「反ファシズム監視抑圧機関」（OVRA）と連携した。ゲシュタポと同様に、ポルポルやOVRAも多数の情報提供者を雇っていたが、その一部はかつて社会主義者や共産主義者だった人びとであり、彼らは体制への協力を強要されたり、金銭的な理由から体制への奉仕を説得されていた。(30)

暴力の論理は旧ハプスブルク帝国地域においても継続していたことが確認できる。ここでは、地域的な民族混住状態を力尽くで「非混住状態にする」という粗削りな思考が、武装した反ボリシェヴィキ勢力や過激化した反セム主義と一体となって、恐るべき遺産を生み出した。一九一九〜二〇年のハンガリーでの白色テロからは、第一次世界大戦の終了から間もない時期のこの国に、とりわけユダヤ人に対するポグロムの拡大をつうじて、ショービニズムや人種主義の風潮が広く浸透したことが窺える。この反セム主義は、一九三〇年代前半から一九四〇年代半ばにかけてさらに激烈さを増して（そしてより広範な民衆層を基盤として）復活し、ハンガリー・ユダヤ人の組織的な大量殺害の際にハンガリー人の一部がナチに積極的に協力した時に頂点に達した。[31] 同様の状況はオーストリアについても指摘できる。オーストリアでは、伝統的な反セム主義や反スラヴ意識が、中東欧からウィーンに押し寄せたユダヤ人移民の波によって第一次世界大戦中にさらに強まり、一九二〇年代半ばの短期間の相対的安定が経済的不況と政治的混乱に取って代わられた後、新たな激しさを帯びて再浮上した。[32]

この種の、そしてこの程度の暴力は、それ自体はさして驚くべきものではなかった。なんとなれば、一九一七〜二三年の暴力の担い手たちはしばしば、一九三〇年代と一九四〇年代前半に新たな暴力の連鎖を解き放った人びとと同一人物だったからである。一九三〇年代のドイツやオーストリア、ハンガリーのファシストの多くにとって、一九一八〜一九年の経験は、政治的な急進化を促進する決定的な契機であり、この時に作り上げられた一連の政治課題は、一九二三〜二九年の相対的安定期にはただ実行を延期されたに過ぎなかったのだった。戦後間もない時期を代表する準軍事的活動の幾つかは中欧で右派独裁が成立した際に復活を遂げたが、そうした例は、ファシスト部隊の古参兵たちがムッソリーニ独裁のなかで突出した地位を与えられたイタリアだけのことではない。[33] ハンガリーでも、サーラシ・フェレンツをはじめとする矢十字党の指導者が、一九一八年十一月の時期や一九二〇年六月のトリアノン条約調印を、自分たちの「政治的覚醒」の瞬間として繰り返し取り上げた。一九三二年には、第一次世界大戦後のハンガリーの準軍事的組織の指導者たちのなかで最も悪名高い存在であるプローナイ・パールとオステンブルク゠モラヴェク・ジュラが、短命に終わったハンガリー国民ファシスト党を結成した。一九四四年にヒトラーがサーラシの矢十字党に権力を委譲すると、プローナイは民兵団の新設に尽力し、この組織は一九四四年十二月から一九四五年二月にかけて、ブダペシュトの戦いで赤軍と戦った。(34)

オーストリアでも、第一次世界大戦の直後の時期の紛争と一九三九年以降の展開との間の人的な連続性はたやすく確認できる。例えば、元々は準軍事的なオーバーラント同盟のティロール支部の長であったローベルト・リッター・フォン・グライムは、一時期、ヘルマン・ゲーリングの後継者としてドイツ空軍の総司令官となった。第一次世界大戦後にオーストリアで準軍事組織に関係していた者で、第二次世界大戦の際に高位に就いた人物はグライムだけではない。例えば、シュタイアーマルクの護国団の急進化に大きく貢献したハンス・アルビン・ラウターは、ナチ占領下のオランダにおいて親衛隊および警察高級指導者を務めたし、彼の同郷人で友人であったエルンスト・カルテンブルンナーは一九四三年にラインハルト・ハイドリヒの後を継いで、ナチの恐怖政治の中心を担った組織である国家保安本部（ＲＳＨＡ）の長官に就任した。こうした人びとにとって、ファシスト独裁とは、積年の恨みを晴らし、一九一八年の不名誉な敗北と、切迫するボリシェヴィキ革命の脅威、そして帝国の崩壊が一体となってもたらした諸問題を「解決」する機会を与えてくれるものだったのである。

確かに、一九一八年以降の準軍事的組織と一九三〇年代から一九四〇年代前半にかけての様々なファシスト運動との間に、常に直接的な関係があったわけではない。戦後間もない時期の準軍事的組織を代表する人物たちの多くは、一九一八年には反ボリシェヴィキに挺身したり反セム主義に関与していたが、結果的には、自らの政治的願望がナチのそれとは異なることに気づいていった。かつて護国団の指導者であったエルンスト・リューディガー・シュターレンベルクは、一九一九年以降、ヒトラーとの間に親密な個人的関係を築いた（そして実際に、失敗に終わった一九二三年十一月のミュンヘン一揆に参加した）ものの、一九三〇年代にはオーストリアのナチズム運動に反対し、第一次世界大戦後の自らの反セム主義を「ナンセンス」として拒絶し、一九三八年にはオーストリアの独立を主張し、さらに第二次世界大戦中は戦闘機のパイロットとしてイギリス軍と自由フランス軍に従軍した。[35] 準軍事組織の指導者たちのなかで、オーストリアのナショナルな「再生」というビジョンとナチズムのビジョンとが両立し難いことを理解するようになったのは、シュターレンベルクだけではない。第一次世界大戦後に君主主義者の地下組織「オスタラ」を創設して、その指導者となったカール・ブリアン大尉は、君主主義者としての信念を貫いたためにゲシュタポに逮捕され、一九四四年に処刑された。[36] ドイツでも、かつての義勇軍の指導者たちが多数粛清された。とくに一九三四年六月の「長いナイフの夜」の際には、当時は突撃隊の指導部に所属していた者も殺害された。

もちろん、これでナチが、一九一九年のパリのピースメーカーたちを大胆かつ暴力的に否定した義勇軍を、自分たちの精神的な先達として称賛するのをやめたわけではない。ハインリヒ・ヒムラーやラインハルト・ハイドリヒのような重要人物は、一九一八年以降は限られた軍事行動にしか参加していなかったのに、自分が過去に義勇軍であったことを強調した。第三帝国において建立された最大の記念碑の一つが、一九二一年五月にシュレージエンの「聖なる山」〔上シュレージエンの最高峰であるアンナベルク。聖母マリアの母アンナにちなんだ修道院があり、カトリック巡礼の中心地の一つであった〕で吹き荒れた戦闘で、義勇軍の兵士たちがポーランド人の反乱軍に勝利したことを祝した上シュレージエンのアンナベルク記念碑だったことも特筆に値する。アンナベルクの戦いでの「敗北のなかの勝利」をつうじて、義勇軍は、ナチが一九三〇年代後半以降に実行したような暴力的な修正主義を体現したのであった。[37]

第一次世界大戦直後の時期の二つ目の永続的な遺産をかたちづくっているのはまさに、失われた領土と住民を「回収する」という願望に駆り立てられた、この条約修正主義である。ムスタファ・ケマルがセーヴル条約の廃棄に成功し、また同時にオスマン帝国の「トルコ部分」を同質的で世俗的な国民国家に変換するという目的を達成したように、一九二三年のローザンヌ会議は、敗戦国が戦勝国になりうることを示した。ヒトラーとムッソリーニはケマルの「成功」と、必要とあらば西欧の帝国主義と一戦交えることも辞さないという意志に感銘を受け、触発された。一九一九年に作り出された国際体制に挑戦しようとする決意を共有していたために、スペイン内戦への干渉と、第二次世界大戦時の「枢軸」の基礎をかたちづくることになる親善協定（一九三六年）とを皮切りに、ベルリンとローマは次第に距離を縮めていった。[38] イタリアとドイツのプロパガンダのなかで、この親善協定は、長らく抑圧されてきたが今まさに再興しつつある二つの国家、本来であれば世界の列強のなかで然るべき地位を占めるはずなのに、共通の敵によって長きにわたって妨害を受けてきた両国の力の結集として称賛された。[39]

間もなく「防共協定」として知られるようになった協定をヒトラーが日本と結んだことで、同盟はグローバルなものになった。日本人に対して人種的偏見を抱いていたものの、ヒトラーはこの国が、とりわけパリで作られた国際体制の抑圧に打ち勝とうとしている点で、ドイツと相互補完的な地政学的利害を有していると考えていた。日本の統治体制はいかなる意味においても「ファシスト」とは見なせないが、東京の政治指導者たちは一九三〇年代に、ナチス・ドイツやファシスト・イタリアとある種の共通点をもつようになっていった。おそらく最も重要なのは、一方で自由主義的な政治秩序ともう一方ではソヴィエト式のボリシェヴィズムをイデオロギー的に拒否しており、それらに代わる選択肢として、共産主義とは異なる権威主義を生み出そうとする大志を抱いていたという共通性があったことである。[40] さらに、東京の政治家たちは、アメリカ合衆国とイギリスの自治領によって、国際連盟規約に人種的平等を盛り込むのを妨害されたことを忘れていなかった。人種的平等は、一九一九年にパリで日本の外交官が行った要求の中心を成すものだった。この主張は、十九世紀後半に日本が極東の経済面と軍事面での一大勢力として台頭して以来、東京の政治課題の上位におかれてきたテーマであり、一八九四～九五年の日清戦争で中国に大勝した後、そしてその十年後にロシア帝国に勝利した後、日本にとってこの問題はますます重要性を増していた。第一次世界大戦の戦勝国となった後、なおも人種的に平等なパートナーとして承認されなかったことで、多くの日本人が大いに気分を害していたのである。[41]

ベルリン、東京、ローマの完全な軍事同盟が正式なかたちをとったのは一九四〇年九月の日独伊三国同盟によってであるが（ハンガリーとブルガリアのようなその他の修正主義的国家も後に参加した〔ルーマニア、スロヴァキア、クロアチアなども加盟している〕)、他の世界の列強に対して極めて明瞭な警告のメッセージが最初に発せられたのは、親善協定と防共協定だった。世界中で最も頑強に修正主義を掲げる諸国家が、パリ講和条約の残滓を一掃せんとして協力し合うようになった(42)。

一九三〇年代半ば以降、ヨーロッパが全面戦争に突入する可能性がますます高まったが、ヒトラーとムッソリーニは、戦争には積極的な意味があり、自国民の「人種的要素」を引き出すための一つの方法となるだろうという確信を隠さなかった。二人は、長期的に見た場合、西欧やソヴィエト・ロシアとの関係を清算せざるを得ないという点で、意見の一致を得た。ムッソリーニのほうは、一九四〇年以降の西側連合国へのイタリアの介入〔イタリアは一九四〇年六月に英仏に宣戦布告した〕を、「イタリア人民の発展を常に阻害し、度々その生存そのものを脅かしてきた、西欧の金権政治的で反動的な民主主義」に対する戦争というふうに描き出した(43)。

一九一九年にパリで締結された講和条約の破棄に向けてヒトラーが一歩を踏み出したのは、ドイツの再軍備を開始して、ヴェルサイユ条約の規定に真っ向から挑戦した時からだった。一九三六年三月、それまでは非武装化されていたラインラントに、事前にパリやロンドンに諮ることなしにドイツ軍が進駐した。二年後、ヒトラーは自らの故郷であるオーストリアを併合したが、この行動は、サン゠ジェルマン条約の「修正」に激しく熱狂する多数のオーストリア人たちから歓迎された。オーストリア国境地帯に位置する生地のブラウナウ・アム・インを訪れたヒトラーは凱旋者として迎え入れられ、さらに何千人ものオーストリア人たちが首都の英雄広場《ヘルデンプラッツ》でアンシュルスを祝った。

一九三八年のアンシュルスまでは、ヒトラーはヴェルサイユ条約への違反に対する罰を受けなかった。同時代人の多くは、西欧においてさえ、彼の行動を、パリ講和条約のなかに組み込まれていた不公正の一部を修正するものと考え、まったくの不当行為だとは見なさなかった。ようやくムードが変わり始めたのは、ヒトラーが一九一八年と一九一九年に創設されたオーストリア以外の後継国家への攻撃を開始した、一九三八年夏以降のことであった。一九三八年九月のミュンヘン会談で、ロンドンとパリは、チェコスロヴァキアの周縁部に位置し、約三〇〇万人の民族ドイツ人が暮らしていたズデーテン地方をナチス・ドイツが併合することを許したが、さらなる拡大を容認しないとも明言した。一九三八年九月にはより大規模な戦争の発生がかろうじて回避されたが、ヒトラーには攻撃的な外交政策を放棄するつもりはなかった。それどころか、彼は軍備拡張のペースを速め、東中欧の諸国を枢軸に参加させるために圧力を強めた。この段階までに既に、ハンガリーがドイツとムッソリーニのイタリアに接近していた。ミュンヘン協定が結ばれ、一九三九年三月にヒトラーがチェコの残りの領土を占領した直後、ハンガリーはスロヴァキアの一部とルテニアの全域に対する返還要求を認めさせることに成功した〔ドイツとイタリアの仲裁のもと、チェコスロヴァキアがハンガリーとポーランドにそれぞれ領土を割譲した第一次ウィーン裁定は、一九三八年十一月の出来事〕。ブダペシュトはさらなる領土を獲得した。東方でより大規模な戦争を行う決意を固めたヒトラーは、ハンガリーの国家元首ホルティ・ミクローシュに対し、ルーマニアとユーゴスラヴィアを犠牲にして、ハンガリーがトランシルヴァニアの五分の二とバナトの一部を奪回するのを支持すると確約したのである。西側連合国が第一次世界大戦後に引かれた国境線の向こうで待機していなければならないのは〔チェコスロヴァキアを見殺しにするまでは〕自明だったため、この修正主義はベルリンに比類ない力を付与した。ムッソリーニとホルティは程度の違いこそあれヒトラーを恐れ、ドイツの軍事力に対して警戒心を抱いていたが、戦後の不正行為のうえに自分たちの体制を打ち建てたイタリアやハンガリーがナチの衛星国へと成り下がるのは、論理的に避けられなかった。

ブルガリアもヨーロッパの他の修正主義的国家と同じ道を辿った。講和条約が作り上げた戦後体制を破壊しようとするナチの目論見に賛同していたとはいえ、一九三八年までは国王のボリスはブルガリアの中立を維持し続けようとした。しかし一九三八年三月のオーストリア併合と同年十一月のミュンヘン協定〔第一次ウィーン裁定の誤りか。ミュンヘン協定の締結は一九三八年九月〕の後、ソフィア政府は、親枢軸国勢力のロビー活動によって国内で相当な圧力を受けていることを突然自覚するに至った。こうした勢力は、第一次世界大戦の敗戦国のなかで、パリ講和条約で定められた領土の修正から利益を得ていないのはブルガリアだけだという事実をよくよく分かっていた。一九三九年九月に第二次世界大戦が勃発すると、ブルガリアは次第にドイツ陣営へと接近していった。一九四〇年九月、ドイツの圧力でルーマニアがクライヨーヴァ条約に調印し、ソフィアは南ドブロジャを奪還した。一九四一年春、ブルガリアは枢軸に正式に加入し、マケドニアと西トラキア、そしてセルビア東部に占領軍を送り込むことによって、ドイツ国防軍がより東方での戦争に専念できるようにした。(44)

かくして、一九三九年にヨーロッパで始まり、二年後に世界規模で展開することとなった戦争の核心には、相容れない政治体制同士の暴力的な衝突だけではなく、失われた領土と、一九一八年以来「外国支配」の下で暮らしていたマイノリティ集団を奪還しようとする試みが存在していたのである。ヒトラーとナチスにとって、こうしたマイノリティ集団の奪還は是が非でも成し遂げねばならない課題であったが、それはブダペシュト政府やソフィア政府にしても同様だった[45]。第一次世界大戦と第二次世界大戦のいずれにおいてもドイツの同盟国であったハンガリーにとっては、三〇〇万人近くのマジャール人を失い、彼らがルーマニアやチェコスロヴァキア、ユーゴスラヴィアの支配下で暮らすようになったのは不当であり、是正される必要があった。ソフィアも、一九一九年に一〇〇万人の民族上のブルガリア人が外国に「奪われた」ことに対して、同様の思いを抱いていた。しかし同時に、拡張主義は——とくにドイツ、イタリア、ソ連の場合、そして日本の場合にも——さらに進行した。それは新たな帝国主義的事業に他ならなかった。ヨーロッパ内では、この事業は、一九一八～一九年に独立国となった中東欧の旧帝国の領域で激しく衝突した[46]。

日本の場合、経済界の指導層と軍閥がしばらく前から中国北部の占領を要求しており、自国の植民地獲得と経済的拡大を確かなものにしてくれる領土を得ようとしていた。日本の財閥は長年にわたり、いわゆる関東軍の強力な軍事的庇護の下、満洲で炭坑や鉱山を経営してきた。中国との関係が悪化し、北からのソ連の脅威が高まって、満洲における日本の権益は脅かされたが、それと同じ時期に、世界大恐慌が日本の経済に大きな打撃を与えた。関東軍の右翼的な指導部の主導により、〔一九三一年九月に起こった満洲事変の結果として〕日本軍は一九三一年九月〔一九三二年二月の誤り〕に満洲全域を掌握し、一九三二年二月〔三月の誤り〕に傀儡国家である満洲国を建設した[47]。

満洲事変、そして国際連盟が中国の救援要請に応じようとしなかったという事実は、失われることのない重要な教訓を他の修正主義的国家にもたらした。一九一八～二〇年に築かれた国際秩序に挑戦する者たちがあちこちでよく似たネットワークを作り出し、一見したところ遠く離れた各地で事件を起こした。ムッソリーニは、満洲事変に対する西欧の反応（あるいは反応の欠落）を見て日本の例を後追いする気になり、かつて以上に攻撃的な外交政策をとって、地中海と北アフリカにおける自国の影響力を増大させ、またイタリアがそれまで所有していた小規模な植民地（リビア、ソマリア、エリトリア）を第二のローマ帝国へと拡大しようとした。[48] 一九三二年、イタリア外務省は、十九世紀後半の帝国主義によるアフリカ分割のなかで植民地支配に入らなかった数少ない国の一つであるエチオピア（アビシニア）の占領を計画し始めた。一九三五年十月、イタリア軍がエチオピアに侵攻し、翌年の春、軍隊と民間人の双方を標的にした無差別の毒ガス使用と空爆の末に、勝利を摑んだ。[49]

中国北部への日本の暴力的拡大と、北アフリカや地中海でのムッソリーニの生存圏《スパツィオ・ヴィターレ》の夢、そして、中東欧に生存圏《レーベンスラウム》を築こうというヒトラーの野望には、同様の機能があった。[50] 自国民のためにワルシャワとウラル山脈の間の地域に「民族的に浄化された」生存圏を建設しようとするヒトラーの帝国主義的計画は、かつての第一次世界大戦にその起源がある。「東方」は長らく、経済的支配、さらには植民地化のための重点地域と見なされてきた。[51] 一九一八年に帝政ドイツを（短命に終わったものの）巨大なヨーロッパの陸の帝国に仕立てたブレスト＝リトフスク条約で、東欧を可能性に満ちた世界と見なす認識はさらに強まった。東方をドイツの増加人口のための生存圏とするヒトラーの見解は、この広く論じられてきた考え方を特殊なかたちで過激化させたものであり、戦時中に実行された数百万人の不要な住民たちの意図的な殺害や餓死といった行為のなかに、明確に表現された。しかし、暴力によって中東欧の広大な空間に新たな人種秩序を築こうとしたヒトラーの強迫観念には、彼が過去の出来事をどのように読み取ったのかがストレートに反映されている。ヒトラーによれば、帝政ドイツが第一次世界大戦以前、そして大戦中に東欧を「文明化」し、永続的に服従させることに失敗したのは、その当時用いられた手段が不十分なせいだった。将来の戦争は、エーリヒ・ルーデンドルフが一九三五年に刊行した著作の表題にしたように、「総力戦《デア・トターレ・クリーク》」にならざるを得なかった。ヒトラーの理解では、総力戦に勝利するためには、国内の敵と国外の敵の双方に勝利するしかないのだった。(52)

人種主義は枢軸国の三国すべての拡張主義と帝国建設の核心を成しており、「劣等」人種――スラヴ人、中国人、アフリカ人がそうした存在とされた――の居住領域の征服、そして敵性民間人の殺害や強姦を正当化した。汎アジア的な「共栄圏」を打ち建てるという大志を唱えていたにもかかわらず、日本政府は、兵士たちが集団で朝鮮や中国の民間人を性的に虐待したり大量に虐殺するのを許した。(53)第二次世界大戦の勃発以前から既に、ムッソリーニは、新たに占領した地域を「平定する」手段として、エチオピアの知識人や専門職従事者たちのコミュニティを大規模に一掃するという政策をとった。生物学的な人種主義が行き着くところまで進んだのは間違いなくドイツであり、戦時中の状況下でのナチの反セム主義は、ドイツ軍占領下のヨーロッパのユダヤ人の完全な殺戮を目指していた点で、唯一無二の事例となっている。(54)

一九四一年六月にソ連を急襲した後、民族浄化された東部ヨーロッパ帝国というヒトラーの構想は、占領地の住民による民族独立の試みと、そしてやはり一九一八年に遡る、中東欧に対するソ連の帝国主義的野心と激しく衝突することとなった。第一次世界大戦の終結直後は、レーニンは、少し前に失ったツァーリの旧帝国の西部領土を取り戻そうという夢を一時的に放棄せざるを得ず、一九二〇年にソヴィエト政府がエストニア、リトアニア、ラトヴィアとの各講和条約への調印を余儀なくされた際に、バルト地域におけるモスクワの領土要求は事実上放棄された。その数か月の一九二一年三月、ソヴィエト・ロシアとポーランド間のリガ条約で、西ベラルーシ、東ガリツィア、ヴォルィーニ〔現在のウクライナの北西部に相当する地域〕がワルシャワの直接支配下に置かれた。(55)

しかし他の場所では、ボリシェヴィキ政権は、第一次世界大戦の最後の数か月間に一時的に喪失した広大な領土を奪回することに成功した。内戦のなかからソヴィエト・ロシアが登場した時には、モスクワは既にアルメニア、アゼルバイジャン、ジョージア、ウクライナを再び支配下に収めていた。(56)しかし、ボリシェヴィキの野望はそれで終わらなかった。一九三九年後半〔ソ連がポーランド東部を併合したのは一九三九年十一月だが、バルト三国を併合したのは一九四〇年八月〕には、八月に調印された独ソ不可侵条約の秘密条項〔正確には秘密議定書〕に沿って、スターリンがバルト諸国とポーランド東部に対する支配権を再び確立し、かつてロマノフ朝に支配された地域のなかで唯一長期的な独立を維持しているのはフィンランドだけとなった。独ソ不可侵条約の規定に違反してソ連を攻撃した一九四一年以降、ヒトラーがワルシャワとウラル山脈の間に帝国を作り上げるのに結局失敗したため、スターリンは、後に東側ブロックとなる地域に従属国を作ることで、帝国としてのソヴィエトをさらに拡大するチャンスを得た。一九一八年にロマノフ帝国が完全に崩壊してからちょうど三〇年後、ソ連は帝政ロシアよりもさらに巨大で、さらに強力になった。(57)

この時代を生きた同時代人たちは、後世の多くの歴史家たちよりもはっきりと、一九一七〜二三年の時期と第二次世界大戦との間に連続性を見ていた。第二次世界大戦以前、そして大戦中に指導的立場にあった政治家たちは、自分たちの住む世界の意味を理解しようとして、あるいは自分たちの地政学的な野心を歴史的な文脈に位置づけて正当化しようとして、「戦後」の時代への言及を続けた。例えば、「イタリア戦闘者ファッシ」の創設二〇周年を記念して行った一九三九年の有名な演説のなかで、ベニート・ムッソリーニは、ファシズムの興隆にとっての戦後の時代の重要性と、戦後の闘争のなかで死んだ人びとの記憶を、行動によって称える必要性を強調した。

一九一九年三月二三日、我々はヨーロッパ再生の先触れとなるファシスト革命の黒旗を掲げた。塹壕戦を戦った古参兵と青年たちがこの旗の下に集い、一七八九年の悪しき影響から民族を解放するために、軟弱な政府と東方の破滅的なイデオロギー〔ボリシェヴィズムを指す〕に立ち向かって進軍しようと願って、隊列を成した。数千の同志たちがイタリアの路上や広場で、アフリカやスペインで、まさにローマ人の言葉そのままに英雄のごとく戦い、そしてこの旗の下で斃《たお》れたのだ。彼らの記憶は生き続け、我々の心のなかに存在し続けている。戦後の時代の苦難を忘れてしまった者もいるかもしれないが〔群衆から「誰もいない！」という声〕、行動隊員たちは決して忘れてこなかった、忘れられようがないのだ〔群衆から「決して！」という声〕。(58)

それから一年余りたった一九四〇年六月、イタリアは枢軸国側に立って参戦し、地中海、北アフリカ、バルカン地域、ロシアに兵力を展開することとなったが、枢軸国側への参入と同時にムッソリーニは前述のテーマに立ち戻り、イタリアの外敵を一掃することでファシストの「国民革命」が間もなく達成されると提唱した。イタリアが参戦しようとしている戦争は「まさに、我々の革命が進展するうえで不可避の一段階なのだ」と、彼は主張した。(59)

ヒトラーも、演説や象徴的なジェスチャーをつうじて「戦後」の時代への言及を繰り返した。例えば、一九四〇年六月のフランスとの休戦協定をコンピエーニュの森で、一九一八年十一月にドイツが敗北を認めた列車の車両のなかで調印させるというヒトラーの決定は、大いに感情のこもった行為であり、その意味するところは、前年に行われたダンツィヒと西プロイセンの併合と同様に広範な称賛を得た。すなわち、第一次世界大戦の終結時にドイツに押しつけられた歴史的不正を総統《フューラー》が正したのだという称賛を。

バルト諸国やウクライナでも、第二次世界大戦が、二〇年前に赤軍と戦った記憶を甦らせた。少なくとも当初は、この地域のナショナリストの多くが一九四一年六月のドイツ軍のソ連侵攻を、一九一八年に誕生した独立国家の復興をもたらすものとして歓迎した。北のフィンランドでは一九三九年に赤軍の攻撃を受けるなか、再び最高司令官に任命されたカール・マンネルヘイムが、フィンランド軍に対する最初の指令において、目前に迫った戦争が一九一八年に始まった闘争の継続に他ならないことを強調した。「勇敢なるフィンランド兵たちよ！　一九一八年のように、不倶戴天の敵が再び我が国を攻撃している。……この戦争は、独立戦争の総決算に他ならない(60)」。結局のところ、冬戦争は物語の「総決算」とはならず、その後の一九四一〜四四年に血みどろの継続戦争が続いた。こんにちに至るまで、フィンランドのナショナリストの多くは、自分たちの国が参戦したのは第二次世界大戦ではなく、一九一八〜四四年の幾つかの相互に関係し合うエピソードのなかで暴力的に繰り広げられた国民的独立のための闘争だったのだと主張している。

第一次世界大戦の末期や戦後間もない時期は、古い構造を破壊して新たな構造を築き、それと同時にそれまでの歴史の歩みを断ち切り、新たな歴史的展開を開始した、ヨーロッパ史上の一画期であったが、ムッソリーニやマンネルヘイムからの引用によく示されているように、当時の人びとは、この時期の激しい闘争が途絶えることなくずっと続いているという感覚を有していた。ヨーロッパ人の集団的記憶のなかで、この時代は革命の騒乱や国民的な勝利、あるいはさらなる戦争によって贖われるべき国民的恥辱の意識によって、鮮やかに特色づけられた。この時代をそのように捉えると、しばしば一九三九年をはるかに超えて続いたその後の暴力の連鎖の論理や目的が理解しやすくなる。ユーゴスラヴィアの場合、この時代の遺産は、大部分はヨシップ・ブロズ・チトーのおかげでそれまで一体性を保ってきた多民族国家が血なまぐさい内戦に陥った一九九〇年代になっても、なお体感できた。この時には、あらゆる集団が自己の正当化を試みるなかで、二〇世紀前半の恐怖と不正を再び演じたのであった。

ヨーロッパの彼岸でも、第一次世界大戦とその直後の時代の遺産は数十年にわたって感じ取ることができた。一九一八年に遡ると、レーニンとウィルソンの民族自決や少数民族の権利についての主張は、極東から北アフリカに至るまでのあらゆる地域で帝国の敵を鼓舞し、緒に就いたばかりの脱植民地化運動は人種的平等や自治、あるいは完全独立を要求した。戦間期のこうした要求は大抵の場合、暴力的な弾圧に晒されたが、これは、パリやロンドンがそれぞれの植民地帝国で生じた何らかの植民地反乱の鎮圧に乗り出す必要がなかった頃から、まだ一年もたっていない時期のことであった。一九三九〜四五年に再発し、そしてますます凄惨極まるものとなった戦争は、一九五〇年代と一九六〇年代に完結したグローバルな植民地帝国の解体のプロセスの先駆けを成す戦争だったが、その出発点は一九一八年の「ウィルソン主義」、そしてその直後の英仏の植民地帝国のさらなる拡大の時期と一致していた[61]。帝国崩壊後の紛争のなかでも最も長く続いたのが、旧オスマン帝国領のアラブ地域で起こった紛争である。ほぼ一世紀近くにわたり、この地域では暴力の噴出は日常茶飯事であった。第一次世界大戦とその直後の時期に浮上し、解決できなかった問題の少なくとも幾つかが、こんにちなお我々とともにあるのだという事実を示す証拠を突きつけてくる点で、第一次世界大戦の後、一〇〇年間にわたりシリアやイラクの内戦、エジプトの革命、そしてパレスチナ問題をめぐるユダヤ人とアラブ人の暴力的対立が持続していることにまさる冷酷な歴史の皮肉はない。

謝辞

凄まじいレベルの大規模な暴力を中心に据えた本を書いていると、孤独で憂鬱になりがちである。もっとも、テーマの恐ろしさにもかかわらず、調べものをしたり文章を書いたりするプロセスはとても充実していたし、愉快ですらあった。それは、私にインスピレーションを与えてくれる大勢の同僚や友人たちに囲まれて、良き仲間たちのなかで仕事ができたことによるところが大きい。彼らは皆、私がこの本を何とか完成させるのに手を貸してくれた。十年近く前に、最初に本書の基本テーマについて考え始めて以来、私は自分がお返しできないほど多くのものを与えられてきた。この借りを公に認めることで、これまで私を助けてくれた方々に感謝するしかない。

この八年間、ダブリンで暮らし仕事をするという幸運に恵まれたが、この町は間違いなく、第一次世界大戦、さらに広く言えば現代の紛争に関する研究が最も活発な場所の一つである。ダブリンに拠点を置く優秀な同僚や友人たち——とくにジョン・ホーンやウィリアム・マリガン、そしてアラン・クレーマー——との数えきれないほどの対話のおかげで、私は自分の議論をよく研ぎ澄まし、余分な部分をそぎ落とすことができた。二〇〇七年から二〇〇九年にかけて、ジョン・ホーンと私は、アイルランド研究委員会の助成を得て、一九一八年以降の準軍事組織による暴力に関する研究プロジェクトを主導し、第一次世界大戦が一体いつ終結したのかについての長期的研究を開始した。それに続いて二〇〇九年から二〇一四年の間はヨーロッパ研究委員会の助成を受けて、ヨーロッパの「戦後」に関するプロジェクトを進めたが、この活動で私は大きな主導権を得られた。本書を貫く構想がかたちをとったのは、まさにこの期間である。これは、ユニバーシティ・カレッジ・ダブリン戦争研究センターの十二名の極めて才能豊かなポストドクターの研究者たちと一緒に仕事をさせてもらえたこともあって可能となった。彼ら、すなわちトマス・バルケリス、ユーリア・アイヒェンベルク、マリア・ファリナ、マーク・ジョーンズ、マシュー・ルイス、ジェイムズ・マシューズ、マテオ・ミラン、ジョン・ポール・ニューマン、メルセデス・ペニャルバ＝ソトッリオ、ガジェンドラ・シン、ディミタル・タシッチ、ウウル・ウミト・ウンギョルはいずれもこの時代の専門家であり、近年に傑出した学術的業績を挙げている。こうした研究者たちがバルカン半島、バルト諸国、ドイツ、インド、アイルランド、イタリア、オスマン帝国、パレスチナ、ポーランド、スペインといった多種多様な地域に関してそれぞれに担当した重要な実証研究がなければ、本書を執筆することはできなかっただろう。

彼らの研究から常に新しい実証的な資料が得られたことに加え、私たちはダブリンで特定のテーマを扱うセミナーを隔週で開き、この時代のヨーロッパ史や世界史の専門家を世界中から何十名も招聘した。ゲスト・スピーカーたちは皆、我々の議論を大いに実り豊かなものにしてくれたが、この点は、ダブリンをはじめとする世界各地の大学で度々開催した、「戦後」に関する国際会議に一度ならず参加してくれた歴史家たちも同様である。私はとくに、ダブリンにおける私の研究助手であるクリスティーナ・グリースラーとスザンヌ・ダーシーがこうした催しを実現するのに尽力してくれたこと、そしてモスクワ（ニコラウス・カッツァー）、ブエノスアイレス（マリア・イネス・タト）、西オーストラリアのパース（マルク・エーデレ）で開催された、このテーマに関するワークショップや学会に招聘してくれた主催者たちの寛大さにも感謝する。つい最近では、ルドルフ・クチェラからプラハのチェコ科学アカデミーで「戦後」の暴力についての基調講演を行う機会を与えてもらい、その後に熱心な討議が続いた。

同様に、ハリー・フランク・グッゲンハイム財団とヨーロッパ研究委員会から、多数の優れた研究協力者を得られたことにも感謝したい。彼らは大量の一次史料や最近の研究文献を私が読むことのできる言語に翻訳して、絶えず提供してくれた。第一次世界大戦後のヨーロッパの敗戦国について首尾一貫した説明を与えようとすれば、ロシア語からハンガリー語まで、ブルガリア語からドイツ語まで、ウクライナ語からトルコ語までという、一人の研究者では修得できないほどの様々な言語を話す人びとが住む、広大な地域について叙述しなければならないという試練に直面する。この言語の一覧は、公式には戦争に勝利したものの、自分たちは講和で敗北したと感じていた国々までも研究対象に含めると、さらに増えることになる。私は、これらの様々な言語を使って発表された、力作揃いの学術的成果をなるべく活用しようと試みた――これは、沢山の人びととの多大な尽力なしには成しえない仕事であり、彼らは、大事な研究や史料を原語から翻訳することで、あるいは単純に自分の大切な研究成果を私にも共有させてくれることで、言葉の垣根を超えて私を助けてくれた。

ベルリンのヤン・ボッケルマン、ベオグラードのディミタル・タシッチ、ソフィアのニコライ・ヴコフ、アテネのスピロス・カクリオティスの協力を得られたことにも謝辞を述べたい。同様に、インスブルックやウィーン、リンツの様々な文書館が保有する膨大な史料を照合してくれたウルズラ・ファルク、エリック・ウィーヴァー（ブダペシュト）、マテオ・パセッティ（イタリア語の重要なテキストを訳出してくれて、専門的な助言を与えてくれた）にも感謝を表したい。さらに、モスクワのドイツ歴史委員会のルドルフ・マルクとカーチャ・ブルイシュは、重要なロシア語テキストや視覚史料を確認するのに手を貸してくれた。

ライアン・ジンジェラスとウウル・ウミト・ウンギョル――二人はオスマン帝国後期を研究する同年代の人びとのなかでも最良の研究者だ――から長年にわたり協力を得られたことも、すこぶる有益であった。イスタンブルでは、アイハン・アクタルが快く史料を提示してくれて、ギリシャとトルコの間で行われた「住民交換」について補足的な助言をしてくれた。ピーター・ジャドソンは寛大にも、ハプスブルク帝国に関する最新の自著の草稿を出版に先立って送ってくれたし、親切なロナルド・サニーは刊行済みのものも未刊行のものも含めて、大量の研究成果を共有させてくれた。

本書の大枠を決める初期の作業の幾つかは、研究者にとって天国のような環境であるプリンストン高等研究所で行われた。そこで私は、ムスタファ・アクサカルやウィリアム・ヘーゲンと親しく交わりながら過ごし、ヨーロッパの陸の帝国の終焉という、私たちが共通して関心を抱いている問題について、刺激的な対話を行う機会を得ることができた。二〇一四年に欧州大学院で本書を書き始めたが、そこではフェルナン・ブローデル・フェローとして数か月を過ごすという幸運に恵まれ、ダーク・モーゼズ、ピーター・ジャドソン、ルーシー・リオール、タラ・ザーラとの知的交流を得られた。彼らの全員に対し、厚遇と批判を与えてくれたことに心から感謝したい。

草稿の一部を読むのに惜しみなく時間を割いてくれた同僚や友人たちが他にもいる。ボドー・ベーラやヨッヘン・ベーラー、ニコラス・ドゥーマニス、ロイ・フォスター、ジョン・ホーン、シュテファン・マリノフスキ、ハルトムート・ポッゲ・フォン・シュトラントマン、フェリックス・シュネル、レナード・V・スミスは初期の原稿に対して広範にわたる意見を出してくれたし、誤りを取り除き、議論の一部をしっかりとしたものにするための助言を与えてくれた。ただし、本書に事実誤認や評価の誤りが残っていた場合、その責任のすべてが私にあることは言うまでもない。

本書を執筆するために、ヨーロッパ中の様々な文書館を周ったが、すべての文書館の職員に感謝を述べたい。とくに、リンツの上オーストリア州立文書館が所蔵するエルンスト・リューディガー・シュターレンベルクの個人文書に無制約でアクセスさせてくれた、シュターレンベルク家には大変感謝している。マールブルクのヘルダー研究所では、アレクサンダー・フォン・フンボルト上級研究員として一セメスターを過ごすことができ、ドロテー・ゲーツェとペーター・ヴェルスターの専門的な助言を得られた。二人は同研究所が大量に所有する、第一次世界大戦後のバルト諸国で起こった戦闘についての文書に関して、素晴らしいガイダンスを提供してくれた。両人、そしてマールブルクでの素晴らしいホストであったヘルダー研究所所長のペーター・ハスリンガーに深く感謝したい。

アンドルー・ワイリーという優れた著作権代理業者にも恵まれた。彼をはじめとするロンドンのワイリー・エージェンシー・オフィスのスタッフたち、とくにステファニー・ダービシャーのおかげで本書は、英語圏だけでなく世界中に理想的な出版者を見つけることができた。ロンドンでは、サイモン・ウィンダーが草稿を読み、さらなる改善に役立つ数多くの素晴らしい示唆を与えてくれたし、サイモンとペンギン社の彼のチームが能率の良さと巧みなユーモアで出版を見守ってくれたことにも感謝している。とくに、タイプ原稿を印刷用に編集するうえで見事な仕事をしてくれたリチャード・メイソンに感謝の言葉を捧げねばならない。ニューヨークでも、ファラー・ストラウス&ジロー社のエリック・チンスキと彼の同僚が全体をつうじて有益な情報を与えてくれたり、激励を送ってくれたりした。彼ら以上の編集者を期待することはできない。

いつものことではあるが、最後の謝辞を家族に捧げる。両親は私がベルリンに滞在する度に、あらゆるかたちで支援してくれた。ダブリンでは妻のポーシャが、私が長らくヨーロッパの暴力的な戦後に取り憑かれていることに対して寛大でいてくれただけでなく、この問題に関する考察(そして著述)を深めるのを積極的に助けてくれた。自分自身の都合を後回しにして、彼女は事あるごとに批判的な意見や文体上のアドバイスを与えてくれた。机から離れている幸福な時間は大抵、彼女や二人の息子たち、オスカーとルシアンと一緒に過ごした。彼らはこの本とともに生まれ育ち、本書の執筆中、沢山の素晴らしい気晴らしをもたらしてくれた。ともに過ごしたこれまでの五年間の愛すべき思い出を振り返りつつ、本書を彼らに捧げる。

ダブリン、二〇一六年夏

ローベルト・ゲルヴァルト

訳者解題

本書は、Robert Gerwarth, *The Vanquished: Why the First World War Failed to End, 1917–1923*, London: Allen Lane 2016 の全訳である。原著書はすでにフランス語、イタリア語、ルーマニア語、ポーランド語、セルビア語、ドイツ語、スペイン語、オランダ語、トルコ語、チェコ語、クロアチア語、ギリシャ語、韓国語、中国語に翻訳されている。

著者のローベルト・ゲルヴァルトは近現代ヨーロッパ史の研究者で、とくにドイツ史を専門とする。ゲルヴァルトは一九七六年にベルリンに生まれ、ベルリン・フンボルト大学、オックスフォード大学に学び、二〇〇三年にオックスフォード大学から博士号を授与された。現在は、アイルランドのユニバーシティ・カレッジ・ダブリンの教授を務め、同大学の戦争研究センター所長を兼任している。さらに氏はこれまでに、ハーヴァード大学、プリンストン大学、パリ政治学院、マールブルク・ヘルダー研究所、欧州大学院で客員教授や研究員を歴任している。

ゲルヴァルトには下記の著作がある。ここに示されているように、著者の研究の出発点は、ドイツの国民的偉人としてのビスマルクに対する崇拝、顕彰、神格化のプロセスについての考察であったが、ほぼ同時期から、現代ヨーロッパにおける戦争や暴力の歴史に関する研究を進め、ハインツ＝ゲルハルト・ハウプト（欧州大学院）、ヨッヒェン・ベーラー（イェーナ大学）、ドナルド・ブロクサム（エジンバラ大学）、ジョン・ホーン（ダブリン大学）、ホルガー・ネーリング（スターリング大学）、エレズ・マネラ（ハーヴァード大学）らとともに、成果を公表してきた。それらは各国語に訳出されているが、東欧や中東の言語圏でも読者を得ている点が注目される。なお日本では、ラインハルト・ハイドリヒを扱った単著が翻訳されている。

第一次世界大戦後の「混沌に満ちた「平和」への暴力的な移行」（二〇頁）を、膨大な史料と先行研究の渉猟に基づいて論じた本書は、これまでゲルヴァルトが続けてきた研究の延長線上にあるものとして捉えることができる。

単著

1 *The Bismarck Myth: Weimar Germany and the Legacy of the Iron Chancellor*, Oxford and New York: Oxford University Press 2005.（ドイツ語に訳出）

2 *Hitler's Hangman: The Life of Heydrich*, New Haven and London: Yale University Press 2011.（日本語版は宮下嶺夫訳『ヒトラーの絞首人ハイドリヒ』白水社、二〇一六年。他にルーマニア語、ノルウェー語、ポルトガル語、ポーランド語、スペイン語、チェコ語、ドイツ語、オランダ語、中国語に訳出）

編著

1 *Twisted Paths: Europe 1914–1945*, Oxford and New York: Oxford University Press 2007.

2 *Wilhelmine Germany and Edwardian Britain: Essays on Cultural Affinity*, Oxford and New York: Oxford University Press 2008.（D・ゲッパートとの共編）

3 *Political Violence in Twentieth-Century Europe*, Cambridge and New York: Cambridge University Press 2010.（D・ブロクサムとの共編）

4 *War in Peace: Paramilitary Violence in Europe after the Great War*, Oxford and New York: Oxford University Press 2012.（J・ホーンとの共編。セルビア語、リトアニア語、ウクライナ語、ドイツ語、イタリア語、フィンランド語、ロシア語、ブルガリア語、ハンガリー語に訳出）

5 *Empires at War, 1911–1923*, Oxford and New York: Oxford University Press 2014.（E・マネラとの共編。スペイン語、ポルトガル語、ギリシャ語、中国語、ペルシャ語、アラビア語、トルコ語に訳出）

6 *The Waffen-SS: A European History*, Oxford and New York: Oxford University Press 2016.（J・ベーラーとの共編）

彼が「敗北者たち」という表現を用いて考察の対象とするのは、敗戦や革命によって国家が解体、崩壊したハプスブルク帝国、ロシア帝国、ドイツ帝国、オスマン帝国、ブルガリアと、その後にこの地域に誕生した多数の国家、そして戦勝国になったものの、満足できるだけの「報酬」を得られなかったギリシャ、イタリアであり、これらの国々に生きた人々がどのような体験をしたのかを克明に再現し、新たな歴史像を呈示することが、本書の課題である。

著者によれば、一九一七年のロシアの第一次世界大戦からの離脱、そして翌年の休戦協定の締結以降も、各地で国家間紛争や革命、内戦、民族迫害、住民交換、追放、流刑、亡命、テロ、強姦等の暴力が途絶えることはなく、「一九一八～二〇年のスペイン風邪の大流行で死亡した数百万人の人びとや、あるいは、戦闘状態の終了後も経済封鎖を続けると連合国軍が決断した結果、ベイルートとベルリンの間で餓死した数十万人の民間人を除外するとしても、戦後のヨーロッパでは、四〇〇万をゆうに超える人びと〔…〕が武力紛争の結果、死亡した」（二二、二三頁）。連合国側の戦中、戦後のプロパガンダもあって、第一次世界大戦は長らく、専制主義に対する民主主義の勝利の物語として語られてきたし、戦後に独立した民族国家の正統性が認められる反面で、大戦で瓦解した諸帝国は時代遅れの専制君主体制、自由と平等を抑圧する「民族の牢獄」として片づけられてきた。しかし、旧帝国が崩壊した後に起こったのは激烈な暴力の連鎖であり、「敗北者」となった国家、個人にとって、第一次世界大戦は一九一八年に「終わり損ねた」のであった。

本書は三部構成をとっている。第一部の前に独立しておかれたプロローグは、第一次世界大戦後にギリシャとトルコの争奪戦の舞台となった都市、スミルナ（イズミル）を襲った、一九二二年九月の惨劇の描写から始まる。第一次世界大戦にギリシャ軍の侵攻で大きな被害を受けたこの町に、復讐心に燃えるトルコ軍が入城し、西側連合国軍が傍観する前で、多数のギリシャ系市民が犠牲となったのである。本書の冒頭、そして結末近くで再びふれられるスミルナの悲劇は、大戦後も続いた暴力の連鎖の典型と言えよう。

さらにプロローグの後半部で著者の問題意識や本書全体の概要が説明された後、第一部「敗北」が始まる。短い第一章で、亡命生活を送っていた革命家レーニンのロシア帰還の様子が描かれた後、第二章では二〇世紀初頭のロシアの社会状況、第一次世界大戦でのロシア軍の敗退と革命の発生、レーニンの権力掌握への道が、そして第三章で、レーニンの指揮下でロシアが中央同盟国とブレスト＝リトフスク条約を締結して戦線から離脱するまでの推移が語られる。第三章の最後では、この講和の成立によってオットー・バウアーやクン・ベーラ、チトーといった戦後の東欧諸国の政治指導者たちが軍務から解放されて祖国に戻っていき、各国に革命運動の火種がまかれたことが示唆されている。第四章では、ブレスト＝リトフスク条約の締結に続き、連合国の一翼を担っていたルーマニアの降伏、イタリアの大敗、オスマン帝国のザカフカス侵攻といった出来事が重なり、中央同盟国側に楽観的な見方が広がっていったこと、そしてこの楽観論がドイツ軍による西部戦線での「春季攻勢」へと繋がっていく様子が語られる。しかし、「運勢の反転」と題された第五章で、状況は一変する。春季攻勢が失敗に終わり、またブルガリアやオーストリアといった中央同盟国は相次いで敗北する。その直後にドイツで革命が発生し、西部戦線での休戦協定の締結へと至るまでが、この章の内容となる。

第二部「革命と反革命」は、大戦後の中欧・東欧諸国において、革命や内戦というかたちで続いた暴力の応酬をテーマとする。第六章で、バルト地域での新国家建設をめぐって繰り広げられた闘争が詳論された後、第七章は、第一次世界大戦後のヨーロッパの戦乱のなかで最大の被害を出したロシアの内戦が検討される。ゲルヴァルトはこの内戦を複数形の Russian Civil Wars と表記して、赤軍と白軍の闘争、民族独立運動、農民反乱といった無数の暴力行為、武力衝突が、複雑に重なり合っていたことに読者の注意を促す。さらにこの章では、フィンランドのような近隣国へとボリシェヴィズムが「伝染」して、内戦がさらに拡大していった状況が論じられる。第八章と第九章では、ドイツ、オーストリア、ハンガリー、ブルガリア、トルコで、革命や外国軍の侵攻のなかで体制が崩壊していく過程が述べられ、第九章では、東欧各国における反ユダヤ主義の浸透についても議論が及ぶ。第十章は、西欧へのボリシェヴィズムへの拡大と、これに対するパニック反応、そしてこのパニックのなかでイタリア・ファシズム、ドイツ・ナチズムが台頭してくる模様が描かれる。

第三部「帝国の崩壊」は、戦後の講和条約によって生じた領土問題、民族問題を論じている。第十一章は、敗戦国とその後継国家がパリ講和会議に、そしてアメリカ合衆国大統領ウィルソンが提唱した「民族自決」に対して抱いた期待が、幻滅へと変わっていく過程を追っている。さらにここでは、ヨーロッパ外の植民地やパレスチナが検討の対象となる。第十二章は、ハプスブルク帝国の崩壊後に誕生した諸国が深刻な紛争へと向かう状況が分析される。ここでは、民族的に均質な国家を志向するこれらの新生国家が、実際には複数の民族から構成される、いわばハプスブルク帝国の縮小版であり、民族自決の論理では平和と共生を実現できなかったことが明瞭に指摘されている。第十三章は、民族自決の原理が適用されず、むしろその犠牲となったドイツ、オーストリア、ハンガリー、ブルガリア、トルコの国境問題、民族問題が扱われる。しばしばパリ講和会議の「犠牲者」の筆頭格と目されるドイツが、実は他の敗戦国と比べると有利な講和条件を取り付けたという見方は重要である。第十四章は、戦勝国であるイタリアが連合国の戦後処理に大きな不満を抱き、そうした憤懣の具体的表現として国粋主義者たちがフィウーメを占拠した経緯、そしてこの事件がファシストに与えた影響が考察される。第十五章で、イタリアのアナトリア侵攻、ギリシャ・トルコ戦争、そしてローザンヌ条約の締結へと至る過程が詳しく論じられた後、エピローグは一九二三〜四五年の国際状況を概観し、両大戦期の連続性が強調される。ここでは日本にも筆が及ぶ。

このような内容をもつ本書の特色としてまずもって挙げるべきは、着眼点のユニークさである。第一次世界大戦の百周年にあたるこの数年間、開戦の原因や戦争責任、総力戦体制の捉え直し、個々の戦闘や軍事技術の分析、非ヨーロッパ地域と戦争の関係など、様々な問題に関して戦争の再検討が進んだが、その多くは、あくまでも一九一四〜一八年という戦争期間を対象とした議論であるか、あるいは一九一四年へと至る道程を問題としたものであった。それに対してゲルヴァルトは、一九一七〜二三年という時間枠を設定することで、この戦争の意味を問い直し、二つの世界大戦の連続性を考えようとしている。しかしこうした独自性の反面で、戦争のヨーロッパ規模での展開や、国家機構が安定性を欠いた空間での未曾有の暴力の発生のメカニズムに対する関心という点で、本書はクリストファー・クラークやティモシー・スナイダーの近年の研究とも重なる部分があり、世界の先端的な研究動向に共鳴する新しさと、オリジナリティの双方を兼ね備えている。

歴史研究としての実証性の高さも評価されねばならない。先述のとおり、著者はダブリンの戦争研究センターの所長を務めているが、二〇〇八年に設立されたこの機関は、シニシャ・マレシェヴィチやウィリアム・マリガン、ジェニファー・トッド（いずれもダブリン大学）らをメンバーに連ね、ジェーン・キャプラン（オックスフォード大学）、グルタヴォ・コルニ（トレント大学）、キャロライン・エルキンズ（ハーヴァード大学）、ペーター・ハスリンガー（ヘルダー研究所、ギーセン大学）、ペーター・ロンゲリヒ（ロンドン大学）、ジェイ・ウィンター（イェール大学）、マーク・マゾワー（コロンビア大学）、徐国琦（香港大学）といった世界各地の研究者たちとも連携しつつ、多数の研究成果を発信しており、こんにちの現代史研究の拠点の一つである。ゲルヴァルトは、同センターの研究成果や豊かな人材を活用して、八か国の十八の文書館の所蔵文書をはじめとする多様な史料、膨大な数の研究文献を渉猟しており、そのことが本書を、当該分野の現時点での国際的な研究水準を示すものにしている。

対象とする領域や考察の視野の広さも、本書の魅力である。著者は中欧、東欧、ロシアのみならず、トルコや西欧についても偏りのない叙述を行っており、さらにはアラブ地域や日本にも紙幅を割いている。また、公文書や著名人の記録だけではなく、新聞、小説、詩、様々な人びとの日記、回想録、書簡までも含む、多種多様な史料を活用することで、国家の次元のみならず地域や個人のレベルでの分析がなされていたり、政治史にとどまらず社会史や民衆史的な観点からの考察が随所で展開されていることで、先行する類書を上回る叙述の奥行きが感じられる。

第一次世界大戦の現代的意味をめぐる問いかけも無視できない。ゲルヴァルトは、ユーゴスラヴィア内戦、ウクライナ問題、パレスチナ問題、シリアやイラクでの戦争、エジプトの革命といったこんにちの紛争の淵源が第一次世界大戦とその直後の時期にあることを本書の随所で示しているが、こうした捉え方を敷延するならば、現代社会はなおも第一次世界大戦の「戦後」を生きていると、そして誰かが今なお戦争のつけを払わされる「敗北者」であり続けているのだと言えるかもしれない。

さらに、本書は本格的な研究書であるにもかかわらず、精彩に富む描写、論理構成の明快さ、簡にして要を得た背景説明、効果的な引用によって、広い読者層にアピールするものとなっている。反面で註がたいへん充実しており、本書の内容を綿密に検討しようとする専門家の便にも応えるものと思う。

しかしながら、あらゆる研究の例にもれず、本書にも疑問の余地がないわけではない。本書での議論を開始するにあたって、ゲルヴァルトは、第一次世界大戦中の塹壕体験が第二次世界大戦の残虐化をもたらしたとするジョージ・L・モッセの「野蛮化テーゼ」、より正確には、モッセがドイツに関して提唱したこの理論をヨーロッパ各国に拡大して適用することに対して懐疑を示している。ゲルヴァルトは、第一次世界大戦の交戦国のすべてが野蛮化したわけではないのだから、野蛮化の原因は大戦だけでは説明できず、したがって大戦後の展開をより詳細に検討すべきだと主張する。訳者もこの主張に説得力があることを認めるが、しかしこの捉え方では、「野蛮化しなかった国」として念頭におかれている国、すなわちイギリスとフランスにおける暴力の連続や増幅を問う道があらかじめ塞がれてしまう可能性がある。また、第一次世界大戦で主戦場とならず、その後も大戦に直結するかたちで内戦や革命を体験しなかった地域、たとえばアメリカ合衆国や中国、そして日本における野蛮化を考えるにあたっても、別の論理が必要となろう。

そして、本書が設定する「一九一七～二三年」という時代区分についても、異論を呈することができる。ゲルヴァルトが一九一七年を出発点とするのは、言うまでもなくロシア革命を意識してのことであり、ボリシェヴィズムの拡大とそれに対する反応が本書を貫徹するテーマの一つであるのだから、この点については十分に納得できる。対して、一九二三年が（一応の）終着点となるのは、同年の七月二四日にローザンヌ条約が締結されて、日本を含めた連合国とトルコの間の戦争状態が終結したことを踏まえている。しかし、この年の十一月八日、ドイツではヒトラーによるミュンヘン一揆が発生している。一揆は翌日に鎮圧され、ヒトラーは投獄されるが、この事件がナチズム台頭の先触れであったことを思えば、一九二三年は新たな暴力の時代の出発点として捉えることもできる。もっとも、ドイツ史が本来の専門分野であるゲルヴァルトがそのことを意識していないとは考えづらいし、そもそも時代の区分の仕方は一通りではない。この点については、本書の欠陥として難じるのではなく、別の意見を喚起する問題提起と受けとめて、読者による議論が続くことを願いたい。

*

最初に本書の翻訳を打診された時は、原題が二〇一二年にクリストファー・クラークが発表し、世界的に話題を呼んだ著作を強く意識しているように思われて少し警戒したが、実際に読んでみて、原著書がもつ独自の魅力と学術的価値を確認し、また、百周年を過ぎた第一次世界大戦の意味を継続的に問い直す必要を感じて、依頼を引き受けた。

本書の訳出にあたっては、沢山の方々のお力添えをいただいた。前川陽祐氏は拙訳を細かくチェックして、多くの有益な指摘を与えてくださった。恩師である大内宏一先生は、本書の要点を聞いてくださり、示唆に富むご意見をいただいた。ハンガリー語については中澤達哉氏、エストニア語とラトヴィア語については小森宏美氏にご教示いただいた。また、早稲田大学文学学術院の西洋史学コースの皆さんや、所属する研究会・学会の研究仲間との対話から得るところは多く、二年間の訳業の励みとなった。もとより、訳出に伴う誤謬の一切の責任は、訳者一人にのみ帰せられる。なお、訳出に際して、適宜ドイツ語版を参照した。

最後に、本書の訳出を勧めてくださり、訳業をリードしてくださった、みすず書房の鈴木英果さんにお礼申し上げる。

小原　淳

二〇一九年一月

ローベルト・ゲルヴァルト
敗北者たち
第一次世界大戦はなぜ終わり損ねたのか　1917-1923
小原淳訳

2019年 2月18日　第1刷発行
2020年 1月15日　第2刷発行

発行所 株式会社 みすず書房
〒113-0033 東京都文京区本郷2丁目20-7
電話 03-3814-0131(営業) 03-3815-9181(編集)
www.msz.co.jp

本文組版 キャップス
本文・口絵印刷所 精文堂印刷
扉・表紙・カバー印刷所 リヒトプランニング
製本所 松岳社

ISBN 978-4-622-08761-8
[はいぼくしゃたち]

著者略歴

(Robert Gerwarth)

1976年ベルリン生まれ．現在，ユニバーシティ・カレッジ・ダブリン現代史教授および同大学戦争研究センター所長．専攻は近現代ヨーロッパ史，とくにドイツ史．著書に *The Bismarck Myth: Weimar Germany and the Legacy of the Iron Chancellor,* Oxford and New York: Oxford University Press 2005.（フレンケル賞受賞），*Hitler's Hangman: The Life of Heydrich,* New Haven and London: Yale University Press 2011.（『ヒトラーの絞首人ハイドリヒ』宮下嶺夫訳，白水社，2016）などがある．

訳者略歴

小原淳〈おばら・じゅん〉 1975年生まれ．早稲田大学大学院文学研究科博士後期課程修了．現在，早稲田大学文学学術院教授．専攻はドイツ近現代史．著書に『フォルクと帝国創設』（彩流社，2011），訳書にJ・スタインバーグ『ビスマルク』（全2巻，白水社，2013），J・スパーバー『マルクス』（全2巻，白水社，2015），Ch・クラーク『夢遊病者たち』（全2巻，みすず書房，2017），R・エヴァンズ『力の追求』（全2巻，共訳，白水社，2018）などがある．

人名索引

ア

アードラー，フリードリヒ　Adler, Friedrich　158, 161
アードラー，ヴィクトル　Adler, Victor　204, 209
アイスナー，クルト　Eisner, Kurt　96, 183,184, 204, 235
アイヒホルン，エーミール　Eichhorn, Emil　174
アインシュタイン，アルベルト　Einstein, Albert　158
アウアー，エアハルト　Auer, Erhard　184
アスキス，ハーバート・ヘンリー　Asquith, Herbert Henry　88, 261
アタテュルク　Atatürk　→ケマル，ムスタファを参照
アプトマン，ヨーゼフ　Aptman, Joseph　133
アポニ・アルベルト　Apponyi, Albert　295
アルツ・フォン・シュトラウセンブルク，アルトゥル　Arz von Straussenburg, Arthur　157
アルフォンソ十三世　Alfonso XIII　220
アレクサンダル一世（ユーゴスラヴィア国王）　Alexander I of Yugoslavia　358
アレクサンドラ，フョードロヴナ　Alexandra, Feodorovna　47
アレクサンドル三世（ロシア皇帝）　Alexander III of Russia　39, 45, 272
アレクサンドロス（ギリシャ国王）　Alexander of Greece　325
アレクセーエフ，ミハイル　Alekseev, Mikhail　126
アレンビー，エドマンド　Allenby, Edmund　263
イェイツ，W・B　Yeats, W. B.　19
イェール，ウィリアム　Yale, William　263, 264
イノニュ，イスメット　Inönü, Ismet　346
ヴィットーリオ・エマヌエーレ三世　Victor Emanuel III　232
ウィルソン，ウッドロウ　Wilson, Woodrow　88, 92–94, 163, 168, 244, 246, 248, 249, 255–257, 262, 267, 270, 271, 289, 291, 293, 300, 301, 304, 307, 308, 318–320, 323, 357
ウィルソン，フランチェスカ　Wilson, Francesca　292
ウィルソン，ヘンリー　Wilson, Henry　325
ヴィルヘルム一世（ドイツ皇帝）　Wilhelm I of Germany　283
ヴィルヘルム二世（ドイツ皇帝）　Wilhelm II of Germany　72, 91–93, 97, 98, 147, 246, 324
ヴェガン，マクシム　Weygand, Maxime　275
ウェッブ，ベアトリス　Webb, Beatrice　222
ヴェニゼロス，エレフセリオス　Venizelos, Eleftherios　298, 324–328, 338, 344, 345, 347, 354
ヴェルス，オットー　Wels, Otto　173, 174
ヴォルフ，テオドール　Wolff, Theodor　147
ヴェルフェル，フランツ　Werfel, Franz　159
ウランゲリ，ピョートル　Wrangel, Pyotr　115, 135, 136
ウリツキー，モイセイ　Uritsky, Moisei　118
ウリヤノフ，アレクサンドル　Ulyanov, Alexander　39
ウリヤノフ，イリヤ　Ulyanov, Ilya　39
ウリヤノフ，ウラジーミル・イリイチ　Ulyanov, Vladimir Ilyich → レーニン，ウラジーミル・イリイチを参照
ウルマニス，カールリス　Ulmanis, Kārlis　108, 111
ウンゲルン＝シュテルンベルク，ローマン・フォン　Ungern-Sternberg, Roman von

116, 129–131
エイゼンシテイン, セルゲイ　Eisenstein, Sergei　57
エーゲルホーファー, ルドルフ　Egelhofer, Rudolf　189
エップ, フランツ・リッター・フォン　Epp, Franz Ritter von　187
エーベルト, フリードリヒ　Ebert, Friedrich　97, 98, 104, 151–155, 174, 175, 236–238
エミン少佐　Emin, Major　340
エルツベルガー, マティーアス　Erzberger, Matthias　98, 99, 112
エンヴェル・パシャ, イスマイル　Enver Pasha, Ismail　70, 85, 316
エンゲルス, フリードリヒ　Engels, Friedrich　140
オステン, リナ・フォン　Osten, Lina von　208
オステンブルク＝モラヴェク・ジュラ　Ostenburg, Gyula　366
オスマン,「トパル」　Osman, 'Topal'　340
オルゾフ, アンドレア　Orzoff, Andrea　256
オルデンブルク＝ヤヌシャウ, エーラルト・フォン　Oldenburg-Januschau, Elard von　149
オルランド, ヴィットーリオ・エマヌエーレ　Orlando, Vittorio Emanuele　83, 225, 244, 315, 317

カ

カーゾン, ジョージ・ナサニエル　Curzon, Earl George Nathaniel　325, 335, 345, 346
カップ, ヴォルフガング　Kapp, Wolfgang　236
カドルナ, ルイージ　Cadorna, Luigi　68
カプラン, ファーニ　Kaplan, Fanya　119
カール一世（オーストリア皇帝）　Karl I of Austria　84, 158, 161, 201, 202, 257, 266
カルソープ, アーサー　Calthorpe, Arthur　88
カルテンブルンナー, エルンスト　Kaltenbrunner, Ernst　366
カーロイ・ミハーイ　Károlyi, Mihály　162, 191, 192, 267, 268
カンネギセル, レオニード　Kannegisser, Leonid　118
キッシュ, エゴン・エルヴィーン　Kisch, Egon Erwin　159
キャーミル・パシャ, マフムード　Kamil Pasha, Mehmed　85
キュールマン, リヒャルト・フォン　Kühlmann, Richard von　62, 63
キョセイヴァノフ, ゲオルギ　Kioseivanov, Georgi　357
キリンガー, マンフレート・フォン　Killinger, Manfred von　180
キング, ヘンリー・チャーチル　King, Henry Churchill　264
グナリス, ディミトリオス　Gounaris, Dimitrios　338, 344
グライム, ローベルト・リッター・フォン　Greim, Robert Ritter von　366
クラウス, アルフレート　Krauss, Alfred　203
クリソストモス　Chrysostomos　15
クルプスカヤ, ナデジダ（「ナージャ」）　Krupskaya, Nadezhda ('Nadya')　37
グレイ, サー・エドワード　Grey, Sir Edward　301
グレーナー, ヴィルヘルム　Groener, Wilhelm　94, 97, 154
クレマンソー, ジョルジュ　Clemenceau, Georges　221, 244, 245, 283, 299, 301
クレーン, チャールズ・R　Crane, Charles R.　264
クレンペラー, ヴィクトル　Klemperer, Victor　188
クローチェ, ベネデット　Croce, Benedetto　225
クーン, ヴァルター　Kuhn, Walter　306
クン・ベーラ　Kun, Béla　65, 184, 190–195, 197–200, 204, 205, 209
ケインズ, ジョン・メイナード　Keynes, John Maynard　290

ゲオルギエフ，コンスタンティン　Georgiev, Konstantin　218
ゲオルギオス二世（ギリシャ国王）　George II of Greece　344
ゲーサイ・ジェルジ　Geszay, Gyorgy　210
ケースメント，ロジャー　Casement, Roger　38
ケスラー伯爵　Kessler, Harry Count　96, 234, 237
ケナン，ジョージ　Kennan, George　28
ケマル・ベイ，アリー　Kemal Bey, Ali　340
ケマル，ムスタファ（アタテュルク）　Kemal, Mustafa (Atatürk)　14, 89, 90, 316, 331–338, 340, 351, 368
ケレンスキー，アレクサンドル　Kerensky, Alexander　51, 53, 55, 57, 58, 128
ゲンベシュ・ジュラ　Gömbös, Gyula　210
コズマ・ミクローシュ　Kozma, Miklós　196, 197, 199
ゴードン＝フィンレイソン，ロバート　Gordon-Finlayson, Robert　125
ゴナタス，スティリアノス　Gonatas, Stylianos　344
ゴーリキー，マクシム　Gorky, Maxim　122
コルチャーク，アレクサンドル　Kolchak, Alexander　115, 127, 130, 131, 134, 135
ゴルツ，リューディガー・フォン・デア　Goltz, Rüdiger von der　106, 108, 111
コルニーロフ，ラーヴル　Kornilov, Lavr　55, 126
コンスタンディノス一世（ギリシャ国王）　Constantine I of Greece　324, 325, 338, 339, 344
コンラート・フォン・ヘッツェンドルフ，フランツ　Conrad von Hötzendorf, Franz　84, 157

サ

サイクス，マーク　Sykes, Mark　259
サボー・デジェー　Szabó, Dezső　199
サムエリ・ティボル　Szamuely, Tibor　193, 209
ザムゾン＝ヒンメルスティエルナ，アルフレート・フォン　Samson-Himmelstjerna, Alfred von　106
サーラシ・フェレンツ　Szálasi, Ferenc　366
ザロモン，エルンスト・フォン　Salomon, Ernst von　112, 177, 178
シェーア，ラインハルト　Scheer, Reinhard　94
ジェコフ，ニコラ　Zhekov, Nikola　82
ジェイムズ，ヘンリー　James, Henry　319
ジェルジェンスキー，フェリックス　Dzerzhinsky, Felix　118
シートン＝ワトソン，ロバート　Seton-Watson, Robert　255
ジノヴィエフ，グリゴリー　Zinoviev, Grigory　55, 185
シャイデマン，フィリップ　Scheidemann, Philipp　97, 98, 289
シュシュニク，クルト　Schuschnigg, Kurt　357
シュターレンベルク，エルンスト・リューディガー　Starhemberg, Ernst Rüdiger　211, 367
シュタイドル，リヒャルト　Steidle, Richard　209
シュティネス，フーゴ　Stinnes, Hugo　155
シュテュルク，カール・フォン　Stürgkh, Karl von　158
シュトレーゼマン，グスタフ　Stresemann, Gustav　354
ジョイス，ジェイムズ　Joyce, James　319
ショモジ，ベーラ　Somogyi, Béla　200
ジョリッティ，ジョヴァンニ　Giolitti, Giovanni　228, 231
ジョルジュ＝ピコ，フランソワ　Georges-Picot, François　259
スヴィンフッヴド，ペール・エヴィンド　Svinhufvud, Pehr Evind　144
スターリン，ヨシフ　Stalin, Joseph　28, 199, 336, 363, 376
スタンボリースキ，アレクサンダル　Stambolijski, Alexander　164, 165, 211–216,

298-300, 346, 359
スティード，ヘンリー・ウィッカム　Steed, Henry Wickham　255
ステルギアディス，アリスティディス　Stergiadis, Aristides　329, 343
ストルーヴェ，ピョートル　Struve, Piotr　18
スノーデン，エセル　Snowden, Ethel　292
スマッツ，ヤン・クリスティアン　Smuts, Jan Christiaan　197, 198
ゼークト，ハンス・フォン　Seeckt, Hans von　237
セシル，ロバート　Cecil, Robert　257
セミョーノフ，グリゴリー　Semenov, Grigory　116, 117, 130
セモセンコ，アタマン　Semosenko, Ataman　133
セーレーシ・オスカール　Szőllősy, Oszkár　210
ゾフィー（プロイセン王女）　Sophia of Prussia　324

タ

タフスィン，ハサン　Tahsin, Hasan　327
タラート・パシャ，メフメト　Talaat Pasha, Mehmet　62
ダンヌンツィオ，ガブリエーレ　D'Annunzio, Gabriele　318-322
チェーホフ，アントン　Chekhov, Anton　45
チェルニ・ヨージェフ　Cserny, József　193
チェルニーン，オトカル　Czernin, Ottokar　61, 62
チェンバレン，オースティン　Chamberlain, Austen　354
チチェーリン，ゲオルギー　Chicherin, Georgi　346
チトー（ヨシップ・ブロズ）　Tito (Josip Broz)　65, 379
チャーチル，ウィンストン　Churchill, Winston　13, 17, 23, 141, 205
ツァラ，トリスタン　Tzara, Tristan　41
ツァンコフ，アレクサンダル　Tsankov, Alexander　215, 216, 356
ツヴァイク，アルノルト　Zweig, Arnold　274
ツヴァイク，シュテファン　Zweig, Stefan　310
ツェトキン，クララ　Zetkin, Clara　171
テーア，アルブレヒト・フォン　Thaer, Albrecht von　68
ティサ・シュトヴァーン　Tisza, Istvan　268
ディアツ，アルマンド　Diaz, Armando　83, 85
ディットマン，ヴィルヘルム　Dittmann, Wilhelm　98
テオドロフ，テオドル　Teodorov, Teodor　166, 212, 297, 298
デニーキン，アントン　Denikin, Anton　115, 126, 128, 132, 134, 135
ド・ゴール，シャルル　de Gaulle, Charles　275
ドニ，エルネスト　Denis, Ernest　255
ドモフスキ，ロマン　Dmowski, Roman　272
トラー，エルンスト　Toller, Ernst　185
ドルフス，エンゲルベルト　Dollfuss, Engelbert　357, 359
トルムビッチ，アンテ　Trumbić, Ante　280, 281
トレルチ，エルンスト　Troeltsch, Ernst　168
トロツキー，レフ　Trotsky, Leon　56, 62, 63, 116, 117, 123, 125, 205, 274

ナ

ナンセン，フリチョフ　Nansen, Fridtjof　139
ニエドラ，アンドリエフス　Needra, Andreas　108
ニーキシュ，エルンスト　Niekisch, Ernst　185
ニコライ二世（ロシア皇帝）　Nicholas II of Russia　45-47, 50, 51, 124-126
ニコルソン，ハロルド　Nicolson, Harold　197, 198, 297
ニッティ，フランチェスコ・サヴェリオ

Nitti, Francesco Saverio　242, 320
ヌーレッディーン・パシャ，サカリ　Nureddin Pasha, Sakallı　15
ノイリング，グスタフ　Neuring, Gustav　182
ノスケ，グスタフ　Noske, Gustav　96, 175, 180, 182, 236

ハ

ハイドリヒ，ラインハルト　Heydrich, Reinhard　208, 366, 367
ハインツ，フリードリヒ・ヴィルヘルム　Heinz, Friedrich Wilhelm　102, 179
バウアー，オットー　Bauer, Otto　65, 159, 209, 293, 294
パヴェリッチ，アンテ　Pavelić, Ante　269
ハウス，エドワード　House, Edward　284
ハウスマン，コンラート　Haussmann, Conrad　96
バカン，ジョン　Buchan, John　223
ハシェク，ヤロスラフ　Hašek, Jaroslav　254
ハジアネスティス，ゲオルギオス　Hatzanestis, Georgios　342, 344
パシッチ，ニコラ　Pašić, Nikola　280, 281
ハーゼ，フーゴ　Haase, Hugo　98, 152
バーチュシコフ，フョードル　Batiushkov, Feodor　137
バチョー・ベーラ　Bacsó, Béla　200
バッラ，エーリヒ　Balla, Erich　108, 109
バーデン，マクシリミリアン・フォン　Baden, Maximilian von　92, 93, 97, 98, 152
ハバロフ，セルゲイ　Khabalov, Sergei　50
パープスト，ヴァルデマル　Pabst, Waldemar　181, 203
バーリン，アイザイア　Berlin, Isaiah　138
バリーン，アルベルト　Ballin, Albert　150
バル，フーゴ　Ball, Hugo　41
バルト，エーミール　Barth, Emil　98
バルフォア，アーサー　Balfour, Arthur　25, 88, 261, 263, 325
バーンフィ・ミクローシュ　Bánffy, Miklós　254
ハンペ，カール　Hampe, Karl　149
ピウスツキ，ユゼフ　Piłsudski, Józef　272–275, 357, 358
ビショッフ，ヨーゼフ　Bischoff, Josef　105
ビスマルク，オットー・フォン　Bismarck, Otto von　149, 283
ヒトラー，アドルフ　Hitler, Adolf　17, 28, 148, 149, 234, 235, 238, 239, 247, 351, 353, 356, 357, 360, 363, 366–376, 378
ヒムラー，ハインリヒ　Himmler, Heinrich　367
ビューロ，ベルンハルト・フォン　Bülow, Bernhard von　149
ヒル，レーン・ロス　Hill, Lane Ross　348
ヒルシュ，パウル　Hirsch, Paul　174
ビング，イグナツ　Bing, Ignaz　207
ヒンデンブルク，パウル・フォン　Hindenburg, Paul von　36, 71, 72, 77, 91, 93, 94, 149, 179
ファイサル一世（イラク国王）　Faisal I of Iraq　260
ファクタ，ルイージ　Facta, Luigi　232
フーヴァー，ハーバート　Hoover, Herbert　271
フェリト・パシャ，ダマト　Ferid Pasha, Damad　167, 301–303
フェルディナンド一世（ブルガリア国王）　Ferdinand I of Bulgaria　80–82, 164, 165
フォスラー，カール　Vossler, Karl　225
フォッシュ，フェルディナン　Foch, Ferdinand　72
フォード，ヘンリー　Ford, Henry　206
フーゲンベルク，アルフレート　Hugenberg, Alfred　36, 72
フサイン・イブン・アリー　Hussein bin Ali　87, 260
ブーニン，イヴァン　Bunin, Ivan　45
ブハーリン，ニコライ　Bukharin, Nikolai　56
プライス，ジョージ・ウォード　Price, George Ward　16
プラスティラス，ニコラオス　Plastiras, Nikolas　344

フランコ，フランシスコ　Franco, Francisco　360
フランツ・ヨーゼフ（オーストリア皇帝）　Franz Joseph of Austria-Hungary　253–255
ブランドル，フランツ　Brandl, Franz　161
ブリアン，アリスティード　Briand, Aristide　354
ブリアン，カール　Burian, Karl　367
プリモ・デ・リベーラ，ミゲル　Primo de Rivera, Miguel　220, 359
ブリュムキン，ヤーコフ　Blumkin, Yakov　143
ブリンナー，ユル　Brynner, Yul　139
プルースト，マルセル　Proust, Marcel　319
プローナイ・パール　Prónay, Pál　200, 210, 366
ヘイグ，ダグラス　Haig, Douglas　72
ベヴァリッジ，ウィリアム　Beveridge, William　293
ヘース，ルドルフ　Höss, Rudolf　107
ペタン，フィリップ　Pétain, Philippe　72
ベッテルハイム，エルンスト　Bettelheim, Ernst　195
ベネシュ，エドヴァルド　Beneš, Edvard　312
ベーベル，アウグスト　Bebel, August　171
ヘミングウェイ，アーネスト　Hemingway, Ernest　17, 344
ベル，ヨハネス　Bell, Johannes　283
ヘルツル，テオドール　Herzl, Theodor　261, 262
ヘルトリング，ゲオルク・フォン　Hertling, Georg von　92
ベルモント＝アヴァロフ，パーヴェル　Bermondt-Avalov, Pavel　111, 115
ベングリオン，ダヴィド　Ben-Gurion, David　262
ポガーニ・ヨージェフ　Pogány, József　194
ボセッリ，パオロ　Boselli, Paolo　68
ホー・チ・ミン　Hô Chi Minh　249
ホフマン，マックス　Hoffmann, Max　62
ホフマン，ヨハネス　Hoffmann, Johannes　184–188
ホブズボーム，エリック　Hobsbawm, Eric　28
ボリス三世（ブルガリア国王）　Boris III of Bulgaria　165, 357
ホルティ・ミクローシュ　Horthy, Miklós　196, 266, 353, 371
ポワンカレ，レーモン　Poincaré, Raymond　346

マ

マクマホン，サー・ヘンリー　McMahon, Sir Henry　259
マサリク，トマーシュ・ガリグ　Masaryk, Tomáš Garrigue　255–257, 269, 311, 312
マッケンゼン，アウグスト・フォン　Mackensen, August von　81
マフノ，ネストル　Makhno, Nestor　116
マリー・アントワネット　Marie Antoinette　142
マリノフ，アレクサンダル　Malinov, Alexander　83, 164, 166
マルクス，カール　Marx, Karl　40, 57, 115, 140, 171, 205
マン，トーマス　Mann, Thomas　186, 189
マンネルハイム，カール　Mannerheim, Carl　145, 378, 379
ミハイル・アレクサンドロヴィチ（ロシア大公）　Mikhail Alexandrovich of Russia　50, 51
ミューザム，エーリヒ　Mühsam, Erich　185
ミュラー，ヘルマン　Müller, Hermann　283, 284
ミリュコーフ，パーヴェル　Miliukov, Pavel　51
ミルバッハ，ヴィルヘルム・フォン　Mirbach, Wilhelm von　142
ミレフ，ゲオ　Milev, Geo　217, 218
ムッソリーニ，ベニート　Mussolini, Benito　21, 28, 102, 228–234, 238, 250, 251, 318, 321, 322, 346, 359, 368, 370, 371, 374, 375, 377, 379
メタクサス，イオアニス　Metaxas, Ioannis

36
メフメト六世　Mehmed VI　87, 90, 167
モーゲンソー，ヘンリー　Morgenthau, Henry　349
モーズリー，オズワルド　Mosley, Oswald　360
モッセ，ジョージ　Mosse, George　28–30

ヤ

ユジェーニチ，ニコライ　Yudenich, Nikolay　115
ユルスナール，マルグリット　Yourcenar, Marguerite　110, 111
ユロフスキー，ヤコフ　Yurovsky, Yakov　125
ユンガー，エルンスト　Jünger, Ernst　13, 71
ヨギヘス，レオ　Jogiches, Leo　172, 173, 182
ヨッフェ，アドリフ　Joffe, Adolph　62

ラ

ラウター，ハンス・アルビン　Rauter, Hanns Albin　160, 210, 366
ラウフ・オルバイ，ヒュセイン　Rauf Orbay, Hüseyin　87–89
ラスプーチン，グリゴリー　Rasputin, Grigori　47
ラディチ，スチェパン　Radić, Stjepan　269
ラーテナウ，ヴァルター　Rathenau, Walther　112
ラドスラヴォフ，ヴァシル　Radoslavov, Vasil　80, 164
ラファザニス，エウリピデス　Lafazanis, Evripides　347
ランシング，ロバート　Lansing, Robert　186
ランダウアー，グスタフ　Landauer, Gustav　185, 189
ランツベルク，オットー　Landsberg, Otto　98
リヴォフ，ゲオルギー・エヴゲーニエヴィチ　Lvov, Georgy Yevgenyevich　51
リープクネヒト，ヴィルヘルム　Liebknecht, Wilhelm　171
リープクネヒト，カール　Liebknecht, Karl　170–174, 181, 203
リューベック，グスタフ　Lübeck, Gustav　172
リュトヴィッツ，ヴァルター・フォン　Lüttwitz, Walther von　236
リントナー，アロイス　Lindner, Alois　184
ルイ十六世　Louis XVI　142
ルクセンブルク，ローザ　Luxemburg, Rosa　170–173, 181, 182, 203–205
ルーデンドルフ，エーリヒ　Ludendorff, Erich　68, 71–75, 77, 91–94, 154, 375
ルートヴィヒ三世　Ludwig III　97, 183
レヴィーネ，オイゲン　Leviné, Eugen　187
レヴィーン，マックス　Levien, Max　187
レギーン，カール　Legien, Carl　155
レーニン，ウラジーミル・イリイチ　Lenin, Vladimir Ilyich　26, 37, 39–44, 52, 53, 55–60, 62–66, 103, 104, 114–120, 122, 124, 127–129, 136, 137, 140–142, 190, 233, 248, 274, 275, 375
レハール・アンタル　Lehár, Anton　202
レーム，エルンスト　Röhm, Ernst　187
レンナー，カール　Renner, Karl　162, 257, 266, 293
ロー，アンドルー・ボナー　Law, Andrew Bonar　345
ロイター，ルートヴィヒ・フォン　Reuter, Ludwig von　288
ロイド・ジョージ，デイヴィッド　Lloyd George, David　14, 223, 243–246, 261, 301, 323–325, 327, 337, 345
ローザノフ，V・V　Rosanov, V. V.　138
ロジャンコ，ミハイル　Rodzianko, Mikhail　51
ローゼンベルク，アルフレート　Rosenberg, Alfred　203
ロート，ヨーゼフ　Roth, Joseph　178, 242, 310, 311
ロートツィーゲル，レオ　Rothziegel, Leo　209
ローリンソン，アルフレッド　Rawlinson, Alfred　335
ロレンス，トマス・エドワード　Lawrence,

ワ

事項索引

ア

アーズブルック　Hazebrouck　74
アイディニ（アイドゥン）　Aidini　329
アイルランド　Ireland　19, 24, 25, 33, 38, 221, 248
アヴローラ号　Aurora　58
アガメムノン号, イギリス軍艦　Agamemnon, HMS　88
アクション・フランセーズ　Action française　361
アゼルバイジャン　Azerbaijan　69, 336, 376
アダリア（アンタルヤ）　Adalia (Antalya)　323
アテネ　Athens　15, 20, 324, 325, 339, 341–344, 347–350, 354
アドワ　Adowa　316
アナトリア　Anatolia　14, 17, 19, 66, 69, 89, 251, 301–303, 323, 325, 326, 328, 330, 332–335, 337, 341–343, 346, 347, 349–351, 354
アフガニスタン　Afghanistan　249
アミアン　Amiens　72, 76
アメリカ合衆国　United States of America　29, 66, 224, 226, 246, 250, 290, 300, 307, 330, 355, 369
アラシェヒル　Alaşehir　342
アラブ・レヴァント地域　Arab Levant　250
アラブ民族主義　Arab nationalism　259
アルザス＝ロレーヌ　Alsace-Lorraine　99, 284
アルジェリア　Algeria　249
アルダハン　Ardahan　64, 337
アルハンゲリスク　Archangelsk (Arkhangelsk)　114, 125, 134
アルバニア　Albania　251, 278, 314
アルメニア　Armenia　69, 88, 302, 303, 335–337, 346, 376
アルメニア人虐殺　Hamidian massacres　16, 21, 27, 62, 167, 302, 330, 337, 351, 362
アンカラ　Ankara　335–338, 340, 341, 354
アンダルシア　Andalusia　220
アンテプ　Anteb　337
アンナベルク　Annaberg　368
イェルサレム　Jerusalem　66, 87, 263, 264
イギリス　Britain　222, 223, 226, 243, 245, 246, 248–250, 255, 258–261, 263, 264, 290, 307, 308, 325, 330, 334, 336, 341, 360, 361
イギリス・ファシスト連合　British Union of Fascists　360, 361
『イスクラ（火花）』　Iskra (The Spark)　40
イースター蜂起　Easter Rising　38
イストリア　Istria　315
イタリア　Italy　20, 22, 27, 28, 83–85, 157, 198, 224–234, 238, 244, 250, 281, 282, 290, 301, 303, 314–323, 330, 335, 356, 357, 360, 361, 364, 369–374, 377
イラク　Iraq　249, 250, 259, 308, 380
イングランド銀行　Bank of England　350
インド　India　248, 249, 258, 382
インドシナ　Indochina　249
インフルエンザ　influenza　75, 76
ヴァイマル（都市）　Weimar (city)　168, 182, 186
ヴァイマル共和国　Weimar Republic　168, 290, 291, 305, 306, 359
ヴィスマル　Wismar　96
ヴィッテルスバッハ家　Wittelsbach, House of　97
ヴィットーリオ・ヴェーネト　Vittorio Veneto　84, 224, 268
ヴィープリ　Viipuri　145
ヴィリニュス　Vilnius　103, 172, 272, 274
ウィーン　Vienna　243, 253, 258, 266, 268, 269, 279, 291–293, 320, 365

ヴィンダウ（ヴェンツピルス） Windau (Ventspils) 106
ヴェルサイユ条約 Versailles, Treaty of 64, 111 236, 248, 285–290, 300, 306, 309, 319, 370
ヴェルダン Verdun 48, 82
ヴェンデン Wenden 111
ウォール街 Wall Street 224, 355
ヴォルィーニ Volhynia 376
ウクライナ Ukraine 19, 24, 54, 62–64, 116, 126, 127, 132, 133, 191, 207, 270, 274, 275, 311, 376, 378
ウシャク Uşak 342
ウスタシャ Ustashe 269, 358
ウラジオストク Vladivostok 114, 122
ウラジーミル号 Wladimir 139
ウルガ（ウランバートル） Urga (Ulan Bator) 130
ウルファ Urfa 337
エアハルト旅団 Ehrhardt Brigade 236
エカチェリノダール（クラスノダール） Ekaterinodar (Krasnodar) 126
エカチェリンブルク Yekaterinburg (Ekaterinburg) 124, 125, 135
エジプト Egypt 85, 248, 249, 380
エストニア Estonia 26, 64, 103, 104, 111, 249, 358, 375
エチオピア（アビシニア） Ethiopia (Abyssinia) 374, 375
エディルネ Edirne 85
エーデンブルク Ödenburg 294, 295
エーヌ攻勢 Aisne offensive 74
エルジンジャン Erzinjan 302
エルズルム Erzurum 70, 302, 334
オーストラリア Australia 314, 345
オーストリア Austria 18, 19, 156, 160–162, 168, 183, 191, 194, 195, 201, 202, 206, 207, 210, 211, 243, 249, 256, 257, 267, 278, 279, 291–295, 305, 306, 309, 355, 357–359, 365–367, 370–372
オスマン帝国 Ottoman Empire 14, 21, 28, 64, 66, 69, 80, 83, 85–90, 166–168, 243, 248–251, 258, 259, 262, 299–301, 316, 323, 324, 326, 327, 333, 335, 368, 380
オスマン帝室 Osman, House of 90
オデッサ Odessa 86, 114, 136, 220
オーバーラント同盟 Oberland League 202, 366
オフチェ・ポレ Ovche Pole 78
オフラーナ（帝国内務省警察部警備局） Okhrana 48, 50, 52, 117, 118
オムスク Omsk 127, 135

カ

カウナス Kaunas 131
拡張主義 expansionism 62, 235, 317, 373, 375
カザン Kazan 39, 125, 126
カタルーニャ Catalonia 219
カッタロ海軍基地 Cattaro naval base 156
カップ一揆 Kapp Putsch 237, 238
カトヴィッツ（カトヴィツェ） Kattowitz (Katowice) 286
カーネギー委員会 Carnegie Commission 80
カフカス Caucasus 19, 26, 46, 47, 66, 69, 70, 86, 89, 125, 127
カポレット Caporetto 67, 68, 83, 224–226
カメルーン Kamerun (Cameroon) 286
上シレジア（上シュレージエン） Upper Silesia 274, 285, 286, 368
カルス Kars 64, 70, 337
ガリツィア Galicia 48, 53, 54, 81, 156, 207, 208, 258, 273, 291, 311
ガリポリ Gallipoli 81, 86, 139, 332
関東軍 Kwantung Army 373
キエフ Kiev 18, 64, 116, 119, 274
（ドイツの）義勇軍 Freikorps 26, 108–112, 114, 188, 189, 230, 236, 274
ギリシャ Greece 14, 15, 20, 25, 33, 79, 81, 85, 250, 251, 296, 299, 301, 303, 323–350, 354, 384
キール Kiel 95, 96
キレナイカ Cyrenaica 85, 316
キング・クレーン調査団 King-Crane Commission 264
クックスハーフェン Cuxhaven 96

クート　Kut-al-Amara　86, 87
クライヨーヴァ条約　Craiova, Treaty of　372
クラクフ　Kraków　41, 273
グラーツ　Graz　160, 210
グラナダ　Granada　220
クリヴォラク　Krivolak　78
クルド人　Kurds　167, 302, 333, 346
クールラント　Courland　62, 64
クレディットアンシュタルト　Creditanstalt　355
クロアチア　Croatia　269, 278, 281
クロンシタット　Kronstadt　55, 119
ゲオルギオス・アヴェロフ号　Georgios Averof　332, 333
ゲオルク作戦／ゲオルゲッテ作戦　Operation George / Georgette　73, 74
ゲシュタポ　Gestapo　364, 367
ケーニヒスヒュッテ（ホジュフ）　Königshütte (Chorzów)　286
ケルンテン　Carinthia　278, 279
ケロッグ＝ブリアン条約　Kellogg-Briand Pact　354
国際連盟　League of Nations　24, 139, 246, 250, 285, 286, 307, 308, 354, 369, 373
国際旅団　International Brigades　360
国防軍　Wehrmacht　237, 238
国民ファシスト党（PNF）　Partito Nazionale Fascista (PNF)　231
護国団　Heimwehr　210, 358, 367
コサック　Cossacks　132, 133, 135
コソヴォ　Kosovo　78, 81
国家保安本部（RSHA）　Reich Security Main Office (RSHA)　366
コバディン　Kobadin　78
コミンテルン（第三インターナショナル）　Comintern (Third International)　358
コムーチ　Komuch　124–127
ゴルディンゲン（クルディーガ）　Goldingen (Kuldīga)　106
コルフ宣言　Corfu Declaration　281
コンスタンティノープル　Constantinople　22, 69, 79, 80, 83, 85, 88, 89, 139, 166, 167, 259, 300, 303, 306, 330, 334

サ

サイクス＝ピコ協定　Sykes-Picot agreement　88, 259, 260
サウジアラビア　Saudi Arabia　260
ザカフカス民主連邦共和国　Transcaucasian Federation　69
ザグレブ　Zagreb　258, 269
サマーラ　Samara　57, 124
サロニカ（テッサロニキ）　Salonica (Thessaloniki)　324, 349
サン＝ジェルマン＝アン＝レー条約　St Germain-en-Laye, Treaty of　290, 370
山東省　Shandong　313, 314
サンプソン（サムスン）　Sampson (Samsun)　327
シオニズム　Zionism　261, 262
シオーフォク　Siófok　194
『シオン賢者の議定書』　Protocols of the Elders of Zion　205, 206
自決権　self-determination　59, 62, 270
シチリア　Cilicia　344
ジハード主義者　jihadists　38
シベリア　Siberia　56, 116, 119, 124, 130, 139, 272
シベリア鉄道　Trans-Siberian railway　122, 135
ジャコバン主義　Jacobinism　128, 129
シャトー＝ティエリ　Château-Thierry　74
十月革命　October revolution　58, 131, 191
シュタイアーマルク　Styria　160, 290, 366
シュティネス＝レギーン協定　Stinnes-Legien Agreement　155
CUP →　統一と進歩委員会を参照
シュレージエン　Silesia　285, 305, 368
「小ヴェルサイユ」条約　'Little Versailles' Treaty　309
少数者条約　Minorities Treaties　309, 310, 312, 346, 350
ジョージア　Georgia　69, 336, 376

シリア　Syria　87, 88, 167, 249, 250, 258–260, 264, 308, 380
新経済政策（ネップ）　New Economic Policy（NEP）　137
親善協定（1936年）　Pact of Friendship（1936）　368
スイス　Switzerland　37, 39–41, 43, 161, 184, 345
ズヴェノ　Zveno　357
スエズ運河　Suez Canal　258
ズデーテン地方　Sudetenland　276, 360, 371
ストライキ　strikes　26, 46, 47, 49, 63, 69, 94, 156, 182, 183, 219–222, 227, 237, 238, 267
ストラズドゥムイジャ条約　Strazdumuiža, Treaty of　111
ストルミツァ　Strumica（Strumitsa）　78, 298
スパルタクス団　Spartacus League　171, 175
スパルタクス蜂起　Spartacist uprising　174, 180, 182
スペイン　Spain　219, 220, 359
スペイン風邪　Spanish Flu　22, 76, 159
スミルナ　Smyrna　14–18, 303, 323–325, 327–329, 331, 333, 338, 341–344, 347, 350
スロヴァキア　Slovakia　191, 198, 310
正教会／正教徒　Orthodox Church/Christians　14, 15, 60, 142, 272, 326, 327, 329, 332, 344, 346, 347, 349
青年トルコ Young Turks →　統一と進歩委員会を参照
西部戦線　Western Front　17, 20, 23, 67–69, 73, 74, 77, 91, 97, 99, 103, 222, 273
セーヴル条約　Sèvres, Treaty of　303, 335, 336, 346, 368
世界大恐慌　Great Depression　33, 247, 355, 359, 373
赤衛隊　Red Guards　56, 144, 145, 159, 195, 230
赤軍　Red Army　26, 103, 108, 115–117, 122–127, 129, 130, 134–136, 186, 188–190, 237, 238, 274, 275, 360, 364, 378
赤色テロ　Red Terror　119, 141, 199, 201, 209, 210
セゲド　Szeged　196
セビーリャ　Seville　220
セルビア　Serbia　67, 79, 81, 83, 251, 253, 273, 280, 281
セルビア人・クロアチア人・スロヴェニア人王国　Serbs, Croats and Slovenes, Kingdom of　24, 212, 213, 257, 269, 278, 279, 290, 296, 298, 299, 307, 315, 318
セヴァストポリ　Sevastopol　86, 136
潜水艦　submarine warfare　69
ソフィア　Sofia　79–81, 164–166, 216, 296–298, 347, 372, 373
ソヴィエト連邦　Soviet Union　137

タ

第三インターナショナル　Third International →コミンテルンを参照
第二インターナショナル　Second International　41
第二回全ロシア・ソヴィエト大会　Second Congress of Soviets　59
第二次世界大戦　Second World War　29, 360, 362, 368, 372, 375, 376, 378
タヴリーダ宮殿　Tauride Palace　55
ダダイズム　Dadaism　41
脱植民地化運動　decolonization movements　249, 379
ダッハウ　Dachau　187
ダマスクス　Damascus　87, 260
ダルマチア　Dalmatia　278, 280, 315
タルノーポリ　Tarnopol　274
タンネンベルク　Tannenberg　77
ダンツィヒ　Danzig　285, 378
タンペレ　Tampere　145
チェカー　Cheka　117–119, 122, 125, 134, 142, 172
チェガン　Chegan　78
チェコスロヴァキア　Czechoslovakia　24, 32, 249, 256, 257, 276, 291, 307, 309, 311, 312, 360, 373
チェコスロヴァキア軍団　Czechoslovak Legion　122–126, 277

チェトニク　chetnik　33
チェルナ　Cherna　78
チャナク危機　Chanak crisis　345
中央同盟国　Central Powers　21, 24, 33, 37, 54, 60–66, 69–71, 77–83, 85, 91, 104, 114, 115, 148, 163, 164, 168, 179, 199, 228, 229, 255, 258, 289, 290, 298, 303, 314, 325, 335, 363
中国　China　130, 313, 369, 373–375
中東　Middle East　14, 24, 31, 246, 250, 259, 265, 300, 307
チューリヒ　Zurich　37, 41, 42, 172
ツァリブロト　Caribrod　298
ツェティニェ　Cetinje　282
ツォッセン　Zossen　38
『デイリー・メール』　Daily Mail　246
ティルジット　Tilsit　96
テシェン　Teschen　276, 304
デューナミュンデ（ダウガヴグリーヴァ）　Dünamunde (Daugavgrīva)　107
ドイツ　Germany　31, 32, 38, 39, 91, 92, 99, 104–112, 147–155, 168, 170–190, 203, 208, 209, 234–238, 283–291, 355, 356
ドイツ領南西アフリカ（ナミビア）　German South-West Africa (Namibia)　105, 286, 308
ドイツ領南太平洋諸島　German South Pacific Islands　286
ドイラン　Doiran　78
統一と進歩委員会（CUP）　Committee of Unity and Progress (CUP)　22, 70, 86, 87, 167, 301, 327, 332, 333
二重権力《ドヴォエヴラスチエ》　dvoevlastie (dual power)　52
トゥクム（トゥクムス）　Tuckum (Tukums)　107
トゥトラカン　Tutrakan　78, 82
東部戦線　Eastern Front　48, 62, 107, 157, 271
ドゥーマ　Duma　42, 46, 47
毒ガス（攻撃）　gas attacks　122, 374
トーゴラント　Togoland　286
ドデカネス諸島　Dodecanese islands　84, 301, 314
トビリシ　Tbilisi　69, 70
ドブリチ　Dobrich　78
ドブロジャ　Dobrudja　82, 166, 212, 299
ドブロ・ポリェ　Dobro Pole　78
トラキア　Thrace　79, 80, 212, 299, 324, 345
トラペズス（トラブゾン）　Trapezous (Trabzon)　327
トランシルヴァニア　Transylvania　191, 196, 198, 296, 307, 371
トランスヨルダン　Transjordan　250
トリアノン条約　Trianon, Treaty of　295, 296, 366
トリエステ　Trieste　224, 225, 314
トリポリ　Tripoli　85
トリポリタニア（リビア）　Tripolitania (Libya)　22, 28
トルコ　Turkey　14, 250, 328, 335, 336–347, 350, 384
ドルパト（タルト）　Dorpat (Tartu)　64
ドレスデン　Dresden　96, 182
トレンティーノ　Trentino　225, 314

ナ

内部マケドニア革命組織（IMRO）　IMRO (Internal Macedonian Revolutionary Organization)　213, 358, 359
内務人民委員部（NKVD）　NKVD (People's Commissariat for Internal Affairs)　119
長いナイフの夜　Night of the Long Knives　367
ナルド　Nardò　228
ナルヴァ　Narva　64, 104
二月革命　February Revolution　37, 42, 51, 52, 118, 128, 361
西ウクライナ人民共和国　West Ukrainian People's Republic　270
ニシュ　Niš　78, 212, 213, 216, 253
日本　Japan　46, 250, 313, 314, 361, 369, 373–375
ヌイイ条約　Neuilly, Treaty of　211, 216, 297, 299, 347

ハ

バイエルン　Bavaria　96, 183–190, 194, 201,

223, 238
バグダード　Baghdad　86–89, 259
白軍　White movement　18, 26, 115–117, 125, 127, 129–131, 134–136, 140, 204, 207, 243
バスラ　Basra　88, 258
バトゥーミ　Batumi　64
バナト　Banat　278, 307, 371
ハプスブルク帝国　Habsburg Empire　20, 21, 25, 26, 32, 67, 210, 248, 252, 255, 257, 267, 269, 274, 276, 281, 293, 310, 364
パリ講和会議　Paris Peace Conference　243, 244, 247–250, 257, 264, 271, 283, 286, 290, 296, 300, 319, 335
パリ講和条約　Paris peace treaties　28, 32, 242, 247, 303, 304, 308, 370–372
バルカン戦争　Balkan Wars　14, 22, 23, 28, 79–82, 85, 86, 166, 251, 278, 326, 327, 340, 346, 347, 362
バルカン地域　Balkans　28, 33, 80, 85, 251, 279, 377
バルセロナ　Barcelona　219
バルセロナ全国労働組合　Confederation of Labour (CNT), Barcelona　219
バルト地域　Baltics　26, 104–107, 109, 111, 112, 114, 116, 140, 376
バルバロッサ作戦　Barbarossa, Operation　362
ハルビン　Harbin　139
バルフォア宣言　Balfour Declaration　25, 88, 260, 263, 264, 308
パレスチナ　Palestine　24, 25, 87–89, 250, 259–264, 380
汎アフリカ会議　Pan-African Congress　249
ハンガリー　Hungary　19, 25, 26, 32, 84, 156, 157, 162, 163, 184–186, 190–202, 204, 206, 207, 209, 210, 223, 243, 249, 253, 267, 268, 277, 278, 291, 294–296, 306, 315, 355, 365, 366, 371–373
ハンガリー国民ファシスト党　Hungarian National Fascist Party　366
反セム主義　anti-Semitism　131, 134, 206–211, 235, 365, 367, 375
パン戦争　bread wars　122
反ファシズム監視抑圧機関（OVRA）　Organisation for Vigilance and Repression of Anti-Fascism (OVRA)　364
ハンブルク　Hamburg　96
ピアーヴェ川　Piave　83, 84
ヒジャーズ　Hijaz　87, 308
ピッツバーグ協定　Pittsburgh Agreement　312
ビトラ　Bitola　78
火の十字団　Croix de Feu　361
ビルマ　Burma　249
ファシズム　fascism　27, 230, 231, 233, 357, 377
フィウーメ（リエカ）　Fiume (Rijeka)　244, 315, 318–323,
フィリブス・ウニティス号（オーストリア軍艦）　Viribus Unitis, SMS　266
フィンランド　Finland　19, 24, 25, 57, 64, 106, 144, 145, 249, 360, 376, 378
フェルカーマルクト　Völkermarkt　279
フェルシュティン　Felshtin　133
フェルツベルク　Feldsberg　290, 291
フォクシャニ　Focsani　67
国民軍《フォルクスヴェーア》　Volkswehr　194
ブカレスト　Bucharest　67, 78, 80, 198, 303, 304
ブコヴィナ　Bukovina　207, 307, 311
ブダペシュト　Budapest　63, 103, 158, 163, 192–194, 196–199, 253, 267, 268, 294, 295, 305, 371
冬戦争（1939–40）　Winter War (1939–40)　360, 378
ブラウナウ・アム・イン　Braunau am Inn　235, 370
プラハ　Prague　138, 268, 269, 276, 277
フランス　France　23, 99, 106, 122, 128, 196–198, 203, 221, 243–246, 249, 258, 259, 264, 270, 283, 284, 287, 303, 307, 308, 335, 337, 361, 378
フランス・アルメニア軍団　French Armenian Legion　337
フリードリヒ・ヴィルヘルム大学（ブレスラウ）　Friedrich Wilhelms University, Bresl

305
ブルガリア　Bulgaria　20, 26, 32, 77–83, 163–166, 211–216, 269–300, 306, 347, 355, 356, 358, 359, 369, 372, 373
ブルゲンラント　Burgenland　294, 295
ブルシーロフ攻勢　Brusilov Offensive　48, 53, 67
ブレスト＝リトフスク　Brest-Litovsk　61–65, 69, 103, 116, 122, 303, 374
ブレスラウ　Breslau　173, 305
ブレーメン　Bremen　96
プロスクーロフ　Proskurov　132
平和主義　pacifism　148
ベッサラビア　Bessarabia　64, 307
ベラルーシ　Belarus　64, 127, 274, 275
ヘルシンキ　Helsinki　144, 145
『ベルリナー・ターゲブラット』 Berliner Tageblatt　147
ベルリン　Berlin　37–39, 62–64, 82, 86, 93, 96, 98, 103, 105, 108, 112, 138, 154, 172–175, 180–183, 186–188, 234, 236, 237, 248, 285, 287, 289, 304, 354, 371
ペトログラード（サンクトペテルブルク） Petrograd (St Petersburg)　29, 38, 39, 42–44, 48–52, 54–59, 62–64, 114, 116, 117, 144, 175, 259
防共協定　Anti-Comintern Pac　369, 370
ホーエンツォレルン帝国　Hohenzollern Empire　20, 21, 25, 26
ポグロム　pogroms　131, 132, 134, 206–208, 275, 310, 365
ボシレグラード　Bosilegrad　298
ボスニアのムスリム　Bosnian Muslims　307
ボスポラス海峡　Bosphorus Straits　89
ボヘミア　Bohemia　291, 304, 311
ポーランド　Poland　17, 24, 25, 32, 64, 127, 132, 136, 138, 172, 249, 256–258, 270–276, 285, 286, 291, 306, 309, 311, 351, 357, 376
ポーラ海軍基地　Pola naval base　156
ボリシェヴィズム／ボリシェヴィキ　Bolshevism/Bolsheviks　18, 24, 27, 29, 37, 43, 52, 55–65, 103–112, 114–137, 140–145, 175, 176, 187, 194, 198, 204–207, 220–224, 228–230, 232, 233, 244, 248, 260, 274, 277, 295, 296, 311, 336, 353, 336, 369, 376
ポルトガル　Portugal　359
ポントス地方　Pontus　327, 339–341

マ

マケドニア　Macedonia　79, 81, 166, 212, 213, 251, 296, 299, 359, 372
マジャール人 Magyars　→ハンガリーを参照
マズーリ湖　Masurian Lakes　77
マニサ　Manisa　342
マヌエル・カルボ号　Manuel Calvo　220
マラシュ　Maraş　337
マルクス主義　Marxism　39, 140, 152, 153, 172
マルヌ　Marne　76
マルマラ海　Marmaris　139
満洲　Manchuria　139, 373, 374
ミタウ（イェルガヴァ）　Mitau (Jelgava)　106, 107
南ティロール　South Tyrol　267, 290, 314
南ロシア軍　Armed Forces of South Russia　134, 135
ミヒャエル作戦　Michael, Operation　71, 73, 74
ミュンヘン　Munich　96, 103, 183, 185–190, 203, 204, 234–236, 238, 367, 371, 372
ミラノ　Milan　229
ミンスク　Minsk　274
民族浄化　ethnic cleansing　79, 339, 340, 375
ムドロス　Moudros　85, 88, 167
ムルマンスク　Murmansk　114, 125
メソポタミア　Mesopotamia　38, 70, 88, 250, 259, 308
メンシェヴィキ　Mensheviks　41, 42, 52, 56, 57, 59
モギリョフ　Mogilev　49, 50, 116
モスクワ　Moscow　32, 45, 58, 117, 125, 134, 206, 216, 336, 337, 358, 360, 376
モラヴィア　Moravia　156, 311
モロッコ　Morocco　249
モンゴル　Mongolia　130

モンテネグロ　Montenegro　85, 251, 278, 281, 282

ヤ

矢十字党　Arrow Cross　358, 366
野蛮化テーゼ　brutalization thesis　28-30
ユーゴスラヴィア　Yugoslavia　32, 198, 212, 249, 281, 282, 358, 359, 371, 373, 379
ユダヤ軍団　Jewish Legion　262
ユダヤ人　Jews　25, 88, 130-134, 200, 203-210, 235, 260-264, 275, 277, 279, 305, 306, 310, 311, 365, 380
ユトランド沖海戦　Jutland, Battle of　95
ヨルダン　Jordan　259, 260, 308

ラ

ライフル女　Flintenweiber (rifle women) 110
ラトヴィア　Latvia　26, 64, 103-112, 131, 249, 358, 375
ラドミル　Radomir　164, 165
ラハティ　Lahti　145
ラパロ条約　Rapallo, Treaty of　321, 322
リヴォニア　Livonia　64
リガ　Riga　18, 54, 55, 103, 104, 106, 109-111, 131, 275, 376
リトアニア　Lithuania　64, 103, 104, 112, 249, 274, 375
リューベック（都市）　Lübeck (city)　96
ルテニア　Ruthenia　191, 274, 307
ルペル要塞　Rupel, Fort　81
ルーマニア　Romania　25, 67, 79, 81, 82, 192, 198, 199, 295, 296, 298, 299, 304, 305, 307, 371-373
ルワンダ＝ウルンディ　Ruanda-Urundi 286
レヴァル（タリン）　Reval (Tallinn)　64, 129
レバノン　Lebanon　250, 258-260, 308
『レポカ』　Epoca, L'　319
レリン　Lerin　78
連合国　Allies　15, 21, 24, 26, 29, 38, 42, 52, 53, 67, 72-79, 84, 88-90, 94, 95, 104, 108, 111, 114, 115, 127, 128, 139, 161, 162, 164, 165, 186, 192, 197, 199, 201, 212, 216, 225, 229, 244-249, 256-260, 262, 269, 275, 276, 285, 287-289, 294-297, 302, 343, 345, 351
レンスター号　Leinster　93
レンベルク（ルブフ，リヴィウ）　Lemberg (Lwów/L'viv)　53, 132, 270, 274
ロカルノ条約　Locarno, Treaty of　354
ローザンヌ条約／ローザンヌ会議　Lausanne Treaty/Conference　22, 33, 346, 347, 349, 350, 354
ロシア　Russia　18, 19, 24-27, 29, 31, 37, 40-48, 51-69, 72, 77, 114-145, 243, 252, 269, 271-274, 277, 292, 302, 304, 309, 337, 361
ロシア義勇軍　Volunteer Army, Russia　125, 135
ロスチャイルド家　Rothschild family　261
ロマノフ帝国／ロマノフ朝　Romanov Empire/dynasty　20, 25, 26, 42, 46, 47, 51, 64, 114, 116, 248, 310, 376
ロンドン条約　London, Treaty of　302, 319, 323

ワ

ワルシャワ　Warsaw　274-276, 285, 376

参考文献

文書館

オーストリア

Oberösterreichisches Landesarchiv（Linz）
Österreichisches Staatsarchiv, Kriegsarchiv（Vienna）

ブルガリア

Archive of the Regional History Museum, Pazardjik（Pazardjik）
Bulgarian State Archives（Sofia）
National Library 'Cyril and Methodius'（Sofia）

ドイツ

Bundesarchiv（Berlin）
Bundesarchiv（Koblenz）
Bundesarchiv-Militärarchiv（Freiburg）
Herder Institut（Marburg）
Institut für Zeitgeschichte（Munich）
Staatsarchiv Freiburg（Freiburg）

ハンガリー

Hungarian Military Archive（Budapest）
Hungarian National Archives（Budapest）

セルビア

Archive of Yugoslavia（Belgrade）

オランダ

Netherlands Institute for War, Holocaust and Genocide Studies（Amsterdam）

イギリス

Imperial War Museum（London）
The National Archives（London）

アメリカ合衆国
National Archives and Record Administration（NARA）

新聞、定期刊行物

Berliner Tageblatt, Daily Mail, Illustrated Sunday Herald, Innsbrucker Nachrichten, Il Popolo d'Italia, Münchner Neueste Nachrichten, Neue Tiroler Stimmen, Neues Wiener Tagblatt, Die Rote Fahne, Tagespost (Graz), *Vörös Újság, Toronto Star, Vorwärts*

刊行一次史料

A Brief Record of the Advance of the Egyptian Expeditionary Force under the Command of General Sir Edmund H. H. Allenby, G.C.B., G.C.M.G. July 1917 to October 1918 (London: His Majesty's Stationery Office, 1919).

Almond, Nina, and Ralph Haswell Lutz (eds.), *The Treaty of St. Germain: A Documentary History of its Territorial and Political Clauses* (Stanford, CA: Stanford University Press, 1935).

Balla, Erich, *Landsknechte wurden wir: Abenteuer aus dem Baltikum* (Berlin: W. Kolk, 1932).

Bánffy, Miklós, *The Phoenix Land: The Memoirs of Count Miklós Bánffy* (London: Arcadia Books, 2003).

Beschloss, Michael (ed.), *Our Documents: 100 Milestone Documents from the National Archives* (Oxford and New York: Oxford University Press, 2006).

Bischoff, Josef, *Die letzte Front: Geschichte der Eisernen Division im Baltikum 1919* (Berlin: Buch- und Tiefdruck Gesellschaft, 1935).

Bizony, Ladislaus, *133 Tage Ungarischer Bolschewismus. Die Herrschaft Béla Kuns und Tibor Szamuellys: Die Blutigen Ereignisse in Ungarn* (Leipzig and Vienna: Waldheim-Eberle, 1920).

Böhm, Wilhelm, *Im Kreuzfeuer zweier Revolutionen* (Munich: Verlag für Kulturpolitik, 1924).

Brandl, Franz, *Kaiser, Politiker, und Menschen: Erinnerungen eines Wiener Polizeipräsidenten* (Vienna and Leipzig: Günther, 1936).

British Joint Labour Delegation to Hungary, *Report of the British Joint Labour Delegation to Hungary* (London: Trades Union Congress and Labour Party, 1920).

Browder, Robert Paul, and Alexander F. Kerensky (eds.), *The Russian Provisional Government 1917: Documents*, 3 vols. (Stanford, CA: Stanford University Press, 1961).

Buchan, John, *The Three Hostages* (London: Nelson, 1948).〔高橋千尋訳『三人の人質』東京創元社、1984年〕

Bülow, Bernhard von, *Denkwürdigkeiten* (Berlin: Ullstein, 1931).

Carnegie Endowment for International Peace (ed.), *Report of the International Commission to Inquire into the Causes and Conduct of the Balkan Wars* (reprint, Washington DC: Carnegie, 2014).

Chekhov, Anton, *The Cherry Orchard*, in idem, *Four Great Plays by Anton Chekhov*, trans. Constance

Garnet (New York: Bantam Books, 1958).〔小野理子訳『桜の園』岩波書店、1998 年〕
Committee of the Jewish Delegations, *The Pogroms in the Ukraine under the Ukrainian Governments (1917–1920),* ed. I. B. Schlechtmann (London: Bale, 1927).
Croce, Benedetto, *Carteggio con Vossler (1899–1949)* (Bari: Laterza, 1951).
Deuerlein, Ernst (ed.), *Der Hitler-Putsch: Bayerische Dokumente zum 8./9. November 1923* (Stuttgart: DVA, 1962).
Fey, Emil, *Schwertbrüder des Deutschen Ordens* (Vienna: Lichtner, 1937).
Genov, Georgi P., *Bulgaria and the Treaty of Neuilly* (Sofia: H. G. Danov and Co., 1935).
Glaise-Horstenau, Edmund, *The Collapse of the Austro-Hungarian Empire* (London and Toronto: J. M. Dent, 1930).
Goltz, Rüdiger von der, *Meine Sendung in Finnland und im Baltikum* (Leipzig: Koehler, 1920).
Gontaut-Biron, Roger, Comte de, *Comment la France s'est installée en Syrie, 1918–1919* (Paris: Plon, 1922).
Gorky, Maxim, 'On the Russian Peasantry', 16–18, in Robert E. F. Smith (ed.), *The Russian Peasant, 1920 and 1984* (London: Routledge, 1977), 11–27.
Habrman, Gustav, *Mé vzpomínky z války* (Prague: Svečený, 1928).
Halmi, Josef, 'Akten über die Pogrome in Ungarn', in Jakob Krausz, *Martyrium. Ein jüdisches Jahrbuch* (Vienna: self-published, 1922), 59–66.
Hampe, Karl, *Kriegstagebuch 1914–1919*, ed. Folker Reichert and Eike Wolgast, 2nd edition (Munich: Oldenbourg, 2007).
Heifetz, Elias, *The Slaughter of the Jews in the Ukraine in 1919* (New York: Thomas Seltzer, 1921).
Hemingway, Ernest, *In Our Time* (New York: Boni and Liveright, 1925).〔以下に所収：高見浩訳『我らの時代・男だけの世界』新潮社、1995 年〕
Heydrich, Lina, *Leben mit einem Kriegsverbrecher* (Pfaffenhofen: Ludwig, 1976).
Höss, Rudolf, *Death Dealer: The Memoirs of the SS Kommandant at Auschwitz*, ed. Steven Paskuly (Buffalo, NY: Prometheus Books, 1992).〔片岡啓治訳『アウシュヴィッツ収容所』講談社、1999 年〕
Jünger, Ernst, *In Stahlgewittern: Ein Kriegstagebuch*, 24th edition (Berlin: Mittler 1942).〔佐藤雅雄訳『鋼鉄のあらし』先進社、1930 年〕
Jünger, Ernst, *Kriegstagebuch 1914–1918*, ed. Helmuth Kiesel (Stuttgart: Klett-Cotta, 2010).
Kerr, Stanley E., *The Lions of Marash: Personal Experiences with American Near East Relief, 1919–1922* (Albany, NY: State University of New York Press, 1973).
Kesyakov, Bogdan, *Prinos kym diplomaticheskata istoriya na Bulgaria (1918–1925): Dogovori, konventsii, spogodbi, protokoli i drugi syglashenia i diplomaticheski aktove s kratki belejki* (Sofia: Rodopi, 1925).
Kessler, Harry Graf, *Das Tagebuch 1880–1937*, eds. Roland Kamzelak and Günter Riederer, vols. 5–7 (Stuttgart: Klett-Cotta, 2006–8).〔部分訳：松本道介訳『ワイマル日記』全二巻、冨山房、1993〜94 年〕

Keynes, John Maynard, *The Economic Consequences of the Peace* (London: Macmillan, 1919). 〔早坂忠訳『平和の経済的帰結』東洋経済新報社、1977年〕

Killinger, Manfred von, *Der Klabautermann: Eine Lebensgeschichte*, 3rd edition (Munich: Eher, 1936).

Klemperer, Victor, *Man möchte immer weinen und lachen in einem: Revolutionstagebuch 1919* (Berlin: Aufbau, 2015).

Knaus, Siegmund, *Darstellungen aus den Nachkriegskämpfen deutscher Truppen und Freikorps*, vols. 7 and 8 (Berlin: Mittler and Sohn, 1941–2).

Könnemann, Erwin, and Gerhard Schulze (eds.), *Der Kapp-Lüttwitz-Ludendorf-Putsch: Dokumente* (Munich: Olzog, 2002).

Kozma, Miklós, *Az összeomlás 1918–1919* (Budapest: Athenaeum, 1933).

Kozma, Miklós, *Makensens Ungarische Husaren: Tagebuch eines Frontoffiziers, 1914–1918* (Berlin and Vienna: Verlag für Kulturpolitik, 1933).

Krauss, Alfred, *Unser Deutschtum!* (Salzburg: Eitel, 1921).

Krausz, Jakob (ed.), *Martyrium: ein jüdisches Jahrbuch* (Vienna: self-published, 1922).

Kühlmann, Richard von, *Erinnerungen* (Heidelberg: Schneider, 1948).

Lenin, Vladimir Ilyich, *Collected Works*, 45 vols., 4th English edition (Moscow: Progress Publishers, 1964-74). 〔マルクス＝レーニン主義研究所訳『レーニン全集』全四七巻、大月書店、1953〜69年〕

Liebknecht, Karl, *Ausgewählte Reden, Briefe und Aufsätze* (East Berlin: Dietz, 1952).

Lloyd George, David, *The Truth About the Peace Treaties*, 2 vols. (London: Gollancz, 1938).

Lord, Robert Howard, 'Poland', in Edward M. House and Charles Seymour (eds.), *What Really Happened at Paris: The Story of the Peace Conference by American Delegates* (London: Hodder and Stoughton, 1921), 67–86.

Luxemburg, Rosa, *Gesammelte Werke*, vol. 4: *August 1914–Januar 1919* (East Berlin: Dietz, 1974).

Luxemburg, Rosa, *Politische Schriften*, ed. Ossip K. Flechtheim, vol. 3 (Frankfurt am Main: Europäische Verlags-Anstalt, 1975).

Mann, Thomas, *Thomas Mann: Tagebücher 1918–1921*, ed. Peter de Mendelsohn (Frankfurt am Main: S. Fischer, 1979). 〔森川俊夫・伊藤暢章・洲崎惠三・前田良三訳『トーマス・マン日記　1918-1921』紀伊國屋書店、2016年〕

Michaelis, Herbert, Ernst Schraepler and Günter Scheel (eds.), *Ursachen und Folgen*, vol. 2: *Der militärische Zusammenbruch und das Ende des Kaiserreichs* (Berlin: Verlag Herbert Wendler, 1959).

Müller, Georg Alexander von, *The Kaiser and His Court: The Diaries, Notebooks, and Letters of Admiral Alexander von Müller* (London: Macdonald, 1961).

Nicolson, Harold, *Peacemaking, 1919* (London: Grosset and Dunlap, 1933).

Nowak, Karl Friedrich (ed.), *Die Aufzeichnungen des Generalmajors Max Hoffmann*, 2 vols. (Berlin: Verlag für Kulturpolitik, 1929).

Pavelić, Ante, *Doživljaji*, reprint (Zagreb: Naklada Starčević, 1996).

Philipp, Albrecht (ed.), *Die Ursachen des Deutschen Zusammenbruches im Jahre 1918. Zweite Abteilung: Der innere Zusammenbruch*, vol. 6 (Berlin: Deutsche Verlagsgesellschaft für Politik, 1928).

Piazzesi, Mario, *Diario di uno Squadrista Toscano: 1919–1922* (Rome: Bonacci, 1981).

Pogány, Josef, *Der Weiße Terror in Ungarn* (Vienna: Neue Erde, 1920).

Potter Webb, Beatrice, *Diaries 1912–1924*, ed. Margaret Cole (London: Longmans, Green and Company, 1952).

Pranckh, Hans von, *Der Prozeß gegen den Grafen Anton Arco-Valley, der den bayerischen Ministerpräsidenten Kurt Eisner erschossen hat* (Munich: Lehmann, 1920).

Prónay, Pál, *A határban a halál kaszál: fejezetek Prónay Pál feljegyzéseiből*, eds. Ágnes Szabó and Ervin Pamlényi (Budapest: Kossuth, 1963).

Report of the International Commission to Inquire into the Causes and Conduct of the Balkan Wars (Washington, DC: Carnegie Endowment for International Peace, 1914).

Roth, Joseph, *Das Spinnennetz* (Cologne and Berlin: Kiepenheuer and Witsch, 1967).〔以下に所収：池内紀訳『聖なる酔っぱらいの伝説 他四篇』岩波書店、2013 年〕

Roth, Joseph, *The Radetzky March* (New York: Viking Press, 1933).〔平田達治訳『ラデツキー行進曲』全二巻、岩波書店、2014 年〕

Salomon, Ernst von, *Die Geächteten* (Berlin: Rowohlt, 1923).

Sammlung der Drucksachen der Verfassunggebenden Preußischen Landesversammlung, Tagung 1919/21, vol. 15 (Berlin: Preußische Verlagsanstalt, 1921).

Thaer, Albrecht von, *Generalstabsdienst an der Front und in der OHL: Aus Briefen und Tagebuchaufzeichnungen, 1915–1919* (Göttingen: Vandenhoeck and Ruprecht, 1958).

Toller, Ernst, *I Was a German: The Autobiography of Ernst Toller* (New York: Paragon House, 1934).

'Treaty of Peace between the United States of America, the British Empire, France, Italy, and Japan and Poland', in *American Journal of International Law* 13, Supplement, Official Documents (1919), 423–40.

Trotsky, Leon, *My Life: The Rise and Fall of a Dictator* (New York and London: Butterworth, 1930).〔森田成也訳『わが生涯』全二巻、岩波書店、2000〜01 年〕

'Turquie: Convention d'armistice 30 Octobre 1918', *Guerre Européenne: Documents 1918: Conventions d'armistice passées avec la Turquie, la Bulgarie, l'Autriche-Hongrie et l'Allemagne par les puissances Alliées et associées* (Paris: Ministère des Affaires Étrangères, 1919).

Ulrich, Bernd, and Benjamin Ziemann (eds.), *Frontalltag im Ersten Weltkrieg: Wahn und Wirklichkeit. Quellen und Dokumente* (Frankfurt am Main: Fischer, 1994).

Verhandlungen der verfassunggebenden Deutschen Nationalversammlung. Stenographische Berichte, vol. 327 (Berlin: Norddeutsche Buchdruckerei u. Verlagsanstalt, 1920).

Wilson, Francesca M., *Rebel Daughter of a Country House: The Life of Eglantyne Jebb, Founder of the Save the Children Fund* (Boston, MA, and London: Allen and Unwin, 1967).

Woodrow Wilson's speech to the US Congress on 2 April 1917: http://wwi. lib.byu.edu/index.php/

Wilson%27s_War_Message_to_Congress.
Yourcenar, Marguerite, *Le Coup de grâce* (Paris: Éditions Gallimard, 1939).
Zweig, Arnold, *Das ostjüdische Antlitz* (Berlin: Welt Verlag, 1920).

二次文献

Ablovatski, Eliza, '"Cleansing the Red Nest": Counter-Revolution and White Terror in Munich and Budapest', 1919, unpublished PhD Dissertation, New York, 2004.

Ablovatski, Eliza, 'The 1919 Central European Revolutions and the Judeo-Bolshevik Myth', in *European Review of History* 17 (2010), 473–89.

Achladi, Evangelia, 'De la guerre à l'administration grecque: la fin de la Smyrne cosmopolite', in Marie-Carmen Smyrnelis (ed.), *Smyrne, la ville oubliée? 1830–1930: Mémoires d'un grand port ottoman* (Paris: Éditions Autrement, 2006), 180–95.

Ackerl, Isabella, and Rudolf Neck (eds.), *Saint-Germain 1919: Protokoll des Symposiums am 29. und 30. Mai 1979 in Wien* (Vienna: Verlag für Geschichte und Politik, 1989).

Adamets, Sergueï, *Guerre civile et famine en Russie: Le pouvoir bolchevique et la population face à la catastrophe démographique, 1917–1923* (Paris: Institut d'études slaves, 2003).

Adams, Matthew Lloyd, 'When Cadillacs Crossed Poland: The American Relief Administration in Poland, 1919–1922', unpublished PhD thesis, Armstrong Atlantic State University, 2005.

Adriányi, Gabriel, *Fünfzig Jahre Ungarische Kirchengeschichte, 1895–1945* (Mainz: v. Hase and Koehler Verlag, 1974).

Aizpuru, Mikel, 'La expulsión de refugiados extranjeros desde España en 1919: exiliados rusos y de otros países', in *Migraciones y Exilios* 11 (2010), 107–26.

Aksakal, Mustafa, *The Ottoman Road to War in 1914: The Ottoman Empire and the First World War* (Cambridge and New York: Cambridge University Press, 2008).

Aksakal, Mustafa, 'The Ottoman Empire', in Gerwarth and Manela (eds.), *Empires at War*, 17–33.

Aksakal, Mustafa, 'The Ottoman Empire', in Jay Winter (ed.), *Cambridge History of the First World War*, vol. 1 (Cambridge: Cambridge University Press, 2014), 459–78.

Alapuro, Risto, *State and Revolution in Finland* (Berkeley, CA: University of California Press, 1988).

Albanese, Giulia, *La marcia su Roma* (Rome and Bari: Laterza, 2006).

Alder, Douglas D., 'Friedrich Adler: Evolution of a Revolutionary', in *German Studies Review* 1 (1978), 260–84.

Aleshin, D. D., 'Aziatskaya Odisseya', in Sergej L. Kuz'min (ed.), *Baron Ungern v dokumentach i memuarach* (Moscow: Tovariščestvo *Naučnych* Izd. KMK, 2004).

Allamani, Efi, and Christa Panagiotopoulou, 'I Ellada sti Mikra Asia', in *Istoria tou ellinikou ethnous* (Athens: Ekdotiki Athinon, 1978), vol. 15, 118–32.

Allawi, Ali A., *Faisal I of Iraq* (New Haven, CT, and London: Yale University Press, 2014).

Alpern Engel, Barbara, 'Not by Bread Alone: Subsistence Riots in Russia during World War I', in

Journal of Modern History, 69 (1997), 696–721.
Altrichter, Helmut, *Rußland 1917: Ein Land auf der Suche nach sich selbst* (Paderborn: Schöningh, 1997).
Andelman, David A., *A Shattered Peace: Versailles 1919 and the Price We Pay Today* (Hoboken, NJ: Wiley, 2008).
Anderson, David M., and David Killingray (eds.), *Policing and Decolonisation: Politics, Nationalism and the Police, 1917–1965* (Manchester: Manchester University Press, 1992).
Anderson, Scott, *Lawrence in Arabia: War, Deceit, Imperial Folly and the Making of the Modern Middle East* (New York: Doubleday, 2013).
Andreev, Georgi, *Koburgite i katastrofite na Bulgaria* (Sofia: Agato, 2005).
Andreyev, Catherine, and Ivan Savicky, *Russia Abroad: Prague and the Russian Diaspora 1918–1938* (New Haven, CT, and London: Yale University Press, 2004).
Anichkov, Vladimir Petrovich, *Ekaterinburg - Vladivostok 1917–1922* (Moscow: Russkiĭ put', 1998).
Apostolopoulos, F. D. (ed.), *Exodos*, vol. 1 (Athens: Centre for Asia Minor Studies, 1980).
Aquarone, Alberto, 'Violenza e consenso nel fascismo Italiano', in *Storia contemporanea* 10 (1979), 145–55.
Arendt, Hannah, *The Origins of Totalitarianism* (New York: Harcourt, Brace and Company, 1951). 〔大久保和郎・大島通義・大島かおり・山田正行訳『全体主義の起原』全三巻（新版）、みすず書房、2017年〕
Arens, Olavi, 'The Estonian Question at Brest-Litovsk', in *Journal of Baltic Studies* 25 (1994), 305–30.
Ascher, Harvey, 'The Kornilov Affair: A Reinterpretation', in *Russian Review* 29 (1970), 286–300.
Aschheim, Steven E., *Brothers and Strangers: The East European Jew in German and German-Jewish Consciousness, 1800–1923* (Madison, WI, and London: University of Wisconsin Press, 1982).
Audoin-Rouzeau, Stéphane, and Christophe Prochasson (eds.), *Sortir de la Grande Guerre: Le monde et l'après-1918* (Paris: Tallandier, 2008).
Audoin-Rouzeau, Stéphane, and Jean-Jacques Becker (eds.), *La prima guerra mondiale*, vols. 1 and 2 (Turin: Einaudi, 2007).
Audoin-Rouzeau, Stéphane, 'Die Delegation der "Gueules cassées" in Versailles am 28. Juni 1919', in Gerd Krumeich et al. (eds.), *Versailles 1919: Ziele, Wirkung, Wahrnehmung* (Essen: Klartext Verlag, 2001), 280–7.
Audoin-Rouzeau, Stéphane, Annette Becker and Leonard V. Smith, *France and the Great War, 1914–1918* (Cambridge and New York: Cambridge University Press, 2003).
Aves, Jonathan, *Workers against Lenin: Labour Protest and Bolshevik Dictatorship* (London: I. B. Tauris, 1996).
Avilés Farré, Juan, *La fe que vino de Rusia. La revolución bolchevique y los españoles (1917–1931)* (Madrid: Biblioteca Nueva, 2009).
Azmanov, Dimitar, and Rumen Lechev, 'Probivatna Dobropoleprezsptemvri 1918 godina', in

Voennoistoricheskisbornik 67 (1998), 154–75.

Baberowski, Jörg, *Der Feind ist überall: Stalinismus im Kaukasus* (Munich: Deutsche Verlags-Anstalt, 2003).

Baer, George W., *Test Case: Italy, Ethiopia and the League of Nations* (Stanford, CA: Hoover Institution Press, 1976).

Baer, George W., *The Coming of the Italo-Ethiopian War* (Cambridge, MA: Harvard University Press, 1967).

Balbirnie, Steven, 'British Imperialism in the Arctic: The British Occupation of Archangel and Murmansk, 1918–1919', unpublished PhD thesis, University College Dublin, 2015.

Balkelis, Tomas, 'Turning Citizens into Soldiers: Baltic Paramilitary Movements after the Great War', in Gerwarth and Horne (eds.), *War in Peace*, 126–44.

Ball, Alan, 'Building a New State and Society: NEP, 1921–1928', in Ronald Grigor Suny (ed.), *The Cambridge History of Russia*, vol. 3 (Cambridge: Cambridge University Press, 2006), 168–91.

Ballabás, Dániel, *Trianon 90 év távlatából: Konferenciák, műhelybeszélgetések* (Eger: Líceum Kiadó, 2011).

Baranowski, Shelley, 'Making the Nation: Axis Imperialism in the Second World War', in Nicholas Doumanis, *The Oxford Handbook of Europe 1914–1945* (Oxford and New York: Oxford University Press, 2016).

Barbagallo, Francesco, *Francesco Saverio Nitti* (Turin: Utet, 1994).

Barkey, Karen, and Mark von Hagen (eds.), *After Empires: Multiethnic Societies and Nation-Building: The Soviet Union, and the Russian, Ottoman, and Habsburg Empires* (Boulder, CO: Westview Press, 1997).

Barkmann, Udo B., *Geschichte der Mongolei oder Die 'Mongolische Frage': Die Mongolen auf ihrem Weg zum eigenen Nationalstaat* (Bonn: Bouvier Verlag, 1999).

Baron, Nick, and Peter Gatrell, 'Population Displacement, State-Building and Social Identity in the Lands of the Former Russian Empire, 1917–1923', in *Kritika: Explorations in Russian and Eurasian History* 4 (2003), 51–100.

Barth, Boris, *Dolchstoßlegenden und politische Disintegration: Das Trauma der deutschen Niederlage im Ersten Weltkrieg* (Düsseldorf: Droste, 2003).

Batowski, Henryk, 'Nationale Konflikte bei der Entstehung der Nachfolgestaaten', in Richard Georg Plaschka and Karlheinz Mack (eds.), *Die Auflösung des Habsburgerreiches: Zusammenbruch und Neuorientierung im Donauraum* (Munich: Oldenbourg, 1970), 338–49.

Baudis, Dieter, and Hermann Roth, 'Berliner Opfer der Novemberrevolution 1918/19', in *Jahrbuch für Wirtschaftsgeschichte* (1968), 73–149.

Bauer, Frieder, and Jörg Vögele, 'Die "Spanische Grippe" in der deutschen Armee 1918: Perspektive der Ärzte und Generäle', in *Medizinhistorisches Journal* 48 (2013), 117–52.

Bauer, Otto, *Die österreichische Revolution* (Vienna: Wiener Volksbuchhandlung, 1923).〔酒井晨史訳『オーストリア革命』早稲田大学出版部、1989 年〕

Baumgart, Winfried, *Deutsche Ostpolitik 1918: Von Brest-Litovsk bis zum Ende des Ersten Weltkriegs* (Vienna and Munich: Oldenbourg, 1966).

Becker, Seymour, *Nobility and Privilege in Late Imperial Russia* (DeKalb, IL: Northern Illinois Press, 1985).

Becker, Winfried, *Frederic von Rosenberg (1874–1937): Diplomat vom späten Kaiserreich bis zum Dritten Reich, Außenminister der Weimarer Republik* (Göttingen: Vandenhoeck and Ruprecht, 2011).

Bell, John D., *Peasants in Power: Alexander Stamboliski and the Bulgarian Agrarian National Union 1899–1923* (Princeton, NJ: Princeton University Press, 1977).

Beller, Steven, *A Concise History of Austria* (Cambridge: Cambridge University Press, 2006).

Ben-Ami, Shlomo, *Fascism from Above: The Dictatorship of Primo de Rivera in Spain 1923–1930* (Oxford: Clarendon Press, 1983).

Berend, Ivan T., *Decades of Crisis: Central and Eastern Europe before World War II* (Berkeley, CA: University of California Press, 1998).

Bergien, Rüdiger, *Die bellizistische Republik: Wehrkonsens und Wehrhaftmachung in Deutschland, 1918–1933* (Munich: Oldenbourg, 2012).

Bergien, Rüdiger, 'Republikschützer oder Terroristen? Die Freikorpsbewegung in Deutschland nach dem Ersten Weltkrieg', in *Militärgeschichte* (2008), 14–17.

Berlin, Jon Dale, 'The Burgenland Question 1918–1920: From the Collapse of Austria-Hungary to the Treaty of Trianon', unpublished PhD dissertation, Madison, WI, 1974.

Bernard, Philippe, and Henri Dubief, *The Decline of the Third Republic, 1914–1958* (Cambridge and New York: Cambridge University Press, 1985).

Bernstein, Eduard, *Die deutsche Revolution*, vol. 1: *Ihr Ursprung, ihr Verlauf und ihr Werk* (Berlin: Verlag Gesellschaft und Erziehung, 1921).

Bessel, Richard, *Germany after the First World War* (Oxford: Clarendon Press, 1993).

Bessel, Richard, 'Revolution', in Jay Winter (ed.), *The Cambridge History of the First World War*, vol. 2 (Cambridge and New York: Cambridge University Press, 2014), 126–44.

Beyrau, Dietrich, 'Brutalization Revisited: The Case of Bolshevik Russia', in *Journal of Contemporary History* 50 (2015), 15–37.

Beyrau, Dietrich, 'Post-War Societies (Russian Empire)', in *1914–1918 online. International Encyclopedia of the First World War.*

Beyrau, Dietrich, and Pavel P. Shcherbinin, 'Alles für die Front: Russland im Krieg 1914–1922', in Horst Bauerkämper and Elise Julien (eds.), *Durchhalten! Krieg und Gesellschaft im Vergleich 1914–1918* (Göttingen: Vandenhoeck and Ruprecht, 2010), 151–77.

Bianchi, Roberto, *Pace, pane, terra. Il 1919 in Italia* (Rome: Odradek, 2006).

Bigler, Robert M., 'Heil Hitler and Heil Horthy! The Nature of Hungarian Racist Nationalism and its Impact on German-Hungarian Relations 1919–1945', in *East European Quarterly* 8 (1974), 251–72.

Bihari, Péter, *Lövészárkok a hátországban. Középosztály, zsidókérdés, Antiszemitizmus az első világháború Magyarországán* (Budapest: Napvilág Kiadó, 2008).

Bihl, Wolfdieter, Österreich-Ungarn und die Friedensschlüsse von Brest-Litovsk (Vienna, Cologne and Graz: Böhlau, 1970).

Bilyarski, Tsocho, *BZNS, Aleksandar Stambolijski i VMRO: nepoznatata voyna* (Sofia: Aniko, 2009).

Bilyarski, Tsocho, and Nikola Grigorov (eds.), *Nyoiskiyat pogrom i terorat na bulgarite: Sbornik dokumenti i materiali* (Sofia: Aniko, 2009).

Bischof, Günther, Fritz Plasser and Peter Berger (eds.), *From Empire to Republic: Post-World War I Austria* (Innsbruck: Innsbruck University Press, 2010).

Bjelajac, Mile, *Vojska Kraljevine Srba, Hrvata i Slovenaca 1918–1921* (Belgrade: Narodna knjiga, 1988).

Bjelajac, Mile, '1918: oslobođenje ili okupacija nesrpskih krajeva?', in Milan Terzić, *Prvi svetski rat i Balkan - 90 godina* (Belgrade: Institut za strategijska istraživanja, 2010), 201–23.

Bjork, James E., *Neither German nor Pole: Catholicism and National Indifference in a Central European Borderland, 1890–1922* (Ann Arbor, MI: University of Michigan Press, 2008).

Bjork, James E., and Robert Gerwarth, 'The Annaberg as a German-Polish *lieu de mémoire*', in *German History* 25 (2007), 372–400.

Blackbourn, David, and Geoff Eley, *The Peculiarities of German History: Bourgeois Society and Politics in Nineteenth-Century Germany* (Oxford and New York: Oxford University Press, 1984).

Blanke, Richard, *Orphans of Versailles: The Germans in Western Poland,* 1918–1939 (Lexington, KY: University Press of Kentucky, 1993).

Bloxham, Donald, 'The First World War and the Development of the Armenian Genocide', in Ronald Grigor Suny, Fatma Müge Göçek and Norman M. Naimark (eds.), *A Question of Genocide: Armenians and Turks at the End of the Ottoman Empire* (Oxford and New York: Oxford University Press, 2011), 260–75.

Bodó, Béla, *Pál Prónay: Paramilitary Violence and Anti-Semitism in Hungary, 1919–1921* (Pittsburgh, PA: University of Pittsburgh Press, 2011).

Bodó, Béla, '"White Terror", the Hungarian Press and the Evolution of Hungarian Anti-Semitism after World War I', in *Yad Vashem Studies* 34 (2006), 45–86.

Bodó, Béla, 'The White Terror in Hungary, 1919–21: The Social Worlds of Paramilitary Groups', in *Austrian History Yearbook* 42 (2011), 133–63.

Boemeke, Manfred F., 'Woodrow Wilson's Image of Germany, the War-Guilt Question and the Treaty of Versailles', in idem, Gerald D. Feldman and Elisabeth Glaser (eds.), *The Treaty of Versailles: A Reassessment after 75 Years* (Cambridge and New York: Cambridge University Press, 1998), 603–14.

Boemeke, Manfred F., Gerald D. Feldman and Elisabeth Glaser (eds.), *The Treaty of Versailles: A Reassessment after 75 years* (Cambridge and New York: Cambridge University Press, 1998).

Bogdanov, K., *Admiral Kolchak: Biograficheskaia povest-khronika* (St Petersburg: Sudostroenie, 1993).

Böhler, Jochen, 'Enduring Violence: The Post-War Struggles in East-Central Europe 1917–1921', in *Journal of Contemporary History* 50 (2015), 58–77.

Böhler, Jochen, 'Generals and Warlords, Revolutionaries and Nation State Builders: The First World War and its Aftermath in Central and Eastern Europe', in idem, Wlodzimierz Borodziej and Joachim von Puttkamer (eds.), *Legacies of Violence: Eastern Europe's First World War* (Munich: Oldenbourg, 2014), 51–66.

Borodziej, Włodzimierz, *Geschichte Polens im 20. Jahrhundert* (Munich: C. H. Beck, 2010).

Borowsky, Peter, 'Germany's Ukrainian Policy during World War I and the Revolution of 1918–19', in Hans-Joachim Torke and John-Paul Himka (eds.), *German-Ukrainian Relations in Historical Perspective* (Edmonton: Canadian Institute of Ukrainian Studies, 1994), 84–94.

Borsányi, György, *The Life of a Communist Revolutionary: Béla Kun* (Boulder, CO: Social Science Monographs, 1993).

Borzęcki, Jerzy, *The Soviet-Polish Peace of 1921 and the Creation of Interwar Europe* (New Haven, CT, and London: Yale University Press, 2008).

Borzęcki, Jerzy, 'German Anti-Semitism à la Polonaise: A Report on Poznanian Troops' Abuse of Belarusian Jews in 1919', in *East European Politics and Cultures*, 26 (2012), 693–707.

Boswell, Laird, 'From Liberation to Purge Trials in the "Mythic Provinces": Recasting French Identities in Alsace and Lorraine, 1918–1920', in *French Historical Studies* 23 (2000), 129–62.

Bosworth, Richard J. B., *Italy: The Least of the Great Powers: Italian Foreign Policy before the First World War* (Cambridge: Cambridge University Press, 1979).

Bosworth, Richard J. B., *Mussolini* (London: Arnold, 2002).

Bosworth, Richard J. B., and Giuseppe Finaldi, 'The Italian Empire', in Robert Gerwarth and Erez Manela (eds.), *Empires at War, 1911–1923* (Oxford: Oxford University Press, 2014), 34–51.

Botlik, József, *Nyugat-Magyarország sorsa, 1918–1921* (Vasszilvány: Magyar Nyugat Könyvkiadó, 2008).

Botz, Gerhard, *Gewalt in der Politik: Attentate, Zusammenstöße, Putschversuche, Unruhen in Österreich 1918 bis 1938* (Munich: Fink, 1983).

Botz Gerhard, 'Gewaltkonjunkturen, Arbeitslosigkeit und gesellschaftliche Krisen: Formen politischer Gewalt und Gewaltstrategien in der ersten Republik', in Helmut Konrad and Wolfgang Maderthaner (eds.), *Das Werden der ersten Republik . . . der Rest ist Österreich*, vol. 1 (Vienna: Carl Gerold's Sohn, 2008), 229–362.

Botz, Gerhard, Nina Scholz, Michael Pollak and Ivar Oxaal (eds.), *Eine zerstörte Kultur: Jüdisches Leben und Antisemitismus in Wien seit dem 19. Jahrhundert* (Vienna: Czernin, 2002).

Bowers, Katherine, and Ani Kokobobo, *Russian Writers and the Fin de Siècle: The Twilight of Realism* (Cambridge and New York: Cambridge University Press, 2015).

Boyce, Robert, *The Great Interwar Crisis and the Collapse of Globalization* (Basingstoke: Palgrave Macmillan, 2009).

Boychev, Petar, and Volodya Milachkov, *Tutrakanskata epopeya i voynata na Severnia front, 1916–*

1918 (Silistra: Kovachev, 2007).

Boychev, Petar, *Tutrakanska epopeia* (Tutrakan: Kovachev, 2003).

Boyer, John W., *Culture and Political Crisis in Vienna: Christian Socialism in Power, 1897–1918* (Chicago: University of Chicago Press, 1995).

Boyer, John W., 'Boundaries and Transitions in Modern Austrian History', in Günter Bischof and Fritz Plasser (eds.), *From Empire to Republic: Post-World War I Austria* (New Orleans, LA: University of New Orleans Press, 2010), 13–23.

Boyer, John W., 'Karl Lueger and the Viennese Jews', in *Yearbook of the Leo Baeck Institute* 26 (1981), 125–44.

Boylan, Catherine Margaret, 'The North Russia Relief Force: A Study of Military Morale and Motivation in the Post-First World War World', unpublished PhD thesis, King's College London, 2015.

Bracco, Barbara, 'L'Italia e l'Europa da Caporetto alla vittoria nella riflessione degli storici italiani', in Giampietro Berti and Piero del Negro (eds.), *Al di qua e al di là del Piave: L'ultimo anno della Grande Guerra* (Milan: Franco Angeli, 2001).

Bradley, John F. N., *The Czechoslovak Legion in Russia, 1914–1920* (Boulder, CO: East European Monographs, 1991).

Braun, Bernd, Die 'Generation Ebert', in idem and Klaus Schönhoven (eds.), *Generationen in der Arbeiterbewegung* (Munich: Oldenbourg, 2005), 69–86.

Braun, Karl, 'Der 4. März 1919. Zur Herausbildung Sudetendeutscher Identität', in *Bohemia* 37 (1996), 353–80.

Braunthal, Julius, *Geschichte der Internationale*, vol. 2 (Hanover: J. H. W. Dietz, 1963).

Brooker, Paul, *The Faces of Fraternalism: Nazi Germany, Fascist Italy, and Imperial Japan* (Oxford and New York: Oxford University Press, 1991).

Broucek, Anton (ed.), *Anton Lehár: Erinnerungen. Gegenrevolution und Restaurationsversuche in Ungarn 1918–1921* (Munich: Oldenbourg, 1973).

Broucek, Peter, *Karl I. (IV.): Der politische Weg des letzten Herrschers der Donaumonarchie* (Vienna: Böhlau, 1997).

Brovkin, Vladimir N., *Behind the Front Lines of the Civil War: Political Parties and Social Movements in Russia, 1918–1922* (Princeton, NJ: Princeton University Press, 1994).

Brown, Archie, *The Rise and Fall of Communism* (New York: Harper Collins, 2009).

Brügel, Johann Wolfgang, *Tschechen und Deutsche 1918–1938* (Munich: Nymphenburger Verlagshandlung, 1967).

Bryant, Chad, *Prague in Black: Nazi Rule and Czech Nationalism* (Cambridge, MA: Harvard University Press, 2007).

Budnitskii, Oleg, *Russian Jews between the Reds and Whites, 1917–1920* (Philadelphia, PA: University of Pennsylvania Press, 2011).

Bührer, Tanja, *Die Kaiserliche Schutztruppe für Deutsch-Ostafrika: Koloniale Sicherheitspolitik und*

transkulturelle Kriegführung, 1885 bis 1918 (Munich: Oldenbourg, 2011).
Bullock, David, *The Czech Legion, 1914–20* (Oxford: Osprey, 2008).
Bunselmeyer, Robert E., *The Cost of War 1914–1919: British Economic War Aims and the Origins of Reparation* (Hamden, CT: Archon Books, 1975).
Burgwyn, H. James, *Italian Foreign Policy in the Interwar Period 1918–1940* (Westport, CT: Praeger, 1997).
Burkman, Thomas W., *Japan and the League of Nations: Empire and World Order, 1914–1938* (Honolulu: University of Hawai'i Press, 2008).
Burleigh, Michael, *The Third Reich: A New History* (London: Pan Macmillan, 2001).
Busch, Briton Cooper, *Madras to Lausanne: Britain's Frontier in West Asia, 1918–1923* (Albany, NY: State University of New York Press, 1976).
Cabanes, Bruno, *La victoire endeuillée: La sortie de guerre des soldats français (1918–1920)* (Paris: Éditions du Seuil, 2004).
Cabanes, Bruno, *The Great War and the Origins of Humanitarianism 1918–1924* (Cambridge and New York: Cambridge University Press, 2014).
Cabanes, Bruno, '1919: Aftermath', in Jay Winter (ed.), *Cambridge History of the First World War*, vol. 1 (Cambridge: Cambridge University Press, 2014), 172–98.
Calder, Kenneth J., *Britain and the Origins of the New Europe, 1914–1918* (Cambridge and New York: Cambridge University Press, 1976).
Calvert, Peter, *A Study of Revolution* (Oxford and New York: Oxford University Press, 1970).
Cammarano, Fulvio (ed.), *Abbasso la Guerra. Neutralisti in Piazza alla vigilia della Prima Guerra mondiale* (Florence: Le Monnier, 2015).
Campos, Michelle U., *Ottoman Brothers: Muslims, Christians, and Jews in Early Twentieth-Century Palestine* (Stanford, CA: Stanford University Press, 2011).
Canning, Kathleen, 'The Politics of Symbols, Semantics, and Sentiments in the Weimar Republic', in *Central European History* 43 (2010), 567–80.
Capozzola, Christopher, 'The United States Empire', in Gerwarth and Manela (eds.), *Empires at War*, 235–53.
Carr, Edward Hallett, *The Bolshevik Revolution 1917–1923* (London: Macmillan, 1950).〔原田三郎・田中菊次・服部文男訳『ボリシェヴィキ革命　1917～1923　ソヴェト・ロシア史』全三巻、みすず書房、1967～71 年〕
Carr, Edward Hallett, 'The Origins and Status of the Cheka', in *Soviet Studies* 10 (1958), 1–11.
Carr, Raymond, *Modern Spain, 1875–1980* (Oxford: Clarendon Press, 1980).
Carrère d'Encausse, Hélène, *Islam and the Russian Empire: Reform and Revolution in Central Asia* (Berkeley, CA, and London: University of California Press, 1988).
Carrère d'Encausse, Hélène, *Lenin: Revolution and Power* (New York and London: Longman, 1982).〔石崎晴己訳『レーニン――革命と権力』新評論、1985 年〕
Carrère d'Encausse, Hélène, *Nikolaus II.: Das Drama des letzten Zaren* (Vienna: Zsolnay, 1998).〔谷

ロ侑訳『甦るニコライ二世——中断されたロシア近代化への道』藤原書店、2001 年〕

Carsten, Francis L., *Die Erste Österreichische Republik im Spiegel zeitgenössischer Quellen* (Vienna: Böhlau, 1988).

Carsten, Francis L., *Fascist Movements in Austria: From Schönerer to Hitler* (London: Sage, 1977).

Carsten, Francis L., *Revolution in Central Europe, 1918–1919* (London: Temple Smith, 1972).

Casa, Brunella Dalla, 'La Bologna di Palazzo d'Accursio', in Mario Isnenghi and Giulia Albanese (eds.), *Gli Italiani in guerra: Conflitti, identità, memorie dal Risorgimento ai nostri giorni*, vol. 4/1: *Il ventennio fascista: Dall'impresa di Fiume alla Seconda Guerra mondiale (1919–1940)* (Turin: Utet, 2008), 332–8.

Casanova, Julián, *Twentieth-Century Spain: A History* (Cambridge and New York: Cambridge University Press, 2014).

Casanova, Julián, and Martin Douch, *The Spanish Republic and Civil War* (Cambridge and New York: Cambridge University Press, 2010).

Cattaruzza, Marina, Stefan Dyroff and Dieter Langewiesche (eds.), *Territorial Revisionism and the Allies of Germany in the Second World War: Goals, Expectations, Practices* (New York and Oxford: Berghahn Books, 2012).

Channon, John, 'Siberia in Revolution and Civil War, 1917–1921', in Alan Wood (ed.), *The History of Siberia: From Russian Conquest to Revolution* (London and New York: Routledge, 1991) 158–80.

Chickering, Roger, *Imperial Germany and the Great War, 1914–1918* (Cambridge and New York: Cambridge University Press 1998).

Childs, Timothy W., *Italo-Turkish Diplomacy and the War over Libya, 1911–1912* (New York: Brill, 1990).

Chromow, Semen S., *Feliks Dzierzynski: Biographie*, 3rd edition (East Berlin: Dietz, 1989).

Clark, Bruce, *Twice a Stranger: How Mass Expulsion Forged Greece and Turkey* (London: Granta Books, 2006).

Clark, Christopher, *Iron Kingdom: The Rise and Downfall of Prussia, 1600–1947* (London: Allen Lane, 2006).

Clark, Christopher, *The Sleepwalkers: How Europe Went to War in 1914* (London: Allen Lane, 2012).〔小原淳訳『夢遊病者たち——第一次世界大戦はいかにして始まったか』全二巻、みすず書房、2017 年〕

Clavin, Patricia, *The Great Depression in Europe, 1929–1939* (Basingstoke and New York: Palgrave, 2000).

Clavin, Patricia, 'Europe and the League of Nations', in Robert Gerwarth (ed.), *Twisted Paths: Europe 1914–1945* (Oxford and New York: Oxford University Press, 2007), 325–54.

Codera, Maximiliano Fuentes, *España en la Primera Guerra Mundial: Una movilización cultural* (Madrid: Akal, 2014).

Cohen, Gary B., 'Nationalist Politics and the Dynamics of State and Civil Society in the Habsburg

Monarchy 1867–1914', in *Central European History* 40 (2007), 241–78.

Cohn, Norman, *Warrant for Genocide: The Myth of the Jewish World Conspiracy and the Protocols of the Elders of Zion* (London: Serif, 1996). 〔内田樹訳『ユダヤ人世界征服陰謀の神話——シオン賢者の議定書』ダイナミックセラーズ、1991 年〕

Cohrs, Patrick, *The Unfinished Peace after World War I: America, Britain and the Stabilisation of Europe, 1919–1932* (Cambridge and New York: Cambridge University Press, 2006).

Cole, Laurence, and Daniel L. Unowsky (eds.), *The Limits of Loyalty: Imperial Symbolism, Popular Allegiances and State Patriotism in the Late Habsburg Monarchy* (New York and Oxford: Berghahn Books, 2007).

Conquest, Robert, *The Great Terror: A Reassessment* (Oxford and New York: Oxford University Press, 1990).

Conquest, Robert, *The Harvest of Sorrows: Soviet Collectivization and the Terror-Famine* (Oxford and New York: Oxford University Press, 1986).

Contorbia, Franco (ed.), *Giornalismo italiano*, vol. 2: *1901–1939* (Milan: Arnoldo Mondadori, 2007).

Cooper, John Milton, *Woodrow Wilson: A Biography* (New York: Random House, 2009).

Corni, Gustavo, 'Impero e spazio vitale nella visione e nella prassi delle dittature (1919–1945)', in *Ricerche di Storia Politica* 3 (2006), 345–57.

Cornwall, Mark, *The Undermining of Austria-Hungary: The Battle for Hearts and Minds* (Basingstoke: Macmillan, 2000).

Cornwall, Mark, 'Morale and Patriotism in the Austro-Hungarian Army, 1914–1918', in John Horne (ed.), *State, Society, and Mobilization in Europe during the First World War* (Cambridge: Cambridge University Press, 1997), 173–92.

Cornwall, Mark, 'National Reparation? The Czech Land Reform and the Sudeten Germans 1918–38', in *Slavonic and East European Review* 75 (1997), 259–80.

Crainz, Guido, *Padania: Il mondo dei braccianti dall'Ottocento alla fuga dalle campagne* (Rome: Donzelli, 1994).

Crampton, Richard J., *Aleksandŭr Stamboliĭski: Bulgaria* (Chicago, IL: Haus Publishing and University of Chicago Press, 2009).

Crampton, Richard J., *Bulgaria* (Oxford and New York: Oxford University Press, 2007).

Crampton, Richard J., *Eastern Europe in the Twentieth Century and After* (London and New York: Routledge, 1997).

Crampton, Richard J., 'The Balkans', in Robert Gerwarth (ed.), *Twisted Paths: Europe 1914–1945* (Oxford and New York, 2007), 237–70.

Cruz, Rafael, '¡Luzbel vuelve al mundo!: las imágenes de la Rusia soviética y la acción colectiva en España', in Manuel Ledesma Pérez and Rafael Cruz (eds.), *Cultura y movilización en la España contemporánea* (Madrid: Alianza, 1997), 273–303.

Čiuljat, Tomislav, 'Nejiski mir', in *Vojna enciklopedija*, vol. 6: *Nauloh-Podvodni*, 2nd edition

(Belgrade: Izd. Redakcije vojne Enciklopedije, 1973).

D'Agostino, Anthony, *The Rise of Global Powers: International Politics in the Era of the World Wars* (Cambridge: Cambridge University Press, 2012).

Daly, Mary E. (ed.), *Roger Casement in Irish and World History* (Dublin: Royal Irish Academy, 2005).

Damyanov, Simeon, 'Dokumenti za devetoyunskia prevrat i Septemvriyskoto vastanie prez 1923 g. vav Frenskia diplomaticheski arhiv', in *Izvestia na darzhavnite arhivi* 30 (1975), 167–82.

Danilov, Viktor P., Viktor V. Kondrashin and Teodor Shanin (eds.), *Nestor Makhno: M. Kubanin, Makhnovshchina. Krestyanskoe dvizhenie na Ukraine 1918–1921 gg. Dokumenty i Materialy* (Moscow: ROSSPEN, 2006).

Darwin, John, *Britain, Egypt and the Middle East: Imperial Policy in the Aftermath of War, 1918–1922* (London and Basingstoke: Macmillan, 1981).

Daskalov, Doncho, *1923 - Sadbonosni resheniya i sabitiya* (Sofia: BZNS, 1983).

Davies, Norman, *God's Playground*, vol. 2: *1795 to the Present* (Oxford and New York: Oxford University Press, 2005).

Davies, Norman, *Microcosm: A Portrait of a Central European City* (London: Pimlico, 2003).

Davies, Norman, *White Eagle, Red Star: The Polish-Soviet War, 1919–1920 and 'the Miracle on the Vistula'* (London: Pimlico, 2003).

Davies, Norman, *White Eagle, Red Star: The Polish-Soviet War, 1919–20*, 2nd edition (London: Pimlico, 2004).

Deak, John, 'The Great War and the Forgotten Realm: The Habsburg Monarchy and the First World War', in *The Journal of Modern History* 86 (2014), 336–80.

Deák, Francis, *Hungary at the Peace Conference: The Diplomatic History of the Treaty of Trianon* (New York: Columbia University Press, 1942).

Deák, István, *Beyond Nationalism: A Social and Political History of the Habsburg Officer Corps, 1848–1918* (Oxford and New York: Oxford University Press, 1990).

Dedijer, Vladimir, *Novi prilozi za biografiju Josipa Broza Tita 1* (Zagreb and Rijeka: Mladost i Spektar; Liburnija, 1980); reprint of the original 1953 edition.

De Felice, Renzo, *Mussolini il rivoluzionario, 1883–1920* (Turin: Einaudi, 1965).

De Felice, Renzo (ed.), *La Carta del Carnaro nei testi di Alceste De Ambris e di Gabriele D'Annunzio* (Bologna: il Mulino, 1973).

Deist, Wilhelm, 'Die Politik der Seekriegsleitung und die Rebellion der Flotte Ende Oktober 1918', in *Vierteljahrshefte für Zeitgeschichte* 14 (1966), 341–68.

Deist, Wilhelm, 'Verdeckter Militärstreik im Kriegsjahr 1918?', in Wolfram Wette (ed.), *Der Krieg des kleinen Mannes: Eine Militärgeschichte von unten* (Munich and Zürich: Piper, 1998), 146–67.

Del Boca, Angelo, *A un passo dalla forca* (Milan: Baldini Castoli Dalai, 2007).

Del Boca, Angelo, *Gli Italiani in Libia, Tripoli bel Suol d'Amore* (Milan: Arnoldo Mondadori, 1993).

Del Boca, Angelo, *The Ethiopian War 1935–1941* (Chicago, IL: University of Chicago Press, 1969).

Deliyski, Bozhan, *Doyranskata epopeia - zabravena i nezabravima* (Sofia: BolTenInKo, 1993).

Deutscher, Isaac, *The Prophet Armed: Trotsky, 1879–1921* (Oxford: Oxford University Press, 1954). 〔田中西二郎・橋本福夫・山西英一訳『武装せる予言者トロツキー　1879〜1921』新評論、1964年〕

Dickinson, Frederick R., *War and National Reinvention: Japan in the Great War, 1914–1919* (Cambridge, MA, and London: Harvard University Press, 1999).

Dickinson, Frederick R., 'Commemorating the War in Post-Versailles Japan', in John W. Steinberg, Bruce W. Menning, David Schimmelpenninck van der Oye, David Wolff and Shinji Yokote (eds.), *The Russo-Japanese War in Global Perspective: World War Zero* (Leiden and Boston, MA: Brill, 2005), 523–43.

Dickinson, Frederick R., 'The Japanese Empire', in Gerwarth and Manela (eds.), *Empires at War*, 197–213.

Dimitrov, Georgi, *Nastanyavane i ozemlyavane na balgarskite bezhantsi* (Blagoevgrad: n.p., 1985).

Djokić, Dejan, *Elusive Compromise: A History of Interwar Yugoslavia* (Oxford and New York: Oxford University Press, 2007).

Djokić, Dejan, *Pašić and Trumbić: The Kingdom of Serbs, Croats, and Slovenes* (London: Haus, 2010).

Dobkin, Marjorie Housepian, *Smyrna 1922: The Destruction of a City* (New York: Newmark Press, 1988).

Doerries, Reinhard R., *Prelude to the Easter Rising: Sir Roger Casement in Imperial Germany* (London and Portland: Frank Cass, 2000).

Doumanis, Nicholas, *Before the Nation: Muslim-Christian Coexistence and its Destruction in Late Ottoman Anatolia* (Oxford and New York: Oxford University Press, 2013).

Doumanis, Nicholas (ed.), *The Oxford Handbook of Europe 1914–1945* (Oxford and New York, 2016).

Dowe, Dieter, and Peter-Christian Witt, *Friedrich Ebert 1871–1925: Vom Arbeiterführer zum Reichspräsidenten* (Bonn: Friedrich-Ebert-Stiftung, 1987).

Dower, John, *War Without Mercy: Race and Power in the Pacific War* (New York: Pantheon, 1986). 〔斎藤元一訳『人種偏見——太平洋戦争に見る日米摩擦の底流』TBSブリタニカ、1987年〕

Dowler, Wayne, *Russia in 1913* (DeKalb, IL: Northern Illinois University Press, 2010).

Draev, Ivan, *Bulgarskata 1918: Istoricheski ocherk za Vladayskoto vastanie* (Sofia: Narodna prosveta, 1970).

Dragostinova, Theodora, *Between Two Motherlands: Nationality and Emigration among the Greeks of Bulgaria, 1900–1949* (Ithaca, NY: Cornell University Press, 2011).

Dragostinova, Theodora, 'Competing Priorities, Ambiguous Loyalties: Challenges of Socioeconomic Adaptation and National Inclusion of the Interwar Bulgarian Refugees', in *Nationalities Papers* 34 (2006), 549–74.

Dreyer, Edward L., *China at War, 1901–1949* (London: Longman, 1995).

Duara, Prasenjit, *Sovereignty and Authenticity: Manchukuo and the East Asian Modern* (Lanham, MD: Rowman and Littlefield, 2003).

Dudden, Alexis, *Japan's Colonization of Korea: Discourse and Power* (Honolulu: University of Hawai'i Press, 2005).

Duggan, Christopher, *Fascist Voices: An Intimate History of Mussolini's Italy* (London: The Bodley Head, 2012).

Duus, Peter, Ramon H. Myers and Mark R. Peattie, *The Japanese Wartime Empire, 1931–1945* (Princeton, NJ: Princeton University Press, 1996).

Dyer, Gwynne, 'The Turkish Armistice of 1918. 2: A Lost Opportunity: The Armistice Negotiations of Moudros', in *Middle Eastern Studies* 3 (1972), 313–48.

Eckelt, Frank, 'The Internal Policies of the Hungarian Soviet Republic', in Iván Völgyes (ed.), *Hungary in Revolution, 1918–1919* (Lincoln, NB: University of Nebraska Press, 1971), 61–88.

Edwards, Robert, *White Death: Russia's War on Finland 1939–40* (London: Weidenfeld and Nicolson, 2006).

Eichenberg, Julia, 'The Dark Side of Independence: Paramilitary Violence in Ireland and Poland after the First World War', in *Contemporary European History* 19 (2010), 231–48.

Ekmečić, Milorad, *Stvaranje Jugoslavije 1790–1918*, vol. 2 (Belgrade: Prosveta, 1989).

Elz, Wolfgang, 'Versailles und Weimar', in *Aus Politik und Zeitgeschichte*, 50/51 (2008), 31–8.

Engelmann, Dieter, and Horst Naumann, *Hugo Haase: Lebensweg und politisches Vermächtnis eines streitbaren Sozialisten* (Berlin: Edition Neue Wege, 1999).

Erger, Johannes, *Der Kapp-Lüttwitz-Putsch: Ein Beitrag zur deutschen Innenpolitik, 1919–20* (Düsseldorf: Droste, 1967).

Erickson, Edward J., *Ordered to Die: A History of the Ottoman Army in the First World War* (Westport, CT, and London: Greenwood Press, 2001).

Evans, Richard J., *The Coming of the Third Reich* (London: Allen Lane, 2004).〔大木毅監修、山本孝二訳『第三帝国の到来』全二巻、白水社、2018 年〕

Evans, Robert, 'The Successor States', in Robert Gerwarth (ed.), *Twisted Paths: Europe 1914–45* (Oxford and New York: Oxford University Press, 2007), 210–36.

Fabbri, Fabio, *Le origini della Guerra civile: L'Italia dalla Grande Guerra al fascismo (1918–1921)* (Turin: Utet, 2009).

Falch, Sabine, 'Zwischen Heimatwehr und Nationalsozialismus. Der "Bund Oberland" in Tirol', in *Geschichte und Region* 6 (1997), 51–86.

Falkus, Malcolm E., *The Industrialization of Russia, 1700–1914* (London: Macmillan, 1972).

Fava, Andrea, 'Il "fronte interno" in Italia. Forme politiche della mobilitazione patriottica e delegittimazione della classe dirigente liberale', in *Ricerche storiche* 27 (1997), 503–32.

Fedor, Julie, *Russia and the Cult of State Security: The Chekist Tradition, from Lenin to Putin* (London: Routledge, 2011).

Fedyshyn, Oleh S., *Germany's Drive to the East and the Ukrainian Revolution, 1917–1918* (New

Brunswick, NJ: Rutgers University Press, 1971).

Feldman, Gerald D., 'Das deutsche Unternehmertum zwischen Krieg und Revolution: Die Entstehung des Stinnes-Legien-Abkommens', in idem, *Vom Weltkrieg zur Weltwirtschaftskrise: Studien zur deutschen Wirtschafts-und Sozialgeschichte 1914–1932* (Göttingen: Vandenhoeck and Ruprecht, 1984), 100–27.

Feldman, Gerald D., and Irmgard Steinisch, *Industrie und Gewerkschaften 1918–1924: Die überforderte Zentralarbeitsgemeinschaft* (Stuttgart: DVA, 1985).

Fellner, Fritz, 'Der Vertrag von St. Germain', in Erika Weinzierl and Kurt Skalnik (eds.), *Österreich 1918–1938*, vol. 1 (Vienna: Böhlau, 1983), 85–106.

Ferguson, Niall, *The Pity of War: Explaining World War I* (London: Allen Lane, 1998).

Ferraioli, Gianpaolo, *Politica e diplomazia in Italia tra XIX e XX secolo: vita di Antonino di San Giuliano (1852–1914)* (Soveria Mannelli: Rubbettino, 2007).

Ferriter, Diarmaid, *A Nation and not a Rabble: The Irish Revolution 1913–1923* (London: Profile Books, 2015).

Ferro, Marc, *October 1917: A Social History of the Russian Revolution* (London: Routledge and Kegan Paul, 1980).

Fic, Victor M., *The Bolsheviks and the Czechoslovak Legion: The Origins of their Armed Conflict (March-May 1918)* (New Delhi: Shakti Malik, 1978).

Fieldhouse, David K., *Western Imperialism in the Middle East, 1914–1958* (Oxford and New York: Oxford University Press, 2006).

Figes, Orlando, *A People's Tragedy: The Russian Revolution, 1891–1924* (London: Jonathan Cape, 1996).

Figes, Orlando, *Peasant Russia, Civil War: The Volga Countryside in Revolution, 1917–21* (Oxford and New York: Oxford University Press, 1989).

Fink, Carole, 'The Minorities Question at the Paris Peace Conference: The Polish Minority Treaty, June 28, 1919', in Manfred Boemeke, Gerald Feldman and Elisabeth Glaser (eds.), *The Treaty of Versailles: A Reassessment after 75 Years* (Cambridge: Cambridge University Press, 1998), 249–74.

Fink, Carole, *Defending the Rights of Others: The Great Powers, the Jews, and International Minority Protection* (Cambridge and New York: Cambridge University Press, 2004).

Fischer, Rolf, 'Anti-Semitism in Hungary 1882–1932', in Herbert A. Strauss (ed.), *Hostages of Modernization: Studies of Modern Antisemitism 1870–1933/39*, vol. 2: *Austria, Hungary, Poland, Russia* (Berlin and New York: de Gruyter, 1993), 863–92.

Fischer, Rolf, *Entwicklungsstufen des Antisemitismus in Ungarn, 1867–1939: Die Zerstörung der magyarisch-jüdischen Symbiose* (Munich: Oldenbourg, 1998).

Fitzherbert, Margaret, *The Man Who Was Greenmantle: A Biography of Aubrey Herbert* (London: John Murray, 1983).

Flemming, Peter, *The Fate of Admiral Kolchak* (London: Hart-Davis, 1963).

Foerster, Wolfgang, *Der Feldherr Ludendorff im Unglück. Eine Studie über seine seelische Haltung in der*

Endphase des ersten Weltkrieges (Wiesbaden: Limes Verlag, 1952).

Foley, Robert, 'From Victory to Defeat: The German Army in 1918', in Ashley Ekins (ed.), *1918: Year of Victory* (Auckland and Wollombi, NSW: Exisle, 2010), 69–88.

Fong, Giordan, 'The Movement of German Divisions to the Western Front, Winter 1917–1918', in *War in History* 7 (2000), 225–35.

Forgacs, David, 'Fascism, Violence and Modernity', in Jana Howlett and Rod Mengham (eds.), *The Violent Muse: Violence and the Artistic Imagination in Europe, 1910–1939* (Manchester: Manchester University Press, 1994), 5–21.

Fotiadis, Konstantinos, 'Der Völkermord an den Griechen des Pontos', in Tessa Hofmann (ed.), *Verfolgung, Vertreibung und Vernichtung der Christen im Osmanischen Reich 1912–1922*, 2nd edition (Berlin: LIT-Verlag, 2010), 193–228.

Fromkin, David, *A Peace to End All Peace: The Fall of the Ottoman Empire and the Creation of the Modern Middle East* (New York: Henry Holt and Company, 1989).

Gage, Beverly, *The Day Wall Street Exploded: A Story of America in its First Age of Terror* (Oxford and New York: Oxford University Press, 2008).

Galántai, József, *Hungary in the First World War* (Budapest: Akad. Kiadó, 1989).

Gatrell, Peter, *A Whole Empire Walking: Refugees in Russia during World War I* (Bloomington, IN: Indiana University Press, 1999).

Gatrell, Peter, *Russia's First World War, 1914–1917: A Social and Economic History* (London: Pearson, 2005).

Gatrell, Peter, 'Wars after the War: Conflicts, 1919–1923', in John Horne (ed.), *A Companion to World War I* (Chichester: Wiley-Blackwell, 2010), 558–75.

Gatti, Gian Luigi, *Dopo Caporetto. Gli ufficiali P nella Grande Guerra: propaganda, assistenza, vigilanza* (Gorizia: LEG, 2000).

Gatzolis, Ioannis A., *Ghioulbaxes. Vourlas. Erithrea. Anamnisis. Perigrafes. Laografika. Katastrofi 1922* (Chalkidiki: Nea Syllata, 1988).

Gauntlett, Stathis, 'The Contribution of Asia Minor Refugees to Greek Popular Song, and its Reception', in Renée Hirschon (ed.), *Crossing the Aegean: An Appraisal of the 1923 Compulsory Population Exchange between Greece and Turkey* (New York: Berghahn Books, 2003), 247–60.

Gautschi, Willi, *Lenin als Emigrant in der Schweiz* (Zürich: Benziger Verlag, 1973).

Gehler, Michael, *Studenten und Politik: Der Kampf um die Vorherrschaft an der Universität Innsbruck 1919–1938* (Innsbruck: Haymon-Verlag, 1990).

Geifman, Anna, *Thou Shalt Kill: Revolutionary Terrorism in Russia, 1894–1917* (Princeton, NJ: Princeton University Press 1993).

Genovski, Mihail, *Aleksandar Stambolijski - otblizo i daleko: dokumentalni spomeni* (Sofia: BZNS, 1982).

Gentile, Emilio, *E fu subito regime: Il fascismo e la Marcia su Roma* (Rome and Bari: Laterza, 2012).

Gentile, Emilio, *Fascismo e antifascismo: I partiti italiani fra le due guerre* (Florence: Le Monnier,

2000).

Gentile, Emilio, *La Grande Italia: Ascesa e declino del mito della nazione nel ventesimo secolo* (Milan: Arnoldo Mondadori, 1997).

Gentile, Emilio, *Storia del partito fascista*, vol. 1: *1919–1922, movimento e milizia* (Rome: Laterza, 1989).

Gentile, Emilio, *The Origins of Fascist Ideology, 1918–1925* (New York: Enigma, 2005).

Gentile, Emilio, *The Sacralization of Politics in Fascist Italy* (Cambridge, MA: Harvard University Press, 1996).

Gentile, Emilio, 'Fascism in Power: The Totalitarian Experiment', in Adrian Lyttelton (ed.), *Liberal and Fascist Italy 1900–1945* (Oxford and New York: Oxford University Press, 2002).

Gentile, Emilio, 'Paramilitary Violence in Italy: The Rationale of Fascism and the Origins of Totalitarianism', in Gerwarth and Horne (eds.), *War in Peace*, 85–106.

Georgiev, Georgi, *Propusnata pobeda - Voynishkoto vastanie, 1918* (Sofia: Partizdat, 1989).

Geppert, Dominik, and Robert Gerwarth, (eds.), *Wilhelmine Germany and Edwardian Britain: Essays on Cultural Affinity* (Oxford and New York: Oxford University Press, 2008).

Gergely, Ernő, and Pál Schönwald, *A Somogyi-Bacsó-Gyilkosság* (Budapest: Kossuth, 1978).

Gerlach, Christian, *Krieg, Ernährung, Völkermord: Deutsche Vernichtungspolitik im Zweiten Weltkrieg* (Zürich and Munich: Pendo, 1998).

Gerlach, Christian, and Götz Aly, *Das letzte Kapitel: Der Mord an den ungarischen Juden 1944–1945* (Frankfurt am Main: Fischer, 2004).

Ģērmanis, Uldis, *Oberst Vācietis und die lettischen Schützen im Weltkrieg und in der Oktoberrevolution* (Stockholm: Almqvist and Wiksell, 1974).

Gerschenkron, Alexander, *Economic Backwardness in Historical Perspective: A Book of Essays* (Cambridge, MA: Belknap Press of Harvard University Press, 1962).

Gerwarth, Robert, 'Republik und Reichsgründung: Bismarcks kleindeutsche Lösung im Meinungsstreit der ersten deutschen Demokratie', in Heinrich August Winkler (ed.), *Griff nach der Deutungsmacht: Zur Geschichte der Geschichtspolitik in Deutschland* (Göttingen: Wallstein, 2004), 115–33.

Gerwarth, Robert, 'The Axis: Germany, Japan and Italy on the Road to War', in Richard J. B. Bosworth and Joe Maiolo (eds.), *The Cambridge History of the Second World War*, vol. 2: *Politics and Ideology* (Cambridge and New York: Cambridge University Press, 2015), 21–42.

Gerwarth, Robert, 'The Central European Counter-Revolution: Paramilitary Violence in Germany, Austria and Hungary after the Great War', in *Past & Present* 200 (2008), 175–209.

Gerwarth, Robert (ed.), *Twisted Paths: Europe 1914–1945* (Oxford and New York: Oxford University Press, 2007).

Gerwarth, Robert, and John Horne, 'Bolshevism as Fantasy: Fear of Revolution and Counter-Revolutionary Violence, 1917–1923', in Gerwarth and Horne (eds.), *War in Peace*, 40–51.

Gerwarth, Robert, and Martin Conway, 'Revolution and Counter-Revolution', in Donald Bloxham

and Robert Gerwarth (eds.), *Political Violence in Twentieth-Century Europe* (Cambridge and New York: Cambridge University Press, 2011), 140-75.

Gerwarth, Robert, and Erez Manela (eds.), *Empires at War, 1911-1923* (Oxford and New York: Oxford University Press, 2014).

Gerwarth, Robert, and John Horne (eds.), *War in Peace: Paramilitary Violence after the Great War* (Oxford and New York: Oxford University Press, 2012).

Gerwarth, Robert, and John Horne (eds.), 'Vectors of Violence: Paramilitarism in Europe after the Great War, 1917-1923', in *The Journal of Modern History* 83 (2011), 489-512.

Geyer, Michael, *Deutsche Rüstungspolitik 1860-1980* (Frankfurt am Main: Suhrkamp, 1984).

Geyer, Michael, "'Endkampf" 1918 and 1945: German Nationalism, Annihilation, and Self-Destruction', in Richard Bessel, Alf Lüdtke and Bernd Weisbrod (eds.), *No Man's Land of Violence: Extreme Wars of the 20th Century* (Göttingen: Wallstein, 2006), 37-67.

Giannakopoulos, Giorgos, 'I Ellada sti Mikra Asia: To chroniko tis Mikrasiatikis peripetias', in Vassilis Panagiotopoulos (ed.), *Istoria tou Neou Ellinismou, 1770-2000*, vol. 6 (Athens: Ellinika Grammata, 2003), 84-6.

Gibelli, Antonio, *Il popolo bambino: Infanzia e nazione dalla Grande Guerra a Salò* (Turin: Einaudi, 2005).

Gibelli, Antonio, *La Grande Guerra degli italiani 1915-1918* (Milan: Sansoni, 1998).

Gibelli, Antonio, 'L'Italia dalla neutralità al Maggio Radioso', in Audoin- Rouzeau and Becker (eds.), *La prima guerra mondiale*, vol. 1, 185-95.

Gietinger, Klaus, *Der Konterrevolutionär: Waldemar Pabst - eine deutsche Karriere* (Hamburg: Edition Nautilus, 2009).

Gietinger, Klaus, *Eine Leiche im Landwehrkanal: Die Ermordung Rosa Luxemburgs* (Hamburg: Edition Nautilus, 2008).

Gilbert, Martin, *Winston Churchill*, vol. IV, part 3: *April 1921-November 1922* (London: Heinemann, 1977).

Gill, Graeme J., *Peasants and Government in the Russian Revolution* (New York: Barnes and Noble, 1979).

Gingeras, Ryan, *Fall of the Sultanate: The Great War and the End of the Ottoman Empire, 1908-1922* (Oxford and New York: Oxford University Press, 2016).

Gingeras, Ryan, *Mustafa Kemal Atatürk: Heir to an Empire* (Oxford and New York: Oxford University Press, 2015).

Gingeras, Ryan, *Sorrowful Shores: Violence, Ethnicity, and the End of the Ottoman Empire 1912-1923* (Oxford and New York: Oxford University Press, 2009).

Gingeras, Ryan, 'Nation-States, Minorities, and Refugees, 1914-1923', in Nicholas Doumanis (ed.), *The Oxford Handbook of Europe 1914-1945* (Oxford and New York: Oxford University Press, 2016).

Giovannini, Elio, *L'Italia massimalista: Socialismo e lotta sociale e politica nel primo Dopoguerra* (Rome:

Ediesse 2001).

Gitelman, Zvi Y., *Jewish Nationality and Soviet Politics: The Jewish Sections of the CPSU 1917–1930* (Princeton, NJ: Princeton University Press, 1972).

Glenny, Michael, and Norman Stone (eds.), *The Other Russia: The Experience of Exile* (London: Faber and Faber, 1990).

Glenny, Misha, *The Balkans, 1804–1999* (London: Granta Books, 1999).

Goebel, Stefan, 'Re-Membered and Re-Mobilized: The "Sleeping Dead" in Interwar Germany and Britain', in *Journal of Contemporary History* 39 (2004), 487–501.

Goehrke, Carsten, *Russischer Alltag: Geschichte in neun Zeitbildern*, vol. 2 (Zürich: Chronos, 2003).

Golczewski, Frank, *Deutsche und Ukrainer 1914–1939* (Paderborn: Schöningh, 2010).

Golczewski, Frank, *Polnisch-jüdische Beziehungen 1881–1922: Eine Studie zur Geschichte des Antisemitismus in Osteuropa* (Wiesbaden: Steiner, 1981).

Goldberg, George, *The Peace to End Peace: The Paris Peace Conference of 1919* (London: Pitman, 1970).

Gordeev, Yu. N., *General Denikin: Voenno-istoricheski Ocherk* (Moscow: TPF 'Arkaiur', 1993).

Gould, S. W., 'Austrian Attitudes toward Anschluss: October 1918–September 1919', in *Journal of Modern History* 22 (1950), 220–31.

Goussef, Catherine, *L'Exil russe. La fabrique du réfugié apatride (1920–1939)* (Paris: CNRS Éditions, 2008).

Graebner, Norman, and Edward Bennett, *The Versailles Treaty and its Legacy: The Failure of the Wilsonian Vision* (Cambridge and New York: Cambridge University Press, 2011).

Graham, Helen, *The Spanish Civil War: A Very Short Introduction* (Oxford and New York: Oxford University Press, 2005).

Gratz, Gusztáv (ed.), *A Bolsevizmus Magyarországon* (Budapest: Franklin-Társulat, 1921).

Grau, Bernhard, *Kurt Eisner, 1867–1919: Eine Biografie* (Munich: C. H. Beck, 2001).

Graziosi, Andrea, *The Great Soviet Peasant War: Bolsheviks and Peasants, 1917–1933* (Cambridge, MA: Harvard University Press, 1996).

Greenhalgh, Elizabeth, *Victory through Coalition: Politics, Command and Supply in Britain and France, 1914–1918* (Cambridge and New York: Cambridge University Press, 2005).

Grenzer, Andreas, *Adel und Landbesitz im ausgehenden Zarenreich* (Stuttgart: Steiner, 1995).

Grosch, Waldemar, *Deutsche und polnische Propaganda während der Volksabstimmung in Oberschlesien 1919–1921* (Dortmund: Forschungsstelle Ostmitteleuropa, 2003).

Groß, Gerhard, 'Eine Frage der Ehre? Die Marineführung und der letzte Flottenvorstoß? 1918', in Jörg Duppler and Gerhard P. Groß (eds.), *Kriegsende 1918: Ereignis, Wirkung, Nachwirkung* (Munich: Oldenbourg, 1999), 349–65.

Groueff, Stephane, *Crown of Thorns: The Reign of King Boris III of Bulgaria, 1918–1943* (Lanham, MD: Madison Books, 1987).

Grove, William Remsburgh, *War's Aftermath: Polish Relief in 1919* (New York: House of Field,

1940).

Grozev, Tsvetan, *Voynishkoto vastanie, 1918: Sbornik dokumenti i spomeni* (Sofia: BKP, 1967).

Gruev, Stefan, *Korona ot trani* (Sofia: Balgarski pisatel, 2009).

Guelton, Frédéric, 'La France et la guerre polono-bolchevique', in *Annales: Académie Polonaise des Sciences, Centre Scientifique à Paris* 13 (2010), 89–124.

Guelton, Frédéric, 'Le capitaine de Gaulle et la Pologne (1919–1921)', in Bernard Michel and Józef Łaptos (eds.), *Les relations entre la France et la Pologne au XXe siècle* (Cracow: Eventus, 2002), 113–27.

Gueslin Julien, 'Riga, de la métropole russe à la capitale de la Lettonie 1915–1919', in Philippe Chassaigne and Jean-Marc Largeaud (eds.), *Villes en guerre (1914–1945)* (Paris: Armand Colin, 2004), 185–95.

Gumz, Jonathan E., *The Resurrection and Collapse of Empire in Habsburg Serbia, 1914–1918* (Cambridge and New York: Cambridge University Press, 2009).

Haapala, Pertti, and Marko Tikka, 'Revolution, Civil War and Terror in Finland in 1918', in Gerwarth and Horne (eds.), *War in Peace*, 71–83.

Hagen, Mark von, *Soldiers in the Proletarian Dictatorship: The Red Army and the Soviet Socialist State, 1917–1930* (Ithaca, NY: Cornell University Press, 1990).

Hagen, Mark von, *War in a European Borderland: Occupations and Occupation Plans in Galicia and Ukraine, 1914–1918* (Seattle, WA: University of Washington Press, 2007).

Hagen, William W., 'The Moral Economy of Ethnic Violence: The Pogrom in Lwów, November 1918', in *Geschichte und Gesellschaft* 31 (2005), 203–26.

Hahlweg, Werner, *Der Diktatfrieden von Brest-Litowsk 1918 und die bolschewistische Weltrevolution* (Münster: Aschendorff, 1960).

Haimson, Leopold, 'The Problem of Stability in Urban Russia, 1905–1917', in *Slavic Review* 23 (1964), 619–42, and 24 (1965), 1–22.

Hall, Richard C., *Balkan Breakthrough: The Battle of Dobro Pole 1918* (Bloomington, IN: Indiana University Press, 2010).

Hall, Richard C., 'Balkan Wars 1912–1913', in Ute Daniel et al. (eds.), *1914–1918 online. International Encyclopedia of the First World War.*

Hall, Richard C., *The Balkan Wars, 1912–1913: Prelude to the First World War* (London and New York: Routledge, 2000).

Haller, Oliver, 'German Defeat in World War I, Influenza and Postwar Memory', in Klaus Weinhauer, Anthony McElligott and Kirsten Heinsohn (eds.), *Germany 1916–23: A Revolution in Context* (Bielefeld: Transcript, 2015), 151–80.

Hanebrink, Paul, 'Transnational Culture War: Christianity, Nation and the Judeo-Bolshevik Myth in Hungary 1890–1920', in *Journal of Modern History* (2008), 55–80.

Hanioğlu, M. Şükrü, *A Brief History of the Late Ottoman Empire* (Princeton, NJ: Princeton University Press, 2006).

Hanioğlu, M. Şükrü, *Atatürk: An Intellectual Biography* (Princeton, NJ: Princeton University Press, 2011).

Harris, J. Paul, *Douglas Haig and the First World War* (Cambridge and New York: Cambridge University Press, 2008).

Hasegawa, Tsuyoshi, 'The February Revolution', in Edward Acton, Vladimir Iu. Cherniaev and William G. Rosenberg, (eds.), *Critical Companion to the Russian Revolution 1914–1921* (London: Arnold, 1997), 48–61.

Haslinger, Peter, 'Austria-Hungary', in Gerwarth and Manela (eds.), *Empires at War*, 73–90.

Haumann, Heiko, *Beginn der Planwirtschaft. Elektrifizierung, Wirtschaftsplanung und gesellschaftliche Entwicklung Sowjetrusslands, 1917–1921* (Düsseldorf: Bertelsmann, 1974).

Haupt, Georges, *Socialism and the Great War: The Collapse of the Second International* (Oxford: Clarendon Press, 1972).

Hautmann, Hans, *Die Geschichte der Rätebewegung in Österreich 1918–1924* (Vienna: Europaverlag, 1987).

Hawkins, Nigel, *The Starvation Blockades: Naval Blockades of World War I* (Barnsley: Leo Cooper, 2002).

Healy, Maureen, *Vienna and the Fall of the Habsburg Empire: Total War and Everyday Life in World War I* (Cambridge and New York: Cambridge University Press, 2004).

Heifetz, Elias, *The Slaughter of the Jews in the Ukraine in 1919* (New York: Thomas Seltzer, 1921).

Heimann, Mary, *Czechoslovakia: The State that Failed* (New Haven, CT, and London: Yale University Press, 2009).

Hein-Kircher, Heidi, *Der Piłsudski-Kult und seine Bedeutung für den polnischen Staat 1926–1939* (Marburg: Herder-Institut, 2001).

Heinz, Friedrich Wilhelm, *Sprengstoff* (Berlin: Frundsberg Verlag, 1930).

Helmreich, Paul C., *From Paris to Sèvres: The Partition of the Ottoman Empire at the Paris Peace Conference of 1919–1920* (Columbus, OH: Ohio State University Press, 1974).

Herwig, Holger, *'Luxury Fleet': The Imperial German Navy 1888–1918*, revised edition (London: Ashfield Press, 1987).

Herwig, Holger, *The First World War: Germany and Austria-Hungary, 1914–1918* (London: Edward Arnold, 1996).

Herwig, Holger, 'Clio Deceived: Patriotic Self-Censorship in Germany after the Great War', in *International Security* 12 (1987), 5–22.

Hetherington, Peter, *Unvanquished: Joseph Pilsudski, Resurrected Poland, and the Struggle for Eastern Europe*, 2nd edition (Houston, TX: Pingora Press, 2012).

Hiden, John, *The Baltic States and Weimar Ostpolitik* (Cambridge and New York: Cambridge University Press, 1987).

Hiden, John, and Martyn Housden, *Neighbours or Enemies? Germans, the Baltic, and Beyond* (Amsterdam and New York: Editions Rodopi, 2008).

Hildermeier, Manfred, *Geschichte der Sowjetunion 1917–1991: Entstehung und Niedergang des ersten sozialistischen Staates* (Munich: C. H. Beck, 1998).

Hildermeier, Manfred (ed.), *Der russische Adel von 1700 bis 1917* (Göttingen: Vandenhoeck and Ruprecht, 1990).

Hillmayr, Heinrich, *Roter und Weißer Terror in Bayern nach 1918* (Munich: Nusser, 1974).

Hillmayr, Heinrich, 'München und die Revolution 1918/1919', in Karl Bosl (ed.), *Bayern im Umbruch. Die Revolution von 1918, ihre Voraussetzungen, ihr Verlauf und ihre Folgen* (Munich and Vienna: Oldenbourg, 1969), 453–504.

Hirschon, Renée, 'Consequences of the Lausanne Convention: An Overview', in idem (ed.), *Crossing the Aegean: An Appraisal of the 1923 Compulsory Population Exchange between Greece and Turkey* (New York: Berghahn Books, 2003), 13–20.

Hitchins, Keith, *Rumania, 1866–1947* (Oxford and New York: Oxford University Press, 1994).

Hitilov, Karl, *Selskostopanskoto nastanyavane na bezhantsite 1927–1932* (Sofia: Glavna direktsiya na bezhantsite, 1932).

Hock, Klaus, *Die Gesetzgebung des Rates der Volksbeauftragten* (Pfaffenweiler: Centaurus, 1987).

Hoensch, Jörg, *A History of Modern Hungary, 1867–1994* (London and New York: Longman, 1995).

Hoensch, Jörg, and Dusan Kovac (eds.), *Das Scheitern der Verständigung: Tschechen, Deutsche und Slowaken in der Ersten Republik (1918–1938)* (Essen: Klartext, 1994).

Holquist, Peter, *Making War, Forging Revolution: Russia's Continuum of Crisis, 1914–1921* (Cambridge, MA: Harvard University Press, 2002).

Holquist, Peter, 'Violent Russia, Deadly Marxism? Russia in the Epoch of Violence, 1905–21', in *Kritika: Explorations in Russian and Eurasian History* 4 (2003), 627–52.

Hoppu, Tuomas, and Pertti Haapala (eds.), *Tampere 1918: A Town in the Civil War* (Tampere: Tampere Museums, 2010).

Horak, Stephan M., *The First Treaty of World War I: Ukraine's Treaty with the Central Powers of February 9, 1918* (Boulder, CO: East European Monographs, 1988).

Horn, Daniel, *Mutiny on the High Seas: Imperial German Naval Mutinies of World War One* (London: Leslie Frewin, 1973).

Horne, John, 'Defending Victory: Paramilitary Politics in France, 1918–26', in Gerwarth and Horne (eds.), *War in Peace*, 216–33.

Houlihan, Patrick J., 'Was There an Austrian Stab-in-the-Back Myth? Interwar Military Interpretations of Defeat', in Günther Bischof, Fritz Plasser and Peter Berger (eds.), *From Empire to Republic: Post-World War I Austria* (Innsbruck: Innsbruck University Press, 2010), 67–89.

Housden, Martyn, 'When the Baltic Sea was a Bridge for Humanitarian Action: The League of Nations, the Red Cross and the Repatriation of Prisoners of War between Russia and Central Europe, 1920–22', in *Journal of Baltic Studies* 38 (2007), 61–83.

House, Edward M., *The Intimate Papers of Colonel House Arranged as a Narrative by Charles Seymour*

(Boston, MA, and New York: Houghton Mifflin, 1926–8).

Howard, N. P., 'The Social and Political Consequences of the Allied Food Blockade of Germany, 1918–19', in *German History* 11 (1993), 161–88.

Hughes-Hallett, Lucy, *The Pike: Gabriele D'Annunzio: Poet, Seducer and Preacher of War* (New York: Fourth Estate, 2013).

Hunt Tooley, T., *National Identity and Weimar Germany: Upper Silesia and the Eastern Border, 1918–22* (Lincoln, NB, and London: University of Nebraska Press, 1997).

Hunt Tooley, T., 'German Political Violence and the Border Plebiscite in Upper Silesia, 1919–1921', in *Central European History* 21 (1988), 56–98.

Huntford, Roland, *Nansen: The Explorer as Hero* (New York: Barnes and Noble Books, 1998).

Hürten, Heinz (ed.), *Zwischen Revolution und Kapp-Putsch: Militär und Innenpolitik, 1918–1920* (Düsseldorf: Droste, 1977).

Ignatieff, Michael, *Isaiah Berlin: A Life* (London: Chatto and Windus, 1998).〔石塚雅彦、藤田雄二訳『アイザイア・バーリン』みすず書房、2004年〕

Ihrig, Stefan, *Atatürk in the Nazi Imagination* (Cambridge, MA: Harvard University Press, 2014).

Iliev, Andreya, *Atentatat v 'Sveta Nedelya' i teroristite* (Sofia: Ciela, 2011).

Isnenghi, Mario, *L'Italia in piazza. I luoghi della vita pubblica dal 1848 ai giorni nostri* (Milan: Arnoldo Mondadori, 1994).

Isnenghi, Mario, and Giorgio Rochat, *La Grande Guerra 1914–1918* (Milan: La Nuova Italia, 2000).

Jacob, Mathilde, *Rosa Luxemburg: An Intimate Portrait* (London: Lawrence and Wishart, 2000).

Jacobson, Abigail, *From Empire to Empire: Jerusalem between Ottoman and British Rule* (Syracuse, NY: Syracuse University Press, 2011).

Jägerskiöld, Stig, *Mannerheim: Marshal of Finland* (London: Hurst, 1986).

James, Harold, *The German Slump: Politics and Economics 1924–1936* (Oxford and New York: Oxford University Press, 1986).

Jareb, Mario, *Ustaško-domobranski pokret od nastanka do travnja 1941* (Zagreb: Hrvatski institut za povijest - Školska Knjiga, 2006).

Jászi, Oszkár, *Magyariens Schuld: Ungarns Sühne. Revolution und Gegenrevolution in Ungarn* (Munich: Verlag für Kulturpolitik, 1923).

Jászi, Oszkár, *The Dissolution of the Habsburg Monarchy* (Chicago, IL: University of Chicago Press, 1929).

Jędrzejewicz, Wacław, *Pilsudski: A Life for Poland* (New York: Hippocrene Books, 1990).

Jelić-Butić, Fikreta, *Ustaše i Nezavisna država Hrvatska 1941–1945* (Zagreb: Sveučilišna naklada Liber and Školska knjiga, 1977).

Jena, Detlef, *Die Zarinnen Rußlands (1547–1918)* (Graz: Styria, 1999).

Jensen, Peter K., 'The Greco-Turkish War, 1920–1922', in *International Journal of Middle East Studies* 10 (1979), 553–65.

Jessen-Klingenberg, Manfred, 'Die Ausrufung der Republik durch Philipp Scheidemann am 9. November 1918', in *Geschichte in Wissenschaft und Unterricht* 19（1968）, 649–56.

Jones, Mark William, 'Violence and Politics in the German Revolution, 1918–19', unpublished PhD thesis, European University Institute, 2011.

Jones, Nigel H., *Hitler's Heralds: The Story of the Freikorps 1918–1923*（London: John Murray, 1987）.

Judson, Pieter M., *The Habsburg Empire: A New History*（Cambridge, MA: Harvard University Press, 2016）.

Kachulle, Doris, *Waldemar Pabst und die Gegenrevolution*（Berlin: Organon, 2007）.

Kallis, Aristotle, *Fascist Ideology: Territory and Expansionism in Italy and Germany, 1922–1945*（London: Routledge, 2000）.

Kann, Robert A., *Geschichte des Habsburgerreiches 1526 bis 1918*（Vienna and Cologne: Böhlau, 1990）.

Kann, Robert A., *The Multinational Empire: Nationalism and National Reform in the Habsburg Monarchy, 1848–1918*, 2 vols.（New York: Columbia University Press, 1950）.

Kappeler, Andreas, *Rußland als Vielvölkerreich: Entstehung - Geschichte - Zerfall*（Munich: C. H. Beck, 1993）.

Karagiannis, Christos, *I istoria enos stratioti (1918–1922)*, ed. Filippos Drakontaeidis（Athens: Kedros 2013）.

Karakasidou, Anastasia, *Fields of Wheat, Hills of Blood: Passages to Nationhood in Greek Macedonia, 1870–1990*（Chicago, IL: University of Chicago Press, 1997）.

Kasekamp, Andres, *A History of the Baltic States*（New York: Palgrave Macmillan, 2010）.〔小森宏美、重松尚訳『バルト三国の歴史』明石書店，2014 年〕

Kaser, Michael Charles, and Edward Albert Radice（eds.）, *The Economic History of Eastern Europe, 1919–1975*, vol. 1: *Economic Structure and Performance Between the Two Wars*（Oxford: Clarendon Press, 1985）.

Kaser, Michael Charles, and Edward Albert Radice（eds.）, *The Economic History of Eastern Europe, 1919–1975*, vol. 2: *Interwar Policy, the War and Reconstruction*（Oxford: Clarendon Press, 1986）.

Kastelov, Boyan, *Bulgaria - ot voyna kam vastanie*（Sofia: Voenno izdatelstvo, 1988）.

Kastelov, Boyan, *Ot fronta do Vladaya: Dokumentalen ocherk*（Sofia: BZNS, 1978）.

Katkov, George, *The Kornilov Affair: Kerensky and the Breakup of the Russian Army*（London and New York: Longman, 1980）.

Katzburg, Nathaniel, *Hungary and the Jews: Policy and Legislation, 1920–1943*（Ramat-Gan: Bar-Ilan University Press, 1981）.

Katzburg, Nathaniel, *Zsidópolitika Magyarországon, 1919–1943*（Budapest: Bábel, 2002）.

Katzer, Nikolaus, *Die weiße Bewegung: Herrschaftsbildung, praktische Politik und politische Programmatik im Bürgerkrieg*（Cologne, Weimar and Vienna: Böhlau, 1999）.

Katzer, Nikolaus, 'Der weiße Mythos: Russischer Antibolschewismus im europäischen Nachkrieg', in

Robert Gerwarth and John Horne (eds.), *Krieg im Frieden. Paramilitärische Gewalt in Europa nach dem Ersten Weltkrieg* (Göttingen: Wallstein, 2013), 57–93.

Kayali, Hasan, 'The Struggle for Independence', in Reçat Kasaba (ed.), *The Cambridge History of Turkey*, vol. 4: *Turkey in the Modern World* (Cambridge and New York: Cambridge University Press, 2008).

Kazandjiev, Georgi et al., *Dobrichkata epopeia, 5–6 septemvri 1916* (Dobrich: Matador, 2006).

Kedourie, Elie, 'The End of the Ottoman Empire', in *Journal of Contemporary History* 2 (1968), 19–28.

Keep, John, '1917: The Tyranny of Paris over Petrograd', in *Soviet Studies* 20 (1968), 22–35.

Kelemen, Béla, *Adatok a szegedi ellenforradalom és a szegedi kormány történetéhez* (Szeged: Szerzö Kiadása, 1923).

Kellogg, Michael, *The Russian Roots of Nazism: White Russians and the Making of National Socialism, 1917–1945* (Cambridge and New York: Cambridge University Press, 2005).

Kelly, Matthew J., *The Fenian Ideal and Irish Nationalism, 1882–1916* (Woodbridge: Boydell and Brewer, 2006).

Kennan, George F., *The Decline of Bismarck's European Order: Franco-Russian Relations, 1875–1890* (Princeton, NJ: Princeton University Press, 1981).

Kennedy, David, *Over Here: The First World War and American Society* (Oxford and New York: Oxford University Press, 1980).

Kerekes, Lajos, 'Die "weiße" Allianz: Bayerisch-österreichisch-ungarische Projekte gegen die Regierung Renner im Jahre 1920', in *Österreichische Osthefte* 7 (1965), 353–66.

Kershaw, Ian, *Hitler*, vol. 1: *Hubris, 1889–1936* (London: Penguin, 1998).〔石田勇治監修、川喜田敦子訳『ヒトラー　1889〜1936　傲慢』白水社、2016 年〕

Kershaw, Ian, *Hitler*, vol. 2: *Nemesis, 1936–1945* (London: Penguin, 2001).〔石田勇治監修、福永美和子訳『ヒトラー　1936〜1945　天罰』白水社、2016 年〕

Kershaw, Ian, *The End: The Defiance and Destruction of Hitler's Germany, 1944–1945* (London and New York: Allen Lane, 2011).

Kershaw, Ian, *To Hell and Back: Europe, 1914–1949* (London: Allen Lane, 2015).〔三浦元博・竹田保孝訳『地獄の淵から——ヨーロッパ史　1914〜1949』白水社、2017 年〕

Kiesel, Helmuth, *Ernst Jünger: Die Biographie* (Munich: Siedler, 2007).

Kimerling Wirtschafter, Elise, *Social Identity in Imperial Russia* (DeKalb, IL: Northern Illinois Press, 1997).

King, Greg, and Penny Wilson, *The Fate of the Romanovs* (Hoboken, NJ: John Wiley and Sons, 2003).

Kingsley Kent, Susan, *Aftershocks: Politics and Trauma in Britain, 1918–1931* (Basingstoke and New York: Palgrave Macmillan, 2009).

Kinross, Patrick, *Atatürk: A Biography of Mustafa Kemal, Father of Modern Turkey* (London: Weidenfeld and Nicolson, 1964).

Király, Béla, 'East Central European Society and Warfare in the Era of the Balkan Wars', in idem and Dimitrije / Đorđević, *East Central European Society and the Balkan Wars* (Boulder, CO: Social Science Monographs, 1987), 3–13.

Király, Béla K., and Nandor F. Dreisiger, (eds.), *East Central European Society in World War I* (New York: East European Monographs, 1985).

Kirby, David, *A Concise History of Finland* (Cambridge and New York: Cambridge University Press, 2006).

Kirk, Dudley, *Europe's Population in the Interwar Years* (Geneva and New York: League of Nations, 1946).

Kitchen, James, *The British Imperial Army in the Middle East* (London: Bloomsbury, 2014).

Kitchen, Martin, *The Silent Dictatorship: The Politics of the German High Command under Hindenburg and Ludendorff, 1916–1918* (New York: Holmes and Meier, 1976).

Kitromilides, Paschalis M. (ed.), *Eleftherios Venizelos: The Trials of Statesmanship* (Edinburgh: Edinburgh University Press, 2008).

Kitromilides, Paschalis M. (ed.), *Exodos*, vol. 3 (Athens: Centre for Asia Minor Studies, 2013).

Klimecki, Michał, *Polsko-ukraińska wojna o Lwów i Wschodnią Galicję 1918–1919 r. Aspekty polityczne I wojskowe* (Warsaw: Wojskowy Instytut Historyczny, 1997).

Klinkhammer, Lutz, Amedeo Osto Guerrazzi and Thomas Schlemmer (eds.), *Die 'Achse' im Krieg: Politik, Ideologie und Kriegführung 1939–1945* (Paderborn, Munich, Vienna and Zürich: Schöningh, 2010).

Kluge, Ulrich, *Soldatenräte und Revolution: Studien zur Militärpolitik in Deutschland 1918/19* (Göttingen: Vandenhoeck and Ruprecht, 1975).

Kluge, Ulrich, 'Militärrevolte und Staatsumsturz. Ausbreitung und Konsolidierung der Räteorganisation im rheinisch-westfälischen Industriegebiet', in Reinhard Rürup (ed.), *Arbeiter- und Soldatenräte im rheinisch-westfälischen Industriegebiet* (Wuppertal: Hammer, 1975), 39–82.

Knox, MacGregor, *Common Destiny: Dictatorship, Foreign Policy, and War in Fascist Italy and Nazi Germany* (Cambridge: Cambridge University Press, 2000).

Knox, MacGregor, *To the Threshold of Power, 1922/23: Origins and Dynamics of the Fascist and National Socialist Dictatorship* (New York: Cambridge University Press, 2007).

Koch, Hannsjoachim W., *Der deutsche Bürgerkrieg: Eine Geschichte der deutschen und österreichischen Freikorps 1918–1923* (Berlin: Ullstein, 1978).

Koenen, Gerd, *Der Russland-Komplex: Die Deutschen und der Osten, 1900–1945* (Munich: C. H. Beck, 2005).

Kopisto, Lauri, 'The British Intervention in South Russia 1918–1920', unpublished PhD thesis, University of Helsinki, 2011.

Kostopoulos, Tasos, *Polemos ke ethnokatharsi, I ksehasmeni plevra mias dekaetous ethnikis eksormisis, 1912–1922* (Athens: Vivliorama, 2007).

Kotowski, Christoph, *Die 'moralische Diktatur', in Polen 1926 bis 1939: Faschismus oder autoritäres*

Militärregime? (Munich: Grin, 2011).

Kozhuharov, Kanyu, *Radomirskata republika, 1918–1948* (Sofia: BZNS, 1948).

Kozhuharov, Kanyu, *Reformatorskoto delo na Aleksandar Stambolijski* (Sofia: Fond 'Aleksandar Stambolijski', 1948).

Kozuchowski, Adam, *The Afterlife of Austria-Hungary: The Image of the Habsburg Monarchy in Interwar Europe* (Pittsburgh, PA: University of Pittsburgh Press, 2013).

Kramer, Alan, *Dynamic of Destruction: Culture and Mass Killing in the First World War* (Oxford and New York: Oxford University Press, 2007).

Kramer, Alan, 'Deportationen', in Gerhard Hirschfeld, Gerd Krumeich and Irina Renz (eds.), *Enzyklopädie Erster Weltkrieg* (Paderborn: Schöningh, 2009), 434–5.

Krämer, Gudrun, *A History of Palestine: From the Ottoman Conquest to the Founding of the State of Israel* (Princeton, NJ: Princeton University Press, 2008).

Kraus, Hans-Christof, *Versailles und die Folgen: Außenpolitik zwischen Revisionismus und Verständigung 1919–1933* (Berlin: be.bra, 2013).

Krause, Andreas, *Scapa Flow: Die Selbstversenkung der Wilhelminischen Flotte* (Berlin: Ullstein, 1999).

Krausz, Tamás, and Judit Vértes (eds.), *1919. A Magyarországi Tanácsköztársaság és a kelet-európai forradalmak* (Budapest: L'Harmattan-ELTE BTK Kelet-Európa Története Tanszék, 2010).

Kreis, Georg, *Insel der unsicheren Geborgenheit: die Schweiz in den Kriegsjahren 1914–1918* (Zürich: NZZ, 2014).

Křen, Jan, *Die Konfliktgemeinschaft: Tschechen und Deutsche, 1780–1918* (Munich: Oldenbourg, 1996).

Krethlow, Carl Alexander, *Generalfeldmarschall Colmar Freiherr von der Goltz Pascha: Eine Biographie* (Paderborn: Ferninand Schöningh, 2012).

Krispin, Martin, *'Für ein freies Russland . . .'. Die Bauernaufstände in den Gouvernements Tambov und Tjumen 1920–1922* (Heidelberg: Winter, 2010)

Krumeich, Gerd (ed.), *Versailles 1919: Ziele, Wirkung, Wahrnehmung* (Essen: Klartext Verlag, 2001).

Krumeich, Gerd, 'Die Dolchstoß-Legende', in Etienne François and Hagen Schulze (eds.), *Deutsche Erinnerungsorte*, vol. 1 (Munich: C. H. Beck, 2001), 585–99.

Kučera, Jaroslav, *Minderheit im Nationalstaat. Die Sprachenfrage in den tschechisch-deutschen Beziehungen 1918–1938* (Munich: Oldenbourg, 1999).

Kučera, Rudolf, 'Exploiting Victory, Sinking into Defeat: Uniformed Violence in the Creation of the New Order in Czechoslovakia and Austria 1918–1922', in *Journal of Modern History* (forthcoming).

Kurayev, Oleksii, *Politika Nimechchini i Avstro-Uhorshchini v Pershii svitovij vijni: ukrayinskii napryamok* (Kiev: Inst. Ukraïnskoi Archeohrafiï ta Džereloznavstva Im. M. S. Hrusevskoho, 2009).

Kuromiya, Hiroaki, *Freedom and Terror in the Donbas: A Ukrainian-Russian Borderland 1870s–1990s* (Cambridge and New York: Cambridge University Press, 1998).

Kuron, Hans Jürgen, 'Freikorps und Bund Oberland', unpublished PhD thesis, Munich 1960.

Kusber, Jan, *Krieg und Revolution in Russland 1904–1906: Das Militär im Verhältnis zu Wirtschaft, Autokratie und Gesellschaft* (Stuttgart: Franz Steiner, 1997).

Labanca, Nicola, *La guerra italiana per la Libia, 1911–1931* (Bologna: il Mulino, 2012).

Labanca, Nicola, *Oltremare* (Bologna: il Mulino, 2002).

Labanca, Nicola, 'La guerra sul fronte italiano e Caporetto', in Audoin-Rouzeau and Becker (eds.), *La prima guerra mondiale*, vol. 1, 443–60.

Lackó, Miklós, 'The Role of Budapest in Hungarian Literature 1890–1935', in Tom Bender (ed.), *Budapest and New York: Studies in Metropolitan Transformation, 1870–1930* (New York: Russell Sage Foundation, 1994), 352–66.

Large, David Clay, *Where Ghosts Walked: Munich's Road to the Third Reich* (New York: W. W. Norton, 1997).

Laschitza, Annelies, *Die Liebknechts: Karl und Sophie, Politik und Familie* (Berlin: Aufbau, 2009).

Laschitza, Annelies, *Im Lebensrausch, trotz alledem. Rosa Luxemburg: Eine Biographie* (Berlin: Aufbau, 1996/2002).

Laschitza, Annelies, and Elke Keller, *Karl Liebknecht: Eine Biographie in Dokumenten* (East Berlin: Dietz, 1982).

Lavery, Jason, 'Finland 1917–19: Three Conflicts, One Country', in *Scandinavian Review* 94 (2006), 6–14.

Lawrence, Jon, 'Forging a Peaceable Kingdom: War, Violence, and Fear of Brutalization in Post-First World War Britain', in *Journal of Modern History* 75 (2003), 557–89.

Le Moal, Frédéric, *La Serbie: Du martyre à la victoire 1914–1918* (Paris: Soteca, 2008).

Leeden, Michael A., *The First Duce: D'Annunzio at Fiume* (Baltimore, MD, and London: Johns Hopkins University Press, 1977).

Leggert, George, *The Cheka: Lenin's Political Police, the All-Russian Extraordinary Commission for Combating Counterrevolution and Sabotage (December 1917 to February 1922)* (Oxford: Clarendon Press, 1981).

Lehovich, Dimitry V., *White against Red: The Life of General Anton Denikin* (New York, W. W. Norton, 1974).

Leidinger, Hannes, 'Der Kieler Aufstand und die deutsche Revolution', in idem and Verena Moritz (eds.), *Die Nacht des Kirpitschnikow. Eine andere Geschichte des Ersten Weltkriegs* (Vienna: Deuticke, 2006), 220–35.

Leidinger, Hannes, and Verena Moritz, *Gefangenschaft, Revolution, Heimkehr. Die Bedeutung der Kriegsgefangenproblematik für die Geschichte des Kommunismus in Mittel- und Osteuropa 1917–1920* (Vienna, Cologne and Weimar: Böhlau, 2003).

Leonhard, Jörn, *Die Büchse der Pandora: Geschichte des Ersten Weltkriegs* (Munich: C. H. Beck,

2014).

Levene, Mark, *Crisis of Genocide*, vol. 1: *The European Rimlands 1912–1938* (Oxford and New York: Oxford University Press, 2014).

Levene, Mark, *War, Jews, and the New Europe: The Diplomacy of Lucien Wolf, 1914–1919* (Oxford and New York: Oxford University Press, 1992).

Lewis, Jill, 'Austria: Heimwehr, NSDAP and the Christian Social State', in Aristotle A. Kallis (ed.), *The Fascism Reader* (London and New York: Routledge, 2003) 212–22.

Lieven, Dominic, *Nicholas II: Emperor of All the Russias* (London: Pimlico, 1994).〔小泉摩耶訳『ニコライ 2 世――帝政ロシア崩壊の真実』日本経済新聞社、1993 年〕

Lieven, Dominic, *Russian Rulers under the Old Regime* (New Haven, CT, and London: Yale University Press, 1989).

Lincoln, W. Bruce, *In War's Dark Shadow: The Russians Before the Great War* (London: Dial Press, 1983).

Lincoln, W. Bruce, *Passage through Armageddon: The Russians in War and Revolution* (New York: Simon and Schuster, 1986).

Lincoln, W. Bruce, *Red Victory: A History of the Russian Civil War* (New York: Simon and Schuster, 1989).

Linke, Norbert, *Franz Lehár* (Reinbek bei Hamburg: Rowohlt, 2001).

Lipscher, Ladislav, 'Die Lage der Juden in der Tschechoslowakei nach deren Gründung 1918 bis zu den Parlamentswahlen 1920', in *East Central Europe* 1 (1989), 1–38.

Liulevicius, Vejas Gabriel, *War Land on the Eastern Front: Culture, National Identity and German Occupation in World War I* (Cambridge and New York: Cambridge University Press, 2000).

Liulevicius, Vejas Gabriel, 'Der Osten als apokalyptischer Raum: Deutsche Fronterfahrungen im und nach dem Ersten Weltkrieg', in Gregor Thum (ed.), *Traumland Osten: Deutsche Bilder vom östlichen Europa im 20. Jahrhundert* (Göttingen: Vandenhoeck and Ruprecht, 2006), 47–65.

Lojko, Miklos, *Meddling in Middle Europe: Britain and the 'Lands Between', 1918–1925* (Budapest and New York: Central European University Press, 2006).

Longerich, Peter, *Hitler: Biographie* (Munich: Siedler, 2015).

Lorman, Thomas, 'The Right-Radical Ideology in the Hungarian Army, 1921–23', in *Central Europe* 3 (2005), 67–81.

Lönne, Karl Egon (ed.), *Die Weimarer Republik, 1918–1933: Quellen zum politischen Denken der Deutschen im 19. und 20. Jahrhundert* (Darmstadt: Wissenschaftliche Buchgesellschaft, 2002).

Lösch, Verena, 'Die Geschichte der Tiroler Heimatwehr von ihren Anfängen bis zum Korneuburger Eid (1920–1930)', unpublished PhD thesis, Innsbruck 1986.

Łossowski, Piotr, *Konflikt polsko-litewski 1918–1920*, 2nd edition (Warsaw: Książka i Wiedza, 1996).

Luban, Ottokar, 'Die Massenstreiks für Frieden und Demokratie im Ersten Weltkrieg', in Chajal Boebel and Lothar Wentzel (eds.), *Streiken gegen den Krieg: Die Bedeutung der Massenstreiks in der*

Metallindustrie vom Januar 1918 (Hamburg: VSA-Verlag, 2008), 11–27.

Lüdke, Tilman, *Jihad Made in Germany: Ottoman and German Propaganda and Intelligence Operations in the First World War* (Münster: Lit Verlag, 2005).

Lundgreen-Nielsen, Kay, *The Polish Problem at the Paris Peace Conference: A Study of the Policies of the Great Powers and the Poles, 1918–1919* (Odense: Odense University Press, 1979).

Lupo, Salvatore, *Il fascismo: La politica in un regime totalitario* (Rome: Donzelli, 2000).

Lyttelton, Adrian, *The Seizure of Power: Fascism in Italy 1919–1929* (London: Weidenfeld and Nicolson, 1973).

Lyttleton, Adrian, 'Fascism and Violence in Post-War Italy: Political Strategy and Social Conflict', in Wolfgang J. Mommsen and Gerhard Hirschfeld (eds.), *Social Protest, Violence and Terror* (London: Palgrave Macmillan, 1982), 257–74.

Lytvyn, Mykola R., *Ukrayins'ko-pol's'ka viyna 1918–1919rr* (Lviv: Inst. Ukraïnoznavstva Im. I. Krypjakevyča NAN Ukraïny; Inst. Schidno-Centralnoï Jevropy, 1998).

Macartney, Carlile A., *National States and National Minorities* (Oxford and New York: Oxford University Press, 1934).

Macartney, Carlile A., *The Habsburg Empire, 1790–1918* (London: Weidenfeld and Nicolson, 1969).

Mace, James E., *Communism and the Dilemmas of National Liberation: National Communism in Soviet Ukraine 1918–1933* (Cambridge, MA: Harvard University Press, 1983).

Machtan, Lothar, *Die Abdankung: Wie Deutschlands gekrönte Häupter aus der Geschichte fielen* (Berlin: Propyläen, 2008).

Machtan, Lothar, *Prinz Max von Baden: Der letzte Kanzler des Kaisers* (Berlin: Suhrkamp, 2013).

Mack Smith, Denis, *Mussolini's Roman Empire* (London: Longman, 1976).

MacMillan, Margaret, *Peacemakers: The Paris Conference of 1919 and its Attempt to End War* (London: John Murray, 2001).〔稲村美貴子訳『ピースメイカーズ――1919年パリ講和会議の群像』全二巻、芙蓉書房出版、2007年〕

Maderthaner, Wolfgang, 'Utopian Perspectives and Political Restraint: The Austrian Revolution in the Context of Central European Conflicts', in Günter Bischof, Fritz Plasser and Peter Berger (eds.), *From Empire to Republic: Post-World War I Austria* (New Orleans, LA, and Innsbruck: UNO Press and Innsbruck University Press, 2010), 52–66.

Maderthaner, Wolfgang, 'Die eigenartige Größe der Beschränkung. Österreichs Revolution im mitteleuropäischen Spannungsfeld', in Helmut Konrad and Wolfgang Maderthaner (eds.), *Das Werden der Ersten Republik. . . der Rest ist Österreich*, vol. 1 (Vienna: Carl Gerold's Sohn, 2008), 187–206.

Maier, Charles S., *Leviathan 2.0: Inventing Modern Statehood* (Cambridge, MA: Harvard University Press, 2014).

Maier, Michaela, and Wolfgang Maderthaner (eds.), *Physik und Revolution: Friedrich Adler - Albert Einstein: Briefe, Dokumente, Stellungnahmen* (Vienna: Locker, 2006).

Malefakis, Edward E., *Agrarian Reform and Peasant Revolution in Spain: Origins of the Civil War* (New Haven, CT, and London: Yale University Press, 1970).

Malinowski, Stephan, *Vom König zum Führer: Sozialer Niedergang und politische Radikalisierung im deutschen Adel zwischen Kaiserreich und NS-Staat* (Frankfurt am Main: Fischer, 2003).

Manela, Erez, *The Wilsonian Moment: Self-Determination and the International Origins of Anticolonial Nationalism* (Oxford and New York: Oxford University Press, 2007).

Mann, Michael, *The Dark Side of Democracy: Explaining Ethnic Cleansing* (Cambridge and New York: Cambridge University Press, 2005).

Mann, Thomas, *Diaries 1919–1939*, trans. Richard and Clare Winston (London: André Deutsch, 1983).

Marantzidis, Nikos, 'Ethnic Identity, Memory and Political Behavior: The Case of Turkish-Speaking Pontian Greeks', in *South European Society and Politics* 5 (2000), 56–79.

Mark, Rudolf A., *Krieg an Fernen Fronten: Die Deutschen in Zentralasien und am Hindukusch 1914–1924* (Paderborn: Ferdinand Schöningh, 2013).

Markov, Georgi, *Bulgaria v Balkanskia sayuz sreshtu Osmanskata imperia, 1911–1913* (Sofia: Zahariy Stoyanov, 2012).

Markov, Georgi, *Golyamata voina i bulgarskata strazha mezhdu Sredna Evropa i Orienta, 1916–1919* (Sofia: Akademichno izdatelstvo 'Prof. Marin Drinov', 2006).

Markov, Georgi, *Golyamata voina i bulgarskiat klyuch kym evropeiskiat pogreb (1914–1916)* (Sofia: Akademichno izdatelstvo 'Prof. Marin Drinov', 1995).

Marks, Sally, 'The Myths of Reparations', in *Central European History* 11 (1978), 231–9.

Martin, Terry, *The Affirmative Action Empire: Nations and Nationalism in the Soviet Union, 1923–1939* (Ithaca, NY: Cornell University Press, 2001).

März, Eduard, 'Die große Depression in Österreich 1930–1933', in *Wirtschaft und Gesellschaft* 16 (1990), 409–38.

Matsusaka, Yoshihisa Tak, *The Making of Japanese Manchuria, 1904–1932* (Cambridge, MA: Harvard University Press, 2001).

Matthew, James, 'Battling Bolshevik Bogeymen: Spain's *Cordon Sanitaire* against Revolution from a European Perspective, 1917–1923', *Journal of Military History*, 80 (2016), 725–55.

Mavrogordatos, George, 'Metaxi dio polemon. Politiki Istoria 1922–1940', in Vassilis Panagiotopoulos (ed.), *Istoria tou Neou Ellinismou*, vol. 7 (Athens: Ellinika Grammata, 2003), 9–10.

Mawdsley, Evan, *The Russian Civil War* (Boston, MA, and London: Allen and Unwin, 1987).

Mawdsley, Evan, *The Russian Civil War* (London: Birlinn, 2000).

Mawdsley, Evan, 'International Responses to the Russian Civil War (Russian Empire)', in *1914–1918 online. International Encyclopedia of the First World War.*

May, Arthur, *The Passing of the Habsburg Monarchy*, vol. 2 (Philadelphia, PA: University of Pennsylvania Press, 1966).

Mayer, Arno, *Wilson vs. Lenin: Political Origins of the New Democracy, 1917–1918* (Cleveland, OH: World, 1964).〔斉藤孝・木畑洋一訳『ウィルソン対レーニン――新外交の政治的起源 1917〜1918年』全二巻、岩波書店、1983年〕

Mayer, Arno J., *The Furies: Violence and Terror in the French and Russian Revolutions* (Princeton, NJ: Princeton University Press, 2000).

Mazower, Mark, *Dark Continent: Europe's Twentieth Century* (New York: Vintage Books, 1998).〔中田瑞穂・網谷龍介訳『暗黒の大陸――ヨーロッパの20世紀』未來社、2015年〕

Mazower, Mark, *Governing the World: The History of an Idea* (London: Penguin, 2013).〔依田卓巳訳『国際協調の先駆者たち――理想と現実の200年』NTT出版、2015年〕

Mazower, Mark, *Hitler's Empire: How the Nazis Ruled Europe* (New York and London: Allen Lane, 2008).

Mazower, Mark, *Salonica, City of Ghosts: Christians, Muslims and Jews, 1430–1950* (New York: Harper Perennial, 2005).

Mazower, Mark, 'Minorities and the League of Nations in Interwar Europe', in *Daedalus* 126 (1997), 47–63.

McAuley, Mary, *Bread and Justice: State and Society in Petrograd, 1917–1922* (Oxford: Clarendon Press, 1991).

McCarthy, Justin, *Death and Exile: The Ethnic Cleansing of Ottoman Muslims 1821–1922* (Princeton, NJ: Darwin Press, 2004).

McCarthy, Justin, *The Ottoman Peoples and the End of Empire* (London: Arnold, 2005).

McElligott, Anthony, *Rethinking the Weimar Republic: Authority and Authoritarianism, 1916–1936* (London: Bloomsbury, 2014).

McMeekin, Sean, *History's Greatest Heist: The Looting of Russia by the Bolsheviks* (New Haven, CT, and London: Yale University Press, 2009).

McRandle, James, and James Quirk, 'The Blood Test Revisited: A New Look at German Casualty Counts in World War I', in *Journal of Military History* 70 (2006), 667–702.

Meaker, Gerald H., *The Revolutionary Left in Spain 1914–1923* (Stanford, CA: Stanford University Press, 1974).

Melancon, Michael S., *The Lena Goldfields Massacre and the Crisis of the Late Tsarist State* (College Station, TX: Texas A&M University Press, 2006).

Meneses, Filipe de, *Salazar: A Political Biography* (New York: Enigma Books, 2009).

Méouchy, Nadine, and Peter Sluglett (eds.), *The British and French Mandates in Comparative Perspective* (Leiden: Brill, 2004).

Meyer, Gert, *Studien zur sozialökonomischen Entwicklung Sowjetrusslands 1921–1923: Die Beziehungen zwischen Stadt und Land zu Beginn der Neuen Ökonomischen Politik* (Cologne: Pahl-Rugenstein, 1974).

Michael, Holger, *Marschall Józef Piłsudski 1867–1935: Schöpfer des modernen Polens* (Bonn: Pahl-Rugenstein, 2010).

Michels, Eckard, 'Die "Spanische Grippe" 1918/19: Verlauf, Folgen und Deutungen in Deutschland im Kontext des Ersten Weltkriegs', in *Vierteljahrshefte für Zeitgeschichte* (2010), 1–33.

Mick, Christoph, 'Vielerlei Kriege: Osteuropa 1918–1921', in Dietrich Beyrau et al. (eds.), *Formen des Krieges von der Antike bis zur Gegenwart* (Paderborn: Schöningh 2007), 311–26.

Mick, Christoph, *Lemberg - Lwów - L'viv, 1914–1947: Violence and Ethnicity in a Contested City* (West Lafayette, IN: Purdue University Press, November 2015).

Middlebrook, Martin, *The Kaiser's Battle: The First Day of the German Spring Offensive* (London: Viking, 1978).

Mierau, Fritz, *Russen in Berlin, 1918–1933* (Berlin: Quadriga, 1988).

Mikoletzky, Lorenz, 'Saint-Germain und Karl Renner: Eine Republik wird diktiert', in Konrad and Maderthaner (eds.), *Das Werden der Ersten Republik . . . der Rest ist Österreich*, vol. 1, 179–86.

Millan, Matteo, *Squadrismo e squadristi nella dittatura fascista* (Rome: Viella, 2014).

Millan, Matteo, 'The Institutionalization of Squadrismo: Disciplining Paramilitary Violence in the Fascist Dictatorship', in *Contemporary European History* 22 (2013), 551–74.

Miller, Daniel E., 'Colonizing the Hungarian and German Border Areas during the Czechoslovak Land Reform, 1918–1938', in *Austrian History Yearbook* 34 (2003), 303–17.

Miller, Marshall Lee, *Bulgaria during the Second World War* (Stanford, CA: Stanford University Press, 1975).

Miller, Susanne, *Die Bürde der Macht: Die deutsche Sozialdemokratie 1918–1920* (Düsseldorf: Droste, 1978).

Milow, Caroline, *Die ukrainische Frage 1917–1923 im Spannungsfeld der europäischen Diplomatie* (Wiesbaden: Harrassowitz, 2002).

Milton, Giles, *Paradise Lost: Smyrna 1922: The Destruction of Islam's City of Tolerance* (London: Sceptre, 2008).

Minchev, Dimitre, *Participation of the Population of Macedonia in the First World War* (Sofia: Voenno izdatelstvo, 2004).

Mir, Nejiski, *Vojna enciklopedija* (Belgrade: Vojno-izdavački zavod, 1973).

Mitchell, Allan, *Revolution in Bavaria 1918–19: The Eisner Regime and the Soviet Republic* (Princeton, NJ: Princeton University Press, 1965).

Mitchell, David, *1919: Red Mirage* (London: Jonathan Cape, 1970).

Mitev, Yono, *Fashistkiyat prevrat na deveti yuni 1923 godina i Yunskoto antifashistko vastanie* (Sofia: BZNS, 1973).

Mitrofanis, Giorgos, 'Ta dimosia ikonomika. Ikonomiki anorthossi ke polemi, 1909–1922', in Vassilis Panagiotopoulos (ed.), *Istoria tou Neou Ellinismou, 1770–2000*, vol. 6 (Athens: Ellinika Grammata, 2003), 124–7.

Mitrović, Andrej, *Jugoslavija na Konferenciji mira 1919–1920* (Belgrade: Zavod za izdavanje udžbenika SR Srbije, 1969).

Mitrović, Andrej, *Serbia's Great War, 1914–1918* (London: Hurst, 2007).

Mitter, Rana, *China's War with Japan, 1937–1945: The Struggle for Survival* (London: Allen Lane, 2014).

Mitter, Rana, *A Bitter Revolution: China's Struggle with the Modern World* (Oxford and New York: Oxford University Press, 2004).

Mizov, Nikolay, *Vliyanieto na Velikata oktomvriyska sotsialisticheska revolyutsia varhu Vladayskoto vaorazheno vastanie na voynishkite masi u nas prez septembri 1918 godina [The Impact of the Great October Socialist Revolution upon the Vladaya Armed Uprising of the Soldiers' Masses in September 1918]* (Sofia: NS OF, 1957).

Mócsy, István I., *The Effects of World War I: The Uprooted: Hungarian Refugees and their Impact on Hungary's Domestic Politics, 1918–1921* (New York: Columbia University Press, 1983).

Molnár, Miklós, *From Béla Kun to János Kádár: Seventy Years of Hungarian Communism* (New York: St Martin's Press, 1990).

Mommsen, Hans, 'Adolf Hitler und der 9. November 1923', in Johannes Willms (ed.), *Der 9. November. Fünf Essays zur deutschen Geschichte*, 2nd edition (Munich: C. H. Beck, 1995), 33–48.

Montgomery, A. E., 'The Making of the Treaty of Sèvres of 10 August 1920', in *The Historical Journal* 15 (1972), 775–87.

Moral, Juan Díaz del, *Historia de las agitaciones campesinas andaluzas. Córdoba. Antecedentes para una reforma agraria* (Madrid: Alianza, 1995).

Moral, Juan Díaz del, 'Historia de las agitaciones campesinas andaluzas', in Isidoro Moreno Navarro (ed.), *La identidad cultural de Andalucía, aproximaciones, mixtificaciones, negacionismo y evidencias* (Seville: Fundación Pública Andaluza Centro de Estudios Andaluces, 2008).

Morgan, Philip, *Italian Fascism, 1919–1945* (London: Macmillan, 1995).

Morgenthau, Henry, *I Was Sent to Athens* (Garden City, NY: Doubleday, 1929).

Mosse, George L., *Fallen Soldiers: Reshaping the Memory of the World Wars* (Oxford and New York: Oxford University Press, 1990).

Mroczka, Ludwik, 'Przyczynek do kwestii żydowskiej w Galicji u progu Drugiej Rzeczpospolitej', in Feliksa Kiryka (ed.), *Żydzi w Małopolsce. Studia z dziejów osadnictwa i życia społecznego* (Przemyśl: Południowo-Wschodni Instytut Naukowy w Przemyślu, 1991), 297–308.

Mühlhausen, Walter, *Friedrich Ebert, 1871–1925: Reichspräsident der Weimarer Republik* (Bonn: Dietz Verlag, 2006).

Mulligan, William, *The Great War for Peace* (New Haven, CT, and London: Yale University Press, 2014).

Mussolini, Benito, *Opera omnia*, vols. 16 and 29 (Florence: La Fenice, 1955–9).

Nachtigal, Reinhard, *Kriegsgefangenschaft an der Ostfront 1914–1918: Literaturbericht zu einem neuen Forschungsfeld* (Frankfurt: Peter Lang, 2003).

Nachtigal, Reinhard, *Russland und seine österreichisch-ungarischen Kriegsgefangenen (1914–1918)* (Remshalden: Verlag Bernhard Albert Greiner, 2003).

Nachtigal, Reinhard, 'Die kriegsgefangenen k. u. k. Generalität in Russland während des Ersten

Weltkriegs', in *Österreich in Geschichte und Literatur* (mit Geographie) 47 (2003), 258–74.

Naimark, Norman M., *Fires of Hatred: Ethnic Cleansing in Twentieth-Century Europe* (Cambridge, MA: Harvard University Press, 2002). 〔山本明代訳『民族浄化のヨーロッパ史——憎しみの連鎖の 20 世紀』刀水書房、2014 年〕

Naumov, Georgi, *Aleksandar Tzankov i Andrey Lyapchev v politikata na darzhavnoto upravlenie* (Sofia: IF 94, 2004).

Nebelin, Manfred, *Ludendorff: Diktator im Ersten Weltkrieg* (Munich: Siedler, 2010).

Neck, Rudolf (ed.), *Österreich im Jahre 1918: Berichte und Dokumente* (Vienna: Oldenbourg, 1968).

Nedev, Nedyu, *Aleksandar Stambolijski i zagovorat* (Sofia: BZNS, 1984).

Nedev, Nedyu, *Tsar Boris III: Dvoretsat i tayniyat cabinet* (Plovdiv: IK 'Hermes', 2009).

Nedev, Nikola, and Tsocho Bilyarski, *Doyranskata epopeia, 1915–1918* (Sofia: Aniko/Simolini, 2009).

Negro, Piero del, 'Vittorio Veneto e l'armistizio sul fronte italiano', in Audoin-Rouzeau and Becker (eds.), *La prima guerra mondiale*, vol. 2, 333–43.

Neiberg, Michael S., *The Second Battle of the Marne* (Bloomington, IN: Indiana University Press, 2008).

Nello, Paolo, 'La rivoluzione fascista ovvero dello squadrismo nazional rivoluzionario', in *Storia contemporanea* 13 (1982), 1,009–25.

Nettl, Peter, *Rosa Luxemburg* (Frankfurt am Main: Büchergilde Gutenberg, 1968). 〔諫山正・川崎賢・宮島直機・湯浅赳男・米川紀生訳『ローザ・ルクセンブルク』全二巻、河出書房新社、1974〜75 年〕

Neumann, Wilhelm, *Abwehrkampf und Volksabstimmung in Kärnten, 1918–1920: Legenden und Tatsachen*, 2nd edition (Klagenfurt: Kärntner Landesarchiv, 1985).

Neutatz, Dietmar, *Träume und Alpträume: Eine Geschichte Russlands im 20. Jahrhundert* (Munich: C. H. Beck, 2013).

Newman, John Paul, 'Serbian Integral Nationalism and Mass Violence in the Balkans 1903–1945', in *Tijdschrift voor Geschiedenis*, 124 (2011), 448–63.

Newman, John Paul, 'The Origins, Attributes, and Legacies of Paramilitary Violence in the Balkans', in Gerwarth and Horne (eds.), *War in Peace*, 145–63.

Newman, John Paul, *Yugoslavia in the Shadow of War: Veterans and the Limits of State Building, 1903–1945* (Cambridge and New York: Cambridge University Press, 2015).

Nicolle, David, *The Italian Invasion of Abyssinia 1935–1936* (Westminster, MD: Osprey, 1997).

Niebrzydowski, Paul, *The American Relief Administration in Poland after the First World War, 1918–1923* (Washington DC: IARO Scholar Research Brief, 2015).

Nikolov, Kosta, *Kletvoprestapnitsite: Vladayskite sabitiya prez septemvri 1918 [The Oath-breakers: The Vladaya Events in September 1918]* (Sofia: Angoboy, 2002).

Nivet, Philippe, *Les réfugiés français de la Grande Guerre, 1914–1920: Les 'boches du nord'* (Paris:

Institut de Stratégie Comparée, 2004).

Noske, Gustav, *Von Kiel bis Kapp: Zur Geschichte der deutschen Revolution* (Berlin: Verlag für Politik und Wirtschaft, 1920).

Nowak, Andrzej, 'Reborn Poland or Reconstructed Empire? Questions on the Course and Results of Polish Eastern Policy (1918–1921)', in *Lithuanian Historical Studies* 13 (2008), 134–42.

Nusser, Horst G., *Konservative Wehrverbände in Bayern, Preussen und Österreich mit einer Biographie von Georg Escherich 1870–1941*, 2 vols. (Munich: Nusser, 1973).

O'Brien, Paul, *Mussolini in the First World War: The Journalist, the Soldier, the Fascist* (London: Bloomsbury, 2005).

Ognyanov, Lyubomir, *Voynishkoto vastanie 1918 [The Soldiers' Uprising]* (Sofia: Nauka i izkustvo, 1988).

Olechnowicz, Andrzej, 'Liberal Anti-Fascism in the 1930s: The Case of Sir Ernest Barker', in *Albion: A Quarterly Journal Concerned with British Studies* 36 (2004), 636–60.

Orga, Irfan, and Margarete Orga, *Atatürk* (London: Michael Joseph, 1962).

Ortaggi, Simonetta, 'Mutamenti sociali e radicalizzazione dei conflitti in Italia tra guerra e dopoguerra', in *Ricerche storiche* 27 (1997), 673–89.

Orzoff, Andrea, *Battle for the Castle* (Oxford and New York: Oxford University Press, 2009).

Osborne, Eric W., *Britain's Economic Blockade of Germany, 1914–1919* (London and New York: Frank Cass, 2004).

Osipova, Taisia, 'Peasant Rebellions: Origins, Scope, Dynamics, and Consequences', in Vladimir N. Brovkin (ed.), *The Bolsheviks in Russian Society* (New Haven, CT, and London: Yale University Press, 1997), 154–76.

Overmans, Rüdiger, 'Kriegsverluste', in Gerhard Hirschfeld, Gerd Krumeich and Irina Renz (eds.), *Enzyklopädie Erster Weltkrieg*, 2nd revised edition (Paderborn: Schöningh, 2004), 663–6.

Overy, Richard J., *The Interwar Crisis, 1919–1939* (Essex: Pearson, 1994).

Pallis, Alexandros A., *Greece's Anatolian Venture - and After: A Survey of the Diplomatic and Political Aspects of the Greek Expedition to Asia Minor (1915–1922)* (London: Methuen and Company, 1937).

Palmer, James, *The Bloody White Baron: The Extraordinary Story of the Russian Nobleman Who Became the Last Khan of Mongolia* (New York: Basic Books, 2009).

Pasetti, Matteo, *Tra classe e nazione. Rappresentazioni e organizzazione del movimento nazional-sindacalista, 1918–1922* (Rome: Carocci, 2008).

Pastor, Peter, *Hungary between Wilson and Lenin: The Hungarian Revolution of 1918–1919 and the Big Three* (New York: Columbia University Press, East European Monograph, 1976).

Patenaude, Bertrand M., *The Big Show in Bololand: The American Relief Expedition to Soviet Russia in the Famine of 1921* (Stanford, CA: Stanford University Press, 2002).

Pauley, Bruce F., *From Prejudice to Persecution: A History of Austrian Anti-Semitism* (Chapel Hill, NC: University of North Carolina Press, 1992).

Pauley, Bruce F., 'Politischer Antisemitismus im Wien der Zwischenkriegszeit', in Gerhard Botz et al. (eds.), *Eine zerstörte Kultur: Jüdisches Leben und Antisemitismus in Wien seit dem 19. Jahrhundert* (Buchloe: Obermayer, 1990), 221–3.

Pavlović, Srdja, *Balkan Anschluss: The Annexation of Montenegro and the Creation of a Common South Slav State* (West Lafayette, IN: Purdue University Press, 2008).

Payne, Stanley, *Franco and Hitler: Spain, Germany, and World War II* (New Haven, CT, and London: Yale University Press, 2008).

Pearson, Raymond, 'Hungary: A State Truncated, a Nation Dismembered', in Seamus Dunn and T. G. Fraser, *Europe and Ethnicity: World War I and Contemporary Ethnic Conflict* (London and New York: Routledge, 1996), 88–109.

Pearson, Raymond, *National Minorities in Eastern Europe: 1848–1945* (London: Macmillan, 1983).

Pedersen, Susan, *The Guardians: The League of Nations and the Crisis of Empire* (Oxford and New York: Oxford University Press, 2015).

Pedersen, Susan, 'The Meaning of the Mandates System: An Argument', in *Geschichte und Gesellschaft* 32 (2006), 1–23.

Pentzopoulos, Dimitri, *The Balkan Exchange of Minorities* (Paris and The Hague: Mouton, 2002).

Pereira, Norman G. O., *White Siberia: The Politics of Civil War* (Montreal: McGill-Queen's University Press, 1996).

Perman, Dagmar, *The Shaping of the Czechoslovak State: Diplomatic History of the Boundaries of Czechoslovakia* (Leiden: Brill, 1962).

Petersen, Jens, *Hitler-Mussolini: Die Entstehung der Achse Berlin-Rom 1933–1936* (Tübingen: De Gruyter Niemeyer, 1973).

Petersen, Jens, 'Il problema della violenza nel fascismo italiano', in *Storia contemporanea* 13 (1982), 985–1,008.

Petranović, Branko, *Istorija Jugoslavije*, vol. 1 (Belgrade: Nolit, 1988).

Petrov, Ivan Metodiev, *Voynata v Makedonia (1915–1918)* (Sofia: Semarsh, 2008).

Petrov, Viktor, 'The Town on the Sungari', in Stone and Glenny (eds.), *The Other Russia*, 205–21.

Petrova, Dimitrina, *Aleksandar Tzankov i negovata partia: 1932–1944* (Sofia: Dio Mira, 2011).

Phillips, Howard, and David Killingray (eds.), *The Spanish Influenza Pandemic of 1918–19: New Perspectives* (London and New York: Routledge, 2003).

Piazza, Giuseppe, *La nostra terra promessa: lettere dalla Tripolitania marzo-maggio 1911* (Rome: Lux, 1911).

Pichlík, Karel, 'Der militärische Zusammenbruch der Mittelmächte im Jahre 1918', in Richard Georg Plaschka and Karlheinz Mack (eds.), *Die Auflösung des Habsburgerreiches: Zusammenbruch und Neuorientierung im Donauraum* (Munich: Verlag für Geschichte und Politik, 1970), 249–65.

Pipes, Richard, *Russia under the Bolshevik Regime* (New York: Knopf, 1993).

Pipes, Richard, *The Russian Revolution 1899–1919* (London: Harvill Press, 1990, 1997)

Pistohlkors, Gert von (ed.), *Deutsche Geschichte im Osten Europas. Baltische Länder* (Berlin: Siedler,

1994).

Pitt-Rivers, George, *The World Significance of the Russian Revolution* (London: Blackwell, 1920).

Plakans, Andrejs, *A Concise History of the Baltic States* (Cambridge and New York: Cambridge University Press, 2011).

Plakans, Andrejs, *The Latvians: A Short History* (Stanford, CA: Hoover Institution Press, 1995).

Plaschka, Richard G., Horst Haselsteiner and Arnold Suppan, *Innere Front: Militärassistenz, Widerstand und Umsturz in der Donaumonarchie 1918*, 2 vols. (Vienna: Verlag für Geschichte und Politik, 1974).

Plöckinger, Othmar, *Unter Soldaten und Agitatoren. Hitlers prägende Jahre im deutschen Militär 1918–1920* (Paderborn: Schöningh, 2013).

Plowman, Matthew, 'Irish Republicans and the Indo-German Conspiracy of World War I', in *New Hibernia Review* 7 (2003), 81–105.

Poliakov, Léon, *The History of Anti-Semitism*, vol. 4: *Suicidal Europe, 1870–1933* (Philadelphia, PA: University of Pennsylvania Press, 2003).〔小幡谷友二・高橋博美・宮崎海子訳『自殺に向かうヨーロッパ』(反ユダヤ主義の歴史、第 4 巻)、筑摩書房、2006 年〕

Poljakov, Jurij Aleksandrovič et al., *Naselenie Rossii v XX veke: istori českie o čerki* (Moscow: ROSSPEN, 2000).

Pölöskei, Ferenc, *A rejtélyes Tisza-gyilkosság* (Budapest: Helikon Kiadó, 1988).

Popnikolov, Dimitar, *Balgarite ot Trakiya i spogodbite na Balgaria s Gartsia i Turtsia* (Sofia: n.p., 1928).

Poryazov, Delcho, *Pogromat nad trakijskite bălgari prez 1913 g.: razorenie i etnichesko iztreblenie* (Sofia: Akademichno izdatelstvo 'Prof. Marin Drinov', 2009).

Pourchier-Plasseraud, Suzanne, 'Riga 1905–2005: A City with Conflicting Identities', in *Nordost-Archiv* 15 (2006), 175–94.

Preston, Paul, *The Spanish Civil War: Reaction, Revolution, and Revenge* (New York: W. W. Norton and Company, 2006).

Priestland, David, *The Red Flag: A History of Communism* (London: Penguin, 2009).

Procacci, Giovanna, *Dalla rassegnazione alla rivolta. Mentalità e comportamenti popolari nella Grande Guerra* (Rome: Bulzoni, 1999).

Procacci, Giovanna, *Warfare-welfare: Intervento dello Stato e diritti dei cittadini 1914–18* (Rome: Carocci, 2013).

Prost, Antoine, 'The Impact of War on French and German Political Cultures', in *The Historical Journal* 37 (1994), 209–17.

Prost, Antoine, and Jay Winter (eds.), *The Great War in History: Debates and Controversies, 1914 to the Present* (Cambridge and New York: Cambridge University Press, 2005).

Provence, Michael, 'Ottoman Modernity, Colonialism, and Insurgency in the Arab Middle East', in *International Journal of Middle East Studies* 43 (2011), 205–25.

Prusin, Alexander V., *The Lands Between: Conflict in the East European Borderlands, 1870–1992*

(Oxford and New York: Oxford University Press, 2010).
Pugh, Martin, *'Hurrah for the Blackshirts!': Fascists and Fascism in Britain between the Wars* (London: Pimlico, 2006).
Pulzer, Peter, *The Rise of Political Anti-Semitism in Germany and Austria*, 2nd revised edition (Cambridge, MA: Harvard University Press, 1988).
Purseigle, Pierre, A '"Wave on to Our Shores": The Exile and Resettlement of Refugees from the Western Front, 1914–1918', in *Contemporary European History*, 16 (2007), 427–44.
Quiroga, Alejandro, *Making Spaniards: Primo de Rivera and the Nationalization of the Masses, 1923–30* (London and New York: Palgrave Macmillan, 2007).
Rabinowitch, Alexander, *The Bolsheviks in Power: The First Year of Soviet Rule in Petrograd* (Bloomington, IN: Indiana University Press, 2007).
Rachaminow, Alan, *POWs and the Great War: Captivity on the Eastern Fron*t (Oxford and New York: Berg, 2002).
Radzinsky, Edvard, *The Last Tsar: The Life and Death of Nicholas II* (New York: Doubleday, 1992). 〔工藤精一郎訳『皇帝ニコライ処刑——ロシア革命の真相』全二巻、日本放送出版協会、1993 年〕
Raef, Marc, *Russia Abroad: A Cultural History of the Russian Emigration, 1919–1939* (Oxford and New York: Oxford University Press, 1990).
Rakočević, Novica, *Crna Gora u Prvom svjetskom ratu 1914–1918* (Cetinje: Obod, 1969).
Raleigh, Donald J., *Experiencing Russia's Civil War: Politics, Society and Revolutionary Culture in Saratov, 1917–1922* (Princeton, NJ: Princeton University Press, 2002).
Raleigh, Donald J., 'The Russian Civil War 1917–1922', in Ronald Grigor Suny (ed.), *The Cambridge History of Russia*, vol. 3 (Cambridge: Cambridge University Press, 2006), 140–67.
Rape, Ludger, *Die österreichischen Heimwehren und die bayerische Rechte 1920–1923* (Vienna: Europa-Verlag, 1977).
Raphael, Lutz, *Imperiale Gewalt und Mobilisierte Nation: Europa 1914–1945* (Munich: C. H. Beck, 2011).
Rappaport, Helen, *Conspirator: Lenin in Exile* (New York: Basic, 2010).
Rauch, Georg von, *The Baltic States: The Years of Independence: Estonia, Latvia, Lithuania, 1917–1940* (Berkeley, CA: University of California Press, 1974).
Rauchensteiner, Manfried, *Der Tod des Doppeladlers: Österreich-Ungarn und der Erste Weltkrieg* (Graz: Styria, 1993).
Rauchensteiner, Manfried, 'L'Autriche entre confiance et résignation, 1918–1920', in Audoin-Rouzeau and Prochasson (eds.), *Sortir de la Grande Guerre*, 165–85.
Raun, Toivo U., 'The Revolution of 1905 in the Baltic Provinces and Finland', in *Slavic Review*, 43 (1984), 453–67.
Rauscher, Walter, 'Die Republikgründungen 1918 und 1945', in Klaus Koch, Walter Rauscher, Arnold Suppan and Elisabeth Vyslonzil (eds.), *Außenpolitische Dokumente der Republik Österreich*

1918–1938. Sonderband: Von Saint-Germain zum Belvedere: Österreich und Europa 1919–1955 (Vienna and Munich: Verlag für Geschichte und Politik, 2007), 9–24.

Raymond, Boris, and David R. Jones, *The Russian Diaspora 1917–1941* (Lanham, MD: Scarecrow, 2000).

Read, Anthony, *The World on Fire: 1919 and the Battle with Bolshevism* (London: Pimlico, 2009).

Read, Christopher, *From Tsar to Soviets: The Russian People and their Revolution, 1917–1921* (Oxford and New York: Oxford University Press, 1996).

Read, Christopher, *Lenin: A Revolutionary Life* (Abingdon and New York: Routledge, 2005).

Reichardt, Sven, *Faschistische Kampfbünde: Gewalt und Gemeinschaft im italienischen Squadrismus und in der deutschen SA* (Cologne, Weimar and Vienna: Böhlau Verlag, 2002).

Reinharz, Jehuda, *Chaim Weizmann: The Making of a Statesman*, 2nd edition (Oxford and New York: Oxford University Press, 1993).

Rena, Paul, 'Der christlichsoziale Antisemitismus in Wien 1848–1938', unpublished PhD thesis, Vienna, 1991.

Reulecke, Jürgen, *'Ich möchte einer werden so wie die . . .': Männerbünde im 20. Jahrhundert* (Frankfurt am Main: Campus, 2001).

Reynolds, David, *The Long Shadow: The Great War and the Twentieth Century* (London: Simon and Schuster, 2013).

Reynolds, Michael A., 'The Ottoman-Russian Struggle for Eastern Anatolia and the Caucasus, 1908–1918: Identity, Ideology and the Geopolitics of World Order', PhD thesis, Princeton University, 2003.

Reynolds, Michael A., *Shattering Empires: The Clash and Collapse of the Ottoman and Russian Empires, 1908–1918* (Cambridge and New York: Cambridge University Press, 2011).

Rey Reguillo, Fernando del, 'El empresario, el sindicalista y el miedo', in Manuel Pérez Ledesma and Rafael Cruz (eds.), *Cultura y movilización en la España contemporánea* (Madrid: Alianza, 1997), 235–72.

Rhode, Gotthold, 'Das Deutschtum in Posen und Pommerellen in der Zeit der Weimarer Republik', in Senatskommission für das Studium des Deutschtums im Osten an der Rheinischen Friedrich-Wilhelms-Universität Bonn (ed.), *Studien zum Deutschtum im Osten* (Cologne and Graz: Böhlau, 1966), 88–132.

Riasanovsky, Nicholas Valentine, and Mark Steinberg, *A History of Russia* (Oxford and New York: Oxford University Press, 2005).

Riccardi, Luca, *Alleati non amici: le relazioni politiche tra l'Italia e l'Intesa durante la prima guerra mondiale* (Brescia: Morcelliana, 1992).

Rigotti, Francesca, 'Il medico-chirurgo dello Stato nel linguaggio metaforico di Mussolini', in Civiche Raccolte Storiche Milano (ed.), *Cultura e società negli anni del fascismo* (Milan: Cordani, 1987).

Robinson, Paul, *The White Russian Army in Exile, 1920–1941* (Oxford and New York: Oxford University Press, 2002).

Rochat, Giorgio, *Gli arditi della grande guerra: origini, battaglie e miti* (Milan: Feltrinelli, 1981).

Rodogno, Davide, *Fascism's European Empire: Italian Occupation during the Second World War* (Cambridge: Cambridge University Press, 2008).

Rogan, Eugene, *The Fall of the Ottomans: The Great War in the Middle East, 1914–1920* (London: Allen Lane, 2015).〔白須英子訳『オスマン帝国の崩壊――中東における第一次世界大戦』白水社、2017 年〕

Rogger, Hans, *Russia in the Age of Modernization and Revolution, 1881–1917* (London: Longman, 1983).

Romero Salvadó, Francisco J., *Spain, 1914–1918: Between War and Revolution* (London: Routledge, 1999).

Romero Salvadó, Francisco J., *The Foundations of Civil War: Revolution, Social Conflict and Reaction in Liberal Spain, 1916–1923* (London: Routledge, 2008).

Romsics, Gergely, *Myth and Remembrance: The Dissolution of the Habsburg Empire in the Memoir Literature of the Austro-Hungarian Political Elite* (New York: Columbia University Press, 2006).

Romsics, Ignác, *A Duna-Tisza Köze Hatalmi Viszonyai 1918–19-ben* (Budapest: Akadémiai Kiadó, 1982).

Romsics, Ignác, *A trianoni békeszerződés* (Budapest: Osiris, 2008).

Rosenberg, William G., *The Liberals in the Russian Revolution: The Constitutional Democratic Party, 1917–1921* (Princeton, NJ: Princeton University Press, 1974).

Rosenberg, William G., 'Paramilitary Violence in Russia's Civil Wars, 1918–1920', in Gerwarth and Horne (eds.), *War in Peace*, 21–39.

Roshwald, Aviel, *Ethnic Nationalism and the Fall of Empires: Central Europe, Russia and the Middle East, 1914–1923* (London: Routledge, 2001).

Rossfeld, Roman, Thomas Buomberger and Patrick Kury (eds.), *14/18. Die Schweiz und der Grosse Krieg* (Baden: hier + jetzt, 2014).

Rothenberg, Gunther, *The Army of Francis Joseph* (West Lafayette, IN: Purdue University Press, 1997).

Rubenstein, Joshua, *Leon Trotsky: A Revolutionary's Life* (New Haven, CT, and London: Yale University Press, 2006).

Rudenno, Victor, *Gallipoli: Attack from the Sea* (New Haven, CT, and London: Yale University Press, 2008).

Rudin, Harry Rudolph, *Armistice 1918* (New Haven, CT, and London: Yale University Press, 1944).

Rummel, Rudolph Joseph, *Lethal Politics: Soviet Genocide and Mass Murder since 1917* (Piscataway, NJ: Transaction Publishers, 1990).

Rürup, Reinhard, 'Demokratische Revolution und der "dritte Weg": Die deutsche Revolution von 1918/19 in der neueren wissenschaftlichen Diskussion', in *Geschichte und Gesellschaft* 9 (1983), 278–301.

Rusconi, Gian Enrico, *L'azzardo del 1915: Come l'Italia decide la sua guerra* (Bologna: il Mulino,

2005).

Rust, Christian, 'Self-Determination at the Beginning of 1918 and the German Reaction', in *Lithuanian Historical Studies* 13 (2008), 41–66.

Sabrow, Martin, *Die verdrängte Verschwörung: Der Rathenau-Mord und die deutsche Gegenrevolution* (Frankfurt am Main: Fischer, 1999).

Sagoschen, Christine, 'Judenbilder im Wandel der Zeit: die Entwicklung des katholischen Antisemitismus am Beispiel jüdischer Stereotypen unter besonderer Berücksichtigung der Entwicklung in der ersten Republik', unpublished PhD thesis, Vienna, 1998.

Sakmyster, Thomas, *A Communist Odyssey: The Life of József Pogány* (Budapest and New York: Central European University Press, 2012).

Sakmyster, Thomas, *Hungary's Admiral on Horseback: Miklós Horthy, 1918–1944* (Boulder, CO: Eastern European Monographs, 1994).

Sakmyster, Thomas, 'Gyula Gömbös and the Hungarian Jews, 1918–1936', in *Hungarian Studies Review* 8 (2006), 156–68.

Salamon, Konrád, 'Proletárditarúra és a Terror', in *Rubicon* (2011), 24–35.

Salaris, Claudia, *Alla festa della rivoluzione. Artisti e libertari con D'Annunzio a Fiume* (Bologna: il Mulino 2002).

Sammartino, Annemarie H., *The Impossible Border: Germany and the East, 1914–1922* (Ithaca, NY, and London: Cornell University Press, 2010).

Sanborn, Joshua, *Drafting the Russian Nation: Military Conscription, Total War, and Mass Politics, 1905–1925* (DeKalb, IL: Northern Illinois University Press, 2003).

Sanborn, Joshua, *Imperial Apocalypse: The Great War and the Destruction of the Russian Empire* (Oxford and New York: Oxford University Press, 2014).

Sanborn, Joshua A., 'Unsettling the Empire: Violent Migrations and Social Disaster in Russia during World War I', in *The Journal of Modern History* 77 (2005), 290–324.

Sauer, Bernhard, 'Freikorps und Antisemitismus', in *Zeitschrift für Geschichtswissenschaft* 56 (2008), 5–29.

Sauer, Bernhard, 'Vom "Mythos eines ewigen Soldatentums". Der Feldzug deutscher Freikorps im Baltikum im Jahre 1919', in *Zeitschrift für Geschichtswissenschaft* 43 (1995), 869–902.

Saunders, David, 'The First World War and the End of Tsarism', in Ian D. Thatcher (ed.), *Reinterpreting Revolutionary Russia: Essays in Honour of James D. White* (Basingstoke: Palgrave Macmillan, 2006).

Sayer, Derek, 'British Reaction to the Amritsar Massacre, 1919–1920', in *Past & Present* 131 (1991), 130–64.

Sbacchi, Alberto, *Ethiopia under Mussolini: Fascism and the Colonial Experience* (London: Zed Books, 1985).

Schapiro, Leonard, 'The Role of Jews in the Russian Revolutionary Movement', in *The Slavonic and East European Review* 40:94 (1961), 148–67.

Schivelbusch, Wolfgang, *The Culture of Defeat: On National Trauma, Mourning and Recovery* (New York: Holt, 2003).〔福本義憲・高本教之・白木和美訳『敗北の文化――敗戦トラウマ・回復・再生』法政大学出版局、2007年〕

Schlag, Gerald, 'Die Grenzziehung Österreich-Ungarn 1922/23', in Burgenländisches Landesarchiv (ed.), *Burgenland in seiner pannonischen Umwelt: Festgabe für August Ernst* (Eisenstadt: Burgenlädisches Landesarchiv, 1984), 333–46.

Schlögel, Karl (ed.) *Chronik russischen Lebens in Deutschland, 1918 bis 1941* (Berlin: Akademie Verlag, 1999).

Schneer, Jonathan, *The Balfour Declaration: The Origins of Arab-Israeli Conflict* (London and Basingstoke: Macmillan, 2014).

Schnell, Felix, *Ordnungshüter auf Abwegen? Herrschaft und illegitime polizeiliche Gewalt in Moskau, 1905–1914* (Wiesbaden: Harrassowitz, 2006).

Schnell, Felix, *Räume des Schreckens. Gewalt und Gruppenmilitanz in der Ukraine 1905–1933* (Hamburg: Hamburger Edition, HIS Verlag, 2012).

Schnell, Felix, 'Der Sinn der Gewalt: Der Ataman Volynec und der Dauerpogrom von Gajsyn im russischen Bürgerkrieg', in *Zeithistorische Forschung* 5 (2008), 18–39.

Schulman, Jason (ed.), *Rosa Luxemburg: Her Life and Legacy* (New York: Palgrave Macmillan, 2013).

Schulze, Hagen, *Freikorps und Republik, 1918–1920* (Boppard am Rhein: Boldt, 1969).

Schumann, Dirk, 'Europa, der Erste Weltkrieg und die Nachkriegszeit: Eine Kontinuität der Gewalt?', in *Journal of Modern European History* 1 (2003), 24–43.

Schuster, Frank M., *Zwischen allen Fronten: Osteuropäische Juden während des Ersten Weltkriegs (1914–1919)* (Cologne: Böhlau, 2004).

Šedivý, Ivan, 'Zur Loyalität der Legionäre in der ersten Tschechoslowakischen Republik', in Martin Schulze Wessel (ed.), *Loyalitäten in der Tschechoslowakischen Republik 1918–1938: Politische, nationale und kulturelle Zugehörigkeiten* (Munich: Oldenbourg, 2004), 141–52.

Sedlmaier, Alexander, *Deutschlandbilder und Deutschlandpolitik Studien zur Wilson-Administration (1913–1921)* (Stuttgart: Steiner, 2003).

Segré, Claudio G., 'Il colonialismo e la politica estera: variazioni liberali e fasciste', in Richard J. B. Bosworth and Sergio Romano (eds.), *La politica estera italiana 1860–1985* (Bologna: il Mulino, 1991), 121–46.

Seipp, Adam, *The Ordeal of Demobilization and the Urban Experience in Britain and Germany, 1917–1921* (Farnham: Ashgate, 2009).

Semov, Mincho, *Pobediteliat prosi mir: Balkanskite voyni 1912–1913* (Sofia: Universitetsko izdatelstvo 'Sv. Kliment Ohridski', 1995).

Service, Robert, *Comrades! World History of Communism* (Cambridge, MA: Harvard University Press, 2007).

Service, Robert, *Lenin: A Biography* (London: Macmillan, 2000).

Service, Robert, *Trotsky: A Biography* (Cambridge, MA: Harvard University Press, 2009).

Shapira, Anita, *Ben-Gurion: Father of Modern Israel* (New Haven, CT, and London: Yale University Press, 2014).

Sharp, Alan, *Consequences of the Peace: The Versailles Settlement - Aftermath and Legacy 1919–2010* (London: Haus, 2010).

Sharp, Alan, *The Versailles Settlement: Peacemaking after the First World War, 1919–1923*, 2nd edition (London: Palgrave, 2008).

Sharp, Alan, '"The Genie That Would Not Go Back into the Bottle": National Self-Determination and the Legacy of the First World War and the Peace Settlement', in Seamus Dunn and T. G. Fraser (eds.), *Europe and Ethnicity: The First World War and Contemporary Ethnic Conflict* (London and New York: Routledge, 1996), 10–29.

Sharp, Alan, 'The New Diplomacy and the New Europe', in Nicholas Doumanis, *The Oxford Handbook of Europe 1914–1945* (Oxford and New York, 2016).

Sharp, Alan, 'The Paris Peace Conference and Its Consequences', in Ute Daniel et al. (eds.), *1914–1918 online. International Encyclopedia of The First World War.*

Sheehan, James, *Where Have All the Soldiers Gone? The Transformation of Modern Europe* (New York: Houghton Mifflin, 2008).

Shimazu, Naoko, *Japan, Race and Equality: The Racial Equality Proposal of 1919* (London: Routledge, 1998).

Siebrecht, Claudia, *The Aesthetics of Loss: German Women's Art of the First World War* (Oxford and New York: Oxford University Press, 2013).

Sieder, Reinhard J., 'Behind the Lines: Working-Class Family Life in Wartime Vienna', in Richard Wall and Jay Winter (eds.), *The Upheaval of War: Family, Work and Welfare in Europe, 1914–1918* (Cambridge and New York: Cambridge University Press, 1988), 109–38.

Simeonov, Radoslav, Velichka Mihailova and Donka Vasileva, *Dobrichkata epopeia, 1916* (Dobrich: Ave fakta, 2006).

Simon, Rachel, *Libya Between Ottomanism and Nationalism* (Berlin: Klaus Schwarz, 1987).

Sipos, József, *A pártok és a földrefom 1918–1919* (Budapest: Gondolat, 2009).

Sluga, Glenda, *The Problem of Trieste and the Italo-Yugoslav Border: Difference, Identity, and Sovereignty in Twentieth-Century Europe* (Albany, NY: SUNY Press, 2001).

Smele, Jonathan D., *Civil War in Siberia: The Anti-Bolshevik Government of Admiral Kolchak, 1918–1920* (Cambridge: Cambridge University Press, 1996).

Smele, Jonathan D., *The 'Russian' Civil Wars 1916–1926: Ten Years that Shook the World* (Oxford: Oxford University Press, 2015).

Smith, Canfield, F., 'The Ungernovščina - How and Why?', in *Jahrbücher für Geschichte Osteuropas* 28 (1980), 590–5.

Smith, Douglas, *Former People: The Final Days of the Russian Aristocracy* (London: Macmillan, 2012).

Smith, Jeffrey R., *A People's War: Germany's Political Revolution, 1913–1918* (Lanham, MD: University Press of America, 2007).

Smith, Leonard V., 'Empires at the Paris Peace Conference', in Gerwarth and Manela (eds.), *Empires at War*, 254–76.

Smith, Leonard V., 'Les États-Unis et l'échec d'une seconde mobilisation', in Stéphane Audoin-Rouzeau and Christophe Prochasson (eds.), *Sortir de la Guerre de 14–18* (Paris: Tallandier, 2008), 69–91.

Smith, Leonard V., 'The Wilsonian Challenge to International Law', in *The Journal of the History of International Law* 13 (2011), 179–208.

Smith, Leonard V., Stéphane Audoin-Rouzeau and Annette Becker, *France and the Great War, 1914–1918* (Cambridge and New York: Cambridge University Press, 2003).

Smith, Michael Llewellyn, *Ionian Vision: Greece in Asia Minor 1919–1922* (London: Allen Lane, 1973).

Smith, Robert E. F. (ed.), *The Russian Peasant, 1920 and 1984* (London: Routledge, 1977).

Smith, Stephen, *Red Petrograd: Revolution in the Factories, 1917–1918* (Cambridge: Cambridge University Press, 1983).

Smith, Stephen, *The Russian Revolution: A Very Short Introduction* (Oxford and New York: Oxford University Press, 2002).

Snyder, Timothy, *Bloodlands: Europe between Hitler and Stalin* (New York: Basic Books, 2010).〔布施由紀子訳『ブラッドランド――ヒトラーとスターリン大虐殺の真実』全二巻、筑摩書房、2015 年〕

Snyder, Timothy, *The Reconstruction of Nations: Poland, Ukraine, Lithuania, Belarus 1569–1999* (New Haven, CT, and London: Yale University Press, 2003).

Solomonidis, Victoria, 'Greece in Asia Minor: The Greek Administration of the Vilayet of Aidin, 1919–1922', unpublished PhD thesis, King's College, University of London, 1984.

Sondhaus, Lawrence, *World War One: The Global Revolution* (Cambridge and New York: Cambridge University Press, 2011).

Sonyel, Salahi, *The Great War and the Tragedy of Anatolia: Turks and Armenians in the Maelstrom of Major Powers* (Ankara: Turkish Historical Society, 2000).

Sprenger, Matthias, *Landsknechte auf dem Weg ins Dritte Reich? Zu Genese und Wandel des Freikorps-Mythos* (Paderborn: Schöningh, 2008).

Stadler, Karl Rudolf, *The Birth of the Austrian Republic 1918–1921* (Leyden: Sijthoff, 1966).

Stamatopoulos, Dimitris, 'I mikrasiatiki ekstratia. I anthropogheografia tis katastrofis', in Antonis Liakos (ed.), *To 1922 ke i prosfighes, mia nea matia* (Athens: Nefeli, 2011), 55–100.

Stanković, Djordje, 'Kako je Jugoslavija počela', in Milan Terzić, *Prvi svetski rat i Balkan - 90 godina kasnije* (Belgrade: Institut za strategijska istraživanja, 2010).

Stead, William, *Tripoli and the Treaties* (London: Bank Buildings, 1911).

Stegmann, Natalie, *Kriegsdeutungen, Staatsgründungen, Sozialpolitik: Der Helden- und Opferdiskurs in*

der Tschechoslowakei, 1918–1948 (Munich: Oldenbourg, 2010).

Steiner, Zara, *The Lights that Failed: European International History, 1919–1933* (Oxford and New York: Oxford University Press, 2005).

Steiner, Zara, *The Triumph of the Dark: European International History, 1933–1939* (Oxford and New York: Oxford University Press, 2011).

Stephenson, Scott, *The Final Battle: Soldiers of the Western Front and the German Revolution of 1918* (Cambridge and New York: Cambridge University Press, 2009).

Sternhell, Zeev, *Naissance de l'idéologie fasciste* (Paris: Fayard, 1989).

Stevenson, David, *The First World War and International Politics* (Oxford: Oxford University Press, 1988).

Stevenson, David, *With Our Backs to the Wall: Victory and Defeat in 1918* (London: Allen Lane, 2011).

Stewart, Matthew, 'It Was All a Pleasant Business: The Historical Context of "On the Quai at Smyrna"', in *Hemingway Review* 23 (2003), 58–71.

Stone, David, *The Russian Army in the Great War: The Eastern Front, 1914–1917* (Lawrence, KS: University of Kansas Press, 2015).

Stranga, Aivars, 'Communist Dictatorship in Latvia: December 1918–January 1920: Ethnic Policy', in *Lithuanian Historical Studies* 13 (2008), 161–78.

Straub, Eberhard, *Albert Ballin: Der Reeder des Kaisers* (Berlin: Siedler, 2001).

Sullivan, Charles L., 'The 1919 German Campaign in the Baltic: The Final Phase', in Stanley Vardys and Romuald Misiunas, *The Baltic States in Peace and War, 1917–1945* (London: Pennsylvania State University Press, 1978), 31–42.

Sumpf, Alexandre, 'Russian Civil War', in Ute Daniel, Peter Gatrell, Oliver Janz, Heather Jones, Jennifer Keene, Alan Kramer and Bill Nasson (eds.), *1914–1918 online. International Encyclopedia of the First World War.*

Sunderland, Williard, *The Baron's Cloak: A History of the Russian Empire in War and Revolution* (Ithaca, NY, and London: Cornell University Press, 2014).

Sundhaussen, Holm, *Geschichte Serbiens: 19.-21. Jahrhundert* (Vienna: Böhlau, 2007).

Suny, Ronald Grigor, *The Structure of Soviet History: Essays and Documents* (Oxford and New York: Oxford University Press, 2014).

Suny, Ronald Grigor, 'Explaining Genocide: The Fate of the Armenians in the Late Ottoman Empire', in Richard Bessel and Claudia Haake (eds.), *Removing Peoples: Forced Removal in the Modern World* (Oxford and New York: Oxford University Press, 2009), 209–53.

Suny, Ronald Grigor, 'Toward a Social History of the October Revolution', in *American Historical Review* 88 (1983), 31–52.

Swain, Geoffrey, *Trotsky and the Russian Revolution* (London and New York: Routledge, 2014).

Swain, Geoffrey, 'Trotsky and the Russian Civil War', in Ian D. Thatcher (ed.), *Reinterpreting Revolutionary Russia: Essays in Honour of James D. White* (Basingstoke: Palgrave, 2006), 86–104.

Tachjian, Vahé, *La France en Cilicie et en Haute-Mésopotamie: aux confins de la Turquie, de la Syrie et de l'Irak, 1919–1933* (Paris: Editions Karthala, 2004).

Tálos, Emmerich, *Das austrofaschistische Herrschaftssystem: Österreich 1933–1938* (Berlin, Münster and Vienna: LIT, 2013).

Tamari, Salim (ed.), *Year of the Locust: A Soldier's Diary and the Erasure of Palestine's Ottoman Past* (Berkeley, CA: University of California Press, 2011).

Tanchev, Evgeni, *Darzhavno-pravnite vazgledi na Alexandar Stambolijski* (Sofia: BZNS, 1984).

Tankova, V. et al., *Balkanskite voyni 1912–1913: pamet i istoriya* (Sofia: 'Prof. Marin Drinov', 2012).

Tasca, Angelo, *La Naissance du fascisme* (Paris: Gallimard, 1938).

Tasić, Dmitar, 'The Assassination of King Alexander: The Swan Song of the Internal Macedonian Revolutionary Organization', in *Donau. Tijdschrift over Zuidost-Europa* (2008), 30–9.

Taylor, A. J. P., *The Habsburg Monarchy, 1809–1918: A History of the Austrian Empire and Austria-Hungary* (London: Hamish Hamilton, 1948).

Temperley, Harold M. V. (ed.), *A History of the Peace Conference of Paris*, 6 vols. (London: Frowde and Hodder and Stoughton, 1921–4).

Teveth, Shabtai, *Ben-Gurion and the Palestinian Arabs: From Peace to War* (Oxford and New York: Oxford University Press, 1985).

Teveth, Shabtai, *The Burning Ground: A Biography of David Ben-Gurion* (Tel Aviv: Schoken, 1997).

Ther, Philipp, 'Deutsche Geschichte als imperiale Geschichte: Polen, slawophone Minderheiten und das Kaiserreich als kontinentales Empire', in Sebastian Conrad and Jürgen Osterhammel (eds.), *Das Kaiserreich transnational: Deutschland in der Welt 1871–1914* (Göttingen: Vandenhoeck and Ruprecht, 2004), 129–48.

Theweleit, Klaus, *Male Fantasies*, 2 vols. (Minneapolis, MN: University of Minnesota Press, 1987).

Thomas, Ludmilla, *Geschichte Sibiriens: Von den Anfängen bis zur Gegenwart* (Berlin: Akademie-Verlag 1982).

Thompson, Elizabeth F., *Colonial Citizens: Republican Rights, Paternal Privilege, and Gender in French Syria and Lebanon* (New York: Columbia University Press, 2000).

Thompson, Mark, *The White War: Life and Death on the Italian Front 1915–1919* (London: Faber and Faber, 2009).

Thompson Manning, Roberta, *The Crisis of the Old Order in Russia: Gentry and Government* (Princeton, NJ: Princeton University Press, 1983).

Thoss, Bruno, *Der Ludendorff-Kreis: München als Zentrum der mitteleuropäischen Gegenrevolution zwischen Revolution und Hitler-Putsch* (Munich: Wölfle, 1978).

Thum, Gregor (ed.), *Traumland Osten: Deutsche Bilder vom östlichen Europa im 20. Jahrhundert* (Göttingen: Vandenhoeck and Ruprecht, 2006).

Thunig-Nittner, Gerburg, *Die Tschechoslowakische Legion in Rußland: Ihre Geschichte und Bedeutung bei der Entstehung der 1. Tschechoslowakischen Republik* (Wiesbaden: Harrassowitz, 1970).

Tokes, Rudolf, *Béla Kun and the Hungarian Soviet Republic: The Origins and Role of the Communist*

Party of Hungary in the Revolutions of 1918–1919 (New York and Stanford, CA: Praeger, 1967).

Tokes, Rudolf, 'Bela Kun: The Man and Revolutionary', in Iván Völgyes (ed.), *Hungary in Revolution* (Lincoln, NB: University of Nebraska Press), 170–207.

Toma, Peter A., 'The Slovak Soviet Republic of 1919', in A*merican Slavic and East European Review* 17 (1958), 203–15.

Tooze, Adam, *The Deluge: The Great War and the Re-Making of Global Order* (London: Allen Lane, 2014).

Tormay, Cecile, *An Outlaw's Diary*, 2 vols. (London: Allan, 1923).

Townshend, Charles, *The Republic: The Fight for Irish Independence 1918–1923* (London: Allen Lane, 2013).

Townson, Nigel, *The Crisis of Democracy in Spain: Centrist Politics under the Second Republic, 1931–1936* (Brighton: Sussex University Press, 2000).

Toynbee, Arnold J., *The Western Question in Greece and Turkey: A Study in the Contact of Civilisations* (Boston, MA: Constable, 1922).

Traverso, Enzo, *Fire and Blood: The European Civil War, 1914–1945* (New York: Verso, 2016).

Troebst, Stefan, *Das makedonische Jahrhundert: Von den Anfängen der nationalrevolutionären Bewegung zum Abkommen von Ohrid 1893–2001* (Munich: Oldenbourg, 2007).

Troebst, Stefan, *Mussolini, Makedonien und die Mächte 1922–1930. Die 'Innere Makedonische Revolutionäre Organisation', in der Südosteuropapolitik des faschistischen Italien* (Cologne and Vienna: Böhlau, 1987).

Trotnow, Helmut, *Karl Liebknecht: Eine Politische Biographie* (Cologne: Kiepenheuer and Witsch, 1980).

Tunstall, Greyton A., *Blood on the Snow: The Carpathian Winter War of 1915* (Lawrence, KS: University Press of Kansas, 2010).

Üngör, Uğur Ümit, *The Making of Modern Turkey: Nation and State in Eastern Anatolia, 1913–1950* (Oxford and New York: Oxford University Press, 2011).

Üngör, Uğur Ümit, 'Mass Violence against Civilians during the Balkan Wars', in Dominik Geppert, William Mulligan and Andreas Rose (eds.), *The Wars before the Great War: Conflict and International Politics before the Outbreak of the First World War* (Cambridge and New York: Cambridge University Press, 2015), 76–91.

Ungváry, Krisztián, *A magyar honvédség a második világháborúban* (Budapest: Osiris Kiadó, 2004).

Ungváry, Krisztián, 'Sacco di Budapest, 1919. Gheorghe Mârdârescu tábornok válasza Harry Hill Bandholtz vezérőrnagy nem diplomatikus naplójára', in *Budapesti Negyed* 3–4 (2000), 173–203.

Upton, Anthony, *The Finnish Revolution, 1917–18* (Minneapolis, MN: University of Minnesota Press, 1980).

Valli, Roberta Suzzi, 'The Myth of Squadrismo in the Fascist Regime', in *Journal for Contemporary History* 35 (2000), 131–50.

Váry, Albert, *A Vörös Uralom Áldozatai Magyarországon* (Szeged: Szegedi Nyomda, 1993).

Ventrone, Angelo, *La seduzione totalitaria: Guerra, modernità, violenza politica, 1914–1918* (Rome: Donzelli, 2003).
Veremis, Thanos, and Elias Nikolakopoulos (eds.), *O Eleftherios Venizelos ke I epochi tou* (Athens: Ellinika Grammata, 2005).
Vincent, C. Paul, *The Politics of Hunger: The Allied Blockade of Germany, 1915–1919* (Athens, OH: Ohio University Press, 1985).
Vivarelli, Roberto, *Storia delle origini del fascismo: L'Italia dalla Grande Guerra alla marcia su Roma* (Bologna: il Mulino, 2012).
Volkmann, Hans-Erich, *Die deutsche Baltikumpolitik zwischen Brest-Litowsk und Compiègne* (Cologne and Vienna: Böhlau, 1970).
Voltan, Vamik D., and Norman Itzkowitz, *The Immortal Atatürk: A Psychobiography* (Chicago, IL: Chicago University Press, 1984).
Vukov, Nikolai, 'The Aftermaths of Defeat: The Fallen, the Catastrophe, and the Public Response of Women to the End of the First World War in Bulgaria', in Ingrid Sharp and Matthew Stibbe (eds.), *Aftermaths of War: Women's Movements and Female Activists, 1918–1923* (Leiden: Brill, 2011), 29–47.
Vukov, Nikolai, 'Commemorating the Dead and the Dynamics of Forgetting: "Post-Mortem" Interpretations of World War I in Bulgaria', in Oto Luthar (ed.), *The Great War and Memory in Central and South-Eastern Europe* (Leiden: Brill 2016), 162–87.
Wachs, Friedrich-Carl, *Das Verordnungswerk des Reichsdemobilmachungsamtes* (Frankfurt am Main: Peter Lang, 1991).
Wade, Rex, *Red Guards and Workers' Militias in the Russian Revolution* (Palo Alto, CA: Stanford University Press, 1984).
Wade, Rex A., *The Russian Revolution, 1917* (Cambridge and New York: Cambridge University Press, 2000).
Wade, Rex A., 'The October Revolution, the Constituent Assembly, and the End of the Russian Revolution', in Ian D. Thatcher (ed.), *Reinterpreting Revolutionary Russia: Essays in Honour of James D. White* (London: Palgrave Macmillan, 2006), 72–85.
Waite, Robert G. L., *Vanguard of Nazism: The Free Corps Movement in Postwar Germany, 1918–1923* (Cambridge, MA: Harvard University Press, 1952).〔山下貞雄訳『ナチズムの前衛』新生出版、2007年〕
Walker, Christopher J., *Armenia: The Survival of a Nation*, 2nd edition (London: Routledge, 1990).
Wandycz, Piotr Stefan, *France and her Eastern Allies, 1919–25: French-Czechoslovak-Polish Relations from the Paris Peace Conference to Locarno* (Minneapolis, MN: University of Minnesota Press, 1962).
Wandycz, Piotr Stefan, *The Lands of Partitioned Poland, 1795–1918* (Seattle, WA: University of Washington Press, 1974).
Wargelin, Clifford F., 'A High Price for Bread: The First Treaty of Brest-Litovsk and the Break-up of

Austria-Hungary, 1917–1918', in *The International History Review* 19 (1997), 757–88.

Wasserstein, Bernard, *The British in Palestine: The Mandatory Government and the Arab-Jewish Conflict 1917–1929* (Oxford: Blackwell, 1991).

Watson, Alexander, *Enduring the Great War: Combat Morale and Collapse in the German and British Armies, 1914–1918* (Cambridge and New York: Cambridge University Press, 2008).

Watson, Alexander, *Ring of Steel: Germany and Austria-Hungary at War, 1914–18* (London: Allen Lane, 2014).

Watts, Martin, *The Jewish Legion and the First World War* (London and New York: Palgrave, 2004).

Wawrzinek, Bert, *Manfred von Killinger (1886–1944): Ein politischer Soldat zwischen Freikorps und Auswärtigem Amt* (Preussisch Oldendorf: DVG, 2004).

Weber, Thomas, *Hitler's First War: Adolf Hitler, the Men of the List Regiment, and the First World War* (Oxford and New York: Oxford University Press, 2010).

Wehrhahn, Torsten, *Die Westukrainische Volksrepublik: Zu den polnisch-ukrainischen Beziehungen und dem Problem der ukrainischen Staatlichkeit in den Jahren 1918 bis 1923* (Berlin: Weißensee Verlag, 2004).

Weitz, Eric D., and Omer Bartov (eds.), *Shatterzones of Empires: Coexistence and Violence in the German, Habsburg, Russian, and Ottoman Borderlands* (Bloomington, IN: Indiana University Press, 2013).

Weitz, Eric D., 'From the Vienna to the Paris System: International Politics and the Entangled Histories of Human Rights, Forced Deportations, and Civilizing Missions', in *The American Historical Review* 113 (2008), 1,313–43.

Werth, Nicolas, 'The NKVD Mass Secret Operation no. 00447 (August 1937–November 1938)', *Online Encyclopedia of Mass Violence*, published 24 May 2010, last accessed 22 January 2016, URL: http://www.massviolence.org/The-NKVD-Mass-Secret-Operation-no-00447-August-1937.

Werth, Nicolas, 'L'ex-Empire russe, 1918–1921: Les mutations d'une guerre prolongée', in Audoin-Rouzeau and Prochasson (eds.), *Sortir de la Grande Guerre*, 285–306.

Wette, Wolfram, *Gustav Noske: Eine politische Biographie* (Düsseldorf: Droste, 1987).

White, James D., 'National Communism and World Revolution: The Political Consequences of German Military Withdrawal from the Baltic Area in 1918–19', in *Europe-Asia Studies* 8 (1994), 1,349–69.

Wiel, Jerome aan de, *The Irish Factor 1899–1919: Ireland's Strategic and Diplomatic Importance for Foreign Powers* (Dublin: Irish Academic Press, 2008).

Wildman, Allan K., *The End of the Russian Imperial Army*, vol. 1: *The Old Army and the Soldiers' Revolt (March-April 1917)* (Princeton, NJ: Princeton University Press, 1980).

Wildman, Allan K., *The End of the Russian Imperial Army*, vol. 2: *The Road to Soviet Power and Peace* (Princeton, NJ: Princeton University Press, 1987).

Williams, Robert C., *Culture in Exile: Russian Emigrés in Germany, 1881–1941* (Ithaca, NY: Cornell University Press, 1972).

Wilson, Timothy K., *Frontiers of Violence: Conflict and Identity in Ulster and Upper Silesia, 1918–1922* (Oxford and New York: Oxford University Press, 2010).

Wilson, Tim K., 'The Polish-German Ethnic Dispute in Upper Silesia, 1918–1922: A Reply to Tooley', in *Canadian Review of Studies in Nationalism* 32 (2005), 1–26.

Winkler, Heinrich August, *The Age of Catastrophe: A History of the West 1914–1945* (New Haven, CT, and London: Yale University Press, 2015).

Winkler, Heinrich August, *Von der Revolution zur Stabilisierung: Arbeiter und Arbeiterbewegung in der Weimarer Republik, 1918 bis 1924* (Berlin: Dietz, 1984).

Winkler, Heinrich August, *Weimar 1918–1933. Die Geschichte der ersten deutschen Demokratie* (Munich: C. H. Beck, 1993).

Winter, Jay, *Sites of Memory, Sites of Mourning: The Great War in European Cultural History* (Cambridge and New York: Cambridge University Press, 1995).

Wirsching, Andreas, *Vom Weltkrieg zum Bürgerkrieg? : Politischer Extremismus in Deutschland und Frankreich 1918–1933/39. Berlin und Paris im Vergleich* (Munich: Oldenbourg, 1999).

Wiskemann, Elizabeth, *The Rome-Berlin Axis: A History of the Relations between Hitler and Mussolini* (New York and London: Oxford University Press, 1949).

Wohlgemuth, Heinz, *Karl Liebknecht: Eine Biographie* (East Berlin: Dietz, 1975).

Wróbel, Piotr J., 'The Seeds of Violence: The Brutalization of an East European Region 1917–1921', in *Journal of Modern European History* 1 (2003), 125–49.

Yapp, Malcolm E., *The Making of the Modern Near East: 1792–1923* (London: Longman, 1987).

Yapp, Malcolm E., *The Near East Since the First World War: A History to 1995* (London: Longman, 1996).

Yekelchyk, Serhy, 'Bands of Nation-Builders? Insurgency and Ideology in the Ukrainian Civil War', in Gerwarth and Horne (eds.), *War in Peace*, 107–25.

Yellin, Eric, *Racism in the Nation's Service: Government Workers and the Color Line in Woodrow Wilson's America* (Chapel Hill, NC: University of North Carolina Press, 2016).

Yianoulopoulos, Yiannis, 'Exoteriki politiki', in Christos Chatziiosif (ed.), *Istoria tis Elladas tou Ikostou eona*, vol. 2, Athew 2002, 140–1.

Young, Louise, *Japan's Total Empire: Manchuria and the Culture of Wartime Imperialism* (Berkeley, CA: University of California Press, 1998).

Zabecki, David T., *The German 1918 Offensives: A Case Study in the Operational Level of War* (New York: Routledge, 2006).

Zadgorska, Valentina, *Kragat 'Zveno' (1927–1934)* (Sofia: 'Sv. Kliment Ohridski', 2008).

Zahra, Tara, *Kidnapped Souls: National Indifference and the Battle for Children in the Bohemian Lands, 1900–1948* (Ithaca, NY: Cornell University Press, 2008).

Zahra, Tara, 'The "Minority Problem": National Classification in the French and Czechoslovak Borderlands', in *Contemporary European Review* 17 (2008), 137–65.

Zamoyski, Adam, *Warsaw 1920: Lenin's Failed Conquest of Europe* (London: Harper Press, 2008).

Zeman, Zbyněk, *The Masaryks: The Making of Czechoslovakia* (London: I. B. Tauris, 1976).

Ziemann, Benjamin, *Contested Commemorations: Republican War Veterans and Weimar Political Culture* (Cambridge and New York: Cambridge University Press, 2013).

Ziemann, Benjamin, *War Experiences in Rural Germany, 1914–1923* (Oxford and New York: Berg, 2007).

Zimmermann, John, *'Von der Bluttat eines Unseligen': Das Attentat Friedrich Adlers und seine Rezeption in der sozialdemokratischen Presse* (Hamburg: Verlag Dr. Kovač, 2000).

Zöllner, Erich, *Geschichte Österreichs: Von den Anfängen bis zur Gegenwart*, 8th edition (Vienna: Verlag für Geschichte und Politik, 1990).（リンツビヒラ裕美訳『オーストリア史』彩流社、2000 年）

Zorn, Wolfgang, *Geschichte Bayerns im 20. Jahrhundert* (Munich: C. H. Beck, 1986).

Zürcher, Erik Jan, 'The Ottoman Empire and the Armistice of Moudros', in Hugh Cecil and Peter H. Liddle (eds.), *At the Eleventh Hour: Reflections, Hopes, and Anxieties at the Closing of the Great War, 1918* (London: Leo Cooper, 1998), 266–75.

Zürcher, Erik Jan, *The Young Turk Legacy and Nation Building: From the Ottoman Empire to Atatürk's Turkey* (London: I. B. Tauris, 2010).

Zürcher, Erik Jan, *Turkey: A Modern History* (London and New York: I. B. Tauris, 2004).

原註

プロローグ

(1) ギリシャ軍のスミルナ占領に関しては以下を参照。Evangelia Achladi, 'De la guerre à l'administration grecque: la fin de la Smyrne cosmopolite', in Marie-Carmen Smyrnelis (ed.), *Smyrne, la ville oubliée? 1830–1930: Mémoires d'un grand port ottoman* (Paris: Editions Autrement, 2006), 180–95; Michael Llewellyn Smith, *Ionian Vision: Greece in Asia Minor 1919–1922* (London: Allen Lane, 1973).

(2) 以下からの引用。Marjorie Housepian Dobkin, *Smyrna 1922: The Destruction of a City* (New York: Newmark Press, 1998), 133–34.

(3) スミルナの略奪の詳細については以下も参照。Giles Milton, *Paradise Lost: Smyrna 1922: The Destruction of Islam's City of Tolerance* (London: Sceptre, 2008).

(4) *Daily Mail*, 16 September 1922.

(5) Ernest Hemingway, 'On the Quai at Smyrna', in idem, *In Our Time* (New York: Boni and Liveright, 1925). ヘミングウェイは当時、コンスタンティノープルを拠点にしていた。Matthew Stewart, 'It Was All a Pleasant Business: The Historical Context of "On the Quai at Smyrna"', in *Hemingway Review* 23 (2003), 58–71.

(6) Martin Gilbert, *Winston Churchill*, vol. IV, part 3: April 1921–November 1922 (London: Heinemann, 1977), 2070.

(7) 以下からのストルーヴェの引用。Peter Holquist, *Making War, Forging Revolution: Russia's Continuum of Crisis, 1914–1921* (Cambridge, MA: Harvard University Press, 2002), 2.

(8) Peter Calvert, *A Study of Revolution* (Oxford and New York: Oxford University Press, 1970), 183–84.

(9) 'Krieg im Frieden', *Innsbrucker Nachrichten*, 25 May 1919.

(10) アイルランドとポーランドの類似性については以下を参照。Julia Eichenberg, 'The Dark Side of Independence: Paramilitary Violence in Ireland and Poland after the First World War', in *Contemporary European History* 19 (2010), 231–48; Tim Wilson, *Frontiers of Violence: Conflict and Identity in Ulster and Upper Silesia, 1918–1922* (Oxford and New York: Oxford University Press, 2010).

(11) イェイツの伝記を書いたロイ・フォスターに大いに感謝したい。彼は、1917〜23年のヨーロッパの危機がどれほど強くイェイツの心と彼の作品を捉えていたのか、そしてそのことが「再臨」だけでなく連詩「一九一九年」(1921年刊、原題は「世界の現状についての所見」)に関しても言えるということを教えてくれた〔引用は高松雄

一編『対訳　イェイツ詩集』岩波書店、2009年、148～151頁〕。

(12)　とくに以下を参照。Pieter M. Judson, *The Habsburg Empire: A New History* (Cambridge, MA: Harvard University Press, 2016); John Boyer, 'Boundaries and Transitions in Modern Austrian History', in Günter Bischof and Fritz Plasser (eds.), *From Empire to Republic: Post-World War I Austria* (New Orleans, LA: University of New Orleans Press, 2010), 13-23; Gary B. Cohen, 'Nationalist Politics and the Dynamics of State and Civil Society in the Habsburg Monarchy 1867-1914', in *Central European History* 40 (2007), 241-78. Tara Zahra, *Kidnapped Souls: National Indifference and the Battle for Children in the Bohemian Lands, 1900-1948* (Ithaca, NY: Cornell University Press, 2008); Laurence Cole and Daniel L. Unowsky (eds.), *The Limits of Loyalty: Imperial Symbolism, Popular Allegiances, and State Patriotism in the Late Habsburg Monarchy* (New York and Oxford: Berghahn Books, 2007); John Deak, 'The Great War and the Forgotten Realm: The Habsburg Monarchy and the First World War', in *The Journal of Modern History* 86 (2014), 336-80; Maureen Healy, *Vienna and the Fall of the Habsburg Empire: Total War and Everyday Life in World War I* (Cambridge and New York: Cambridge University Press, 2004). 帝政期のドイツについては、現在では古典となった以下の修正主義的な著作を参照。David Blackbourn and Geoff Eley, *The Peculiarities of German History: Bourgeois Society and Politics in Nineteenth-Century Germany* (Oxford and New York: Oxford University Press, 1984). 同様に、Christopher Clark, *Iron Kingdom: The Rise and Downfall of Prussia, 1600-1947* (London: Allen Lane, 2006) や、以下に所収の諸論文も参照。Dominik Geppert and Robert Gerwarth (eds.), *Wilhelmine Germany and Edwardian Britain: Essays on Cultural Affinity* (Oxford and New York: Oxford University Press, 2008).

(13)　Michelle U. Campos, *Ottoman Brothers: Muslims, Christians, and Jews in Early Twentieth-Century Palestine* (Stanford, CA: Stanford University Press, 2011), 1-19.

(14)　M. Şükrü Hanioğlu, *A Brief History of the Late Ottoman Empire* (Princeton, NJ: Princeton University Press, 2006), 187-88.

(15)　Nicholas Doumanis, *Before the Nation: Muslim-Christian Coexistence and its Destruction in Late Ottoman Anatolia* (Oxford and New York: Oxford University Press, 2013), 152.

(16)　スペイン風邪に関しては以下を参照。Howard Phillips and David Killingray (eds.), *The Spanish Influenza Pandemic of 1918-19: New Perspectives* (London and New York: Routledge, 2003). 経済封鎖とその影響に関しては、例えば以下を参照。Nigel Hawkins, *The Starvation Blockades: Naval Blockades of World War I* (Barnsley: Leo Cooper, 2002); Eric W. Osborne, *Britain's Economic Blockade of Germany, 1914-1919* (London and New York: Frank Cass, 2004); C. Paul Vincent, *The Politics of Hunger: The Allied Blockade of Germany, 1915-1919* (Athens, OH: Ohio University Press, 1985); N. P. Howard, 'The Social and Political Consequences of the Allied Food Blockade of Germany, 1918-19', in *German History* 11 (1993), 161-88.

(17)　Peter Holquist, 'Violent Russia, Deadly Marxism? Russia in the Epoch of Violence, 1905-21', in *Kritika: Explorations in Russian and Eurasian History* 4 (2003), 627-52, この部分は、645.

(18)　以下からのチャーチルの発言の引用。Norman Davies, *White Eagle, Red Star: The*

Polish-Soviet War, 1919–20, 2nd edition（London: Pimlico, 2004）, 21. 革命闘争や反革命闘争、民族闘争を、比較研究やトランスナショナル研究の視角から体系的に説明したより最近のものとしては、例えば以下の著書を参照。Robert Gerwarth and John Horne（eds.）, *War in Peace: Paramilitary Violence after the Great War*（Oxford and New York: Oxford University Press, 2012）. 注目すべき例外として以下の先駆的研究を参照。Sven Reichardt, *Faschistische Kampfbünde: Gewalt und Gemeinschaft im italienischen Squadrismus und in der deutschen SA*（Cologne, Weimar and Vienna: Böhlau Verlag, 2002）.

（19） Michael Provence, 'Ottoman Modernity, Colonialism, and Insurgency in the Arab Middle East', in *International Journal of Middle East Studies* 43（2011）, 206; Dietrich Beyrau and Pavel P. Shcherbinin, 'Alles für die Front: Russland im Krieg 1914–1922', in Horst Bauerkämper and Elise Julien（eds.）, *Durchhalten! Krieg und Gesellschaft im Vergleich 1914–1918*（Göttingen: Vandenhoeck and Ruprecht, 2010）, 151–77, この部分は、151.

（20） バルフォアからウォルター・ロスチャイルド卿への1917年11月2日付けの書簡。この文脈については、Provence, 'Ottoman Modernity', 206. さらに近年では、Eugene Rogan, *The Fall of the Ottomans: The Great War in the Middle East, 1914–1920*（London: Allen Lane, 2015）.

（21） これらの戦争に関して推計を行うのが難しいのは周知のとおりだが、一つの試算として以下を参照。Davies, *White Eagle, Red Star*, 247. 同書は、5万人のポーランド兵が死亡し、20万人が負傷するか行方不明になったと見積もっている。デイヴィスは、ソヴィエト兵の死傷者はさらに多かったと推計している。

（22） Michael A. Reynolds, *Shattering Empires: The Clash and Collapse of the Ottoman and Russian Empires, 1908–1918*（Cambridge and New York: Cambridge University Press, 2011）; Alexander V. Prusin, *The Lands Between: Conflict in the East European Borderlands, 1870–1992*（Oxford and New York: Oxford University Press, 2010）, 72–97; Piotr Wróbel, 'The Seeds of Violence: The Brutalization of an East European Region, 1917–1921', *Journal of Modern European History* 1（2003）, 125–49; Peter Gatrell, 'Wars after the War: Conflicts, 1919–1923', in John Horne（ed.）, *A Companion to World War I*（Chichester: Wiley-Blackwell, 2010）, 558–75; Richard Bessel, 'Revolution', in Jay Winter（ed.）, *The Cambridge History of the First World War*, vol. 2（Cambridge and New York: Cambridge University Press, 2014）, 126–44, この部分は、138.

（23） この語り口に関しては以下を参照。William Mulligan, *The Great War for Peace*（New Haven, CT, and London: Yale University Press, 2014）.

（24） Richard Bessel, 'Revolution', 127.

（25） Richard C. Hall, *The Balkan Wars, 1912–1913: Prelude to the First World War*（London and New York: Routledge, 2000）.

（26） George F. Kennan, *The Decline of Bismarck's European Order: Franco-Russian Relations, 1875–1890*（Princeton, NJ: Princeton University Press, 1981）.

（27） George L. Mosse, *Fallen Soldiers: Reshaping the Memory of the World Wars*（Oxford and New York: Oxford University Press, 1990）. 同様の議論はイタリアと、ヨーロッパ全体について

行われている。イタリアに関しては以下を参照。Adrian Lyttleton, 'Fascism and Violence in Post-War Italy: Political Strategy and Social Conflict', in Wolfgang J. Mommsen and Gerhard Hirschfeld (eds.), *Social Protest, Violence and Terror* (London: Palgrave Macmillan, 1982), 257–74, この部分は、262–63. より全般的にヨーロッパに関しては以下を参照。Enzo Traverso, *Fire and Blood: The European Civil War, 1914–1945* (New York: Verso, 2016).

(28) ジョージ・モッセの著作に批判的な議論に関しては以下を参照。Antoine Prost, 'The Impact of War on French and German Political Cultures', in *The Historical Journal* 37 (1994), 209–17. 以下も参照。Benjamin Ziemann, *War Experiences in Rural Germany, 1914–1923* (Oxford and New York: Berg, 2007); Dirk Schumann, 'Europa, der Erste Weltkrieg und die Nachkriegszeit: Eine Kontinuität der Gewalt?', in *Journal of Modern European History* 1 (2003), 24–43. さらに以下も参照。Antoine Prost and Jay Winter (eds.), *The Great War in History: Debates and Controversies, 1914 to the Present* (Cambridge and New York: Cambridge University Press, 2005).

(29) Robert Gerwarth and John Horne (eds.), 'Vectors of Violence: Paramilitarism in Europe after the Great War, 1917–1923', in *The Journal of Modern History* 83 (2011), 489–512.

(30) Robert Gerwarth and John Horne, 'Bolshevism as Fantasy: Fear of Revolution and Counter-Revolutionary Violence, 1917–1923', in Gerwarth and Horne (eds.), *War in Peace*, 40–51.

(31) Wolfgang Schivelbusch, *The Culture of Defeat: On National Trauma, Mourning and Recovery* (New York: Holt, 2003).

(32) Gerwarth and Horne, 'Vectors of Violence', 493.

(33) イギリスに関しては以下を参照。Jon Lawrence, 'Forging a Peaceable Kingdom: War, Violence, and Fear of Brutalization in Post-First World War Britain', in *Journal of Modern History* 75 (2003), 557–89. フランスに関しては以下を参照。John Horne, 'Defending Victory: Paramilitary Politics in France, 1918–26', in Gerwarth and Horne (eds.), *War in Peace*, 216–33.

(34) Hannah Arendt, *The Origins of Totalitarianism* (New York: Harcourt, Brace and Company, 1951), 260.

(35) このテーマに関しては以下を参照。Wilson, *Frontiers of Violence*; Annemarie H. Sammartino, *The Impossible Border: Germany and the East, 1914–1922* (Ithaca, NY, and London: Cornell University Press, 2010); Eric D. Weitz and Omer Bartov (eds.), *Shatterzones of Empires: Coexistence and Violence in the German, Habsburg, Russian, and Ottoman Borderlands* (Bloomington, in: Indiana University Press, 2013); Gerwarth and Horne (eds.), *War in Peace*; Reynolds, *Shattering Empires*.

(36) John Paul Newman, 'Serbian Integral Nationalism and Mass Violence in the Balkans 1903–1945', in *Tijdschrift voor Geschiedenis*, 124 (2011), 448–63. および、idem, *Yugoslavia in the Shadow of War: Veterans and the Limits of State Building, 1903–1945* (Cambridge and New York: Cambridge University Press, 2015). ロシアに関しては以下を参照。Holquist, 'Violent Russia', 627–52. アイルランドに関しては以下を参照。Matthew J. Kelly, *The Fenian Ideal and Irish Nationalism, 1882–1916* (Woodbridge: Boydell and Brewer, 2006).

第一章

(1) Robert Service, *Lenin: A Biography* (London: MacMillan, 2000), 256-64.

(2) Ibid.

(3) 1916年にドイツが行ったアイルランドの共和主義者への支援に関しては以下を参照。Jerome aan de Wiel, *The Irish Factor 1899-1919: Ireland's Strategic and Diplomatic Importance for Foreign Powers* (Dublin: Irish Academic Press, 2008); Matthew Plowman, 'Irish Republicans and the Indo-German Conspiracy of World War I', in *New Hibernia Review* 7 (2003), 81-105. ジハードへの支援に関しては以下を参照。Tilman Lüdke, *Jihad Made in Germany: Ottoman and German Propaganda and Intelligence Operations in the First World War* (Münster: Lit Verlag, 2005), 117-25; Rudolf A. Mark, *Krieg an Fernen Fronten: Die Deutschen in Zentralasien und am Hindukusch 1914-1924* (Paderborn: Ferdinand Schöningh, 2013), 17-42.

(4) Jörn Leonhard, *Die Büchse der Pandora: Geschichte des Ersten Weltkriegs* (Munich: C. H. Beck, 2014), 654; Gerd Koenen, *Der Russland-Komplex: Die Deutschen und der Osten, 1900-1945* (Munich: C. H. Beck, 2005), 63ff.

(5) Reinhard R. Doerries, *Prelude to the Easter Rising: Sir Roger Casement in Imperial Germany* (London and Portland: Frank Cass, 2000); Mary E. Daly (ed.), *Roger Casement in Irish and World History* (Dublin: Royal Irish Academy, 2005).

(6) Willi Gautschi, *Lenin als Emigrant in der Schweiz* (Zürich: Benziger Verlag, 1973), 249-56; Helen Rappaport, *Conspirator: Lenin in Exile* (New York: Basic Books, 2010), 286-98.

(7) Christopher Read, *Lenin: A Revolutionary Life* (Abingdon and New York: Routledge, 2005), 30; Hélène Carrère d'Encausse, *Lenin: Revolution and Power* (New York and London: Longman, 1982); Service, *Lenin*, 109.

(8) Service, *Lenin*, 137.

(9) Ibid., 135-42; Leonhard, *Pandora*, 652; Read, *Lenin*, 56ff.

(10) Leonhard, *Pandora*, 652.

(11) Ibid. 当時のチューリヒとスイスに関しては以下を参照。Georg Kreis, *Insel der unsicheren Geborgenheit: die Schweiz in den Kriegsjahren 1914-1918* (Zürich: NZZ, 2014); Roman Rossfeld, Thomas Buomberger and Patrick Kury (eds.), *14/18. Die Schweiz und der Grosse Krieg* (Baden: hier + jetzt, 2014).

(12) この論争に関しては以下を参照。David Priestland, *The Red Flag: A History of Communism* (London: Penguin, 2009), 52-60; Robert Service, *Comrades! World History of Communism* (Cambridge, MA: Harvard University Press, 2007), 36-57.

(13) 1914年の社会主義に関しては以下の古典的研究を参照。Georges Haupt, *Socialism and the Great War: The Collapse of the Second International* (Oxford: Clarendon Press, 1972).

(14) Read, *Lenin*, 36-42.

(15) Leonhard, *Pandora*, 654; Service, *Lenin*, 254ff.

(16) Leonhard, *Pandora*, 655.

(17) Ibid.; Service, *Lenin*, 260.

第二章

(1) この「一足飛び」に関しては以下の古典的著作を参照。Alexander Gerschenkron, *Economic Backwardness in Historical Perspective: A Book of Essays* (Cambridge, MA: Belknap Press of Harvard University Press, 1962), とくに第2章。Hans Rogger, *Russia in the Age of Modernization and Revolution, 1881–1917* (London: Longman, 1983), 102–7; Malcolm E. Falkus, *The Industrialization of Russia, 1700–1914* (London: Macmillan, 1972), 61–74.

(2) Douglas Smith, *Former People: The Final Days of the Russian Aristocracy* (London: Macmillan, 2012), 21. 以下も参照。W. Bruce Lincoln, *In War's Dark Shadow: The Russians Before the Great War* (London: Dial Press, 1983), 35; Orlando Figes, *A People's Tragedy: The Russian Revolution, 1891–1924* (London: Jonathan Cape, 1996), 88.

(3) Smith, *Former People*, 25. ロシアの貴族制に関しては以下も参照。Dominic Lieven, *Russian Rulers under the Old Regime* (London and New Haven, CT: Yale University Press, 1989); Elise Kimerling Wirtschafter, *Social Identity in Imperial Russia* (DeKalb, IL: Northern Illinois Press, 1997), 21–37; Andreas Grenzer, *Adel und Landbesitz im ausgehenden Zarenreich* (Stuttgart: Steiner, 1995); Roberta Thompson Manning, *The Crisis of the Old Order in Russia: Gentry and Government* (Princeton, NJ: Princeton University Press, 1983); Manfred Hildermeier (ed.), *Der russische Adel von 1700 bis 1917* (Göttingen: Vandenhoeck and Ruprecht, 1990); Seymour Becker, *Nobility and Privilege in Late Imperial Russia* (DeKalb, IL: Northern Illinois Press, 1985).

(4) Anton Chekhov, *The Cherry Orchard*, in idem, *Four Great Plays by Anton Chekhov*, trans. Constance Garnet (New York: Bantam Books, 1958); Smith, *Former People*, 27.

(5) ブーニンの『スホドール』に関しては以下を参照。Katherine Bowers and Ani Kokobobo, *Russian Writers and the Fin de Siècle: The Twilight of Realism* (Cambridge and New York: Cambridge University Press, 2015), 154ff.; Smith, *Former People*, 57ff.

(6) Rogger, *Russia*, 109–11; Smith, *Former People*, 29ff.; Carsten Goehrke, *Russischer Alltag: Geschichte in neun Zeitbildern*, vol. 2 (Zürich: Chronos, 2003), 365–68.

(7) Lincoln, *War's Dark Shadow*, 103–34; Smith, *Former People*, 29ff.

(8) Dietrich Beyrau, 'Brutalization Revisited: The Case of Bolshevik Russia', in *Journal of Contemporary History* 50 (2015), 15–37, この部分は、20. 1905年革命の様々な側面に関しては以下も参照。Toivo U. Raun, 'The Revolution of 1905 in the Baltic Provinces and Finland', in *Slavic Review* 43 (1984), 453–67; Jan Kusber, *Krieg und Revolution in Russland 1904–1906: Das Militär im Verhältnis zu Wirtschaft, Autokratie und Gesellschaft* (Stuttgart: Franz Steiner, 1997).

(9) この時期のモスクワにおける警察の暴力に関しては以下を参照。Felix Schnell, *Ordnungshüter auf Abwegen? Herrschaft und illegitime polizeiliche Gewalt in Moskau, 1905–1914* (Wiesbaden: Harrassowitz, 2006).

(10) Anna Geifman, *Thou Shalt Kill: Revolutionary Terrorism in Russia, 1894–1917* (Princeton, NJ: Princeton University Press 1993), 18–21; Peter Holquist, 'Violent Russia, Deadly Marxism? Russia in the Epoch of Violence, 1905–1921', in *Kritika* 4 (2003), 627–52.

(11) Leopold Haimson, 'The Problem of Stability in Urban Russia, 1905–1917', in *Slavic Review* 23 (1964), 619–42; 24 (1965), 1–22; Michael S. Melancon, *The Lena Goldfields Massacre and the Crisis of the Late Tsarist State* (College Station, TX: Texas A&M University Press, 2006); Ludmilla Thomas, *Geschichte Sibiriens: Von den Anfängen bis zur Gegenwart* (Berlin: Akademie-Verlag 1982), 115ff.

(12) Beyrau, 'Brutalization Revisited', 21; David Saunders, 'The First World War and the End of Tsarism', in Ian D. Thatcher (ed.), *Reinterpreting Revolutionary Russia: Essays in Honour of James D. White* (Basingstoke: Palgrave Macmillan, 2006), 55–71.

(13) Figes, *People's Tragedy*, 3–6; Wayne Dowler, *Russia in 1913* (DeKalb, IL: Northern Illinois University Press, 2010).

(14) Beyrau, 'Brutalization Revisited', 15–37.

(15) 後者に関しては以下を参照。Joshua Sanborn, *Drafting the Russian Nation: Military Conscription, Total War, and Mass Politics, 1905–1925* (DeKalb, IL: Northern Illinois University Press, 2003).

(16) Heinrich August Winkler, *The Age of Catastrophe: A History of the West 1914–1945* (New Haven, CT, and London: Yale University Press, 2015), 19. 皇后に関しては以下を参照。Detlef Jena, *Die Zarinnen Rußlands (1547–1918)* (Graz: Styria, 1999), 326–27.

(17) David Stone, *The Russian Army in the Great War: The Eastern Front, 1914–1917* (Lawrence, KS: University of Kansas Press, 2015). 死傷者数に関しては以下を参照。Rüdiger Overmans, 'Kriegsverluste', in Gerhard Hirschfeld, Gerd Krumeich and Irina Renz (eds.), *Enzyklopädie Erster Weltkrieg*, 2nd revised edition (Paderborn: Schoeningh, 2004), 663–66; 戦争捕虜の数に関しては以下を参照。Reinhard Nachtigal, *Kriegsgefangenschaft an der Ostfront 1914–1918: Literaturbericht zu einem neuen Forschungsfeld* (Frankfurt: Peter Lang, 2003), 15–19.

(18) Beyrau, 'Brutalization Revisited', 22.

(19) Peter Holquist, *Making War, Forging Revolution: Russia's Continuum of Crisis* (Cambridge, MA: Harvard University Press, 2002), 30, 44.

(20) 以下からの秘密警察の報告の引用。Smith, *Former People*, 65.

(21) Stephen Smith, *Red Petrograd: Revolution in the Factories, 1917–1918* (Cambridge: Cambridge University Press, 1983); Reynolds, *Long Shadow*, 43.

(22) 二月革命に関しては以下を参照。Helmut Altrichter, *Rußland 1917: Ein Land auf der Suche nach sich selbst* (Paderborn: Schöningh, 1997), 110–40; Manfred Hildermeier, *Geschichte der Sowjetunion 1917–1991: Entstehung und Niedergang des ersten sozialistischen Staates* (Munich: C. H. Beck, 1998), 64–80; Peter Gatrell, *Russia's First World War, 1914–1917: A Social and Economic History* (London: Pearson, 2005), 197–220; Rex A. Wade, *The Russian Revolution, 1917* (Cambridge and New York: Cambridge University Press, 2000); Stephen Smith, *The Russian*

Revolution: A Very Short Introduction（Oxford and New York: Oxford University Press, 2002），とくに第 1 章；Christopher Read, *From Tsar to Soviets: The Russian People and their Revolution, 1917–1921*（Oxford and New York: Oxford University Press, 1996）; Tsuyoshi Hasegawa, 'The February Revolution', in Edward Acton, Vladimir Iu. Cherniaev and William G. Rosenberg（eds.）, *Critical Companion to the Russian Revolution 1914–1921*（London: Arnold, 1997）, 48–61; Barbara Alpern Engel, 'Not by Bread Alone: Subsistence Riots in Russia during World War I', in *Journal of Modern History*, 69（1997）, 696–721; Allan K. Wildman, *The End of the Russian Imperial Army*, vol. 1: *The Old Army and the Soldiers' Revolt (March-April 1917)*（Princeton, NJ: Princeton University Press, 1980）.

（23） W. Bruce Lincoln, *Passage through Armageddon: The Russians in War and Revolution*（New York: Simon and Schuster, 1986）, 321–25; Richard Pipes, *The Russian Revolution 1899–1919*（London: Harvill Press, 1997）, 274–75; Rogger, *Russia*, 266–7.

（24） Dominic Lieven, *Nicholas II: Emperor of all the Russians*（London: Pimlico, 1994）, 226.

（25） Wildman, *End of the Russian Imperial Army*, vol. 1, 123–24.

（26） Lincoln, *Passage*, 327–31; Rogger, *Russia*, 266–67; Figes, *People's Tragedy*, 311–20.

（27） Smith, *Former People*, 72; Lincoln, *Passage*, 331–33; Pipes, *Russian Revolution*, 279–81; Figes, *People's Tragedy*, 320–21.

（28） Pipes, *Russian Revolution*, 307–17; Lincoln, *Passage*, 337–45.

（29） Lincoln, *Passage*, 334–44; Figes, *People's Tragedy*, 327–49; Robert Paul Browder and Alexander F. Kerensky（eds.）, *The Russian Provisional Government 1917: Documents*, 3 vols.（Stanford, CA: Stanford University Press, 1961）; William G. Rosenberg, *The Liberals in the Russian Revolution: The Constitutional Democratic Party, 1917–1921*（Princeton, NJ: Princeton University Press, 1974）, 114–16.

（30） Marc Ferro, *October 1917: A Social History of the Russian Revolution*（London: Routledge and Kegan Paul, 1980）.

（31） Figes, *People's Tragedy*, 323–31; Smith, *Former People*, 73.

（32） 以下からのレーニンの引用。Service, *Lenin*, 268.

（33） Figes, *People's Tragedy*, 334–35; Pipes, *Russian Revolution*, 320–23.

（34） Figes, *People's Tragedy*, 361–84.

（35） Lincoln, *Passage*, 346–71; Altrichter, *Rußland 1917*, 166–70.

（36） Joshua Sanborn, *Imperial Apocalypse: The Great War and the Destruction of the Russian Empire*（Oxford and New York: Oxford University Press, 2014）, 205–11.

（37） Ibid., 209.

（38） Andrejs Plakans, *The Latvians: A Short History*（Stanford, CA: Stanford University Press, 1995）, 108.

（39） Wildman, *End of the Russian Imperial Army*, 369; Mark von Hagen, *War in a European Borderland: Occupations and Occupation Plans in Galicia and Ukraine, 1914–1918*（Seattle, WA: University of Washington Press, 2007）, 84–85.

(40)　Allan K. Wildman, *The End of the Russian Imperial Army*, vol. 2: *The Road to Soviet Power and Peace* (Princeton, NJ: Princeton University Press, 1987), 225–31; Sanborn, *Drafting the Russian Nation*, 173–74.

(41)　Figes, *People's Tragedy*, 423–35; Ronald G. Suny, 'Toward a Social History of the October Revolution', in *American Historical Review* 88 (1983), 31–52.

(42)　George Katkov, *The Kornilov Affair: Kerensky and the Breakup of the Russian Army* (London and New York: Longman, 1980); Harvey Ascher, 'The Kornilov Affair: A Reinterpretation', in *Russian Review* 29 (1970), 286–300.

(43)　Ibid.; Smith, *Former People*, 105.

(44)　トロツキーに関しては以下を参照。Isaac Deutscher, *The Prophet Armed: Trotsky, 1879–1921* (Oxford: Oxford University Press, 1954); Robert Service, *Trotsky: A Biography* (Cambridge, MA: Harvard University Press, 2009); Geoffrey Swain, *Trotsky and the Russian Revolution* (London and New York, 2014); Joshua Rubenstein, *Leon Trotsky: A Revolutionary's Life* (New Haven, CT, and London: Yale University Press, 2006).

(45)　Vladimir Ilyich Lenin, 'The State and Revolution', in Lenin, *Collected Works*, 45 vols. (Moscow, 1964–74), vol. 25, 412ff.; Winkler, *Age of Catastrophe*, 26–27.

(46)　Pipes, *Russian Revolution*, 439–67. 自治要求の試みに関しては以下を参照。Andreas Kappeler, *Rußland als Vielvölkerreich: Entstehung - Geschichte - Zerfall* (Munich: C. H. Beck, 1993); Mark, *Krieg an fernen Fronten*, 131–34.

(47)　Figes, *People's Tragedy*, 462–63.

(48)　Orlando Figes, *Peasant Russia, Civil War: The Volga Countryside in Revolution, 1917–21* (Oxford and New York: Oxford University Press, 1989), 21–22; Graeme J. Gill, *Peasants and Government in the Russian Revolution* (New York: Barnes and Noble, 1979), 157–58; Altrichter, *1917*, 330–58.

(49)　Lincoln, *Passage*, 463–68.

(50)　Pipes, *Russian Revolution*, 492〔ソ同盟共産党中央委員会付属マルクス＝エンゲルス＝レーニン研究所編、マルクス＝レーニン主義研究所レーニン全集刊行委員会訳『レーニン全集』第26巻、大月書店、1958年、243頁〕.

(51)　Leonhard, *Pandora*, 679; Hildermeier, *Geschichte*, 117; Rex A. Wade, 'The October Revolution, the Constituent Assembly, and the End of the Russian Revolution', in Ian D. Thatcher, *Reinterpreting Revolutionary Russia: Essays in Honour of James D. White* (London: Palgrave Macmillan, 2006), 72–85.

(52)　Pipes, *Russian Revolution*, 541–55.

(53)　Figes, *People's Tragedy*, 492–97; Alexander Rabinowitch, *The Bolsheviks in Power: The First Year of Soviet Rule in Petrograd* (Bloomington, IN: Indiana University Press, 2007), 302–4.

(54)　Smith, *Former People*, 118; Lincoln, *Passage*, 458–61; Pipes, *Russian Revolution*, 499.

(55)　Figes, *Peasant Russia*, 296–97.

(56)　Smith, *Former People*, 134; Gill, *Peasants*, 154.

(57) Sean McMeekin, *History's Greatest Heist: The Looting of Russia by the Bolsheviks* (New Haven, CT, and London: Yale University Press, 2009), 12-13, 24-25, 73-91. 地域的な事例研究としては以下を参照。Donald J. Raleigh, *Experiencing Russia's Civil War: Politics, Society and Revolutionary Culture in Saratov, 1917-1922* (Princeton, NJ: Princeton University Press, 2002).

第三章

(1) ブレスト＝リトフスクに関しては以下を参照。Vejas Gabriel Liulevicius, *War Land on the Eastern Front: Culture, National Identity and German Occupation in World War I* (Cambridge and New York: Cambridge University Press, 2000), 204-7; Sanborn, *Imperial Apocalypse*, 232ff. さらに以下の古典的説明も参照。Winfried Baumgart, *Deutsche Ostpolitik 1918: Von Brest-Litovsk bis zum Ende des Ersten Weltkriegs* (Vienna and Munich: Oldenbourg, 1966), 13-92.

(2) Baumgart, *Deutsche Ostpolitik 1918*, 16.

(3) 以下の文献のなかのホフマンによる説明を参照。Karl Friedrich Nowak (ed.), *Die Aufzeichnungen des Generalmajors Max Hoffmann*, 2 vols. (Berlin: Verlag für Kulturpolitik, 1929), この部分は、vol. 2, 190. ブレスト＝リトフスク条約の草案の作成に携わったもう一人の上級外交官であるフレデリック・フォン・ローゼンベルクに関しては以下を参照。Winfried Becker, *Frederic von Rosenberg (1874-1937): Diplomat vom späten Kaiserreich bis zum Dritten Reich, Außenminister der Weimarer Republik* (Göttingen: Vandenhoeck and Ruprecht, 2011), 26-40; Baumgart, *Deutsche Ostpolitik 1918*, 14.

(4) Richard von Kühlmann, *Erinnerungen* (Heidelberg: Schneider, 1948), 523ff.; Leon Trotsky, *My Life: The Rise and Fall of a Dictator* (New York and London: Butterworth, 1930); Nowak (ed.), *Die Aufzeichnungen des Generalmajors*, 207ff.; Werner Hahlweg, *Der Diktatfrieden von Brest-Litowsk 1918 und die bolschewistische Weltrevolution* (Münster: Aschendorff, 1960); Christian Rust, 'Self-Determination at the Beginning of 1918 and the German Reaction', in *Lithuanian Historical Studies* 13 (2008), 43-46.

(5) Ottokar Luban, 'Die Massenstreiks fuer Frieden und Demokratie im Ersten Weltkrieg', in Chaja Boebel and Lothar Wentzel (eds.), *Streiken gegen den Krieg: Die Bedeutung der Massenstreiks in der Metallindustrie vom Januar 1918* (Hamburg: VSA-Verlag, 2008), 11-27.

(6) Oleksii Kurayev, *Politika Nimechchini i Avstro-Uhorshchini v Pershii svitovij vijni: ukrayinskii napryamok* (Kiev: Inst. Ukraïnskoi Archeohrafiï ta Džereloznavstva Im. M. S. Hrusevskoho, 2009), 220-46; Wolfdieter Bihl, *Österreich-Ungarn und die Friedensschlüsse von Brest-Litovsk* (Vienna, Cologne and Graz: Böhlau, 1970), 60-62; Caroline Milow, *Die ukrainische Frage 1917-1923 im Spannungsfeld der europäischen Diplomatie* (Wiesbaden: Harrassowitz, 2002), 110-15; Stephan M. Horak, *The First Treaty of World War I: Ukraine's Treaty with the Central Powers of February 9, 1918* (Boulder, CO: East European Monographs, 1988); Frank Golczewski, *Deutsche und Ukrainer 1914-1939* (Paderborn: Schöningh, 2010), 240-46.

(7) Oleh S. Fedyshyn, *Germany's Drive to the East and the Ukrainian Revolution, 1917–1918* (New Brunswick, NJ: Rutgers University Press, 1971); Peter Borowsky, 'Germany's Ukrainian Policy during World War I and the Revolution of 1918–19', in Hans-Joachim Torke and John-Paul Himka (eds.), *German-Ukrainian Relations in Historical Perspective* (Edmonton: Canadian Institute of Ukrainian Studies, 1994), 84–94; Golczewski, *Deutsche und Ukrainer*, 289–306; Olavi Arens, 'The Estonian Question at Brest-Litovsk', in *Journal of Baltic Studies* 25 (1994), 309; Rust, 'Self-Determination'; Gert von Pistohlkors (ed.), *Deutsche Geschichte im Osten Europas. Baltische Länder* (Berlin: Siedler, 1994), 452–60; Hans-Erich Volkmann, *Die deutsche Baltikumpolitik zwischen Brest-Litowsk und Compiègne* (Cologne and Vienna: Böhlau, 1970).

(8) Baumgart, *Deutsche Ostpolitik 1918*, 14ff.; Dietmar Neutatz, *Träume und Alpträume: Eine Geschichte Russlands im 20. Jahrhundert* (Munich: C. H. Beck, 2013), 158–60; Hahlweg, *Der Diktatfrieden von Brest-Litowsk*, 50–52.

(9) Hannes Leidinger and Verena Moritz, *Gefangenschaft, Revolution, Heimkehr. Die Bedeutung der Kriegsgefangenproblematik für die Geschichte des Kommunismus in Mittel- und Osteuropa 1917–1920* (Vienna, Cologne and Weimar: Böhlau, 2003); Reinhard Nachtigal, *Russland und seine österreichisch-ungarischen Kriegsgefangenen (1914–1918)* (Remshalden: Verlag Bernhard Albert Greiner, 2003); Alan Rachaminow, *POWs and the Great War: Captivity on the Eastern Front* (Oxford and New York: Berg, 2002).

(10) ロシア軍に捕えられた推計200万人のハプスブルク軍の戦争捕虜に関しては以下を参照。Nachtigal, *Kriegsgefangenen (1914–1918)*; Lawrence Sondhaus, *World War One: The Global Revolution* (Cambridge and New York: Cambridge University Press, 2011), 421. チトーに関してはとくに以下を参照。Vladimir Dedijer, *Novi prilozi za biografiju Josipa Broza Tita 1* (Zagreb and Rijeka: Mladost i Spektar; Liburnija, 1980), 57–9 (reprint of the original 1953 edition).

第四章

(1) 以下からの引用。Michael Reynolds, 'The Ottoman-Russian Struggle for Eastern Anatolia and the Caucasus, 1908–1918: Identity, Ideology and the Geopolitics of World Order', PhD Dissertation: Princeton University, 2003, 308.

(2) David Kennedy, *Over Here: The First World War and American Society* (Oxford and New York: Oxford University Press, 1980), 169.

(3) Keith Hitchins, *Rumania, 1866–1947* (Oxford and New York: Oxford University Press, 1994), 273ff.

(4) 第一次世界大戦中のオーストリア＝ハンガリーに関しては以下を参照。Manfried Rauchensteiner, *Der Tod des Doppeladlers: Österreich-Ungarn und der Erste Weltkrieg* (Graz: Styria, 1993).

(5)　Ibid.; ブルシーロフ攻勢に関しては以下を参照。Alexander Watson, *Ring of Steel: Germany and Austria-Hungary at War, 1914–18* (London: Allen Lane, 2014), 300–10.

(6)　Nicola Labanca, 'La guerra sul fronte italiano e Caporetto', in Stéphane Audoin-Rouzeau and Jean-Jacques Becker (eds.), *La prima guerra mondiale*, vol. 1 (Turin: Einaudi, 2007), 443–60.

(7)　以下からのルーデンドルフの引用。Manfred Nebelin, *Ludendorff: Diktator im Ersten Weltkrieg* (Munich: Siedler, 2010), 404.

(8)　1917年12月31日付けの日記の記述。Albrecht von Thaer, *Generalstabsdienst an der Front und in der OHL: Aus Briefen und Tagebuchaufzeichnungen, 1915–1919* (Göttingen: Vandenhoeck and Ruprecht, 1958), 150–51; Watson, *Ring of Steel*, 514.

(9)　Watson, *Ring of Steel*, 514ff.

(10)　Michael S. Neiberg, *The Second Battle of the Marne* (Bloomington, IN: Indiana University Press, 2008), 34; Michael Geyer, *Deutsche Rüstungspolitik 1860–1980* (Frankfurt am Main: Suhrkamp, 1984), 83–96; Richard Bessel, *Germany after the First World War* (Oxford and New York: Clarendon Press, 1993), 5. ドイツ軍の移送に関しては以下を参照。Giordan Fong, 'The Movement of German Divisions to the Western Front, Winter 1917–1918', in *War in History* 7 (2000), 225–35, この部分は、229–30.

(11)　Eugene Rogan, *The Fall of the Ottomans: The Great War in the Middle East, 1914–1920* (London: Allen Lane, 2015), 356–57; Ryan Gingeras, *Fall of the Sultanate: The Great War and the End of the Ottoman Empire, 1908–1922* (Oxford and New York: Oxford University Press, 2016), 244–5.

(12)　Rogan, *The Fall of the Ottomans*, 356; Gingeras, *Fall of the Sultanate*, 244.

(13)　Gingeras, *Fall of the Sultanate*, 244–45; Rudolf A. Mark, *Krieg an Fernen Fronten: Die Deutschen in Zentralasien und am Hindukusch 1914–1924* (Paderborn: Ferdinand Schöningh, 2013), 164ff.

(14)　Jörn Leonhard, *Die Büchse der Pandora: Geschichte des Ersten Weltkriegs* (Munich: C. H. Beck, 2014), 805.

(15)　David Stevenson, *With our Backs to the Wall: Victory and Defeat in 1918* (London: Allen Lane, 2011), 7 (攻勢で生じた人的損失に関して), 35 (別の選択肢が欠如していた点に関して).

(16)　この攻勢に関する極めて詳細な説明は以下に示されている。David T. Zabecki, *The German 1918 Offensives: A Case Study in the Operational Level of War* (New York: Routledge, 2006), 126–33. より簡略な近年の分析としては以下を参照。Watson, *Ring of Steel*, 517ff.

(17)　Ernst Jünger, *In Stahlgewittern: Ein Kriegstagebuch*, 24th edition (Berlin: Mittler 1942), 244ff. 編集版と元の日記の記述とに根本的な相違はない。Ernst Jünger, *Kriegstagebuch 1914–1918*, ed. Helmuth Kiesel (Stuttgart: Klett-Cotta, 2010), 375ff. (1918年3月21日付けの日記の記述). ユンガーの生涯に関しては以下を参照。Helmuth Kiesel, *Ernst Jünger: Die Biographie* (Munich: Siedler, 2007).

(18)　Watson, *Ring of Steel*, 519ff.; Martin Middlebrook, *The Kaiser's Battle: The First Day of the*

German Spring Offensive（London: Viking, 1978）.

（19） J. Paul Harris, *Douglas Haig and the First World War*（Cambridge and New York: Cambridge University Press, 2008）, 454–56.

（20） Alan Kramer, *Dynamic of Destruction: Culture and Mass Killing in the First World War*（Oxford and New York: Oxford University Press, 2007）, 269–71; Holger Herwig, *The First World War: Germany and Austria-Hungary, 1914–1918*（London: Edward Arnold, 1997）, 400–16. この英仏の内輪揉めの克服に関しては以下を参照。Elizabeth Greenhalgh, *Victory through Coalition: Politics, Command and Supply in Britain and France, 1914–1918*（Cambridge and New York: Cambridge University Press, 2005）.

（21） Georg Alexander von Müller, *The Kaiser and his Court: The Diaries, Notebooks, and Letters of Admiral Alexander von Müller*（London: Macdonald, 1961）, 344.

（22） 以下からのフーゲンベルクの引用。Nebelin, *Ludendorff*, 414–15.

（23） Watson, *Ring of Steel*, 520.

（24） Zabecki, *German 1918 Offensives*, 139–73; Stevenson, *With Our Backs to the Wall*, 67.

（25） Wilhelm Deist, 'Verdeckter Militärstreik im Kriegsjahr 1918?', in Wolfram Wette（ed.）, *Der Krieg des kleinen Mannes: Eine Militärgeschichte von unten*（Munich and Zürich: Piper, 1998）, 146–67, この部分は、149–50.

（26） Alexander Watson, *Enduring the Great War: Combat Morale and Collapse in the German and British Armies, 1914–1918*（Cambridge and New York: Cambridge University Press, 2008）, 181.

（27） Zabecki, *German 1918 Offensives*, 184–205; Watson, *Ring of Steel*, 521; Robert Foley, 'From Victory to Defeat: The German Army in 1918', in Ashley Ekins（ed.）, *1918: Year of Victory*（Auckland and Wollombi, NSW: Exisle, 2010）, 69–88, この部分は、77.

（28） Stevenson, *With Our Backs to the Wall*, 78–88.

第五章

（1） Holger Herwig, *The First World War: Germany and Austria-Hungary, 1914–1918*（London: Bloomsbury, 1996）, 414; Leonard V. Smith, Stéphane Audoin-Rouzeau and Annette Becker, *France and the Great War, 1914–1918*（Cambridge and New York: Cambridge University Press, 2003）, 151; David Stevenson, *With Our Backs to the Wall: Victory and Defeat in 1918*（London: Allen Lane, 2011）, 345.

（2） Scott Stephenson, *The Final Battle: Soldiers of the Western Front and the German Revolution of 1918*（Cambridge and New York: Cambridge University Press, 2009）, 25.

（3） Ibid., 25.

（4） Oliver Haller, 'German Defeat in World War I, Influenza and Postwar Memory', in Klaus Weinhauer, Anthony McElligott and Kirsten Heinsohn（eds.）, *Germany 1916–23: A Revolution in Context*（Bielefeld: Transcript, 2015）, 151–80, この部分は、173ff. 以下も参照。Eckard

Michels, 'Die "Spanische Grippe" 1918/19: Verlauf, Folgen und Deutungen in Deutschland im Kontext des Ersten Weltkriegs', in *Vierteljahrshefte für Zeitgeschichte* (2010), 1–33; Frieder Bauer and Jörg Vögele, 'Die "Spanische Grippe" in der deutschen Armee 1918: Perspektive der Ärzte und Generäle', in *Medizinhistorisches Journal* 48 (2013), 117–52; Howard Phillips and David Killingray (eds.), *The Spanish Influenza Pandemic of 1918–19: New Perspectives* (London and New York: Routledge, 2003).

(5) Stephenson, *Final Battle*, 25.

(6) 最後の数週間の前線部隊の状態に関しては以下に収録された報告を参照。A. Philipp (ed.), *Die Ursachen des Deutschen Zusammenbruches im Jahre 1918. Zweite Abteilung: Der innere Zusammenbruch*, vol. 6 (Berlin: Deutsche Verlagsgesellschaft für Politik, 1928), 321–86.

(7) Bernd Ulrich and Benjamin Ziemann (eds.), *Frontalltag im Ersten Weltkrieg: Wahn und Wirklichkeit. Quellen und Dokumente* (Frankfurt am Main: Fischer, 1994), 94 (1918 年 9 月 4 日の報告).

(8) Stevenson, *With Our Backs to the Wall*, 112–69.

(9) Manfred Nebelin, *Ludendorff: Diktator im Ersten Weltkrieg* (Munich: Siedler, 2010), 423–24.

(10) Wolfgang Foerster, *Der Feldherr Ludendorff im Unglück: Eine Studie über seine seelische Haltung in der Endphase des ersten Weltkrieges* (Wiesbaden: Limes Verlag, 1952), 73–74.

(11) ドイランの戦いと、ブルガリアにおける第一次世界大戦の記憶とに関しては以下を参照。Nikolai Vukov, 'The Memory of the Dead and the Dynamics of Forgetting: "Post-Mortem" Interpretations of World War I in Bulgaria', in Oto Luthar (ed.), *The Great War and Memory in Central and South-Eastern Europe* (Leiden: Brill, 2016). 以下も参照。Ivan Petrov, *Voynata v Makedonia (1915–1918)* (Sofia: Semarsh, 2008); Nikola Nedev and Tsocho Bilyarski, *Doyranskata epopeia, 1915–1918* (Sofia: Aniko/ Simolini, 2009).

(12) ドブロ・ポリェの突破に関しては以下を参照。Richard C. Hall, *Balkan Breakthrough: The Battle of Dobro Pole 1918* (Bloomington, IN: Indiana University Press, 2010); Dimitar Azmanov and Rumen Lechev, 'Probivatna Dobropoleprezsptemvri 1918 godina', in *Voennoistoricheski sbornik* 67 (1998), 154–75.

(13) 一部始終に関しては以下を参照。Bogdan Kesyakov, *Prinos kym diplomaticheskata istoriya na Bulgaria (1918–1925): Dogovori, konventsii, spogodbi, protokoli i drugi syglashenia i diplomaticheski aktove s kratki belejki* (Sofia: Rodopi, 1925); Petrov, *Voynata v Makedonia*, 209–11.

(14) 二度のバルカン戦争へのブルガリアの関与に関しては以下を参照。Mincho Semov, *Pobediteliat prosi mir: Balkanskite voyni 1912–1913* (Sofia: Universitetsko izdatelstvo 'Sv. Kliment Ohridski', 1995); V. Tankova et al., *Balkanskite voyni 1912–1913: pamet i istoriya* (Sofia: Akademichno izdatelstvo 'Prof. Marin Drinov', 2012); Georgi Markov, *Bulgaria v Balkanskia sayuz sreshtu Osmanskata imperia, 1911–1913* (Sofia: Zahariy Stoyanov, 2012).

(15) Richard Hall, 'Bulgaria in the First World War', http://russiasgreatwar.org/media/arc/bulgaria.shtml (最終閲覧日は 2016 年 2 月 24 日).

(16) Ibid.

(17) 第二次バルカン戦争後のブルガリアへの難民に関しては以下を参照。Delcho Poryazov, *Pogromat nad trakijskite ba'lgari prez 1913 g.: razorenie i etnichesko iztreblenie* (Sofia: Akademichno izdatelstvo 'Prof. Marin Drinov', 2009); Carnegie Endowment for International Peace (ed.), *Report of the International Commission to Inquire into the Causes and Conduct of the Balkan Wars* (reprint, Washington D.C.: Carnegie, 2014), とくに、123-135.

(18) Richard C. Hall, 'Bulgaria', in Ute Daniel et al. (eds.), *1914-1918 online. International Encyclopedia of the First World War*.

(19) ブルガリアの第一次世界大戦への参戦に関してはとくに以下を参照。Georgi Markov, *Golyamata voina i bulgarskiat klyuch kym evropeiskiat pogreb (1914-1916)* (Sofia: Akademichno izdatelstvo 'Prof. Marin Drinov', 1995); Georgi Markov, *Golyamata voyna i bulgarskata strazha mezhdu Sredna Evropa i Orienta, 1916-1919* (Sofia: Akademichno izdatelstvo 'Prof. Marin Drinov', 2006).

(20) Hall, 'Bulgaria in the First World War'.

(21) 北部戦線、とくにトゥトラカンの戦いに関しては以下を参照。Petar Boychev, *Tutrakanska epopeia* (Tutrakan: Kovachev, 2003); Petar Boychev and Volodya Milachkov, *Tutrakanskata epopeya i voynata na Severnia front, 1916-1918* (Silistra: Kovachev, 2007). ブルガリア史学史において「ドブリチ叙事詩」として知られる、ドブリチの戦いについての刊行物に関しては以下も参照。Radoslav Simeonov, Velichka Mihailova and Donka Vasileva, *Dobrichkata epopeia, 1916* (Dobrich: Ave fakta, 2006); Georgi Kazandjiev et al., *Dobrichkata epopeia, 5-6 septemvri 1916* (Dobrich: Matador, 2006).

(22) Hall, 'Bulgaria in the First World War'.

(23) Kanyo Kozhuharov, *Radomirskata republika, 1918-1948* (Sofia: BZNS, 1948), 11.

(24) Ibid., 12.

(25) Andrej Mitrović, *Serbia's Great War, 1914-1918* (London: Hurst, 2007), 312-19.

(26) Gunther Rothenberg, *The Army of Francis Joseph* (West Lafayette, IN: Purdue University Press, 1997), 212-13.

(27) Alexander Watson, *Ring of Steel: Germany and Austria-Hungary at War, 1914-18* (London: Allen Lane, 2014), 538.

(28) Mario Isnenghi and Giorgio Rochat, *La Grande Guerra 1914-1918* (Milan: La Nuova Italia, 2000), 438-52.

(29) Mark Thompson, *The White War: Life and Death on the Italian Front 1915-1919* (London: Faber and Faber, 2009), 344-6; Mark Cornwall, *The Undermining of Austria-Hungary: The Battle for Hearts and Minds* (Basingstoke: Macmillan, 2000), 287-99.

(30) Watson, *Ring of Steel*, 538.

(31) Ibid., 540; Arthur May, *The Passing of the Habsburg Monarchy*, vol. 2 (Philadelphia, PA: University of Pennsylvania Press, 1966), 760-63.

(32) Rudolf Neck (ed.), *Österreich im Jahre 1918: Berichte und Dokumente* (Vienna: Oldenbourg, 1968), 104-13.

(33) 以下からの引用。Isnenghi and Rochat, *La Grande Guerra 1914–1918*, 463–64.

(34) Erik Jan Zürcher, 'The Ottoman Empire and the Armistice of Moudros', in Hugh Cecil and Peter H. Liddle (eds.), *At the Eleventh Hour: Reflections, Hopes, and Anxieties at the Closing of the Great War, 1918* (London: Leo Cooper, 1998), 266–75.

(35) Timothy W. Childs, *Italo-Turkish Diplomacy and the War over Libya, 1911–1912* (New York: Brill, 1990), 36.

(36) Carnegie Endowment for International Peace (ed.), *Report of the International Commission to Inquire into the Causes and Conduct of the Balkan Wars* (reprint, Washington DC: Carnegie, 2014).

(37) M. Şükrü Hanioğlu, *A Brief History of the Late Ottoman Empire* (Princeton, NJ: Princeton University Press, 2006), 165.

(38) Mustafa Aksakal, 'The Ottoman Empire', in Jay Winter (ed.), *The Cambridge History of the First World War*, vol. 1 (Cambridge and New York: Cambridge University Press, 2014), 459–78, この部分は、470.

(39) Mustafa Aksakal, *The Ottoman Road to War in 1914: The Ottoman Empire and the First World War* (Cambridge and New York: Cambridge University Press, 2008), 93–118.

(40) Ibid., 178–87.

(41) Edward J. Erickson, *Ordered to Die: A History of the Ottoman Army in the First World War* (Westport, CT, and London: Greenwood Press, 2001); Carl Alexander Krethlow, *Generalfeldmarschall Colmar Freiherr von der Goltz Pascha: Eine Biographie* (Paderborn: Ferdinand Schöningh, 2012).

(42) Aksakal, *The Ottoman Road to War*, 94.

(43) Hanioğlu, *Brief History of the Late Ottoman Empire*, 180–1; David Reynolds, *The Long Shadow: The Great War and the Twentieth Century* (London: Simon and Schuster, 2013), 88.

(44) *A Brief Record of the Advance of the Egyptian Expeditionary Force under the Command of General Sir Edmund H. H. Allenby, G.C.B., G.C.M.G. July 1917 to October 1918* (London: His Majesty's Stationery Office, 1919), 25–36; James Kitchen, *The British Imperial Army in the Middle East* (London: Bloomsbury, 2014).

(45) Ryan Gingeras, *Fall of the Sultanate: The Great War and the End of the Ottoman Empire, 1908–1922* (Oxford and New York: Oxford University Press, 2016), 248; Gwynne Dyer, 'The Turkish Armistice of 1918. 2: A Lost Opportunity: The Armistice Negotiations of Moudros', in *Middle Eastern Studies* 3 (1972), 313–48.

(46) Eugene Rogan, *The Fall of the Ottomans: The Great War in the Middle East, 1914–1920* (London: Allen Lane, 2015), 285–87, 359–60.

(47) 'Turquie: Convention d'armistice 30 Octobre 1918', in *Guerre Européenne: Documents 1918: Conventions d'armistice passées avec la Turquie, la Bulgarie, l'Autriche-Hongrie et l'Allemagne par les puissances Alliées et associées* (Paris: Ministère des Affaires Étrangères, 1919), 7–9. 以下も参照。Gingeras, *Fall of the Sultanate*, 249.

(48) Dyer, 'The Turkish Armistice of 1918', 319.

(49) 以下からの引用。Patrick Kinross, *Atatürk: A Biography of Mustafa Kemal, Father of Modern Turkey* (London: Weidenfeld and Nicolson, 1964), 15.

(50) Ryan Gingeras, *Mustafa Kemal Atatürk: Heir to an Empire* (Oxford and New York: Oxford University Press, 2015); Irfan Orga and Margarete Orga, *Atatürk* (London: Michael Joseph, 1962), 164.

(51) Elie Kedourie, 'The End of the Ottoman Empire', in *Journal of Contemporary History of the Ottoman Empire* 2 (1968), 19–28, この部分は、19. 包括的な歴史に関しては以下を参照。Caroline Finkel, *Osman's Dream: The Story of the Ottoman Empire, 1300–1923* (London: John Murray, 2005).

(52) Albrecht von Thaer, *Generalstabsdienst an der Front und in der OHL: Aus Briefen und Tagebuchaufzeichnungen, 1915–1919* (Göttingen: Vandenhoeck and Ruprecht, 1958), 234 (1918年10月1日付けの日記の記述).

(53) Ibid.

(54) Herbert Michaelis, Ernst Schraepler and Günter Scheel (eds.), *Ursachen und Folgen*, vol. 2: *Der militärische Zusammenbruch und das Ende des Kaiserreichs* (Berlin: Verlag Herbert Wendler, 1959), 319–20.

(55) Harry Rudolph Rudin, *Armistice 1918* (New Haven, CT, and London: Yale University Press, 1944), 53–54.

(56) Lothar Machtan, *Prinz Max von Baden: Der letzte Kanzler des Kaisers* (Berlin: Suhrkamp, 2013).

(57) Heinrich August Winkler, *The Age of Catastrophe: A History of the West 1914–1945* (New Haven, CT, and London: Yale University Press, 2015), 61–62. 十月改革に関しては最近年の以下の著作を参照。Anthony McElligott, *Rethinking the Weimar Republic: Authority and Authoritarianism, 1916–1936* (London: Bloomsbury, 2014), 19–26.

(58) Rudin, *Armistice 1918*, 53, 56–80; Watson, *Ring of Steel*, 547–8.

(59) 以下からの引用。Rudin, *Armistice 1918*, 173; Watson, *Ring of Steel*, 550–51.

(60) Nebelin, *Ludendorff*, 493.

(61) Ibid., 497–8; Watson, *Ring of Steel*, 551.

(62) Martin Kitchen, *The Silent Dictatorship: The Politics of the German High Command under Hindenburg and Ludendorff, 1916–1918* (New York: Holmes and Meier, 1976); Richard Bessel, 'Revolution', in Jay Winter (ed.), *The Cambridge History of the First World War*, vol. 2 (Cambridge and New York: Cambridge University Press, 2014), 126–44.

(63) 西ドイツの歴史家たちは、とくにドイツ国内で設立された兵士評議会に関心を払ってきた。彼らは長年にわたり、この評議会がドイツの政治的将来にとっての「第三の道」の基礎となり、ヴァイマル共和国(そしてこの共和国が旧来からのエリートたちに対して行った致命的な意味をもつ妥協)と過激なボリシェヴィキ流の体制の双方に代わる別の選択肢を提示しえたのかどうかについて、議論してきた。Reinhard

Rürup, 'Demokratische Revolution und der "dritte Weg": Die deutsche Revolution von 1918/19 in der neueren wissenschaftlichen Diskussion', in *Geschichte und Gesellschaft* 9 (1983), 278-301.

(64) Wilhelm Deist, 'Die Politik der Seekriegsleitung und die Rebellion der Flotte Ende Oktober 1918', in *Vierteljahrshefte für Zeitgeschichte* 14 (1966), 341-68; 以下の英訳版からの引用。Watson, *Ring of Steel*, 552.

(65) Gerhard Groß, 'Eine Frage der Ehre? Die Marineführung und der letzte Flottenvorstoß? 1918', in Jörg Duppler and Gerhard P. Groß (eds.), *Kriegsende 1918: Ereignis, Wirkung, Nachwirkung* (Munich: Oldenbourg, 1999), 349-65, この部分は、354-65; Watson, *Ring of Steel*, 552.

(66) Holger Herwig, *'Luxury Fleet': The Imperial German Navy 1888-1918*, revised edition (London: Ashfield Press, 1987), 247, 250; Watson, *Ring of Steel*, 552.

(67) Hannes Leidinger, 'Der Kieler Aufstand und die deutsche Revolution', in idem and Verena Moritz (eds.), *Die Nacht des Kirpitschnikow. Eine andere Geschichte des Ersten Weltkriegs* (Vienna: Deuticke, 2006), 220-35; Daniel Horn, *Mutiny on the High Seas: Imperial German Naval Mutinies of World War One* (London: Leslie Frewin, 1973), 234-46; Watson, *Ring of Steel*, 553.

(68) Watson, *Ring of Steel*, 554.

(69) Ulrich Kluge, 'Militärrevolte und Staatsumsturz. Ausbreitung und Konsolidierung der Räteorganisation im rheinisch-westfälischen Industriegebiet', in Reinhard Rürup (ed.), *Arbeiter- und Soldatenräte im rheinisch-westfälischen Industriegebiet* (Wuppertal: Hammer, 1975), 39-82.

(70) Ulrich Kluge, *Soldatenräte und Revolution: Studien zur Militärpolitik in Deutschland 1918/19* (Göttingen: Vandenhoeck and Ruprecht, 1975), 48-56.

(71) Harry Graf Kessler, *Das Tagebuch 1880-1937*, eds. Roland Kamzelak and Günter Riederer, vol. 6: *1916-1918* (Stuttgart: Klett-Cotta, 2006), 616〔松本道介訳『ワイマル日記　1918〜1937』上巻、冨山房、1993年、5頁〕.

(72) ドイツの諸王朝の終焉についての詳細な説明は以下を参照。Lothar Machtan, *Die Abdankung: Wie Deutschlands gekrönte Häupter aus der Geschichte fielen* (Berlin: Propyläen Verlag, 2008).

(73) Rudin, *Armistice 1918*, 327-29, 349-51.

(74) Stephenson, *The Final Battle*, 83-90.

(75) Rudin, *Armistice 1918*, 345-59; Kluge, *Soldatenräte*, 82-7.

(76) Manfred Jessen-Klingenberg, 'Die Ausrufung der Republik durch Philipp Scheidemann am 9. November 1918', in *Geschichte in Wissenschaft und Unterricht* 19 (1968), 649-56, この部分は、653.

(77) Winkler, *Age of Catastrophe*, 67.

(78) Watson, *Ring of Steel*, 55ff.

(79) Rudin, *Armistice 1918*, 427-32; Watson, *Ring of Steel*, 556.

第六章

(1) これに関しては以下を参照。Annemarie H. Sammartino, *The Impossible Border: Germany and the East, 1914–1922* (Ithaca, NY, and London: Cornell University Press, 2010), ch. 2; Timothy Snyder, *The Reconstruction of Nations: Poland, Ukraine, Lithuania, Belarus, 1569–1999* (New Haven, CT, and London, 2004), 62–63; Vejas Gabriel Liulevicius, *War Land on the Eastern Front: Culture, National Identity and German Occupation in World War I* (Cambridge and New York: Cambridge University Press, 2000), 228ff. バルト地域で民族独立の際に準軍事的組織が行った戦闘に関しては以下を参照。Tomas Balkelis, 'Turning Citizens into Soldiers: Baltic Paramilitary Movements after the Great War', in Robert Gerwarth and John Horne (eds.), *War in Peace: Paramilitary Violence after the Great War* (Oxford and New York: Oxford University Press, 2012), 126–44.

(2) このことはとりわけエストニアとラトヴィアに当てはまる。James D. White, 'National Communism and World Revolution: The Political Consequences of German Military Withdrawal from the Baltic Area in 1918–19', in *Europe-Asia Studies* 8 (1994), 1349–69. バルト諸国の歴史を概観した好著として以下を参照。Andres Kasekamp, *A History of the Baltic States* (New York: Palgrave Macmillan, 2010); Andrejs Plakans, *A Concise History of the Baltic States* (Cambridge and New York: Cambridge University Press, 2011). さらに以下の古典的著作も参照。Georg von Rauch, *The Baltic States: The Years of Independence: Estonia, Latvia, Lithuania, 1917–1940* (Berkeley, CA: University of California Press, 1974).

(3) ビショッフの「鉄師団」に関しては以下を参照。Tanja Bührer, *Die Kaiserliche Schutztruppe für Deutsch-Ostafrika: Koloniale Sicherheitspolitik und transkulturelle Kriegführung, 1885 bis 1918* (Munich: Oldenbourg, 2011), 211; Bernhard Sauer, 'Vom "Mythos eines ewigen Soldatentums". Der Feldzug deutscher Freikorps im Baltikum im Jahre 1919', in *Zeitschrift für Geschichtswissenschaft* 43 (1995), 869–902. 自伝での説明として、Josef Bischoff, *Die letzte Front: Geschichte der Eisernen Division im Baltikum 1919* (Berlin: Buch- und Tiefdruck Gesellschaft, 1935).

(4) Liulevicius, *War Land on the Eastern Front*, 56ff.

(5) John Hiden, *The Baltic States and Weimar Ostpolitik* (Cambridge and New York: Cambridge University Press, 1987), 16; Sammartino, *The Impossible Border*, 48.

(6) Rüdiger von der Goltz, *Meine Sendung in Finnland und im Baltikum* (Leipzig: Koehler, 1920), 156 (数に関して).

(7) Hagen Schulze, *Freikorps und Republik, 1918–1920* (Boppard am Rhein: Boldt, 1969), 143.

(8) Sammartino, *The Impossible Border*, 53.

(9) Alfred von Samson-Himmelstjerna, 'Meine Erinnerungen an die Landwehrzeit', Herder Institut, Marburg, DSHI 120 BR BLW 9, p. 20.

(10) Rudolf Höss, *Death Dealer: The Memoirs of the SS Kommandant at Auschwitz*, ed. Steven Paskuly (Buffalo, NY: Prometheus Books, 1992), 60〔片岡啓治訳『アウシュヴィッツ収容所』講談社、1999年、82頁〕.

(11) Robert G. L. Waite, *Vanguard of Nazism: The Free Corps Movement in Postwar Germany, 1918–1923* (Cambridge, MA: Harvard University Press, 1952), 118–19.

(12) Erich Balla, *Landsknechte wurden wir: Abenteuer aus dem Baltikum* (Berlin: W. Kolk, 1932), 111–12. バッラの誇張に満ちた説明は明らかに、読み手に衝撃を与えるとともに、暴力的報復を正当化することを狙ったものである。

(13) Ibid.

(14) John Hiden and Martyn Housden, *Neighbours or Enemies? Germans, the Baltic, and Beyond* (Amsterdam and New York: Editions Rodopi, 2008), 21.

(15) Sammartino, *The Impossible Border*, 55.

(16) Plakans, *The Latvians*, 108.

(17) Julien Gueslin, 'Riga, de la métropole russe à la capitale de la Lettonie 1915–1919', in Philippe Chassaigne and Jean-Marc Largeaud (eds.), *Villes en guerre (1914–1945)* (Paris: Amand Colin, 2004), 185–95; Suzanne Pourchier-Plasseraud, 'Riga 1905–2005: A City with Conflicting Identities', in *Nordost-Archiv* 15 (2006), 175–94, この部分は、181.

(18) Uldis Ģērmanis, *Oberst Vācietis und die lettischen Schützen im Weltkrieg und in der Oktoberrevolution* (Stockholm: Almqvist and Wiksell, 1974), 147, 155.

(19) Balla, *Landsknechte*, 180–81.

(20) Marguerite Yourcenar, *Coup de Grâce* (Paris: Éditions Gallimard, 1939)〔岩崎力訳『とどめの一撃』岩波書店、1995年、154〜155頁〕.

(21) Waite, *Vanguard of Nazism*, 118–19.

(22) Sammartino, *The Impossible Border*, 59.

(23) Charles L. Sullivan, 'The 1919 German Campaign in the Baltic: The Final Phase', in Stanley Vardys and Romuald Misiunas, *The Baltic States in Peace and War, 1917–1945* (London: Pennsylvania State University Press, 1978), 31–42.

(24) Schulze, *Freikorps und Republik*, 184; Liulevicius, *War Land on the Eastern Front*, 232; Sammartino, *Impossible Border*, 63.

(25) バルト戦役の終結に関しては、以下の文書館において校合されている膨大な新聞報道を参照。Herder Institut, Marburg, DSHI 120 BLW/BR 1/2.

(26) Friedrich Wilhelm Heinz, *Sprengstoff* (Berlin: Frundsberg Verlag, 1930), 8–9.

(27) Ernst von Salomon, *Die Geächteten* (Berlin: Rowohlt, 1923), 144–45.

(28) こうしたテロ活動に責任があるコンスル団に関しては、とくに以下の文書館が保有するファイルを参照。Institut für Zeitgeschichte (Munich), Fa 163/1 and MA 14412. 以下も参照。Martin Sabrow, *Die verdrängte Verschwörung: Der Rathenau-Mord und die deutsche Gegenrevolution* (Frankfurt am Main: Fischer, 1999).

第七章

(1) Evan Mawdsley, *The Russian Civil War* (Boston, MA, and London: Allen and Unwin, 1987), 45ff. (ch. 4: 'The Allies in Russia, October 1917–November 1918, Archangelsk/Murmansk'); Alexandre Sumpf, 'Russian Civil War', in Ute Daniel, Peter Gatrell, Oliver Janz, Heather Jones, Jennifer Keene, Alan Kramer and Bill Nasson (eds.), *1914–1918 online. International Encyclopedia of the First World War*; Jonathan D. Smele, *The 'Russian' Civil Wars 1916–1926: Ten Years that Shook the World* (Oxford: Oxford University Press, 2015); Peter Holquist, *Making War, Forging Revolution: Russia's Continuum of Crisis, 1914–1921* (Cambridge, MA: Harvard University Press, 2002).

(2) 赤軍に関しては以下を参照。Rex Wade, *Red Guards and Workers' Militias in the Russian Revolution* (Palo Alto, CA: Stanford University Press, 1984); 草創期の赤軍に関しては以下を参照。Mark von Hagen, *Soldiers in the Proletarian Dictatorship: The Red Army and the Soviet Socialist State, 1917–1930* (Ithaca, NY: Cornell University Press, 1990).

(3) William G. Rosenberg, 'Paramilitary Violence in Russia's Civil Wars, 1918–1920', in Robert Gerwarth and John Horne (eds.), *War in Peace: Paramilitary Violence after the Great War* (Oxford and New York: Oxford University Press, 2012), 21–39, 37.

(4) Nikolaus Katzer, 'Der weiße Mythos: Russischer Antibolschewismus im europäischen Nachkrieg', in Robert Gerwarth and John Horne (eds.), *Krieg im Frieden. Paramilitärische Gewalt in Europa nach dem Ersten Weltkrieg* (Göttingen: Wallstein, 2013), 57–93; idem, *Die weiße Bewegung: Herrschaftsbildung, praktische Politik und politische Programmatik im Bürgerkrieg* (Cologne, Weimar and Vienna: Böhlau, 1999).

(5) Viktor P. Danilov, Viktor V. Kondrashin and Teodor Shanin (eds.), *Nestor Makhno: M. Kubanin, Makhnovshchina. Krestyanskoe dvizhenie na Ukraine 1918–1921 gg. Dokumenty i Materialy* (Moscow: ROSSPEN, 2006); Felix Schnell, *Räume des Schreckens. Gewalt und Gruppenmilitanz in der Ukraine 1905–1933* (Hamburg: Hamburger Edition, HIS Verlag, 2012), 325–31; Serhy Yekelchyk, 'Bands of Nation- Builders? Insurgency and Ideology in the Ukrainian Civil War', in Gerwarth and Horne (eds.), *War in Peace*, 107–25, この部分は、120. 1918〜20年のウクライナでの農民反乱についての研究に関しては以下を参照。Andrea Graziosi, *The Great Soviet Peasant War: Bolsheviks and Peasants, 1917–1933* (Cambridge, MA: Harvard University Press, 1996), 11–37.

(6) Sumpf, 'Russian Civil War', *1914–1918 online*.

(7) Lenin, 'The Chief Task of Our Day', 12 March 1918, in Vladimir Ilyich Lenin, *Collected Works*, 45 vols., 4th English edition, vol. 27 (Moscow: Progress Publishers, 1964–74), 15〔『レーニン全集』第 27 巻、160 頁〕.

(8) Geoffrey Swain, 'Trotsky and the Russian Civil War', in Ian D. Thatcher (ed.), *Reinterpreting Revolutionary Russia: Essays in Honour of James D. White* (Basingstoke: Palgrave, 2006), 86–104.

(9) Evan Mawdsley, 'International Responses to the Russian Civil War (Russian Empire)', in

1914–1918 online. International Encyclopedia of the First World War.

(10) Mark Levene, *The Crisis of Genocide*, vol.1: *The European Rimlands 1912–1938* (Oxford and New York: Oxford University Press, 2014), 203.

(11) Edward Hallett Carr, 'The Origins and Status of the Cheka', in *Soviet Studies* 10 (1958), 1-11; George Leggert, *The Cheka: Lenin's Political Police, the All-Russian Extraordinary Commission for Combating Counter-Revolution and Sabotage (December 1917 to February 1922)* (Oxford: Clarendon Press, 1981); Semen S. Chromow, *Feliks Dzierzynski: Biographie*, 3rd edition (East Berlin: Dietz, 1989).

(12) Edward Hallett Carr, *The Bolshevik Revolution 1917–1923* (London: Macmillan, 1950), vol. 1, ch. 7 ('Consolidating the Dictatorship').

(13) 以下からのレーニンの引用。Julie Fedor, *Russia and the Cult of State Security: The Chekist Tradition, from Lenin to Putin* (London: Routledge, 2011), 186, n. 12.

(14) Douglas Smith, *Former People: The Final Days of the Russian Aristocracy* (London: Macmillan, 2012), 143.

(15) Ibid.; W. Bruce Lincoln, *Red Victory: A History of the Russian Civil War* (New York: Simon and Schuster, 1989), 159–61; Vladimir Petrovich Anichkov, *Ekaterinburg - Vladivostok, 1917–1922* (Moscow: Russkiĭ put', 1998), 155.

(16) Orlando Figes, *Peasant Russia, Civil War: The Volga Countryside in Revolution, 1917–21* (Oxford and New York: Oxford University Press, 1989), 332, 351–3; Jonathan Aves, *Workers against Lenin: Labour Protest and Bolshevik Dictatorship* (London: Tauris Publishers, 1996); Felix Schnell, 'Der Sinn der Gewalt: Der Ataman Volynec und der Dauerpogrom von Gajsyn im russischen Bürgerkrieg', in *Zeithistorische Forschung* 5 (2008), 18–39; idem, *Räume des Schreckens*, 245–365.

(17) Arno J. Mayer, *The Furies: Violence and Terror in the French and Russian Revolutions* (Princeton, NJ: Princeton University Press, 2000), 135, 272–74, 279–80.

(18) 以下からのレーニンの引用。Bertrand M. Patenaude, *The Big Show in Bololand: The American Relief Expedition to Soviet Russia in the Famine of 1921* (Stanford, CA: Stanford University Press, 2002), 20.

(19) Katzer, *Die weiße Bewegung*, 269–70; Martin, *'Für ein freies Russland . . .': Die Bauernaufstände in den Gouvernements Tambov und Tjumen 1920–1922* (Heidelberg: Winter, 2010), 168; James E. Mace, *Communism and the Dilemmas of National Liberation: National Communism in Soviet Ukraine 1918–1933* (Cambridge, MA: Harvard University Press, 1983), 65ff.

(20) Bruno Cabanes, *The Great War and the Origins of Humanitarianism 1918–1924* (Cambridge and New York: Cambridge University Press, 2014), 197. 南ヴォルガ地域の食糧旅団に関しては以下を参照。Figes, *Peasant Russia*, 262–7.

(21) レーニンからV・V・クラエフ、E・B・ボシ、A・E・ミンキン宛ての1918年8月11日付けの書簡。以下からの引用。Ronald Grigor Suny, *The Structure of Soviet History: Essays and Documents* (Oxford and New York: Oxford University Press, 2014), 83.

(22) Taisia Osipova, 'Peasant Rebellions: Origins, Scope, Dynamics, and Consequences', in Vladimir N. Brovkin (ed.), *The Bolsheviks in Russian Society* (New Haven, CT, and London: Yale University Press, 1997), 154–76.

(23) Dietrich Beyrau, 'Brutalization Revisited: The Case of Bolshevik Russia', in *Journal of Contemporary History* 50 (2015), 36; Figes, *Peasant Russia*, 319–28, 333–46; Krispin, *'Für ein freies Russland . . .'*, 181–97, 400–2; Vladimir N. Brovkin, *Behind the Front Lines of the Civil War: Political Parties and Social Movements in Russia, 1918–1922* (Princeton, NJ: Princeton University Press, 1994), 82–5; Holquist, *Making War*, 166–205; Orlando Figes, *A People's Tragedy: The Russian Revolution, 1891–1924* (London: Jonathan Cape, 1996), 757.

(24) Maxim Gorky, 'On the Russian Peasantry', in Robert E. F. Smith (ed.), *The Russian Peasant, 1920 and 1984* (London: Routledge, 1977), 11–27, この部分は、16ff.

(25) Rudolph Joseph Rummel, *Lethal Politics: Soviet Genocide and Mass Murder since 1917* (Piscataway, NJ: Transaction Publishers, 1990), 38. 毒ガスの使用に関しては以下を参照。Richard Pipes, *Russia under the Bolshevik Regime* (New York: Knopf, 1993), 387–401; Nicolas Werth, 'L'ex-Empire russe, 1918–1921: Les mutations d'une guerre prolongée', in Stéphane Audoin-Rouzeau and Christophe Prochasson (eds.), *Sortir de la Grande Guerre: Le monde et l'après-1918* (Paris: Tallandier, 2008), 285–306.

(26) David Bullock, *The Czech Legion, 1914–20* (Oxford: Osprey, 2008), 17–24; John F. N. Bradley, *The Czechoslovak Legion in Russia, 1914–1920* (Boulder, CO: East European Monographs, 1991), 156; Gerburg Thunig-Nittner, *Die Tschechoslowakische Legion in Rußland: Ihre Geschichte und Bedeutung bei der Entstehung der 1. Tschechoslowakischen Republik* (Wiesbaden: Harrassowitz, 1970), 73ff.; Victor M. Fic, *The Bolsheviks and the Czechoslovak Legion: The Origins of their Armed Conflict (March-May 1918)* (New Delhi: Shakti Malik, 1978).

(27) Thunig-Nittner, *Tschechoslowakische Legion*, 61–90. 戦間期のチェコスロヴァキアにおける軍団の英雄化に関しては以下を参照。Natali Stegmann, *Kriegsdeutungen, Staatsgründungen, Sozialpolitik: Der Helden- und Opferdiskurs in der Tschechoslowakei, 1918–1948* (Munich: Oldenbourg, 2010), 69–70.

(28) Fic, *The Bolsheviks and the Czechoslovak Legion*, 284ff.

(29) Gustav Habrman, *Mé vzpomínky z války* (Prague: Svěcený, 1928), 46–7. 捕虜や非武装の民間人に対して過度の暴力を行使しようとする意識の高まりに関しては以下を参照。Thunig-Nittner, *Tschechoslowakische Legion*, 46–57.

(30) Manfred Hildermeier, *Geschichte der Sowjetunion 1917–1991: Entstehung und Niedergang des ersten sozialistischen Staates* (Munich: C. H. Beck, 1998), 137–39; Heinrich August Winkler, *The Age of Catastrophe: A History of the West 1914–1945* (New Haven, CT, and London: Yale University Press, 2015), 59.

(31) John Channon, 'Siberia in Revolution and Civil War, 1917–1921', in Alan Wood (ed.), *The History of Siberia: From Russian Conquest to Revolution* (London and New York: Routledge, 1991), 158–80, この部分は、165–66; Brovkin, *Behind the Front Lines of the Civil War*, 300ff.

(32) Thunig-Nittner, *Tschechoslowakische Legion*, 57ff.; Jonathan D. Smele, *Civil War in Siberia: The Anti-Bolshevik Government of Admiral Kolchak, 1918–1920* (Cambridge: Cambridge University Press, 1996), 33ff.; Norman G. O. Pereira, *White Siberia: The Politics of Civil War* (Montreal: McGill-Queen's University Press, 1996), 67ff.

(33) Hélène Carrère d'Encausse, *Nikolaus II.: Das Drama des letzten Zaren* (Vienna: Zsolnay, 1998), 471; Edvard Radzinsky, *The Last Tsar: The Life and Death of Nicholas II* (New York: Doubleday, 1992), 304.

(34) Dominic Lieven, *Nicholas II: Emperor of All the Russians* (London: Pimlico, 1994), 244–46.

(35) Mawdsley, *The Russian Civil War*, 70.

(36) 以下からのフィンレイソンによる報告の引用。Catherine Margaret Boylan, 'The North Russia Relief Force: A Study of Military Morale and Motivation in the Post-First World War World', unpublished PhD thesis, King's College London, 2015, この部分は、252.

(37) Sumpf, 'Russian Civil War', *1914–1918 online*.

(38) Winfried Baumgart, *Deutsche Ostpolitik 1918: Von Brest-Litovsk bis zum Ende des Ersten Weltkriegs* (Vienna and Munich: Oldenbourg, 1966), 140ff.; Mawdsley, 'International Responses', *1914–1918 online*.

(39) デニーキンに関しては以下を参照。Dimitry V. Lehovich, *White against Red: The Life of General Anton Denikin* (New York: W. W. Norton, 1974); Yu. N. Gordeev, *General Denikin: Voenno-istoricheski ocherk* (Moscow: TPF 'Arkaiur', 1993).

(40) Mawdsley, 'International Responses', *1914–1918 online*; Peter Flemming, *The Fate of Admiral Kolchak* (London: Hart-Davis, 1964); K. Bogdanov, *Admiral Kolchak: Biograficheskaia povest-khronika* (St Petersburg: Sudostroenie, 1993).

(41) 連合国軍の干渉について論じたもっと以前の文献を別とすれば、多くの博士論文がイギリス軍による干渉にとくに注意を傾けている。以下を参照。Lauri Kopisto, 'The British Intervention in South Russia 1918–1920', unpublished PhD thesis, University of Helsinki, 2011; Boylan, 'North Russia Relief Force'; Steven Balbirnie, 'British Imperialism in the Arctic: The British Occupation of Archangel and Murmansk, 1918–1919', unpublished PhD thesis, University College Dublin, 2015.

(42) Margaret MacMillan, *Peacemakers: The Paris Conference of 1919 and its Attempt to End War* (London: John Murray, 2001), 81.

(43) John Keep, '1917: The Tyranny of Paris over Petrograd', in *Soviet Studies* 20 (1968), 22–35.

(44) 'Can "Jacobinism" Frighten the Working Class?' (7 July 1917), in Lenin, *Collected Works*, vol. 25, 121–22〔ソ同盟共産党中央委員会付属マルクス＝エンゲルス＝レーニン研究所編、マルクス＝レーニン主義研究所レーニン全集刊行委員会訳『レーニン全集』第25巻、大月書店、1957年、122〜23頁〕.

(45) Winkler, *Age of Catastrophe*, 165.

(46) Rosenberg, 'Paramilitary Violence in Russia's Civil Wars', in Gerwarth and Horne (eds.), *War in Peace*, 21–39. 概観と具体例に関しては以下を参照。Figes, *People's Tragedy*. 個々の地

域に関して、優れた研究が幾つかある。南カフカスに関しては、Jörg Baberowski, *Der Feind ist überall: Stalinismus im Kaukasus*（Munich: Deutsche Verlags-Anstalt, 2003）. 中央アジアに関しては、Hélène Carrère d'Encausse, *Islam and the Russian Empire: Reform and Revolution in Central Asia*（Berkeley, CA, and London: University of California Press, 1988）. 西部地方とウクライナに関しては、Christoph Mick, 'Vielerlei Kriege: Osteuropa 1918–1921', in Dietrich Beyrau et al.（eds.）, *Formen des Krieges von der Antike bis zur Gegenwart*（Paderborn: Schöningh, 2007）, 311–26; Piotr J. Wróbel, 'The Seeds of Violence: The Brutalization of an East European Region 1917–1921', in *Journal of Modern European History* 1（2003）, 125–49; Schnell, *Räume des Schreckens*.

（47） Williard Sunderland, *The Baron's Cloak: A History of the Russian Empire in War and Revolution*（Ithaca, NY, and London: Cornell University Press, 2014）, 133ff.

（48） Katzer, *Die weiße Bewegung*, 285; Anthony Reid, *The World on Fire: 1919 and the Battle with Bolshevism*（London: Pimlico, 2009）, 23.

（49） James Palmer, *The Bloody White Baron: The Extraordinary Story of the Russian Nobleman Who Became the Last Khan of Mongolia*（New York: Basic Books, 2014）, 153–57（ウルガ占領に関して）, 179（モンゴルの中国からの独立に関して）, 196（ハンガリーに対する態度の変化に関して）.

（50） D. D. Aleshin, 'Aziatskaya Odisseya', in S. L. Kuz'min（ed.）, *Baron Ungern v dokumentach i memuarach*（Moscow: Tovariščestvo *Naučych* Izd. KMK, 2004）, 421.

（51） Udo B. Barkmann, *Geschichte der Mongolei oder Die 'Mongolische Frage': Die Mongolen auf ihrem Weg zum eigenen Nationalstaat*（Bonn: Bouvier Verlag, 1999）192–96, 202–5; Canfield F. Smith, 'The Ungernovščina - How and Why?' in *Jahrbücher für Geschichte Osteuropas* 28（1980）, 590–95.

（52） Hiroaki Kuromiya, *Freedom and Terror in the Donbas: A Ukrainian- Russian Borderland 1870s-1990s*（Cambridge and New York: Cambridge University Press, 1998）, 95–114; Katzer, *Die weiße Bewegung*, 284–91; Oleg Budnitskii, *Russian Jews between the Reds and Whites, 1917–1920*（Philadelphia, PA: University of Pennsylvania Press, 2011）, 123ff.

（53） Budnitskii, *Russian Jews between the Reds and Whites.*

（54） Greg King and Penny Wilson, *The Fate of the Romanovs*（Hoboken, NJ: John Wiley and Sons, 2003）, 352–53; Léon Poliakov, *The History of Anti-Semitism*, vol. 4: *Suicidal Europe, 1870–1933*（Philadelphia, PA: University of Pennsylvania Press, 2003）, 182; Levene, *Crisis of Genocide*, vol. 1, 191.

（55） Norman Cohn, *Warrant for Genocide: The Myth of the Jewish World Conspiracy and the Protocols of the Elders of Zion*（London: Serif, 1996）.

（56） Tomas Balkelis, 'Turning Citizens into Soldiers: Baltic Paramilitary Movements after the Great War', in Gerwarth and Horne（eds.）, *War in Peace*, 136; Aivars Stranga, 'Communist Dictatorship in Latvia: December 1918–January 1920: Ethnic Policy', in *Lithuanian Historical Studies* 13（2008）, 161–78, 171ff.

(57) Levene, *Crisis of Genocide*, vol. 1, 187–88.

(58) 1918年にリヴィウで行われた悪名高いポグロムに関しては、例えば以下を参照。Hagen, 'The Moral Economy of Ethnic Violence'; Wehrhahn, *Die Westukrainische Volksrepublik*, 154–56; Mroczka, 'Przyczynek do kwestii z˙ydowskiej w Galicji', 300ff. 以下も参照。Christoph Mick, *Lemberg - Lwów - L'viv, 1914–1947: Violence and Ethnicity in a Contested City* (West Lafayette, IN: Purdue University Press, 2015); Mark Mazower, 'Minorities and the League of Nations in Interwar Europe', in *Daedulus* 126 (1997), 47–63, この部分は、50; Frank Golczewski, *Polnisch-jüdische Beziehungen, 1881–1922: Eine Studie zur Geschichte des Antisemitismus in Osteuropa* (Wiesbaden: Steiner, 1981), 205–13.

(59) プロスクーロフのポグロムは、他の幾つかの事例とともに、国際赤十字の後援する「全ウクライナ・ポグロム犠牲者救済委員会」の代表団によって調査された。同委員会は1919年に現地調査を行い、アメリカ・ユダヤ人救済委員会によって調査報告書が刊行された。Elias Heifetz, *The Slaughter of the Jews in the Ukraine in 1919* (New York: Thomas Seltzer, 1921). 個人による報告も存在している。ここで取り上げた目撃証言はユダヤ人派遣団の一員による報告からの抜粋。A. I. Hillerson, *The Pogroms in the Ukraine under the Ukrainian Governments (1917–1920)*, ed. I. B. Schlechtmann (London: Bale, 1927), 176–80.

(60) Hillerson, *The Pogroms in the Ukraine*, 176–80.

(61) Ibid. ('evidence of Joseph Aptman, restaurant keeper at Felshtin'), annex no. 30, p. 193ff.

(62) Mayer, *The Furies*, 524.

(63) 以下を参照。Leonard Schapiro, 'The Role of Jews in the Russian Revolutionary Movement', in *The Slavonic and East European Review* 40:94 (1961), 148–67; Zvi Y. Gitelman, *Jewish Nationality and Soviet Politics: The Jewish Sections of the CPSU 1917–1930* (Princeton, NJ: Princeton University Press, 1972), 114–19, 163–68.

(64) Budnitskii, *Russian Jews between the Reds and Whites*, 397.

(65) Baberowski, *Der Feind ist überall*, 158–60.

(66) Mawdsley, 'International Responses', *1914–1918 online*.

(67) Beyrau, 'Brutalization Revisited', 33.

(68) Sumpf, 'Russian Civil War', *1914–1918 online*.

(69) Mawdsley, 'International Responses', *1914–1918 online*.

(70) Sumpf, 'Russian Civil War', *1914–1918 online*.

(71) Mawdsley, 'International Responses', *1914–1918 online*.

(72) Mawdsley, *The Russian Civil War*, 377–86; Sumpf, 'Russian Civil War', *1914–1918 online*; MacMillan, *Peacemakers*, 90.

(73) ロシアの飢饉に関しては以下を参照。Patenaude, *The Big Show in Bololand*. 以下の古典的著作も参照。Robert Conquest, *The Harvest of Sorrows: Soviet Collectivization and the Terror-Famine* (Oxford and New York: Oxford University Press, 1986). さらに以下の地域研究も参照。Mary McAuley, *Bread and Justice: State and Society in Petrograd, 1917–1922* (Oxford:

Clarendon Press, 1991), 397. 人口の推移に関しては以下を参照。Sergueï Adamets, *Guerre civile et famine en Russie: Le pouvoir bolchevique et la population face à la catastrophe démographique, 1917–1923* (Paris: Institut d'études slaves, 2003).

(74) この推計に関しては以下を参照。Dietrich Beyrau, 'Post-War Societies (Russian Empire)', in *1914–1918 online. International Encyclopedia of the First World War*; Jurij Aleksandrovič Poljakov et al., *Naselenie Rossii v XX veke: istoričeskie očerki*, vol. 1 (Moscow: ROSSPEN, 2000), 94–95.

(75) Conquest, *Harvest of Sorrows*, 54ff.

(76) *American Relief Administration Bulletin*, December 1923. 以下からの引用。Cabanes, *Origins of Humanitarianism*, 202ff.

(77) Mawdsley, *The Russian Civil War*, 399–400; Nicholas Riasanovsky and Mark Steinberg, *A History of Russia* (Oxford and New York: Oxford University Press, 2005), 474–75; Donald J. Raleigh, 'The Russian Civil War 1917–1922', in Ronald Grigor Suny (ed.), *The Cambridge History of Russia*, vol. 3 (Cambridge: Cambridge University Press, 2006), 140–67; Alan Ball, 'Building a New State and Society: NEP, 1921–1928', in Ronald Grigor Suny (ed.), *The Cambridge History of Russia*, vol. 3, 168–191; Smith, *Former People*, 213.

(78) 難民の正確な数については様々な推計がある。以下を参照。Poljakov et al., *Naselenie*, vol. 1, 134; Boris Raymond and David R. Jones, *The Russian Diaspora 1917–1941* (Lanham, MD: Scarecrow, 2000), 7–10; Michael Glenny and Norman Stone (eds.), *The Other Russia: The Experience of Exile* (London: Faber and Faber, 1990), xx; Raleigh, 'The Russian Civil War', 166.

(79) 戦時中の難民に関してはとくに以下を参照。Peter Gatrell, *A Whole Empire Walking: Refugees in Russia during World War I* (Bloomington, IN: Indiana University Press, 1999); Nick Baron and Peter Gatrell, 'Population Displacement, State-Building and Social Identity in the Lands of the Former Russian Empire, 1917–1923', in *Kritika: Explorations in Russian and Eurasian History* 4 (2003), 51–100; Alan Kramer, 'Deportationen', in Gerhard Hirschfeld, Gerd Krumeich and Irina Renz (eds.), *Enzyklopädie Erster Weltkrieg* (Paderborn: Schöningh, 2009), 434–35, Joshua A. Sanborn, 'Unsettling the Empire: Violent Migrations and Social Disaster in Russia during World War I', in *The Journal of Modern History* 77 (2005), 290–324, 310; Mark von Hagen, *War in a European Borderland: Occupations and Occupation Plans in Galicia and Ukraine, 1914–1918* (Seattle, WA: University of Washington Press, 2007). 西部戦線での住民追放に関しては以下を参照。Philippe Nivet, *Les réfugiés français de la Grande Guerre, 1914–1920: Les 'boches du nord'* (Paris: Institut de stratégie comparée, 2004); Pierre Purseigle, '"A Wave on to Our Shores": The Exile and Resettlement of Refugees from the Western Front, 1914–1918', in *Contemporary European History* 16 (2007), 427–44.

(80) Catherine Goussef, *L'Exil russe: La fabrique du réfugié apatride (1920–1939)* (Paris: CNRS Editions, 2008), 60–63.

(81) バーリンに関しては以下を参照。Michael Ignatieff, *Isaiah Berlin: A Life* (London: Chatto and Windus, 1998).

(82) Marc Raef, *Russia Abroad: A Cultural History of the Russian Emigration, 1919–1939* (Oxford and New York: Oxford University Press, 1990). フランスに関しては以下を参照。Goussef, *L'Exil russe.* プラハに関しては以下を参照。Catherine Andreyev and Ivan Savicky, *Russia Abroad: Prague and the Russian Diaspora 1918–1938* (New Haven, CT, and London: Yale University Press, 2004).

(83) Robert C. Williams, *Culture in Exile: Russian Emigrés in Germany, 1881–1941* (Ithaca, NY: Cornell University Press, 1972), 114; Fritz Mierau, *Russen in Berlin, 1918–1933* (Berlin: Quadriga, 1988), 298; Karl Schlögel (ed.), *Chronik russischen Lebens in Deutschland, 1918 bis 1941* (Berlin: Akademie Verlag, 1999).

(84) 以下を参照。Viktor Petrov, 'The Town on the Sungari', in Stone and Glenny (eds.), *The Other Russia*, 205–21.

(85) Paul Robinson, *The White Russian Army in Exile, 1920–1941* (Oxford and New York: Oxford University Press, 2002), 41; Cabanes, *Origins of Humanitarianism*, 141ff.

(86) コンスタンティノープルのロシア難民に関する国際赤十字の報告。以下からの引用。Cabanes, *Origins of Humanitarianism*, 142.

(87) Ibid., 155ff. ナンセンに関しては以下を参照。Roland Huntford, *Nansen: The Explorer as Hero* (New York: Barnes and Noble Books, 1998); Martyn Housden, 'When the Baltic Sea was a Bridge for Humanitarian Action: The League of Nations, the Red Cross and the Repatriation of Prisoners of War between Russia and Central Europe, 1920–22', in *Journal of Baltic Studies* 38 (2007), 61–83.

(88) Michael Kellogg, *The Russian Roots of Nazism: White Russians and the Making of National Socialism, 1917–1945* (Cambridge and New York: Cambridge University Press, 2005).

(89) Robert Gerwarth and John Horne (eds.), 'Vectors of Violence: Paramilitarism in Europe after the Great War, 1917–1923', in *The Journal of Modern History* 83 (2011), 497.

(90) Robert Gerwarth and John Horne, 'Bolshevism as Fantasy: Fear of Revolution and Counter-Revolutionary Violence, 1917–1923', in Gerwarth and Horne (eds.), *War in Peace*, 40ff.

(91) 以下からのチャーチルの引用。MacMillan, *Peacemakers*, 75.

(92) 報告されたおぞましい行いの一覧に関しては以下を参照。George Pitt-Rivers, *The World Significance of the Russian Revolution* (London: Blackwell, 1920); Read, *The World on Fire*, 23.

(93) 以下からの『ニューヨーク・タイムズ』の引用。David Mitchell, *1919: Red Mirage* (London: Jonathan Cape, 1970), 20ff.

(94) 以下からの引用。Mark William Jones, 'Violence and Politics in the German Revolution, 1918–19', unpublished PhD thesis, European University Institute, 2011, 89–90.

(95) Gerwarth and Horne, 'Bolshevism as Fantasy', 46–48.

(96) Robert Gerwarth and Martin Conway, 'Revolution and Counter-Revolution', in Donald Bloxham and Robert Gerwarth (eds.), *Political Violence in Twentieth-Century Europe* (Cambridge and New York: Cambridge University Press, 2011), 140–75.

(97)　David Kirby, *A Concise History of Finland* (Cambridge and New York: Cambridge University Press, 2006), 152ff.

(98)　Pertti Haapala and Marko Tikka, 'Revolution, Civil War and Terror in Finland in 1918', in Gerwarth and Horne (eds.), *War in Peace*, 71–83.

(99)　フィンランド内戦に関する英語文献としては以下を参照。Anthony Upton, *The Finnish Revolution, 1917–18* (Minneapolis, MN: University of Minnesota Press, 1980); Risto Alapuro, *State and Revolution in Finland* (Berkeley, CA: University of California Press, 1988); Tuomas Hoppu and Pertti Haapala (eds.), *Tampere 1918: A Town in the Civil War* (Tampere: Tampere Museums, 2010); Jason Lavery, 'Finland 1917–19: Three Conflicts, One Country', in *Scandinavian Review* 94 (2006), 6–14; Mawdsley, *The Russian Civil War*, 27–29.

(100)　Ibid.

第八章

(1)　*Berliner Tageblatt*, 10 November 1918.

(2)　Adam Seipp, *The Ordeal of Demobilization and the Urban Experience in Britain and Germany, 1917–1921* (Farnham: Ashgate, 2009); Scott Stephenson, *The Final Battle: Soldiers of the Western Front and the German Revolution of 1918* (Cambridge and New York: Cambridge University Press, 2009), 187; Richard Bessel, *Germany after the First World War* (Oxford and New York: Oxford University Press, 1993).

(3)　Ian Kershaw, *Hitler*, vol. 1: *Hubris, 1889–1936* (London: Allen Lane, 1998), 102〔石田勇治監修、川喜田敦子訳『ヒトラー　1886～1936　傲慢』白水社、2016年〕.

(4)　Karl Hampe, *Kriegstagebuch 1914–1919*, ed. Folker Reichert and Eike Wolgast, 2nd edition (Munich: Oldenbourg, 2007), 775 (1918年11月10日付けの記述).

(5)　Elard von Oldenburg-Januschau, *Erinnerungen* (Berlin: Loehler and Amelang, 1936), 208. 以下からのエーラルト・フォン・オルデンブルク＝ヤヌシャウの引用も参照。Stephan Malinowski, *Vom König zum Führer: Sozialer Niedergang und politische Radikalisierung im deutschen Adel zwischen Kaiserreich und NS-Staat* (Frankfurt am Main: Fischer, 2003), 207.

(6)　Bernhard von Bülow, *Denkwürdigkeiten* (Berlin: Ullstein, 1931), 305–12.

(7)　Eberhard Straub, *Albert Ballin: Der Reeder des Kaisers* (Berlin: Siedler, 2001), 257–61.

(8)　Heinrich August Winkler, *Weimar 1918–1933: Die Geschichte der ersten deutschen Demokratie* (Munich: C. H. Beck, 1993), 25ff., 87ff.

(9)　Walter Mühlhausen, *Friedrich Ebert, 1871–1925: Reichspräsident der Weimarer Republik* (Bonn: Dietz Verlag, 2006), 42ff. 以下も参照。Dieter Dowe and Peter-Christian Witt, *Friedrich Ebert 1871–1925: Vom Arbeiterführer zum Reichspräsidenten* (Bonn: Friedrich-Ebert-Stiftung, 1987).

(10)　Dieter Engelmann and Horst Naumann, *Hugo Haase: Lebensweg und politisches Vermächtnis eines streitbaren Sozialisten* (Berlin: Edition Neue Wege, 1999).

(11) 以下からの引用。Heinrich August Winkler, *Von der Revolution zur Stabilisierung: Arbeiter und Arbeiterbewegung in der Weimarer Republik, 1918 bis 1924* (Berlin: Dietz, 1984), 39. エーベルトの生涯に関しては以下を参照。Dowe and Witt, *Friedrich Ebert*; Mühlhausen, *Friedrich Ebert*.

(12) 以下を参照。Bernd Braun, 'Die "Generation Ebert"', in idem and Klaus Schönhoven (eds.), *Generationen in der Arbeiterbewegung* (Munich: Oldenbourg, 2005), 69–86.

(13) Klaus Hock, *Die Gesetzgebung des Rates der Volksbeauftragten* (Pfaffenweiler: Centaurus, 1987); Friedrich-Carl Wachs, *Das Verordnungswerk des Reichsdemobilmachungsamtes* (Frankfurt am Main: Peter Lang, 1991); Bessel, *Germany after the First World War*.

(14) この概念に関しては以下を参照。Wolfgang Schivelbusch, *The Culture of Defeat: On National Trauma, Mourning and Recovery* (New York: Holt, 2003). 敗北のトラウマと集合的記憶に関しては以下を参照。Jay Winter, *Sites of Memory, Sites of Mourning: The Great War in European Cultural History* (Cambridge and New York: Cambridge University Press, 1995); Stefan Goebel, 'Re-Membered and Re-Mobilized: The "Sleeping Dead" in Interwar Germany and Britain', in *Journal of Contemporary History* 39 (2004), 487–501; Benjamin Ziemann, *Contested Commemorations: Republican War Veterans and Weimar Political Culture* (Cambridge and New York: Cambridge University Press, 2013); Claudia Siebrecht, *The Aesthetics of Loss: German Women's Art of the First World War* (Oxford and New York: Oxford University Press, 2013).

(15) Heinz Hürten (ed.), *Zwischen Revolution und Kapp-Putsch: Militaer und Innenpolitik, 1918–1920* (Düsseldorf: Droste, 1977).

(16) Gerald D. Feldman, 'Das deutsche Unternehmertum zwischen Krieg und Revolution: Die Entstehung des Stinnes-Legien-Abkommens', in idem, *Vom Weltkrieg zur Weltwirtschaftskrise: Studien zur deutschen Wirtschafts- und Sozialgeschichte 1914–1932* (Göttingen: Vandenhoeck and Ruprecht, 1984), 100–27; idem and Irmgard Steinisch, *Industrie und Gewerkschaften 1918–1924: Die überforderte Zentralarbeitsgemeinschaft* (Stuttgart: DVA, 1985), 135–37.

(17) Winkler, *Weimar*, 69.

(18) オーストリア＝ハンガリー帝国の最末期と革命に関しては以下を参照。Holger Herwig, *The First World War: Germany and Austria-Hungary, 1914–1918* (London: Bloomsbury, 1996). およびもっと近年では、Alexander Watson, *Ring of Steel: Germany and Austria-Hungary at War, 1914–18* (London: Allen Lane, 2014). 以下の文献で詳細な古典的説明も確認できる。Richard G. Plaschka, Horst Haselsteiner and Arnold Suppan, *Innere Front. Militärassistenz, Widerstand und Umsturz in der Donaumonarchie 1918*, 2 vols. (Vienna: Verlag für Geschichte und Politik, 1974); Manfried Rauchensteiner, *Der Tod des Doppeladlers: Österreich-Ungarn und der Erste Weltkrieg* (Graz: Styria, 1993). 以下の近年の研究は、戦争がウィーンに与えた影響を明敏に論じている。Maureen Healy, *Vienna and the Fall of the Habsburg Empire: Total War and Everyday Life in World War I* (Cambridge and New York: Cambridge University Press, 2004). 以下に所収の論文も参照。Günther Bischof, Fritz Plasser and Peter Berger (eds.), *From Empire to Republic: Post-World War I Austria* (Innsbruck: Innsbruck University Press, 2010).

(19) こうした見解と、その脱構築に関する好論として以下を参照。Clifford F. Wargelin, 'A High Price for Bread: The First Treaty of Brest-Litovsk and the Break-up of Austria-Hungary, 1917–1918', in *The International History Review* 19 (1997), 757–88.

(20) Ibid.

(21) Ibid., 762.

(22) Reinhard J. Sieder, 'Behind the Lines: Working-Class Family Life in Wartime Vienna', in Richard Wall and Jay Winter (eds.), *The Upheaval of War: Family, Work and Welfare in Europe, 1914–1918* (Cambridge and New York: Cambridge University Press, 1988), 125–8; Wargelin, 'A High Price for Bread', 777. ストライキに関しては以下を参照。Plaschka et al., *Innere Front*, vol. 1, 59–106, 251–74.

(23) Otto Bauer, *Die österreichische Revolution* (Vienna: Wiener Volksbuchhandlung, 1923), 66; Plaschka et al., *Innere Front*, vol. 1, 107–48; Wargelin, 'A High Price for Bread', 783.

(24) Bauer, *Die österreichische Revolution*, 71–2; Plaschka et al., *Innere Front*, vol. 1, 62–103. ハプスブルク軍の実力をより肯定的に評価した見解として以下を参照。István Deák, *Beyond Nationalism: A Social and Political History of the Habsburg Officer Corps, 1848–1918* (Oxford and New York: Oxford University Press, 1990); Greyton A. Tunstall, *Blood on the Snow: The Carpathian Winter War of 1915* (Lawrence, KS: University Press of Kansas, 2010).

(25) Karel Pichlík, 'Der militärische Zusammenbruch der Mittelmächte im Jahre 1918', in Richard Georg Plaschka and Karlheinz Mack (eds.), *Die Auflösung des Habsburgerreiches: Zusammenbruch und Neuorientierung im Donauraum* (Munich: Verlag für Geschichte und Politik, 1970), 249–65.

(26) Bauer, *Die österreichische Revolution*, 79, 82, 90–92, 97; Rauchensteiner, *Tod des Doppeladlers*, 612–14.

(27) Patrick J. Houlihan, 'Was There an Austrian Stab-in-the-Back Myth? Interwar Military Interpretations of Defeat', in Bischof et al. (eds.), *From Empire to Republic*, 67–89, この部分は、72. 20 世紀のオーストリアでの権威主義的運動と反セム主義に関する他の歴史書は、オーストリアの「背後からの一突き」神話について簡単に言及するだけにとどまり、その詳細を検討していない。以下を参照。Steven Beller, *A Concise History of Austria* (Cambridge: Cambridge University Press, 2006), 209. 以下も参照。Francis L. Carsten, *Fascist Movements in Austria: From Schönerer to Hitler* (London: Sage, 1977), 95; Bruce F. Pauley, *From Prejudice to Persecution: A History of Austrian Anti-Semitism* (Chapel Hill, NC: University of North Carolina Press, 1992), 159. この神話が旧軍将校の記憶をつうじてどのように拡散していったのかをより深く分析したものとして以下を参照。Gergely Romsics, *Myth and Remembrance: The Dissolution of the Habsburg Empire in the Memoir Literature of the Austro-Hungarian Political Elite* (New York: Columbia University Press, 2006), 37–43.

(28) Wolfgang Maderthaner, 'Utopian Perspectives and Political Restraint: The Austrian Revolution in the Context of Central European Conflicts', in Bischof et al. (eds.), *From Empire to Republic*, 52–66, 53; Francis L. Carsten, *Die Erste Österreichische Republik im Spiegel zeitgenössischer*

Quellen（Vienna: Böhlau, 1988）, 11ff.

（29） アードラーに関しては以下を参照。Douglas D. Alder, 'Friedrich Adler: Evolution of a Revolutionary', in *German Studies Review* 1（1978）, 260–84; John Zimmermann, *'Von der Bluttat eines Unseligen': Das Attentat Friedrich Adlers und seine Rezeption in der sozialdemokratischen Presse*（Hamburg: Verlag Dr. Kovač, Hamburg, 2000）. 彼とアインシュタインの関係に関しては以下を参照。Michaela Maier and Wolfgang Maderthaner（eds.）, *Physik und Revolution: Friedrich Adler - Albert Einstein: Briefe, Dokumente, Stellungnahmen*（Vienna: Locker, 2006）.

（30） *Neues Wiener Tagblatt*, 3 November 1918, 以下からの引用。Maderthaner, 'Utopian Perspectives and Political Restraint', 52ff.

（31） Bauer, *Die österreichische Revolution*, 121〔酒井晨史訳『オーストリア革命』早稲田大学出版部、1989年、176頁〕.

（32） Maderthaner, 'Utopian Perspectives and Political Restraint', 55.

（33） Netherlands Institute for War, Holocaust and Genocide Studies, Amsterdam: Rauter Papers, Doc I 1380, H, 2.

（34） Oberösterreichisches Landesarchiv（Linz）, Ernst Rüdiger Starhemberg Papers, Aufzeichnungen, 20–22.

（35） Franz Brandl, *Kaiser, Politiker, und Menschen: Erinnerungen eines Wiener Polizeipräsidenten*（Vienna and Leipzig: Günther, 1936）, 265–66.

（36） Maderthaner, 'Utopian Perspectives and Political Restraint', 61.

（37） Peter Broucek, *Karl I. (IV.): Der politische Weg des letzten Herrschers der Donaumonarchie*（Vienna: Böhlau, 1997）; Pieter M. Judson, *The Habsburg Empire: A New History*（Cambridge, MA: Harvard University Press, 2016）, 338–442.

（38） Margaret MacMillan, *Peacemakers: The Paris Conference of 1919 and Its Attempt to End War*（London: John Murray, 2001）, 261.

（39） Maderthaner, 'Utopian Perspectives and Political Restraint', 57.

（40） Lyubomir Ognyanov, *Voynishkoto vastanie 1918 [The Soldiers' Uprising]*（Sofia: Nauka i izkustvo, 1988）, 74.

（41） Nikolai Vukov, 'The Aftermaths of Defeat: The Fallen, the Catastrophe, and the Public Response of Women to the End of the First World War in Bulgaria', in Ingrid Sharp and Matthew Stibbe（eds.）, *Aftermaths of War: Women's Movements and Female Activists, 1918–1923*（Leiden: Brill, 2011）, 29–47.

（42） 以下からの書簡の引用。Ognyanov, *Voynishkoto vastanie 1918*, 84, 89.

（43） 第一次世界大戦後のブルガリアにおける兵士の蜂起と暴力に関しては以下を参照。Ognyanov, *Voynishkoto vastanie 1918*; Boyan Kastelov, *Ot fronta do Vladaya: Dokumentalen ocherk*（Sofia: BZNS, 1978）; idem, *Bulgaria - ot voyna kam vastanie*（Sofia: Voenno izdatelstvo, 1988）; Ivan Draev, *Bulgarskata 1918: Istoricheski ocherk za Vladayskoto vastanie*（Sofia: Narodna prosveta, 1970）; Tsvetan Grozev, *Voynishkoto vastanie, 1918: Sbornik dokumenti i spomeni*（Sofia: BKP, 1967）.

(44)　共産主義期と1989年以降の史学史におけるこうした解釈に関しては、以下を参照。Georgi Georgiev, *Propusnata pobeda - Voynishkoto vastanie, 1918* (Sofia: Partizdat, 1989); Nikolay Mizov, *Vliyanieto na Velikata oktomvriyska sotsialisticheska revolyutsia varhu Vladayskoto vaorazheno vastanie na voynishkite masi u nas prez septembri 1918 godina* (Sofia: NS OF, 1957); Kanyu Kozhuharov, *Radomirskata republika, 1918–1948* (Sofia: BZNS, 1948); Kosta Nikolov, *Kletvoprestapnitsite: Vladayskite sabitiya prez septemvri 1918* (Sofia: AngoBoy, 2002).

(45)　Richard C. Hall, 'Bulgaria in the First World War', in russiasgreatwar. org.

(46)　Ryan Gingeras, *Fall of the Sultanate: The Great War and the End of the Ottoman Empire, 1908–1922* (Oxford and New York: Oxford University Press, 2016), 236ff.

(47)　Ibid., 253.

(48)　Edward J. Erickson, *Ordered to Die: A History of the Ottoman Army in the First World War* (Westport, CT, and London: Greenwood Press, 2001), 237–43. 病没した兵士の数に関しては以下を参照。Erik J. Zürcher, 'The Ottoman Soldier in World War I', in idem, *The Young Turk Legacy and Nation Building: From the Ottoman Empire to Atatürk's Turkey* (London: I. B. Tauris, 2010), 167–87.

(49)　Mustafa Aksakal, 'The Ottoman Empire', in Robert Gerwarth and Erez Manela (eds.), *Empires at War, 1911–1923* (Oxford and New York: Oxford University Press, 2014), 17–33. アルメニア人大虐殺に関しては以下を参照。Donald Bloxham, 'The First World War and the Development of the Armenian Genocide', in Ronald Grigor Suny, Fatma Müge Göçek and Norman M. Naimark (eds.), *A Question of Genocide: Armenians and Turks at the End of the Ottoman Empire* (Oxford and New York: Oxford University Press, 2011), 260–75; Ronald Grigor Suny, 'Explaining Genocide: The Fate of the Armenians in the Late Ottoman Empire', in Richard Bessel and Claudia Haake (eds.), *Removing Peoples: Forced Removal in the Modern World* (Oxford and New York: Oxford University Press, 2009), 209–53, この部分は、220. 戦時中の中東における死傷者、バッタによる被害とその悲惨な結果に関しては、以下を参照。Salim Tamari (ed.), *Year of the Locust: A Soldier's Diary and the Erasure of Palestine's Ottoman Past* (Berkeley, CA: University of California Press, 2011); Elizabeth F. Thompson, *Colonial Citizens: Republican Rights, Paternal Privilege, and Gender in French Syria and Lebanon* (New York: Columbia University Press, 2000).

(50)　James Sheehan, *Where Have All the Soldiers Gone? The Transformation of Modern Europe* (New York: Houghton Mifflin, 2008), 94.

(51)　ドイツの事例に関しては以下を参照。Kathleen Canning, 'The Politics of Symbols, Semantics, and Sentiments in the Weimar Republic', in *Central European History* 43 (2010), 567–80. オーストリアに関しては以下を参照。Wolfgang Maderthaner, 'Die eigenartige Größe der Beschränkung. Österreichs Revolution im mitteleuropäischen Spannungsfeld', in Helmut Konrad and Wolfgang Maderthaner (eds.) *Das Werden der Ersten Republik, . . . der Rest ist Österreich*, vol. 1 (Vienna: Gerold's Sohn, 2008), 187–206, この部分は、192.

第九章

（1） Heinrich August Winkler, *Von der Revolution zur Stabilisierung: Arbeiter und Arbeiterbewegung in der Weimarer Republik, 1918 bis 1924* (Berlin: Dietz, 1984), 122–23; idem, *Weimar 1918–1933. Die Geschichte der ersten deutschen Demokratie* (Munich: C. H. Beck, 1993), 58.

（2） カール・リープクネヒトに関しては以下を参照。Helmut Trotnow, *Karl Liebknecht: Eine Politische Biographie* (Cologne: Kiepenheuer and Witsch, 1980); Heinz Wohlgemuth, *Karl Liebknecht: Eine Biographie* (East Berlin: Dietz, 1975); Annelies Laschitza and Elke Keller, *Karl Liebknecht: Eine Biographie in Dokumenten* (East Berlin: Dietz, 1982); Annelies Laschitza, *Die Liebknechts: Karl und Sophie, Politik und Familie* (Berlin: Aufbau, 2009); Anthony Read, *The World on Fire: 1919 and the Battle with Bolshevism* (London: Pimlico, 2009), 29.

（3） Read, *World on Fire*, 29; Mark William Jones, 'Violence and Politics in the German Revolution, 1918–19', unpublished PhD thesis, European University Institute, 2011, 91.

（4） Peter Nettl, *Rosa Luxemburg* (Frankfurt am Main: Büchergilde Gutenberg, 1968), 67（彼女の奇形に関して）; Annelies Laschitza, *Im Lebensrausch, trotz alledem. Rosa Luxemburg: Eine Biographie* (Berlin: Aufbau, 1996/2002), 25; Jason Schulman (ed.), *Rosa Luxemburg: Her Life and Legacy* (New York: Palgrave Macmillan, 2013); Mathilde Jacob, *Rosa Luxemburg: An Intimate Portrait* (London: Lawrence and Wishart, 2000); Read, *World on Fire*, 29ff.

（5） Laschitza, *Rosa Luxemburg*, 584.

（6） Rosa Luxemburg, *Gesammelte Werke*, vol. 4: *August 1914–Januar 1919* (East Berlin: Dietz, 1974), 399〔田窪清秀他訳『ローザ・ルクセンブルク選集』第４巻、現代思潮社、1970 年、62 頁〕; Karl Egon Lönne (ed.), *Die Weimarer Republik, 1918–1933: Quellen zum politischen Denken der Deutschen im 19. und 20. Jahrhundert* (Darmstadt: Wissenschaftliche Buchgesellschaft, 2002), 79–82.

（7） Ulrich Kluge, *Soldatenräte und Revolution: Studien zur Militärpolitik in Deutschland 1918/19* (Göttingen: Vandenhoeck and Ruprecht, 1975), 241–3; Winkler, *Von der Revolution*, 109–10; Scott Stephenson, *The Final Battle: Soldiers of the Western Front and the German Revolution of 1918* (Cambridge and New York: Cambridge University Press, 2009), 262–71. 革命のこの局面における暴力に関しては以下を参照。Jones, 'Violence and Politics', 177–96.

（8） Eduard Bernstein, *Die deutsche Revolution*, vol. 1: *Ihr Ursprung, ihr Verlauf und ihr Werk* (Berlin: Verlag Gesellschaft und Erziehung, 1921), 131–35; Winkler, *Von der Revolution*, 120.

（9） Winkler, *Weimar*, 58.

（10） Winkler, *Von der Revolution*, 122.

（11） Andreas Wirsching, *Vom Weltkrieg zum Bürgerkrieg?: Politischer Extremismus in Deutschland und Frankreich 1918–1933/39. Berlin und Paris im Vergleich* (Munich: Oldenbourg, 1999), 134; Winkler, *Von der Revolution*, 124; Gustav Noske, *Von Kiel bis Kapp: Zur Geschichte der deutschen Revolution* (Berlin: Verlag für Politik und Wirtschaft, 1920), 68.

（12） 義勇軍に関しては以下を参照。Hagen Schulze, *Freikorps und Republik, 1918–1920*

(Boppard am Rhein: Boldt, 1969); Hannsjoachim W. Koch, *Der deutsche Bürgerkrieg: Eine Geschichte der deutschen und österreichischen Freikorps 1918–1923* (Berlin: Ullstein, 1978); Wolfram Wette, *Gustav Noske: Eine politische Biographie* (Düsseldorf: Droste, 1987); Bernhard Sauer, 'Freikorps und Antisemitismus', in *Zeitschrift für Geschichtswissenschaft* 56 (2008), 5–29; Klaus Theweleit, *Male Fantasies*, 2 vols. (Minneapolis, MN: University of Minnesota Press, 1987); Rüdiger Bergien, 'Republikschützer oder Terroristen? Die Freikorpsbewegung in Deutschland nach dem Ersten Weltkrieg', in *Militärgeschichte* (2008), 14–17; idem, *Die bellizistische Republik: Wehrkonsens und Wehrhaftmachung in Deutschland, 1918–1933* (Munich: Oldenbourg, 2012), 64–69.

(13) Starhemberg, 'Aufzeichnungen', in Starhemberg Papers, Oberösterreichisches Landesarchiv, 26.

(14) Robert Gerwarth, 'The Central European Counter-Revolution: Paramilitary Violence in Germany, Austria and Hungary after the Great War', in *Past & Present* 200 (2008), 175–209.

(15) Ibid.

(16) Jürgen Reulecke, *'Ich möchte einer werden so wie die . . .': Männerbünde im 20. Jahrhundert* (Frankfurt am Main: Campus, 2001), 89ff.

(17) Ernst von Salomon, *Die Geächteten* (Berlin: Rowohlt, 1923)〔1930年刊行の誤り〕, 10–11. 義勇軍の自伝的文献に関してはとくに以下を参照。Matthias Sprenger, *Landsknechte auf dem Weg ins Dritte Reich? Zu Genese und Wandel des Freikorps-Mythos* (Paderborn: Schöningh, 2008).

(18) Joseph Roth, *Das Spinnennetz* (first serialized in 1923, first book edition: Cologne and Berlin: Kiepenheuer and Witsch, 1967), 6〔池内紀訳「蜘蛛の巣」、『聖なる酔っぱらいの伝説 他四篇』岩波書店、2013年、8頁〕.

(19) Friedrich Wilhelm Heinz, *Sprengstoff* (Berlin: Frundsberg Verlag, 1930), 7.

(20) Boris Barth, *Dolchstoßlegenden und politische Disintegration: Das Trauma der deutschen Niederlage im Ersten Weltkrieg* (Düsseldorf: Droste, 2003). 以下も参照。Gerd Krumeich, 'Die Dolchstoß-Legende', in Etienne François and Hagen Schulze (eds.), *Deutsche Erinnerungsorte*, vol. 1 (Munich: C. H. Beck, 2001), 585–99; Wolfgang Schivelbusch, *The Culture of Defeat: On National Trauma, Mourning and Recovery* (New York: Holt, 2003), 203–47.

(21) Manfred von Killinger, *Der Klabautermann: Eine Lebensgeschichte*, 3rd edition (Munich: Eher, 1936), 263. キリンガーに関しては以下を参照。Bert Wawrzinek, *Manfred von Killinger (1886–1944): Ein politischer Soldat zwischen Freikorps und Auswärtigem Amt* (Preussisch Oldendorf: DVG, 2004).

(22) 以下に収録されたプロイセン議会の報告を参照。*Sammlung der Drucksachen der Verfassunggebenden Preußischen Landesversammlung, Tagung 1919/21*, vol. 15 (Berlin: Preußische Verlagsanstalt, 1921), 7705. 以下も参照。Dieter Baudis and Hermann Roth, 'Berliner Opfer der Novemberrevolution 1918/19', in *Jahrbuch für Wirtschaftsgeschichte* (1968), 73–149, この部分は、79.

(23) Karl Liebknecht, *Ausgewählte Reden, Briefe und Aufsätze* (East Berlin: Dietz, 1952), 505–20.

(24) Rosa Luxemburg, *Politische Schriften*, ed. Ossip K. Flechtheim, vol. 3 (Frankfurt am Main: Europäische Verlags-Anstalt, 1975), 203–9, この部分は、209〔野村修他訳『ローザ・ルクセンブルク選集』第4巻、187〜188頁〕.

(25) 彼らの居場所が突き止められた経緯と逮捕に関しては以下を参照。Klaus Gietinger, *Eine Leiche im Landwehrkanal: Die Ermordnung Rosa Luxemburgs* (Hamburg: Edition Nautilus, 2008), 18. パープストに関しては以下を参照。Klaus Gietinger, *Der Konterrevolutionär: Waldemar Pabst - eine deutsche Karriere* (Hamburg: Edition Nautilus, 2009).

(26) リープクネヒトに対する措置に関しては、以下に収録された目撃談の要約を参照。BA-MA PH8 v/2 Bl. 206–20: 'Schriftsatz in der Untersuchungsache gegen von Pflugk-Harttung und Genossen. Berlin, den 15 März 1919', さらに、Bl. 221–27.

(27) (プフルック＝ハルットゥングがヴァイツゼッカーに翌日語ったように) ローザ・ルクセンブルクがティーアガルテンで殺害された経緯に関しては、以下を参照。Leonidas E. Hill (ed.), *Die Weizsäcker-Papiere 1900–1934* (Berlin: Propyläen, 1982), 325. 以下も参照。Gietinger, *Leiche im Landwehrkanal: Die Ermordung Rosa Luxemburgs* (Hamburg: Edition Nautilus, 2008), 37, 134 (annex document 1). さらに以下に収録されたファイルも参照。BA-MA PH8 v/10, とくに、Bl.1–3, 'Das Geständnis. Otto Runge, 22 Jan. 1921'.

(28) Winkler, *Von der Revolution*, 171–82; Jones, 'Violence and Politics', 313–50, とくに、339–40.

(29) アイスナーに関しては以下を参照。Bernhard Grau, *Kurt Eisner, 1867–1919: Eine Biografie* (Munich: C. H. Beck, 2001); Allan Mitchell, *Revolution in Bavaria 1918–19: The Eisner Regime and the Soviet Republic* (Princeton, NJ: Princeton University Press, 1965), 66–67; Read, *World on Fire*, 33–37.

(30) Heinrich Hillmayr, 'München und die Revolution 1918/1919', in Karl Bosl (ed.), *Bayern im Umbruch. Die Revolution von 1918, ihre Voraussetzungen, ihr Verlauf und ihre Folgen* (Munich and Vienna: Oldenbourg, 1969), 453–504; Grau, *Eisner*, 344; Mitchell, *Revolution in Bavaria*, 100; David Clay Large, *Where Ghosts Walked: Munich's Road to the Third Reich* (New York: W. W. Norton, 1997), 78–79; Read, *World on Fire*, 35.

(31) Holger Herwig, 'Clio Deceived: Patriotic Self-Censorship in Germany after the Great War', in *International Security* 12 (1987), 5–22, 以下からの引用、9.

(32) Grau, *Eisner*, 397ff.

(33) Susanne Miller, *Die Bürde der Macht: Die deutsche Sozialdemokratie 1918–1920* (Düsseldorf: Droste, 1978), 457; Grau, *Eisner*, 439; Hans von Pranckh, *Der Prozeß gegen den Grafen Anton Arco-Valley, der den bayerischen Ministerpräsidenten Kurt Eisner erschossen hat* (Munich: Lehmann, 1920).

(34) Mitchell, *Revolution in Bavaria*, 271; Winkler, *Weimar*, 77; Pranckh, *Der Prozeß gegen den Grafen Anton Arco-Valley*.

(35) Wilhelm Böhm, *Im Kreuzfeuer zweier Revolutionen* (Munich: Verlag für Kulturpolitik,

1924), 297; Maderthaner, 'Utopian Perspectives and Political Restraint: The Austrian Revolution in the Context of Central European Conflicts', in Günter Bischof, Fritz Plasser and Peter Berger (eds.), *From Empire to Republic: Post-World War I Austria* (New Orleans, LA, and Innsbruck: UNO Press and Innsbruck University Press, 2010), 58.

(36) 以下からのミューザムの引用。Read, *World on Fire*.

(37) Ibid., 152.

(38) 以下からのジノヴィエフの引用。David Mitchell, *1919: Red Mirage* (London: Jonathan Cape, 1970), 165〔引用はジェーン・デグラス編著/荒畑寒村、大倉旭、救仁郷繁訳『コミンテルン・ドキュメント』第1巻、現代思潮社、1977年、50〜51頁〕.

(39) Thomas Mann, *Diaries 1919–1939*, trans. Richard and Clare Winston (London: André Deutsch, 1983), 44〔森川俊夫、伊藤暢章、洲崎惠三、前田良三共訳『トーマス・マン日記 1918〜1921』紀伊國屋書店、2016年、244頁〕.

(40) 以下からのランシングの引用。Alan Sharp, 'The New Diplomacy and the New Europe', in Nicholas Doumanis, *The Oxford Handbook of Europe 1914–1945* (Oxford and New York: Oxford University Press, 2016).

(41) バンベルクの戦いに関しては以下を参照。Wette, *Noske*, 431. 枝の主日の事件に関しては以下を参照。Heinrich Hillmayr, *Roter und Weißer Terror in Bayern nach 1918* (Munich: Nusser, 1974), 43; Wette, *Noske*, 434; Mitchell, *Revolution in Bavaria*, 316–17.

(42) Mitchell, *Revolution in Bavaria*, 304–31.

(43) Ernst Toller, *I Was a German: The Autobiography of Ernst Toller* (New York: Paragon House, 1934), 180–9; Mitchell, *Revolution in Bavaria*, 320.

(44) Wolfgang Zorn, *Geschichte Bayerns im 20. Jahrhundert* (Munich: C. H. Beck, 1986), 194.

(45) Read, *World on Fire*, 154; Mitchell, *Revolution in Bavaria*, 322.

(46) Mitchell, *Revolution in Bavaria*, 322; Read, *World on Fire*, 155.

(47) これらの風聞に関しては以下を参照。Jones, 'Violence and Politics', 377–8; Hillmayr, *Roter und Weißer Terror in Bayern*, 136–37.

(48) 以下からの引用。Wette, *Noske*, 440.

(49) Hillmayr, *Roter und Weißer Terror in Bayern*, 108–10.

(50) Victor Klemperer, *Man möchte immer weinen und lachen in einem: Revolutionstagebuch 1919* (Berlin: Aufbau, 2015).

(51) Mitchell, *Revolution in Bavaria*, 331, n. 51.

(52) Thomas Mann, *Thomas Mann: Tagebücher 1918–1921*, ed. Peter de Mendelsohn (Frankfurt am Main: S. Fischer, 1979), 218〔『トーマス・マン日記 1918〜1921』、277〜78頁〕.

(53) György Borsányi, *The Life of a Communist Revolutionary: Béla Kun* (Boulder, CO: Social Science Monographs, 1993), 45 (捕虜収容所からの解放); 77 (ブダペシュトへの到着).

(54) 戦時中の食糧の欠乏と政治的急進化に関しては以下を参照。Péter Bihari, *Lövészárkok a hátországban. Középosztály, zsidókérdés, Antiszemitizmus az első világháború Magyarországán* (Budapest: Napvilág Kiadó, 2008)、とくに、94–95.

(55) カーロイの下での土地改革の失敗に関しては以下を参照。József Sipos, *A pártok és a földrefom 1918–1919* (Budapest: Gondolat, 2009), 200–9.

(56) *The New York Times*, 5 January 1919, 以下からの引用。Read, *World on Fire*, 157.

(57) Miklós Molnár, *From Béla Kun to János Kádár: Seventy Years of Hungarian Communism* (New York: St Martin's Press, 1990), 2–4.

(58) ハンガリー史およびヨーロッパ史に占めるハンガリー評議会共和国の位置に関しては以下を参照。Tamás Krausz and Judit Vértes (eds.), *1919. A Magyarországi Tanácsköztársaság és a kelet-európai forradalmak* (Budapest: L'Harmattan-ELTE BTK Kelet-Európa Története Tanszék, 2010).

(59) *Vörös Újság*, 11 February 1919.

(60) 共産主義者を起訴した検事による当時の報告として、以下を参照。Albert Váry, *A Vörös Uralom Áldozatai Magyarországon* (Szeged: Szegedi Nyomda, 1993). この報告書は 1922 年に最初に刊行された。以下も参照。Gusztáv Gratz (ed.), *A Bolsevizmus Magyarországon* (Budapest: Franklin-Társulat, 1921); Ladislaus Bizony, *133 Tage Ungarischer Bolschewismus. Die Herrschaft Béla Kuns und Tibor Szamuellys: Die Blutigen Ereignisse in Ungarn* (Leipzig and Vienna: Waldheim-Eberle, 1920). 近年の説明に関しては以下を参照。Konrád Salamon, 'Proletárditarúra és a Terror', *Rubicon* (2011), 24–35.

(61) Wolfgang Maderthaner, 'The Austrian Revolution', 59.

(62) 農民の反応に関する最良の研究は未だに以下の著作である。Ignác Romsics, *A Duna- Tisza Köze Hatalmi Viszonyai 1918–19–ben* (Budapest: Akadémiai Kiadó, 1982).

(63) Thomas Sakmyster, *A Communist Odyssey: The Life of József Pogány* (Budapest and New York: Central European University Press, 2012), 44–46.

(64) 以下を参照。Peter Pastor, *Hungary between Wilson and Lenin: The Hungarian Revolution of 1918–1919 and the Big Three* (New York: Columbia University Press, East European Monograph, 1976).

(65) Julius Braunthal, *Geschichte der Internationale*, vol. 2 (Hanover: J. H. W. Dietz, 1963), 160.

(66) Maderthaner, 'The Austrian Revolution', 60ff.

(67) Ibid., 61.

(68) 詳細な説明に関しては以下を参照。Hans Hautmann, *Die Geschichte der Rätebewegung in Österreich 1918–1924* (Vienna: Europaverlag, 1987), 329ff.

(69) カトリック教会によるクン政権への拒絶的な反応に関しては以下を参照。Gabriel Adriányi, *Fünfzig Jahre Ungarische Kirchengeschichte, 1895–1945* (Mainz: v. Hase and Koehler Verlag, 1974), 53–59.

(70) Frank Eckelt, 'The Internal Policies of the Hungarian Soviet Republic', in Iván Völgyes (ed.), *Hungary in Revolution, 1918–1919* (Lincoln, NB: University of Nebraska Press, 1971), 61–88.

(71) Thomas Sakmyster, *Hungary's Admiral on Horseback: Miklós Horthy, 1918–1944* (Boulder, CO: Eastern European Monographs, 1994).

(72) Béla Kelemen, *Adatok a szegedi ellenforradalom és a szegedi kormány történetéhez* (Szeged:

Szerzö Kiadása, 1923), 495–96.

(73) Miklós Kozma, *Makensens Ungarische Husaren: Tagebuch eines Frontoffiziers, 1914–1918* (Berlin and Vienna: Verlag für Kulturpolitik, 1933), 459. ブダペシュトでの反革命に関しては以下も参照。Eliza Ablovatski, '"Cleansing the Red Nest": Counter-Revolution and White Terror in Munich and Budapest', 1919, unpublished PhD Dissertation, New York, 2004.

(74) Kozma, *Makensens Ungarische Husaren*, 461.「赤いアマゾネス」に関しては以下も参照。*Innsbrucker Nachrichten*, 23 March 1919, 2.

(75) Starhemberg, 'Aufzeichnungen', 16–17. 以下も参照。Emil Fey, *Schwertbrüder des Deutschen Ordens* (Vienna: Lichtner, 1937), 218–20.

(76) Harold Nicolson, *Peacemaking, 1919* (London: Grosset and Dunlap, 1933), 298 (1919年4月の日記の記述).

(77) Ibid., 293.

(78) Francis Deák, *Hungary at the Peace Conference: The Diplomatic History of the Treaty of Trianon* (New York: Columbia University Press, 1942), 78.

(79) Read, *World on Fire*, 192–93.

(80) Deák, *Hungary at the Peace Conference*, 78.

(81) Rudolf Tokes, 'Bela Kun: The Man and Revolutionary', in Ivan Völgyes (ed.), *Hungary in Revolution* (Lincoln, NB: University of Nebraska Press), 170–207, この部分は、202–3.

(82) Deák, *Hungary at the Peace Conference*, 112–28.

(83) ルーマニア兵の振る舞いと都市の略奪に関しては以下を参照。Krisztián Ungváry, 'Sacco di Budapest, 1919. Gheorghe Mârdârescu tábornok válasza Harry Hill Bandholtz vezérőrnagy nem diplomatikus naplójára', in *Budapesti Negyed* 3–4 (2000), 173–203.

(84) Miklós Lackó, 'The Role of Budapest in Hungarian Literature 1890–1935', in Tom Bender (ed.), *Budapest and New York: Studies in Metropolitan Transformation, 1870–1930* (New York: Russell Sage Foundation, 1994), 352–66, 352ff.

(85) Miklós Kozma, *Az összeomlás 1918–1919* (Budapest: Athenaeum, 1933), 380. コズマの戦争体験に関しては以下を参照。Kozma, *Makensens Ungarische Husaren.* 白色テロに関してより全般的には以下を参照。Béla Bodó, 'The White Terror in Hungary, 1919–21: The Social Worlds of Paramilitary Groups', in *Austrian History Yearbook* 42 (2011), 133–63; Gerwarth, 'The Central European Counter-Revolution', 175–209.

(86) ショモギーとバチョーの暗殺に関しては以下を参照。Ernő Gergely and Pál Schönwald, *A Somogyi-Bacsó-Gyilkosság* (Budapest: Kossuth, 1978).

(87) 以下を参照。Rolf Fischer, 'Anti-Semitism in Hungary 1882–1932', in Herbert A. Strauss (ed.), *Hostages of Modernization: Studies of Modern Antisemitism 1870–1933/39*, vol. 2: *Austria, Hungary, Poland, Russia* (Berlin and New York: de Gruyter, 1993), 863–92, 883–84; Nathaniel Katzburg, *Zsidópolitika Magyarországon, 1919–1943* (Budapest: Bábel, 2002), 36–39.

(88) Rudolf Tokes, *Béla Kun and the Hungarian Soviet Republic: The Origins and Role of the Communist Party of Hungary in the Revolutions of 1918–1919* (New York and Stanford, CA:

Praeger, 1967), 159. 以下も参照。Borsányi, *The Life of a Communist Revolutionary*.

(89) Pál Prónay, *A határban a halál kaszál: fejezetek Prónay Pál feljegyzéseiből*, eds. Ágnes Szabó and Ervin Pamlényi (Budapest: Kossuth, 1963), 90. プローナイ自身に関しては以下を参照。Béla Bodó, *Pál Prónay: Paramilitary Violence and Anti-Semitism in Hungary, 1919–1921* (Pittsburgh, PA: University of Pittsburgh Press, 2011).

(90) Gerwarth, 'Central European Counter-Revolution', 175–209. この文脈に関しては以下も参照。Bruno Thoss, *Der Ludendorff-Kreis: München als Zentrum der mitteleuropäischen Gegenrevolution zwischen Revolution und Hitler-Putsch* (Munich: Wölfle, 1978); Lajos Kerekes, 'Die "weiße" Allianz: Bayerisch-österreichisch-ungarische Projekte gegen die Regierung Renner im Jahre 1920', in *Österreichische Osthefte* 7 (1965), 353–66; Ludger Rape, *Die österreichischen Heimwehren und die bayerische Rechte 1920–1923* (Vienna: Europa-Verlag, 1977); Horst G. Nusser, *Konservative Wehrverbände in Bayern, Preussen und Österreich mit einer Biographie von Georg Escherich 1870–1941*, 2 vols. (Munich: Nusser, 1973).

(91) 以下を参照。Hans Jürgen Kuron, 'Freikorps und Bund Oberland', unpublished PhD thesis, Munich 1960, 134; Sabine Falch, 'Zwischen Heimatwehr und Nationalsozialismus. Der "Bund Oberland" in Tirol', in *Geschichte und Region* 6 (1997), 51–86; Verena Lösch, 'Die Geschichte der Tiroler Heimatwehr von ihren Anfängen bis zum Korneuburger Eid (1920–1930)', unpublished PhD thesis, Innsbruck 1986, 162.

(92) レハール・アンタルの生涯に関しては以下を参照。Anton Broucek (ed.), *Anton Lehár. Erinnerungen. Gegenrevolution und Restaurationsversuche in Ungarn 1918–1921* (Munich: Oldenbourg, 1973). フランツ・レハールに関しては以下を参照。Norbert Linke, *Franz Lehár* (Reinbek bei Hamburg: Rowohlt, 2001).

(93) Österreichisches Staatsarchiv (ÖStA), B 1477: 'Die Politik des deutschen Widerstands' (1931).

(94) Bundesarchiv (Berlin), Pabst Papers, NY4035/6, 37–39. パープストに関しては以下も参照。Doris Kachulle, *Waldemar Pabst und die Gegenrevolution* (Berlin: Organon, 2007).

(95) Alfred Krauss, *Unser Deutschtum!* (Salzburg: Eitel, 1921), 7–13.

(96) Alfred Rosenberg, 'Die russisch-jüdische Revolution', in *Auf gut Deutsch*, 21 February 1919.

(97) Léon Poliakov, *The History of Anti-Semitism*, vol. 4: *Suicidal Europe, 1870–1933* (Philadelphia, PA: University of Pennsylvania Press, 2003), 274–76.

(98) Mark Levene, *War, Jews, and the New Europe: The Diplomacy of Lucien Wolf, 1914–1919* (Oxford and New York: Oxford University Press, 1992), 212; idem, *Crisis of Genocide*, vol. 1: *The European Rimlands 1912–1938* (Oxford and New York: Oxford University Press, 2014), 184 からの引用。

(99) Winston Churchill, 'Zionism versus Bolshevism', *Illustrated Sunday Herald*, 8 February 1920.

(100) Norman Cohn, *Warrant for Genocide: The Myth of the Jewish World Conspiracy and the Protocols of the Elders of Zion* (London: Serif, 1996).

(101) 1918年以降のハンガリーでの反セム主義に関しては以下を参照。Robert M.

Bigler, 'Heil Hitler and Heil Horthy! The Nature of Hungarian Racist Nationalism and its Impact on German-Hungarian Relations 1919–1945', in *East European Quarterly* 8 (1974), 251–72; Béla Bodó, '"White Terror", the Hungarian Press and the Evolution of Hungarian Anti-Semitism after World War I', in *Yad Vashem Studies* 34 (2006), 45–86; Nathaniel Katzburg, *Hungary and the Jews: Policy and Legislation, 1920–1943* (Ramat-Gan: Bar-Ilan University Press, 1981); Rolf Fischer, *Entwicklungsstufen des Antisemitismus in Ungarn, 1867–1939: Die Zerstörung der magyarisch-jüdischen Symbiose* (Munich: Oldenbourg, 1998).

(102) Josef Halmi, 'Akten über die Pogrome in Ungarn', in Jakob Krausz, *Martyrium. Ein jüdisches Jahrbuch* (Vienna: self-published, 1922), 59–66. 以下も参照。Oszkár Jászi, *Magyariens Schuld: Ungarns Sühne. Revolution und Gegenrevolution in Ungarn* (Munich: Verlag für Kulturpolitik, 1923), 168–79; Josef Pogány, *Der Weiße Terror in Ungarn* (Vienna: Neue Erde, 1920); British Joint Labour Delegation to Hungary, *The White Terror in Hungary. Report of the British Joint Labour Delegation to Hungary* (London: Trade Union Congress and Labour Party, 1920); The National Archives (TNA), London: FO 371/3558/206720: 'The Jews in Hungary: Correspondence with His Majesty's Government, presented to the Jewish Board of Deputies and the Council of the Anglo-Jewish Association', October 1920.

(103) Halmi, 'Akten über die Pogrome in Ungarn', 64.

(104) 第一次世界大戦までの反セム主義の歴史に関しては以下を参照。Peter Pulzer, *The Rise of Political Anti-Semitism in Germany and Austria*, 2nd revised edition (Cambridge, MA: Harvard University Press, 1988); John W. Boyer, 'Karl Lueger and the Viennese Jews', in *Yearbook of the Leo Baeck Institute* 26 (1981), 125–44. 戦時中のウィーンにおける「ユダヤの不当利得者」というイメージに関しては以下を参照。Maureen Healy, *Vienna and the Fall of the Habsburg Empire: Total War and Everyday Life in World War I* (Cambridge and New York: Cambridge University Press, 2004). オーストリアの大学における反セム主義に関しては以下を参照。Michael Gehler, *Studenten und Politik: Der Kampf um die Vorherrschaft an der Universität Innsbruck 1919–1938* (Innsbruck: Haymon-Verlag, 1990), 93–98.

(105) 以下を参照。Bruce F. Pauley, 'Politischer Antisemitismus im Wien der Zwischenkriegszeit', in Gerhard Botz et al. (eds.), *Eine zerstörte Kultur: Jüdisches Leben und Antisemitismus in Wien seit dem 19. Jahrhundert* (Buchloe: Obermayer, 1990), 221–23.

(106) Steven E. Aschheim, *Brothers and Strangers: The East European Jew in German and German-Jewish Consciousness, 1800–1923* (Madison, WI, and London: University of Wisconsin Press, 1982).

(107) Lina Heydrich, *Leben mit einem Kriegsverbrecher* (Pfaffenhofen: Ludwig, 1976), 42ff.

(108) Krauss, *Unser Deutschtum!*, 20.

(109) Ibid., 16–17.

(110) 例えば以下の連載記事を参照。'The Racial-Political Causes of the Collapse', *Neue Tiroler Stimmen*, 9, 10, 30 December 1918, 2 January 1919. 以下からの引用。F. L. Carsten, *Revolution in Central Europe, 1918–1919* (London: Temple Smith, 1972), 261. 以下も参照。*Innsbrucker*

Nachrichten, 8 April 1919. より広い文脈に関しては以下を参照。Paul Rena, *Der christlichsoziale Antisemitismus in Wien 1848–1938*, unpublished PhD thesis, Vienna, 1991; Christine Sagoschen, *Judenbilder im Wandel der Zeit: die Entwicklung des katholischen Antisemitismus am Beispiel jüdischer Stereotypen unter besonderer Berücksichtigung der Entwicklung in der ersten Republik*, unpublished PhD thesis, Vienna, 1998.

（111） *Tagespost*（Graz）, 27 May 1919.

（112） Thomas Lorman, 'The Right-Radical Ideology in the Hungarian Army, 1921–23', in *Central Europe* 3（2005）, 67–81, とくに、76.

（113） Oszkár Szőllősy, 'The Criminals of the Dictatorship of the Proletariat', 以下に収録、Cecile Tormay, *An Outlaw's Diary*, 2 vols.（London: Allan, 1923）, vol. 2, 226.

（114） Thomas Sakmyster, 'Gyula Gömbös and the Hungarian Jews, 1918–1936', in *Hungarian Studies Review* 8（2006）, 156–68, この部分は、161.

（115） Bodó, *Paramilitary Violence*, 134.

（116） Bundesarchiv（Koblenz）, Bauer Papers, NL 22/69: memoirs of Max Bauer's secretary, 33.

（117） NIOD, Rauter Papers, Doc I-1380 Pr 6–12–97, 46–47; Oberösterreichisches Landesarchiv（OÖLA）, Starhemberg Papers: Starhemberg, 'Meine Stellungnahme zur Judenfrage'.

（118） スタンボリースキと農民同盟に関しては、例えば以下を参照。Kanyu Kozhuharov, *Reformatorskoto delo na Aleksandar Stambolijski*（Sofia: Fond 'Aleksandar Stambolijski', 1948）; Mihail Genovski, *Aleksandar Stambolijski - otblizo i daleko: dokumentalni spomeni*（Sofia: BZNS, 1982）; Evgeni Tanchev, *Darzhavno-pravnite vazgledi na Alexandar Stambolijski*（Sofia: BZNS, 1984）.

（119） Richard J. Crampton, 'The Balkans', 251; Stephane Groueff, *Crown of Thorns: The Reign of King Boris III of Bulgaria, 1918–1943*（Lanham, MD: Madison Books, 1987）, 61ff.

（120） Margaret Fitzherbert, *The Man Who Was Greenmantle: A Biography of Aubrey Herbert*（London: John Murray, 1983）, 235; Margaret MacMillan, *Peacemakers: The Paris Conference of 1919 and its Attempt to End War*（London: John Murray, 2001）, 148.

（121） Groueff, *Crown of Thorns*, 75; MacMillan, *Peacemakers*, 148.

（122） Crampton, 'The Balkans', 251; Tsocho Bilyarski, *BZNS, Aleksandar Stambolijski i VMRO: nepoznatata voyna*（Sofia: Aniko, 2009）.

（123） Stefan Troebst, *Das makedonische Jahrhundert: Von den Anfängen der nationalrevolutionären Bewegung zum Abkommen von Ohrid 1893–2001*（Munich: Oldenbourg, 2007）, 85–110.

（124） Richard Crampton, 'Bulgaria', in Robert Gerwarth（ed.）, *Twisted Paths: Europe, 1914–1945*（Oxford and New York: Oxford University Press, 2007）, 237–70, この部分は、251.

（125） Doncho Daskalov, *1923 - Sadbonosni resheniya i sabitiya*（Sofia: BZNS, 1983）, 24.

（126） Ibid., 18.

（127） John D. Bell, *Peasants in Power: Alexander Stamboliski and the Bulgarian Agrarian National Union 1899–1923*（Princeton, NJ: Princeton University Press, 1977）, 149.

（128） Daskalov, *1923*, 25.

(129)　クーデタ、および農民同盟による支配の終焉に関して詳しくは以下を参照。Yono Mitev, *Fashistkiyat prevrat na deveti yuni 1923 godina i Yunskoto antifashistko vastanie* (Sofia: BZNS, 1973); Nedyu Nedev, *Aleksandar Stambolijski i zagovorat* (Sofia: BZNS, 1984); Daskalov, *1923*.

(130)　*Izvestia na darzhavnite arhivi* 15 (1968), 99.

(131)　Richard J. Crampton, *Bulgaria* (Oxford and New York: Oxford University Press, 2007), 96-8; John Paul Newman, 'The Origins, Attributes, and Legacies of Paramilitary Violence in the Balkans', in Gerwarth and Horne (eds.), *War in Peace*, 145-63, この部分は、153.

(132)　Simeon Damyanov, 'Dokumenti za devetoyunskia prevrat i Septem-vriyskoto vastanie prez 1923 g. vav Frenskia diplomaticheski arhiv', in *Izvestia na darzhavnite arhivi* 30 (1975), 167-82, この部分は、172.

(133)　Andreya Iliev, *Atentatat v 'Sveta Nedelya' i teroristite* (Sofia: Ciela, 2011).

第十章

(1)　第一次世界大戦がスペインに与えた文化的衝撃に関しては以下を参照。Maximiliano Fuentes Codera, *España en la Primera Guerra Mundial: Una movilización cultural* (Madrid: Akal, 2014); Francisco J. Romero Salvadó, *Spain, 1914-1918: Between War and Revolution* (London: Routledge, 1999). 労働者の騒擾に関しては以下を参照。Edward E. Malefakis, *Agrarian Reform and Peasant Revolution in Spain: Origins of the Civil War* (New Haven, CT, and London: Yale University Press, 1970); Gerald H. Meaker, *The Revolutionary Left in Spain 1914-1923* (Stanford, CA: Stanford University Press, 1974); Fernando del Rey Reguillo, 'El empresario, el sindicalista y el miedo', in Manuel Pérez Ledesma and Rafael Cruz (eds.), *Cultura y movilización en la España contemporánea* (Madrid: Alianza, 1997), 235-72; Rafael Cruz, '¡Luzbel vuelve al mundo!: las imágenes de la Rusia soviética y la acción colectiva en España', in Ledesma and Cruz (eds.), *Cultura y movilización*, 273-303.

(2)　Anthony Read, *The World on Fire: 1919 and the Battle with Bolshevism* (London: Pimlico, 2009), 166ff. スペインへのボリシェヴィキ革命の流入に関しては以下を参照。Juan Avilés Farré, *La fe que vino de Rusia. La revolución bolchevique y los españoles (1917-1931)* (Madrid: Biblioteca Nueva, 2009); Francisco J. Romero Salvadó, *The Foundations of Civil War: Revolution, Social Conflict and Reaction in Liberal Spain, 1916-1923* (London: Routledge, 2008).

(3)　*La Voz del Cantero*, 11 March 1918, 以下からの引用。Meaker, *The Revolutionary Left*, 137. 以下も参照。Juan Díaz del Moral, *Historia de las agitaciones campesinas andaluzas. Córdoba. Antecedentes para una reforma agraria* (Madrid: Alianza, 1995); idem, 'Historia de las agitaciones campesinas andaluzas', in Isidoro Moreno Navarro (ed.), *La identidad cultural de Andalucía, aproximaciones, mixtificaciones, negacionismo y evidencias* (Seville: Fundación Pública Andaluza Centro de Estudios Andaluces, 2008).

(4) Del Rey Reguillo, 'El empresario', 235–72; Cruz, '¡Luzbel vuelve al mundo!, 273–303.

(5) 追放のプロセスの背景に関しては以下を参照。Mikel Aizpuru, 'La expulsión de refugiados extranjeros desde España en 1919: exiliados rusos y de otros países', in *Migraciones y Exilios* 11 (2010), 107–26; James Matthews, 'Battling Bolshevik Bogeymen', *Journal of Military History*, 80 (2016), 725–55.

(6) プリモ・デ・リベーラに関しては以下を参照。Shlomo Ben-Ami, *Fascism from Above: The Dictatorship of Primo de Rivera in Spain 1923–1930* (Oxford: Clarendon Press, 1983); Alejandro Quiroga, *Making Spaniards: Primo de Rivera and the Nationalization of the Masses, 1923–30* (London and New York: Palgrave Macmillan, 2007). より全般的には以下を参照。Raymond Carr, *Modern Spain, 1875–1980* (Oxford: Clarendon Press, 1980). さらに最近では以下を参照。Julián Casanova, *Twentieth-Century Spain: A History* (Cambridge and New York: Cambridge University Press, 2014).

(7) Guy Pedroncini, *Les Mutineries de 1917*, 3rd edition (Paris: Presses universitaires de France, 1996); Leonard V. Smith, Stéphane Audoin-Rouzeau and Annette Becker, *France and the Great War, 1914–1918* (Cambridge and New York: Cambridge University Press, 2003), 113–45.

(8) John Horne, 'Defending Victory: Paramilitary Politics in France, 1918–26', in Robert Gerwarth and John Horne (eds.), *War in Peace: Paramilitary Violence after the Great War* (Oxford and New York: Oxford University Press, 2012).

(9) Beatrice Potter Webb, *Diaries 1912–1924*, ed. Margaret Cole (London: Longmans, Green and Company, 1952), 136 (1918 年 11 月 11 日付けの記述).

(10) 以下からのロイド・ジョージの引用。Margaret MacMillan, *Peacemakers: The Paris Conference of 1919 and its Attempt to End War* (London: John Murray, 2001), 208.

(11) John Buchan, *The Three Hostages* (London: Nelson, 1948), 210〔高橋千尋訳『三人の人質』創元社、1984 年、229〜30 頁〕.

(12) Read, *World on Fire*, 317; Beverly Gage, *The Day Wall Street Exploded: A Story of America in its First Age of Terror* (Oxford and New York: Oxford University Press, 2008).

(13) Richard Bessel, 'Revolution', in Jay Winter (ed.), *The Cambridge History of the First World War*, vol. 2 (Cambridge and New York: Cambridge University Press, 2014), 135.

(14) Antonio Gibelli, *La Grande Guerra degli italiani 1915–1918* (Milan: Sansoni, 1998), 221. ヴィットーリオ・ヴェーネトの戦いに関しては以下を参照。Piero del Negro, 'Vittorio Veneto e l'armistizio sul fronte italiano', in Stéphane Audoin-Rouzeau and Jean-Jacques Becker (eds.), *La prima guerra mondiale*, vol. 2 (Torino: Einaudi, 2007), 333–43.

(15) Rino Alessi, *La luminosa visione di Trieste redenta*, 'Il Secolo', 6 November 1918, reprinted in Franco Contorbia (ed.), *Giornalismo italiano*, vol. 2: *1901–1939* (Milan: Arnoldo Mondadori, 2007), 908–9.

(16) Benedetto Croce, *Carteggio con Vossler (1899–1949)* (Bari: Laterza, 1951), 106.

(17) Mark Thompson, *The White War: Life and Death on the Italian Front 1915–1919* (London: Faber and Faber, 2009); Fulvio Cammarano (ed.), *Abbasso la Guerra. Neutralisti in Piazza alla*

vigilia della Prima Guerra mondiale (Florence: Le Monnier, 2015).

(18) Giovanna Procacci, *Warfare-welfare: Intervento dello Stato e diritti dei cittadini 1914–18* (Rome: Carocci, 2013), 128–29; Andrea Fava, 'Il "fronte interno" in Italia. Forme politiche della mobilitazione patriottica e delegittimazione della classe dirigente liberale', in *Ricerche storiche* 27 (1997), 503–32. 第一次世界大戦中の「全体主義の誘惑」の誕生について、イタリアの場合に関しては以下を参照。Angelo Ventrone, *La seduzione totalitaria. Guerra, modernità, violenza politica (1914–1918)* (Rome: Donzelli, 2003). プロパガンダ・キャンペーンに関しては以下を参照。Gian Luigi Gatti, *Dopo Caporetto. Gli ufficiali P nella Grande Guerra: propaganda, assistenza, vigilanza* (Gorizia: LEG, 2000); Barbara Bracco, 'L'Italia e l'Europa da Caporetto alla vittoria nella riflessione degli storici italiani', in Giampietro Berti and Piero Del Negro (eds.), *Al di qua e al di là del Piave. L'ultimo anno della Grande Guerra* (Milan: Franco Angeli, 2001), 531–32; Fava, 'Il "fronte interno" in Italia', 509–21.

(19) Giovanna Procacci, *Dalla rassegnazione alla rivolta. Mentalità e comportamenti popolari nella Grande Guerra* (Rome: Bulzoni, 1999).

(20) 以下からのムッソリーニの引用。MacGregor Knox, *To the Threshold of Power, 1922/23: Origins and Dynamics of the Fascist and National Socialist Dictatorship* (New York: Cambridge University Press, 2007), 222.

(21) 以下を参照。Emilio Gentile, *Fascismo e antifascismo: I partiti italiani fra le due guerre* (Florence: Le Monnier, 2000), 40–46; Simonetta Ortaggi, 'Mutamenti sociali e radicalizzazione dei conflitti in Italia tra guerra e dopoguerra', in *Ricerche storiche* 27 (1997), 673–89; Elio Giovannini, *L'Italia massimalista: Socialismo e lotta sociale e politica nel primo Dopoguerra* (Rome: Ediesse 2001); Roberto Bianchi, *Pace, pane, terra. Il 1919 in Italia* (Rome: Odradek, 2006).

(22) Guido Crainz, *Padania. Il mondo dei braccianti dall'Ottocento alla fuga dalle campagne* (Rome: Donzelli, 1994), 159.

(23) Fabio Fabbri, *Le origini della Guerra civile: L'Italia dalla Grande Guerra al fascismo (1918–1921)* (Turin: Utet, 2009), 191–92.

(24) ムッソリーニの「転向」に関する二つの古典的著作として、Renzo de Felice, *Mussolini il rivoluzionario, 1883–1920* (Turin: Einaudi, 1965); Zeev Sternhell, *Naissance de l'idéologie fasciste* (Paris: Fayard, 1989). より近年の説明として以下を参照。Richard Bosworth, *Mussolini* (London: Arnold, 2002), 100–22.

(25) Paul O'Brien, *Mussolini in the First World War: The Journalist, the Soldier, the Fascist* (London: Bloomsbury, 2005).

(26) Benito Mussolini, 'Col ferro e col fuoco', in *Il Popolo d'Italia*, 22 November 1917.

(27) Benito Mussolini, 'Una politica', in *Il Popolo d'Italia*, 23 February 1918.

(28) ムッソリーニのイデオロギー的な転換に関しては以下を参照。Sternhell, *Naissance de l'idéologie fasciste*; Emilio Gentile, *The Origins of Fascist Ideology, 1918–1925* (New York: Enigma, 2005).

(29) 社会構成に関しては以下を参照。Emilio Gentile, *The Sacralization of Politics in Fascist*

Italy (Cambridge, MA: Harvard University Press, 1996), 364–6, 556–8; Roberta Suzzi Valli, 'The Myth of Squadrismo in the Fascist Regime', in *Journal for Contemporary History* 35 (2000), 131–50.

(30) 以下を参照。Alberto Aquarone, 'Violenza e consenso nel fascismo Italiano', in *Storia contemporanea* 10 (1979), 145–55; Adrian Lyttleton, 'Fascism and Violence in Post-War Italy: Political Strategy and Social Conflict', in Wolfgang J. Mommsen and Gerhard Hirschfeld (eds.), *Social Protest, Violence and Terror* (London: Palgrave Macmillan, 1982), 257–74; Jens Petersen, 'Il problema della violenza nel fascismo italiano', in *Storia contemporanea* 13 (1982), 985–1008; Paolo Nello, 'La rivoluzione fascista ovvero dello squadrismo nazional rivoluzionario', in *Storia contemporanea* 13 (1982), 1009–25.

(31) 例えば、行動隊の隊員による以下の日記を参照。Mario Piazzesi, *Diario di uno Squadrista Toscano: 1919–1922* (Rome: Bonacci, 1981), 73–74, 77–78. 以下も参照。Salvatore Lupo, *Il fascismo: La politica in un regime totalitario* (Rome: Donzelli, 2000), 85; Antonio Gibelli, *Il popolo bambino. Infanzia e nazione dalla Grande Guerra a Salò* (Turin: Einaudi, 2005), 187–90. この文脈に関しては以下を参照。Sven Reichardt, *Faschistische Kampfbünde: Gewalt und Gemeinschaft im italienischen Squadrismus und in der deutschen SA* (Cologne, Weimar and Vienna: Böhlau Verlag, 2002).

(32) ムッソリーニ自身は、1920年4月にフェッラーラで行った有名な演説でこの比喩を用いている。*Opera Omnia*, vol. 16, 239–46. 以下も参照。Francesca Rigotti, 'Il medico-chirurgo dello Stato nel linguaggio metaforico di Mussolini', in Civiche Raccolte Storiche Milano (ed.), *Cultura e società negli anni del fascismo* (Milan: Cordani, 1987); David Forgacs, 'Fascism, Violence and Modernity', in Jana Howlett and Rod Mengham (eds.), *The Violent Muse: Violence and the Artistic Imagination in Europe, 1910–1939* (Manchester: Manchester University Press, 1994), 5–6.

(33) Brunella Dalla Casa, 'La Bologna di Palazzo d'Accursio', in Mario Isnenghi and Giulia Albanese (eds.), *Gli Italiani in guerra: Conflitti, identità, memorie dal Risorgimento ai nostri giorni*, vol. 4/1: *Il ventennio fascista: Dall'impresa di Fiume alla Seconda Guerra mondiale (1919–1940)* (Turin: Utet, 2008), 332–38.

(34) Fabbri, *Le origini della Guerra civile*, 349–58; idem, 'Paramilitary Violence in Italy: The Rationale of Fascism and the Origins of Totalitarianism', in Gerwarth and Horne (eds.), *War in* Peace, 85–106, この部分は、92.

(35) 統計は以下に依拠した。Emilio Gentile, *Storia del partito fascista*, vol. 1: *1919–1922, movimento e milizia* (Rome: Laterza, 1989), 472–75.

(36) Lupo, *Il fascismo*, 86–98.

(37) 例えば以下を参照。Benito Mussolini, 'Il "Pus" a congresso', in *Il Popolo d'Italia*, 14 January 1921, reprinted in Benito Mussolini, *Opera Omnia*, vol. 16 (Florence: La Fenice, 1955), 116–17.

(38) Richard Bosworth and Giuseppe Finaldi, 'The Italian Empire', in Robert Gerwarth and Erez Manela (eds.), *Empires at War 1911–1923* (Oxford: Oxford University Press, 2014), 34–51.

(39)　ローマ進軍に関しては以下を参照。Giulia Albanese, *La marcia su Roma* (Rome and Bari: Laterza, 2006).

(40)　Adrian Lyttelton, *The Seizure of Power: Fascism in Italy 1919–1929* (London: Weidenfeld and Nicolson, 1973); Phillip Morgan, *Italian Fascism, 1919–1945* (London: Macmillan, 1995), 51.

(41)　以下の序論を参照。Emilio Gentile, *E fu subito regime: Il fascismo e la marcia su Roma* (Rome and Bari: Laterza, 2012).

(42)　Gentile, 'Paramilitary Violence', 98.

(43)　とくに以下を参照。Matteo Millan, *Squadrismo e squadristi nella dittatura fascista* (Rome: Viella, 2014); Emilio Gentile, 'Fascism in Power: the Totalitarian Experiment', in Adrian Lyttelton (ed.), *Liberal and Fascist Italy 1900–1945* (Oxford and New York: Oxford University Press, 2002), 139–42.

(44)　Harry Graf Kessler, *Das Tagebuch 1880–1937*, eds. Roland Kamzelak and Günter Riederer, vol. 7: *1919–1923* (Stuttgart: Klett-Cotta, 2007), 564 (1922年10月29日付けの日記の記述)〔松本道介訳『ワイマル日記　1918〜1937』上巻、冨山房、1993年、339頁〕.

(45)　Ernst Deuerlein (ed.), *Der Hitler-Putsch: Bayerische Dokumente zum 8./9. November 1923* (Stuttgart: DVA, 1962); Hans Mommsen, 'Adolf Hitler und der 9. November 1923', in Johannes Willms (ed.), *Der 9. November. Fünf Essays zur deutschen Geschichte*, 2nd edition (Munich: C. H. Beck, 1995), 33–48.

(46)　Thomas Weber, *Hitler's First War: Adolf Hitler, the Men of the List Regiment, and the First World War* (Oxford and New York: Oxford University Press, 2010).

(47)　Othmar Plöckinger, *Unter Soldaten und Agitatoren. Hitlers prägende Jahre im deutschen Militär 1918–1920* (Paderborn: Schöningh, 2013).

(48)　Peter Longerich, *Hitler: Biographie* (Munich: Siedler, 2015); Plöckinger, *Hitlers prägende Jahre*.

(49)　Johannes Erger, *Der Kapp-Lüttwitz-Putsch: Ein Beitrag zur deutschen Innenpolitik, 1919–20* (Düsseldorf: Droste, 1967); Erwin Könnemann and Gerhard Schulze (eds.), *Der Kapp-Lüttwitz-Putsch: Dokumente* (Munich: Olzog, 2002); Read, *World on Fire*, 319ff.

(50)　Read, *World on Fire*, 320.

(51)　Ibid., 321.

(52)　Kessler, *Tagebuch*, vol. 7: *1919–1923*, 294 (1920年3月19日付けの日記の記述)〔『ワイマル日記』上巻、204頁〕.

(53)　Ibid., 295 (1920年3月20日付けの日記の記述).

(54)　Deuerlein (ed.), *Hitler-Putsch*; Mommsen, 'Adolf Hitler und der 9. November 1923', 33–48.

(55)　こうした解釈は1930年代にまで遡るものであり、とくにアンジェロ・タスカは、フランス亡命中に出版した有名な著作の中でこのアプローチを支持した。*La Naissance du fascisme* (Paris: Gallimard, 1938). このテーマについてのより近年の試みとして以下を参照。Roberto Vivarelli, *Storia delle origini del fascismo: L'Italia dalla Grande Guerra alla marcia su*

Roma (Bologna: il Mulino, 2012).

第十一章

(1) David Lloyd George, *The Truth about the Peace Treaties*, 2 vols. (London: Gollancz, 1938), vol. 1, 565; Margaret MacMillan, *Peacemakers: The Paris Conference of 1919 and its Attempt to End War* (London: John Murray, 2001), 5; Bruno Cabanes, '1919: Aftermath', in Jay Winter (ed.), *Cambridge History of the First World War*, vol. 1 (Cambridge and New York: Cambridge University Press, 2014), 172–97.

(2) MacMillan, *Peacemakers*, 7; フィウーメの危機に関しては、ibid., 302–21.

(3) Bruno Cabanes, *La victoire endeuillée: La sortie de guerre des soldats français (1918–1920)* (Paris: Éditions du Seuil, 2004).

(4) Robert E. Bunselmeyer, *The Cost of War 1914–1919: British Economic War Aims and the Origins of Reparation* (Hamden, CT: Archon Books, 1975), 141; MacMillan, *Peacemakers*, 100; David Reynolds, *The Long Shadow: The Great War and the Twentieth Century* (London: Simon and Schuster, 2013), 93; Heinrich August Winkler, *The Age of Catastrophe: A History of the West 1914–1945* (New Haven, CT, and London: Yale University Press, 2015), 125.

(5) Leonard V. Smith, 'The Wilsonian Challenge to International Law', in *The Journal of the History of International Law* 13 (2011), 179–208. 以下も参照、idem, 'Les États-Unis et l'échec d'une seconde mobilisation', in Stéphane Audoin-Rouzeau and Christophe Prochasson (eds.), *Sortir de la Guerre de 14–18* (Paris: Tallandier, 2008), 69–91; Manfred F. Boemeke, 'Woodrow Wilson's Image of Germany, the War-Guilt Question and the Treaty of Versailles', in idem, Gerald D. Feldman and Elisabeth Glaser (eds.), *The Treaty of Versailles: A Reassessment after 75 Years* (Cambridge and New York: Cambridge University Press, 1998), 603–14. 以下も参照。Alexander Sedlmaier, *Deutschlandbilder und Deutschlandpolitik Studien zur Wilson-Administration (1913–1921)* (Stuttgart: Steiner, 2003).

(6) Leonard V. Smith, 'Empires at the Paris Peace Conference', in Robert Gerwarth and Erez Manela (eds.), *Empires at War, 1911–1923* (Oxford and New York: Oxford University Press, 2014), 254–76.

(7) Adam Tooze, *The Deluge: The Great War and the Re-Making of Global Order* (London: Allen Lane, 2014).

(8) とくに以下を参照。Boemeke, Feldman and Glaser (eds.), *The Treaty of Versailles*; David A. Andelman, *A Shattered Peace: Versailles 1919 and the Price We Pay Today* (Hoboken, NJ: Wiley, 2008); MacMillan, *Peacemakers*; Alan Sharp, *The Versailles Settlement: Peacemaking after the First World War, 1919–1923*, 2nd edition (London: Palgrave, 2008).

(9) Boemeke, Feldman and Glaser (eds.), *The Treaty of Versailles*, 11–20; Zara Steiner, 'The Treaty of Versailles Revisited', in Michael Dockrill and John Fisher (eds.), *The Paris Peace Conference*

1919: Peace without Victory? (Basingstoke: Palgrave Macmillan, 2001), 13–33; Mark Mazower, 'Two Cheers for Versailles', in *History Today* 49 (1999); Alan Sharp, *Consequences of the Peace: The Versailles Settlement - Aftermath and Legacy 1919–2010* (London: Haus, 2010), 1–40; Sally Marks, 'Mistakes and Myths: The Allies, Germany and the Versailles Treaty, 1918–1921', in *Journal of Modern History* 85 (2013), 632–59.

(10) 例えば以下を参照。Andelman, *A Shattered Peace*; Norman Graebner and Edward Bennett, *The Versailles Treaty and Its Legacy: The Failure of the Wilsonian Vision* (Cambridge and New York: Cambridge University Press, 2011).

(11) Aviel Roshwald, *Ethnic Nationalism and the Fall of Empires: Central Europe, Russia and the Middle East, 1914–1923* (London: Routledge, 2001).

(12) これに関しては、以下の序章と寄稿論文を参照。Gerwarth and Manela (eds.), *Empires at War, 1911–23*; ドイツの事例に関してはとくに以下を参照。Annemarie H. Sammartino, *The Impossible Border: Germany and the East, 1914–1922* (Ithaca, NY, and London: Cornell University Press, 2010); Vejas G. Liulevicius, 'Der Osten als apokalyptischer Raum: Deutsche Fronterfahrungen im und nach dem Ersten Weltkrieg', in Gregor Thum (ed.), *Traumland Osten: Deutsche Bilder vom östlichen Europa im 20. Jahrhundert* (Göttingen: Vandenhoeck and Ruprecht, 2006), 47–65.

(13) アイルランドの事例に関しては以下の最新の説明を参照。Diarmaid Ferriter, *A Nation and not a Rabble: The Irish Revolution 1913–1923* (London: Profile Books, 2015); Charles Townshend, *The Republic: The Fight for Irish Independence 1918–1923* (London: Allen Lane, 2013).

(14) Erez Manela, *The Wilsonian Moment: Self-Determination and the International Origins of Anticolonial Nationalism* (Oxford and New York: Oxford University Press, 2007), 37–43; Woodrow Wilson, 'Fourteen Points, January 8 1918', in Michael Beschloss (ed.), *Our Documents: 100 Milestone Documents from the National Archives* (Oxford and New York: Oxford University Press, 2006), 149–51. レーニンとウィルソンによって示されたビジョンの相違に関しては以下も参照。Arno Mayer, *Wilson vs. Lenin: Political Origins of the New Democracy, 1917–1918* (Cleveland, OH: World, 1964); Eric D. Weitz, 'From the Vienna to the Paris System: International Politics and the Entangled Histories of Human Rights, Forced Deportations, and Civilizing Missions', in *The American Historical Review* 113 (2008), 313–43.

(15) MacMillan, *Peacemakers*, 67; Sharp, *The Versailles Settlement.*

(16) 事例研究として以下を参照。Gerwarth and Manela (eds.), *Empires at War*; David M. Anderson and David Killingray (eds.), *Policing and Decolonisation: Politics, Nationalism and the Police, 1917–1965* (Manchester: Manchester University Press, 1992); Derek Sayer, 'British Reaction to the Amritsar Massacre, 1919–1920', in *Past & Present* 131 (1991), 130–64; Jon Lawrence, 'Forging a Peaceable Kingdom: War, Violence and Fear of Brutalization in Post-First World War Britain', in *Journal of Modern History* 75 (2003), 557–89; Susan Kingsley Kent, *Aftershocks: Politics and Trauma in Britain, 1918–1931* (Basingstoke and New York: Palgrave

Macmillan, 2009), 64–90.

(17) Ian Kershaw, *To Hell and Back: Europe, 1914–1949* (London: Allen Lane, 2015), 122.

(18) 以下に所収の多数の論文を参照。Gerwarth and Manela (eds.), *Empires at War*, とくに、Leonard Smith, 'Empires at the Paris Peace Conference', 254–76; Christopher Capozzo, 'The United States Empire', 235–53; Frederick R. Dickinson, 'The Japanese Empire', 197–213.

(19) 以下からのムッソリーニの引用。Richard J. B. Bosworth, *Mussolini* (London: Arnold, 2002), 121.

(20) 以下を参照。Béla Király, 'East Central European Society and Warfare in the Era of the Balkan Wars', in idem and Dimitrije Đorđević, *East Central European Society and the Balkan Wars* (Boulder, CO: Social Science Monographs, 1987), 3–13; Peter Bartl, *Albanci, od Srednjeg veka do danas* (Belgrade: CLIO, 2001), 124–38.

(21) Richard C. Hall, *The Balkan Wars, 1912–1913: Prelude to the First World War* (London and New York: Routledge, 2000).

(22) Uğur Ümit Üngör, 'Mass Violence against Civilians during the Balkan Wars', in Dominik Geppert, William Mulligan and Andreas Rose (eds.), *The Wars before the Great War: Conflict and International Politics before the Outbreak of the First World War* (Cambridge and New York: Cambridge University Press, 2015).

(23) Richard Bessel, 'Revolution', in Winter (ed.), *The Cambridge History of the First World War*, vol. 2, 127. 以下も参照。Jeffrey R. Smith, *A People's War: Germany's Political Revolution, 1913–1918* (Lanham, MD: University Press of America, 2007), 25–49.

(24) Robert A. Kann, *Geschichte des Habsburgerreiches 1526 bis 1918* (Vienna and Cologne: Böhlau, 1990), 581; Peter Haslinger, 'Austria-Hungary', in Gerwarth and Manela (eds.), *Empires at War*, 73–90.

(25) Haslinger, 'Austria-Hungary', 74.

(26) Andrej Mitrović, *Serbia's Great War: 1914–1918* (London: Hurst, 2007), 96. より全般的な文脈については以下も参照。Frédéric Le Moal, *La Serbie: Du martyre à la victoire 1914–1918* (Paris: Soteca, 2008).

(27) 以下を参照。Bela K. Király and Nandor F. Dreisiger (eds.), *East Central European Society in World War I* (New York: East European Monographs, 1985), 305–6. より全般的には、Jonathan E. Gumz, *The Resurrection and Collapse of Empire in Habsburg Serbia, 1914–1918* (Cambridge and New York: Cambridge University Press, 2009). 以下も参照。Pieter M. Judson, *The Habsburg Empire: A New History* (Cambridge, MA: Harvard University Press, 2016), 406.

(28) Miklós Bánffy, *The Phoenix Land: The Memoirs of Count Miklós Bánffy* (London: Arcadia Books, 2003), 3–4.

(29) Maureen Healy, *Vienna and the Fall of the Habsburg Empire: Total War and Everyday Life in World War I* (Cambridge and New York: Cambridge University Press, 2004), 279–99; Mark Cornwall, 'Morale and Patriotism in the Austro-Hungarian Army, 1914–1918', in John Horne (ed.), *State, Society, and Mobilization in Europe during the First World War* (Cambridge:

Cambridge University Press, 1997), 173–91. 以下も参照。John W. Boyer, *Culture and Political Crisis in Vienna: Christian Socialism in Power, 1897–1918* (Chicago, IL: University of Chicago Press, 1995), 369–443; Laurence Cole and Daniel L. Unowsky (eds.), *The Limits of Loyalty: Imperial Symbolism, Popular Allegiances and State Patriotism in the Late Habsburg Monarchy* (New York and Oxford: Berghahn Books, 2007).

(30) Mark Cornwall, *The Undermining of Austria-Hungary: The Battle for Hearts and Minds* (Basingstoke: Macmillan, 2000). 以下を参照。Kenneth J. Calder, *Britain and the Origins of the New Europe, 1914–1918* (Cambridge and New York: Cambridge University Press, 1976). (英語で書かれた) 20世紀の中欧に関する史学史は長らく、この戦時中のプロパガンダをベースにしてきた。ヤーシ・オスカールやC・A・マカートニーといった影響力のある歴史家は、上記の歴史家たちの著作に基づいて研究を進め、民族紛争によってハプスブルク君主国は1914年8月初頭以前に瀕死の状態にあったと主張した。Oszkár Jászi, *The Dissolution of the Habsburg Monarchy* (Chicago, IL: University of Chicago Press, 1929); Carlile A. Macartney, *The Habsburg Empire, 1790–1918* (London: Weidenfeld and Nicolson, 1969). 彼らの後継世代の歴史家——戦争は帝国の崩壊を促進したに過ぎないと主張した——の事例に関しては以下を参照。Robert A. Kann, *The Multinational Empire: Nationalism and National Reform in the Habsburg Monarchy, 1848–1918*, 2 vols. (New York: Columbia University Press, 1950); A. J. P. Taylor, *The Habsburg Monarchy, 1809–1918: A History of the Austrian Empire and Austria-Hungary* (London: Hamish Hamilton, 1948).

(31) Reynolds, *The Long Shadow*, 15.

(32) Andrea Orzoff, *Battle for the Castle* (Oxford and New York: Oxford University Press, 2009), 24.

(33) Haslinger, 'Austria-Hungary'.

(34) Mark Levene, *War, Jews, and the New Europe: The Diplomacy of Lucien Wolf, 1914–1919* (Oxford and New York: Oxford University Press, 1992), 181. 以下も参照。Alan Sharp, '"The Genie that Would Not Go Back into the Bottle": National Self-Determination and the Legacy of the First World War and the Peace Settlement', in Seamus Dunn and T. G. Fraser (eds.), *Europe and Ethnicity: The First World War and Contemporary Ethnic Conflict* (London and New York: Routledge, 1996), 10–29, 18–19.

(35) アメリカ合衆国は1919年2月7日に、フランスとイギリスはヴェルサイユ条約が調印された7月の時点で、新国家を正式に承認した。Andrej Mitrović, *Jugoslavija na Konferenciji mira 1919–1920* (Belgrade: Zavod za izdavanje udžbenike SR Srbije, 1969), 62–63.

(36) 以下からの引用。Mark Mazower, *Dark Continent: Europe's Twentieth Century* (New York: Vintage Books, 1998), 46.

(37) 人民宣言の背景に関しては以下を参照。Manfried Rauchensteiner, *Der Tod des Doppeladlers: Österreich-Ungarn und der Erste Weltkrieg* (Graz: Styria, 1993), 603–8; Edmund Glaise-Horstenau, *The Collapse of the Austro-Hungarian Empire* (London and Toronto: J. M. Dent, 1930), 107–9; Judson, *The Habsburg Empire*, 432; Alexander Watson, *Ring of Steel: Germany and*

Austria-Hungary at War, 1914–18 (London: Allen Lane, 2014), 541.

(38) Jörn Leonhard, *Die Büchse der Pandora: Geschichte des Ersten Weltkriegs* (Munich: C. H. Beck, 2014), 896ff.

(39) Jan Křen, *Die Konfliktgemeinschaft: Tschechen und Deutsche, 1780–1918* (Munich: Oldenbourg, 1996), 371–72.

(40) Macartney, *The Habsburg Empire*, 831.

(41) より長期的な文脈に関しては以下を参照。Eugene Rogan, *The Fall of the Ottomans: The Great War in the Middle East, 1914–1920* (London: Allen Lane, 2015).

(42) 同地域に対するフランスの執着を正当化した同時代の文献として以下を参照。Comte Roger de Gontaut-Biron, *Comment la France s'est installée en Syrie, 1918–1919* (Paris: Plon, 1922), とくに、1–10.

(43) サイクス＝ピコ協定に関しては以下を参照。David Fromkin, *A Peace to End All Peace: The Fall of the Ottoman Empire and the Creation of the Modern Middle East* (New York: Henry Holt and Company, 1989), 188–99; David Stevenson, *The First World War and International Politics* (Oxford: Oxford University Press, 1988), 129–30.

(44) Gudrun Krämer, *A History of Palestine: From the Ottoman Conquest to the Founding of the State of Israel* (Princeton, NJ: Princeton University Press, 2008), 146; Malcolm E. Yapp, *The Making of the Modern Near East: 1792–1923* (London: Longman, 1987), 281–86.

(45) ファイサルに関しては以下を参照。Ali A. Allawi, *Faisal I of Iraq* (New Haven, CT, and London: Yale University Press, 2014). ロレンスに関しては以下を参照。Scott Anderson, *Lawrence in Arabia: War, Deceit, Imperial Folly and the Making of the Modern Middle East* (New York: Doubleday, 2013).

(46) Jonathan Schneer, *The Balfour Declaration: The Origins of Arab-Israeli Conflict* (London and Basingstoke: Macmillan, 2014). 以下も参照。John Darwin, *Britain, Egypt and the Middle East: Imperial Policy in the Aftermath of War, 1918–1922* (London and Basingstoke: Macmillan, 1981), 156.

(47) ワイツマンに関しては以下を参照。Jehuda Reinharz, *Chaim Weizmann: The Making of a Statesman*, 2nd edition (Oxford and New York: Oxford University Press, 1993).

(48) 詳細な説明に関しては以下を参照。Schneer, *The Balfour Declaration.*

(49) Malcolm E. Yapp, *The Near East Since the First World War: A History to 1995* (London: Longman, 1996), 116.

(50) 以下からのハ・ヘルートの引用。Mustafa Aksakal, 'The Ottoman Empire', in Winter (ed.), *The Cambridge History of the First World War*, vol. 1, 459–78, この部分は、477. 以下も参照。Abigail Jacobson, *From Empire to Empire: Jerusalem between Ottoman and British Rule* (Syracuse, NY: Syracuse University Press, 2011), 27.

(51) ベングリオンに関しては以下を参照。Shabtai Teveth, *Ben-Gurion and the Palestinian Arabs: From Peace to War* (Oxford and New York: Oxford University Press, 1985); idem, *The Burning Ground: A Biography of David Ben-Gurion* (Tel Aviv: Schoken, 1997); Anita Shapira,

Ben-Gurion: Father of Modern Israel (New Haven, CT, and London: Yale University Press, 2014). ユダヤ人軍団に関しては以下を参照。Martin Watts, *The Jewish Legion and the First World War* (London and New York: Palgrave, 2004).

(52) Ryan Gingeras, *Fall of the Sultanate: The Great War and the End of the Ottoman Empire, 1908–1922* (Oxford and New York: Oxford University Press, 2016), 230.

(53) 以下からの引用。Jacobson, *From Empire to Empire*, 145; Aksakal, 'Ottoman Empire', in Winter (ed.), *First World War*, 477.

(54) United States Department of State, *Papers Relating to the Foreign Relations of the United States. The Paris Peace Conference, 1919* (U.S. Government Printing Office, 1919), vol. XII, 793–95.

(55) Bernard Wasserstein, *The British in Palestine: The Mandatory Government and the Arab-Jewish Conflict 1917–1929* (Oxford: Blackwell, 1991).

第十二章

(1) Thomas Sakmyster, *Hungary's Admiral on Horseback: Miklós Horthy, 1918–1944* (Boulder, CO: Eastern European Monographs, 1994), 11.

(2) Alexander Watson, *Ring of Steel: Germany and Austria-Hungary at War, 1914–18* (London: Allen Lane, 2014), 542; Pieter M. Judson, *The Habsburg Empire: A New History* (Cambridge, MA: Harvard University Press, 2016), 437.

(3) József Galántai, *Hungary in the First World War* (Budapest: Akad. Kiadó, 1989), 315–22; Judson, *The Habsburg Empire*, 438–9; Watson, *Ring of Steel*, 542.

(4) Richard G. Plaschka, Horst Haselsteiner and Arnold Suppan, *Innere Front: Militärassistenz, Widerstand und Umsturz in der Donaumonarchie 1918*, 2 vols. (Vienna: Verlag für Geschichte und Politik, 1974), vol. 2, 247–59; Watson, *Ring of Steel*, 543.

(5) ティサの殺害に関しては以下を参照。Ferenc Pölöskei, *A rejtélyes Tisza-gyilkosság* (Budapest: Helikon Kiadó, 1988).

(6) Plaschka, Haselsteiner and Suppan, *Innere Front*, vol. 2, 260–77. ティサの死に関しては以下を参照。Arthur May, *The Passing of the Habsburg Monarchy*, vol. 2 (Philadelphia, PA: University of Pennsylvania Press, 1966), 789; Watson, *Ring of Steel*, 543.

(7) Manfried Rauchensteiner, *Der Tod des Doppeladlers: Österreich-Ungarn und der Erste Weltkrieg* (Graz: Styria, 1993), 614–15; Watson, *Ring of Steel*, 543.

(8) Zbyněk Zeman, *The Masaryks: The Making of Czechoslovakia* (London: I. B. Tauris, 1976), 115.

(9) Plaschka, Haselsteiner and Suppan, *Innere Front*, vol. 2, 143–58, 184–5, 217; Watson, *Ring of Steel*, 544.

(10) Ante Pavelić, *Doživljaji*, reprint (Zagreb: Naklada Starčević, 1996), 459. 1918年当時の彼の立場と、その後のウスタシャにおける役割に関しては以下を参照。Fikreta Jelić-

Butić, *Ustaše i Nezavisna država Hrvatska 1941–1945* (Zagreb: Školska Knjiga, 1977), 13–14; Mario Jareb, *Ustaško-domobranski pokret od nastanka do travnja 1941* (Zagreb: Hrvatski institut za povijest - Školska Knjiga, 2006), 33–34.

(11) Watson, *Ring of Steel*, 544; Alexander V. Prusin, *The Lands Between: Conflict in the East European Borderlands, 1870–1992* (Oxford and New York: Oxford University Press, 2010), 72–97; Piotr J. Wróbel, 'The Seeds of Violence: The Brutalization of an East European Region 1917–1921', in *Journal of Modern European History* 1 (2003), 125–49.

(12) Timothy Snyder, *The Reconstruction of Nations: Poland, Ukraine, Lithuania, Belarus 1569–1999* (New Haven, CT, and London: Yale University Press, 2003), 137–41; Judson, *Habsburg Empire*, 438.

(13) Margaret MacMillan, *Peacemakers: The Paris Conference of 1919 and its Attempt to End War* (London: John Murray, 2001), 217.

(14) Włodzimierz Borodziej, *Geschichte Polens im 20. Jahrhundert* (Munich: C. H. Beck, 2010), 97; ポーランドにおけるアメリカ救済局に関しては以下を参照。Matthew Lloyd Adams, 'When Cadillacs Crossed Poland: The American Relief Administration in Poland, 1919–1922', PhD thesis, Armstrong Atlantic State University, 2005; Paul Niebrzydowski, *The American Relief Administration in Poland after the First World War, 1918–1923* (Washington DC: IARO Scholar Research Brief, 2015); William Remsburgh Grove, *War's Aftermath: Polish Relief in 1919* (New York: House of Field, 1940).

(15) Piotr Stefan Wandycz, *The Lands of Partitioned Poland, 1795–1918* (Seattle, WA: University of Washington Press, 1974), 291–93; Norman Davies, *God's Playground*, vol. 2: *1795 to the Present* (Oxford and New York: Oxford University Press, 2005), 52–53; MacMillan, *Peacemakers*, 219ff.; 以下も参照。Jochen Böhler, 'Generals and Warlords, Revolutionaries and Nation State Builders: The First World War and its Aftermath in Central and Eastern Europe', in idem, Włodzimierz Borodziej and Joachim von Puttkamer (eds.), *Legacies of Violence: Eastern Europe's First World War* (Munich: Oldenbourg, 2014), 51–66.

(16) ピウスツキに関してはとりわけ以下を参照。Peter Hetherington, *Unvanquished: Joseph Pilsudski, Resurrected Poland, and the Struggle for Eastern Europe*, 2nd edition (Houston, TX: Pingora Press, 2012); Wacław Jędrzejewicz, *Piłsudski: A Life for Poland* (New York: Hippocrene Books, 1990); Holger Michael, *Marschall Józef Piłsudski 1867–1935: Schöpfer des modernen Polens* (Bonn: Pahl-Rugenstein, 2010).

(17) Davies, *God's Playground*, vol. 2, 385.

(18) Ibid., 5ff.

(19) Jochen Böhler, 'Enduring Violence: The Post-War Struggles in East-Central Europe 1917–1921', in *Journal of Contemporary History* 50 (2015), 58–77; idem, 'Generals and Warlords, Revolutionaries and Nation State Builders'.

(20) ポーランドとウクライナの紛争に関しては以下を参照。Torsten Wehrhahn, *Die Westukrainische Volksrepublik: Zu den polnisch-ukrainischen Beziehungen und dem Problem der*

ukrainischen Staatlichkeit in den Jahren 1918 bis 1923 (Berlin: Weißensee Verlag, 2004), 102–12; Mykola Lytvyn, *Ukrayins'ko-pol's'ka viyna 1918–1919rr* (L'viv: Inst. Ukraïnoznavstva Im. I. Krypjakevyča NAN Ukraïny; Inst. Schidno-Centralnoï Jevropy, 1998); Michał Klimecki, *Polsko-ukraińska wojna o Lwów i Wschodnią Galicję 1918–1919 r. Aspekty polityczne I wojskowe* (Warsaw: Wojskowy Instytut Historyczny, 1997).

(21) MacMillan, *Peacemakers*, 235.

(22) Kay Lundgreen-Nielsen, *The Polish Problem at the Paris Peace Conference: A Study in the Policies of Great Powers and the Poles, 1918–1919* (Odense: Odense University Press, 1979), 222–23, 279–88.

(23) 上シュレージエンに関しては以下を参照。Timothy Wilson, *Frontiers of Violence: Conflict and Identity in Ulster and Upper Silesia 1918–1922* (Oxford and New York: Oxford University Press, 2010). ポーランドとリトアニアの紛争に関しては以下を参照。Andrzej Nowak, 'Reborn Poland or Reconstructed Empire? Questions on the Course and Results of Polish Eastern Policy (1918-1921)', in *Lithuanian Historical Studies* 13 (2008), 134–42; Snyder, *Reconstruction of Nations*, 57–65.

(24) Norman Davies, *White Eagle, Red Star: The Polish-Soviet War, 1919–1920 and 'the Miracle on the Vistula'* (London: Pimlico, 2003), 152–59; Jerzy Borzęcki, *The Soviet-Polish Peace of 1921 and the Creation of Interwar Europe* (New Haven, CT, and London: Yale University Press, 2008), 92.

(25) Adam Zamoyski, *Warsaw 1920: Lenin's Failed Conquest of Europe* (London: Harper Press, 2008), 67; Davies, *White Eagle, Red Star*, 141, 152ff. 残虐行為に関しては以下を参照。Jerzy Borzęcki, 'German Anti-Semitism à la Polonaise: A Report on Poznanian Troops' Abuse of Belarusian Jews in 1919', in *East European Politics and Cultures* 26 (2012), 693–707.

(26) Arnold Zweig, *Das ostjüdische Antlitz* (Berlin: Welt Verlag, 1920), 9–11.

(27) フランスの戦争への関与に関しては以下を参照。Frédéric Guelton, 'La France et la guerre polono-bolchevique', in *Annales: Académie Polonaise des Sciences, Centre Scientifique à Paris* 13 (2010), 89–124; idem, 'Le Capitaine de Gaulle et la Pologne (1919–1921)', in Bernard Michel and Józef Łaptos (eds.), *Les Relations entre la France et la Pologne au XXe siècle* (Cracow: Eventus, 2002), 113–27.

(28) Davies, *White Eagle, Red Star*, 261ff.; Borzęcki, *The Soviet-Polish Peace of 1921*.

(29) 以下を参照。Piotr Stefan Wandycz, *France and her Eastern Allies, 1919–25: French-Czechoslovak-Polish Relations from the Paris Peace Conference to Locarno* (Minneapolis, MN: University of Minnesota Press, 1962), 75–91.

(30) Robert Howard Lord, 'Poland', in Edward M. House and Charles Seymour (eds.), *What Really Happened at Paris: The Story of the Peace Conference by American Delegates* (London: Hodder and Stoughton, 1921), 67–86, 82–83. この論争に関しては以下を参照。Harold Temperley (ed.), *A History of the Peace Conference of Paris*, 6 vols. (London: Frowde and Hodder and Stoughton, 1921–4), vol. 4, 348–63.

(31) 戦間期の初期におけるチェコ人とドイツ人の衝突に関しては以下を参照。Karl

Braun, 'Der 4. März 1919. Zur Herausbildung Sudetendeutscher Identität', in *Bohemia* 37 (1996), 353–80; Johann Wolfgang Brügel, *Tschechen und Deutsche 1918–1938* (Munich: Nymphenburger Verlagshandlung, 1967), 75–78; Rudolf Kučera, 'Exploiting Victory, Sinking into Defeat: Uniformed Violence in the Creation of the New Order in Czechoslovakia and Austria 1918–1922', in *Journal of Modern History* (近刊).

(32) 戦争の国際的な文脈に関しては以下を参照。Miklós Lojkó, *Meddling in Middle Europe: Britain and the 'Lands Between', 1918–1925* (Budapest and New York: Central European University Press, 2006), 13–38; Dagmar Perman, *The Shaping of the Czechoslovak State: Diplomatic History of the Boundaries of Czechoslovakia* (Leiden: Brill, 1962); Wandycz, *France and Her Eastern Allies*, 49–74.

(33) 帰還兵に関しては以下を参照。Gerburg Thunig-Nittner, *Die Tschechoslowakische Legion in Rußland: Ihre Geschichte und Bedeutung bei der Entstehung der 1. Tschechoslowakischen Republik* (Wiesbaden: Harrassowitz, 1970), 112–23. チェコスロヴァキア共和国における軍団員の特別な立場に関しては以下を参照。Natalie Stegmann, *Kriegsdeutungen, Staatsgründungen, Sozialpolitik: Der Helden- und Opferdiskurs in der Tschechoslowakei, 1918–1948* (Munich: Oldenbourg, 2010), 63–116.

(34) Ivan Šedivý, 'Zur Loyalität der Legionäre in der ersten Tschechoslowakischen Republik', in Martin Schulze Wessel (ed.), *Loyalitäten in der Tschechoslowakischen Republik 1918–1938: Politische, nationale und kulturelle Zugehörigkeiten* (Munich: Oldenbourg, 2004), 141–52; Kučera, 'Exploiting Victory, Sinking into Defeat'. アルザス＝ロレーヌとチェコスロヴァキアの国境地域を比較する視点をもったものとして以下を参照。Tara Zahra, 'The "Minority Problem": National Classification in the French and Czechoslovak Borderlands', in *Contemporary European Review* 17 (2008), 137–65.

(35) Kučera, 'Exploiting Victory, Sinking into Defeat'.

(36) Peter A. Toma, 'The Slovak Soviet Republic of 1919', in *American Slavic and East European Review* 17 (1958), 203–15; Ladislav Lipscher, 'Die Lage der Juden in der Tschechoslowakei nach deren Gründung 1918 bis zu den Parlamentswahlen 1920', in *East Central Europe* 1 (1989), 1–38. より広い中欧の文脈に関しては以下を参照。Eliza Ablovatski, 'The 1919 Central European Revolutions and the Judeo-Bolshevik Myth', in *European Review of History* 17 (2010), 473–79; Paul Hanebrink, 'Transnational Culture War: Christianity, Nation and the Judeo-Bolshevik Myth in Hungary 1890–1920', in *Journal of Modern History* (2008), 55–80; Kučera, 'Exploiting Victory, Sinking into Defeat'.

(37) Kučera, 'Exploiting Victory, Sinking into Defeat'.

(38) Andrej Mitrović, *Serbia's Great War: 1914–1918* (London: Hurst, 2007), 320; Mile Bjelajac, *Vojska Kraljevine Srba, Hrvata i Slovenaca 1918–1921* (Belgrade: Narodna knjiga, 1988), 28–29.

(39) Milorad Ekmečić, *Stvaranje Jugoslavije 1790–1918*, vol. 2 (Belgrade: Prosveta, 1989), 838; Holm Sundhaussen, *Geschichte Serbiens: 19.–21. Jahrhundert* (Vienna: Böhlau, 2007).

(40) John Paul Newman, *Yugoslavia in the Shadow of War: Veterans and the Limits of State Building,*

1903–1945 (Cambridge and New York: Cambridge University Press, 2015), 189.

(41) Mile Bjelajac, '1918: oslobođenje ili okupacija nesrpskih krajeva?', in Milan Terzić, *Prvi svetski rat i Balkan - 90 godina* (Belgrade: Institut za strategijska istraživanja, 2010), 201–23.

(42) ケルンテンに関しては以下を参照。Bjelajac, *Vojska Kraljevine Srba*, 56; Siegmund Knaus, *Darstellungen aus den Nachkriegskämpfen deutscher Truppen und Freikorps*, vols. 7 and 8 (Berlin: Mittler and Sohn, 1941–2); Wilhelm Neumann, *Abwehrkampf und Volksabstimmung in Kärnten, 1918–1920: Legenden und Tatsachen*, 2nd edition (Klagenfurt: Kärntner Landesarchiv, 1985). 以下の自伝的説明も参照。Jaromir Diakow, in ÖStA, Kriegsarchiv B727, Diakow Papers.

(43) ケルンテンとこの詩の再版に関しては以下の匿名の文章を参照。'Der Sturm auf Völkermarkt am 2. Mai 1919', in ÖStA, Kriegsarchiv, B694, Knaus Papers, 31.

(44) MacMillan, *Peacemakers*, 125.

(45) Christopher Clark, *Sleepwalkers: How Europe Went to War in 1914* (London: Allen Lane, 2012), 7, 367–76; MacMillan, *Peacemakers*, 120ff.

(46) 草創期のユーゴスラヴィアにおけるセルビア人とクロアチア人の指導者たちと彼らの関係については以下を参照。Dejan Djokić, *Pašić and Trumbić: The Kingdom of Serbs, Croats, and Slovenes* (London: Haus, 2010).

(47) Ibid.

(48) Ibid.

(49) 以下からの Trumbić の引用。MacMillan, *Peacemakers*, 123.

(50) Mitrović, *Serbia's Great War*, 94–5; Branko Petranović, *Istorija Jugoslavije*, vol. 1 (Belgrade: Nolit, 1988), 12.

(51) MacMillan, *Peacemakers*, 124.

(52) Srdja Pavlović, *Balkan Anschluss: The Annexation of Montenegro and the Creation of a Common South Slav State* (West Lafayette, IN: Purdue University Press, 2008), 153; Novica Rakočević, *Crna Gora u Prvom svjetskom ratu 1914–1918* (Cetinje: Obod, 1969), 428–29.

(53) Djordje Stanković, 'Kako je Jugoslavija počela', in Milan Terzić, *Prvi svetski rat i Balkan - 90 godina kasnije* (Belgrade: Institut za strategijska istraživanja, 2010), 242.

(54) Newman, *Yugoslavia*.

(55) Dejan Djokić, *Elusive Compromise: A History of Interwar Yugoslavia* (Oxford and New York: Oxford University Press, 2007).

第十三章

(1) Bruno Cabanes, '1919: Aftermath', in Jay Winter (ed.), *Cambridge History of the First World War*, vol. 1 (Cambridge: Cambridge University Press, 2014), 172–98, この部分は、174.

(2) Stéphane Audoin-Rouzeau, 'Die Delegation der "Gueules cassées" in Versailles am 28. Juni

1919', in Gerd Krumeich et al. (eds.), *Versailles 1919: Ziele, Wirkung, Wahrnehmung* (Essen: Klartext Verlag, 2001), 280–87.

(3) Edward M. House, *The Intimate Papers of Colonel House Arranged as a Narrative by Charles Seymour*, vol. IV (Boston, MA, and New York: Houghton Mifflin, 1926–8), 487.

(4) 以下からの引用。Cabanes, '1919: Aftermath', 172–98.

(5) Laird Boswell, 'From Liberation to Purge Trials in the "Mythic Provinces": Recasting French Identities in Alsace and Lorraine, 1918–1920', in *French Historical Studies* 23 (2000), 129–62, この部分は、141.

(6) Alan Sharp, 'The Paris Peace Conference and its Consequences', in *1914–1918 online. International Encyclopedia of the First World War*.

(7) Gotthold Rhode, 'Das Deutschtum in Posen und Pommerellen in der Zeit der Weimarer Republik', in Senatskommission für das Studium des Deutschtums im Osten an der Rheinischen Friedrich-Wilhelms-Universität Bonn (ed.), *Studien zum Deutschtum im Osten* (Cologne and Graz: Böhlau, 1966), 99. 別の研究はさらに大きな数字を見積もっている。以下を参照。Richard Blanke, *Orphans of Versailles: The Germans in Western Poland, 1918–1939* (Lexington, KY: University Press of Kentucky, 1993), 32–34.

(8) 上シュレージエンの劇的かつ極めて両義的な民族主義化を余すところなく論じたものとして以下を参照。James E. Bjork, *Neither German Nor Pole: Catholicism and National Indifference in a Central European Borderland, 1890–1922* (Ann Arbor, MI: University of Michigan Press, 2008); T. Hunt Tooley, 'German Political Violence and the Border Plebiscite in Upper Silesia, 1919–1921', in *Central European History* 21 (1988), 56–98; idem, *National Identity and Weimar Germany: Upper Silesia and the Eastern Border, 1918–22* (Lincoln, NB, and London: University of Nebraska Press, 1997). 以下も参照。Tim K. Wilson, 'The Polish-German Ethnic Dispute in Upper Silesia, 1918–1922: A Reply to Tooley', in *Canadian Review of Studies in Nationalism* 32 (2005), 1–26.

(9) Margaret MacMillan, *Peacemakers: The Paris Conference of 1919 and its Attempt to End War* (London: John Murray, 2001), 230.

(10) Waldemar Grosch, *Deutsche und polnische Propaganda während der Volksabstimmung in Oberschlesien 1919–1921* (Dortmund: Forschungsstelle Ostmitteleuropa, 2003).

(11) 英仏はドイツ領のカメルーンとトーゴラントを分割した。ベルギーはドイツ領東アフリカの北西部に位置するルワンダ＝ウルンディを獲得し、ドイツ領南西アフリカ（ナミビア）は南アフリカの委任統治領となった。太平洋では日本が赤道以北のドイツ領南洋諸島（マーシャル諸島、カロリン諸島、マリアナ諸島、パラオ諸島）と中国の膠州を獲得した。ドイツ領サモアはニュージーランドのものとなった。ドイツ領ニューギニアとビスマーク諸島、ナウルはオーストラリア領となった。Alan Sharp, *The Versailles Settlement: Peacemaking after the First World War, 1919–1923*, 2nd edition (London: Palgrave, 2008), 109–38.

(12) Wolfgang Elz, 'Versailles und Weimar', in *Aus Politik und Zeitgeschichte*, 50/51 (2008), 31–

38.

(13) Sally Marks, 'The Myths of Reparations', in *Central European History* 11 (1978), 231-39; Niall Ferguson, *The Pity of War: Explaining World War I* (London: Allen Lane, 1998), 399-432.「ロンドン支払い案」は1924年（ドーズ案）と1929年（ヤング案）で二度変更され、その後の世界大恐慌の際には一時的に支払いが中断されることとなった。権力を掌握したヒトラーはさらなる支払いを一切拒否した。1919〜1932年にドイツが支払ったのは（1921年に「A債券」と「B債券」として合意された500億金マルクのうちの）200億マルクに過ぎなかった。以下を参照。Manfred F. Boemeke, Gerald D. Feldman and Elisabeth Glaser (eds.), *The Treaty of Versailles: A Reassessment after 75 Years* (Cambridge and New York: Cambridge University Press, 1998), 424.

(14) Richard J. Evans, *The Coming of the Third Reich* (London: Penguin, 2004), 65; Alan Sharp, 'The Paris Peace Conference and its Consequences', in *1914-1918 online. International Encyclopedia of the First World War*; MacMillan, *Peacemakers*, 186.

(15) Andreas Krause, *Scapa Flow: Die Selbstversenkung der Wilhelminischen Flotte* (Berlin: Ullstein, 1999).

(16) *Verhandlungen der verfassunggebenden Deutschen Nationalversammlung. Stenographische Berichte*, vol. 327 (Berlin: Norddeutsche Buchdruckerei u. Verlagsanstalt, 1920), 1,082ff.

(17) Alexander Watson, *Ring of Steel: Germany and Austria-Hungary at War, 1914-18* (London: Allen Lane, 2014), 561; MacMillan, *Peacemakers*, 475-81. ウィルソンの1918年10月23日付けの覚書に関しては以下を参照。Harry Rudolph Rudin, *Armistice 1918* (New Haven, CT, and London: Yale University Press, 1944), 173.

(18) Sharp, *Versailles*, 37-39.

(19) Evans, *Coming of the Third Reich*, 66.

(20) Heinrich August Winkler, *The Age of Catastrophe: A History of the West 1914-1945* (New Haven, CT, and London: Yale University Press, 2015), 888.

(21) John Maynard Keynes, *The Economic Consequences of the Peace* (London: Macmillan, 1919).

(22) Elz, 'Versailles und Weimar', 33.

(23) サン゠ジェルマン条約に関しては以下を参照。Nina Almond and Ralph Haswell Lutz (eds.), *The Treaty of St. Germain: A Documentary History of its Territorial and Political Clauses* (Stanford, CA: Stanford University Press, 1935); Isabella Ackerl and Rudolf Neck (eds.), *Saint-Germain 1919: Protokoll des Symposiums am 29. und 30. Mai 1979 in Wien* (Vienna: Verlag für Geschichte und Politik, 1989); Fritz Fellner, 'Der Vertrag von St. Germain', in Erika Weinzierl and Kurt Skalnik (eds.), *Österreich 1918-1938*, vol. 1 (Vienna: Böhlau, 1983), 85-106; Lorenz Mikoletzky, 'Saint-Germain und Karl Renner: Eine Republik wird diktiert', in Helmut Konrad and Wolfgang Maderthaner (eds.), *Das Werden der Ersten Republik . . . der Rest ist Österreich*, vol. 1 (Vienna: Carl Gerald's Sohn, 2008), 179-86; Erich Zöllner, *Geschichte Österreichs: Von den Anfängen bis zur Gegenwart*, 8th edition (Vienna: Verlag für Geschichte und Politik, 1990), 499.

(24) S. W. Gould, 'Austrian Attitudes toward Anschluss: October 1918- September 1919', in

Journal of Modern History 22 (1950), 220–31; Walter Rauscher, 'Die Republikgründungen 1918 und 1945', in Klaus Koch, Walter Rauscher, Arnold Suppan and Elisabeth Vyslonzil (eds.), *Außenpolitische Dokumente der Republik Österreich 1918–1938. Sonderband: Von Saint-Germain zum Belvedere: Österreich und Europa 1919–1955* (Vienna and Munich: Verlag für Geschichte und Politik, 2007), 9–24. ドイツにおけるアンシュルスをめぐる議論に関しては以下を参照。Robert Gerwarth, 'Republik und Reichsgründung: Bismarcks kleindeutsche Lösung im Meinungsstreit der ersten deutschen Demokratie', in Heinrich August Winkler (ed.), *Griff nach der Deutungsmacht: Zur Geschichte der Geschichtspolitik in Deutschland* (Göttingen: Wallstein, 2004), 115–33.

(25) Ivan T. Berend, *Decades of Crisis: Central and Eastern Europe before World War II* (Berkeley, CA: University of California Press, 1998), 224–26.

(26) Maureen Healy, *Vienna and the Fall of the Habsburg Empire: Total War and Everyday Life in World War I* (Cambridge and New York: Cambridge University Press, 2004), 309; Manfried Rauchensteiner, 'L'Autriche entre confiance et résignation, 1918–1920', in Stéphane Audoin-Rouzeau and Christophe Prochasson (eds.), *Sortir de la Grande Guerre* (Paris: Tallandier, 2008), 165–85.

(27) Francesca M. Wilson, *Rebel Daughter of a Country House: The Life of Eglantyne Jebb, Founder of the Save the Children Fund* (Boston, MA, and London: Allen and Unwin, 1967), 198.

(28) 以下からのエセル・スノーデンの引用。Ian Kershaw, *To Hell and Back: Europe, 1914–1949* (London: Allen Lane, 2015), 99.

(29) Almond and Lutz (eds.), *St. Germain*, 92.

(30) Karl Rudolf Stadler, *Birth of the Austrian Republic 1918–1921* (Leyden: Sijthoff, 1966), 41–42.

(31) 以下からのレンナーの引用。MacMillan, *Peacemakers*, 258.

(32) Stadler, *Birth of the Austrian Republic*, 48.

(33) MacMillan, *Peacemakers*, 261.

(34) 以下からのバウアーの引用。Ibid., 259.

(35) Evans, *Coming of the Third Reich*, 62ff; Gerwarth, 'Republik und Reichsgründung'.

(36) MacMillan, *Peacemakers*, 264; Stadler, *Birth of the Austrian Republic*, 136–41; József Botlik, *Nyugat-Magyarország sorsa, 1918–1921* (Vasszilvány: Magyar Nyugat Könyvkiadó, 2008); Jon Dale Berlin, 'The Burgenland Question 1918–1920: From the Collapse of Austria-Hungary to the Treaty of Trianon', unpublished PhD dissertation, Madison, WI, 1974; Gerald Schlag, 'Die Grenzziehung Österreich-Ungarn 1922/23', in Burgenländisches Landesarchiv (ed.), *Burgenland in seiner pannonischen Umwelt: Festgabe für August Ernst* (Eisenstadt: Burgenländisches Landesarchiv, 1984), 333–46.

(37) トリアノン条約の影響に関する全般的説明として以下を参照。Robert Evans, 'The Successor States', in Robert Gerwarth (ed.), *Twisted Paths: Europe 1914–45* (Oxford and New York: Oxford University Press, 2007), 210–36; Raymond Pearson, 'Hungary: A State Truncated, a

Nation Dismembered', in Seamus Dunn and T. G. Fraser, *Europe and Ethnicity: World War I and Contemporary Ethnic Conflict* (London and New York: Routledge, 1996), 88–109, この部分は、95–6; Ignác Romsics, *A trianoni békeszerződés* (Budapest: Osiris, 2008); Dániel Ballabás, *Trianon 90 év távlatából: Konferenciák, műhelybeszélgetések* (Eger: Líceum Kiadó, 2011).

(38) Berend, *Decades of Crisis*, 224–26.

(39) MacMillan, *Peacemakers*, 277; Francis Deák, *Hungary at the Peace Conference: The Diplomatic History of the Treaty of Trianon* (New York: Columbia University Press, 1942), 539–49.

(40) Jörg K. Hoensch, *A History of Modern Hungary, 1867–1994* (London and New York: Longman, 1995), 103–4.

(41) Georgi P. Genov, *Bulgaria and the Treaty of Neuilly* (Sofia: H. G. Danov and Co., 1935), 31; MacMillan, *Peacemakers*, 248–50.

(42) Genov, *Neuilly*, 25 and 49; MacMillan, *Peacemakers*, 150.

(43) Harold Nicolson, *Peacemaking, 1919* (London: Grosset and Dunlap, 1933), 34.

(44) テオドル・テオドロフからヌイイ講和会議書記のドゥタステ氏宛ての1919年9月2日付けの書簡; Tsocho Bilyarski and Nikola Grigorov (eds.), *Nyoiskiyat pogrom i terorat na bulgarite: Sbornik dokumenti i materiali* (Sofia: Aniko, 2009), 90.

(45) Richard J. Crampton, *Aleksandur Stamboliiski: Bulgaria* (Chicago, IL: Haus Publishing and University of Chicago Press, 2009), 75–109; Nejiski Mir, *Vojna enciklopedija* (Belgrade: Vojno-izdavački zavod, 1973), 19.

(46) MacMillan, *Peacemakers*, 151.

(47) Ibid.

(48) Doncho Daskalov, *1923 - Sadbonosni resheniya i sabitiya* (Sofia: BZNS, 1983), 23.

(49) Theodora Dragostinova, 'Competing Priorities, Ambiguous Loyalties: Challenges of Socioeconomic Adaptation and National Inclusion of the Interwar Bulgarian Refugees', in *Nationalities Papers* 34 (2006), 549–74, この部分は、553. 戦間期のブルガリアにおける難民危機についての初期の緻密な分析と洞察に富む解釈として、以下を参照。Dimitar Popnikolov, *Balgarite ot Trakiya i spogodbite na Balgaria s Gartsia i Turtsia* (Sofia: n.p., 1928).

(50) 第一次世界大戦後のブルガリアにおける難民収容に伴う社会的、経済的な困難についての詳細に関しては、以下を参照。Georgi Dimitrov, *Nastanyavane i ozemlyavane na balgarskite bezhantsi* (Blagoevgrad: n.p., 1985); Karl Hitilov, *Selskostopanskoto nastanyavane na bezhantsite 1927–1932* (Sofia: Glavna direktsiya na bezhantsite, 1932).

(51) アレクサンダル・スタンボリースキからジョルジュ・クレマンソー宛ての1919年11月22日付けの書簡。以下を参照。Bilyarski and Grigorov (eds.), *Nyoiskiyat pogrom*, 312.

(52) Richard J. Crampton, 'The Balkans', in Gerwarth (ed.), *Twisted Paths*, この部分は、250–52.

(53) MacMillan, *Peacemakers*, 386–87.

(54) Erik Jan Zürcher, 'The Ottoman Empire and the Armistice of Moudros', in Hugh Cecil and

Peter H. Liddle (eds.), *At the Eleventh Hour: Reflections, Hopes, and Anxieties at the Closing of the Great War, 1918* (London: Leo Cooper, 1998), 266–75.

(55) 以下からの引用。George Goldberg, *The Peace to End Peace: The Paris Peace Conference of 1919* (London: Pitman, 1970), 196.

(56) Michael A. Reynolds, 'Ottoman-Russian Struggle for Eastern Anatolia and the Caucasus, 1908–1918: Identity, Ideology and the Geopolitics of World Order', PhD thesis, Princeton University, 2003, 377. 民族主義的な視点として以下を参照。Justin McCarthy, *Death and Exile: The Ethnic Cleansing of Ottoman Muslims 1821–1922* (Princeton, NJ: Darwin Press, 2004), 198–200; Salahi Sonyel, *The Great War and the Tragedy of Anatolia: Turks and Armenians in the Maelstrom of Major Powers* (Ankara: Turkish Historical Society, 2000), 161–63.

(57) Ryan Gingeras, *Fall of the Sultanate: The Great War and the End of the Ottoman Empire, 1908–1922* (Oxford and New York: Oxford University Press, 2016), 255.

(58) Hasan Kayali, 'The Struggle for Independence', in Reşat Kasaba (ed.), *The Cambridge History of Turkey*, vol. 4: *Turkey in the Modern World* (Cambridge and New York: Cambridge University Press, 2008), 118ff.

(59) Gerd Krumeich (ed.), *Versailles 1919: Ziele, Wirkung, Wahrnehmung* (Essen: Klartext Verlag, 2001).

(60) Henryk Batowski, 'Nationale Konflikte bei der Entstehung der Nachfolgestaaten', in Richard Georg Plaschka and Karlheinz Mack (eds.), *Die Auflösung des Habsburgerreiches: Zusammenbruch und Neuorientierung im Donauraum* (Munich: Oldenbourg, 1970), 338–49.

(61) Dudley Kirk, *Europe's Population in the Interwar Years* (Geneva and New York: League of Nations, 1946); Pearson, 'Hungary', 98–99; István I. Mócsy, *The Effects of World War I: The Uprooted: Hungarian Refugees and their Impact on Hungary's Domestic Politics, 1918–1921* (New York: Columbia University Press, 1983), 10.

(62) Hannah Arendt, *The Origins of Totalitarianism* (New York: Harcourt, Brace and Company, 1951), 260; この全般的テーマに関しては以下も参照。Karen Barkey and Mark von Hagen (eds.), *After Empires: Multiethnic Societies and Nation-Building: The Soviet Union, and the Russian, Ottoman, and Habsburg Empires* (Boulder, CO: Westview Press, 1997); Leonard V. Smith, 'Empires at the Paris Peace Conference', in Gerwarth and Manela (eds.), *Empires at War*, 254–276.

(63) Norman Davies, *Microcosm: A Portrait of a Central European City* (London: Pimlico, 2003), 337.

(64) Ibid., 389–90.

(65) マイケル・マンが指摘したように、これに加えて、紛争の終結時に国境線が変化したために故郷を失った人びとは、ホロコーストに加担した人びとの6倍以上に達した。Michael Mann, *The Dark Side of Democracy: Explaining Ethnic Cleansing* (Cambridge and New York: Cambridge University Press, 2005), 223–28.

(66) 以下を参照。Mark Mazower, *Hitler's Empire: How the Nazis Ruled Europe* (New York:

Penguin Press, 2008).

(67)　統計は以下を参照。M. C. Kaser and E. A. Radice (eds.), *The Economic History of Eastern Europe, 1919–1975*, vol. 1: *Economic Structure and Performance between the Two Wars* (Oxford: Clarendon Press, 1985), 25. この問題についての詳細な議論に関しては以下も参照。Alexander V. Prusin, *The Lands Between: Conflict in the East European Borderlands, 1870–1992* (Oxford and New York: Oxford University Press, 2010), 11–124.

(68)　Erez Manela, *The Wilsonian Moment: Self-Determination and the International Origins of Anticolonial Nationalism* (Oxford and New York: Oxford University Press, 2007), とくに、60–61, 145–7. 五・四運動に関しては以下を参照。Rana Mitter, *A Bitter Revolution: China's Struggle with the Modern World* (Oxford and New York: Oxford University Press, 2004).

(69)　Eric Yellin, *Racism in the Nation's Service: Government Workers and the Color Line in Woodrow Wilson's America* (Chapel Hill, NC: University of North Carolina Press, 2016). ウィルソンにより同情的な伝記として以下を参照。John Milton Cooper, *Woodrow Wilson: A Biography* (New York: Random House, 2009).

(70)　Leonard V. Smith, 'The Wilsonian Challenge to International Law', in *The Journal of the History of International Law* 13 (2011), 179–208. 以下も参照。Idem, 'Les États-Unis et l'échec d'une seconde mobilisation', in Stéphane Audoin-Rouzeau and Christophe Prochasson (eds.), *Sortir de la Guerre de 14–18* (Paris: Tallandier, 2008), 69–91.

(71)　Smith, 'Empires at the Paris Peace Conference'.

(72)　委任統治制度に関しては以下を参照。Susan Pedersen, 'The Meaning of the Mandates System: An Argument', in *Geschichte und Gesellschaft* 32 (2006), 1–23; Susan Pedersen, *The Guardians: The League of Nations and the Crisis of Empire* (Oxford and New York: Oxford University Press, 2015), 17–44. 以下も参照。Nadine Méouchy and Peter Sluglett (eds.), *The British and French Mandates in Comparative Perspective* (Leiden: Brill, 2004); David K. Fieldhouse, *Western Imperialism in the Middle East, 1914–1958* (Oxford and New York: Oxford University Press, 2006), 3–20. 以下も参照。Lutz Raphael, *Imperiale Gewalt und Mobilisierte Nation: Europa 1914–1945* (Munich: C. H. Beck, 2011), 74–75.

(73)　Alan Sharp, '"The Genie that Would Not Go Back into the Bottle": National Self-Determination and the Legacy of the First World War and the Peace Settlement', in Seamus Dunn and T. G. Fraser (eds.), *Europe and Ethnicity: The First World War and Contemporary Ethnic Conflict* (London and New York: Routledge, 1996), 25; Raymond Pearson, *National Minorities in Eastern Europe: 1848–1945* (London: Macmillan, 1983), 136.

(74)　Mark Levene, *Crisis of Genocide*, vol. 1: *The European Rimlands 1912–1938* (Oxford and New York: Oxford University Press, 2014), 230–40.

(75)　このテキストに関しては以下を参照。'Treaty of Peace between the United States of America, the British Empire, France, Italy, and Japan and Poland', in *American Journal of International Law* 13, Supplement, Official Documents (1919), 423–40; Carole Fink, 'The Minorities Question at the Paris Peace Conference: The Polish Minority Treaty, June 28, 1919', in Manfred

Boemeke, Gerald Feldman and Elisabeth Glaser, (eds.), *The Treaty of Versailles: A Reassessment after 75 Years* (Cambridge: Cambridge University Press, 1998), 249–74.

(76) Ibid.

(77) Jaroslav Kučera, *Minderheit im Nationalstaat: Die Sprachenfrage in den tschechisch-deutschen Beziehungen 1918–1938* (Munich: Oldenbourg, 1999), 307.

(78) Carole Fink, *Defending the Rights of Others: The Great Powers, the Jews, and International Minority Protection* (Cambridge and New York: Cambridge University Press, 2004), 260; Zara Steiner, *The Lights that Failed: European International History 1919–1933* (Oxford and New York: Oxford University Press, 2005), 86.

(79) Joseph Roth, *The Radetzky March* (New York: Viking Press, 1933), 148–49〔平田達治訳『ラデツキー行進曲』岩波書店、上巻、262 頁、下巻、27 頁〕. 文化的な文脈に関しては以下を参照。Adam Kozuchowski, *The Afterlife of Austria-Hungary: The Image of the Habsburg Monarchy in Interwar Europe* (Pittsburgh, PA: University of Pittsburgh Press, 2013).

(80) Levene, *Crisis of Genocide*, vol. 1.

(81) Mary Heimann, *Czechoslovakia: The State that Failed* (New Haven, CT, and London: Yale University Press, 2009), 33–34（ピッツバーグ協定に関して), 61–62（約束の破棄に関して).

(82) 土地改革に関しては以下を参照。Daniel E. Miller, 'Colonizing the Hungarian and German Border Areas during the Czechoslovak Land Reform, 1918–1938', in *Austrian History Yearbook* 34 (2003), 303–17.

(83) 以下からの引用。Mark Cornwall, 'National Reparation? The Czech Land Reform and the Sudeten Germans 1918–38', in *Slavonic and East European Review* 75 (1997), 280. 戦間期のチェコスロヴァキアにおけるチェコ人とドイツ人の関係について、より広範には以下を参照。Jaroslav Kučera, *Minderheit im Nationalstaat*; Jörg Hoensch and Dusan Kovac (eds.), *Das Scheitern der Verständigung: Tschechen, Deutsche und Slowaken in der Ersten Republik (1918–1938)* (Essen: Klartext, 1994).

(84) 修正主義に関しては以下の論文集を参照。Marina Cattaruzza, Stefan Dyroff and Dieter Langewiesche (eds.), *Territorial Revisionism and the Allies of Germany in the Second World War: Goals, Expectations, Practices* (New York and Oxford: Berghahn Books, 2012).

第十四章

(1) 日本と第一次世界大戦、戦後の和解と日本による人種的平等の要求に関しては、以下を参照。Frederick R. Dickinson, *War and National Reinvention: Japan in the Great War, 1914–1919* (Cambridge, MA, and London: Harvard University Press, 1999); Thomas W. Burkman, *Japan and the League of Nations: Empire and World Order, 1914–1938* (Honolulu: University of Hawai'i Press, 2008); Naoko Shimazu, *Japan, Race and Equality: The Racial Equality*

Proposal of 1919 (London: Routledge, 1998), 117–36.

(2) Glenda Sluga, *The Problem of Trieste and the Italo-Yugoslav Border: Difference, Identity, and Sovereignty in Twentieth-Century Europe* (Albany, NY: SUNY Press, 2001).

(3) Misha Glenny, *The Balkans, 1804–1999* (London: Granta Books, 1999), 307–92, とくに、370–77.

(4) 以下を参照。Mario Isnenghi, *L'Italia in piazza. I luoghi della vita pubblica dal 1848 ai giorni nostri* (Milan: Arnoldo Mondadori, 1994), 231–6.

(5) イタリアの拡張主義的野望の連続性に関しては以下を参照。Claudio G. Segré, 'Il colonialismo e la politica estera: variazioni liberali e fasciste', in Richard J. B. Bosworth and Sergio Romano (eds.), *La politica estera italiana 1860–1985* (Bologna: il Mulino, 1991), 121–46.

(6) 例えば以下を参照。Giuseppe Piazza, *La nostra terra promessa: lettere dalla Tripolitania marzo-maggio 1911* (Rome: Lux, 1911). 背景に関しては以下を参照。R. J. B. Bosworth, *Italy: The Least of the Great Powers: Italian Foreign Policy before the First World War* (Cambridge: Cambridge University Press, 1979); Gianpaolo Ferraioli, *Politica e diplomazia in Italia tra XIX e XX secolo: vita di Antonino di San Giuliano (1852–1914)* (Soveria Mannelli: Rubbettino, 2007).

(7) Richard J. B. Bosworth and Giuseppe Finaldi, 'The Italian Empire', in Robert Gerwarth and Erez Manela (eds.), *Empires at War, 1911–1923* (Oxford: Oxford University Press, 2014), 34–51; Claudio G. Segré, 'Il colonialismo e la politica estera: variazioni liberali e fasciste', in Richard Bosworth and Romano (eds.), *La politica estera italiana 1860–1985*, 123. 以下の各巻も参照。Nicola Labanca: *Oltremare* (Bologna: il Mulino, 2002); idem, *La guerra italiana per la Libia, 1911–1931* (Bologna: il Mulino, 2012).

(8) Angelo Del Boca, *Gli Italiani in Libia, Tripoli bel Suol d'Amore* (Milan: Arnoldo Mondadori, 1993), 110; William Stead, *Tripoli and the Treaties* (London: Bank Buildings, 1911), 59–81; Rachel Simon, *Libya between Ottomanism and Nationalism* (Berlin: Klaus Schwarz, 1987).

(9) Labanca, *Oltremare*, 121; Angelo del Boca, *A un passo dalla forca* (Milan: Baldini Castoli Dalai, 2007), 80.

(10) Labanca, *La guerra italiana per la Libia*.

(11) Glenny, *The Balkans*, 370.

(12) Gian Enrico Rusconi, *L'azzardo del 1915: Come l'Italia decide la sua guerra* (Bologna: il Mulino, 2005); Luca Riccardi, *Alleati non amici: le relazioni politiche tra l'Italia e l'Intesa durante la prima guerra mondiale* (Brescia: Morcelliana, 1992).

(13) このテーマについての導入としては以下を参照。Antonio Gibelli, 'L'Italia dalla neutralità al Maggio Radioso', in Stéphane Audoin-Rouzeau and Jean-Jacques Becker (eds.), *La prima guerra mondiale*, vol. 1 (Turin: Einaudi, 2007), 185–95.

(14) 以下を参照。Matteo Pasetti, *Tra classe e nazione. Rappresentazioni e organizzazione del movimento nazional-sindacalista, 1918–1922* (Rome: Carocci, 2008).

(15) 以下を参照。Emilio Gentile, *La Grande Italia: Ascesa e declino del mito della nazione nel ventesimo secolo* (Milan: Arnoldo Mondadori, 1997); Angelo Ventrone, *La seduzione totalitaria:*

Guerra, modernità, violenza politica, 1914–1918 (Rome: Donzelli, 2003), 233–55.

(16) Michael A. Ledeen, *The First Duce: D'Annunzio at Fiume* (Baltimore, MD, and London: Johns Hopkins University Press, 1977), 13; Glenny, *The Balkans*, 371.

(17) 以下を参照。Claudia Salaris, *Alla festa della rivoluzione. Artisti e libertari con D'Annunzio a Fiume* (Bologna: il Mulino, 2002). アルチェステ・デ・アンブリス〔ダンヌンツィオの協力者〕に関しては以下を参照。Renzo De Felice (ed.), *La Carta del Carnaro nei testi di Alceste De Ambris e di Gabriele D'Annunzio* (Bologna: il Mulino, 1973).

(18) Glenny, *The Balkans*, 371–72.

(19) 以下からの引用。George Goldberg, *The Peace to End Peace: The Paris Peace Conference of 1919* (London: Pitman, 1970), 170.

(20) Lucy Hughes-Hallett, *The Pike: Gabrielle D'Annunzio: Poet, Seducer and Preacher of War* (New York: Fourth Estate, 2013), 267.

(21) Ibid., 369.

(22) Ledeen, *The First Duce*, 2; Glenny, *The Balkans*, 372–73.

(23) ニッティに関しては以下を参照。Francesco Barbagallo, *Francesco Saverio Nitti* (Turin: Utet, 1994).

(24) Glenny, *The Balkans*, 374.

(25) 驚くことに、突撃歩兵《アルディーティ》に関する近年の研究はない。最良の「古典」的研究は今なお、Giorgio Rochat, *Gli arditi della grande guerra: origini, battaglie e miti* (Milan: Feltrinelli, 1981).

(26) Hughes-Hallett, *The Pike*, 4, 546.

(27) Leeden, *The First Duce*, vii. この研究以来、15ヶ月の占領期間中にフィウーメが（例えばカルナーロ憲章のように）政治的実験の場、芸術と文化の核心の場、そして「見世物政治」の生まれた場所になったという議論もある。以下を参照。Salaris, *Alla festa della rivoluzione*.

(28) Glenny, *The Balkans*, 376.

第十五章

(1) Margaret MacMillan, *Peacemakers: The Paris Conference of 1919 and its Attempt to End War* (London: John Murray, 2001), 298ff.

(2) Ibid., 364ff.

(3) ヴェニゼロスに関しては以下を参照。Thanos Veremis and Elias Nikolakopoulos (eds.), *O Eleftherios Venizelos ke I epochi tou* (Athens: Ellinika Grammata, 2005).

(4) Misha Glenny, *The Balkans, 1804–1999* (London: Granta Books, 1999), 380; MacMillan, *Peacemakers*, 443, 449.

(5) Glenny, *The Balkans*, 380; Alexandros A. Pallis, *Greece's Anatolian Venture - and After: A Survey*

of the Diplomatic and Political Aspects of the Greek Expedition to Asia Minor (1915–1922) (London: Methuen and Company, 1937), 22–25.

(6) 数字に関しては以下による。Dimitris Stamatopoulos, ‘I mikrasiatiki ekstratia. I anthropogheografia tis katastrofis’, in Antonis Liakos (ed.), *To 1922 ke i prosfighes, mia nea matia* (Athens: Nefeli, 2011), 57.

(7) Ibid., 58.

(8) Dimitri Pentzopoulos, *The Balkan Exchange of Minorities* (Paris and The Hague: Mouton, 1962), 29–30.

(9) Michalis Rodas, *I Ellada sti Mikran Asia* (Athens: n.p., 1950), 60–61. ローダスは1919～22年にスミルナの高等弁務官事務所の新聞検閲局局長を務めていた。以下も参照。Evangelia Achladi, ‘De la guerre à l’administration grecque: la fin de la Smyrne cosmopolite’, in Marie-Carmen Smyrnelis (ed.), *Smyrne, la ville oubliée? 1830–1930: Mémoires d’un grand port ottoman* (Paris: Éditions Autrement, 2006), 180–95.

(10) Michael Llewellyn Smith, *Ionian Vision: Greece in Asia Minor 1919–1922* (London: Allen Lane, 1973), 89–91. 銃撃戦の末に殺されたハサン・タフスィンの銅像はこんにちなおイズミルにそびえ立っており、「最初の弾丸の記念碑」と呼ばれている。

(11) 以下からの引用。Llewellyn Smith, *Ionian Vision*, 89; Glenny, *The Balkans*, 382–3.

(12) 報告された犠牲者数は情報源によって様々である。事態を確認するためにスミルナを訪れた連合国調査委員会による報告は、ギリシャ人兵士は2名が死亡し6名が負傷、ギリシャ人民間人は60人が負傷したと記録している。同報告は、死亡か負傷かの区別はしていないものの、300～400名のトルコ人犠牲者のことも言及している。Llewellyn Smith, *Ionian Vision*, 180.

(13) Tasos Kostopoulos, *Polemos ke ethnokatharsi, I ksehasmeni plevra mias dekaetous ethnikis eksormisis, 1912–1922* (Athens: Vivliorama, 2007), 99.

(14) 以下の新聞で活字化されたエパミノンダス・カリオンツィスの未刊行の日記からの抜粋。*Kathimerini* 20/5/2007. 以下も参照。Ioannis A. Gatzolis, *Ghioulbaxes. Vourlas. Erithrea. Anamnisis. Perigrafes. Laografika. Katastrofi 1922* (Chalkidiki: Nea Syllata, 1988), 45–46.

(15) 以下からの引用。Harold M. V. Temperley, (ed.), *A History of the Peace Conference of Paris*, vol. 6 (London: Frowde and Hodder and Stoughton, 1921–4), 72.

(16) Giorgos Giannakopoulos, ‘I Ellada sti Mikra Asia: To chroniko tis Mikrasiatikis peripetias’, in Vassilis Panagiotopoulos (ed.), *Istoria tou Neou Ellinismou, 1770–2000*, vol. 6, 84–6; Efi Allamani and Christa Panagiotopoulou, ‘I Ellada sti Mikra Asia’, in *Istoria tou ellinikou ethnous*, vol. 15 (Athens: Ekdotiki Athinon, 1978), 118–32.

(17) 以下に収録された連合国調査委員会の報告。Rodas, *I Ellada sti Mikran Asia*, 152.

(18) 現地を占領したギリシャ軍の指揮官は、犠牲者数を1000人、小アジアの後背地に連行された者の数を500人と述べている。対照的に、トルコ側の史料によれば、死者はムスリムが4000人、キリスト教徒が400人であった。以下を参照。Kostopoulos, *Polemos ke ethnokatharsi*, 100.

(19) 以下からの抜粋。Christos Karagiannis, *I istoria enos stratioti (1918–1922)*, ed. Filippos Drakontaeidis (Athens: Kedros 2013), 117–21.

(20) Llewellyn Smith, *Ionian Vision*, 111–14.

(21) Ryan Gingeras, *Fall of the Sultanate: The Great War and the End of the Ottoman Empire, 1908–1922* (Oxford and New York: Oxford University Press, 2016), 262.

(22) Vamik D. Voltan and Norman Itzkowitz, *The Immortal Atatürk: A Psychobiography* (Chicago, IL: Chicago University Press, 1984), 152.

(23) Victor Rudenno, *Gallipoli: Attack from the Sea* (New Haven, CT, and London: Yale University Press, 2008), 162ff.

(24) M. Şükrü Hanioğlu, *Atatürk: An Intellectual Biography* (Princeton, NJ: Princeton University Press, 2011), 77.

(25) Ibid., 82.

(26) Gingeras, *Fall of the Sultanate*, 249.

(27) Ryan Gingeras, *Sorrowful Shores: Violence, Ethnicity, and the End of the Ottoman Empire 1912–1923* (Oxford and New York: Oxford University Press, 2009), 68ff.

(28) Hanioğlu, *Atatürk*, 97ff.; 以下も参照。Ryan Gingeras, *Mustafa Kemal Atatürk: Heir to an Empire* (Oxford and New York: Oxford University Press, 2015).

(29) Hanioğlu, *Atatürk*, 95–97.

(30) Ibid.

(31) Ibid.

(32) A. E. Montgomery, 'The Making of the Treaty of Sèvres of 10 August 1920', in *The Historical Journal* 15 (1972), 775–87.

(33) Leonard V. Smith, 'Empires at the Paris Peace Conference', in Robert Gerwarth and Erez Manela (eds.), *Empires at War, 1911–1923* (Oxford and New York: Oxford University Press, 2014). 以下も参照。Paul C. Helmreich, *From Paris to Sèvres: The Partition of the Ottoman Empire at the Paris Peace Conference of 1919–1920* (Columbus, OH: Ohio State University Press, 1974).

(34) Briton Cooper Busch, *Madras to Lausanne: Britain's Frontier in West Asia, 1918–1923* (Albany, NY: State University of New York Press, 1976), 207.

(35) Christopher J. Walker, *Armenia: The Survival of a Nation*, 2nd edition (London: Routledge, 1990), 315–16.

(36) Gingeras, *Fall of the Sultanate*, 279.

(37) Vahé Tachjian, *La France en Cilicie et en Haute-Mesopotamie: aux confins de la Turquie, de la Syrie et de l'Irak, 1919–1933* (Paris: Éditions Karthala, 2004).

(38) 目撃証言に関しては以下を参照。Stanley E. Kerr, *The Lions of Marash: Personal Experiences with American Near East Relief, 1919–1922* (Albany, NY: State University of New York Press, 1973), 99–142.

(39) Erik Jan Zürcher, *Turkey: A Modern History* (London and New York: I. B. Tauris, 2004), 154.

(40)　Peter Kincaid Jensen, 'The Greco-Turkish War, 1920-1922', in *International Journal of Middle East Studies* 10（1979）, 553-65.

(41)　Giorgos Mitrofanis, 'Ta dimosia ikonomika. Ikonomiki anorthossi ke polemi, 1909-1922', in Vassilis Panagiotopoulos（ed.）, *Istoria tou Neou Ellinismou, 1770-2000*, vol. 6（Athens: Ellinika Grammata, 2003）, 124-7.

(42)　以下からの引用。Arnold J. Toynbee, *The Western Question in Greece and Turkey: A Study in the Contact of Civilisations*（Boston, MA: Constable, 1922）, 285.

(43)　Konstantinos Fotiadis, 'Der Völkermord an den Griechen des Pontos', in Tessa Hofmann（ed.）, *Verfolgung, Vertreibung und Vernichtung der Christen im Osmanischen Reich 1912-1922*, 2nd edition（Berlin: LIT-Verlag, 2010）, 193-228.

(44)　以下に収録された、カテリーニ近郊のネオカイサレイア出身のスティリアノス・サヴィデスによる証言を参照。Paschalis M. Kitromilides（ed.）, *Exodos*, vol. 3（Athens: Centre for Asia Minor Studies, 2013）, 220-23.

(45)　Nicholas Doumanis, *Before the Nation: Muslim-Christian Coexistence and its Destruction in Late Ottoman Anatolia*（Oxford and New York: Oxford University Press, 2013）, 161.

(46)　Kostopoulos, *Polemos ke ethnokatharsi*, 241.

(47)　Ibid., 240.

(48)　以下に収録された、コザニ近郊のヴァシラコス出身のサヴァス・パパドプロスによる証言を参照。Kitromilides（ed.）, *Exodos*, vol. 3, 206-7.

(49)　以下に収録された、カテリーニ近郊のネオカイサレイア出身のスティリアノス・サヴィデスによる証言を参照。Ibid., 220-3.

(50)　以下からの抜粋。Karagiannis, *I istoria enos stratioti*, 215.

(51)　Giorgos Margaritis, 'I polemi', in Christos Hadjiiosif（ed.）, *Istoria tis Elladas tou Ikostou eona*, vol. A（Athens: Vivliorama, 2002）, 149-87, この部分は、182, n. 26.

(52)　Glenny, *The Balkans*, 388.

(53)　以下からの引用。Doumanis, *Before the Nation*, 162.

(54)　Margaritis, 'I polemi', 186.

(55)　Kostopoulos, *Polemos ke ethnokatharsi*, 138.

(56)　Victoria Solomonidis, *Greece in Asia Minor: The Greek Administration of the Vilayet of Aidin, 1919-1922*, unpublished PhD thesis, King's College, University of London, 1984, 248-49; Llewellyn Smith, *Ionian Vision*, 520.

(57)　George Mavrogordatos, 'Metaxi dio polemon. Politiki Istoria 1922-1940', in Vassilis Panagiotopoulos（ed.）, *Istoria tou Neou Ellinismou*, vol. 7（Athens: Ellinika Grammata, 2003）, 9-10.

(58)　Yiannis Yianoulopoulos, 'Exoteriki politiki', in Christos Chatziiosif（ed.）, *Istoria tis Elladas tou Ikostou eona*, vol. 2, 140-41.

(59)　*Toronto Star*, 22 October 1922.

(60)　Zara Steiner, *The Lights that Failed: European International History 1919-1933*（Oxford and

New York: Oxford University Press, 2005), 114–19.

(61) MacMillan, *Peacemakers*, 464.

(62) Mark Mazower, *Dark Continent: Europe's Twentieth Century* (New York: Vintage Books, 1998), 53; Mark Levene, *Crisis of Genocide*, vol. 1: *The European Rimlands 1912–1938* (Oxford and New York: Oxford University Press, 2014), 230–40. 以下も参照。Theodora Dragostinova, *Between Two Motherlands: Nationality and Emigration among the Greeks of Bulgaria, 1900–1949* (Ithaca, NY: Cornell University Press, 2011).

(63) Levene, *Crisis of Genocide*, vol. 1, 230–40.

(64) 以下に収録された、エウリピデス・ラファザニスの証言。F. D. Apostolopoulos (ed.), *Exodos*, vol. 1 (Athens: Centre for Asia Minor Studies, 1980), 131-36. 著名なギリシャ人小説家のイリアス・ヴェネジスは、ギリシャ・トルコ戦争の終結時に3000人の労働大隊に強制的に入れられた当時は18歳の若者で、わずか23人の生還者の一人であった。ヴェネジスの小説『31328号』は労働大隊での経験を詳しく語っているが、興味深いことにこの物語は、追放処分を受けた他の有名な小説家たちの作品と同様に、民族主義的感情や反トルコ感情については何も語っておらず、かつてはコミュニティの内部で良好な人間関係を享受していた市民たちの悲劇に焦点を絞っている。Elias Venezis, *To noumero 31328* (1931). および、小アジアからの難民に対する冷遇に関しては、以下の彼の小説を参照。*Galini* (1939).

(65) 以下からの引用。Mark Mazower, *Salonica, City of Ghosts: Christians, Muslims and Jews, 1430–1950* (New York: Harper Perennial, 2005), 335.

(66) アテネのレーン・ロス・ヒルからワシントンのアメリカ赤十字社社長への1922年11月8日付けの書簡。Records of the Department of State Relating to Internal Affairs of Greece, 1910–1929, National Archives and Records Administration (NARA), M 44, 868.48/297. この史料を参照させてくれたことについて、アイハン・アクタルに感謝する。

(67) Henry Morgenthau, *I Was Sent to Athens* (Garden City, NY: Doubleday, 1929), 50. 以下も参照。Bruce Clark, *Twice a Stranger: How Mass Expulsion Forged Greece and Turkey* (London: Granta Books, 2006).

(68) Anastasia Karakasidou, *Fields of Wheat, Hills of Blood: Passages to Nationhood in Greek Macedonia, 1870–1990* (Chicago, IL: University of Chicago Press, 1997), 147; Nikos Marantzidis, 'Ethnic Identity, Memory and Political Behavior: The Case of Turkish-Speaking Pontian Greeks', in *South European Society and Politics* 5 (2000), 56–79, この部分は、62–64.

(69) Stathis Gauntlett, 'The Contribution of Asia Minor Refugees to Greek Popular Song, and its Reception', in Renée Hirschon (ed.), *Crossing the Aegean: An Appraisal of the 1923 Compulsory Population Exchange between Greece and Turkey* (New York: Berghahn Books, 2003), 247–60.

(70) Renée Hirschon, 'Consequences of the Lausanne Convention: An Overview', in idem (ed.), *Crossing the Aegean: An Appraisal of the 1923 Compulsory Population Exchange between Greece and Turkey* (New York: Berghahn Books, 2003), 14–15; Justin McCarthy, *Death and Exile: The Ethnic Cleansing of Ottoman Muslims 1821–1922* (Princeton, NJ: Darwin Press, 2004), 302.

(71)　Levene, *Crisis of Genocide*, vol. 1, 236ff.

(72)　Ibid.

(73)　Ibid., 233ff. 以下も参照。Norman M. Naimark, *Fires of Hatred: Ethnic Cleansing in Twentieth-Century Europe* (Cambridge, MA: Harvard University Press, 2002), とくに第1章「アナトリアのアルメニア人とギリシャ人」を参照, 17-56.

(74)　Stefan Ihrig, *Atatürk in the Nazi Imagination* (Cambridge, MA: Harvard University Press, 2014).

エピローグ

(1)　このテーマに関しては以下に所収の論文を参照。Robert Gerwarth (ed.), *Twisted Paths: Europe 1914-1945* (Oxford and New York: Oxford University Press, 2007). アメリカの経済力とイギリスの政治的影響力が手を結ぶことで実現した経済回復と相対的な政治的安定に関しては、以下も参照。Patrick Cohrs, *The Unfinished Peace after World War I: America, Britain and the Stabilisation of Europe, 1919-1932* (Cambridge and New York: Cambridge University Press, 2006).

(2)　Zara Steiner, *The Lights that Failed: European International History 1919-1933* (Oxford and New York: Oxford University Press, 2005).

(3)　Paschalis M. Kitromilides (ed.), *Eleftherios Venizelos: The Trials of Statesmanship* (Edinburgh: Edinburgh University Press, 2008), 223.

(4)　Patricia Clavin, 'Europe and the League of Nations', in Gerwarth (ed.), *Twisted Paths*, 325-54; Pedersen, *The Guardians*; Steiner, *The Lights that Failed*. 以下も参照。Alan Sharp, *Consequences of the Peace: The Versailles Settlement - Aftermath and Legacy 1919-2010* (London: Haus, 2010), 217.

(5)　世界大恐慌とその影響に関する全般的な研究として以下を参照。Patricia Clavin, *The Great Depression in Europe, 1929-1939* (Basingstoke and New York: Palgrave, 2000). とくにドイツに関しては以下の古典的説明を参照。Harold James, *The German Slump: Politics and Economics 1924-1936* (Oxford and New York: Oxford University Press, 1986).

(6)　オーストリアに関しては以下を参照。Eduard März, 'Die große Depression in Österreich 1930-1933', in *Wirtschaft und Gesellschaft* 16 (1990), 409-38. ブルガリアとハンガリーに関しては以下を参照。M. C. Kaser and E. A. Radice (eds.), *The Economic History of Eastern Europe 1919-1975*, vol. 2: *Interwar Policy, the War and Reconstruction* (Oxford: Clarendon Press, 1986); Richard J. Crampton, *Eastern Europe in the Twentieth Century and After* (London and New York: Routledge, 1997).

(7)　戦間期のヨーロッパにおける経済と政治の二重の危機に関しては以下を参照。Robert Boyce, *The Great Interwar Crisis and the Collapse of Globalization* (Basingstoke: Palgrave Macmillan, 2009).

(8) Richard J. Evans, *The Coming of the Third Reich* (London: Penguin, 2004), 232–308.

(9) Richard J. Overy, *The Interwar Crisis, 1919–1939* (Harlow: Pearson, 1994), 44ff.; ウッドロウ・ウィルソンの引用は、1917年4月2日のアメリカ合衆国議会での演説からのもの。http://wwi.lib.byu.edu/index.php/Wilson%27s_War_Message_to_Congress（最終閲覧日は2016年1月9日）.

(10) Dimitrina Petrova, *Aleksandar Tzankov i negovata partia: 1932–1944* (Sofia: Dio Mira, 2011); Georgi Naumov, *Aleksandar Tzankov i Andrey Lyapchev v politikata na darzhavnoto upravlenie* (Sofia: IF 94, 2004).

(11) 以下を参照。Valentina Zadgorska, *Kragat 'Zveno' (1927–1934)* (Sofia: 'Sv. Kliment Ohridski', 2008), 8.

(12) 国王ボリス三世と彼の統治に関しては以下を参照。Georgi Andreev, *Koburgite i katastrofite na Bulgaria* (Sofia: Agato, 2005); Nedyu Nedev, *Tsar Boris III: Dvoretsat i tayniyat cabinet* (Plovdiv: IK 'Hermes', 2009); Stefan Gruev, *Korona ot trani* (Sofia: Balgarski pisatel, 2009).

(13) この時期のオーストリアに関しては例えば以下を参照。Emmerich Tálos, *Das austrofaschistische Herrschaftssystem: Österreich 1933–1938* (Berlin, Münster and Vienna: LIT, 2013); Jill Lewis, 'Austria: Heimwehr, NSDAP and the Christian Social State', in Aristotle A. Kalis (ed.), *The Fascism Reader* (London and New York: Routledge, 2003), 212–22. この時期の暴力に関してはとくに以下を参照。Gerhard Botz: *Gewalt in der Politik: Attentate, Zusammenstöße, Putschversuche, Unruhen in Österreich 1918 bis 1938* (Munich: Fink, 1983).

(14) Mark Mazower, *Dark Continent: Europe's Twentieth Century* (New York: Vintage Books, 1998), 140–41. 以下も参照。Charles S. Maier, *Leviathan 2.0: Inventing Modern Statehood* (Cambridge, MA: Harvard University Press, 2014), 273.

(15) Christoph Kotowski, *Die 'moralische Diktatur' in Polen 1926 bis 1939: Faschismus oder autoritäres Militärregime?* (Munich: Grin, 2011). ピウスツキに対する個人崇拝に関しては以下を参照。Heidi Hein-Kircher: *Der Piłsudski-Kult und seine Bedeutung für den polnischen Staat 1926–1939* (Marburg: Herder-Institut, 2001).

(16) Dmitar Tasić, 'The Assassination of King Alexander: The Swan Song of the Internal Macedonian Revolutionary Organization', in *Donau. Tijdschrift over Zuidost-Europa* (2008), 30–39.

(17) Gerhard Botz, 'Gewaltkonjunkturen, Arbeitslosigkeit und gesellschaftliche Krisen: Formen politischer Gewalt und Gewaltstrategien in der ersten Republik', in Helmut Konrad and Wolfgang Maderthaner (eds.), *Das Werden der ersten Republik . . . der Rest ist Österreich*, vol. 1 (Vienna: Carl Gerold's Sohn, 2008), 229–362, この部分は、341.

(18) Archive of Yugoslavia (Belgrade), 37 (Papers of Prime Minister Milan Stojadinović), 22/326. この文脈に関しては以下を参照。Stefan Troebst, *Mussolini, Makedonien und die Mächte 1922–1930. Die 'Innere Makedonische Revolutionäre Organisation', in der Südosteuropapolitik des faschistischen Italien* (Cologne and Vienna: Böhlau, 1987).

(19) Filipe de Meneses, *Salazar: A Political Biography* (New York: Enigma Books, 2009).

(20)　この問題に関しては多数の文献がある。幾つかの近年の研究として以下を参照。Julián Casanova and Martin Douch, *The Spanish Republic and Civil War* (Cambridge and New York: Cambridge University Press, 2010); Nigel Townson, *The Crisis of Democracy in Spain: Centrist Politics under the Second Republic, 1931–1936* (Brighton: Sussex University Press, 2000); Helen Graham, *The Spanish Civil War: A Very Short Introduction* (Oxford and New York: Oxford University Press, 2005); Stanley Payne, *Franco and Hitler: Spain, Germany, and World War II* (New Haven, CT, and London: Yale University Press, 2008); Paul Preston, *The Spanish Civil War: Reaction, Revolution, and Revenge* (New York: W. W. Norton and Company, 2006).

(21)　Chad Bryant, *Prague in Black: Nazi Rule and Czech Nationalism* (Cambridge, MA: Harvard University Press, 2007).

(22)　Robert Edwards, *White Death: Russia's War on Finland 1939–40* (London: Weidenfeld and Nicolson, 2006).

(23)　Andrzej Olechnowicz, 'Liberal Anti-Fascism in the 1930s: The Case of Sir Ernest Barker', in *Albion: A Quarterly Journal Concerned with British Studies* 36 (2004), 636–60, この部分は、643. イギリス・ファシスト連合に関してはより全般的には以下を参照。Martin Pugh, *'Hurrah for the Blackshirts!': Fascists and Fascism in Britain between the Wars* (London: Pimlico, 2006).

(24)　Philippe Bernard and Henri Dubief, *The Decline of the Third Republic, 1914–1958* (Cambridge and New York: Cambridge University Press, 1985), 290.

(25)　Christian Gerlach, *Krieg, Ernährung, Völkermord: Deutsche Vernichtungspolitik im Zweiten Weltkrieg* (Zürich and Munich: Pendo, 1998), 11–53.

(26)　Jörn Leonhard, *Die Büchse der Pandora: Geschichte des Ersten Weltkriegs* (Munich: C. H. Beck, 2014), 955; David Reynolds, *The Long Shadow: The Great War and the Twentieth Century* (London: Simon and Schuster, 2013).

(27)　Robert Conquest, *The Great Terror: A Reassessment* (Oxford and New York: Oxford University Press, 1990); Nicolas Werth, 'The NKVD Mass Secret Operation no. 00447 (August 1937–November 1938)', *Online Encyclopedia of Mass Violence*, published 24 May 2010, http://www.massviolence.org/The-NKVD-Mass-Secret-Operation-no-00447-August-1937 (最終閲覧日は 2016 年 1 月 22 日).

(28)　Hans-Christof Kraus, *Versailles und die Folgen: Außenpolitik zwischen Revisionismus und Verständigung 1919–1933* (Berlin: be.bra, 2013), 15–33.

(29)　Michael Geyer, '"Endkampf" 1918 and 1945: German Nationalism, Annihilation, and Self-Destruction', in Richard Bessel, Alf Lüdtke and Bernd Weisbrod (eds.), *No Man's Land of Violence: Extreme Wars of the 20th Century* (Göttingen: Wallstein, 2006), 37–67. 以下も参照。Ian Kershaw, *The End: The Defiance and Destruction of Hitler's Germany, 1944–1945* (London and New York: Allen Lane, 2011).

(30)　Christopher Duggan, *Fascist Voices: An Intimate History of Mussolini's Italy* (London: The Bodley Head, 2012), 151ff.

(31)　Christian Gerlach and Götz Aly, *Das letzte Kapitel: Der Mord an den ungarischen Juden 1944–*

1945 (Frankfurt am Main: Fischer, 2004).

(32) ウィーンにおけるユダヤ人の生活と反セム主義に関する優れた研究として、以下を参照。Gerhard Botz, Nina Scholz, Michael Pollak and Ivar Oxaal (eds.), *Eine zerstörte Kultur. Jüdisches Leben und Antisemitismus in Wien seit dem 19. Jahrhundert* (Vienna: Czernin, 2002).

(33) Matteo Millan, 'The Institutionalization of Squadrismo: Disciplining Paramilitary Violence in the Fascist Dictatorship', in *Contemporary European History* 22 (2013).

(34) ブダペシュト防衛戦に際してのプローナイの役割に関しては以下を参照。Krisztián Ungváry, *A magyar honvédség a második világháborúban* (Budapest: Osiris Kiadó, 2004), 418–20; Béla Bodó, *Pál Prónay: Paramilitary Violence and Anti-Semitism in Hungary, 1919–1921* (Pittsburgh, PA: University of Pittsburgh Press, 2011).

(35) 1930年代には、シュターレンベルクはユダヤ人による世界的陰謀の神話を「ナンセンス」として、また「科学的」人種主義をプロパガンダのための「嘘」として否定した。Ernst Rüdiger Starhemberg, 'Aufzeichnungen des Fürsten Ernst Rüdiger Starhemberg im Winter 1938/39 in Saint Gervais in Frankreich', in Starhemberg Papers, Oberösterreichisches Landesarchiv Linz.

(36) 以下に収録された、ブリアンに関するゲシュタポのファイルを参照。ÖStA, B 1394, Burian Papers.

(37) James Bjork and Robert Gerwarth, 'The Annaberg as a German-Polish *lieu de mémoire*', in *German History* 25 (2007), 372–400.

(38) Elizabeth Wiskemann, *The Rome-Berlin Axis: A History of the Relations between Hitler and Mussolini* (New York and London: Oxford University Press, 1949), 68. 以下も参照。Jens Petersen, *Hitler-Mussolini: Die Entstehung der Achse Berlin-Rom 1933–1936* (Tübingen: De Gruyter Niemeyer, 1973), 60.

(39) Ian Kershaw, *Hitler*, vol. 2: *Nemesis, 1936–1945* (London: Penguin, 2001), 26.

(40) Robert Gerwarth, 'The Axis: Germany, Japan and Italy on the Road to War', in Richard J. B. Bosworth and Joe Maiolo (eds.), *The Cambridge History of the Second World War*, vol. 2: *Politics and Ideology* (Cambridge and New York: Cambridge University Press, 2015), 21–42.

(41) Naoko Shimazu, *Japan, Race and Equality: The Racial Equality Proposal of 1919* (London: Routledge, 1998); Frederick R. Dickinson, 'Commemorating the War in Post-Versailles Japan', in John W. Steinberg, Bruce W. Menning, David Schimmelpenninck van der Oye, David Wolff and Shinji Yokote (eds.), *The Russo-Japanese War in Global Perspective: World War Zero* (Leiden and Boston, MA: Brill, 2005), 523–43. 以下も参照。Mark Mazower, *Governing the World: The History of an Idea* (London: Penguin, 2013), 252–55; Frederick R. Dickinson, *War and National Reinvention: Japan in the Great War, 1914–1919* (Cambridge, MA, and London: Harvard University Press, 1999).

(42) 枢軸に関しては例えば以下を参照。Shelley Baranowski, 'Making the Nation: Axis Imperialism in the Second World War', in Nicholas Doumanis, *The Oxford Handbook of Europe 1914–1945* (Oxford and New York: Oxford University Press, 2016); MacGregor Knox, *Common*

Destiny: Dictatorship, Foreign Policy, and War in Fascist Italy and Nazi Germany (Cambridge and New York: Cambridge University Press, 2000); Lutz Klinkhammer, Amedeo Osto Guerrazzi, and Thomas Schlemmer (eds.), *Die 'Achse' im Krieg: Politik, Ideologie und Kriegführung 1939–1945* (Paderborn, Munich, Vienna, and Zurich: Schöningh, 2010).

(43) Knox, *Common Destiny*, 124.

(44) Marshall Lee Miller, *Bulgaria during the Second World War* (Stanford, CA: Stanford University Press, 1975).

(45) ドイツの事例に関しては以下を参照。Mark Mazower, *Hitler's Empire: How the Nazis Ruled Europe* (New York and London: Allen Lane, 2008).

(46) Timothy Snyder, *Bloodlands: Europe between Hitler and Stalin* (New York: Basic Books, 2010).

(47) Rana Mitter, *China's War with Japan, 1937–1945: The Struggle for Survival* (London: Allen Lane, 2014); Edward L. Dreyer, *China at War, 1901–1949* (London: Longman, 1995); Louise Young, *Japan's Total Empire: Manchuria and the Culture of Wartime Imperialism* (Berkeley, CA: University of California Press, 1998); Prasenjit Duara, *Sovereignty and Authenticity: Manchukuo and the East Asian Modern* (Lanham, MD: Rowman and Littlefield, 2003). 満洲国に関しては以下も参照。Yoshihisa Tak Matsusaka, *The Making of Japanese Manchuria, 1904–1932* (Cambridge, MA: Harvard University Press, 2001).

(48) Dennis Mack Smith, *Mussolini's Roman Empire* (London: Longman, 1976). この時期の国際政治に関しては以下を参照。Zara Steiner, *The Triumph of the Dark: European International History, 1933–1939* (Oxford and New York: Oxford University Press, 2011); Anthony D'Agostino, *The Rise of Global Powers: International Politics in the Era of the World Wars* (Cambridge: Cambridge University Press, 2012), 295–302.

(49) Alberto Sbacchi, *Ethiopia under Mussolini: Fascism and the Colonial Experience* (London: Zed Books, 1985); Angelo Del Boca, *The Ethiopian War 1935–1941* (Chicago, IL: University of Chicago Press, 1969); David Nicolle, *The Italian Invasion of Abyssinia 1935–1936* (Westminster, MD: Osprey, 1997); George W. Baer, *The Coming of the Italo- Ethiopian War* (Cambridge, MA: Harvard University Press, 1967); idem, *Test Case: Italy, Ethiopia and the League of Nations* (Stanford, CA: Hoover Institution Press, 1976); H. James Burgwyn, *Italian Foreign Policy in the Interwar Period 1918–1940* (Westport, CT: Praeger, 1997).

(50) Knox, *Common Destiny*; Davide Rodogno, *Fascism's European Empire: Italian Occupation during the Second World War* (Cambridge: Cambridge University Press, 2008); Gustavo Corni, 'Impero e spazio vitale nella visione e nella prassi delle dittature (1919–1945)', in *Ricerche di Storia Politica* 3 (2006), 345–57; Aristotle Kallis, *Fascist Ideology: Territory and Expansionism in Italy and Germany, 1922–1945* (London: Routledge, 2000).

(51) Philipp Ther, 'Deutsche Geschichte als imperiale Geschichte: Polen, slawophone Minderheiten und das Kaiserreich als kontinentales Empire', in Sebastian Conrad und Jürgen Osterhammel (eds.), *Das Kaiserreich transnational: Deutschland in der Welt 1871–1914*

(Göttingen: Vandenhoeck and Ruprecht, 2004), 129-48.

(52) Vejas Gabriel Liulevicius, *War Land on the Eastern Front: Culture, National Identity and German Occupation in World War I* (Cambridge and New York: Cambridge University Press, 2000); Gregor Thum (ed.), *Traumland Osten: Deutsche Bilder vom östlichen Europa im 20. Jahrhundert* (Göttingen: Vandenhoeck and Ruprecht, 2006).

(53) Peter Duus, Ramon H. Myers and Mark R. Peattie, *The Japanese Wartime Empire, 1931-1945* (Princeton, NJ: Princeton University Press, 1996). 朝鮮に関しては、Alexis Dudden, *Japan's Colonization of Korea: Discourse and Power* (Honolulu: University of Hawai'i Press, 2005).

(54) Paul Brooker, *The Faces of Fraternalism: Nazi Germany, Fascist Italy, and Imperial Japan* (Oxford and New York: Oxford University Press, 1991). 日本の人種主義に関しては以下を参照。John Dower, *War Without Mercy: Race and Power in the Pacific War* (New York: Pantheon, 1986).

(55) Steiner, *The Lights that Failed*, とくに第5章「ナショナリズムの優越——東欧と中欧における再建——」を参照。

(56) Terry Martin, *The Affirmative Action Empire: Nations and Nationalism in the Soviet Union, 1923-1939* (Ithaca, NY: Cornell University Press, 2001).

(57) Joshua Sanborn, *Imperial Apocalypse: The Great War and the Destruction of the Russian Empire* (Oxford and New York: Oxford University Press, 2014).

(58) Benito Mussolini, *Opera omnia*, vol. 29 (Florence: La Fenice, 1955-9), 249-50.

(59) Ibid., 404.

(60) 以下からのマンネルヘイムの引用。Eyal Lewin, *National Resilience during War: Refining the Decision-Making Model* (Lanham, MD, Boulder, CO, and New York: Lexington Books, 2012), 166. マンネルヘイムの生涯と経歴に関しては以下を参照。Stig Jägerskiöld, *Mannerheim: Marshal of Finland* (London: Hurst, 1986).

(61) Erez Manela, *The Wilsonian Moment: Self-Determination and the International Origins of Anticolonial Nationalism* (Oxford and New York: Oxford University Press, 2007); Robert Gerwarth and Erez Manela (eds.), *Empires at War, 1911-1923* (Oxford and New York: Oxford University Press, 2014).

写真出典

1 PA Photos
2 Scherl/Süddeutsche Zeitung Photo
3 Imperial War Museum, London（Q 47997）
4 DPA/PA Photos
5 Imperial War Museum, London（Q 25946）
6 Mondadori/Getty Images
7 Herder Institut, Marburg（DSHI）
8 Tampere Museums, Vapriikki Photo Archives, Finland
9 Stapleton Collection/Heritage Images/TopFoto
10 Scherl/Süddeutsche Zeitung Photo
11 ullstein bild/Getty Images）
12 Source unknown
13 Süddeutsche Zeitung Photo
14 Scherl/Süddeutsche Zeitung Photo
15 Bundesarchiv, Koblenz（Bild 102-01454A）
16 De Agostini/Getty Images
17 ullstein bild/akg-images
18 Budapest Poster Gallery, http://budapestposter.com
19 Scherl/Süddeutsche Zeitung Photo
20 National Library 'Cyril and Methodius', Sofia（C II 1292）
21 Süddeutsche Zeitung Photo
22 BIPs/Getty Images
23 De Agostini/Getty Images
24 Scherl/Süddeutsche Zeitung Photo
25 Scherl/Süddeutsche Zeitung Photo
26 TopFoto
27 Scherl/Süddeutsche Zeitung Photo
28 Alamy
29 Getty Images
30 Scherl/Süddeutsche Zeitung Photo
31 Bundesarchiv, Koblenz（Bild 146-2004-0147）